国家社会科学基金重大项目成果

新时代有效应对重大风险和考验之方略

刘昀献　著

上海交通大学出版社
SHANGHAI JIAO TONG UNIVERSITY PRESS

内容提要

本书以国家社会科学基金重大项目为依托,立足于世界百年未有之大变局和中华民族复兴战略全局,深入分析了重大风险和考验的含义、特征及其与相关概念的联系,重点对新时代政治、意识形态、经济、科技、社会、外部环境、党的建设七大领域面临的重大风险和考验进行了深入系统、全方位、全景式的研究,并提出了应对思路与方略。

图书在版编目(CIP)数据

新时代有效应对重大风险和考验之方略/ 刘昀献著.
—上海:上海交通大学出版社,2023.9
ISBN 978-7-313-29435-7

Ⅰ.①新… Ⅱ.①刘… Ⅲ.①行政管理—研究—中国
Ⅳ.①D63

中国国家版本馆 CIP 数据核字(2023)第 186034 号

新时代有效应对重大风险和考验之方略
XINSHIDAI YOUXIAO YINGDUI ZHONGDA FENGXIAN HE KAOYAN ZHI FANGLÜE

著　　者:刘昀献	
出版发行:上海交通大学出版社	地　　址:上海市番禺路 951 号
邮政编码:200030	电　　话:021-64071208
印　　制:上海万卷印刷股份有限公司	经　　销:全国新华书店
开　　本:787 mm×1092 mm　1/16	印　　张:19.25
字　　数:496 千字	
版　　次:2023 年 9 月第 1 版	印　　次:2023 年 9 月第 1 次印刷
书　　号:ISBN 978-7-313-29435-7	
定　　价:98.00 元	

目 录

导　论
有效应对重大风险和考验是新时代的重大理论和实践课题

风险与人类相伴而生,重大风险和考验与执政党如影随形。自从人类社会进入政党政治时代以来,如何应对重大风险和考验就成为每一个执政党必须面对的重大课题。尤其是 20 世纪 80 年代末、90 年代初以来的世界政治舞台,上演了一幕幕惊天动地的历史活剧,一些国家和地区连续执政几十年的老党、大党因为未能有效应对执政风险和考验,先后失去了政权,有的甚至走向衰亡。在这些政党中,引人注目的有苏联及东欧国家的共产党、意大利天民党和社会党、墨西哥革命制度党、印度国大党、印尼专业集团党等。其中苏联及东欧国家执政党的垮台,不仅改变了各自民族国家的命运,也改写了世界社会主义发展史,改变了国际政治格局,留下了一个个历史之谜。

世界上一些曾经长期执政的老党、大党丧失执政地位的沉痛教训,对中国共产党如何应对重大风险和考验,维护执政安全具有特殊的警示意义。中国共产党必须常怀远虑,居安思危,认真研究并科学有效应对、化解党面临的风险和考验。

一

20 世纪以来的百余年,世界社会主义的发展史很难用幸运或者不幸来评判。当第一个社会主义国家伴着震天的礼炮诞生之时,谁也不曾料到,新世纪的钟声尚未敲响它便已匆匆逝去。当东方伟人毛泽东站在古老的天安门城楼上宣布中华人民共和国成立时,世界上的许多政客并不看好这个东方大国的未来。时任美国国务卿迪安·艾奇逊曾公然宣称"中国共产党解决不了中国人的吃饭问题,必然要下台"。[1] 更让人想不到的是从 2010 年开始这个过去曾不被看好的古老而年轻的国家,竟然发展为世界第二经济大国。根据国家统计局 2019 年的数据显示,中国国内生产总值(GDP)达到 99.1 万亿元人民币,按照年平均汇率折算,达到 14.4 万亿美元,与 2018 年世界排名第三、第四、第五、第六位的日本、德国、英国、法国 4 个主要发达国家当年 GDP 之和大体相当。2019 年中国 GDP 占世界的比重超过 16%,中国经济增长对世界经济增长的贡献率达到 30% 左右。2019 年全国粮食总产量为 6.6 亿吨,中国成为世界第一大产粮国。中国的工业体系日益完善,拥有世界上所有工业分类。中国的基础设施更加健全,2019 年末高速铁路营业总里程达 3.5 万公里,占全球高铁里程 2/3 以上;高速公路通车总里

---

① 国纪平:《中国道路的世界意义》,《人民日报》2014 年 9 月 30 日。

程超过 14 万公里,居世界第一;全国发电装机容量 20.1 亿千瓦,居世界第一;互联网上网人数 8.6 亿人,现代信息通信体系不断完善①。

美国《波士顿环球报》网站于 2017 年 5 月 22 日发表了哈佛大学贝尔弗科学和国际事务中心主任格雷厄姆·艾利森的文章《美国第二? 是的,而且中国的领先优势在加强》。文章中写道,中国正在全面发展,美国人需要认识到其发展的规模和影响。艾利森称,他在哈佛大学教授国家安全课时,关于中国的课程一开始是一个小测验:学生们拿到一张单子,上面列了 25 个经济指标。他们的任务是估计中国什么时候会超过美国,成为世界头号汽车、超级计算机、智能手机等的生产国或市场。大多数学生都吃惊地发现,根据所有这些指标,中国已经超越美国。以购买力平价(美国中央情报局和国际货币基金组织都认为该指标是比较国家经济的最好标准)作为衡量标准,2016 年中国 GDP 是 21 万亿美元,美国为 18.5 万亿美元。当罗纳德·里根 1981 年担任美国总统时,中国的经济规模只有美国的 10%,到 2014 年已经达到 100%,如今是美国的 115%。如果美国和中国经济保持目前的增长趋势,到 2023 年中国经济将是美国的 1.5 倍,到 2040 年将是美国的三倍。艾利森称,1980 年未出现在任何国际排名中的一个国家,现在已经跃升至世界首位。美国前总统唐纳德·特朗普关于美国“输给”中国的说法在一定程度上反映了跷跷板在变化的现实。彼时特朗普“让美国再次伟大”的口号打动了选民,但是政治上富有吸引力的口号并不能遏制一个拥有 5 000 年文明、14 亿多人口且以实现中华民族的伟大复兴——换句话说,就是“让中国再次伟大”——为己任的国家实现引人注目的复苏。“要构建应对中国挑战、在不发生灾难性冲突的情况下保护美国重要利益的宏伟战略,决策者必须首先认识到这些令人不快但无可否认的现实。”②美国学者已看到了中国正在全面发展。

历史发展注定使 2016 年成为重要一页。2016 年 6 月 23 日英国举行全民公投,就英国是继续留在欧盟还是脱离欧盟进行抉择。投票结果于当地时间 24 日上午 7 点出炉,公投最终结果为英国脱离欧盟,其中支持脱欧的票数占 51.9%,支持留欧的票数占 48.1%。2016 年 11 月 21 日,美国当选总统特朗普通过网络发布了一段两分半钟的视频,公布了其就任总统之后的“百日执政计划”,在第一条“贸易”中表明,美国将退出跨太平洋伙伴关系协定(TPP)。2017 年 1 月 23 日,特朗普签署行政命令,正式宣布美国退出跨太平洋伙伴关系协定(TPP)。

随着英国脱欧和美国退出跨太平洋伙伴关系协定(TPP),中国在推进经济全球化中的作用日益凸显,中国的世界影响力日益扩大。英国《金融时报》首席经济评论员马丁·沃尔夫,被公认为是世界最有影响力的宏观经济评论人之一,跻身《外交政策》杂志评选的全球最重要的 100 位思想家之列。2017 年 6 月 8 日,英国《金融时报》发表了与沃尔夫进行的访谈实录《沃尔夫:西方眼中最大的“中国谜题”》,实录刊登在该报的中文版 FT 中文网上。沃尔夫在访谈中认为中国“经历了一个非常快的现代化过程……对于西方来说,最大的‘中国谜题’是,这种现代化进程是由一个共产主义政党领导的”。“我们曾经认为我们西方的政治体制、政治价值是世界的标杆,自由民主是统治世界的最佳方式,但我想发生在过去一两年间的事情,让我们对此也提出了疑问。”“西方一贯认为,西方的‘民主自由’体制从根本上要比中国的社会主义体制优越,不论在经济上、文化上甚至在种族上,中国无论如何也比不上。可是,近几十年来中国发展的成功与西方的逐渐衰落,让这种优越感受到挑战,甚至在慢慢消失。”“美国人肯定觉得他

① 国家统计局:《2019 年国民经济和社会发展统计公报》,《人民日报》2020 年 2 月 29 日。
② 王东川:《美国学者指出美国人须认识到中国正全面崛起》,《参考消息》2017 年 5 月 24 日。

们的经济文明仍是世界上最优越、最有活力的,但他们肯定不像三四十年前那样如此顽固地确信这一点了。西方那种旧时的优越感已经荡然无存了。"①

无论那些戴着有色眼镜的政客怎么评说,中国的崛起已是不争的事实。今天世界上最强大的中美两国,一个是社会主义大国,一个是资本主义大国。美国统治者由于长期的意识形态偏见,绝不会允许共产党执政的社会主义国家——中国顺利实现登顶,必然会给中国的发展设置重重障碍。事实上,今天中美两国已经来到历史的十字路口,中美博弈是不以人的意志为转移的。今天的中美博弈已不同于过去具体的、局部的摩擦,比如最惠国待遇等,而是国家最根本的战略利益博弈。未来的二三十年,中美的博弈将成为全球的主轴。这不仅决定着全球力量的重新分配和洗牌,更决定着未来人类文明的走向。

二

20世纪对世界社会主义产生过重要影响的中国和苏联两国都是由共产党领导的,然而却出现了两种截然不同的结局。为什么中国共产党能够始终成为中国特色社会主义的坚强领导核心并带领中国从站起来、富起来,逐步走向繁荣强大呢? 关键在于执政的中国共产党面对风险和考验拥有自我革命的勇气和担当精神。而苏联共产党面对风险和挑战选择了退缩、回避、自杀,拥有1 800万党员的大党自行解散,甚至没有留下一声呜咽,就被匆匆掩埋。中国共产党自成立以来始终牢记实现中华民族的伟大复兴和推进社会主义事业的伟大使命,重视加强自身建设,尤其是对"本领恐慌"、执政风险和考验保持着高度警觉,并采取一系列举措加强防范和应对,从而使得古老的东方大国焕发出青春活力,迈着矫健的步伐从世界舞台的边缘逐渐走向世界舞台的中央。

实现中华民族的伟大复兴,凝聚了几代中国人的夙愿,是中国人民的跨世纪梦想。中国共产党从诞生之日起就肩负起实现中华民族伟大复兴的使命并矢志不渝地为实现这一目标而奋斗。中国共产党的十九大报告明确指出:"坚持和发展中国特色社会主义,总任务是实现社会主义现代化和中华民族伟大复兴。"②

中华民族源远流长。在长达5 000多年的历史进程中,中华儿女创造了辉煌的中华文明,为人类社会的进步和发展做出了杰出的贡献,写下了不朽的篇章。中华文明在世界上曾经引领潮流和时代之先,直到清朝乾隆末年,中国的经济总量仍居世界第一位,人口占世界三分之一。中国古代的四大发明,对世界文明的发展产生了深刻的影响。明朝以前世界上主要的发明创造和重大科技成就有300多项,其中中国有170多项。在人类历史上,先后出现过多种类型的古老文明,但能够延续至今并且没有重大断裂的,只有中华文明。

到了近代,由于封建制度的衰朽和西方列强的侵略掠夺,中国逐渐陷于落后境地,进而沦为半殖民地半封建社会,中华民族日益陷入苦难的深渊。帝国主义和中华民族的矛盾、封建主义和人民大众的矛盾,成为近代中国的主要矛盾。求得民族独立和人民解放,实现国家繁荣富强和人民富裕,便成为中华民族面临的两大历史任务。为了救亡图存和民族振兴,无数仁人志士苦苦求索,却都壮志未酬。以孙中山为代表的资产阶级革命派喊出了"振兴中华"的口号。辛亥革命推翻了清王朝,结束了两千多年的君主专制制度,但未能改变中华民族的屈辱地位和

---

① 林西:《马丁·沃尔夫:"中国谜题"令西方着迷但又感到不安》,观察者网2017年6月11日。
② 《习近平谈治国理政》第3卷,外文出版社2020年版,第15页。

中国人民的悲惨境地。清末民初的中国政坛上曾出现过许多政党,但都未能解决中国的救亡和发展问题。

1921年中国共产党诞生后,实现中华民族的独立、解放和复兴的重任,落到了中国共产党的肩上。从19世纪中叶到20世纪中叶的一百年间,中国人民的一切奋斗,都是为了实现祖国的独立和民族的解放,彻底结束民族屈辱的历史。这一历史伟业,以中华人民共和国的建立为标志而完成了。从20世纪中叶到21世纪中叶的一百年间,中国人民的一切奋斗,则是为了实现祖国的富强、人民的富裕和民族的伟大复兴。这一历史伟业,我们党领导全国人民已经奋斗了半个多世纪,取得了巨大的进展。中华人民共和国成立后,我们党创造性地完成了由新民主主义到社会主义的过渡,实现了中国历史上最伟大最深刻的变革,开始了在社会主义道路上实现中华民族伟大复兴的历史征程。党的十一届三中全会以来,我们党找到了中国特色社会主义的正确道路,赋予民族复兴新的强大生机。中华民族的伟大复兴展现出灿烂的前景。

民族复兴,是一个内涵丰富的目标,同时也是一个与时俱进的目标,其时代内涵必然随着时代的发展而不断丰富。正确认识、科学把握中华民族复兴的当代任务,才能把握机遇和挑战,步伐坚定地朝着这一目标迈进。顾名思义,民族复兴是相对于历史的曲折而言的,是"使曾经衰落的民族再度兴盛起来",其间包含两层含义:一方面是历史上曾经有过的辉煌;另一方面则是后来曾经陷于的悲惨境地,包括直到现在还在某种程度上存在的落后状态。在近代,民族复兴具有特殊的含义:一是实现民族独立;二是实现国家富强。在中国共产党责无旁贷地肩负起民族复兴重任的同时,也赋予民族复兴新的内涵,即要通过社会主义现代化实现民族的伟大复兴。

中华人民共和国成立之初,我们党就提出了把中国建设成为一个工业化的具有高度现代文明的伟大国家的任务。1954年,第一届全国人民代表大会上,我们党第一次提出了"四个现代化"的目标。1964年,周恩来在第三届全国人民代表大会上,又根据毛泽东的提议,提出了分"两步走"在20世纪末实现工业、农业、国防和科学技术现代化的目标。党的十一届三中全会后,我们党开始了通过改革开放实现现代化目标的新的革命,邓小平提出的分"三步走"基本实现社会主义现代化的发展战略,为中华民族的振兴和社会主义的发展描绘了宏伟蓝图。经过40多年的努力奋斗,我们已经顺利实现了第一、第二步的战略目标,这是中华民族发展史上一个新的里程碑。

21世纪以来,我国进入了全面建设小康社会,开创中国特色社会主义事业新局面的新的历史阶段。党的十六大报告指出:我们党必须"团结和带领全国各族人民,实现推进现代化建设、完成祖国统一、维护世界和平和促进共同发展这三大历史任务,在中国特色社会主义道路上实现中华民族的伟大复兴。这是历史和时代赋予我们党的庄严使命"。[①] 党的十九大报告重申了这一论述,[②]从而把现阶段实现中国共产党执政使命的三大任务和中华民族伟大复兴的目标统一起来,赋予中华民族伟大复兴新的时代内涵:

一是建设社会主义现代化强国。以经济建设为中心,推进社会主义全面发展进步。党的十八大把中国特色社会主义事业总体布局,由社会主义经济、政治、文化、社会建设"四位一体"发展为社会主义经济、政治、文化、社会和生态文明建设"五位一体"。这一总体布局的重大战略调整,进一步明确了社会主义现代化的历史任务,就是要通过全面推进中国特色社会主义伟

---

① 《江泽民文选》第3卷,人民出版社2006年版,第529页。
② 《习近平谈治国理政》第3卷,外文出版社2020年版,第55页。

大事业,把我国建成富强民主文明和谐美丽的社会主义现代化强国。

二是实现祖国统一。中华民族是一个统一的大家庭,中华民族的领土和主权不容分割。没有祖国的统一,就不会有完全意义上的民族复兴。要贯彻"和平统一、一国两制"的基本方针和现阶段发展两岸关系、推进祖国和平统一进程的八项主张,促进两岸人员往来和经济文化等领域的交流,切实做好台湾人民的工作,坚决反对和遏制"台独"分裂势力,努力维护台海地区的和平稳定,推进祖国统一大业。

三是维护世界和平促进共同发展,构建人类命运共同体。当今世界,和平、发展、合作已成为时代潮流。一个民族的兴盛、一个国家的发展越来越离不开世界和平与发展。我国要既通过争取和平国际环境来发展自己,又通过自己发展促进世界和平,在国际关系中弘扬平等互信、包容互鉴、合作共赢精神,共同维护国际公平正义。同世界各国人民一道,加强团结,密切合作,携手建设持久和平、普遍安全、共同繁荣、开放包容、清洁美丽的世界。

中华民族的伟大复兴是当代中国人民的理想和追求,是一个鼓舞人心的目标和前景。百年奋斗历程,使中华民族的命运同中国共产党的命运紧紧连在一起。我们党成立百年、执政70多年来,几代共产党人始终以实现中华民族伟大复兴为己任,坚持把马克思主义基本原理同中国具体实际相结合,团结带领全国各族人民不懈奋斗,战胜各种艰难险阻,不断取得革命、建设、改革的伟大胜利。我国相继实现了从半殖民地半封建社会到民族独立、人民当家作主新社会的历史性转变,从新民主主义革命到社会主义革命和建设的历史性转变,从高度集中的计划经济体制到充满活力的社会主义市场经济体制、从封闭半封闭到全方位开放的历史性转变,综合国力大幅跃升,人民生活明显改善,国际地位显著提高,中华民族巍然屹立于世界民族之林。这是中国共产党人认识世界、改造世界的伟大创举,是根本改变中华民族命运、深刻影响人类历史进程的伟大变革。实践证明,没有中国共产党就没有新中国,就没有中国特色社会主义。办好中国的事情,关键在党。坚持中国特色社会主义道路,推进社会主义现代化,实现中华民族伟大复兴,必须毫不动摇地坚持中国共产党的领导。

三

当今世界正处于百年未有之大变局,当今中国进入了社会主义新时代。世界多极化、经济全球化深入发展,科技进步日新月异,世界政治经济格局发生新变化,国际力量对比出现新态势,全球思想文化交流交融交锋呈现新特点,发达国家在经济、科技等方面仍占优势,综合国力竞争和各种力量较量更趋激烈,不稳定不确定因素增多。尤其是近年来美国政府大肆推行贸易保护主义、排外主义,挑起中美贸易摩擦,使我国发展的外部环境严重恶化。我国虽处在进一步发展的重要战略机遇期,在新的历史起点上向前迈进,但发展既面临机遇也面临严峻挑战。我国经济、政治、文化、社会、生态文明建设正全面推进,新型工业化、城镇化、信息化和农业现代化正深入发展。同时,随着社会主要矛盾的变化,人民的美好生活需要日益广泛,不仅对物质文化生活提出了更高要求,而且在经济、政治、文化、社会公正、安全、生态等方面的要求日益增长。我国社会生产力水平虽总体上显著提高,生产能力在很多方面进入世界前列,但还有很多方面和发达国家相比依然相对落后甚至差距还比较大,发展的区域不平衡、城乡不平衡、群体不平衡客观存在,发展的相对低水平、不稳定、不持续状态客观存在。总体来看,我国仍处于并将长期处于社会主义初级阶段的基本国情没有变,我国仍是世界上最大发展中国家的国际地位没有变,同时我国发展又呈现出一系列新的阶段性特征，出现一系列新情况新问题。在这个拥有十四亿人口的发展中大国，我们党在推进改革开放和社会主义现代化建设中所肩负任务的艰巨性和繁重性世所罕见，在推进改革发展稳定中所面临矛盾和问题的规模和复杂性世所罕见，在前进征程上所面对的困难和风险也世所罕见。党要适应这样的新形势，统筹国内国际两个大局，更好带领全国各族人民聚精会神搞建设、一心一意谋发展，实现党的历史使命，必须进一步增强忧患意识和风险意识，不断进行自我革命，加强自身建设。

党的建设是党领导的伟大事业不断取得胜利的重要法宝。中华人民共和国成立70多年来，我们党根据自身历史方位和中心任务的变化，不断加强执政能力、先进性和纯洁性建设，不断提高领导水平和执政水平，不断增强拒腐防变和应对风险能力，曾经历和应对了数不胜数的风险挑战。在应对风险和考验的过程中，我们党展现了高超的政治智慧、坚强的意志和斗争精神，党始终临危不惧、迎难而上，敢于斗争、勇于担当，从而有效地化解了一个个重大风险挑战，巩固了党的执政地位，保证了国家的稳定发展。

我们党执政70多年来正是在不断应对和化解各种风险、危局和困境中推动了中国特色社会主义伟大事业的发展，取得了震古烁今的巨大成就。但20世纪以来世界社会主义盛衰的经验教训警示我们，党的先进性和执政能力不是一成不变的，必须随着党的事业的发展，不断加强党的先进性、纯洁性和执政能力建设。虽然当前我们党的领导水平和执政水平、党的建设状况、党员队伍素质总体上同党肩负的历史使命是适应的，但我们也必须看到，随着世情国情党情的新变化，我们党面对的执政环境是复杂的，影响党的先进性、弱化党的纯洁性的因素也是复杂的，党面临着"四大考验""四大危险"。在一些党组织和党员干部中仍然存在严重的主观主义、官僚主义、享乐主义和奢靡之风，存在着政治意识、大局意识、核心意识、看齐意识不强的问题。突出表现为：一些党员、干部忽视理论学习，理想信念动摇，对马克思主义信仰不坚定，对中国特色社会主义缺乏信心；一些党组织贯彻民主集中制不力，有的对中央决策部署执行不认真，有的对党员民主权利保障落实不到位；一些领导班子整体作用发挥不够，推动科学发展、处理复杂问题能力不够，一些地方和部门选人用人公信度不高，跑官要官、买官卖官等问题屡禁不止；一些基层党组织战斗堡垒作用不强，有的软弱涣散，部分党员党的意识淡化、先锋模范作用不明显；有些领导干部宗旨意识淡薄，脱离群众、脱离实际，不讲原则、不负责任，言行不一、弄虚作假，铺张浪费、奢靡享乐，等等。这些问题严重削弱党的创造力、凝聚力、战斗力，严重损害党同人民群众的血肉联系，严重影响党的执政地位的巩固和执政使命的实现。我们党只有增强忧患意识，全面加强党的政治、思想、组织、作风、纪律和制度建设，以刮骨疗毒的勇气从严治党，坚决清除党内消极腐败现象，才能解决好不断提高党的领导水平和执政水平、提高拒腐防变和应对风险能力、巩固党的执政地位、实现党的执政使命的重大历史课题。

今天，中华民族伟大复兴正处于关键时刻。近代以来久经磨难的中华民族终于迎来了从站起来、富起来到强起来的伟大飞跃，迎来了实现中华民族伟大复兴的光明前景。但前进的征程上并非都是坦途，并非一片光明。国际形势风云激荡、瞬息万变；国内矛盾错综复杂、险象环生。我们越是接近实现民族复兴的目标，党面临的风险挑战就会前所未有地增加，国内外敌对势力绝不会让我们轻轻松松地实现这一目标。习近平总书记在党的十八届五中全会第二次全体会议上的讲话中指出："我们面临的重大风险，既包括国内的经济、政治、意识形态、社会风险以及来自自然界的风险，也包括国际经济、政治、军事风险等。"①在省部级主要领导干部坚持

---

① 习近平：《在党的十八届五中全会第二次全体会议上的讲话（节选）》，《求是》，2016年第1期。

底线思维着力防范化解重大风险专题研讨班开班式上的讲话中,习近平总书记进一步就防范化解政治、意识形态、经济、科技、社会、外部环境、党的建设等七个领域重大风险作出深刻分析,明确提出:"面对波谲云诡的国际形势、复杂敏感的周边环境、艰巨繁重的改革发展稳定任务,我们必须始终保持高度警惕,既要高度警惕'黑天鹅'事件,也要防范'灰犀牛'事件;既要有防范风险的先手,也要有应对和化解风险挑战的高招;既要打好防范和抵御风险的有准备之战,也要打好化险为夷、转危为机的战略主动战。"①在今天纷繁复杂的国内外形势下,如果我们党对面临的风险挑战缺乏警觉、麻木不仁,发生重大风险又扛不住,国家安全就可能面临重大威胁,社会主义现代化进程就可能被迫中断。我们只有认真研究、充分认识党面临的风险和考验,采取有力措施积极应对重大风险和考验,"图之于未萌,虑之于未有",才能把风险化解在源头,不让小风险演化为大风险,不让个别风险演化为综合风险,不让局部风险演化为区域性或系统性风险,不让经济风险演化为社会政治风险,不让国际风险演化为国内风险;"力争不出现重大风险或在出现重大风险时扛得住、过得去",②才能巩固党的执政地位、维护党的执政安全,保证中国特色社会主义航船破浪远行,到达光辉彼岸。

当今中国如何应对面临的重大风险和考验已经成为摆在我们党面前的重大课题。我们党在新的形势下要科学应对面临的重大风险和考验,完成执政使命,就必须对如何应对执政风险和考验的重大理论和实践问题进行深入思考和研究。既要认真研究和把握执政风险和考验的基本理论;更要认真分析研究我们党在当代所面临的重大执政风险和考验及对策,使全党增强应对风险和考验的自觉性,提高应对执政风险和考验的能力和水平,从而有效应对面临的风险和考验,巩固党的执政地位。

基于上述考虑,本书内容分为两大板块:

第一板块为应对重大风险和考验的基本理论(第一章),主要研究重大风险和考验的含义及特征及与相关概念的区别和联系。

第二板块为新时代有效应对重大风险和考验之方略(第二章至第八章),分别对我们党在政治领域、意识形态领域、经济领域、科技领域、社会领域、外部环境领域和党的建设领域面临的重大风险和考验加以系统、全面的分析研究并提出对策。

中国共产党执政,是历史的选择、人民的选择;进一步为人民执好政、掌好权,是时代的要求、人民的要求。领导中华民族实现伟大复兴是历史和人民赋予中国共产党的神圣使命。70多年前,在中国革命即将取得全国胜利的时刻,毛泽东把党在全国范围内执政称为"赶考"。如今,习近平总书记把我们党团结带领人民实现社会主义现代化和中华民族伟大复兴的艰巨任务,称为"这场考试的继续"。实现中华民族伟大复兴的中国梦绝不是轻轻松松就能实现的,前进道路上必然遇到难以想象的风险和考验,必须准备进行具有许多新的历史特点的伟大斗争。时代是出卷人,我们是答卷人,人民是阅卷人。我们党只有不忘初心、牢记使命,勤于学习、勇于变革、勇于创新;深入系统研究和清醒认识党面临的重大风险和考验,强化风险意识,做到未雨绸缪;完善风险防控机制,提高风险化解能力,牢牢掌握应对和化解重大风险的主动权,才能保证党的执政安全和经济社会的健康发展,在实现中华民族伟大复兴的斗争中经受住考验,向历史、向人民交出新的优异答卷!

中国的社会主义现代化,中华民族的伟大复兴,已是跃出东方地平线的一轮绚丽红日。只

---

① 习近平:《在省部级主要领导干部坚持底线思维着力防范化解重大风险专题研讨班开班式上的讲话》,《人民日报》2019年1月22日。
② 习近平:《在党的十八届五中全会第二次全体会议上的讲话(节选)》,《求是》,2016年第1期。

要我们党能够牢记"政怠患成"的历史警示,不断增强忧患和风险意识,积极主动应对和化解前进征程上的各种风险挑战,带领 14 亿人民同心同德、艰苦奋斗,到 21 世纪中叶,中华民族必将实现伟大的复兴,一个富强、民主、文明、和谐、美丽的社会主义现代化强国必将巍然屹立在世界的东方!

第一章
应对重大风险和考验的基本理论阐释

政党是代表一定阶级或阶层利益的政治组织。追求执政并维护执政地位是每一个政党的政治目标。当今世界,政党在国家政治生活中占据重要地位。据不完全统计,目前世界上约有5 000多个政党。在全世界200多个国家和地区中,只有20多个国家没有政党存在,其他国家都实行政党政治。对于任何执政党来说,都存在着执政风险和考验问题。本章节研究的重大风险和考验,讨论的是在马克思主义指导下各国共产党(工人党)在掌握政权后如何应对重大风险和考验的问题。

中国共产党是以马克思主义为指导的党,肩负着实现中华民族伟大复兴的历史使命。由于我国的社会主义是在经济文化相对落后的东方大国取得胜利的,实现民族伟大复兴是一项长期而艰巨的历史任务。作为一个拥有56个民族、14亿人口大国的执政党,我们党在执政过程中面临的国际国内形势异常严峻、矛盾与问题尤为复杂。

改革开放以来,我国逐步从农业社会向工业社会和信息社会转变,从计划经济体制向社会主义市场经济体制转变,从传统社会向现代社会转变,从封闭半封闭型社会向开放型社会转变。这种转型具有强烈的时空压缩性特征。社会转型中各种传统、现代、后现代和全球化的影响因素错综复杂地交织在一起,使得我国社会孕育着更多、更难以预料和难以应对的风险和挑战。诸如全球化背景下的主流价值观遇到的挑战,因腐败等问题产生的政治信仰危机和政治认同性危机,长期存在的贫富差距和区域、城乡发展不平衡所导致的社会阶层利益分化及其带来的冲突和矛盾,片面追求经济发展而造成日益严重的生态环境危机,等等,都使我们党面临着巨大的执政风险和考验。我国逐步进入各方面风险不断积累甚至集中显露的时期,而且"各种矛盾风险挑战源、各类矛盾风险挑战点是相互交织、相互作用的。如果防范不及、应对不力,就会传导、叠加、演变、升级,使小的矛盾风险挑战发展成大的矛盾风险挑战,局部的矛盾风险挑战发展成系统的矛盾风险挑战,国际上的矛盾风险挑战演变为国内的矛盾风险挑战,经济、社会、文化、生态领域的矛盾风险挑战转化为政治矛盾风险挑战,最终危及党的执政地位、危及国家安全"。①

我们要科学应对并战胜前进道路上的重大风险和考验,必须加强对重大风险和考验相关理论的研究,弄清与重大风险和考验相关的基本问题,比如重大风险和考验与执政风险和考验的关系及与相关概念的区别和联系,才能深入分析研究我们党面临的重大风险和考验的成因,更主动、更科学有效地应对和化解重大风险和考验,巩固党的执政地位,维护党的执政安全。

① 《习近平谈治国理政》第3卷,外文出版社2020年版,第222页。

第一节　重大风险的含义、特征及其与相关概念的联系

什么是重大风险？根据中国社会科学院语言研究所编著的《现代汉语词典》的释义，重大指"大而重要"。本书所说重大风险，是指中国共产党面临的执政风险中大而重要的风险。重大风险既具有执政风险的一般特点，又具有自身的突出特征，其与执政风险是重点和一般的关系。

重大风险的突出特征主要有两个方面。一是大，我们党面临的执政风险既包括国内的经济、政治、意识形态、社会、生态环境风险以及来自自然界的风险，也包括国际经济、政治、军事、外部环境风险，重大风险特指一旦形成则影响巨大、危害巨大的系统性、全局性风险。二是重要，重大风险是事关经济社会健康发展、党的执政地位稳固、社会主义现代化强国建设和中华民族伟大复兴能否实现的风险。习近平总书记在省部级主要领导干部坚持底线思维着力防范化解重大风险专题研讨班开班式上的重要讲话中强调："着力防范化解重大风险，保持经济持续健康发展和社会大局稳定"，并明确指出了当前和今后一个时期党面临的政治、意识形态、经济、科技、社会、外部环境、党的建设七个领域的重大风险。[①]

重大风险与执政风险具有密切联系。执政风险概念是由风险一词派生而来的，并与风险社会、执政危险、执政危机等概念密切相关。我们要应对和化解重大风险，必须对风险、风险社会、执政风险等概念的含义进行界定并厘清其与相关概念的区别和联系。

一、"风险"与"风险社会"概念的由来和含义

"风险"在人类社会中一直存在，但随着科学技术和全球化的发展，其在现代社会中的表现与传统社会已经有本质的不同，并出现了德国著名社会学家乌尔里希·贝克所提出的"风险社会"这一概念。认识和把握党面临的重大风险，首先要对其及其相关概念，如风险、风险社会等进行准确的界定把握，这是我们对党面临的重大风险和考验进行思考研究的逻辑起点。

（一）"风险"概念的由来和含义

什么是"风险"？根据中国社会科学院语言研究所编著的《现代汉语词典》的释义，即"可能发生的危险"。[②] 远古时期，以打鱼捕捞为生的先民们，在长期的实践活动中逐渐认识到，"风"往往给他们带来无法预测的危险，"风"即意味着"险"，"风险"一词由此而生。进而引申为只要某一事物的后果存在不确定性，即有两种或两种以上的可能性，该事物就存在着风险。这种不确定性包括发生与否的不确定、发生时间的不确定和导致结果的不确定，既包括"黑天鹅"事件，也包括"灰犀牛"事件。"黑天鹅"喻指小概率而影响巨大的事件，"灰犀牛"喻指大概率且影响巨大的潜在危机事件。

"黑天鹅"事件指难以预测且不同寻常的事件。1697 年荷兰探险家在澳大利亚首次发现黑天鹅之前，欧洲人认为天鹅都是白色的。但随着第一只黑天鹅的出现，颠覆了人们对天鹅的

---

① 习近平：《在省部级主要领导干部坚持底线思维防范化解重大风险专题研讨班开班式上的讲话》，《人民日报》，2019 年 1 月 22 日。
② 中国社会科学院语言研究所：《现代汉语词典》（第 7 版），商务印书馆 2016 年版，第 1702 页、第 391 页。

原有认知。"黑天鹅"事件在意料之外，却又改变着一切，具有意外性且影响重大的特点。它存在于政治、经济、自然界及个人生活等各个领域。"9·11"事件、美国次贷危机、英国"脱欧"等都属于"黑天鹅"事件。

尤其是 2016 年英国全民公投决定"脱欧"和特朗普赢得美国大选对世界政治经济产生了广泛而深刻的影响。英国"脱欧"公投前，舆情普遍不认为英国能成功"脱欧"。英国民治调查公司(YouGov)曾通过互联网调查了 5 000 名投票者，显示主张"留欧"的投票者占 52%；英国调查机构益普索森喜朗(Ipsos-Mori)的电话民调结果也显示留欧支持者居多(54%)！最终，北京时间 2016 年 6 月 24 日早上 5 时，备受关注的英国"脱欧"公投结果显示：51.9% 的英国人选择了"脱欧"，只有 48.1% 支持"留欧"。受此影响，全球金融市场剧烈动荡，英镑兑美元汇率闪电崩盘，跌幅超过 1 000 个基点，触及 1985 年以来的最低水平，时任英国首相的戴维·卡梅伦辞职。同样的情况也出现在当年的美国大选上。尽管在选举前多数民调结果显示民主党总统候选人希拉里·克林顿的支持率持续领先，但结果却是北京时间 11 月 9 日上午 12 时左右，共和党总统候选人特朗普击败希拉里当选美国总统。这一事件不仅对全球金融市场造成了剧烈冲击，而且对世界政治经济格局带来了深刻影响，特朗普上台后大肆推行贸易保护主义、排外主义，挑起贸易摩擦，掀起一股逆全球化之风，严重影响了世界经济政治的稳定发展。

"灰犀牛事件"意指过于常见以至于被人们忽视的风险。在自然界中灰犀牛体型笨重、反应迟缓，人们能看见它在远处，却毫不在意，一旦它向你狂奔而来，就会让你猝不及防，直接被扑倒在地。它并不神秘，却更危险。比如触发本轮全球化逆潮和民粹主义崛起的深层次问题——不平等问题。这一问题由来已久，却一直没有引起人们的足够重视。直到金融危机爆发之后，世界经济特别是发达经济体复苏持续疲软，中产阶层和贫民生活持续恶化，贫富差距扩大，最终成为触发一系列事件的诱因之一。目前，中国经济社会发展中的"灰犀牛"也很多，如房地产市场泡沫、地方债务、银行不良资产等，都符合"灰犀牛"的特征，如果我们不采取有效措施制服这些"灰犀牛"，势必成为影响中国经济发展的重大风险。

(二)"风险社会"概念的基本含义

1."风险社会"概念的由来和含义

"风险社会"是指随着科学技术和全球化的发展，由人类实践所导致的风险，即人为风险在风险结构中占据主导地位的社会发展状态，在这个发展阶段，各种全球性风险对人类的生存和发展都存在着重大威胁。

风险与人类社会如影随形。自古以来，干旱、洪涝、台风等灾害层出不穷，社会的冲突与动荡、环境的污染与恶化，以及各种意想不到的突发性事件，都给人们生产生活带来了巨大风险。1986 年，德国著名的社会学家乌尔里希·贝克出版了《风险社会》一书，该书首次使用了"风险社会"的概念来描述当今充满风险的后工业社会并提出了"风险社会"的理论，赋予了"风险"一词新的内涵。1986 年 4 月 26 日苏联切尔诺贝利核电站第 4 号机组由于人为原因发生爆炸，大量放射物质泄露，酿成世界性的大灾难，为贝克的"风险社会"理论提供了有力的佐证。继之，疯牛病的暴发与全球性蔓延，使得"风险社会"理论日益成为西方学者关注和研究的焦点问题。

2."风险社会"理论的研究范式

随着越来越多的学者关注并参与到"风险社会"理论的研究之中，众多理论观点和不同理论研究范式逐渐形成。从现代社会风险及风险社会研究的理论预设、认知去向、研究视角等方面审视,目前主要形成了制度、文化、系统三种理论范式。①

一是风险研究的制度范式。风险研究的制度范式以乌尔里希·贝克、安东尼·吉登斯等人为代表,其理论在我国有较大的影响。他们从风险的视角来反思和批判后工业社会的发展,并用"风险社会"来概括当今人类社会的特征。

关于"风险社会"的成因与根源,贝克、吉登斯等人认为,真正意义上的"风险社会"是人类在从传统社会向现代社会转型的过程中,随着人类活动频率的增大和范围的扩大,由于"有组织地不负责任",风险不仅大量出现而且全球化了。贝克指出:"风险是个指明自然终结和传统终结的概念。或者换句话说,在自然和传统失去它们的无限效力并依赖于人的决定的地方,才谈得上风险。"②吉登斯进一步提出,必须将外部风险和人为风险区分开来。所谓外部风险是指外部的、因为传统或自然的不变性和固定性带来的风险,人为风险则是由于我们不断发展的知识对这个世界的影响所产生的风险。起源于启蒙运动的工具理性的盛行,极大地促进了科学技术的进步和现代化进程的发展。但随着人类对社会生活和自然环境干预的范围、力度和深度扩大,人类的决策和行为已成为现代社会风险的主要来源,人为风险超过自然风险成为风险结构的主导内容。与传统风险相比,诸如核灾难、化学污染、生物基因变异、生态恶化以及金融风险等现代社会风险的后果在时间、地点和人群上都难以预测和控制,表现出更加复杂、更加不确定和更具全局性的特征。贝克从七个层面剖析了风险社会中的风险概念:一、风险是指介于安全与毁灭之间的一个特定中间阶段;二、风险意指充满危险的未来,成为影响当前行为的重要因子;三、风险既是客观事实也是道德价值的体现;四、风险是现代社会在安全机制层面有效控制与失效控制下的人为不确定性后果;五、风险是知识领域高度专业化和潜在无知化的伴随性产物;六、风险既是本土的也是全球性的,具有"时空压缩"的特性;七、风险是通过社会文化感知的。

关于风险的应对策略,贝克、吉登斯等人认为风险是社会发展到一定阶段所必然出现的一种现象,是现代性的必然产物和后果。工业现代性促进了社会进步,但也孕育了"自我毁灭"的可能性。对于如何规避和应对风险,贝克和吉登斯表现出一种强烈的制度主义倾向。由于现代社会中的风险具有高度不确定性、隐蔽性并且其爆发具有突发性和超常规性,越来越难以把握和应对,即使掌握较多知识的专家也往往无能为力,因而他们强调应当建立一套有序的制度和规范,诸如风险预警机制、风险决策机制、安全举证机制、国家福利制度等。贝克还呼吁:"为了说明世界'风险社会',有必要行动起来,促进形成应对全球风险的'国际制度'。"③

二是风险研究的文化范式。这一范式认为"风险社会"的出现体现了人类对风险认识的加深。世界著名社会学家和文化研究专家斯科特·拉什从玛丽·道格拉斯和威尔德韦斯所著《风险与文化》一书入手,提出"风险文化"理论。拉什认为风险是被"建构"的,现代社会中实际风险并没有增加,大量增加的是人们的风险意识。风险作为一种心理认知的结果,在不同文化背景中有不同解释话语,不同群体对于风险的应对都有自己的理想图景,因此风险在当代的突显更是一种文化现象,而不是一种社会秩序。在风险文化时代,社会治理不仅仅是依靠法规条例,还要依靠高度自觉的风险文化意识,即对"风险社会"的自省与反思。因此,要走出"风险社会"的结构困境,找到应对风险的正确途径,不仅要从制度层面上来规避,而且需要建构合理的

① 张广利,等:《当代西方风险社会理论研究》,《华东理工大学出版社》2019 年 3 月版,第 23 页。
② [德]乌尔里希·贝克,等:《自由与资本主义》,浙江人民出版社 2001 年版,第 119 页。
③ 李惠斌:《全球化与公民社会》,广西师范大学出版社 2003 年版,第 296 页。

风险文化来自省。[①]

三是风险研究的系统理论范式。这一范式的代表人物是德国社会学家尼克拉斯·卢曼。卢曼是从现代社会的结构和内在机制来阐释风险来龙去脉的。他认为现代社会是一个功能不断分化的"自我指涉"系统，伴随功能分化产生了社会结构的多重复杂性和不确定性，因而现代社会的分工形式和自我塑成系统中的种种决策是风险产生的根源，而复杂性、偶然性、不可知性和不确定性已经成为现代社会的常态。虽然他没能给出规避风险的方案，但提供了一种规避风险的可能性，即提高系统反思能力，从而使社会分化的功能转移相对化，以便控制无抑制的权利和利益增长冲动。

"风险社会"研究的三种范式尽管各有优势和局限，但都从不同侧面给我们展现了西方社会的现代风险景象。"风险社会"理论虽然是针对西方资本主义社会发展出现的消极后果的一种审视和深刻反思，但在现代化、全球化与社会转型三大场景相重叠的条件下，其蕴含的风险意识、对社会风险理性全面分析以及提出的应对措施，对我们认识和应对我国当前的社会风险，有着极大的启示和借鉴意义。

然而，任何理论都有其适用边界及其前提条件。"风险社会"理论是以西方社会为本位，并在其自身的历史逻辑中展开的，其理论观点主要是以欧洲或西方社会为参照系，这就决定了该理论必然存在某些局限，并不是其所有观点都适合于对其他国家现实状况进行分析和阐释。我国作为后发赶超型国家，正以史无前例的速度步入现代社会，然而在全球化的外力推动与国家内部转型的双重驱动以及"时空压缩"的赶超发展过程中，蕴藏着大量风险。传统常规性风险、系统性风险与社会结构性风险、政策性风险及社会文化心态风险等高发频发、相互叠加与转化，这是由我国社会的基本现实所决定的，既具有"风险社会"的普遍性，又具有我国本土的特殊性。我国社会的风险有着自身的特点和生成逻辑，我们在了解、研究和借鉴西方"风险社会"理论时一定要和中国国情相结合，实现风险研究的本土化，为维护和巩固中国共产党的执政安全服务。

二、执政风险的含义、特征及其与执政危险、执政危机的区别和联系

执政党是掌握国家政权的政党。对于一个执政党来说，执政风险是其执政以后必然面临的客观存在。执政党的执政实践总是伴随着执政风险和考验，执政时间越长，面临的风险挑战就越严峻，并逐渐呈风险领域渐次增多、范围持续扩大、态势逐渐蔓延的特点。尤其在科学技术迅猛发展、全球化日益加深的背景下，执政风险问题愈加突出。20 世纪 80 年代以来，一些国家和地区长期执政的老党、大党纷纷失去执政地位，有的甚至完全瓦解，这种现象遍及欧洲、亚洲、非洲、拉丁美洲，波及不同国家、不同性质的政党，反映出当今世界已进入了执政风险的高发期。执政风险和考验在当代已成为一种世界性现象。如何应对执政风险和考验，是当今各国执政党面临的共同课题。而应对执政风险和考验的首要问题是必须对执政风险的含义、特征及与执政危险、执政危机的区别和联系有准确的把握与认知。

(一) 执政风险的含义与基本特征

1. 执政风险的含义

执政风险有广义和狭义之分，广义的执政风险包括执政党在执政过程中遇到的内、外各方

面的风险,包括政治领域、意识形态领域、经济领域、科技领域、社会领域、生态领域、国际领域、自然界以及党的建设等领域的风险。在当代社会,这些风险经过扩散和传导,最终都可能转化为动摇执政党地位的重大风险。狭义的执政风险则指执政党自身建设中的风险,包括政治建设、思想建设、组织建设、作风建设、纪律建设和制度建设等方面的风险。本书中所说执政风险是指广义的执政风险,即执政党在执政活动中遇到的内部、外部以及党的建设等多领域的风险。

对于执政风险的含义,目前国内学术界尚未形成一致的认识。王真认为执政风险"就是执政党的执政地位面临的一种可能的、潜在的危险"。[①] 舒艾香、曹庆伟认为"执政风险是指执政主体在执政过程中遭受损失和负面影响的可能性"。[②] 袁准认为执政风险"是指执政党在执政过程中所面临的经济、政治、文化、社会等因素引发的执政党认同下降或丧失执政地位的可能性"。[③] 杜艳华认为执政风险"是指政党在执政过程中所面临的与'风险社会'要素相关的,政治、经济、文化、社会等因素引发的对执政党执政权威弱化或丧失执政地位的可能性"。[④] 尽管目前学界对执政风险的定义不完全一致,但基本含义具有相通之处,都认识到执政风险的主体是执政党,执政风险是一种可能性的危险,而这种可能性是由多种因素引发的,若不能有效应对将危及执政党的执政安全甚至动摇执政地位。

通过对专家学者们观点的综合分析可以看出,执政风险是一个内涵丰富的概念,是衡量执政党执政态势和发展趋势的范畴。我们认为,执政风险是执政党在执政过程中未能有效应对各种挑战导致的可能丧失政权的危险。革命的根本问题是国家政权问题。马克思、恩格斯在《共产党宣言》中曾明确指出:"共产党人的最近目的是和其他一切无产阶级政党的最近目的一样的:使无产阶级形成为阶级,推翻资产阶级的统治,由无产阶级夺取政权。"[⑤]执政党是掌握并维护国家政权的党,将执政风险界定为导致执政党可能丧失政权的危险,就抓住了执政风险的本质。但是,执政风险也具有双重性,并不单纯意味着危险,也潜藏着发展机遇,执政党如能通过执政实践,科学、有效地应对各种困难和挑战,就可以化险为夷不断巩固执政地位,进而长期执掌国家政权。

执政风险是可能发生的影响党的执政安全、动摇党的执政地位的各种危险。从事物发展规律来看,执政地位不是一劳永逸的;执政风险是伴随执政党执政活动始终的一种现象。我们党从辩证唯物主义出发认为执政风险具有两重性,对执政风险不能被动抵御和规避,而应主动应对和防范。早在中华人民共和国成立前夕,我们党便提出了用以应对执政风险的"两个务必"并付诸社会主义革命、建设和改革开放的实践。历史和实践证明,应对和化解执政风险,必须在全党牢固树立"赶考"意识和"两个务必"思想。

2. 执政风险的基本特征

执政党的执政实践总是伴随着执政风险,执政时间越长,面临的风险挑战越多;尤其在当今世界多极化、经济全球化、科技信息化、文化多元化的背景下,执政风险问题日益突出,情况日益复杂,应对难度不断增大,执政要有效应对和化解风险,必须科学认识和把握现代执政风险具有的特点。

---

① 王真,等:《中国共产党抵御执政风险研究》,人民出版社 2011 年版,第 12 页。
② 舒艾香、曹庆伟:《中国共产党防范和抵御执政风险的基本经验》,《湖北社会科学》2007 年第 1 期。
③ 袁准,等:《中国共产党执政风险防范研究》,中国书籍出版社 2012 年版,第 2 页。
④ 杜艳华:《处于"风险"与"危险"的叠加之中——论现阶段中国共产党执政面临的考验及其应对》,《理论学刊》2014 年第 7 期。
⑤ 《马克思恩格斯选集》第 1 卷,人民出版社 2012 年版,第 413 页。

第一，执政风险具有客观性和普遍性。在人类社会生活中，矛盾是普遍存在的，无时不有、无处不在。生产力与生产关系、上层建筑和经济基础的矛盾是社会的基本矛盾，社会生产力的发展要求生产关系和上层建筑发生与之相适应的变革。在变革过程中，执政风险是一种普遍的社会历史现象。执政党在执政过程中，不仅会取得经济社会发展的良好成绩，也必然面临风险与危机的考验。执政风险具有客观性、普遍性的特点。作为一种客观存在，它是不以人们的意志为转移的，不会因否认而消失，也不会因轻视而缩小，更不会因夸大而变得无可救药。因此，执政党要维护执政安全、巩固执政地位，必须客观地承认、理性地看待、主动地应对和化解执政风险和考验。

第二，执政风险具有动态性和复杂性。马克思主义认为，一切事物都存在于运动、变化和发展过程中。同样，执政风险也是动态的，随着执政环境变化，在不同时期、不同阶段会有不同表现，形成不同领域、不同样态的执政风险，甚至重大风险。当前我国改革进入深水区和攻坚期，党面临的执政环境日趋复杂，执政风险也必将呈现出多样性和复杂性。政治、经济、社会、意识形态、党的建设、国防和外交等各方面的矛盾问题都可能演变为党的执政风险，而且各种风险容易相互叠加，形成重大风险。如果不能有效应对，小风险会演变为大风险，局部性风险会发展成全局性风险，最终影响到社会稳定和党执政地位的巩固。只有防患于未然，采取有效手段动态地防范、控制、化解执政风险，才能达到巩固执政地位的目的。

第三，执政风险具有潜在性和隐蔽性。执政风险与执政行为如影随形。然而，执政风险常常是隐性而不是显性的，往往潜藏在事物平静的表象之下。因为风险不是现实危机和灾难，而是可能性的危机和灾难，风险只有积累到一定程度，危机的可能性才发展为现实。执政风险无时不在，始终潜伏在执政党身边。其特征也具有明显不确定性，在多种因素作用下不断发生变化。执政风险受历史、文化、政治、经济、外部环境等诸多因素影响，在一定条件下可能由潜在因素转变成为现实危险。如果执政党尤其是长期执政的党丧失忧患意识，沉醉于辉煌发展成就之中，被歌舞升平的假象所迷惑而丧失对执政风险的警觉，必将导致政怠患成、人亡政息。长期执政的苏联和东欧执政党以及墨西哥革命制度党等，正是在其执政过程中因忽视执政风险的潜在性和隐蔽性，对其缺乏积极防范和主动应对，造成政治、经济、文化、社会等各种矛盾不断累积，执政党的惰性不断增长，最终导致了丧失政权的悲剧。

第四，执政风险具有突发性和传导性。在当代社会，各种矛盾错综复杂，执政党通常会因为某些偶然因素而引发的矛盾冲突面临风险，且风险的后果在时间、地点和人群上都是难以预测和控制的。这些风险虽说是政党执政面临的普遍问题，但其成因及演化过程都包含较多不确定性，往往具有突发性强、变化性快等特点。风险一旦发生，很快会在经济、政治、社会等各个领域相互传导、相互影响、相互激发，形成风险"集群"，扩大风险面，提高风险度，甚至波及、蔓延到其他国家，形成所谓"多米诺骨牌效应"。执政党在突发风险面前，如果能果断决策、迅速行动、控制局势，则能转危为安；如果手足失措、自乱阵脚、应对失当，则会使事态扩大，统治地位易手。比如突尼斯的"茉莉花革命"就是典型的例证。2010 年 12 月 17 日，突尼斯中部城市的一名失业青年自焚身亡，迅即引发当地民众上街游行表达对政府的不满。游行示威迅速蔓延至全国，时任总统本·阿里在试图镇压未果后，举家出走海外，标志着突尼斯政治彻底变天，有 91 年历史、执政 54 年的突尼斯宪政民主联盟随着党主席本·阿里的逃亡分崩离析，迅速解散。相同或相似的文化背景、语言环境及社会状况使得突尼斯动乱迅速蔓延至其他阿拉伯国家，"茉莉花革命"激发了埃及、利比亚、也门、叙利亚、阿尔及利亚等国的抗议运动，并呈星火燎原之势，最终导致埃及穆巴拉克总统下台、也门"萨利赫时代"落幕、利比亚卡扎菲倒台，以及西亚北非地区的持续动荡。

第五,执政风险具有双重性和可化解性。执政风险是介于执政安全与执政危机之间的一个特定中间状态,表明的是执政党执政行为产生后果的不确定性,执政风险并不必然导致执政危机。我们说投资有风险,并不是说投资一定会失败,失败只是其中一种坏的后果;如果投资者运作得好,也有可能成功。因而执政风险是具有双重性的,它不仅存在消极的一面,也存在积极的一面。作为一种潜在的威胁,它在一定条件下可能转变为执政危险,形成执政危机;但另一方面,因为它与执政行为相伴而生,它的存在可以使执政党始终保持清醒头脑,做到防微杜渐,警钟长鸣,进而科学应对。

同时,执政风险也是可化解的。唯物辩证法认为,客观事物内部及相互之间都存在着必然联系,事物的发展都是有内在规律的。和任何事物一样,执政风险的产生发展,也是与一定的内外部条件相联系,以一定的时间地点为转移,把握了执政风险产生发展的条件和规律,就掌握了科学应对的主动权。执政者如能审时度势,不断加强自身建设,不断优化执政方式,提高执政能力,制定科学有效的战略战术,加强对各种风险源的调查研判,提高动态监测、实时预警能力,推进风险防控工作科学化、精细化,对各种可能的风险及其原因都做到心中有数、对症下药、综合施策,出手及时有力,就能把风险化解在源头,进而巩固执政地位,做到长期执政。

(二) 执政风险的主要类型

执政风险是一种具有复杂多样性的客观存在。风险发生的背景、原因、存在形式往往呈现出复杂多样性的特点。它可能来自自然界,也可能来自人为因素;它可能体现于国际间的不平等关系,也可以表现为社会内部不平等的个体化,以及人类生产和生活各个领域矛盾的激化。它是经济、政治、文化、社会、人与自然关系、外部环境,以及执政党自身的诸多矛盾的综合反映。从类型学上将执政风险划分为不同类型,其意义在于凸显不同风险在社会生活中生成和发生作用的差异,在区分和比较的基础上深化社会风险研究。由于区分标准各异,因而执政风险可以划分为不同的类型。

1. 按照执政风险的结构可以划分为局部风险和全局性风险

一是局部风险。局部风险是指执政党在执政过程中遇到的某一区域、部门或系统发生的风险。比如贵州瓮安县"6·28"事件、吉化"11·13"特大爆炸事故、重庆开县"12·23"特大井喷事故、温州老板"跑路"事件、"7·23"甬温线动车事故、天津瑞海公司危险品仓库爆炸事故以及 2019 年中国香港修例风波等。2011 年 4 月份起,温州中小企业老板因还不起债而"跑路",从而引发中小企业倒闭潮,让温州草根式的金融信用体系被打破,民间借贷崩盘;2011 年 7 月 23 日发生的甬温线特别重大铁路交通事故,曾给铁路系统造成严重负面影响;2015 年 8 月 12 日发生的天津市滨海新区天津港国际物流中心区域内瑞海公司危险品仓库爆炸事故,造成 165 人遇难、8 人失踪、798 人受伤、304 幢建筑物、12 428 辆商品汽车、7 533 个集装箱受损,直接经济损失 68.66 亿元,给人民生命财产造成巨大损失;尤其是从 2019 年 6 月开始持续数月的香港动乱、暴乱,严重破坏了我国香港地区的正常社会秩序,对经济社会发展和人民生产生活造成了巨大影响,这些都属于我们党在领导改革开放和社会主义现代化过程中遇到的局部风险。

二是全局性风险。全局性风险是指执政党在执政过程中遇到的影响党和国家全局的整体性、系统性风险。比如我国 1958 年的"大跃进"运动,以及从 1959 年至 1961 年发生的"三年自然灾害"等。今天,我们党在推进改革开放和社会主义现代化的进程中面临的贫富差距拉大和利益关系调整问题，人口老龄化问题，生态环境污染问题，党员干部信仰信念动摇问题，党内滋生严重的消极腐败现象等都是可能对党和国家事业造成整体性、系统性影响的全局性风险。尤其是我们党能否加快推进供给侧结构性改革，解决好去产能、去库存、去杠杆、降成本、补短板五大任务，解决好实体经济结构性供需失衡、金融和实体经济失衡、房地产和实体经济失衡等问题，真正实现发展方式转变和经济的高质量发展，更是直接影响到中华民族伟大复兴能否实现的全局性风险。

全局性风险是直接影响执政党地位的整体、系统风险，执政党应该树立大局意识，"防患于未然"，积极主动加以防范和应对。同时对于局部风险也要高度重视，如果局部风险不能得到有效化解，通过放大和传导可能变为系统性和全局性风险。毛泽东在研究战略学、战役学和战术学关系时对局部与全局关系有过专门论述，他指出："战争中有些战术上或战役上的失败或不成功，常常不至于引起战争全局的变坏，就是因为这些失败不是有决定意义的东西。但若组成战争全局的多数战役失败了，或有决定意义的某一两个战役失败了，全局立即起变化。"此外，他还认为有的局部会对全局起决定性作用。① 这一论述对我们当前正确对待局部风险和全局性风险仍有重要现实意义。在实际工作中高度重视全局性重大风险同时，对局部风险也要及时予以化解，防止个别局部的风险转化为系统性、全局性重大风险。

2. 按照执政风险的来源可以划分为内源性风险和外源性风险

一是内源性风险。主要指因执政党自身建设及治国理政能力方面的问题引发的风险。如党的政治方向、政治立场方面的问题，思想路线、意识形态方面的问题，党风廉政以及党与人民群众的关系问题，党治理国家的制度体系及治理能力方面的问题，党的组织状况以及干部选拔任用方面的问题，党的纪律是否严明以及党是否具有凝聚力、向心力、战斗力的问题等等，这些问题直接关系党的执政成效，关系人心向背，关系党的生死存亡，是执政风险产生的内部因素，亦称内源性风险。

二是外源性风险。外源性风险主要指由执政党外部因素引发的风险。如国内外经济金融问题，国内外政治风波引发的社会动荡问题，不良社会思潮泛滥、主流价值观动摇导致的大众精神迷失、思想颓废、道德滑坡问题，环境污染、自然灾害、疫病暴发导致的社会恐慌问题，暴力恐怖势力、民族分裂势力、宗教极端势力对我国和平环境的破坏问题，西方敌对势力的意识形态渗透及对我国的西化、分化问题，外部势力对我国内政的干预及对我国领土、领海、领空的侵犯问题等等。这些问题关系到人民福祉、国家安危，更关系到党的执政安全和执政地位的巩固，是产生执政风险的外部因素，亦称外源性风险。

根据辩证唯物主义原理，内源性风险是执政党面临的主要风险，它规定着执政风险演化的基本过程和方向，外源性风险通过内源性风险起作用。但我们在肯定内源性风险的主导作用同时，还要看到内源性风险与外源性风险是相互作用、相互影响的，要看到外源性风险对党自身建设的影响及对执政风险发展演化的重大作用。比如市场经济的逐利性对党的性质和宗旨的影响，西方社会思潮和极端利己主义对党员干部理想信念的影响等等。内源性风险和外源性风险统一于执政党的执政过程之中，在动态运动中共同构成了执政党的执政风险。

3. 按照执政风险的表征形式可以划分为显性风险和隐性风险

一是显性风险。显性风险是指执政党在执政过程中遇到的有显著外在特征的风险。这种风险通常能够大体预测其基本走向、危害对象与程度。比如经济泡沫的风险往往会通过投资

① 《毛泽东选集》第 1 卷，人民出版社 1991 年版，第 175—176 页。

过热、物价上涨、生活成本非理性增加等明显可见的现象表现出来。目前在我国经济领域,企业债务杠杆、房地产泡沫、民营企业家信心缺失、制造业面临的困难,以及贫富差距等问题,都是很可能引发系统风险的"灰犀牛"。我们必须高度警觉,妥善处置。如果对这些显性风险抱有侥幸心理,而不是预先采取有效的措施去着力解决,致使经济严重滑坡,人民群众生活受到较大影响,经济领域的风险很快会传导到政治领域,导致党政治信任的流失,甚至执政地位的丧失。

二是隐性风险。隐性风险是指执政党在执政过程中遇到的并无明显的外在特征、具有隐蔽性的风险。这类风险具有 3 个特点:其一,初始变动的隐蔽性,系统中的微小变化不易被察觉;其二,过程的偶然性,变动过程并不是直线型的,而是掺杂一系列偶然因素的连锁反应过程;其三,结果不确定性,正是由于这种非线性运动过程导致危害后果的不确定。比如,在和平年代,经济长期稳定发展,社会没有发生大的动荡,执政党在主客观因素作用下逐步忘记初心,背离党的宗旨,丧失理想信念,脱离人民群众,滋生严重消极腐败现象,使得政权性质发生变化,甚至改旗易帜。这种风险的传递与运动经常是潜在的、不知不觉的,既不能预测风险发生的大致时间,也难以预言其危害程度,甚至风险存在于何处,持续时间多长都无法预料。一般意义上,隐性风险的社会危害性更大更强,一旦发生将对经济发展和社会稳定造成严重后果。

隐性风险和显性风险也是相对的,是可以互相转化的。在条件具备的前提下,隐性风险可以逐步生成显性风险,对显性风险的治理也并不能彻底消解风险,通常会以隐患的形式转换为隐性风险。当前存在的显性风险有的是以前就存在的,或者是长期努力解决但还没有彻底解决的,或者是隐性风险呈现的新形式。

4. 按照执政风险的分布领域可以划分为政治、经济、文化、社会、科技、自然、国际关系和党的建设等领域的风险

不同领域风险既可能单独出现,也可能同时发生。在经济全球化和社会快速变革的背景下,执政党面临政治、经济、文化、社会、科技、自然、国际关系、党的建设等领域的全方位风险,单一领域的执政风险若得不到及时控制,则会引发所谓的"多米诺骨牌效应",使得风险迅速扩散和放大,危及执政党执政地位的巩固。比如,金融风险会造成资本贬值,引发经济危机、社会冲突,侵害人民群众的利益,最终会转变为后果严重的重大风险。执政是有规律的、连续的,是可以把握且有所遵循的,是一种客观的、可能的现实逻辑,这种现实逻辑是复杂的、动态的,并且是逐步展开才能显现出来的。因而,执政风险也是可以认识和应对的,执政党如能长存戒备之心,出手及时有力,方可有效应对和化解执政风险。

(三) 执政风险与执政危险、执政危机的区别和联系

在研究应对执政风险的过程中,经常会接触到执政危险、执政危机等概念,那么执政风险与执政危险、执政危机有没有区别呢? 一些学者往往把执政风险、执政危险与执政危机混淆,这是不够严谨的。那么执政风险与执政危险、执政危机的含义究竟有什么区别和联系? 我们只有准确把握相关概念的内涵和外延,对其加以科学界定,才能深入研究如何防范和应对执政风险特别是重大风险的问题。

1. 执政危险的含义

执政危险的概念是由"危险"派生而来的。什么是危险? 中国社会科学院语言研究所编著的《现代汉语词典》的释义为"遭到损害或失败的可能性",如路上遇到危险。[1] "危险"的基本

---

[1] 中国社会科学院语言研究所:《现代汉语词典》(第 7 版),商务印书馆 2016 年版,第 1357 页。

含义是"损害或失败的可能"，是与"安全"相对应的。我们认为，由"危险"一词派生的"执政危险"是执政党在执政过程中遇到的关乎执政地位丧失的现实威胁。当前，中国共产党执政面临的最大危险，就是由自身精神懈怠、能力不足、脱离群众、消极腐败的危险所导致的对其执政合法性的削弱，以及对执政根基的损害和执政地位的威胁。①

2. 执政危机的含义

执政危机的概念是由"危机"派生而来。什么是危机？中国社会科学院语言研究所编著的《现代汉语词典》的释义主要有两点：一是"潜伏的危险，例如危机四伏"；二是"严重困难的关头，例如经济危机"。② 我们认为，对于执政党来说，所谓"执政危机"就是指执政党在执政过程中遇到的生死成败的紧要关头。如1989年春夏之交我国出现的政治风波，1989至1991年苏联东欧剧变等。在1989年春夏之交我国政治风波中，我们党深刻分析了动荡的原因和走向，审时度势，及时应对，粉碎了敌对势力图谋，维护了国家安全和党的执政地位，进而保证了经济社会的长期稳定发展。而在苏联东欧国家出现的党的执政危机则导致了另一番景象。1989年开始，最先在波兰人民共和国出现政治动荡，后来扩展到德意志民主共和国、捷克斯洛伐克、匈牙利人民共和国、保加利亚人民共和国、罗马尼亚社会主义共和国等国家，最终以1991年苏联解体告终。在这一系列事件中，由于这些国家的原执政党在事关党和国家生死成败的紧要关头应对危机不力，丧失了执政合法性，最终都丢掉了政权。

3. 执政风险与执政危险、执政危机的区别和联系

经过分析可知，执政风险、执政危险、执政危机三个概念各有特定的内涵，既有明显区别，也有必然联系。

第一，执政风险、执政危险、执政危机三者相互区别。执政风险是指执政党在执政过程中可能发生的危险，执政危险是执政党在执政过程中遇到的关乎执政地位丧失的现实威胁，而执政危机则是指执政党在执政过程中遇到的生死成败的紧要关头。从三者的含义来看区别是非常明显的，各自拥有不同的内涵和外延。执政风险是表明执政党在处理某一事物时可能出现两种及以上结果。如果某一事物只有一种结果那就不存在风险了。应该说自然灾害的后果多数都是具有危害性的，但人类抗击自然灾害的斗争本身则是风险事件。在风险事件中执政党要充分发挥优势和主观能动性，使事物向好的方向发展，争取好的结果，避免事物向坏的方向发展。如果执政党在处理某一事物时出现了失误，导致事物出现了坏的趋向，而且该趋向有加剧的可能，事物的性质就起了变化，那就是执政危险了，执政风险与执政危险往往只有一步之遥，有时甚至处于叠加状态。在执政危险出现时，执政党应高度警觉，采取果断措施积极应对，以便化解危险，避免事态进一步恶化。如果事物进一步向坏的方向发展，就会导致执政危机。执政风险、执政危险、执政危机是执政党在领导和治理国家过程中的三种不同境遇，是一种历时性状态。

第二，执政风险、执政危险、执政危机三者相互联系。唯物辩证法认为，可能是和现实相对立的范畴。可能的东西是当前并不存在而在将来可能出现的东西，可能与现实是截然不同的，它往往作为一种苗头、萌芽或因素存在于现实之中。各种事物或现象的变化和发展，都是从可能到现实的变化和发展的。同时，可能和现实在一定条件下是相互转化的，可能可以向现实转化，现实又可以向新的可能转化。显然，执政风险与执政危险是一对表明可能与现实的矛盾关

① 杜艳华：《处于"风险"与"危险"的叠加之中——论现阶段中国共产党执政面临的考验及其应对》，《理论学刊》2014年第7期。

② 中国社会科学院语言研究所：《现代汉语词典》（第7版），商务印书馆2016年版，第1357页。

系,而执政危险与执政危机也是一对表明可能与现实的矛盾关系。从执政风险到执政危险再到执政危机具有梯次升级的密切联系。

首先,相对于执政风险来说,执政危险是可能,执政风险是客观存在,具有客观的现实性。但执政风险的结果具有不确定性,从执政风险到执政危险并不遥远。正如贝克所说:"在风险状况中,可以说日常生活中的事物可能在一夜之间就变成带来危险的'特洛伊木马'。"①执政风险如果得不到有效应对,在一定条件下,可能瞬间变成执政危险;但如果处理得好,执政风险也可以转化为执政能力,从而减少执政危险。在改革开放的过程中,我们党除了要应对来源于政治、经济等领域的风险外,还经常遇到意外的突发事件,如工矿商贸事故、铁路交通和民航交通事故、传染病事件、食品安全事件等等。回顾历史可以发现,我们党在应对各种风险过程中常有两种情况发生:第一种情况是通过应对一些意外的突发事件,包括自然灾害和人为事件,党的执政能力得到了提升,或者加强了同群众的联系。例如,党在应对 1998 年特大洪水灾害、2003 年非典型肺炎(简称"非典")、2008 年 5 月汶川大地震、2010 年 4 月青海玉树地震等一些特大自然灾害中,都表现了快速反应能力和组织协调能力,以及凝聚人心的能力,从类似事件的处理中,我们党不仅有效化解了这些突发事件带来的执政风险,维护了社会稳定,同时随着风险的化解,也提升了党的公信力,进一步密切了党群关系。第二种情况是:某些地方党委、政府在处理一些突发、意外事件时,不仅没有很好地消除风险,反而使风险变成了执政危险。例如,在贵州瓮安县"6·28"事件发生后,一些党政干部不作为、工作不到位,酿成了严重社会动乱,出现打砸抢烧突发事件,导致干群关系、警民关系紧张,一度出现了局部执政危险。事实证明,执政党如能有效应对执政风险,就可以防止执政风险转化为执政危险,不仅如此,还可以化危为机,巩固执政地位。如果处理风险事件不当,则会导致事态扩大,使执政风险发展为执政危险,其结果将会动摇党的执政基础。对此,我们应该有清醒认识。

其次,相对于执政危险来说,执政危机是可能,执政危险是现实。执政危险潜在包含着执政危机的苗头、萌芽或因素;应对得好可以转危为安,应对不好将导致执政危机,使执政党走向生死关头;执政党在面临生死关头时,如能沉着冷静、有效应对可以保住政权,否则将有可能亡党亡国。苏联共产党在 74 年的执政历程中,严重忽视党的建设。一方面,由于体制的僵化和干部队伍的固化,使事实上的干部终身制得以确立;另一方面,选拔干部任人唯亲,并给以各种对社会其他阶层保密的额外待遇。这样便形成了一个具有特殊利益、却与群众越来越疏远的既得利益阶层。他们享有各种各样的特殊权力,如特供权、特教权、特支权、宅第权、用车权等。拿宅第权和用车权来讲,从中央到地方的各级高官均有一处或几处别墅,一辆至几辆轿车。"在乌兹别克斯坦共和国的第二大城市撒马尔罕,各类领导人人均拥有 2 处至 5 处住宅,其中包括在城郊。他们个人可使用的轿车平均 5 辆"。② 苏联领导人勃列日涅夫的人数不算太多的家庭"仅在莫斯科郊区就拥有 8 座别墅"。③ 他拥有的轿车"可以办一个小型高级轿车的博览会"。④ 在他女儿加林娜结婚时,勃列日涅夫不仅送给她一幢装修豪华的公寓和一幢宽敞的郊区别墅,还从自己收藏的小轿车中送给她一辆捷克的斯柯达牌轿车和一辆轻型的法国雷诺汽车。尽管如此,这个既得利益阶层并不因享有广泛的特权而满足,他们还以种种方式大肆侵吞国家财产。在乌兹别克共和国腐败的事实令人发指:在一起贪污大案中,从共和国的党中

---

① [德]乌尔里希·贝克:《风险社会》,译林出版社 2004 年版,第 62 页。
② [俄]阿·切尔尼亚耶夫:《在戈尔巴乔夫身边六年》,世界知识出版社 2001 年版,第 14 页。
③ [俄]罗伊·麦德维杰夫:《人们所不知道的安德罗波夫》,新华出版社 2001 年版,第 318 页。
④ 吴伟:《勃列日涅夫传》,世界知识出版社 1997 年版,第 310 页。

央书记、部长会议主席到基层党的数名书记、政府官员,贪污总金额达 20 多亿卢布。① 实事求是地讲,勃列日涅夫之后的苏联共产党已经出现了严重的执政危险,但也并非无药可治。尽管党的高层干部中有相当一部分已被腐蚀,党的肌体受到了很大损害,但广大基层党组织和党员、党的上层中的健康力量仍然是忠诚于社会主义事业的。如果党能够有效应对面临的执政危险,沿着正确的方向改革,兴利除弊,苏联绝不至于走向绝路。然而戈尔巴乔夫上台后,却选择了一条错误的道路,大肆推行"人道的、民主的社会主义",鼓吹历史虚无主义,主张公开性、民主化和意识形态多元化,否定党的领导,否定党的历史和马克思主义在意识形态领域的指导地位,导致整个社会经济危机、思想混乱、政治动荡,使执政党由执政危险走向执政危机,进而导致亡党亡国的悲剧。

准确认识和把握执政风险、执政危险、执政危机三者的区别和联系,对于执政党的认识活动和实践活动具有重大的意义,为执政党在应对执政风险和执政危险的实践中正确地发挥主观能动性,避免出现执政危机提供了依据。在社会发展过程和有人的作用干预的自然发展过程里,人的主观能动性起着重要作用。同时,可能向现实的转化是有条件的,条件如何变化,在很大程度上取决于人的主观努力,这就为人的活动提供了自觉选择的余地。由于世情国情党情不断变化,执政党在执政过程中出现执政风险、执政危险在所难免。如果执政党在执政风险面前积极作为而不是被动应付,就可以避免由执政风险尤其是重大风险走向执政危险;一旦出现了执政危险一定要下大力气去解决,避免事态走向极端,从执政危险走向执政危机,以致动摇党的执政地位。

第二节　重大考验的含义、特征及其与重大风险的区别和联系

习近平总书记在十九大报告中指出:"要深刻认识党面临的执政考验、改革开放考验、市场经济考验、外部环境考验的长期性和复杂性。"②2020 年在武汉市考察新型冠状病毒感染疫情(以下简称新冠疫情)防控工作时习近平总书记又指出,这次新冠疫情防控,"是对治理体系和治理能力的一次大考"。③ 我们党在执政实践中历来十分重视面临的重大风险和考验。那么,重大考验的含义是什么? 重大考验与重大风险有什么区别和联系? 厘清基本概念的含义及与相关概念的区别和联系,是我们进一步深入研究和有效应对我们党面临的重大风险和考验的基本前提。

一、重大考验与执政考验的区别和联系

(一) 重大考验的含义和特征

1. 重大考验的含义

什么是重大考验? 根据中国社会科学院语言研究所编著的《现代汉语词典》的释义,重大指"大而重要"。④ 本书所说重大考验,是指中国共产党面临的考验中大而重要的考验。重大

① 刘战:《实践"三个代表"巩固执政地位》,中共中央党校出版社 2001 年版,第 281 页。
② 《习近平谈治国理政》第 3 卷,外文出版社 2020 年版,第 48 页。
③ 习近平:《毫不放松抓紧抓实抓细各项防控工作,坚决打赢湖北保卫战武汉保卫战》,《人民日报》2020 年 3 月 11 日。
④ 中国社会科学院语言研究所:《现代汉语词典》(第 7 版),商务印书馆 2016 年版,第 1702 页。

考验既具有执政考验的一般特点，又具有自身的突出特征。

2. 重大考验的突出特征

重大考验的突出特征主要有两个方面。一是大，在复杂多变的国内外环境下，我们党面临的考验既包括经济建设、政治建设、文化建设、社会建设、生态文明建设方面的考验，也包括国家安全、国防军队建设、祖国统一、大国外交方面的考验，重大考验特指影响巨大、事关全局的考验。二是重要，重大考验是事关人民幸福安康、执政党兴衰存亡、国家长治久安的考验。

重大考验与执政考验具有密切联系。执政考验一词是由考验一词派生而来的，因而，我们要应对党执政过程中的重大考验，必须对考验、执政考验等概念的含义进行界定并把握执政考验的基本特征。

(二) 执政考验的含义与特征

1. 执政考验的含义

执政考验概念派生于考验一词，那么什么是考验？中国社会科学院语言研究所编著的《现代汉语词典》的释义为"通过具体事件、行动或困难环境来检验（是否坚定、忠诚或正确等）"。[①]我们认为，执政考验是指通过治国理政的实践考查、检验执政党是否在执政过程中，既创造了良好业绩又保持了性质、宗旨和本色。

执政考验的含义有广义和狭义之分。广义的执政考验是指执政党在治国理政活动中面临的各种考验，如政治建设、经济建设、文化建设、社会建设、生态文明建设方面的考验，以及改革开放考验、市场经济考验、外部环境考验等，这些考验中任何一个方面考不及格，都会给党的执政活动带来巨大风险。狭义的执政考验是指执政党自身在长期执政过程中面临的考验，如能否做到实事求是、理论联系实际；保持党的团结，坚持党的民主集中制；廉洁清正，保持党和人民群众联系；立党为公、执政为民，全心全意为人民服务；能否在复杂的内外环境中抵制腐朽思想诱惑，做到拒腐防变，保持党的政治本色等。这些都属于执政考验中大概率会面临的挑战。本书中的重大考验是指广义的执政考验，即执政党在治国理政活动中面临的各种考验。

2. 执政考验的主要特征

执政党从登上执政舞台的第一天开始就面临着执政考验，这种考验每时每刻都在进行，并伴随执政党执政活动的始终。中国共产党既是执政党、领导党，更是一个使命党。党的近期使命是要实现社会主义现代化和中华民族的伟大复兴，远大理想是要实现共产主义社会制度。实现中华民族复兴，进而实现共产主义理想，需要几代人、十几代人，甚至几十代人坚持不懈的奋斗。而我们现在还处于社会主义初级阶段，要实现党的使命，尽管前途是光明的，但道路是曲折的。我们党必将走一条前人没有走过、荆棘丛生、泥泞坎坷的道路，前进的道路上必然充满风险挑战、甚至会遇到狂风暴雨的考验。因而，对于中国共产党来说，执政考验具有长期性、复杂性、严峻性、多样性。

(1) 执政考验具有长期性

我国目前尚处于社会主义初级阶段，这个初级阶段不是泛指任何国家进入社会主义都会经历的起始阶段，而是特指在我国生产力落后、商品经济不发达条件下建设社会主义必然要经历的特定阶段，大约需要 100 年时间，即从 1956 年社会主义改造基本完成到 21 世纪中叶社会主义现代化基本实现的整个历史阶段。社会主义初级阶段的根本任务是发展社会生产力，实

---

① 中国社会科学院语言研究所：《现代汉语词典》(第 7 版)，商务印书馆 2016 年版，第 733 页。

现社会主义现代化。因此,必须实行改革开放,发展社会主义市场经济。而受市场经济的逐利性、改革的复杂性、开放过程中西方资本主义腐朽思想的影响,一些意志薄弱的党员干部难免会滋生个人主义、拜金主义、享乐主义,进而影响党的先进性和纯洁性。习近平总书记指出:"党的先进性和党的执政地位都不是一劳永逸、一成不变的,过去先进不等于现在先进,现在先进不等于永远先进;过去拥有不等于现在拥有,现在拥有不等于永远拥有。"[1]如果党经受不住长期执政考验,就会被人民所抛弃。能否保持先进性和纯洁性是人民群众衡量执政党是否合格的尺子。党要保持先进性和纯洁性,实现长期执政,就必须保持时刻警惕,长期接受来自人民的考验,务必保持谦虚谨慎、不骄不躁、艰苦奋斗的作风,这样执政党才能长期得到人民拥护和支持。

（2）执政考验具有复杂性

我国的现代化不是早发内生型现代化,而是后发外生型现代化,是在面临外敌入侵、外部现代性挑战的情况下被迫启动的。[2]我国现代化过程具有时空高度压缩的特点,与西方国家现代化过程中矛盾的历时性存在不同,传统与现代兼具的社会形态使得我国现代化过程中农业社会、工业社会和后工业社会的历时性问题和矛盾呈现共时性存在的格局,使现代化过程中的矛盾本身极具复杂性。我国现代化实行追赶型战略,旨在提供经济的快速发展以改变社会落后状况,从而引导社会稳定有序地实现全面现代化。因而,一段时期以来,在以经济建设为中心和强调效率优先的背景下,我国曾持续强化在资源相对有限这一重大约束下的非均衡发展,包括城乡、区域之间和人群之间的一系列差异化的资源供给和保障提供。从实现效果来看,这种相对粗放型的发展模式在带来显著经济效率的同时,也制造了各种复杂的经济社会问题,包括严峻的环境污染、生态失衡、资源约束、权力腐败、收入分配扩大等矛盾和问题。

党的十八大以来,以习近平同志为核心的党中央科学判断国内外形势,深刻分析我国经济社会发展实际,提出我国社会主要矛盾已由人民日益增长的物质文化需要同落后的社会生产的矛盾,转变为人民日益增长的美好生活需要和不平衡不充分的发展之间的矛盾,必须坚持以人民为中心的发展思想,[3]推动经济高质量发展,促进区域、城乡和不同群体之间平衡发展,逐步实现全体人民共同富裕。进而指出我国正处在转变发展方式、优化经济结构、转换增长动力的攻关期,结构性、体制性、周期性问题相互交织,经济下行压力加大。同时,世界经济增长持续放缓,仍处在国际金融危机后的深度调整期,世界大变局加速演变的特征更趋明显,全球动荡源和风险点显著增多,我国发展面临的内外环境更加复杂。我们必须增强忧患意识,积极推进具有新的历史特点的伟大斗争。我国社会主义现代化过程的长期性以及与之相伴的各种矛盾的复杂性以及党的执政环境的复杂性,必然使我们党面临的执政考验具有特殊的复杂性。

（3）执政考验具有严峻性

执政以前,我们党长期处于被统治、被屠杀、被围剿的地位,尽管敌人的屠刀砍下了无数先烈的头颅,但是中国共产党人是斩不尽、杀不绝的。他们揩干了自己身上的血迹,掩埋好同伴者的尸体,又继续带领人民英勇奋斗。历史雄辩地证明,中国共产党人经得起血与火的考验。掌握全国政权以后,我们党的地位发生了根本性的变化,同时也面临着执政的考验。如果说战争年代对党的考验主要是刀枪的威胁,那么执政以后考验我们党的则主要是各种"政治病毒"的侵蚀。尤其是在改革开放后,在发展社会主义市场经济的新形势下,我们党面临着迷失改革

① 《习近平谈治国理政》第 1 卷,外文出版社 2014 年版,第 367 页。
② 孙立平:《后发外生型现代化模式剖析》,《中国社会科学》1991 年第 2 期。
③ 中共中央党史和文献研究院:《十九大以来重要文献选编》(上),中央文献出版社 2019 年版,第 14 页。

方向,偏离社会主义道路;失却社会公平正义,出现两极分化,动摇阶级基础;在市场经济逐利性和西方腐朽思想影响下,把商品交换原则运用到党内来,搞权钱交易、以权谋私、出现权力腐败的危险等等。尽管这些问题不像刀枪的威胁那样明显而引人注目,然而其对于党的危害绝不亚于刀枪。并且正因为这些问题不引人注目,往往使得我们党内的一些同志失去警惕,丧失斗志。有些党员曾经在敌人的枪林弹雨中胜利地走过来了,然而却在商品经济利益的侵蚀下堕落、倒下了。

量变与质变规律告诉我们:量变是质变的必要准备,质变是量变的必然结果。对任何一个党员干部来说,当他的思想被污染侵蚀到一定的程度,就必然会转化为本质上的堕落;对于一个政党来说,当其内部的消极腐败现象达到了一定程度、蜕化变质的党员干部达到了一定数量时,就必然意味着党的主体的腐朽,就必然会被人民抛弃,甚至被赶下执政舞台。由此可见,我们党所面临的执政考验,对于每一个党员干部乃至整个党的考验都是十分严峻的。因此,作为一个以实现社会主义现代化和中华民族伟大复兴为己任的执政党,必须清醒而正确地认识党面临的考验的严峻性,勇敢直面和主动应对这些考验,不忘初心,牢记使命,不辜负广大人民群众的信任和拥戴。

(4)执政考验具有多样性

在中国,"党政军民学,东西南北中,党是领导一切的"。[①] 党的领导是全面领导,横向到边,纵向到底。中国共产党不仅要领导从中央到地方的各级、各类组织机构和人员,而且要领导政治、经济、文化、科技、社会、生态文明、国防各个领域的发展,还要领导党的建设、改革开放、对外关系和社会主义现代化建设发展的全过程。党的责任重大、使命艰巨。因而,党面临的考验不是单方面、个别领域的考验,而是全方位、多样化的考验,比如党在长期执政的过程中,如何自觉按照执政规律执掌国家政权,运行国家权力,做到科学执政、民主执政和依法执政,进而跳出历史周期律的问题;在改革开放方面,党如何正确处理改革发展稳定的关系,如何处理解放思想与实事求是的关系、顶层设计和摸着石头过河的关系,如何处理公正和效率的关系,切实维护公平正义,使广大人民共享改革开放成果的问题;在发展市场经济方面,如何正确处理市场在资源配置中的决定作用和更好发挥政府宏观调控作用的问题,如何克服市场经济自发性、盲目性发展的弊端,实现平衡协调发展,避免区域差距、城乡差距,尤其是不同群体收入差距持续拉大的问题,如何克服市场经济逐利性带来的个人主义、拜金主义、享乐主义对党风和社会风气的毒化问题;在处理与外部环境的关系方面,如何正确处理独立自主与扩大开放的关系,在坚决维护国家主权、安全、发展三大核心利益的同时加强对外交流合作的问题,如何在贸易保护主义、排外主义猖獗,西方发达国家遏制我国发展,国际科技交流合作受阻的背景下,化不利为有利,拓宽外资外贸和科技交流合作渠道,为我国经济社会发展创造良好的外部环境问题等。这些都是我们党在当前和今后一个相当长的时期内面临的多样化的重大考验。

(三)重大考验的主要类型

重大考验从不同的角度、按照不同的标准可以划分为不同的类型,比如按照时间长短可以划分为短期考验与长期考验;按照重要程度可以划分为一般考验与重大考验;按照不同领域可以划分为政治领域考验、经济领域考验、文化领域考验、社会领域考验、生态文明领域考验、自然界领域考验、国防领域考验、外交领域考验、党的建设领域考验等;按照不同方面可以划分为

---

① 《习近平谈治国理政》第3卷,外文出版社2020年版,第16页。

执政方面的考验、改革开放方面的考验、市场经济方面的考验、外部环境方面的考验等。不同领域的考验与不同方面的考验是纵横交错的。执政方面的考验、改革开放方面的考验、市场经济方面的考验、外部环境方面的考验贯穿于政治、经济、文化、社会、生态文明、抗击自然灾害、国防、外交、党的建设各个领域之中,将伴随改革开放的全过程。

1. 按照时间长短可划分为短期考验与长期考验

(1) 短期考验

短期考验是指执政党在相对较短的某个时间段或某个时期经受的考验,比如我们党在执政初期在全国范围内开展的农业、手工业和资本主义工商业的社会主义改造;1959 至 1961 年克服和战胜"三年自然灾害"的斗争;1976 年应对唐山大地震和 2008 年抗击汶川地震的斗争;1997 年下半年应对亚洲金融危机冲击和 2008 年应对国际金融危机严重冲击的斗争;1998 年百万军民战胜特大洪水的斗争等。我们党在应对这些在特定时间内出现的国内外挑战的过程中,不仅经受了严峻的考验,也提升了党的执政能力。

(2) 长期考验

长期考验是指在一个相对时间较长的时期或伴随执政党执政活动始终的考验,比如实现社会主义现代化和中华民族伟大复兴的中国梦,最终实现共产主义理想,是我们党矢志不渝的奋斗目标。这个目标的实现,必然会面临一系列长期、复杂的考验。我们进行的政治领域、经济领域、文化领域、社会领域、生态文明领域、国防领域、外交领域、党的建设领域的改革都是长期的,因而我们党面临的执政考验、改革开放考验、市场经济考验、外部环境考验也都是长期的。

2. 按照重要程度可划分为一般考验与重大考验

(1) 一般考验

一般考验是指执政党在日常执政活动中经受的考验,比如共产党员能否树立正确的世界观、人生观、价值观;在日常工作中能否做到坚持公私分明、先公后私、克己奉公,坚持崇廉拒腐、清白做人、干净做事,坚持尚俭戒奢、艰苦朴素、勤俭节约,坚持吃苦在前、享受在后、甘于奉献;党员领导干部能否树立正确的事业观、名利观、交往观、亲情观、进取观,做到面对大是大非敢于亮剑,面对矛盾敢于迎难而上,面对危机敢于挺身而出,面对失误敢于承担责任,面对歪风邪气敢于坚决斗争;能否坚持党的原则第一、党的事业第一,为了党的事业敢想、敢做、敢担当。

(2) 重大考验

重大考验是指执政党在执政过程中面临的大而重要的考验,党面临的重大考验具有动态性,在不同时期体现为不同领域、不同方面的考验。比如中华人民共和国成立初期的抗美援朝战争、改革开放和现代化建设时期 1989 年春夏之交应对严重国内政治风波的斗争,中国特色社会主义新时代 2019 至 2020 年为抗击新冠疫情开展的疫情防控阻击战总体战等。2019 年岁末,一场突如其来的新冠疫情袭击我国,这场重大突发公共卫生事件严重考验着我们党的执政能力。习近平总书记明确指出,防控新冠疫情,"是对治理体系和治理能力的一次大考",[①]要求党员干部扛起责任、经受考验,在危难时刻挺身而出、英勇奋斗,在大考中践行初心使命,打赢疫情防控阻击战总体战和经济发展保卫战,在大考中交出合格答卷。在这场大考中,党中央科学应对、果断指挥,从中央到地方全力配合。军队先后派出 3 批医护人员千里驰援,全国 19 个省份对口支援,全国 29 个省市自治区和新疆生产建设兵团、军队 346 支医

---

① 习近平:《毫不放松抓紧抓实抓细各项防控工作,坚决打赢湖北保卫战武汉保卫战》,《人民日报》2020 年 3 月 11 日。

疗队、4 万多名白衣战士,与当地的医务人员一起并肩作战,铸就守护生命的"白衣长城"。随着疫情的国际蔓延,我们党在取得抗击疫情初步胜利、各行各业逐步复工复产的同时,主动向有关国家和国际组织分享疫情信息和抗疫经验,并及时向有关国家派出医疗队,提供抗疫物资。抗击新冠疫情的斗争不仅使我们党受到锻炼和考验,巩固了执政的政治基础,也使我们党得到有关国家和国际组织的赞誉,显示了负责任大国的担当,提升了我国的国际地位。

当前,国内外环境错综复杂,外部环境发生深刻变化,我国改革发展稳定面临新情况新问题新挑战,习近平总书记在省部级领导干部坚持底线思维着力防范化解重大风险专题研讨班开班式的重要讲话中就防范化解政治、意识形态、经济、科技、社会、外部环境、党的建设领域重大风险作出深刻分析,提出明确要求①。能否有效应对和化解这七个领域的重大风险,就是新时代新阶段我们党面临的七个方面的重大考验。

3. 按照考验的不同方面可划分为执政方面的考验、改革开放方面的考验、市场经济方面的考验、外部环境方面的考验

（1）执政方面的考验

执政方面的考验是指狭义的执政考验,是对执政党在治国理政过程中,能否正确行使权力,合理调整利益关系,保持权力性质,避免权力异化,顺利实现执政使命的检验。执政方面考验是政党政治时代所有执政党都要面临的严峻考验。在两党或多党竞争制度下,执政党如果经受不住执政方面考验,后果就是被迫下台。对于我们党来说,如果经受不住执政方面考验,权力就会变质,就会被人民抛弃。而且,由于我们党的命运和国家的命运、民族的命运紧密联系在一起,如果党经受不住执政方面考验,势必危及国家和民族的前途命运。

对任何执政党来说,经受住执政方面的考验都绝非易事。对于我们党来说,要经受住长期执政的考验就更不容易。早在革命战争年代,民主人士黄炎培就担心中国共产党在全国执政以后能否跳出历史周期率的问题,对此,毛泽东同志的回答体现了对民主新路的自信。黄炎培的担忧说明了执政方面的考验的复杂性和严峻性。在我们党即将领导革命战争胜利、开始全面执政的前夕,毛泽东在 1949 年 3 月 5 日党的七届二中全会上深刻洞察和敏锐地指出了党执政后面临的考验,特别是要经受住资产阶级糖衣炮弹攻击的考验。为使大家能够经受住执政方面的考验,毛泽东明确要求全党要保持"两个务必"——务必使同志们继续地保持谦虚、谨慎、不骄、不躁的作风,务必使同志们继续保持艰苦奋斗的作风。

新时代的今天,执政方面的考验依然严峻地摆在我们党面前。习近平总书记在学习贯彻党的十九大精神研讨班开班式上的重要讲话中告诫全党:"以史为鉴可以知兴替。功成名就时做到居安思危、保持创业初期那种励精图治的精神状态不容易,执掌政权后做到节俭内敛、敬终如始不容易,承平时期严以治吏、防腐戒奢不容易,重大变革关头顺乎潮流、顺应民心不容易。"这"四个不容易"深刻揭示了政党执政的普遍规律,也深刻阐明了政党执政面临的执政考验。这"四个不容易"无论哪一方面做不到、做不好,就不可能长期执政。无论是历史上的统治者,还是现代执政党,丧失政权大多是在这"四个不容易"上没有过关。20 世纪 80 年代末 90 年代初,世界上一些大党、老党丧失政权的根本原因,就是在"四个不容易"方面出了问题,没有经受住执政方面考验。为了解决好"四个不容易"方面的问题,习近平总书记要求全党"做到坚

---

① 习近平:《在省部级领导干部坚持底线思维防范化解重大风险专题研讨班开班式上的讲话》,《人民日报》2019 年 1 月 22 日。

持和发展中国特色社会主义要一以贯之,推进党的建设新的伟大工程要一以贯之,增强忧患意识、防范风险挑战要一以贯之"。①

为了经受住执政方面的考验,我们党一直保持着强烈的忧患意识。早在革命时期,我们党就练就了一身迎击各种风险考验的过硬功夫,成为一个勇于自我革命,不断增强自我净化、自我完善、自我革新、自我提高能力的党,一个在重大历史关头能直面考验、迎接考验、经受住考验的政党。这是我们党的光荣传统,也是我们党先进性和纯洁性的重要体现。中华人民共和国成立后,我们党更是珍惜来之不易的国家政权,面对执政方面的考验高度清醒、高度自觉。强调经受住执政方面的考验就要为人民管好、用好权力,把权力关进制度的笼子,使权力始终用于为人民谋利益,这是我们党经受住执政方面的考验的道义支撑和根本价值取向。如果不能为人民管好、用好权力,最终也必定会犯颠覆性错误。为了保证党始终做到全心全意为人民服务,为了把党的革命精神和优良传统永远传承下去,世界上没有任何一个政党能像中国共产党这样坚持刀刃向内、敢于刮骨疗毒,以勇于自我革命的精神管党、治党。

随着中国特色社会主义进入新时代,我们党面临的执政方面的考验归结起来就是能否为人民执好政、掌好权,能否在执政理念上始终坚持立党为公、执政为民,能否在执政方式上始终坚持科学执政、民主执政、依法执政,能否在执政绩效上继续交出让人民群众满意的答卷。尽管我们党在各个方面都取得了重大成就,但在新形势下依然有很多工作需要全党努力,特别是需要通过推进国家治理体系和治理能力现代化,确保党长期执政和国家长治久安。同时,还要看到,当今世界正处于百年未有之大变局,党面临的执政环境错综复杂,在新时代、新征程上,机遇与挑战并存,压力与动力同在,执政方面的考验将是长期的、严峻的。做好改革发展稳定、内政外交国防、治党治国治军等各方面工作,对党的精神状态、能力水平、纯洁性和先进性提出了前所未有的要求。如果我们党不能通过全面从严治党强筋壮骨,提高执政能力和领导水平,就会失去执政资格,就可能被历史淘汰。全党都要时刻保持如履薄冰的"赶考"精神与居安思危的忧患意识,把我们党正在经受和将要经受各种考验的"考试"考好,使我们的党永远不变质、我们的红色江山永远不变色。

（2）改革开放方面的考验

改革开放方面的考验是指执政党在领导和推进改革开放过程中遇到的考验。中国共产党是改革开放的领导者,改革开放是党在新的时代条件下带领人民进行的新的伟大革命,其目的就是要推动我国社会主义制度自我完善和发展,赋予社会主义新的生机活力,解放和发展社会生产力,实现国家现代化。党的十一届三中全会以来,改革开放从农村到城市,从沿海到沿江沿边,从东部到中西部,从经济领域到政治、文化、社会、生态文明、国防、外交及党的建设领域全面展开,使我国成功实现了从高度集中的计划经济体制到充满活力的社会主义市场经济体制、从封闭半封闭到全方位开放的伟大历史转折。但需要注意的是:随着改革开放的发展,在世情、国情、党情、社情、舆情发生深刻变化的态势下,我们的改革开放在许多方面和领域正面临着严峻考验。

一是能否避免改革发生方向性错误,是新时代党面临的改革开放方面的重大考验。苏联解体、东欧剧变,根本原因就在于没能把准改革方向、选择正确发展道路。针对改革开放的方向性问题,党的十八大以来,党中央明确指出,全党要更加自觉地增强道路自信、理论自信、制度自信、文化自信,既不走封闭僵化的老路,也不走改旗易帜的邪路,保持政治定力,坚持实干

---

① 习近平:《以时不我待只争朝夕的精神投入工作开创新时代中国特色社会主义事业新局面》,《人民日报》2018年1月6日。

兴邦,始终坚持和发展中国特色社会主义。封闭僵化无法充分发挥我国社会主义制度的优越性,改旗易帜必然导致我国社会主义性质发生改变,二者都会使改革开放偏离正确方向、脱离正确轨道。能否在改革开放中始终坚持正确方向,避免苏联、东欧国家执政党悲剧重演,是对我们党政治定力的一大考验。

二是能否合理调整利益格局,维护社会公正,形成改革共识,能否在改革处于深水区、攻坚期的新形势下进一步深化改革开放是对我们党执政能力的重大考验。改革本质上是利益的调整过程,是利益的再分配过程。改革开放初期,利益分化尚不明显,人们的共识容易达成。随着改革开放深入推进、我国经济结构深刻变革、利益格局深刻调整,不同群体基于不同利益诉求,对于改革什么、如何改革和开放什么、如何开放都有不同的考虑。面对新形势,执政党必须勇于突破利益固化藩篱,在做大蛋糕的同时分好蛋糕,让大多数民众从改革中得利、受惠,才能最大限度弥合分歧、最大程度凝聚共识,汇聚起推动改革开放的合力。

同时,经过 40 多年改革开放,剩下的改革领域多为"硬骨头",有的是牵一发而动全身的。改革已经进入攻坚期和深水区,这意味着改革任务艰巨、改革难度加大、改革要求更高。全面深化改革必须涉险滩、啃"硬骨头",敢于触动深层次利益关系,化解深层次利益矛盾。此外,相比过去,新时代改革开放又具有许多新的内涵和特点:其一,要坚持宏观指导、顶层设计,不能再"脚踩西瓜皮,滑到那里是哪里"。尤其是当前我国发展中不平衡、不协调、不可持续问题突出,制约科学发展的体制机制障碍躲不开、绕不过,必须通过深化改革、加强顶层设计进行解决。其二,必须注重改革的系统性、整体性、协同性,今天的改革不再是单项突破,不能再头痛医头、脚疼医脚,要正确处理好解放思想和实事求是的关系、整体推进和重点突破的关系、顶层设计和摸着石头过河的关系。包括经济、政治、文化、社会、生态文明以及国防和军队建设、党的建设在内的体制机制都要全面深化改革。其三,要破立共举,抓紧建章立制,今天改革面对的更多是深层次体制机制问题,相应地建章立制、构建体系的任务更加繁重。我们党要在新的形势下进一步深化改革,推进社会主义现代化事业健康发展,必须直面和解决这一系列难题。

三是对外开放向纵深推进会遇到新的问题和挑战。改革开放以来,我们逐渐形成了全方位、多层次、宽领域的对外开放战略格局,为我国走向世界提供了持续的动力支撑。但在当今世界各国越来越融为一体成为"地球村"的全球化态势下,如何进一步扩大开放是我们面临的新的问题和考验:其一,如何立足于全球化视角,以全球化意识去重新审视和继续推进对外开放。随着新科技革命的发展,世界经济政治发展的不平衡性加剧,甚至近年来出现了一股逆全球化潮流,某些国家开始推行贸易保护主义、排外主义。如何在新形势下使我们的开放步子和胆子再大一点、开放层次再高一点、开放领域和范围再广一点,进一步提升开放的力度和水平,已经成为我们当前和今后一个时期扩大对外开放必须直面和需要认真应对的重大问题。其二,全球化将世界政治经济紧密地联系在一起,国外的任何风吹草动都会随着我们的对外开放影响到我国经济社会发展,如 1997 年的东南亚金融危机、2008 年的全球金融经济危机,都对我国经济社会发展产生了较大的负面影响。因此,我们在全球化时代扩大对外开放,无疑面临着如何最大限度地趋利避害,如何用好全球化的优势、警惕和远离全球化劣势的挑战与考验。其三,如何在全球化时代掌控对外开放的主动权。在全球化时代推进对外开放,就应该在密切关注世界政治经济形势发展变化的前提下,更加积极主动地参与全球化浪潮。这就要求我们必须坚持"引进来"和"走出去"相结合,利用好国际国内两个市场、两种资源,注重发挥我国的比较优势,做到既立足于国内需求又大力开拓国际市场、既充分用好内资又有效利用外资、既依靠和开发国内人力资源又借助和引进国外智力。而对于我们这样一个新兴经济体来说,要在西方主导的全球政治经济格局中掌控自己的主动权,通过扩大开放进一步以有影响力的姿态参与全球秩序的构建,无疑是一个从未经历过的严峻挑战。

在新时代改革开放的新征程上,我们党能否把坚持四项基本原则同坚持改革开放结合起来、把尊重人民首创精神同加强和改善党的领导结合起来、把提高效率同促进社会公平结合起来、把坚持独立自主同参与经济全球化结合起来、把促进改革发展同保持社会稳定结合起来,破解改革开放中遇到的一系列难题,使改革开放平稳深入推进,直接考验着我们党领导改革开放的能力和水平。

（3）市场经济方面的考验

市场经济方面的考验是我们党在推动社会主义市场经济发展中面临的考验。市场经济具有优化资源配置、提高效率的天然优势。改革开放以来我国社会主义市场经济体制的建立和完善促进了经济的快速发展和社会财富的增长,为党的执政奠定了雄厚的物质基础,扩大了党执政的经济资源,增强了党推进中国特色社会主义伟大事业发展的经济能力。但市场经济也有盲目自发、难以驾驭的客观弊端,市场经济的发展对党的生存发展、党的执政能力也带来了严峻的考验与全新的挑战。

其一,若不能有效控制市场经济自身的弊端,将会动摇社会主义基本价值和党的执政基础。从理论上讲,我们的市场经济是社会主义市场经济。要使市场在社会主义国家宏观调控下对资源配置起决定性作用,使经济活动遵循价值规律的要求,适应供求关系的变化;通过价格杠杆和竞争机制的功能,把资源配置到效益较好的环节中去,并给企业以压力和动力,实现优胜劣汰;运用市场对各种经济信号反应比较灵敏的优点,促进生产和需求的及时协调,促进生产力的发展。但毋庸置疑,我们的市场经济同样要遵守一般市场经济的规律,也存在着一般意义上市场经济的诸多弱点和缺陷:一是市场经济存在逐利性,导致其在发展过程中难以实现个人利益与国家利益、集体利益的有效统一,使得利益协调的难度不断加大;二是市场经济的运行带有盲目性和波动性的特点,使其难以避免经济发展中的大起大落,严重时还将发展成为破坏力极大的经济危机;三是市场经济存在竞争性,导致竞争过程中优胜劣汰常态化,若不能对其进行合理调控,将导致贫富差距拉大甚至严重的两极分化。尽管在市场中,交换在形式上是自由平等的,但是由于各种主体所占有的资源具有质与量的差异,在资源占有上具有优势的交换主体在交易中往往占据优势地位,一些竞争能力较弱的社会群体、行业、地区会在竞争中处于劣势地位,这就自然会拉大它们与其他群体、行业、地区之间的差距,从而出现影响社会公平正义的问题。而公平正义是社会主义的基本价值,它的长期缺位势必会危及社会和谐稳定。我们建立社会主义市场经济体制、发展生产力,根本目的是满足人民群众的物质文化需要,"让一部分人先富起来"是一种战略选择,最终目的是"实现共同富裕"。然而,改革开放40多年来,随着经济的发展,却一度忽视了社会公平正义,致使区域、行业、群体,尤其是贫富差距不断拉大。苏联解体等历史教训证明了:经济不发展,人民不答应,执政就不能持久;经济发展了,但公平问题没处理好,人民也不答应,执政也不能持久。我国的经济虽然有了较大发展,但是如果社会公平问题不解决好,贫富差距持续拉大,最终结局将可能是不仅中国40多年的市场经济发展成果付诸东流,我们党的执政根基将受到严重的削弱,甚至有丧失执政地位的危险。① 因此,如何在利用市场经济资源配置优势的同时,限制或者克服市场经济带来的弊端,尤其是社会不公平问题,有效缩小区域、行业、群体差距,尤其是贫富差距扩大趋势,最终实现

① 徐晨光:《"四大考验"与执政安全》,《湖南师范大学社会科学学报》2012年第4期。

人民共同富裕,这是对我们党显而易见的考验。墨西哥革命制度党忽视社会公正而被赶下台的教训值得我们汲取。革命制度党在长达 71 年的执政中曾创造了经济发展的"奇迹"。但在 20 世纪 80 年代以后,面对经济全球化的迅猛发展,由于发展战略失误,忽视了社会公正,导致贫富差距日益拉大。革命制度党的经济社会政策严重地损害了中下阶层民众的利益,动摇了党赖以执政的群众基础,最终在 2000 年大选中败北,被赶下了执政舞台。

其二,市场经济发展极大考验着党的执政能力。社会主义市场经济是一个新生事物,既不能从社会主义发展的历史中借鉴,也不能从西方资本主义国家的市场经济模式中照搬,而只能自己不断摸索、不断改革与完善。我们的市场经济是注重市场调节与坚持宏观调控联系在一起的市场经济。在市场经济运行中,市场调节是"看不见的手",而宏观调控则是"看得见的手",它们各自都有自己发挥作用的空间与形态。市场调节可以通过价格杠杆、供求关系的变化去控制资源、资金的流向,从而实现稀缺性资源的合理配置。但是,由于我国的市场成长和市场调节尚处于初级阶段,市场本身的缺陷——发育程度较低、竞争力不够、公共产品供给不足、价格体系严重扭曲、外部力量人为干预市场运作等,靠市场本身无法去克服,这就在某些方面会导致市场的失灵。解决市场失灵的问题,就需要政府的介入,就需要党和政府加强对市场经济运行的宏观调控,利用"看得见的手"采用强大的经济手段、法律手段、行政手段及干预措施,防控市场经济发展中的失灵状况的出现及延续。然而,我国社会主义市场经济体制的建立若从党的十四大算起也仅有 30 多年时间,党内很多同志在思想观念上对市场经济的认识还是不清晰的,对市场经济的许多做法仍然不熟悉,计划经济时代的思维惯性、制度惯性、体制惯性在今天仍然发挥着一定的作用。此种情况下,他们在思维模式上完成由计划经济向市场经济的转换,自然需要一个过程。在这个过程没有完成之前,许多同志对市场经济尚缺乏理性清醒的认识,认识的不到位和实践过程的短暂性直接制约了执政党驾驭市场经济能力的提升。而驾驭市场经济能力的提升缓慢或严重不足,必然导致执政党对经济活动出现调控不到位或调控过度现象,从而对市场经济发展的预期、对市场经济发展目标的设计、对市场变化的反应、对市场经济运作的掌控、对市场失灵的洞察、对市场风险的防控等出现问题甚至是大问题。[①] 这种对我们党执政能力的考验是长期和严峻的。

其三,市场经济的发展对保持党的性质和宗旨是严峻的考验。中国共产党是中国工人阶级的先锋队,同时是中国人民和中华民族的先锋队,党的宗旨是全心全意为人民服务。然而,市场经济实行的是商品等价交换的原则,在某些情况下,一些非劳动产品也会被当作商品进行交换。马克思指出:"有些东西本身并不是商品,例如良心、名誉等,但是也可以被它们的占有者出卖以换取金钱,并通过它们的价格,取得商品形式。"[②]市场经济在激发经济能量的同时,往往激发了人们对物质利益、经济利益的功利性欲望,也不可避免地会激发党政干部的物质欲望。市场经济让政治领域的行政权力与经济领域的市场利益之间有了一种交换的渠道,为一些意志薄弱、党性不强的党员干部获取自身利益、满足物质需求提供了便利,从而滋生了权力寻租,致使在一些党员干部中出现了"傍大款"现象、甘于被"围猎"现象,出现权钱交易、权色交易和严重的贪污腐败行为。如果对这些现象不加以控制,腐败党员干部持续增多,最后将会导致执政党变质,失去广大人民群众的信任。

从世界范围来看,执政党在发展经济的同时如何防范和治理腐败,是一个特别棘手的重大

---

① 张书林:《在直面"四大考验"中锻造中国共产党》,《厦门特区党校学报》2012 年第 2 期。
② 马克思:《资本论》第 1 卷,人民出版社 2018 年版,第 123 页。

课题。倘若解决不好,就会丧失人心,给党和国家带来灾难。意大利天民党、社会党就是在20世纪90年代初的"廉政风暴"中垮台的。日本"五五体制"(自民党一党独大)也因腐败等原因被冲垮。尤其是印尼专业集团的倒台对长期执政的党更具有警示意义。印尼专业集团拥有3 600万党员,从村长到总统的所有政府公务员几乎都是印尼专业集团的成员,连续执政达32年。在长期执政过程中,印尼专业集团形成了官僚化集权统治,由此导致内部腐败,自毁政权。国际透明组织在《全球腐败报告2004》中说,印尼前总统苏哈托在职的1967年至1998年期间,共挪用公款150亿至350亿美元,而印尼人均国内生产总值当时只有695美元。苏哈托的亲属担任印尼的许多重要官职,其长女任内阁社会事务部长,另外4个子女、1个儿媳是国会议员。他的家族更是掌控印尼各行各业,包括银行、电台、电视网、电话网络、道路、航空、发电厂、汽车公司、造船厂、建筑、化工、制药、制纸、纺织、商店及饭店等等,其家族拥有的资产据估计有200—1 000亿美元。另据印尼检察机关和有关部门调查,苏哈托本人及其家族在全国14个省拥有20多万公顷用于房地产开发的土地。印尼专业集团作为一个执政32年的政党,之所以在3天时间内土崩瓦解(1998年5月19日至21日),主要原因即是苏哈托家族和其统治下的印尼专业集团内部的严重腐败。[1]

在市场经济条件下,如何增强驾驭能力,克服市场经济的盲目性、自发性,尤其是如何消除易发多发的消极腐败现象,是对执政党的长期和严峻考验。这些问题解决得好,就会进一步激发市场经济的活力,推动经济社会的持续发展,人民群众的生活水平就能不断提高,党的执政地位就会更加牢固;解决得不好,就有可能导致经济动荡问题、社会公平问题、消极腐败问题进一步恶化,执政党就会失去民心,从而失去政权。

(4)外部环境方面的考验

外部环境方面的考验是我们党在执政过程中遇到的来自国际领域的各种困难与挑战的考验。当今世界,经济全球化深入发展,政治多极化快速推进,全球思想文化交流交融交锋呈现新特点,综合国力竞争和各种力量较量更趋激烈,世界正处于大发展、大变革、大调整时期。和平、发展、合作仍是世界发展的主流,但局部战争、冲突从未间断,矛盾斗争日益复杂多样。中国与外部世界的关系也进入了深度磨合期,一些发达国家贸易保护主义抬头,与我国贸易摩擦不断;西方敌对势力对我国实施西化、分化的图谋一直没有改变。在日益走近世界舞台中央的过程中,中国遇到的挑战和竞争更激烈、考验更加严峻。

其一,经济全球化带来的挑战与考验。在经济全球化背景下,世界经济体系和国际市场越来越紧密地联系在一起,国与国之间的经济联动日益明显,国家之间、区域之间以及全球范围内的经济合作不断加强,各国经济的相互依存度增大,全球经济已经成为一个有机互动的整体。但经济全球化的发展也带来一些突出问题,如全球经济失衡加剧、南北差距和矛盾加大、贸易保护主义和跨国经济犯罪增加、金融市场不稳定、国际不正当竞争加剧等。尤其是经济全球化在实现全球范围内资源优化配置、推动全球经济发展的同时,也导致市场风险在全球范围流动。在全球化体系中,每一个经济实体都相互关联、相互影响,是风险与利益并存共享的主体,全球经济体系中任何一个主体、部分的起伏动荡必然会波及整个全球的经济体系。20世纪90年代的亚洲金融风暴、2008年的全球金融危机都是由全球市场体系中的某一个市场主体或者地域、国家引发的全球经济动荡。在经济全球化时代,我国已经成为全球市场经济体系的组成部分,在这种整体性的体系当中,有效化解来自全球市场经济体系的风险就成为党在执

---

① 陈少铭:《执政地位遭遇"权力咒语"——印度尼西亚专业集团沦为在野党的教训及启示》,《传承》2007年第2期。

政过程中面对的重大课题。作为领导着世界上最大的发展中国家的领导党与执政党,如何按照趋利避害的原则科学应对经济全球化带来的各种挑战,为经济社会发展创造良好的外部环境,这无疑是对我们党的重大考验。

其二,世界政治格局变化以及西方敌对势力对我国进行西化、分化的图谋带来的挑战与考验。20世纪90年代冷战格局解体后,世界政治格局发生了巨大变化。世界格局多极化的趋势不可逆转,但某些大国仍然奉行霸权思维,虽然自身治理乱象丛生,民粹主义、极端主义、保守主义、分离主义、排外主义、反全球化思潮涌动,党争加剧,社会分化,但仍不忘粗暴干涉他国内政,导致世界多极化在曲折中发展,地区冲突、民族宗教纠纷等热点不断,反霸权、反恐怖、反分裂的斗争异常尖锐。进入21世纪以来,随着以美国为首的西方国家在全球范围内对发展中国家、欠发达国家实施更加积极的干预战略,导致多个地区原本平衡的政治格局被打破,原本平静的政治局面被搅乱,全球狼烟四起,争端不断。阿富汗战争、伊拉克战争、北非巨变、利比亚战争、叙利亚内乱以及当前危机四伏的伊朗核问题、朝韩争端等问题使得全球的政治与军事局势日益紧张。长期以来,由于西方国家对我国意识形态的天然仇视,更由于西方国家要始终维护自己在国际经济政治文化上的优势地位和垄断利益,不断对我国的和平发展发出质疑,掀起此起彼伏的"中国威胁论""中国争霸论"声浪,对我国采取种种遏制、合围的政策,企图阻挠我国的发展,使我国出现西化、分化。尤其是随着美国战略重心向亚太转移,美国为首的西方国家对台湾问题频频干涉,在中国领土、领海问题上煽风点火,在外交上对中国进行重重阻挠和围攻,在军事上对我国实行越来越紧密的战略包围,其实质就是为了遏制中国的发展。因此,如何冲破西方敌对势力在国际范围内对我国在政治、经济、外交、军事上的封锁与阻挠,粉碎西方国家对我国实施西化、分化的图谋,为我国的改革发展和中华民族复兴大业创造一个有利的国际环境,就成为我们党执政面临的又一个重大课题。

其三,全球文化交流、交融、交锋带来的挑战与考验。开放的世界和全球化的政治经济联动自然同时伴随着不同文化的传播和流动,不可避免地会带来文化、思想、意识形态方面的交流与交融、交锋与碰撞。我国是一个以马克思主义为指导思想的社会主义国家,在意识形态上与西方资本主义国家存在天然矛盾与冲突,一直是西方国家仇视和颠覆的对象。尽管历史已经进入后冷战时代,但是西方国家对我国的意识形态敌视从来没有降低,对我国进行文化与意识形态渗透,妄图和平演变的企图从来没有放弃。随着当今信息全球化、网络普及化迅猛发展,西方敌对势力对我国意识形态的渗透大大突破了传统的时空界限,他们通过各种途径向我国灌输西方价值理念、生存哲学和生活方式,挑起意识形态领域内的斗争。在西方文化思想与意识形态的渗透与侵蚀之下,我国民族文化传统、社会主义的核心价值不可避免会受到冲击,国家的文化与价值安全受到挑战。因此,如何在复杂的国际环境中保持自己的文化阵地和主流意识形态安全,这是我们党在全球化时代遇到的不容回避的重大挑战和考验。

其四,国际科技交流合作受阻带来的考验。在世界经济高速发展的同时,世界科技革命也呈现出日新月异的场景。以微电子技术、航天技术、生物基因工程、新材料革命、新能源开发等为代表的新科技革命飞速发展,新科技研发越来越多地主导世界各国的经济社会发展。世界各国综合国力的竞争已经凝聚到高新科技的竞争上。虽然我国在科技方面有了巨大发展,某些领域已达到世界领先水平,但我国科学技术整体落后的局面还没有彻底改变,西方在科技领域仍然处于领先地位,尤其是我国产业核心关键技术受制于人的局面还没有从根本上得到改变。与此同时,我国在很多基础性技术的发展上还缺乏自主可控能力。我国要抢占科技竞争制高点,必须在加强自主创新的同时,加强同发达国家的科技交流与合作,学习发达国家的先进科学技术和管理经验,以促进我国科学技术的快速发展。然而,随着国际科技竞争日趋激烈,西方国家出于遏制中国发展的目的,开始大力推行民族主义、排外主义,限制和打压我国科技发展,导致我国科技创新外部合作交流渠道受阻。尤其是近年来,以美国为首的发达国家对国际科技交流与合作采取更加严格的管制措施,比如制定新的出口管制清单,限制我国企业对美国高技术企业的并购,限制科技人员的交流等,严重影响了我国对外科技交流与合作。未来一定时期内,美国很多新的管制措施将陆续生效,可能带动全球进入国际科技对立的紧张局面,使我国外部技术来源渠道变窄,对我国国际科技合作交流带来严重的影响。如何在竞争激烈和西方加紧对我国推行遏制战略的新形势下,打通和进一步拓宽我国科技创新外部合作交流渠道,推动我国科学技术快速发展,进而使我国在高新科技领域内占有一席之地,实现我国的科学技术现代化,将直接关系到党的执政业绩和中华民族的伟大复兴。

对我们党来讲,如何适应国际外部环境的不断发展变化,通过坚持独立自主的和平外交政策,不断提高应对国际局势和处理国际事务的能力,为我国发展争取良好的国际环境和周边环境,的确是一个严峻的考验。我们党作为执政党一定要高度重视研究国际形势的发展规律,增进对国际局势发展变化的了解,增强研判国际形势的战略性、前瞻性、指导性。只有这样,才能经得住复杂多变的外部环境之考验,使党能够在世界形势深刻变化的历史进程中始终走在时代的前列,在应对各种风险考验中始终成为全国人民的主心骨,带领全国各族人民在全球化的大潮中披荆斩棘、破浪前进。

二、重大考验与重大风险的区别和联系

重大考验和重大风险都存在于执政党的执政过程中,二者都不以任何政党的意志为转移,而与执政党终生相伴,与执政党如影随形、须臾不离。但从二者的含义和特征来看,二者既有区别又有密切联系,执政党只有把握二者的区别和联系,才能主动应对风险,经受历史考验,做到长期执政。

(一)重大考验与重大风险的区别

重大风险是执政党在执政过程中可能发生的影响党的执政安全、动摇党的执政地位的大而重要的危险。重大风险的显著特点是后果的不确定性、危险的潜在性。比如我们发展经济对内、对外搞投资,它起码有两种以上可能:赚钱、赔钱、不赔不赚,而赔钱只是其中一种客观的、潜在的危险。执政党在领导经济发展过程中,其能力就体现在通过积极努力争取有利的结果,避免不利的结果。

重大考验是指在执政过程中通过实践考查、检验,证明执政党是否创造了良好业绩,保持了性质、宗旨和政治本色。这种考查、检验,与执政党始终相伴,是长期的、多样化的。执政党在执政过程中所推进的建设改革发展、内政外交国防各项事务都是具有风险的,都有可能出现两种以上的结果,关键看执政党如何应对:是主动作为还是被动应付。因而实践对执政党的考查、检验是无时不有、无处不在的。同时,这种考试是分层级、分阶段的。既有平时的小考和单项考试,更有关键时刻的大考和综合考试。

(二)重大考验与重大风险的联系

重大考验实际上是对执政党应对重大风险情况的考查和检验,因而重大考验与重大风险

不仅具有明显区别，也有必然联系，二者的联系主要体现为两个方面。

一是两者同处于执政党执政过程中。执政党的执政过程既是应对风险的过程，也是经受考验的过程。执政党在领导和推进改革发展稳定、内政外交国防、治党治国治军各项事务的过程中，无论是一项具体事务，或是整体事业，都有可能出现两种以上结果，这种结果的不确定性，就必然对执政党执政能力形成考察、检验，即考试。这种考试既有小考，也有大考。执政党应对风险的过程是长期的，考试就是长期的。

二是两者具有共时性。执政党应对重大风险的同时也就是在接受实践考查、检验，体现自身执政能力的考试。执政党在应对重大风险的过程中，能够主动作为，使事物的发展出现对党和人民有利的好的趋向，那就基本及格；如能克服艰难险阻，战胜重重挑战，进而取得优良结果，就是及格。倘若由于执政党自身失误使事物出现坏的趋向，那就基本不合格，如果导致最终失败，显然是不及格的。

重大考验与重大风险处于执政党执政活动具有共时性的同一过程之中。它们是一枚硬币的两面：执政党的执政活动，从一面看是执政党应对重大风险的过程，从另一面看是执政党接受实践考查、检验的考试过程。比如对外开放、发展社会主义市场经济，对我们党来说既存在重大风险，也是重大考验。尤其是 2019 年冬季至 2020 年春夏之交被习近平总书记称为"大考"的抗击新冠疫情斗争，不仅是中国共产党应对执政风险的过程，同时是党接受执政考验的过程。因而在本书中，研究执政党的具体执政活动时，比如执政党在不同领域、不同方面面临的重大风险、重大考验时，对其不再分别阐述，统称为执政党面临的重大风险和考验。中国共产党在执政 70 多年来的风雨历程中正是在应对一次次风险和考验中不断提高执政能力，走向成熟并日益壮大，领导亿万中国人民取得了中国特色社会主义建设、改革和发展的一次又一次伟大胜利，从而使党能在发展中国特色社会主义的历史进程中始终成为坚强的领导核心。

党的十八大以来，国内外形势发生了深刻变化，世界处于百年未有之大变局，中国特色社会主义进入新时代，经过十年变革，我们党已顺利实现第一个百年目标，开启了第二个百年的新征程。党的二十大报告庄严宣告："从现在起，中国共产党的中心任务就是团结带领全国各族人民全面建成社会主义现代化强国、实现第二个百年奋斗目标，以中国式现代化全面推进中华民族伟大复兴"[①]。

今天中国的发展站在一个新的阶梯上，既面临千载难逢的历史机遇，也遭遇前所未有的风险挑战；国际形势波谲云诡、周边环境复杂敏感、改革发展稳定任务艰巨繁重。我们党面临着政治、意识形态、经济、科技、社会、外部环境、党的建设等七大领域的重大风险。如何采取有效措施应对并化解重大风险，成为亟待我们党以新的治国理政理念和方略加以解决的重大课题。

我们必须增强忧患意识，始终保持高度警惕，认真分析研究七大领域重大风险的来龙去脉、风险特征、现实状况、突出表现，探索并提出有效应对和防范的方略；要及时察觉风险苗头，敏锐感知风险状态，防风险于未萌，控风险于未发，打好防范和抵御重大风险的有准备之战，只有这样才能确保新征程上党的使命任务的实现，确保党和国家的长治久安。

---

① 习近平：《高举中国特色社会主义伟大旗帜　为全面建设社会主义现代化国家而团结奋斗》，《人民日报》2022 年 10 月 26 日。

第二章
有效应对政治领域重大风险和考验之方略

政治安全主要指一个国家由政权、政治制度和意识形态等要素组成的政治体系，相对处于没有危险和不受威胁的状态，以及面对风险和挑战时能够及时有效加以防范、应对，从而确保国家良好政治秩序的能力。① 政治领域的风险即国家主权、政权、政治制度、政治秩序、意识形态等方面可能受到损害的危险。政治安全是国家安全的根本，政治领域的风险在风险系统中是带有根本性的风险。应对政治领域的重大风险和考验，确保党的执政安全，核心是确保政权安全和制度安全，最根本的是维护中国共产党的领导和执政地位，维护中国特色社会主义制度的安全。

党的十九大后，习近平总书记明确提出了"防范政治风险"的重大命题和重大任务。在2018年6月29日十九届中央政治局第六次集体学习时，他强调："新形势下，我国面临复杂多变的发展和安全环境，各种可以预见和难以预见的风险因素明显增多，如果得不到及时有效控制也有可能演变为政治风险。全党同志特别是各级领导干部必须增强风险意识，提高防范政治风险能力。"②"防范政治风险"命题的提出，抓住了关系党和国家安全的重大问题，是对无产阶级政党执政经验教训的深刻总结，是对新时代迎接国内国际新挑战的回应，丰富发展了马克思主义党建学说，深化了对共产党执政规律的认识。

政治领域的重大风险不等于政治危机，只要应对科学得当，就可以有效防范和化解。政治领域风险本身具有两面性，处理得好，有助于解决社会矛盾，促进社会和谐；处理得不好，小风险会演变为大风险，最终会影响到整个社会的安定和党的执政地位的巩固。无论什么类型的政治风险，作为执政党都必须加以有效应对，否则会导致社会动荡不安、政局不稳，给执政地位造成危害。随着经济全球化和信息网络化的深入发展，政治领域的重大风险一旦触发，极有可能出现"多米诺骨牌效应"，产生连锁反应，容易从局部性风险演变成整体性风险，因而执政党必须引起高度警觉和重点加以应对。

第一节　应对政治领域风险是实现党的
初心使命的必然要求

我们党在中国执政是历史的选择、人民的选择。中国共产党成立百年来始终不忘初心、牢

---

① 全国干部培训教材编审指导委员会：《全面践行总体国家安全观》，人民出版社、党建读物出版社2019年版，第70页。
② 《习近平谈治国理政》第3卷，外文出版社2020年版，第96页。

记使命。今天,我们比历史上任何时期都更有信心和能力实现中华民族伟大复兴的目标。但中华民族伟大复兴的道路绝不是平坦的,越是接近目标的实现,我们面临的风险挑战就越大。当今世界处于百年未有之大变局,必然带来百年未有之不确定因素。我们要时刻准备应对重大挑战、抵御重大风险,既要应对国内重大政治风险和考验,打赢全面深化改革攻坚战,也要沉着应对国际环境压力和风险挑战,尤其要有效应对好政治领域面临的重大风险考验,坚决消除一切影响国家政治安全的隐患,确保党的执政安全和中国特色社会主义制度安全。

一、应对政治领域重大风险是确保国家安全、人民幸福的需要

有效应对政治领域重大风险,确保政治安全事关党和国家安危。习近平总书记强调,中国是一个大国,决不能在根本性问题上出现颠覆性错误,一旦出现就无法挽回、无法弥补。"要防止出现颠覆性错误。""治国理政必须'立治有体,施治有序'。政治制度对一个国家长治久安具有十分重要的意义。"西方国家策划"颜色革命",往往从所针对的国家的政治制度特别是政党制度开始发难,大造舆论,大肆渲染,把不同于他们的政治制度和政党制度打入另类,煽动民众搞街头政治。"当今世界,意识形态领域看不见硝烟的战争无处不在,政治领域没有枪炮的较量一直未停。"20 世纪 50 年代以来,一些发展中国家照搬西方政治制度和政党制度模式,结果导致很多国家陷入政治动荡、社会动乱,人民流离失所。"往者不可谏,来者犹可追。""活生生的例子就在眼前……我们头脑一定要清醒、一定要坚定。"①全面贯彻落实总体国家安全观,必须"坚持人民安全、政治安全、国家利益至上的有机统一",人民安全是国家安全的宗旨,国家利益至上是国家安全的准则,"政治安全是国家安全的根本"。② 政治安全涉及国家主权、政权、制度和意识形态的稳固,事关国家治乱兴衰,不仅是国家的根本利益所在,而且是一个国家生存和发展的基础条件。一个国家如果政治领域出现重大风险,对外不能独立自主,内部政治动荡,就不可能维护好人民利益,就不可能实现长远发展。推进新时代国家安全事业全面发展进步,"要把维护国家政治安全特别是政权安全、制度安全放在第一位"。③

唯物史观认为,社会是一个复杂的系统构成的,涉及政治、经济、文化、社会、科技、网络、生态、资源、外交、国防和军事等各个领域,它们之间有着密不可分的关系。经济繁荣稳定、资源能源可持续利用、生态永续平衡循环,能够为政治安全提供源源不断的物质基础;国防强大、社会和谐稳定、文化独立自主,能够为政治安全提供坚强的硬实力和软实力保障;科技、信息工业发展,既能够为政治安全提供更高效的手段,又可以不断拓展维护政治安全的空间领域。如果经济、文化、科技、国防等领域的安全没有保障,风险一旦积聚发酵、联动叠加,最终也会传导至政治安全领域,形成政治安全风险。但在所有的风险系统中,政治风险因涉及国家主权、政权、制度和意识形态的稳固,更带有根本性,因此,政治风险对其他方面风险具有决定性的影响。只有科学应对政治领域重大风险,确保政治安全,才能有效维护经济、文化、社会、科技、国防和军事等其他领域的安全。

人民安全是国家安全的宗旨,也是党的性质和宗旨的重要体现,人民的幸福生活必须有政

---

① 中共中央党史和文献研究院:《习近平关于防范风险挑战、应对突发事件论述摘编》,中央文献出版社 2020 年版,第 30 页。
② 《习近平谈治国理政》第 3 卷,外文出版社 2020 年版,第 96 页。
③ 中共中央党史和文献研究院:《习近平关于防范风险挑战、应对突发事件论述摘编》,中央文献出版社 2020 年版,第 31 页。

治安全的保证。我们党的一切奋斗都是为了实现人民幸福安康。中华人民共和国成立后,我们党领导人民实现了中国从几千年封建专制政治向人民民主的伟大转变,奠定了国家政治安全的格局,也为中国人民当家作主、实现人民安全提供了根本前提。改革开放以来,我们党执政能力不断提高,人民代表大会制度不断完善,政治安全能力不断提升,人民安全和国家利益进一步得到保障。党的十八大以来,以习近平同志为核心的党中央勇于面对重大风险考验和党内存在的突出问题,以顽强意志品质正风肃纪、反腐惩恶,消除了党和国家内部存在的严重隐患,党的创造力、凝聚力、战斗力显著增强,执政能力显著提高,经济社会健康稳定发展,人民生活水平、居民收入水平、社会保障水平迈上了一个大台阶。特别是公共卫生、疾病防控、医疗卫生服务能力逐步提升,中国居民的健康水平已处于发展中国家前列。根据国家卫生健康委员会发布的我国卫生健康事业发展统计公报,中华人民共和国成立前我国人均预期寿命只有35 岁,婴儿死亡率高达 200‰;2021 年我国居民人均预期寿命达 78.2 岁,孕产妇死亡率下降到 16.1/10 万,婴儿死亡率下降到 5.0‰;[①]人民群众获得感、幸福感、安全感显著提升。我们取得的一切成就,人民美好生活的获得,都有赖于党的坚强领导和中国特色社会主义制度的保障。纵观中外历史,离开政治安全保障,人民安全就无从谈起,国家利益就不可能实现。因而,应对执政风险和考验关键是应对好政治领域风险和考验。只有切实有效应对好政治领域的重大风险和考验,方能确保党的长期执政,实现国家长治久安和人民安全幸福。

　　始终高度重视应对政治领域面临的重大风险考验,维护国家政治安全,是我们党治国理政的重要历史经验。中华人民共和国成立之初,我们党坚持独立自主的对外政策,废除旧中国签订的不平等条约,清除帝国主义国家在中国的特权和影响,战胜外国侵略威胁,创造性地完成由新民主主义到社会主义的过渡,确立了社会主义基本制度,建立并巩固了人民民主专政的国家政权,实现并捍卫了国家主权独立和领土完整。在改革开放新时期,我们党作出把工作中心转移到经济建设上来、实行改革开放的历史性决策,成功开创了中国特色社会主义伟大事业。这一时期,我们党坚持"稳定压倒一切"的方针,正确处理改革发展稳定的关系,保证了经济社会的持续稳定健康发展。尤其是面对西方敌对势力对我国的西化分化图谋,我们党多措并举坚决维护了国家政权稳定,确保了政治安全。中华民族之所以能够迎来由站起来、富起来到强起来的伟大飞跃,根本原因就在于我们党成功应对了政治领域面临的重大风险考验,坚决维护和保持了国家的政治安全。

　　新时代、新形势下我们党面临的重大风险越来越复杂,呈现出许多新的趋势和特点,主要体现为"六大效应":一是"倒灌效应",随着我国日益走近世界舞台中央,境外输入性风险日益增多,已成为影响我国安全稳定的外生变量。二是"合流效应",各种敌对势力同流合污、勾联聚合,呈现"敌独合流""内外合流""新老合流"的"三个合流"新动向。三是"叠加效应",重点领域群体利益诉求引发的各种社会矛盾交织叠加,现实问题与历史问题、实际利益问题与意识形态问题、政治性问题与非政治性问题交叉感染,极易形成风险综合体。四是"联动效应",各类风险流动性加快、关联性增强,呈现出境内外互动、跨区域联动、跨群体聚合的新动向。五是"放大效应",互联网日益成为各类风险的策源地、传导器、放大器,一件小事情都可能形成舆论漩涡,一些谣言传闻经煽动炒作,极易使"茶杯里的风暴"骤变为现实社会的"龙卷风"。六是"诱导效应",一个地区发生的问题容易导致其他地区仿效。一些长期积累的深层次矛盾问题难以在短期内得到完全解决,如果持续发酵,在外部输入性风险的诱导下,就有可能升级放大。

[①] 国家卫生健康委员会:《2021 年我国卫生健康事业发展统计公报》,新华网 2022 年 7 月 13 日。

纵观诸多领域重大风险,如果处置不当,往往会反映到政治安全上来,最后要靠应对政治安全风险来兜底。① 因此,有效应对政治安全风险具有首要性、兜底性、关键性、根本性,在党的执政安全和国家安全体系中处于核心位置,必须作为首要任务来抓紧、抓实、抓好。

世界上一些执政党由于应对政治风险、维护政治安全不力导致亡党亡国的教训值得我们警觉。最为典型的当属苏共败亡、苏联解体。苏联解体悲剧的发生,关键因素就在于苏共对国内外敌对势力颠覆苏共领导地位和社会主义制度的图谋失去了警觉,放弃了政治安全防线。面对当时美国等西方国家经济、政治、意识形态等全方位的渗透,苏联共产党却主动打开"闸门",自愿解除思想武装,拱手让出阵地,取消党的领导地位,背弃社会主义制度。然而,苏联解体给国家和人民带来的并不是稳定和繁荣,而是巨大的精神和物质损失。此后的 10 年间,俄罗斯国内生产总值急剧下降,现代化工业大国变成原材料附庸国;社会混乱,人口锐减,贫富两极分化严重,1998 年失业人口超过 2 500 万;经济发展长期低迷,国家实力和国际地位大幅下降,由昔日的"两霸"之一沦落为二流甚至三流国家。

2010 年开始的"阿拉伯之春"更是应对政治领域风险不力的结果。2010 年 12 月,突尼斯西迪布济德的一名 26 岁大学毕业生,因找不到工作,遂上街卖水果。警察认为他是无照经营,没收了其货物,他气愤难当,随即自焚抗议,引发突尼斯全国骚乱,导致有 91 年历史、执政 54 年的突尼斯宪政民主联盟分崩离析,迅速解散。突尼斯是"阿拉伯之春"运动的起点。由于茉莉花是突尼斯的国花,因此发生在突尼斯的这次政权更迭被称为"茉莉花革命"。茉莉花革命遂成星火燎原之势,席卷整个阿拉伯世界,导致了埃及、利比亚、也门、叙利亚、阿尔及利亚等西亚北非国家的持续动荡。这股寓意所谓民主自由新希望的"阿拉伯之春"浪潮并没有造就民众希望看到的国家,带来的反而是国家秩序的混乱和极端恐怖主义的泛滥蔓延。利比亚四分五裂,也门人道主义灾难丛生,埃及和突尼斯虽形势相对较好,但也大不如从前,失业率上升,经济增速放缓。

苏联解体、东欧剧变,使得这些国家执政几十年的共产党被赶下台,国家分崩离析,经济一度持续下滑,人民生活水平出现倒退。西亚北非"茉莉花"革命,不仅没有增加国民的获得感、幸福感、安全感,反而使国家政权垮台,社会失序,战乱不止,经济持续凋敝,民不聊生、生灵涂炭。突尼斯"茉莉花"革命后,年轻人失业率一度达到 35%,人均 GDP 从每年 4 000 美元下降到 3 600 美元。一些国际评估结果显示,阿拉伯世界发生的"革命"给基础设施造成近 1 万亿美元的损失,造成超过 140 万人死亡,1 500 多万人沦为难民。② 事实证明,政治安全是国家安全的根本,对于保障人民安全、维护国家利益,具有根本性、全局性的重大意义。没有政治安全,就没有国家安全,更没有人民安全。政治安全是国家安全这一肌体的心脏,心脏停止了跳动,再强壮的肌体也会失去生机。因此,欲保国家安全、人民安全,必先求政治安全。只有积极有效应对政治领域的重大风险考验,消除政治体系存在的风险隐患,才能确保国家长治久安和人民利益安全。

二、应对政治领域重大风险是继续推进改革开放的必然要求

改革开放是强国之路。经过 40 多年的改革开放,我国发生了翻天覆地的变化;面向未来,

---

① 陈一新:《聚力防范化解政治安全风险》,人民网 2019 年 4 月 5 日。
② 王健羽:《埃及总统:"阿拉伯之春"致 100 多万人死亡,近万亿美元损失》,《环球时报》2018 年 1 月 19 日。

我们要实现社会主义现代化和中华民族伟大复兴，必须进一步深化改革、扩大开放。但随着改革开放的深入，前进的道路会越来越艰险，我们面临的风险和考验必然愈来愈大。习近平总书记指出：改革开放已走过千山万水，但仍需跋山涉水；我们现在所处的"是一个愈进愈难、愈进愈险而又不进则退、非进不可的时候"。[①] 我们必须增强底线思维，随时准备应对可能出现的政治领域的重大风险考验，保持方向不偏、道路不易，才能将改革开放伟大事业继续向前推进。

我国改革是以增量式的、自下而上的、渐进式的制度变迁方式有序向前推进的，一个重要特点是先易后难。因而经过 40 年的持续推进，好吃的肉都吃了，好改、容易改的都改了，剩下的都是硬骨头，有的是牵一发而动全身。在改革起步阶段，由于改革带有"普惠式"，改革普遍受益，改革的深层次问题往往不会凸显出来，改革阻力较小，改革共识较为容易达成。新一轮改革已经越过了"帕累托改进"阶段，当时那些绕过去的和放在一边的矛盾和问题并不会因此而消失，相反可能随着改革推进而成为绕不过去的"拦路虎"。今天，这些累积的矛盾和问题，已经摆在我们的面前，躲不开也绕不过。换句话说，改革已进入深水区和攻坚阶段，改革的艰巨性、复杂性和纵深性在不断加强。

尽管通过 40 多年的改革开放，许多方面的改革已取得了突破性进展，但仍有一些重要领域的改革依然滞后，市场化导向的改革并没有彻底完成，很多地方还不到位。以新型城镇化为核心的土地制度、户籍制度、社会保障制度、投融资体制等领域的配套改革还处于起步阶段，需要进一步全面深化改革。此外，政府部门对微观经济活动的干预仍然较多，行政性审批方式在资源配置方面还占据很大地位，法治型政府还没有真正地建立起来，公职人员依法执政、依法行政意识还不强。国有资产管理体制改革、财税金融体制改革、收入分配体制改革等重要环节与预期的改革目标依然有较远的距离。所以，新一轮改革必须注重改革的系统性、整体性、协同性。

在改革开放 40 多年历程中，"党的十一届三中全会是划时代的，开启了改革开放和社会主义现代化建设历史新时期；党的十八届三中全会也是划时代的，开启了全面深化改革、系统整体推进改革的新时代，开创了我国改革开放的新局面"。[②] 相比过去，新时代改革开放具有许多新的内涵和特点，其中很重要的一点就是制度建设分量更重，改革更多面对的是深层次体制机制问题，对改革顶层设计的要求更高。党的十八届三中全会确定了新一轮改革的重大任务，推出了包括经济、政治、文化、社会、生态文明以及国防和军队建设、党的建设在内 336 项全面深化改革的重大举措。可以说，我国的新一轮改革是中国历史也是人类发展史上涉及面最广、受众最多、程度最深、难度最大的一场革命性变革。经过几年来的努力，重要领域和关键环节改革成效显著，主要领域基础性制度体系基本形成。同时，也要看到，这些改革举措有的尚未完成，有的甚至需要相当长的时间去落实，我们已经啃下了不少硬骨头，但还有许多硬骨头要啃，我们攻克了不少难关但还有许多难关要攻克。改革越到深处，我们越要担当作为，蹄疾步稳、奋勇前进，不能有任何停一停、歇一歇的懈怠，要提高改革的思想自觉、政治自觉、行动自觉，迎难而上，攻坚克难。习近平总书记在庆祝改革开放 40 周年大会上强调，要"坚持方向不变、道路不偏、力度不减，推动新时代改革开放走得更稳、走得更远"。[③] 这就要求从全面建设社会主义现代化国家的战略需要出发，进一步推进全面深化改革。

我们必须看到，伴随着改革纵深推进，改革引发的社会利益分化、社会多元化主体正在形成，各种利益主体之间的矛盾开始凸显，一些矛盾枳重难返。继续深化各项改革必然要涉及一

① 习近平：《论全面深化改革》，中央文献出版社 2018 年版，第 524—525 页。

② 《习近平谈治国理政》第 3 卷，外文出版社 2020 年版，第 178 页。

③ 习近平：《论全面深化改革》，中央文献出版社 2018 年版，第 522 页。

些重大利益关系的调整,要涉及牵动全局的敏感问题和重大问题,必然要动既得利益的"奶酪"。比如,所有制改革特别是深化国有企业改革、财政体制改革、金融体制改革、收入分配体制改革、干部人事制度改革等,诸如此类的改革牵一发而动全身,任何一项改革都会涉及其他多项改革,涉及千千万万人的直接利益。要推动改革,就必定有部分群体需要付出代价,特别是作为改革的组织者、推动者的一些部门、单位等,自身也成了改革的对象,自己改革自己,甚至在改革过程中必须大幅度放弃自身的权力和利益,如果没有敢于自我革命的精神和壮士断腕的政治勇气,改革就很难得到进一步推进。同时,改革不仅要促进效率,也要促进社会公平公正,这样才能使广大人民群众拥护和积极参与改革。但是,在我国改革的进程中,由于一个时期以来促进社会公正的政策措施缺位,出现了改革利益过多向特定群体倾斜而改革代价过多由另一部分人承担的现象。如一些失地农民、农业转移人口等,不能共享改革所带来的红利,由此引起社会和人民群众的不满。党的十八大之前的 20 年间,群体性事件增加了 10 倍,其中因土地征用、房屋拆迁、环境污染等利益冲突引发的群体事件占 80% 以上。官员的腐败、权力寻租等问题加速了社会利益的分化;民主法治进程的滞后,使得人民主体的潜在预期不断削弱。这也在一定程度上反映了我国改革的确已经处于不进则退、背水一战的攻坚阶段,我们必须以更大的勇气才能打好改革这场"攻坚战"。

随着改革深入推进,我国开放的步伐也在加大。40 多年来,我们统筹国内国际两个大局,坚持对外开放的基本国策,实行积极主动的开放政策,形成全方位、多层次、宽领域的全面开放新格局,为我国创造了良好国际环境,开拓了广阔发展空间。但在我们打开国门,学习借鉴西方先进科技文化和管理经验的同时,西方思想文化对我国的影响和渗透也在日趋加大。尤其是随着中国经济总量跃居世界第二和中国在国际舞台上的影响力越来越大,个别西方国家认定中国的发展构成了对其全球霸权的挑战,在难以使用武力手段征服的情况下,开始对我国实施西化分化战略,采取各种手段对我国进行干扰破坏和渗透颠覆,甚至图谋发动"颜色革命"。他们大肆推行单边主义、排外主义,挑起贸易摩擦、科技战,利用新冠疫情"甩锅"我国,对我国实施打压围堵;推动我国周边安全问题持续发酵,以期在我国周边地区形成一个战略包围圈;利用人权问题、民族宗教问题,插手干涉我国西藏、新疆、台湾、香港等事务;利用境外间谍情报机构策反我国人员和窃取国家秘密,扶植利用一些境外非政府组织、境外媒体、智库以及各种敌对势力从事与我国法律不相符的活动;利用互联网加剧对我国的渗透破坏,炮制恶性政治谣言,制造大量负面舆论,混淆视听,抹黑中国,从而使我国发展的外部环境严重恶化,使我国经济社会发展遇到严峻挑战。

改革开放的历史进程本身就是一个不断解决矛盾的过程。习近平总书记指出:"过去,我们常常以为,一些矛盾和问题是由于经济发展水平低、老百姓收入少造成的,等经济发展水平提高了、老百姓生活好起来了,社会矛盾和问题就会减少。现在看来,不发展有不发展的问题,发展起来有发展起来的问题,而发展起来后出现的问题并不比发展起来前少,甚至更多更复杂了。"[①]当今我国正处于转变发展方式、提高发展质量的关键时期,化解多年来积累的深层次矛盾的任务艰巨繁重,政治安全所面临的矛盾尖锐性、局面复杂性、形势紧迫性前所未有。从国际上看,中国越发展就越会遭受来自世界上那些视中国为竞争对手国家的嫉妒与作梗,就越会遭受国际反华势力与境内外敌对势力的仇恨与破坏。现在个别发达国家已经把中国认定为"战略竞争对手",企图遏制中国发展,颠覆破坏我国社会主义制度和中国共产党的领导,如果

---

① 习近平:《在党的十八届五中全会第二次全体会议上的讲话(节选)》,《求是》2016 年第 1 期。

对此失去警觉，就有可能导致政治风险的产生。

历史警醒我们：苏联是在改革进入深水区之时，在国内外敌对势力的夹击下，放弃了党的领导和社会主义制度，导致亡党亡国的。血的教训说明，为了捍卫人民的根本利益，必须高度重视并科学应对政治领域的重大风险考验，只有在国家政权、政治制度、意识形态和党的执政地位免受各种侵袭、干扰、威胁和危害的状态下，我们才能战胜前进道路上的艰难险阻，为中国特色社会主义事业持续健康发展提供必要前提和基础。党的领导是中国特色社会主义最本质的特征和最大优势，是做好党和国家各项工作的根本保证。人民民主专政是我国的国体，体现了民主和专政两个方面的辩证统一，是我国一切发展进步的政治前提和政治基础，是改革开放和社会主义现代化建设的政治保证。只有充分发扬社会主义民主，确保人民当家作主地位，才能调动亿万人民群众投身于社会主义现代化建设的积极性、主动性、创造性，形成改革最大共识。只有坚持国家的专政职能，打击国内外一切破坏社会主义建设的敌对分子和敌对势力，才能保障人民民主，维护国家安全。我们必须坚决与一切否定、削弱党的领导的言行作斗争；坚决与一切诋毁、歪曲中国特色社会主义制度的言行作斗争；坚决与一切分裂祖国、破坏民族团结和社会和谐稳定的行为作斗争，持续增强"四个自信"，正确处理好解放思想和实事求是的关系，宏观指导、顶层设计和摸着石头过河、敢想敢闯敢试的关系；把握好改革的速度、节奏，坚守政治定力，直面并不断战胜各种政治风险考验，不犯颠覆性错误，才能保证改革开放和现代化事业始终沿着社会主义方向前进，不断取得新胜利。

三、应对政治领域重大风险，是实现民族复兴中国梦的重要保证

通过中国特色社会主义道路实现中华民族复兴，是前无古人的伟大创举，没有中国共产党领导，没有政治安全这一坚强保障是不可能实现的。习近平总书记在参观《复兴之路》展览时，第一次提出实现中华民族伟大复兴的"中国梦"；在第十二届全国人大一次会议闭幕时的重要讲话中进一步阐释了"中国梦"的精神要义。"中国梦"将中国的过去、现在、未来联系起来，将国家、社会、个人联系起来，将中国、世界、人类联系起来，体现了以习近平同志为核心的党中央继往开来、高瞻远瞩的深邃眼光，指明了当代中国的发展走向，是在新的历史起点上我们党的政治宣言和指引中华巨轮扬帆远航的旗帜。实现中华民族复兴必然面临千难万险，我们只有直面并科学应对政治领域的重大风险和考验，保证党的执政安全和中国特色社会主义制度安全，才能战胜惊涛骇浪，胜利到达光辉彼岸。

我国近代以来，民族复兴具有特殊的含义。一是实现民族独立，二是实现国家富强，三是实现人民幸福。中国共产党在责无旁贷地肩负起民族复兴重任的同时，也赋予民族复兴以新的内涵，即通过中国特色社会主义道路实现民族的伟大复兴。在长达 5 000 多年的历史进程中，中华儿女曾创造了辉煌的中华文明，为人类社会的进步和发展作出了杰出贡献，以致法国启蒙运动领袖伏尔泰在《哲学词典》"光荣"条文中宣称："世界的历史始于中国。"德国古典哲学大师黑格尔在《历史哲学》中也说："历史必须从中华帝国说起。"中华文明在世界上曾经领潮流和时代之先，并将这种领先地位一直保持了 1 500 多年。直到乾隆末年，中国经济总量仍居世界第一位，人口占世界 1/3。在人类历史上，先后出现过多种类型的古老文明，但能够一直延续至今并且没有重大断裂的，只有中华文明。①

---

① 刘昫献：《"中国梦"引领中华巨轮扬帆远航》，人民网—理论频道 2013 年 7 月 30 日。

古代中国盛世有三个重要标识:一是疆域版图特别辽阔。从汉武帝时期开始,疆域版图已经很大了。唐朝的盛世疆域版图达 1 000 多万平方公里。元世祖忽必烈开辟的元帝国,其疆域版图达到古代中国的最大值,面积为 1 500 多万平方公里。清康熙年间将古代中国疆域版图定格为 1 300 多万平方公里。二是 GDP 占世界第一。曾任经济合作与发展组织经济部主任的安格斯·麦迪森出版了《中国经济的长期表现》一书,对于中国近代以前的 GDP 进行了估算。为了尽量减少汇率和通货膨胀等因素对统计真实的经济规模的影响,他采取了购买力平价的计算方式。按照麦迪森的测算,从 17 世纪末到 19 世纪初,中国在经济上的表现相当出色。从 1700 年到 1820 年,中国的 GDP 排名世界第一。1820 年中国的 GDP 占世界 GDP 的 28.7%,大大高于英国 GDP 所占 5.2% 和日本 GDP 所占 3.1% 的份额。另据美国史学家保罗·肯尼迪在《大国的兴衰》一书中提供的数字,1830 年中国制造业产量占世界制造业产量的 29.8%,略低于整个欧洲所占 34.2%,但大大高于英国和日本分别所占 9.5% 和 2.8% 的份额。麦迪森给出的数字表明,直到 1880 年,中国和美国占世界 GDP 总量的份额还是相同的,均为 14%;自此之后,中国占世界 GDP 总量的份额一路下滑,到 1913 年中国下降为 8.9%,美国上升为 19.1%。三是对世界文明贡献巨大。中国古代的四大发明,对世界文明的发展产生了深刻的影响。另据《世界自然科学大事年表》记载,16 世纪以前,在影响人类生活的约 300 项重大科技发明中,中国人的发明占 175 项。正是这些重大的发明(包括发现),使中国的农耕、纺织、冶金、手工制造技术长期处于世界先进水平,与此相适应,中国的综合国力也居各国之首。① 但到了近代,世界进入工业文明之后,资本帝国主义的入侵使清王朝这个已在内腐的庞然大物轰然坍塌,迅即成为由多个帝国主义列强瓜分的积贫积弱的半殖民地半封建国家。仅仅五六十年间,西方和东方列强通过侵略战争,迫使中国签订了数百个不平等条约,使中国失去了 300 多万平方公里领土,掠走了十几亿两白银。中华民族濒临亡国灭种边缘。正是这种苦难中国的历史,呼唤着中国共产党诞生。我们党诞生后即肩负起实现民族复兴的重任,经过近百年艰苦卓绝的不懈奋斗,终于使实现中华民族伟大复兴呈现出灿烂前景。

实现中华民族伟大复兴,是一个内涵丰富的目标,同时也是一个与时俱进的目标,民族复兴的具体内容必然随着时代的发展而不断丰富其内涵。从 19 世纪中叶到 20 世纪中叶,中国人民的一切奋斗,都是为了实现祖国的独立和民族的解放,彻底结束民族屈辱的历史。这个历史伟业,以中华人民共和国的建立为标志已经完成了。从 20 世纪中叶到中国特色社会主义的建成,我们的一切奋斗,则是为了实现国家富强、民族振兴、人民幸福。这个历史伟业,我们党领导全国人民已经奋斗了 70 多年,取得了巨大的进展。中华人民共和国成立后,我们党创造性地完成了由新民主主义到社会主义的过渡,实现了中国历史上最伟大、最深刻的变革,开始了在社会主义道路上实现中华民族伟大复兴的历史征程。十一届三中全会以来,我们党找到了中国特色社会主义的正确道路,赋予民族复兴新的强大生机。党的十九大报告号召全党"高举中国特色社会主义伟大旗帜,锐意进取,埋头苦干,为实现推进现代化建设、完成祖国统一、维护世界和平与促进共同发展三大历史任务,为决胜全面建成小康社会、夺取新时代中国特色社会主义伟大胜利、实现中华民族伟大复兴的中国梦、实现人民对美好生活的向往继续奋斗"。②

"中国梦"的科学内涵是与中国共产党的当代使命相联系的。"中国梦"不是眼睛向着历史,简单地重寻昔日的荣光;不是要恢复古代中国鼎盛时期的疆域版图,而是从今天的现实出

---

① 刘昀献:《"中国梦"引领中华巨轮扬帆远航》,人民网—理论频道 2013 年 7 月 30 日。
② 《习近平谈治国理政》第 3 卷,外文出版社 2020 年版,第 55 页。

发,扎扎实实地解决改革开放40多年来连续快速发展而带来的诸多发展中的重大问题,推动中华民族永续发展。国家富强是实现"中国梦"的前提,国家富强既包括物质的、制度的硬实力,也包括文化的、精神的软实力。国家不富强,军队不强盛,硬软实力不足,复兴也就无法实现。这就要求我们遵循党的基本理论、基本路线、基本方略,不走封闭僵化的老路,也不走改旗易帜的邪路,坚定不移地走中国特色社会主义的道路,推进改革开放,一心一意谋发展,聚精会神搞建设,千方百计地解放和发展生产力,在建设强盛中国、文明中国、和谐中国、美丽中国中实现伟大梦想。民族振兴是实现"中国梦"的核心,民族振兴就是要使中华民族屹立于世界先进民族之列。一方面要实现经济发达、政治昌明、文化繁荣、社会和谐、生态良好、人民精神振奋意气风发;另一方面要提高处理国际事务和应对国际局势变化的能力。"中国梦"是世界人民的梦的有机组成部分,从"中国梦"到"非洲梦""欧洲梦""世界梦",中国人民的追求与世界人民的期盼连接在一起,要实现"中国梦",根本上要靠中国人民长期不懈艰苦奋斗,同时也需要世界各国人民理解和支持;要在追求本国利益时兼顾他国合理关切,把本国人民利益同各国人民共同利益结合起来,共同应对全球性挑战,为全人类的发展更多地做出贡献。人民幸福是实现"中国梦"的根本,人民幸福是"中国梦"、民族梦、个人梦的聚集点,也是实现梦想的根本出发点和落脚点。要实现人民幸福必须在发展中注重保障民生,多谋民生之利,多解民生之忧,解决好人民最关心的利益问题,不断实现好、维护好、发展好最广大人民的根本利益,使发展成果更多、更公平地惠及全体人民,在经济社会不断发展的基础上,逐步实现全体人民共同富裕,实现每个人自由而全面的发展。

"中国梦"是在中国特色社会主义道路上实现中华民族伟大复兴,在14亿乃至更多人口的国度中实现共同富裕,在为西方主导的世界格局中实现大国的和平发展,所有这些都是过去从来没有过的全新的事情、全新的探索、全新的实践。从这个意义上说,"中国梦"也是人类社会前所未有的崭新的梦。实现这一伟大梦想的征途,必然充满风险挑战,必须统筹处理好发展与安全的关系。一方面要重视经济社会发展问题,发展是安全的基础;另一方面,更要重视安全问题,党的执政安全、国家安全是发展的前提。发展和安全是一体之两翼、驱动之双轮,二者相辅相成,相得益彰,不可偏废。只有坚决维护党的执政安全、国家政治安全,才能为实现中华民族伟大复兴的中国梦创造良好的内外部环境,特别是创造和谐稳定的国内政治环境,保障我国经济社会健康有序发展。

同时,"中国梦"是和平发展的梦,是合作共赢的梦,它不仅造福于中国人民,同时也将促进世界各国共同发展。中国在复兴道路上将始终高举和平、发展、合作、共赢的旗帜,在追求本国利益时兼顾他国合理关切,在谋求本国发展中促进各国共同发展,推动构建人类命运共同体。2012年以来,中国对世界经济增长贡献率均在25%以上。国际社会的大多数国家都对"中国梦"持认可态度,认为中国经济增长是带动世界经济复苏的强劲动力。但面对中国的不断发展壮大,国际社会也难免有一些曲解和误读、疑虑和猜忌,一些人总是戴着有色眼镜看中国,认为中国发展起来了必然是一种对他国的"威胁",将"中国梦"曲解为"扩张梦""强权梦",甚至是"霸权梦",一定会跌入所谓大国冲突对抗的"修昔底德陷阱"。面对风云变幻的国际环境,习近平总书记坚定地向世界宣示:"中国不认同'国强必霸'的陈旧逻辑。"① "中国无论发展到什么程度,永远不称霸,永远不搞扩张。"同时,他也坚定地表达了维护国家政治安全的决心:"中国坚定奉行独立自主的和平外交政策,尊重各国人民自主选择发展道路的权利,维护国际公平正

---

① 习近平:《在德国科尔伯基金会的演讲》,《人民日报》2014年3月30日。

义,反对把自己的意志强加于人,反对干涉别国内政,反对以强凌弱。中国决不会以牺牲别国利益为代价来发展自己,也决不放弃自己的正当权益,任何人不要幻想让中国吞下损害自身利益的苦果。"①

实现中华民族复兴的中国梦,是一个长期而艰辛的过程,需要一代一代人不懈奋斗,必须有一个相对安全稳定的国内国际政治环境。科学发展是第一要务,政治安全是头等大事。习近平总书记指出:"实现伟大梦想,必须进行伟大斗争。"②我们必须时刻保持斗争精神,高度警惕并科学应对政治领域可能出现的重大风险和考验,尤其要对西方国家对我国实施西化分化、推动"颜色革命"的图谋保持高度警觉;更加自觉地坚持党的领导和社会主义制度,更加自觉地维护我国主权、安全、发展利益,坚决防止社会政治稳定大局被破坏的危险和中国特色社会主义进程被打断的危险。只有这样,才能实现中华民族伟大复兴这一党的伟大使命。

第二节　新时代政治领域面临的重大风险

党的十八大以来,在以习近平同志为核心的党中央坚强领导下,我国综合国力不断提高,从严治党取得新成效,党的领导进一步加强,党的创造力、凝聚力、战斗力和领导力、动员力、号召力显著提升,中国特色社会主义制度不断完善,国家治理体系和治理能力现代化取得新进展,改革开放稳步推进,经济社会稳定发展,人民生活水平和幸福感、满意度不断提高,党的执政基础和群众基础更加牢固,有效应对了政治领域不断出现的重大风险和考验,为维护政治安全创造了有利条件。总体上,我国社会政治大局稳定,维护政治安全具备坚实基础。同时,我们也必须清醒看到,当前我国面临的政治风险在日益加大,面临的政治安全形势仍十分复杂,维护政治安全的任务仍十分艰巨繁重。

一、资产阶级自由化动摇立国之本的危险

我国改革开放和社会主义现代化建设,是在复杂的国内外矛盾斗争中进行的。这种矛盾斗争突出地表现为:一方面是同西方敌对势力妄图"西化""分化"我国的政治图谋的矛盾斗争;另一方面是同国内资产阶级自由化势力走资本主义道路的矛盾斗争。而且,这两股势力是相互呼应的。资产阶级自由化是随着我国改革开放逐渐出现的一股政治思潮。这股思潮一开始就把矛头对准了党的执政地位,对准了人民民主专政政权,一些人甚至与国外反华势力相勾结,其危害远远超出了思想文化的范围,直接影响到我国的社会稳定和改革开放的社会主义方向。这就警示我们,推进改革开放和社会主义现代化建设,必须由团结全党全国人民共同奋斗、抵制来自国内外敌对势力干扰破坏的鲜明政治原则作为判断是非、同心同德、和谐团结的政治基础。

改革开放之初,邓小平就高瞻远瞩地指出,中国要实现社会主义四个现代化,"必须在思想政治上坚持四项基本原则。这是实现四个现代化的根本前提。这四项是:第一,必须坚持社会主义道路;第二,必须坚持无产阶级专政;第三,必须坚持共产党的领导;第四,必须坚持马列

① 《习近平谈治国理政》第3卷,外文出版社2020年版,第46页。
② 《习近平谈治国理政》第3卷,外文出版社2020年版,第12页。

主义、毛泽东思想"。① 四项基本原则"是我们党长期以来所一贯坚持的。如果动摇了这四项基本原则中的任何一项,那就动摇了整个社会主义事业,整个现代化建设事业"。② 他还一针见血地揭露了资产阶级自由化的本质就是要把中国的改革引向资本主义道路。他说:"所谓资产阶级自由化,就是要中国全盘西化,走资本主义道路。"③

显而易见,资产阶级自由化是与四项基本原则直接对立的,就是指否定我国社会主义制度,否定党的领导,否定人民民主专政,否定马列主义、毛泽东思想的各种错误思潮。这些思潮,随着我国全面深化改革的推进,随着我国对外开放的拓展和深入,必定会以各种新的面目表现出来。但万变不离其宗,其反对四项基本原则的立场是始终没变的,这也是我们辨识资产阶级自由化的重要标准。邓小平明确指出,之所以提出四项基本原则,主要就是针对资产阶级自由化思潮。"社会上有极少数人正在散布怀疑或反对这四项基本原则的思潮,而党内也有个别同志不但不承认这种思潮的危险,甚至直接间接地加以某种程度的支持。虽然这几种人在党内外都是极少数,但是不能因为他们是极少数而忽视他们的作用。事实证明,他们不但可以而且已经对我们的事业造成很大的危害。"④反对资产阶级自由化是一项长期的任务。邓小平深刻认识到反对资产阶级自由化斗争的长期性,他认为在整个实现四个现代化的过程中都存在一个反对资产阶级自由化的问题。1987 年 3 月,他强调说:"在实现四个现代化的整个过程中,至少在本世纪剩下的十几年,再加上下个世纪的头五十年,都存在反对资产阶级自由化的问题。"⑤实事求是地说,只要世界上还存在着资本主义与社会主义两种社会制度的斗争,在社会主义最终战胜资本主义之前,资产阶级自由化就不可能最终消失,反对资产阶级自由化必然是一项长期的任务。改革开放以来,尽管我们党始终强调坚持四项基本原则,反对资产阶级自由化,但随着改革开放不断深化发展,资产阶级自由化的影响不仅没有减弱,反而不断以新的形式表现出来。当前主要表现为:

一是否定党的领导。有的人借口历史上党曾犯过某些错误,污蔑党的领袖、抹黑党的历史和英雄模范人物,攻击党的领导的合法性。有的人打着政治体制改革的幌子,曲解党政、党群关系,割裂党的领导地位和执政地位的联系,简单、片面强调党政分开、党群分开,削弱党的领导地位,以致在一些单位和部门出现党的领导严重被虚化、弱化、边缘化,黑恶势力抬头泛滥。有的人假借推进依法治国之名,提出党大法大的问题,质疑党对依法治国的领导,谬辩"法治,法律就是最大""共产党是法外之党、非法政党";提出各级法院、检察院不再设立党组,内部也不再设立机关党委或业务部门党支部等政党组织,终结各级党委及其政法委与法院、检察院之间的领导与被领导关系;法官、检察官原来是党员的,应该冻结组织活动,终止与党的组织联系;原来不是党员的,在任法官、检察官期间不加入任何政治组织。对此,习近平总书记一针见血地指出:党大法大是一个"伪命题",⑥少数人之所以热衷于炒作这个命题,是醉翁之意不在酒,是想把党的领导和法治割裂开来、对立起来,企图否定党的领导。

二是否定无产阶级专政即人民民主专政。最引人注目的就是一些人大肆宣扬西方的"普世价值"和"宪政"理论,认为中国应该遵循由西方文明确立的"普世价值",在政治上走西式民

① 《邓小平文选》第 2 卷,人民出版社 1994 年版,第 164 页。
② 《邓小平文选》第 2 卷,人民出版社 1994 年版,第 164—165、173 页。
③ 《邓小平文选》第 3 卷,人民出版社 1994 年版,第 207 页。
④ 《邓小平文选》第 2 卷,人民出版社 1994 年版,第 166 页。
⑤ 《邓小平文选》第 3 卷,人民出版社 1993 年版,第 211 页。
⑥ 中共中央文献研究室:《习近平关于协调推进"四个全面"战略布局论述摘编》,中央文献出版社 2015 年版,第 114 页。

主之路，实行多党制、议会制、三权分立制等。有人公开要求在宪法中删除四项基本原则，反对人民民主专政，主张实行宪政民主。2014年原中国社会科学院院长王伟光发表《坚持人民民主专政，并不输理》一文后，一些人竟掀起围剿王伟光的论战。一时间大帽子满天飞舞，污蔑王伟光是"文革余孽，否定基本路线，制造混乱，否定改革开放，开历史倒车"，等等；并以"反动权威""纳粹""应该处以绞刑""死得很惨"等污言秽语进行人身攻击、恐吓和威胁。显而易见，王伟光之文所招致的围剿，非是一般的理论争鸣，而是有着极其复杂的政治背景和政治目的，根本原因在于该文强调人民民主专政是与一些人鼓吹并企图在中国搞"三权分立、宪政民主"是根本对立的。

三是否定社会主义道路。有的人试图把改革变为改向，公开讲改革开放就是"打左灯向右转"，改旗易帜，走资本主义道路。有人公开质疑中国现在还是不是社会主义的问题，甚至公开说中国特色社会主义是"国家资本主义""新官僚资本主义""权贵资本主义"等。坚持社会主义道路的核心问题是坚持社会主义制度；社会主义制度有多方面的内容，包括经济、政治、文化、社会、生态文明等方面的制度，但起主要决定作用的是社会主义的经济制度。我国社会主义初级阶段的基本国情，决定了我国必须实行公有制为主体、多种所有制经济共同发展，这是坚持社会主义制度的一条根本原则，是坚持社会主义道路的前提和基础。国有资本是公有制的主要体现，坚持公有制为主体就必须把国有企业做大、做优、做强。然而，一段时间以来，一些人制造了大量针对国有企业的奇谈怪论，大谈"国有企业垄断论"，宣扬"国有企业与民争利""国企是不堪的存在"，鼓吹"私有化""去国有化""去主导化"，操弄所谓"国进民退""民进国退"的话题。特别是各种敌对势力和一些别有用心的人恶意攻击、抹黑国有企业，宣扬"国企不破、中国不立"，声称"肢解"是国企改革的最佳方式。这些人十分清楚国有企业对我们党执政、对我国社会主义制度的重要性，他们恶意攻击国有企业无非是想搞乱人心、釜底抽薪。苏共败亡、苏联解体，根本原因就在于取消了党的领导，实行私有制，使党失去了执政的政治和物质基础。

四是否定马列主义、毛泽东思想。马列主义、毛泽东思想包含着马克思主义执政党最根本的建党原则，包含着辩证唯物主义和历史唯物主义的立场观点方法，是中国共产党人的老祖宗，是我们立党立国的根本，是坚定理想信念的支撑，是构筑精神大厦的基石，也是我们的看家本领。丢了就会丧失根本、改变颜色，我们党就不成其为马克思主义政党。因而国内外敌对势力，总是千方百计对其进行抹黑和否定。有的人借口时代变化鼓吹马列主义、毛泽东思想过时论；有人拿苏联解体、东欧剧变说事，散布社会主义、共产主义失败论。特别是有的人极力污蔑贬损毛泽东时代党和人民取得的巨大成就，恶意攻击我们党、人民军队、共和国的主要缔造者毛泽东，攻击马克思主义中国化的理论成果毛泽东思想；有的人称毛泽东是"无知而且狂妄的疯子"，称毛泽东思想"使我们丧失思维能力""行为能力"，"严重影响到我们国家的发展，到了必须清除的时候"，如果我们继续坚持毛泽东思想，则"等于没有未来，只有混吃等死"，等等。习近平总书记在讲到苏共败亡的教训时曾指出："苏联为什么解体？苏共为什么垮台？一个重要原因就是意识形态领域的斗争十分激烈，全面否定苏联历史、苏共历史，否定列宁，否定斯大林，搞历史虚无主义，思想搞乱了，各级党组织几乎没任何作用了，军队都不在党的领导之下了。最后，苏联共产党偌大一个党就作鸟兽散了，苏联偌大一个社会主义国家就分崩离析了。这是前车之鉴啊！"①

四项基本原则是立国之本，执政之基。其中，社会主义道路是我们事业发展的方向，人民

---

① 中共中央文献研究室：《十八大以来重要文献选编》（上），人民出版社2014年版，第113页。

民主专政是我们事业胜利的政治保证,党的领导是我们事业的核心力量,马克思主义、毛泽东思想是我们事业的行动指南。本固而邦宁。倘若离开了其中的任何一项,就会动摇社会主义国家的基本性质和政治基础,将会产生巨大的政治风险。因而,我们对否定四项基本原则的资产阶级自由化倾向必须时刻保持高度警觉,决不可等闲视之。

二、政治信任流失动摇党的执政基础的危险

政治信任是人民群众基于理性思考、实践感知、心理预期等对于政治制度、政府及政策、公职人员行为的信赖。得民心者得天下,失民心者失天下。人心向背是决定一个政党、一个政权兴衰存亡的根本性因素。政治信任不仅关系到我们党执政地位稳固和社会政治稳定,而且事关民族团结、社会和谐以及经济社会的繁荣发展。

影响政治信任的因素是多样化的,但最主要的有三个方面。

一是对政治制度的信任。对政治制度的信任是政治信任的基石和根本。当人民群众相信自己生活于其中的政治制度是一种符合社会发展趋势的公平、合理、正义、进步的制度,并且这种制度在实践中没有偏离自己的终极目标和价值,即使政府的某些具体政策、公职人员的某些行为损害到自己的暂时利益,仍会选择宽容的态度并支持政府。人民群众对某届政府的不信任并不一定是对政治制度的不信任。政府危机甚至政府更替并不必然代表政治制度的危机。富裕、民主、公正是社会主义的终极价值,是社会主义社会的本质规定。巴黎公社的公职人员普选制和普通工人工资制,曾感召和影响了几代中国民众。正因为人们对社会主义制度的信任,所以中华人民共和国成立后尽管我们党和政府在工作中曾出现了一系列失误,人民群众仍然保持了对党和政府的信赖。

二是对政府及政策的信任。人民群众是否信任政府取决于政府自身是否可信。政府可信度主要体现在执政能力、政策制定机制和政策绩效三个方面。政府发展经济、政治、文化的能力、社会整合能力、处理危机事件能力、应对国际局势和处理国际事务的能力强会增加政府公信力;政策制定过程公开、公平和群众参与会增加公众对公共政策在分配资源和协调利益时的公正感;政策绩效好坏,如经济发展状况、社会公平状况、社会治安状况、食品安全及环境安全状况都会影响到人民群众对政府的信任。特别是政府推行的体制改革及其成效,譬如,改革是否推动了生产力发展并改善了公众生活质量,是否扩大了公众民主权利,是否加剧了社会不平等和贫富的两极分化,改革的受益者和代价承担者是多数人还是少数人,是增强还是降低了经济和社会的风险和安全感等,直接影响到人民群众的信任水平。

三是对公职人员的信任。对公职人员的信任包括对政治领袖的信任和对公务人员的信任。随着大众媒体的出现,政治领袖通过各类传媒建立与人民群众的直接关系。政治领袖的领导能力、言谈举止、形象作风、人格魅力在政治信任中发挥着越来越重要的作用。公务人员特别是行政、司法机关人员直接面对公众,代表着政府的形象。他们的能力、工作绩效和廉洁状况,直接影响政治信任的水平。当政治体系的廉洁程度被公众广泛认可的时候,政治信任就会保持在恰当,稳定的水平;如果行政官员、法官、警察等公务员背叛公众给予的信任,成为寻租行为的主体,那么政治信任资源就会被破坏,政治信任水平将不可避免地下降。

在我国,党是社会主义事业和各级政权的组织者和领导者。政治信任表现为人民群众对社会主义制度、党和政府方针政策以及党的各级干部的信赖。这种信任是我国革命、建设和改革事业胜利的力量源泉。但毋庸置疑,体制转轨、社会转型的新时期也不可避免地出现了政治

信任流失的现象。

我们党从诞生之日起就宣布,党的宗旨和任务是为中国广大人民的利益而奋斗,建立没有剥削、没有压迫、人民当家作主的社会主义制度。在革命时期,党员干部信念坚定,冲锋陷阵,身先士卒,救民于水火,得到了广大人民的信任与支持,领导人民经过浴血奋战,建立了新中国,随之又成功地进行了三大改造,建立了社会主义制度。此后,虽有"大跃进"、浮夸风、"文化大革命",但由于没有出现社会分化,群众利益表现较为一致,加之人民群众基于长期的体验,对党怀有深厚感情,对党和政府的信任程度始终很高。但随着战争硝烟散去、和平与发展时代到来以及社会主义建设中的某些失误,特别是年轻人对战火硝烟和英雄故事了解较少,我们党在革命年代积累的政治资源也日渐损耗,因而年轻一代政治家不可能继续躺在祖辈父辈的功劳簿上,必须靠自己的智慧和能力赢得人民群众的信任。

改革开放以来,我国经济进入从计划经济到市场经济转轨的过程,与此同时,中国社会也开始了从传统农业社会向现代工业社会转型过程。这一过程所处的世界背景和我们自身的历史背景,决定了中国社会转型处于一个非常特殊的历史时期,即我们不是在西方工业文明方兴未艾、朝气蓬勃之际来实现由传统农业文明向现代工业文明社会转型和现代化,而是在西方工业文明已经高度发达,以至于出现自身弊端和危机,并开始受到批判和责难而向后工业文明过渡之时才开始向工业文明过渡的。因而,中国社会在发展市场经济和解决工业化、城市化课题的时候,还要在全球化背景下去应对后工业化的挑战,解决后工业化课题。

经过40多年的改革开放,中国社会已经发生了举世瞩目的变化。经济稳定增长、社会长期稳定,人民总体生活水平不断提高,政府社会管理与公共服务水平也在不断提升,中国人民群众继续给予了党和政府充分的信任与支持。但与此同时,随着改革的深入,新型工业化、信息化、城镇化、农业现代化的推进,社会经济成分、组织形式、就业方式、利益关系和分配方式日益多样化。在旧的矛盾并没有完全解决的同时又出现了一系列新的矛盾:出现了城乡、区域、经济社会发展的不平衡,经济增长的资源环境代价过大,以及劳动就业、社会保障、教育卫生、居民住房、安全生产、司法和社会治安等方面关系群众切身利益的一系列矛盾和问题。

突出的问题如下:

一是由于某些政策的偏差,甚或对社会主义基本价值的偏离,出现了社会财富分配的严重不公和贫富差距拉大的趋势。改革初期获得一些利益的弱势群体,在社会转型的过程中日益成为改革代价的承担者。利益分配格局的不公平,使社会中的不少人成为相对利益受损者。他们便将导致自己不利地位的原因归为不公正的社会规则、他人对不公正社会规则的钻营以及创立这些规则的政府。在这种情况下,不满情绪便会在社会中蔓延,公众的信任倾向将会大大减弱。

二是政府的社会管理和社会服务的水平、质量和意识,与人民群众的价值期待还有一定的差距。种种非理性行政行为的存在,又在很大程度上削弱了行政能力,损害了政府权威,影响了政府形象,降低了行政效益,使政府的社会治理、平衡和服务的能力与公众不断增长的行政需求之间形成了较为严重的矛盾。特别是公职人员中严重存在的形式主义、官僚主义、奢侈浪费、消极腐败现象,严重销蚀着公众的政治信任。一些政府部门的衙门作风严重,老百姓办事难、难办事,特别是一些政府官员高高在上,独断专横,习惯于把个人意志当作政府决策强制推行。形式主义在一些地方和政府部门以及政府官员中泛滥成灾,一些官员热衷于做表面文章,做事讲排场、比阔气,更有甚者,不顾实际状况,大搞"政绩工程""形象工程",结果是劳民伤财,引起人民群众怨愤。尤其是一些政府官员的腐败现象严重损害和侵犯了人民群众的利益,极大地伤害了老百姓的感情,损害了政府的声誉和形象。虽然党的十八大以来,党中央以壮士断腕、刮骨疗毒的决心,严厉惩治腐败,取得反腐败斗争的压倒性胜利,但毋庸讳言,反腐败斗争形势依然严峻。现在的腐败已不是"独狼",而是出现区域性腐败、系统性腐败、家族式腐败、塌方式腐败,"拔出萝卜带出泥",查处一人牵出一窝人。有的是夫妻联手,父子上阵,兄弟串通,七大姑、八大姨共同敛财,形成共腐关系圈。有的案件涉案金额高达几亿、十几亿、几十亿甚至上百亿元。根据十八届中央纪律检查委员会向党的十九大提交的工作报告,党的十八大之后5年间,经党中央批准立案审查的省军级以上党员干部及其他中管干部达440人。其中,十八届中央委员、候补委员43人,中央纪委委员9人。全国纪检监察机关共接受信访举报12 186万件(次),处置问题线索2 674万件,立案154.5万件,处分153.7万人,其中厅局级干部8 900余人,县处级干部63万人,涉嫌犯罪被移送司法机关处理5.8万人。[①]十九大后查处的原陕西省委书记赵正永受贿超7亿元,原中国华融资产管理股份有限公司董事长赖小民案涉案财物近18亿元。

不容否认,在转型期公众的政治信任由于种种原因不断流失,对政府的不信任感有了相当程度的增长。特别是那些在社会转型中的弱势群体及个人,不仅对现有公共权力缺乏认同,甚至产生了一种抗拒意识,突出表现为群体性事件数量增多、规模扩大。群体性事件的不断发生,表明了人民群众与政府之间出现了一定程度的关系紧张,表明了公众政治信任水平的下降,一定程度上削弱了党的执政基础,对党的执政安全产生了不利影响,必须引起全党的高度警觉。[②]

当代我国的政治信任状况正处于一个转折点上,虽存在风险,但整体状况尚好。若党和政府政策得当、妥善应对,则政治信任状况将得以改善,党的执政安全将进一步加强;反之,难免出现整体性政治信任状况恶化的后果。因而,在今日之中国,提升公众的政治信任显得尤为迫切和重要。政治信任的构建和培育是一项庞大的系统工程,需要个人、社会和政府方方面面做出调整。由于党和政府是社会进步的火车头,因而党和政府自身的改革与调整无疑对政治信任的构建有着更为根本性的意义。党和政府必须增强风险意识,加强执政能力建设,坚持以人民为中心的价值观,适时、适度进行政策调整,解决好区域、城乡不平衡和贫富差距过大等问题,增加广大人民群众的幸福感和满意度。广大党政干部要牢固树立科学的世界观、人生观、价值观和正确的权力观、地位观、利益观,坚持以人为本、执政为民,加强党风廉政建设,改进工作作风,与人民群众始终保持血肉联系。只有这样我们才能有效应对政治信任流失的风险和考验,重塑政府形象,提升政府公信力,赢得人民群众的信任和支持,巩固党的执政地位,实现国家的稳定发展。

三、民主法制不健全影响社会政治稳定

我们党在领导中国革命、建设和改革的进程中把马克思主义基本原理与中国实际相结合,成功开辟了一条不同于西方国家的中国特色社会主义政治发展道路,用事实宣告了"历史终结论"的破产,宣告了各国最终都要以西方政治制度模式为归宿的单线式历史观的破产。中华人民共和国成立70多年来,我国的民主法制建设有了长足发展,不断趋于完善。在我国社会主

① 中共中央党史和文献研究院:《十九大以来重要文献选编》(上),人民出版社2019年版,第67页。
② 刘昀献:《当代中国的政治信任及其培育》,《新华文摘》2010年第1期。

义基本政治制度的基础上,现在已形成一个相对完整且有自身特色的政治体系。党的领导、人民当家作主和依法治国有机统一的治国方略已经确立并逐步得到贯彻实施,科学执政、民主执政、依法执政成为我们党执政遵循的基本原则,人们的法治观念不断增强,保障民主权利的法治体系不断完善,中国特色社会主义政治发展道路的优势得以彰显。与此同时,我们应当看到,我国民主法治建设尽管取得了有目共睹的成绩,但离人民群众的期待与扩大人民民主和促进经济社会发展的要求还有差距,社会主义民主政治的具体制度方面还存在不完善的地方,在保障人民民主权利、发挥人民创造精神方面还存在不足;依法治国基本方略虽然得到实施,法律体系尽管已经形成,但还需要进一步完善和发展,法治环境还需要进一步改善。这些缺陷的存在,直接影响到党的执政安全和社会政治局面的稳定。具体来讲,我国民主法治建设主要面临以下问题和挑战。

（一）人民民主尤其是党内民主不够充分,权力过分集中现象依然存在

民主是马克思主义政党的建党原则和党的先进性的重要体现。人民当家作主是社会主义民主政治的本质和核心。习近平总书记指出:"发展社会主义民主政治就是要体现人民意志、保障人民权益、激发人民创造活力,用制度体系保证人民当家作主。"①改革开放以来,我国政治体制改革成效显著,但权力过分集中现象依然存在,这种现象影响了党员和人民群众积极性、创造性的充分发挥。我们党是执政党,党内民主对人民民主具有重要的示范和带动作用,加强社会主义民主政治建设必须抓好党内民主建设这个关键。发展党内民主,充分发挥广大党员和各级党组织的积极性、主动性、创造性,是党克服各种困难、战胜各种风险的重要保证。我们党成立之初,就把民主集中制确立为基本的组织原则。中华人民共和国成立后,毛泽东明确提出:我们要"造成一个又有集中又有民主,又有纪律又有自由,又有统一意志、又有个人心情舒畅、生动活泼的政治局面"。② 进入改革开放新时期,党所处的地位、面临的环境、肩负的任务和自身队伍都发生了重大变化。邓小平进一步指出:"只要充分信任群众,实事求是,发扬民主,把毛泽东同志的建党学说和党的一整套作风恢复起来,发扬起来,那末,毛泽东同志所说的那样一种政治局面,就一定会达到。有了那样一种政治局面,我们什么风险也能够经受得住。"③目前,我们党内民主总的状况是比较好的,但也存在着党内民主发扬不充分、党员民主权利保障不到位、反映党员和党组织意愿的党内民主制度不健全、对权力监督不到位等问题。

一是民主集中制在某些单位未得到有效贯彻落实,权力过分集中于"一把手"。虽然我们党成立以来始终高度重视党内民主,但由于党长期处于战争环境,党的组织建设要求整体上必然偏重于集中。中华人民共和国成立后,我国的政治体制设计又别无选择,主要是借鉴苏联的做法,而这种政治体制在苏联的实行本身就是不成功的,其"总病根"就是"权力过分集中""民主太少"。随着我们党执政地位的巩固和执政时间的延长,这种过分集中的体制逐渐成形,并且制度化了。十一届三中全会后,特别是1980年邓小平的《党和国家领导制度的改革》一文发表后,中央在解决权力过分集中问题方面采取了一系列措施,取得了很大成效。但总体来看党内民主不足、权力过分集中的现象依然存在并有某种程度的发展。一方面党内的官僚主义、家长制、一言堂、"一把手"说了算等现象比较普遍,有些地方还相当严重。有的地方和单位不重视集体领导,民主决策存在"潜规则",有的对党代会、党委会、常委会的关系没有理顺,尤其是

① 《习近平谈治国理政》第 3 卷,外文出版社 2020 年版,第 28 页。
② 《建国以来毛泽东文稿》第 6 册,中央文献出版社 1992 年版,第 543 页。
③ 《邓小平文选》第 2 卷,人民出版社 1994 年版,第 46 页。

没有充分发挥全委会对重大问题的决策作用,在一些地方和部门决策权实际上被统一于党委的"一把手",开小会研究大问题,开大会研究小问题,不开会研究关键问题。尤其是在一些基层组织中党委书记的权力往往难以监督和不受限制,别人都要唯命是从,甚至形成对其人身依附;书记凌驾于党委之上,重大建设项目的决策、重要工程的发包、重要人事的任免等都由个人说了算,民主集中制变成了"民主加集中",先民主后集中,你民主我集中,班子成员发表的往往是没有实质意义的"没意见"等所谓意见,严重影响了领导班子整体效能的发挥。另一方面,广大党员群众的主体地位没有得到切实保障,党员的选举权、知情权、参与权、监督权等难以充分行使。在党内现行体制及党的建设的具体运作中,存在着片面强调党员义务、忽视党员权利的倾向,存在着把党员作为被动的教育对象、管理对象、监督对象的情况。譬如,只强调对党员实行严格的约束性管理,而漠视党员一律平等参与党内管理的权利;只强调党员要与组织保持一致,无条件地贯彻执行党的决策,而忽视党员直接或间接参与党的决策的权利,等等。

二是实体性制度与程序性制度在某些方面还不够配套,程序性制度少且未被充分重视。实体性制度主要是权利义务的规定,程序性制度是保证权利义务得以付诸实施的操作程序方面的规定。实体性制度与程序性制度相结合才能形成一个完整的制度。现阶段党的制度建设取得重大进展,相比较而言,实体性制度建设要好于程序性制度建设,程序性制度的制定和贯彻往往不被重视。比如,行政机关内部重大决策必须有科学的程序性安排,要把公众参与、专家论证、风险评估、合法性审查、集体讨论决定作为重大行政决策法定程序,目前这在一些单位还没有完全做到。又如,在推进党风廉政建设和反腐败斗争方面,如何建立健全决策权、执行权、监督权既相互制约、又相互协调的权力结构,形成结构合理、配置科学、程序严密、制约有效的权力运行机制,也尚待完善。现在关于党政机关及其工作人员不准搞特权、关于惩戒党政干部贪污受贿、制止党政干部超标准装修住房等方面的实体性制度制订了不少,但在贯彻执行这些实体性制度的操作程序方面的规定往往被忽视,规定得很不完整、系统,各监督部门之间的职能分工、配合协调的关系没有很好地理顺。还有不少单位对党政机关权力运行的程序性规定不够重视,许多腐败现象是在权力运行过程中,由于缺乏明确、具体、完备的程序规范而发生的。尤其是发生在掌握物资分配权、资金控制权以及各种审批权部门的腐败现象,不少是由于权力运行机制、程序方面规矩不明、责任不清所致。

三是对权力的制约和监督失之于宽、失之于软,对有章不循、有制不遵的惩戒性措施不够明确。一方面对领导干部尤其是"一把手"监督力度不够。领导干部权力过大,固然是个问题,但如果权力变大时受到的监督相应增大,"一把手"想腐败也不会那么容易。在现行体制下,我们的权力架构是金字塔形,绝对的权力就是那个塔尖。不幸的是,现实监督力量的架构,也是金字塔形,而不是"倒金字塔":权力越大,受到的监督反而减小。虽然党中央反复要求各级党委应当支持和保证同级人大、政府、监察机关、司法机关等对国家机关及公职人员依法进行监督,人民政协依章程进行民主监督,审计机关依法进行审计监督;要支持民主党派履行监督职能,重视民主党派和无党派人士提出的意见、批评、建议;要认真对待、自觉接受社会监督,但实际上对"一把手"而言,除了上级党委政府和纪检监察机关的监督,其他监督往往流于形式,普遍存在着"上级监督太远,同级监督太软,下级监督太难"的问题。另一方面,在制度的制定和执行中仍存在"牛栏关猫"和"稻草人"问题,即有的制度大而空、脱离实际;有些单位和个人有制度不执行却得不到应有的惩戒。制度建设是保障。制度不在多,而在于精,在于务实管用,突出针对性和指导性。近年来我们制定了不少制度,然而一些制度条文只是写在文件中,挂在墙壁上。于是,制度变成了形式,完全在那里"空运转","只听楼梯响不见人下来",有声音但无效果。只有彻底解决"牛栏关猫"和"稻草人"问题,做到制度务实管用,有章必循、违规必究,坚持制度面前人人平等,执行制度没有例外,不留"暗门"、不开"天窗",才能克服制度形式化的现象,真正把权力关进制度笼子里。

(二)依法治国任重道远,党内和社会上仍存在严重的无视法治现象

依法治国是党领导人民治理国家的基本方式。发展社会主义民主政治,全面推进依法治国,要更加注重发挥法治在推进国家治理体系和治理能力现代化中的重要作用。没有法治,就没有国家治理的现代化。与法治相对应的就是人治。综观世界近现代史,凡是顺利实现现代化的国家,没有一个不是较好解决了法治和人治问题的。我们党对依法治国问题的认识经历了一个不断深化的过程,曾有过中华人民共和国成立初期法制建设的成功经验,也有过"文化大革命"严重破坏法制的惨痛教训。党的十一届三中全会以来,我们党以高度的历史主动性全面推进法治,我国各项治理制度的创新发展始终与法律制度体系的完善发展保持同步。特别是党的十八大以来,我们党加快推进法治中国建设,注重发挥法治引领和规范作用,注重把法治理念、法治精神、法治原则和法治方法贯穿到经济、政治、文化、社会、生态文明、治党治军等治理实践之中,逐步形成办事依法、解决问题用法、化解矛盾靠法的良好法治习惯。

我国法治建设尽管取得了有目共睹的辉煌成绩,但离人民群众的期待还有很大差距,发展还很不平衡;法律体系尽管已然形成,但还须进一步完善;立法尽管成就斐然,但执法、司法、守法和法律监督还不尽如人意;法制宣传教育尽管成绩巨大,但法治环境并未根本改善。正如习近平总书记所说:"在充分肯定成绩的同时,我们也要看到存在的不足。保证宪法实施的监督机制和具体制度还不健全,有法不依、执法不严、违法不究现象在一些地方和部门依然存在;关系人民群众切身利益的执法司法问题还比较突出;一些公职人员滥用职权、失职渎职、执法犯法甚至徇私枉法严重损害国家法制权威;公民包括一些领导干部的宪法意识还有待进一步提高。"具体来讲,我国法治建设还面临着一些重要的问题和挑战。

一是社会主义民主法治建设与经济社会发展的要求还不完全适应,领导干部中的人治现象、公民中的非法治现象、社会上轻视和无视法治的现象,在有些地方、部门、领域和群体中仍然存在并有所蔓延。坚持党的领导、人民当家作主和依法治国的有机统一,是社会主义政治文明的本质要求,但在一些地方和部门实际上被统一于党委的"一把手",法治被"人治"所弱化,依法治国从党领导人民实行的"治国基本方略",演变为某些地方和部门"维稳"以及发展经济的工具。

二是中国特色社会主义法律体系有待不断完善,立法质量需要不断提高。有的法律法规未能全面反映客观规律和人民意愿,针对性、可操作性不强;立法工作中部门化倾向、争权诿责现象、特殊群体利益问题依然存在;国家立法部门化、部门权力利益化、部门利益合法化的现象仍未消除,一些明显带有部门或集团利益痕迹的立法,把畸形的利益格局或权力关系合法化,行政部门借立法扩权卸责、立法不公等从制度设计的基础上影响了社会主义法治的权威和法律的实施;一些地方利用法规实行地方保护主义,对全国形成统一开放、竞争有序的市场秩序造成障碍,损害国家法治统一。重点领域立法尚待加强,在完善社会主义市场经济法律制度方面,要制定和完善发展规划、投资管理、土地管理、能源和矿产资源、农业、财政税收、金融等方面法律法规;在推进社会主义民主政治法治化方面,要完善国家机构组织法,完善选举制度和工作机制,加快推进反腐败国家立法,形成不敢腐、不能腐、不想腐的有效机制;在保障人民基本文化权益的法律制度方面,要加强互联网等领域立法;在保障和改善民生、推进社会治理体

制创新法律制度建设方面,应加快制定和完善教育、就业、收入分配、社会保障、医疗卫生、食品安全、扶贫、慈善、社会救助和妇女儿童、老年人、残疾人合法权益保护等方面的法律法规;在生态文明法律制度方面,应加快生态补偿和土壤、水、大气污染防治及海洋生态环境保护等法律法规的制定和完善;同时,应加快国家安全法治建设,对不适应改革要求的法律法规,要及时修改和废止。

三是执法方面问题突出,许多法律执行不力。法律的生命力在于实施,法律的权威也在于实施。"天下之事,不难于立法,而难于法之必行。"如果有了法律而不实施,束之高阁,或者实施不力、做表面文章,那制定再多法律也无济于事。全面推进依法治国的重点应该是保证法律严格实施,做到"法立,有犯而必施;令出,唯行而不返"。对执法领域存在的有法不依、执法不严、违法不究等突出问题,老百姓深恶痛绝,政府是执法主体,必须下大气力解决。目前在执法方面仍然存在着执法体制权责脱节、多头执法、多层执法和不执法、乱执法现象;执法不规范、不严格、不透明、不文明现象较为突出;地方保护主义、部门保护主义和执行难的问题时有发生;法治缺乏权威,公民"信权不信法、信访不信法、信关系不信法""小闹小解决,大闹大解决,不闹不解决"等问题突出,加强法治教育,提高全社会的法律意识和法治观念,仍是一项艰巨任务;一些国家工作人员特别是领导干部依法办事观念不强、能力不足,有令不行、有禁不止、行政不作为、失职渎职、知法犯法、以言代法、以权压法、权钱交易、徇私枉法等现象依然存在,少数执法人员甚至充当"黑恶势力"的保护伞;有的执法人员搞执法寻租、钓鱼执法、非文明执法、限制性执法、选择性执法、运动式执法、疲软式执法、滞后性执法,等等;有的执法人员粗暴执法激发冲突,甚至引发群体性事件或极端恶性事件,突出表现在征地拆迁等领域。

四是司法不公现象严重影响司法公信力。司法是维护社会公平正义的最后一道防线。习近平总书记曾经引用过英国哲学家培根的一段话,他说:"一次不公正的审判,其恶果甚至超过十次犯罪。因为犯罪虽是无视法律——好比污染了水流,而不公正的审判则毁坏法律——好比污染了水源。"这其中的道理是深刻的。如果司法这道防线缺乏公信力,社会公正就会受到普遍质疑,社会和谐稳定就难以保障。因此,"公平正义是政法工作的生命线,司法机关是维护社会公平正义的最后一道防线"。① 司法公正对社会公正具有重要引领作用,司法不公对社会公正具有致命破坏作用。一个时期以来,司法领域存在的主要问题是司法不公、以权压法、司法公信力不高。一些领导部门领导干部无视法律尊严,以权压法、粗暴干预司法。一些司法人员作风不正、办案不廉,办金钱案、关系案、人情案,"吃了原告吃被告",等等,导致司法过程中一些冤假错案的发生。比较典型的即内蒙古呼格吉勒图冤杀案,简称"呼格案"。1996 年 4 月 9 日,呼和浩特卷烟厂工人呼格吉勒图向警方报案,在烟厂附近的公厕内发现一下身赤裸的女尸。48 小时后,当时负责该案件的呼和浩特市公安局新城分局副局长等认定,呼格吉勒图是奸杀者。18 岁的呼格吉勒图被执行枪决。2005 年 10 月 23 日,系列强奸、抢劫、杀人案的犯罪嫌疑人赵志红落网后,主动交代了其 1996 年犯下的第一起强奸杀人案,就在呼和浩特赛罕区邻近卷烟厂的公厕里。此后 8 年间有关部门曾 5 次推动"呼格案"重审,但阻力重重,直到内蒙古高院 2014 年 12 月 31 日上午发布消息,呼格吉勒图案再审改判无罪,已导致冤案 18 年。② 为了推动司法公正,党的十八大后中央果断进行司法体制改革。司法改革轰轰烈烈,解决了办公条件、经费、人员编制以及一些长期制约法院、检察院建设和发展的体制机制等"老大难"问

① 《习近平谈治国理政》第 1 卷,外文出版社 2014 年版,第 148 页。
② 郭洪平、汪才:《纠正"呼格吉勒图案":维护法治的尊严》,《检察日报》2015 年 3 月 3 日。

题,基本上实现了各个阶段司法改革方案预设的目标,但司法独立、司法公正、司法权威、司法效率、司法公信力和干预法院检察院依法独立行使职权等深层次问题依然存在。

五是部分社会成员尊法、信法、守法、用法、依法维权意识不强,法治意识淡漠。社会诚信缺失,市场上假货盛行,假酒假药、假种子假化肥、假文凭假证照、注水肉、毒奶粉、瘦肉精、地沟油、彩色馒头、塑化剂、假有机蔬菜等假冒伪劣产品充斥市场、遍布城乡、坑害百姓,导致恶性食品案件频发,严重损害人民群众利益,导致群众不满情绪滋生蔓延。

加强民主法治建设,全面推进依法治国,是中国特色社会主义的本质要求和重要保障。人民民主尤其是党内民主的缺失和不健全,政府部门及公职人员执法不严、司法不公,甚至贪赃枉法、执法犯法,必将对社会主义民主法治造成严重损害,导致法制不倡、人治畅行,社会秩序紊乱,政治局面不稳。一个时期以来曾出现了群众信访总量逐年增加,群体上访比例大幅上升;群体性事件数量增多,规模不断扩大的现象。我们必须高度重视社会主义民主法制建设中存在的突出问题,积极稳妥地推进政治体制改革,进一步强化民主法治建设,全面推进依法治国,加快建设法治国家,才能夯实党领导人民治国理政的政治基础、社会基础、民意基础和法律基础,为巩固党的长期执政地位、国家长治久安和中华民族的伟大复兴提供强有力的保障。

四、敌对势力图谋对我策动"颜色革命"的危险

"颜色革命"是指 21 世纪初期,在苏联和中东北非地区,如格鲁吉亚、乌克兰、吉尔吉斯斯坦等国家,相继发生的以和平的、非暴力方式进行的政权更迭事件。由于在这类事件中往往以颜色为标志,因而被称作"颜色革命"。其实质是外部势力通过各种手段在有关国家进行各领域渗透、培植政治反对派并鼓励利用社会矛盾推翻现政权的一种政治颠覆活动,也是 20 世纪一些国家"和平演变"战略的延续。

发生"颜色革命"的国家情况千差万别,有的经济发展缓慢,失业率高,人民生活长期得不到改善;有的国内民主生活不充分,官员贪污腐败严重,内部矛盾比较尖锐;有的放松警惕,执政者与反对派沟通不足,给反对派利用经济社会问题发动游行示威等提供了可乘之机;加之冷战后加速到来的经济全球化使国家间竞争加剧,深化了一国之内原有的矛盾,互联网与新媒体进一步将这种矛盾夸大并进行密集传播,信息传播的即时性使得一国爆发的"颜色革命"具有的"示范效应"被强化,从而容易出现集体联动性。但这些发生"颜色革命"的国家都有一个共同的、不可忽视的重要外部因素,就是西方国家特别是美国的输出民主战略。在"颜色革命"准备和进行的过程中,西方国家非常注重政府支持和非政府组织积极参与的双管齐下,尤其是非政府组织在其中发挥了特殊的重要作用。

"颜色革命"给相关国家及国际地缘战略格局带来很大的负面影响。首先,爆发"颜色革命"的多数国家长期陷入政局动荡、经济停滞、人民生活贫困、外交进退失据的局面,有的国家恐怖主义泛滥,有的国家甚至长期处于战争状态。其次,"颜色革命"给其他发展中国家带来恶劣的示范效应,国家发展所需要的社会和谐与政治稳定受到严重破坏。再次,西方国家通过支持某些特定国家的"颜色革命",企图达成扶植亲西方政治势力的战略目标,使本来已失衡的国际格局进一步向西方倾斜。

我国是中国共产党领导的社会主义大国,外部敌对势力难以用武力征服,但又不愿意看到社会主义中国经济长期发展和社会长期稳定,把中国的发展、强盛视为对其战略利益的威胁,便采取各种手段对我国进行干扰破坏和渗透颠覆,甚至图谋发动"颜色革命"。可以说,敌对势

力在我国策划"颜色革命"的战略图谋是长期的,他们从来没有停止过对我国实施西化分化战略,从来没有停止过对中国共产党领导和我国社会主义制度进行颠覆破坏活动。从外部看,他们大肆推行单边主义,对我国实施战略围堵,插手南海问题,在南亚、东亚地区制造事端,推动我国周边安全问题持续发酵,以期在我国周边地区形成一个战略包围圈。从内部看,他们对我国持续实施渗透颠覆活动,插手西藏、新疆事务,干涉我国内政,破坏我国安全与和平统一大业;利用境外间谍情报机关策反我国人员和窃取国家秘密,扶持利用一些境外非政府组织、境外媒体、境外智库以及各种敌对势力从事与我国法律不相符的活动;他们以民族、人权等问题为幌子,推动所谓"社会运动",以"宗教自由"为名对我国实施宗教渗透;他们推动所谓"文化冷战""政治转基因"工程,妄图对我国拔根去魂,把人民从党的旗帜下拉出去;他们从网上进行破坏活动,收买利用一些网络红人、意见领袖诋毁污蔑党和政府,制造大量负面舆论,混淆视听,"唱衰"中国,妄图以此"扳倒中国"。

当前,国际局势瞬息万变,国内改革进入攻坚期,社会矛盾多发叠加,我国国家安全和社会稳定面临严峻考验。特别是以美国为首的西方敌对势力加速对我推行和平演变战略,图谋颠覆我们党领导下的社会主义政权,千方百计企图让我们党改旗易帜、改名换姓。其要害是企图让我们丢掉对马克思主义的信仰,丢掉对社会主义、共产主义的信念。冷战结束以来,在西方价值观念鼓捣下,一些国家被折腾得不成样子,有的四分五裂,有的战火纷飞,有的整天乱哄哄的。伊拉克、叙利亚、利比亚这些国家就是典型!如果我们丧失了对"颜色革命"渗透和传染我国的警惕,用西方资本主义价值体系来"剪裁"我们的实践,用西方资本主义评价体系来衡量我国发展,认为符合西方标准就行,不符合西方标准就是落后的、陈旧的,就要批判、攻击,那后果就会不堪设想。最后要么就是跟在人家后面亦步亦趋做附庸,要么就是只有挨打、挨骂的份。因此,我们要始终高度警惕"颜色革命"的威胁,高度警惕国家被颠覆的危险、改革发展稳定大局被破坏的危险、中国特色社会主义发展进程被打断的危险,常怀远虑,坚持底线思维、夯实执政基础、筑牢安全防线,坚决抵御敌对势力"颜色革命"的战略图谋,坚决、果断、勇敢地捍卫国家安全不受威胁、不受侵蚀、不受损害。

五、暴力恐怖活动对我国政治安全的现实威胁

生命是人的最高利益,维护人民安全首要的是保障人民群众的生命安全。暴力恐怖袭击事件,往往给人民群众生命安全造成严重损失,导致群众心理恐慌,动摇党执政的社会基础。应对政治领域的重大风险和考验,必须高度关注暴力恐怖活动对我国政治安全的现实威胁。进入 21 世纪以来,国际形势复杂多变,我国面临巨大恐怖主义风险,反恐怖斗争任务艰巨繁重。受境外渗透加剧、境内宗教极端活动升温等影响,暴力恐怖活动处于多发期、活跃期,暴力恐怖分子作案方式多样、暴力程度增强,手段极其残忍。2008 年西藏拉萨"3·14"打砸抢烧事件、"2009 乌鲁木齐'7·5'事件",造成重大人员伤亡和财产损失,严重影响了人民群众的安全感。

党的十八大以来,在以习近平同志为核心的党中央坚强领导下,全党全国持续严厉开展打击暴力恐怖犯罪斗争,虽然区域性、大规模的暴力恐怖活动得到有效遏制,但是针对不特定多数人、造成群死群伤的恐怖袭击仍有发生,对社会大局稳定和人民群众人身安全构成了严重威胁。这些由境外分裂势力遥控指挥、煽动,境内极端分子具体实施的有组织、有预谋的暴力恐怖活动,挑战的是人类文明共同的底线。对暴力恐怖分子的容忍,就是对人民群众的伤害。我

们党是以维护人民利益为宗旨的,必须加强反恐力量建设,始终对暴力恐怖活动保持严打高压态势。

当前,虽然我国安全形势向好、社会和谐稳定,但面临的国际环境依然错综复杂,国际恐怖活动进入新一轮活跃期,必然对我国安全产生不利影响。尤其是极端思想在全世界滋长蔓延,国外暴力恐怖袭击手段日益极端化、简单化,其对我国国内一些失意人群、维权群体的示范效应不可低估。譬如,2015 年 11 月 13 日晚,巴黎市中心 7 个地点先后发生恐怖袭击,造成 153 人死亡、数十人受伤。① 这次袭击事件是 2004 年西班牙马德里火车站爆炸袭击后,欧洲本土发生的最严重的一起恐怖袭击事件。恐怖分子组织严密,手段残忍,造成重大人员伤亡,引发国际社会强烈震动。巴黎系列恐怖袭击事件后,全球接连发生数十起暴恐案件,特别是欧美国家接连发生汽车冲撞、刀砍等恐怖案件,方式简单但危害和影响巨大。

就国际恐怖活动对我国的影响来看,一方面,境外"伊斯兰国"虽遭重创,但其人员和思想双重外溢,一些国家借反恐角力更趋白热化,大量恐怖分子向南亚、中亚、东南亚等地区扩散,已经在我国周边地区形成恐怖动荡之弧。"东伊运"等"东突"恐怖势力依托国际恐怖组织快速发展,对我国的安全威胁日渐增大,其潜回境内实施暴力恐怖活动的目的明确、意愿强烈。随着"一带一路"建设深入推进,我国海外利益在向安全风险高危地区延伸,与国际恐怖势力正面交锋的可能性在逐步增大。2018 年 8 月 11 日,中冶集团资源开发有限公司山达克铜金矿项目员工在巴基斯坦遭自杀式汽车炸弹袭击;②11 月 23 日,我国驻巴基斯坦卡拉奇总领馆遭到武装分子袭击,3 名袭击者被击毙,警方也从他们身上夺回了自杀式炸弹夹克和武器。③ 这些事件都产生了十分恶劣的影响。

另一方面,在我国一些地区暴力恐怖势力、民族分裂势力、宗教极端势力这"三股势力",以宗教极端思想为依托、暴力恐怖为手段、民族分裂为目的,与境外各种势力相互勾连,在千方百计实施捣乱破坏活动。一些地区暴力恐怖极端活动的生存土壤依然存在,仍有暴力恐怖分子潜藏蛰伏,暗中织网布局,伺机制造事端。同时,还有一些暴力恐怖分子形成"伊吉拉特"团伙向内地转移,以打工、做生意等方式筹集资金,分散潜伏,伺机出境。部分暴力恐怖分子已不仅仅将内地作为落脚、藏匿、中转地,而是选择就地"圣战",内地面临的暴力恐怖威胁更加现实、直接。历史和现实情况充分说明,暴力恐怖活动是对我国政治安全构成严重威胁的政治风险,反暴力恐怖斗争事关国家安全,事关人民群众切身利益,事关改革发展稳定大局,是一场维护祖国统一、社会安定、人民幸福的尖锐政治斗争。

第三节　有效应对政治领域重大风险和考验的对策

应对我们党在政治领域面临的重大风险和考验,最根本的是坚持党对一切工作的领导,坚持正确的政治发展道路。中国特色社会主义政治发展道路,是近代以来中国人民长期奋斗历史逻辑、理论逻辑、实践逻辑的必然结果,是坚持党的本质属性、践行党的根本宗旨的必然要求。走中国特色社会主义政治发展道路,关键是要维护中国特色社会主义政治制度,坚持党的领导、人民当家作主、依法治国有机统一,强化民主法制建设;推进社会主义民主政治制度化、

---

① 张同彤:《巴黎恐怖袭击造成 153 人死亡,中方强烈谴责》,中国日报网 2015 年 11 月 14 日。
② 白云怡,王聪:《3 名在巴基斯坦遭袭中国公民均无生命危险》,环球网 2018 年 8 月 11 日。
③ 张霓:《袭击中国驻卡拉奇领事馆的 3 名武装分子被击毙中方人员安全》,海外网 2018 年 11 月 23 日。

规范化、程序化;积极稳妥推进政治体制改革,改革和完善党的领导方式和执政方式;严厉打击暴力恐怖活动,粉碎敌对势力对我策动"颜色革命"的图谋,巩固和发展生动活泼、安定团结的政治局面。

一、坚定不移走中国特色社会主义政治发展道路

政治发展道路是一个国家政治建设途径和方式的总称,包括国家政治制度和根本任务,国家领导力量和依靠力量,政治发展方向、原则和要求等。[①] 制度优势是国家最大的优势,制度竞争是国家间最根本的竞争。制度稳则国家稳。政治发展道路诸要素中具有决定意义的是政治制度。习近平总书记指出:"坚持党的领导、人民当家作主、依法治国有机统一是社会主义政治发展的必然要求。必须坚持中国特色社会主义政治发展道路,坚持和完善人民代表大会制度、中国共产党领导的多党合作和政治协商制度、民族区域自治制度、基层群众自治制度,巩固和发展最广泛的爱国统一战线,发展社会主义协商民主,健全民主制度,丰富民主形式,拓宽民主渠道,保证人民当家作主落实到国家政治生活和社会生活之中。"[②]

一个国家的政治发展道路必须符合本国国情。改革开放以来,中国共产党团结带领中国人民在社会主义民主法制建设方面取得了重大进展,逐步健全和完善了符合我国国情的中国特色社会主义政治制度,成功开辟和坚持了中国特色社会主义政治发展道路,为实现最广泛的人民民主确立了正确方向,为中国社会主义现代化建设奠定了坚实的政治基础。

(一) 政治发展道路决定国家的前途命运

有什么样的政治发展道路,就会有什么样的政治格局和政治实践。政治发展道路事关国家的兴衰成败。习近平总书记指出:"以什么样的思路来谋划和推进中国社会主义民主政治建设,在国家政治生活中具有管根本、管全局、管长远的作用。古今中外,由于政治发展道路选择错误而导致社会动荡、国家分裂、人亡政息的例子比比皆是。中国是一个发展中大国,坚持正确的政治发展道路更是关系根本、关系全局的重大问题。"[③]在推进改革开放和现代化建设的进程中,我们要坚定不移走中国特色社会主义政治发展道路,继续推进社会主义民主政治建设、发展社会主义政治文明。

政治发展道路的实质是政治制度选择问题。习近平总书记指出:"在一个国家的各种制度中,政治制度处于关键环节。所以,坚定中国特色社会主义制度自信,首先要坚定对中国特色社会主义政治制度的自信,增强走中国特色社会主义政治发展道路的信心和决心。"[④]政治制度是用来调节政治关系、建立政治秩序、维护国家稳定的,不可能脱离特定社会政治条件来抽象评判,不可能千篇一律、归于一尊。设计和发展国家政治制度,必须注重历史和现实、理论和实践、形式和内容有机统一。要坚持从国情出发、从实际出发,不能割断历史,不能想象突然就搬来一座政治制度上的"飞来峰"。一个时期以来,在政治制度设计上,崇洋媚外、邯郸学步倾向时有出现,有的人看到别的国家有而我们没有就简单认为有欠缺,要搬过来;或者,看到我们有而别的国家没有就简单认为是多余的,要去除掉。这两种观点都是简单化、片面的,因而都

---

①　全国干部培训教材编审指导委员会:《发展社会主义民主政治》,人民出版社 2019 年版,第 7 页。

②　《习近平谈治国理政》第 2 卷,外文出版社 2018 年版,第 17 页。

③　《习近平谈治国理政》第 2 卷,外文出版社 2018 年版,第 285 页。

④　《习近平谈治国理政》第 2 卷,外文出版社 2018 年版,第 288 页。

是错误的。世界上不存在完全相同的政治制度，也不存在适用于一切国家的政治制度模式。我们需要借鉴国外政治文明有益成果，但绝不能放弃中国政治制度的根本。我们应该虚心学习他人的好东西，在独立自主的立场上把他人的好东西加以消化吸收，化成我们自己的好东西，但决不能囫囵吞枣、决不能邯郸学步。"照抄照搬他国的政治制度行不通，会水土不服，会画虎不成反类犬，甚至会把国家前途命运葬送掉。"①

政治发展道路决定国家治理体系。国家治理体系是一个国家的制度体系，包括各领域体制机制、法律法规安排，也就是一整套紧密相连、相互协调的国家制度。习近平总书记指出："一个国家选择什么样的国家制度和国家治理体系，是由这个国家的历史文化、社会性质、经济发展水平决定的。中国特色社会主义制度和国家治理体系不是从天上掉下来的，而是在中国的社会土壤中生长起来的，是经过革命、建设、改革长期实践形成的，是马克思主义基本原理同中国具体实际相结合的产物，是理论创新、实践创新、制度创新相统一的成果，凝结着党和人民的智慧，具有深刻的历史逻辑、理论逻辑、实践逻辑。"②我国国家治理体系需要改进和完善，但怎么改、怎么完善，我们要有主张、有定力。在政治制度模式上，要咬定青山不放松，任尔东西南北风，坚定走中国特色社会主义政治发展道路的信心和决心。

当今世界，政治领域的较量集中表现在不同政治发展道路的选择上。从 21 世纪初开始，以美国为代表的西方国家在独联体国家、中亚、西亚和北非地区策划实施了一系列"颜色革命"，致使这些国家陷入政治动荡、社会动乱，人民流离失所。我国作为世界上最大的发展中国家，而且是共产党长期执政的社会主义国家，要对西方国家策划的"颜色革命"保持高度警惕。国内外各种敌对势力，总是企图让我们党改旗易帜、改名换姓，其要害就是企图让我们放弃社会主义制度。而我们有些人甚至党内有的同志却没有看清这里面暗藏的玄机，认为西方"普世价值"经过了几百年，为什么不能认同？西方一些政治话语为什么不能借用？接受了我们也不会有什么大的损失，为什么非要拧着来？有的人甚至奉西方理论、西方话语为金科玉律，不知不觉成了西方资本主义意识形态的吹鼓手。防范"颜色革命"，确保党的执政安全和国家长治久安，全党尤其是各级领导干部必须时刻警惕、警钟长鸣。

（二）中国特色社会主义政治发展道路符合我国国情和人民利益

政治发展道路是在各个国家历史传承、文化传统、经济社会发展的基础上长期发展、渐进改进、内生性演化的结果。各国国情不同，每个国家的政治发展道路必然是独特的。中国走什么样的政治发展道路，建立什么样的政治制度，是近代以后中国人民面临的一个历史性课题。为解决这一历史性课题，中国人民进行了艰辛探索。

1840 年鸦片战争后，中国逐步成为半殖民地半封建社会。为了挽救民族危亡、实现民族振兴，中国人民孜孜不倦寻找着适合国情的政治制度模式。辛亥革命前，太平天国运动、洋务运动、戊戌变法、义和团运动、清末新政等都未能取得成功。辛亥革命后，中国尝试过君主立宪制、帝制复辟、议会制、多党制、总统制等各种形式，各种政治势力及其代表人物纷纷登场，都没能找到正确答案，中国依然是山河破碎、积贫积弱，列强依然在中国横行霸道、攫取利益，中国人民依然生活在苦难和屈辱中。事实证明，不触动旧社会根基的自强运动，各种名目的改良主义、旧式农民战争、资产阶级革命派领导的民主主义革命、照搬西方政治制度模式的方案，都不

---

① 《习近平谈治国理政》第 2 卷，外文出版社 2018 年版，第 286 页。
② 《习近平谈治国理政》第 2 卷，外文出版社 2020 年版，第 119 页。

能完成中华民族救亡图存和反帝反封建的历史任务，都不能让中国政局和社会稳定下来，也都谈不上为中国实现国家富强、为人民幸福提供制度保障。

中国共产党诞生后，以实现中国人民当家作主和中华民族伟大复兴为己任，进行了艰苦卓绝的革命斗争，终于彻底推翻了帝国主义、封建主义、官僚资本主义三座大山，建立了人民当家作主的新中国。1949年9月，具有临时宪法地位的《中国人民政治协商会议共同纲领》庄严宣告，新中国实行人民代表大会制度。1954年9月，第一届全国人大一次会议通过的《中华人民共和国宪法》明确规定："中华人民共和国的一切权力属于人民。人民行使权力的机关是全国人民代表大会和地方各级人民代表大会。"在中国实行人民代表大会制度，是中国人民在人类政治制度史上的伟大创造，是深刻总结近代以后中国政治生活惨痛教训得出的基本结论，是中国社会100多年激越变革、激荡发展的历史结果，是中国人民翻身作主、掌握自己命运的必然选择。

中国特色社会主义政治制度之所以行得通、有生命力、有效率，就是因为它是从中国的社会土壤中生长起来的。中国实行工人阶级领导的、以工农联盟为基础的人民民主专政的国体，实行人民代表大会制度的政体，实行中国共产党领导的多党合作和政治协商制度，实行民族区域自治制度，实行基层群众自治制度，具有鲜明的中国特色。这样一套制度安排，能够有效保证人民享有更加广泛、更加充实的权利和自由，保证人民广泛参加国家治理和社会治理；能够有效调节国家政治关系，发展充满活力的政党关系、民族关系、宗教关系、阶层关系、海内外同胞关系，增强民族凝聚力，形成安定团结的政治局面；能够集中力量办大事，有效促进社会生产力解放和发展，促进社会主义现代化建设各项事业发展，促进人民生活质量和水平不断提高；能够有效维护国家独立自主，有力维护国家主权、安全、发展利益，维护中国人民和中华民族的福祉。改革开放40多年来，中国经济实力、综合国力、人民生活水平不断迈上新台阶，我们不断战胜前进道路上各种世所罕见的艰难险阻，中国各民族长期共同团结奋斗、共同繁荣发展，中国社会长期保持和谐稳定。这些事实充分证明，"中国社会主义民主政治具有强大生命力，中国特色社会主义政治发展道路是符合中国国情、保证人民当家作主的正确道路"。①

（三）坚持党的领导、人民当家作主、依法治国有机统一

走中国特色社会主义政治发展道路，关键是要坚持党的领导、人民当家作主、依法治国有机统一。三者从性质、目标、路径等方面完整规定了中国特色社会主义政治制度的核心要义，是我国政治制度区别于西方资本主义政治制度的本质特征，与西方国家实行的两院制、宪政民主、三权分立、多党制等政治制度有着本质的区别，集中体现了我国社会主义政治制度的优越性。中华人民共和国成立70多年来，我们党带领人民不断探索中国特色社会主义政治发展道路，中国特色社会主义民主政治取得的巨大成就，彰显出我国政治制度具有特殊的优势和强大的生命力，而这种优势和生命力最根本的源泉，就是毫不动摇地坚持三者有机统一。

党的领导是人民当家作主和依法治国的根本保证。党是中国特色社会主义事业的领导核心，反映到社会主义民主政治建设上，就是党在政治生活中居于领导地位。坚持党的领导、人民当家作主、依法治国有机统一，最根本的是坚持党的领导。一方面，党的领导是人民当家作主的根本保证。"中国共产党的领导，就是支持和保证人民实现当家作主。"②我们党从诞生之

---

① 《习近平谈治国理政》第2卷，外文出版社2018年版，第288页。
② 习近平：《在庆祝全国人民代表大会成立60周年大会上的讲话》，《人民日报》2014年9月6日。

日起，就以实现人民幸福、保障人民当家作主为己任，这也是我们党的先进性的体现和要求。成为执政党以后，党的所有主张皆为体现人民意志，并通过法定程序使其成为国家意志。党动员和组织人民群众通过直接或间接方式选举产生各级人大代表、组成各级人民代表大会，选举产生各级政府，通过人民代表大会制度掌握国家权力，通过各种途径和形式，管理国家事务，管理经济和文化事业，管理社会事务，以此保证国家各项事业的发展始终符合人民的意愿、利益和要求，国家制定的法律和方针、政策能够充分保障人民当家作主。离开了党的领导，人民当家作主就无从谈起。另一方面，党的领导是依法治国的根本保证。依法治国是我们党提出来的，同时党带领人民在实践中不断推进依法治国。党既领导人民制定宪法法律、执行宪法法律，党又自觉在宪法法律范围内活动，做到党领导立法、保证执法、带头守法。实践充分证明，党的领导和社会主义法治是一致的，只有坚持党的领导，依法治国才有可靠的政治保证。

人民当家作主是我国社会主义民主政治的本质特征，是坚持党的领导和依法治国的坚实基础。习近平总书记明确指出："人民当家作主是社会主义民主政治的本质和核心。人民民主是社会主义的生命。没有民主就没有社会主义，就没有社会主义的现代化，就没有中华民族伟大复兴。"[1]只有坚持人民主体地位，保障人民当家作主权利，人民才会更加拥护和支持党的领导，才会更加自觉地在党的领导下全面推进依法治国，聚合起发展社会主义民主政治的磅礴伟力。一方面，人民当家作主是坚持党的领导的坚实基础。人民是历史的创造者，是决定党和国家前途命运的根本力量。只有扩大人民民主，健全民主制度，丰富民主形式，拓宽民主渠道，从各层次、各领域扩大公民有序政治参与，发展更加广泛、更加充分、更加健全的人民民主，使人民在国家和社会政治生活中真正享有当家作主的地位，能够切实行使当家作主的权利，人民才会真心拥护和支持党的领导。另一方面，人民当家作主是坚持依法治国的坚实基础。人民是依法治国的主体和力量源泉。只有实现了人民当家作主，才能保证广大人民群众参与立法、执法和司法活动，监督法律的实施，确保良法善治落到实处、全面依法治国方略扎实向前推进。

依法治国是党领导人民治理国家的基本方式，是坚持党的领导和人民当家作主的坚强保障。社会主义民主政治内在地要求依法治国，实现民主政治运行的法治化。党的十八大以来，以习近平同志为核心的党中央始终把法治放在党和国家工作大局中来考虑、来谋划、来推进，为坚持党的领导和人民当家作主提供了保证。一方面，依法治国为坚持党的领导提供坚强法治保障。我国宪法以根本法的形式反映了党带领人民进行革命、建设、改革取得的成果，确立了在历史和人民选择中形成的中国共产党的领导地位。全面推进依法治国，坚持把法治作为治国理政基本方式，有利于加强和改善党的领导，有利于巩固党的执政地位、完成党的执政使命，为坚持党的领导提供了坚强法治保障。另一方面，依法治国为实现人民当家作主提供坚强法治保障。实践证明，要实现人民当家作主，仅有良好的愿望是不够的，还必须有制度化、法律化的手段作为保障。社会主义法治以保障人民根本利益为出发点和落脚点，保障人民依法享有平等参与国家政治生活的权利，从而真正实现社会主义法治为了人民、依靠人民、造福人民、保护人民。

党的领导、人民当家作主、依法治国有机统一，相互促进、相互支撑、不可分割，共同构成中国特色社会主义民主政治的基本格局，形成中国式民主道路。这一民主道路，既不同于西方"三权分立"的民主模式，也不同于苏联和东欧国家所实行过的权力高度集中的政治模式，集中体现中国民主政治发展的基本规律，显示出中国特色社会主义政治发展道路的优势和特点。中华人民共和国成立70多年来我国社会主义民主政治建设和发展的实践证明，坚持党的领

---

① 习近平：《在庆祝全国人民代表大会成立 60 周年大会上的讲话》，《人民日报》2014 年 9 月 6 日。

导、人民当家作主、依法治国有机统一,坚定不移走中国特色社会主义政治发展道路,是我国民主政治有序发展的内在要求,是我们党有效应对并战胜政治风险和考验的重要保障。

二、坚持党对社会主义民主政治建设的全面领导

中国共产党是中国特色社会主义事业的领导核心。党的领导是我们取得革命、建设和改革一切成就的根本保障。中华人民共和国成立后,正是在党的坚强领导下我们战胜了国内外无数风险挑战,仅仅用几十年的时间就使国家成为世界第二大经济体。尤其是党的十八大以来,面对尖锐复杂的国内外环境,以习近平同志为核心的党中央以巨大的政治勇气和强烈的责任担当,出台一系列重大方针政策,推出一系列重大举措,推进一系列重大工作,推动党和国家事业发生历史性变革,推动中国进入了新的时代。习近平总书记指出:"党政军民学,东西南北中,党是领导一切的。"①坚持党对一切工作领导,是党和国家的根本所在、命脉所在,是全国各族人民利益所在、幸福所在,是我们战胜一切困难和风险的"定海神针"。

(一) 党的领导地位是历史和人民的选择

党的领导地位不是自封的,是历史和人民选择的,是由党的性质决定的,是由我国宪法明文规定的。深入了解中国近代以来的历史,不难发现,如果没有中国共产党的领导,我们的国家、我们的民族不可能取得今天这样的成就,也不可能具有今天这样的国际地位。历史和人民选择中国共产党领导中华民族伟大复兴的事业是正确的。我国宪法以国家根本法的形式,确认了党领导人民进行革命、建设、改革的伟大斗争和根本成就,确认了中国共产党的执政地位,确认了党在国家政权结构中总揽全局、协调各方的核心地位,为我们党长期执政提供了根本法律依据。党的领导是全面的、系统的、整体的。习近平总书记对党的领导核心作用作了鲜明生动的阐述,他强调:"形象地说是'众星捧月',这个'月'就是中国共产党。在国家治理体系的大棋局中,党中央是坐镇中军帐的'帅',车马炮各展其长,一盘棋大局分明。"②新时代坚持和完善中国特色社会主义制度、推进国家治理体系和治理能力现代化,首先就要坚持党对一切工作的领导。人大、政府、政协、监委、法院、检察院、军队、外事,各民主党派和无党派人士,各企事业单位,工会、共青团、妇联等群团组织,都要坚持中国共产党的领导。我国社会主义政治制度优越性的一个突出特点是党总揽全局、协调各方的领导核心作用。加强党对一切工作的领导,这一要求不是空洞的、抽象的,要落实到改革发展稳定、内政外交国防、治党治国治军等各个领域、各个方面、各个环节。哪个领域、哪个方面、哪个环节缺失了、弱化了,都会削弱党的力量,损害党和国家事业。要坚决反对资产阶级自由化倾向,反对一切企图否定和削弱党的领导地位的言论和行动。"在坚持党的领导这个重大原则问题上,我们脑子要特别清醒、眼睛要特别明亮、立场要特别坚定,绝不能有任何含糊和动摇。"③

党的领导制度是国家的根本领导制度,统领和贯穿其他方面制度。我国国家制度和国家治理体系其他方面的显著优势,都是在我们党领导下形成的。因此,充分发挥我国国家制度和国家治理体系的显著优势,就要始终坚持党的集中统一领导。"党政关系是重大理论问题,也是重大实践问题。"改革开放以后,我们曾经讨论过党政分开问题,目的是解决效率不高、机构

---

① 《习近平谈治国理政》第 3 卷,外文出版社 2020 年版,第 16 页。
② 习近平:《中国共产党领导是中国特色社会主义最本质的特征》,《求是》2020 年第 14 期。
③ 习近平:《中国共产党领导是中国特色社会主义最本质的特征》,《求是》2020 年第 14 期。

臃肿、人浮于事、作风拖拉等问题。应该说，在这个问题上，当时我们的理论认识和实践经验都不够，对如何解决好我们面临的国家治理体系和治理能力问题是探索性的。"中国共产党是执政党，党的领导地位和执政地位是紧密联系在一起的。党的集中统一领导权力是不可分割的，不能简单讲党政分开或党政合一，而是要适应不同领域特点和基础条件，不断改进和完善党的领导方式和执政方式。"①改革开放以来，无论我们对党政关系进行了怎样的调整，但有一条是不变的，就是坚持党的领导。处理好党政关系，首先要坚持党的领导，在这个大前提下才是各有分工，而且无论怎么分工，出发点和落脚点都是坚持和完善党的领导。全党必须增强"四个意识"、坚定"四个自信"、做到"两个维护"，自觉在思想上政治上行动上同以习近平同志为核心的党中央保持高度一致，坚决把维护习近平同志党中央的核心、全党的核心地位落到实处。

（二）坚持民主集中制的根本组织原则和领导制度

坚持党的领导，必须坚持党的民主集中制原则。维护党中央权威和集中统一领导，同坚持民主集中制是内在一致的。民主集中制是我们党的根本组织原则和领导制度，是马克思主义政党区别于其他政党的重要标志。民主集中制包括民主和集中两个方面，两者互为条件、相辅相成、缺一不可。民主是正确集中的前提和基础，离开民主讲集中，集中就成了个人专权专断。集中是民主的必然要求和归宿，离开集中搞民主，就会导致极端民主化和无政府状态。坚持民主集中制，既要反对"家长制""一言堂"、个人专断，也要反对自由主义、无政府主义、个人主义和分散主义。

我们党实行的民主集中制，是又有集中又有民主，又有纪律又有自由，又有统一意志又有个人心情舒畅、生动活泼的制度，是民主和集中紧密结合的制度。在充分发扬民主基础上进行集中，坚持党中央权威和集中统一领导，集中全党智慧，体现全党共同意志，是我们党的一大创举。这样做，既有利于做到科学决策、民主决策、依法决策，避免发生重大失误，又有利于克服分散主义、本位主义，避免议而不决、决而不行，形成推进党和国家事业发展的强大合力。坚持党中央权威和集中统一领导，不是说不要民主集中制了，不要发扬党内民主了，而是体现了充分发扬民主基础上的正确集中，把这两者对立起来是不对的、有害的。

坚持和健全民主集中制，就是要把充分发扬党内民主和正确实行集中有机结合起来。各级领导干部要发扬民主作风，营造民主讨论的良好氛围，有事好商量，遇事多商量，鼓励讲真话、讲实话、讲心里话，允许不同意见碰撞和争论，在研究讨论问题时，领导干部特别是主要领导要把自己当成班子中平等的一员，充分发扬民主，严格按程序决策、按规矩办事，注意听取不同意见，正确对待少数人意见，不能搞"一言堂"。每个班子成员都要恪尽职守、各负其责，积极建言献策，不准把分管工作、分管领域和地方当作"私人领地"，不准搞独断专行。与此同时，还要善于进行正确集中，把不同意见统一起来，把各种分散意见中的真知灼见提炼概括出来，把符合事物发展规律、符合广大人民群众根本利益的正确意见集中起来，作出科学决策，坚决反对和防止独断专行或各自为政。把民主和集中有机统一起来，既可以最大限度激发全党创造活力，又可以统一全党思想和行动，真正把民主集中制的优势变成我们党的政治优势、组织优势、制度优势、工作优势。

（三）完善坚持党的领导的体制机制

坚持党对一切工作的领导，保证国家统一、法制统一、政令统一、市场统一，顺利推进新时

---

① 《习近平谈治国理政》第 3 卷，外文出版社 2020 年版，第 167—168 页。

代中国特色社会主义各项事业,必须建立健全坚持和加强党的全面领导的制度体系,确保党的领导全覆盖,确保党的领导更加坚强有力。

要健全党的全面领导制度。完善党领导人大、政府、政协、监察机关、审判机关、检察机关、武装力量、人民团体、企事业单位、基层群众自治组织、社会组织等制度,健全各级党委(党组)工作制度,确保党在各种组织中发挥领导作用。完善党领导各项事业的具体制度,把党的领导落实到统筹推进"五位一体"总体布局、协调推进"四个全面"战略布局各方面。完善党和国家机构职能体系,把党的领导贯彻到党和国家所有机构履行职责全过程,推动各方面协调行动、增强合力。

要健全党中央集中统一领导重大工作的体制机制。中央委员会、中央政治局、中央政治局常委会,是党的领导决策核心。党中央决策议事协调机构在中央政治局及其常委会领导下开展工作。要优化党中央决策议事协调机构,负责好重大工作的顶层设计、总体布局、统筹协调、整体推进。其他方面的议事协调机构,要同党中央决策议事协调机构的设立调整相衔接,保证党中央令行禁止和工作高效。党中央作出的决策部署,所有党组织都要贯彻落实。要强化党的组织在同级组织中的领导地位,理顺党的组织同其他组织的关系,不断增强党的政治领导力、思想引领力、群众组织力、社会号召力。

要深化党和国家机构改革。坚持和加强党的全面领导,必须努力从机构职能上解决党对一切工作领导的体制机制问题,解决党长期执政条件下我国国家治理体系中党政军群的机构职能关系问题,把党的领导贯彻到党和国家机关全面正确履行职责各领域、各环节。要构建系统完备、科学规范、运行高效的党和国家机构职能体系,形成总揽全局、协调各方的党的领导体系,职责明确、依法行政的政府治理体系,中国特色、世界一流的武装力量体系,联系广泛、服务群众的群团工作体系等,推动各类机构、各种职能相互衔接、相互融合,推动党和国家各项工作协调行动、高效运行。

要严格执行请示报告制度。请示报告制度是我们党的一项重要制度。中央政治局全体同志每年向党中央和总书记书面述职;中央书记处和中央纪律检查委员会、全国人大常委会党组、国务院党组、全国政协党组、最高人民法院党组、最高人民检察院党组每年向中央政治局常委会、中央政治局报告工作;各地区各部门党委(党组)加强向党中央报告工作。研究涉及全局的重大事项或作出重大决定要及时向党中央请示报告,执行党中央重要决定的情况要专题报告。遇有突发性重大问题和工作中重大问题要及时向党中央请示报告。党员、领导干部在涉及重大事项、重要工作、个人有关事项时,要按规定按程序向组织请示报告。要把请示报告和履职尽责统一起来,该请示的必须请示,该报告的必须报告,该负责的必须负责,该担当的必须担当。只有这样,才能做到全党上下一心、令行禁止、步调一致。

（四）改进党的领导方式和执政方式

党的领导方式是党从政治、思想和组织等方面对国家和社会实行领导的体制、机制、手段和方法的总和,我们党主要通过制定大政方针、提出立法建议、推荐重要干部、进行思想宣传、发挥党组织和党员作用、坚持依法执政等途径来实现领导,方式表现是率领和引导。党的执政方式指党掌握国家政权、实现执政目标的体制、机制、途径、手段和方法的总和,是党对国家政治生活和国家政权系统的领导,其基本环节包括取得权力、行使权力、监督权力,核心是党与国家政权机关的关系,简称党政关系,方式表现是领导、支持和保证。改进党的领导方式和执政方式,目的是使党的领导体制和领导方式更加科学、执政方式更加健全、执政方略更加完善、执政基础更加巩固,更好发挥党的领导核心作用。

改进党的领导方式和执政方式,必须将党的领导和执政纳入科学化轨道,实现科学执政。要结合新时代中国特色社会主义民主政治的最新实践,不断深化对共产党执政规律、社会主义建设规律、人类社会发展规律的认识,按照客观规律办事,进一步提高党的全面领导的科学化水平,进一步加强党的长期执政能力建设,积极探索在党的全面领导和长期执政条件下民主制度的实现形式,有效防止领导与执政活动的随意性和盲目性,优化领导与执政的资源配置,减少成本、提高效率,保证党的领导与执政符合规律、科学高效。

必须将党的领导和执政纳入民主化轨道,实现民主执政。要推进社会主义民主政治的制度化、规范化、程序化,以民主的制度、民主的形式、民主的手段支持和保证人民当家作主。正确认识和处理执政党和人民群众的关系,关键是要切实做到权为民所用、情为民所系、利为民所谋。要进一步健全民主制度,保证人民依法行使民主权利,充分发挥人民群众和社会各方面的积极性、主动性、创造性,共同做好改革发展稳定的各项工作。要不断完善和扩大党内民主,以党内民主促进引领社会民主。

必须将党的领导和执政纳入法治化轨道,实现依法执政,从实体和程序上依法规范执政行为。能不能做到依法治国,关键在于党能不能坚持依法执政。而能不能做到依法执政,各级党组织和党员干部依法执政的意识和能力极为重要。各级党组织和党员干部要增强依法执政意识,坚持以法治的理念、法治的体制、法治的程序开展工作。任何组织和个人都必须在宪法法律范围内活动,都不得有超越宪法法律的特权。

(五) 提高党总揽全局、协调各方的能力和水平

我们党要充分发挥领导核心作用,必须通过科学的领导方式和执政方式总揽全局、协调各方,既实现对国家和社会生活的有效领导,又充分调动各个方面的积极性、创造性,才能凝聚起实现中华民族伟大复兴中国梦的强大力量。《中共中央关于全面深化改革若干重大问题的决定》提出,全面深化改革必须加强和改善党的领导,充分发挥党总揽全局、协调各方的领导核心作用,提高党的领导水平和执政能力。

总揽全局,就是要立足于全党工作的大局,集中主要精力抓住全局性、战略性、前瞻性的重大问题,把好政治方向,保证党的理论、路线、方针、政策的贯彻落实。协调各方,就是要从整体上推进全局工作的需要出发,统筹协调好人大、政府、政协和法院、检察院等领导班子之间的关系,统筹安排好纪检监察和组织、宣传、统战、政法等方面的工作,使各方都能各司其职、各尽其责、相互配合、形成合力。在实际工作中一些地方党委特别是领导同志,在坚持总揽全局、协调各方的过程中,容易出现把总揽变成包揽的现象,事无巨细一齐抓,管了许多不该管、管不好的事情。这种大包大揽的领导方式,一方面容易使自己陷入具体事务之中,没有精力抓大事、抓方向、抓党的建设,影响了领导核心作用的发挥;另一方面也不利于发扬民主,不利于调动各方面的积极性和主动性。这种现象必须加以改变。

坚持党总揽全局、协调各方的原则,就要规范党委与人大、政府、政协、法院、检察院的关系,既要加强党的集中统一领导,又要充分发挥国家治理体系各子系统的职能作用,支持人大、政府、政协、法院和检察院依法、依章程履行职能、开展工作、发挥作用。为此,要善于提高驾驭全局的能力,善于使党的主张通过法定程序成为国家意志,善于使党组织推荐的人选通过法定程序成为国家政权机关的领导人员,善于通过国家政权机关实施党对国家和社会的领导,善于运用民主集中制原则维护中央权威、维护全党全国团结统一。

党的全面领导制度,是我国一项重要领导制度。完善保证党的全面领导的制度安排,提高党把方向、谋大局、定政策、促改革的能力和定力,是党的十八大以来推进党的建设、全面从严治党成功经验的深刻总结,体现了我们党对自身建设规律、长期执政规律认识的深化。当前,国内外形势正在发生深刻复杂变化,我国发展仍处于重要战略机遇期。新时代继续推进中国特色社会主义事业,前景十分光明,挑战也十分严峻。中华人民共和国成立 70 多年来的实践证明,"中国共产党所具有的无比坚强的领导力,是风雨来袭时中国人民最可靠的主心骨"。①在新时代的新长征途中,我们只有坚持和加强党的全面领导,才能在更高水平上实现全党思想上的统一、政治上的团结、行动上的一致,进一步提高党的领导力、凝聚力、战斗力,有效应对前进道路上的重大风险和考验,巩固党的执政安全。

三、坚持和完善人民当家作主制度体系,发展社会主义民主政治

政治制度是用来调节政治关系、建立政治秩序、推动国家发展、维护国家稳定和人民利益的制度体系。我国是人民民主专政的社会主义国家,国家的一切权力属于人民。改革开放以来,我们以新中国已经建立起来的社会主义基本制度为基础,不断完善和发展我国政治制度,形成了保证人民当家作主的制度体系。

"橘生淮南则为橘,生于淮北则为枳。"每个国家的政治制度,都是由其独特的国情、人民需要、历史传承和文化传统决定的。我国有 960 多万平方公里土地、56 个民族,我们能照谁的模式办? 谁又能指手画脚告诉我们该怎么办? 世界上不存在完全相同的政治制度,也不存在适用于一切国家的政治制度模式。只有扎根本国土壤、汲取充沛养分的制度,才最可靠也最管用。我国在长期实践中形成的人民代表大会的根本政治制度,共产党领导的多党合作和政治协商制度,民族区域自治制度和基层群众自治制度的基本政治制度等是适合我国国情、满足人民需要、符合历史文化传统的好制度,必须长期坚持。

推进我国社会主义民主政治的发展,必须继续坚持和完善人民当家作主的制度体系,进一步健全民主制度、丰富民主形式、拓宽民主渠道,依法实行民主选举、民主协商、民主决策、民主管理、民主监督,使各方面制度和国家治理更好地体现人民意志、保障人民权益、激发人民创造,确保人民在国家政治生活中的主体地位,保障人民依法通过各种途径和形式管理国家事务、管理经济文化事业、管理社会事务。

(一) 坚持和完善人民代表大会制度这一根本政治制度

人民代表大会制度是我国政体,是中国特色社会主义制度的重要组成部分。在我国,人民行使国家权力的机关是全国人民代表大会和地方各级人民代表大会。人民代表大会制度是坚持党的领导、人民当家作主、依法治国有机统一的根本政治制度安排。坚持和完善我国社会主义政治制度,首先是坚持和完善人民代表大会制度。人民代表大会制度是符合中国国情和实际、体现社会主义国家性质、保证人民当家作主、保障实现中华民族伟大复兴的根本政治制度,必须长期坚持、不断完善。

1. 坚定人民代表大会制度自信

人民代表大会制度是我们党将马克思主义基本原理同中国具体实际相结合进行的伟大创

---

① 习近平:《在全国抗击新冠肺炎疫情表彰大会上的讲话》,《人民日报》2020 年 9 月 9 日。

造,集中体现了国家政权的根本性质和国家活动的根本原则。中华人民共和国成立 70 多年来,人民代表大会制度展现出强大的生命力和巨大的优越性,发挥了极为重要的根本政治制度功效。一是充分保障人民当家作主,保证人民依法实行民主选举、民主管理、民主监督,享有广泛的权利和自由,能动员全体人民以国家主人翁姿态投身社会主义建设。二是实行民主集中制,有效保证国家机关协调高效运转,保证国家统一有效组织各项事业、开展各项工作,把各方面智慧和力量凝聚起来,坚定不移朝着国家发展的宏伟目标前进。

与西方代议制民主相比较,人民代表大会制度的治国效率优于"三权分立"制度。西方国家囿于"三权分立"的原则、程序和各种具体制度,其政权的运行不可避免地会遇到一些麻烦。比如,有些国家政党轮替频繁,有些国家议会常常迫使内阁倒台或者弹劾总统,有些国家的行政首脑动辄对议会通过的法案行使否决权甚至解散议会,等等。人民代表大会制度在效率上则远比"三权分立"优越。关于这一点,邓小平曾经说过:"我们的制度是人民代表大会制度,共产党领导下的人民民主制度,不能搞西方那一套。社会主义国家有个最大的优越性,就是干一件事情,一下决心,一做出决议,就立即执行,不受牵扯。我们说搞经济体制改革全国就能立即执行,我们决定建立经济特区就可以立即执行,没有那么多互相牵扯,议而不决,决而不行。就这个范围来说,我们的效率是高的,我讲的是总的效率。这方面是我们的优势,我们要保持这个优势,保证社会主义的优越性。"①我们应从理论和实践的结合上澄清关于"三权分立"的各种错误观点和模糊认识,引导人们自觉抵制资产阶级意识形态的渗透,切实增强坚持和完善人民代表大会制度的自觉性和坚定性。

2. 与时俱进地完善人民代表大会制度

坚定制度自信并不是说我国的政治制度已经完美无缺。当前,我国的民主政治建设同扩大人民民主和经济社会发展的要求还不完全相适应,社会主义民主政治的体制、机制、程序、规范以及具体运行上还存在不完善的地方,在保障人民民主权利、发挥人民创造精神方面也还存在一些不足,必须继续加以完善。中国特色社会主义进入新时代,人民代表大会制度也要适应我国社会主要矛盾的变化实现创新发展。要把坚定制度自信和不断改革创新统一起来,毫不动摇地坚持、与时俱进地完善人民代表大会制度。

一要切实保证人民依法实行民主选举,支持和保证人民通过人民代表大会行使国家权力。民主选举是人民代表大会制度的基础。选举权和被选举权是人民行使国家权力的基本权利和主要标志。坚持选举的普遍性、代表性、平等性,是实现人民当家作主的根本保证。与西方议员选举相比,我国人大代表选举更好地实现了实质民主和形式民主的高度统一。比如,我国1953 年选举法就一步到位地规定了选举的普遍性原则,而西方一些国家则在长达数百年里对选民资格作出财产资格、居住期限、种族甚至性别等方面限制,一些限制在今天仍然存在。又如,我国各级人民代表大会的选举经费由国库开支,从物质方面保证了选举人和候选人能够在实际上享受自由选举权利,而美国等许多西方国家的选举经费主要来自个人、企业的捐款,易于"被金钱绑架"。美国参议员和众议员选举中当选者竞选开支普遍在百万美元以上。近年来美国最高法院还通过案件判决废除了公民和企业政治献金的上限。通过深入的国际比较分析,可以更好地理解我国人大代表选举制度具有的先进性意义。

中华人民共和国成立以来,我国人大代表选举制度取得了长足进步,特别是党的十八大以来,以习近平同志为核心的党中央高度重视选举工作,强调要坚持党的领导、坚持发扬民主、严

---

① 《邓小平文选》第 3 卷,人民出版社 1993 年版,第 240 页。

格依法办事,保障人民选举权和被选举权。加强对选举工作的监督,对违规、违纪、违法问题"零容忍",确保选举工作风清气正。在党中央坚强领导下,依法处理了湖南衡阳破坏选举案;根据宪法精神和有关法律原则,妥善处理了辽宁拉票贿选案,坚决维护了人民代表大会制度的权威和尊严,维护了社会主义法治的权威和尊严。但也毋庸置疑,我国的人大代表选举制度还有需要完善的方面。比如,如何长期保持选民的高参选率、高投票率?如何切实保障流动选民的选举权利落实到位?如何解决选民和代表联名提名在制度设计与实际操作之间的反差?如何更好地将党管干部原则与充分发扬民主、严格依法办事有机统一起来?如何有效防止和打击在个别地方、单位选举活动中存在的违法现象?等等。我们要适应新时代中国特色社会主义民主政治建设需要,进一步健全完善相关制度和机制,更有力地保障人民行使选举权和被选举权。

二要加强和改进人大的立法工作和法律实施工作。经过长期努力,我们国家和社会生活各方面总体上实现了有法可依,但形势在发展、时代在前进,法律体系必须随着时代和实践发展而不断发展。我们要根据时代发展需要进一步加强重要领域立法,确保国家发展、重大改革于法有据,把发展改革决策同立法决策更好地结合起来。要提高立法的针对性、及时性、系统性、可操作性,发挥立法引领和推动作用。要抓住提高立法质量这个关键,深入推进科学立法、民主立法,完善立法体制和程序,努力使每一项立法都符合宪法精神、反映人民意愿、得到人民拥护。

各级国家行政机关、审判机关、检察机关是法律实施的重要主体,必须担负法律实施的法定职责,坚决纠正有法不依、执法不严、违法不究现象,坚决整治以权谋私、以权压法、徇私枉法问题,严禁侵犯群众合法权益。要深入推进依法行政,加快建设法治政府。各级行政机关必须依法履行职责,坚持法定职责必须为、法无授权不可为,决不允许任何组织或者个人有超越法律的特权。要深入推进公正司法,深化司法体制改革,加快建设公正、高效、权威的司法制度,完善人权司法保障制度,严肃惩治司法腐败,让人民群众在每一个司法案件中都感受到公平正义。

三要加强和改进人大监督工作。人民代表大会制度的重要原则和制度设计的基本要求,就是任何国家机关及其工作人员的权力都要受到制约和监督。各级人大及其常委会要担负起宪法法律赋予的监督职责,维护国家法制统一、尊严、权威,加强对"一府一委两院"执法、司法工作的监督,确保法律法规得到有效实施,确保行政权、审判权、检察权得到正确行使。地方人大及其常委会要依法保证宪法法律、行政法规和上级人大及其常委会决议在本行政区域内得到遵守和执行。要加强党纪监督、行政监察、审计监督、司法监督和国家机关内部各种形式的纪律监督。要拓宽人民监督权力的渠道,公民对于任何国家机关和国家工作人员有提出批评和建议的权利,对于任何国家机关和国家工作人员的违法失职行为有向有关国家机关提出申诉、控告或者检举的权利。要健全申诉控告检举机制,加强检察监督,切实做到有权必有责、用权受监督、侵权要赔偿、违法必追究。要坚持用制度管权、管事、管人,让人民监督权力,让权力在阳光下运行,把权力关进制度的笼子里。

四要加强各级国家机关同人大代表和人民群众的联系。国家机关加强同人大代表的联系、加强同人民群众的联系,是实行人民代表大会制度的内在要求,是人民对自己选举和委派代表的基本要求。各级人大代表,都要始终代表人民利益和意志,依法参加行使国家权力。各级国家机关及其工作人员一定要为人民用权、为人民履职、为人民服务,把加强同人大代表和人民群众的联系作为对人民负责、受人民监督的重要内容,虚心听取人大代表、人民群众意见和建议,积极回应社会关切,自觉接受人民监督,认真改正工作中的缺点和错误。

五要加强和改进人大自身建设工作。要根据新的形势和任务的要求,不断推进人民代表大会制度理论和实践创新,推动人大工作水平提高。各级人大及其常委会要坚持正确政治方向,增强代表人民行使管理国家权力的政治责任感,履行宪法法律赋予的职责。要健全人大常委会组成人员联系本级人大代表机制,畅通社情民意反映和表达渠道,支持和保证人大代表依法履职,优化人大常委会、专门委员会组成人员结构,完善人大组织制度、工作制度、议事程序。各级党委要加强和改善对人大工作的领导,支持和保证人大及其常委会依法行使职权、开展工作。

"鞋子合不合脚,只有穿上才知道。"人民代表大会制度把党的领导、人民当家作主、依法治国三者有机统一起来,体现中国社会主义国家政权性质的基本定位,有效避免了党派之间相互倾轧、三权之间相互掣肘的弊端,有效保证了各国家机关在党的领导下协调运转,国家统一高效组织推进各项事业、集中力量办大事。中华人民共和国成立70多年来,党和国家通过人民代表大会制度,团结和动员全体人民以国家主人翁的姿态投身社会主义革命、建设和改革,广泛调动、充分发挥人民群众积极性、主动性、创造性;有效调节各国家机关之间、中央和地方之间、各民族之间的关系,实现国家机关和领导层有序更替,形成安定团结的政治局面;连续制定和实施14个国民经济和社会发展五年计划、规划,改革开放和社会主义现代化建设取得了举世瞩目的成就。实践证明,人民代表大会制度是符合中国国情和实际、体现社会主义国家性质、保证人民当家作主、保障实现中华民族伟大复兴的好制度。我们一定要坚定人民代表大会制度自信,与时俱进地推动人民代表大会制度适应时代发展需要,得到不断完善与发展,更加充满生机与活力。

(二) 坚持和完善中国共产党领导的多党合作和政治协商制度

中国共产党领导的多党合作和政治协商制度是中国共产党、中国人民和各民主党派、无党派人士的共同创造,是从中国土壤中生长出来的新型政党制度。它能够真实、广泛、持久地代表和实现最广大人民根本利益、全国各族各界根本利益,有效避免旧式政党制度代表少数人、少数利益集团的弊端。它把各个政党和无党派人士紧密团结起来、为着共同目标而奋斗,有效避免了一党缺乏监督或者多党轮流坐庄、恶性竞争的弊端;它通过制度化、程序化、规范化安排集中各种意见和建议,推动决策科学化民主化,有效避免旧式政党制度囿于党派利益、阶级利益、区域和集团利益决策施政导致社会撕裂的弊端。它不仅符合当代中国实际,而且符合中华民族一贯倡导的天下为公、兼容并蓄、求同存异等优秀传统文化,是对人类政治文明的重大贡献。新时代多党合作舞台极为广阔,我们要用好政党协商这个民主形式和制度渠道,有事多商量、有事好商量、有事会商量,通过协商凝聚共识、凝聚智慧、凝聚力量。

中国人民政治协商会议是中国人民爱国统一战线的组织,是中国共产党领导的多党合作和政治协商的重要机构,是社会主义协商民主的重要渠道和专门协商机构,是具有中国特色的制度安排。人民政协要根据中国共产党同各民主党派和无党派人士长期共存、互相监督、肝胆相照、荣辱与共的基本方针,促进参加中国人民政治协商会议的各民主党派、无党派人士的团结合作,加强政党协商,充分体现和发挥我国社会主义新型政党制度的特点和优势。政党协商是中国共产党同民主党派基于共同的政治目标,就党和国家重大方针政策和重要事务,在决策之前和决策实施之中,直接进行政治协商的重要民主形式。政党协商的主要内容包括:中国共产党全国代表大会和地方各级代表大会、中央和地方各级党委的有关重要文件;宪法的修改建议,有关重要法律的制定、修改建议,有关重要地方性法规的制定、修改建议;人大常委会、政府、政协领导班子成员和人民法院院长、人民检察院检察长建议人选;关系统一战线和多党合作的重大问题等。政党协商具有高层次、小范围、直接性等特点。政党协商主要采取会议协商、约谈协商、书面协商等形式。会议协商包括专题协商座谈会,人事协商座谈会、调研协商座谈会以及根据工作需要召开的其他协商座谈会。开展政党协商,需要中国共产党和各民主党派共同努力,其中,中国共产党担负着首要责任,要加强对政党协商的领导,增强协商意识,更加善于协商,一如既往营造宽松民主的协商环境,鼓励不同意见交流和讨论,真正形成知无不言、言无不尽的氛围。要完善政党协商的内容和形式,建立健全知情反馈机制,增加讨论交流的平台和机会。要支持民主党派加强领导班子和人才队伍建设,提高履职能力和协商水平。民主党派应担负起政党协商参与者、实践者、推动者的政治责任,要努力提高政党协商能力,用好政党协商这个民主形式和制度渠道,促进中国共产党各级党委和政府决策科学化、民主化,促进中国特色社会主义民主政治的健康发展。

(三) 坚持和完善民族区域自治制度

民族区域自治制度是我国的一项基本政治制度,是中国特色解决民族问题正确道路的重要内容和制度保障。中国特色解决民族问题的正确道路,就是坚持在中国共产党领导下,坚持中国特色社会主义道路,坚持维护祖国统一,坚持各民族一律平等,坚持和完善民族区域自治制度,坚持各民族共同团结奋斗、共同繁荣发展,坚持打牢中华民族共同体思想基础,坚持依法治国,加强各民族交往交流交融,促进各民族和睦相处、和衷共济、和谐发展,共同实现中华民族伟大复兴。民族区域自治制度符合我国国情,在维护祖国统一、领土完整,加强民族平等团结、促进民族地区发展、增强中华民族凝聚力等方面都起到了重要作用。

民族区域自治是党的民族政策的源头,我们的民族政策都是由此而来、依此而存。中国特色社会主义进入新时代,我们必须根据时代和实践发展要求,进一步坚持和完善民族区域自治制度,巩固和发展平等、团结、互助、和谐的社会主义民族关系。中华民族是一个大家庭,民族区域自治不是某个民族独享的自治,民族自治地方更不是某个民族独有的地方,要着重坚持统一和自治相结合,坚持民族因素和区域因素相结合。要把维护国家统一、民族团结放在第一位,将其视为民族区域自治实行的初衷、坚持的依据、完善的目标。要坚持不懈开展马克思主义祖国观、民族观、文化观、历史观宣传教育,全面深入持久开展民族团结进步创建,打牢中华民族共同体思想基础。发展是解决民族地区各种问题的总钥匙。要支持民族地区加快经济社会发展,维护民族地区团结稳定,实现各民族共同团结奋斗、共同繁荣发展。

(四) 坚持和完善基层群众自治制度

基层群众自治制度主要是指以村民自治、居民自治为主要内容和形式的基层群众自治,也包括以职工代表大会为基本形式的企事业单位民主管理制度。它是发展基层民主,保障人民知情权、参与权、表达权、监督权的重要制度。基层民主是人民群众在城乡社区治理、基层公共事务和公益事业中直接行使民主权利,依法进行自我管理、自我服务、自我教育、自我监督的主要形式,是社会主义民主政治建设的基础。健全充满活力的基层群众自治制度,要畅通民主渠道,健全基层选举、议事、公开、述职、问责等机制,拓宽人民群众反映意见和建议的渠道,着力推进基层直接民主制度化、规范化、程序化。全心全意依靠工人阶级,健全以职工代表大会为基本形式的企事业单位民主管理制度,探索企业职工参与管理的有效方式,维护职工合法权益。

党的十八大以来,以习近平同志为核心的党中央坚持和完善基层群众自治制度,高度重视基层民主建设,将其作为社会主义民主政治建设的基础性工程。党的十八届三中全会提出开展形式多样的基层民主协商,推进基层协商制度化,把民主协商这一具有鲜明中国特色的民主形式引入基层民主建设。在党的十九大报告中,习近平总书记进一步指出:"扩大人民有序政治参与,保证人民依法实行民主选举、民主协商、民主决策、民主管理、民主监督,"并明确要求"巩固基层政权,完善基层民主制度,保障人民知情权、参与权、表达权、监督权"。① 这"四权"既是人民当家作主的具体体现,也是群众在基层自治实践中依法享有的基本权利。为此,就要实行村务公开、居务公开、厂务公开、政务公开等,重大情况让群众知道;就要综合运用多种有效形式,鼓励群众广泛参与,重大问题让群众研究;就要创造宽松的舆论氛围,让群众充分表达自己的意见,重大决策由群众决定;就要通过监督委员会、评议、审计、罢免等形式将基层政权工作情况和干部行为置于群众的监督视野,重大失误由群众纠正。确保人民群众依法直接行使民主权利,激发群众有序参与政治的积极性,让群众在政治参与的实践中得到锤炼,政治素质和管理能力得到增强,社会主义民主政治建设也就有了坚实的民意基础。

坚持和完善人民当家作主的制度体系,发展社会主义民主政治,关键是要增加和扩大我们的优势和特点。我们要坚持发挥党总揽全局、协调各方的领导核心作用,不断提高党的执政水平,保证党领导人民有效治理国家,切实防止出现群龙无首、一盘散沙的现象。我们要坚持国家一切权力属于人民,既保证人民依法实行民主选举,也保证人民依法实行民主决策、民主管理、民主监督,切实防止出现选举时漫天许诺、选举后无人过问的现象。我们要坚持和完善中国共产党领导的多党合作和政治协商制度,加强社会各种力量的合作协调,切实防止出现党争纷沓、相互倾轧的现象。我们要坚持和完善民族区域自治制度,巩固平等、团结、互助、和谐的社会主义民族关系,促进各民族和睦相处、和衷共济、和谐发展,切实防止出现民族隔阂、民族冲突的现象。我们要坚持和完善基层群众自治制度,发展基层民主,保障人民依法直接行使民主权利,切实防止出现人民形式上有权、实际上无权的现象。我们要坚持和完善民主集中制的制度和原则,促使各类国家机关提高能力和效率、增进协调和配合,形成治国理政的强大合力,切实防止出现相互掣肘、内耗严重的现象。只有这样,我们才能不断推进社会主义民主政治制度化、规范化、程序化,更好发挥中国特色社会主义政治制度的优越性,为党和国家兴旺发达、长治久安提供更加完善的制度保障。

四、全面推进依法治国,建设社会主义法治国家

全面依法治国是中国特色社会主义的本质要求和重要保障,事关我们党执政兴国,事关人民幸福安康,事关党和国家事业发展。习近平总书记指出:"全面推进依法治国总目标是建设中国特色社会主义法治体系、建设社会主义法治国家。"这个总目标,既明确了全面推进依法治国的性质和方向,又突出了工作重点和总抓手,具有纲举目张的意义。全面推进依法治国,要注重发挥法治在推进国家治理体系和治理能力现代化中的重要作用,确保党的领导贯彻落实到依法治国全过程和各方面。

（一）全面依法治国是国家治理的一场深刻革命

法治是国家治理现代化的重要标志,与国家治理体系和治理能力有着内在的联系和外在

① 《习近平谈治国理政》第3卷,外文出版社2020年版,第29页。

的契合。在我国,一方面,法治体系既包括以党章为根本、若干配套党内法规为支撑的党内法规制度体系,也包括以宪法为核心的中国特色社会主义法律体系;另一方面,法治能力是国家治理能力的一个重要方面,表现为运用法治思维和法治方式治国理政、推动发展,全面提高党依据宪法法律治国理政、依据党内法规管党治党的能力。在推进国家治理体系和治理能力现代化的过程中,要不断健全法治体系、提高法治能力。

中华人民共和国成立初期,我们党在废除旧法统的同时,积极运用革命时期根据地法制建设的成功经验,抓紧建设社会主义法治,初步奠定了社会主义法治基础。后来,社会主义法治建设走过一段弯路,付出了沉重代价。进入改革开放新时期,我们党把依法治国确定为党领导人民治理国家的基本方略,把依法执政确定为党治国理政基本方式。党的十八大以来,以习近平同志为核心的党中央对全面依法治国高度重视,从关系党和国家长治久安的战略高度来定位法治、布局法治、厉行法治,把全面依法治国放在党和国家事业发展全局中来谋划、来推进,推动依法治国取得重大成就,实现了经济社会稳定发展。历史经验告诉我们,法治是治国理政不可或缺的重要手段。在我们这样一个十几亿人口的大国,要实现经济发展、政治清明、文化昌盛、社会公正、生态良好,必须把全面依法治国坚持好、贯彻好、落实好。

厉行法治、推进国家治理现代化,一个很重要的方面就是实现国家治理的法治化,正确处理好改革与法治的关系。要善于以法治凝聚改革共识,以法治引领改革方向,以法治规范改革程序,以法治确认、巩固和扩大改革成果。改革决不能以牺牲法制的尊严、统一和权威为代价,凡属重大改革要于法有据,确保在法治轨道上推进改革。需要修改法律的可以先修改法律,先立后破,有序进行;有的重要改革措施,需要得到法律授权的,要按法定程序进行,不得超前推进。防止违反宪法法律的"改革"对宪法法律秩序造成严重冲击,对法治产生"破窗效应"。

当前,我国正处在社会结构深刻变革、利益格局深刻调整的改革攻坚期、矛盾凸显期、发展关键期,改革发展稳定形势总体是好的,但区域、城乡发展不平衡、贫富差距拉大、社会公正缺失等突出问题尚未解决,人民内部矛盾和其他社会矛盾凸显,党风政风也存在一些不容忽视的问题,其中大量矛盾和问题与有法不依、执法不严、违法不究相关。解决这些问题需要发挥法治的引领和推动作用,才能更好统筹社会力量、平衡社会利益、调节社会关系、规范社会行为。因而,依法治国在党和国家工作全局中的地位更加突出、作用更加重大。全面依法治国,既是立足于解决我国改革发展稳定中的矛盾和问题的现实考量,也是着眼于长远的战略谋划。必须全面推进法制中国建设,密织法律之网、强化法治之力,为党和国家事业发展提供根本性、全局性、长期性的制度保障,确保我国社会在深刻变革中既生机勃勃又井然有序。

全面推进依法治国,是解决党和国家事业发展面临的一系列重大问题,解放和增强社会活力、促进社会公平正义、维护社会和谐稳定、促进经济社会健康发展、确保党和国家长治久安的根本要求。它是一个系统工程,是国家治理领域的一场广泛而深刻的革命。全党全国人民尤其是各级领导干部必须坚持依法治国基本方略,不断增强法制意识,不断把法治中国建设推向前进。

（二）建设中国特色社会主义法治体系、建设社会主义法治国家

实现依法治国总目标,建设中国特色社会主义法治体系、建设社会主义法治国家是坚持和发展中国特色社会主义的内在要求。全面推进依法治国,必须坚定不移走中国特色社会主义法治道路;加快形成完备的法律规范体系、高效的法治实施体系、严密的法治监督体系、有力的法治保障体系、完善的党内法规体系;要坚持依法治国、依法执政、依法行政共同推进,法治国

家、法治政府、法治社会一体建设,全面推进科学立法、严格执法、公正司法、全民守法,加快法治中国建设。

1. 坚定不移走中国特色社会主义法治道路

全面推进依法治国必须走对路,如果路走错了,南辕北辙了,那再提什么要求和举措也都没有意义了。中国特色社会主义法治道路,是社会主义法治建设成就和经验的集中体现,是建设社会主义法治国家的唯一正确道路。习近平总书记强调:"我国法治建设的成就,可以列举出十几条、几十条,但归结起来就是开辟了中国特色社会主义法治道路这一条。"一个政党执政,最怕的是在重大问题上态度不坚定,结果社会上对有关问题沸沸扬扬、莫衷一是,别有用心的人趁机煽风点火、蛊惑搅和,最终没有不出事的。"所以,道路问题不能含糊,必须向全社会释放正确而又明确的信号。"①在坚持和拓展中国特色社会主义法治道路这个根本问题上,要树立自信、保持定力。走中国特色社会主义法治道路是一个重大课题,有许多东西需要深入探索,但基本的东西必须长期坚持。

(1) 必须坚持中国共产党的领导

中国特色社会主义法治道路的核心要义,就是要坚持党的领导,坚持中国特色社会主义制度,贯彻中国特色社会主义法治理论。党的领导是中国特色社会主义最本质的特征,是社会主义法治最根本的保证。党和法治的关系是法治建设的核心问题。全面推进依法治国这件大事能不能办好,最关键的是方向是不是正确、政治保证是不是坚强有力。依法治国是我们党提出来的,把依法治国上升为党领导人民治理国家的基本方略也是我们党提出来的,而且党一直带领人民在实践中推进依法治国。坚持党的领导,是社会主义法治的根本要求,要把党的领导贯彻到依法治国全过程和各方面。坚持党的领导,不是一句空的口号,必须具体体现在党领导立法、保证执法、支持司法、带头守法上。一方面,要坚持党总揽全局、协调各方的领导核心作用,统筹依法治国各领域工作,确保党的主张贯彻到依法治国全过程和各方面。另一方面,要改善党对依法治国的领导,不断提高党领导依法治国的能力和水平。党既要坚持依法治国、依法执政,自觉在宪法法律范围内活动,又要发挥好各级党组织和广大党员干部在依法治国中的政治核心作用和先锋模范作用。

全面推进依法治国,要有利于加强和改善党的领导,有利于巩固党的执政地位、完成党的执政使命,绝不是要虚化、弱化,甚至动摇、否定党的领导。坚持依宪治国、依宪执政,就包括坚持宪法确定的中国共产党领导地位不动摇。必须明确,我们坚持的依宪治国、依宪执政,与西方所谓的"宪政"本质上是不同的。一些人打出"宪政"牌,目的是拿"西方宪政"框住我们,用所谓"宪政"否定中国共产党的领导。还有人提出诸如"党大还是法大"的问题,这是一个政治陷阱,是一个伪命题。少数人之所以热衷于炒作这个命题,是想达到否定、取消党的领导的目的。

我们说不存在"党大还是法大"的问题,是把党作为一个执政整体而言的,是就党的执政地位和领导地位而言的,具体到每个党组织、每个领导干部,就必须服从和遵守宪法法律,就不能以党自居,就不能把党的领导作为个人以言代法、以权压法、徇私枉法的挡箭牌。对各级党组织、各级领导干部来说,真正要解决的是"权大还是法大"的问题,这是一个真命题。各级党组织、各级领导干部手中的权力是党和人民赋予的,是上下左右有界受控的,不是可以为所欲为、随心所欲的。要把厉行法治作为治本之策,把权力运行的规矩立起来、讲起来、守起来,真正做到谁把法律当儿戏,谁就必然要受到法律的惩罚。领导干部必须带头尊崇法治、敬畏法律,了

---

① 《习近平谈治国理政》第2卷,外文出版社2018年版,第113页。

解法律、掌握法律,遵纪守法、捍卫法治,厉行法治、依法办事,不断提高运用法治思维和法治方式深化改革、推动发展、化解矛盾、维护稳定的能力。要做尊法、学法、守法、用法的模范,以实际行动带动全社会弘扬社会主义法治精神,建设社会主义法治文化,不断增强人民群众对法律的内心拥护和真诚信仰,使全体人民都成为社会主义法治的忠实崇尚者、自觉遵守者、坚定捍卫者。

（2）必须坚持人民主体地位

人民是依法治国的主体和力量源泉。我国社会主义制度保证了人民当家作主的主体地位,也保证了人民在全面推进依法治国中的主体地位。必须坚持法治为了人民、依靠人民、造福人民、保护人民。要保证人民在党的领导下,依照法律规定,通过各种途径和形式管理国家事务,管理经济和文化事业,管理社会事务。要把体现人民利益、反映人民愿望、维护人民权益、增进人民福祉落实到依法治国全过程,使法律及其实施充分体现人民意志。人民权益要靠法律保障,法律权威要靠人民维护。要充分调动人民群众投身依法治国实践的积极性和主动性,使尊法、信法、守法、用法、护法成为全体人民的共同追求。

（3）必须坚持法律面前人人平等

平等是社会主义法律的基本属性,是社会主义法治的基本要求。坚持法律面前人人平等,必须体现在立法、执法、司法、守法各个方面。"任何组织和个人都必须尊重宪法法律权威,都必须在宪法法律范围内活动,都必须依照宪法法律行使权力或权利、履行职责或义务,都不得有超越宪法法律的特权。任何人违反宪法法律都要受到追究,绝不允许任何人以任何借口任何形式以言代法、以权压法、徇私枉法。"①

各级领导干部在推进依法治国方面肩负着重要责任。现在,一些党员、干部仍然存在人治思想和长官意识,认为依法办事条条框框多、束缚手脚,凡事都要自己说了算,根本不知道有法律存在,大搞以言代法、以权压法。这种现象不改变,依法治国就难以真正落实。必须抓住领导干部这个"关键少数",首先解决好思想观念问题,引导各级干部深刻认识到,维护宪法法律权威就是维护党和人民共同意志的权威,捍卫宪法法律尊严就是捍卫党和人民共同意志的尊严,保证宪法法律实施就是保证党和人民共同意志的实现。领导干部要对法律怀有敬畏之心,带头依法办事,带头遵守法律,不断提高运用法治思维和法治方式深化改革、推动发展、维护稳定能力。如果在抓法治建设上喊口号、练虚功、摆花架子,只是叶公好龙,并不真抓实干,短时间内可能看不出什么大的危害,一旦问题到了积重难返的地步,后果就是灾难性的。对各级领导干部,不管什么人,不管涉及谁,只要违反法律就要依法追究责任,绝不允许出现执法和司法的"空挡"。要把法治建设成效作为衡量各级领导班子和领导干部工作实绩的重要内容,把能不能遵守法律、依法办事作为考察干部的重要依据。

（4）必须坚持依法治国和以德治国相结合

法治和德治相结合是中国特色法治道路的鲜明特点。法律是成文的道德,道德是内心的法律,法律和道德都具有规范社会行为、维护社会秩序的作用。法安天下,德润人心。法治和德治不可偏废。必须一手抓法治、一手抓德治。要发挥法治对道德的保障作用,运用法治手段解决道德领域突出问题,通过强制性规范人们行为、惩罚违法行为来引领道德风尚;要强化道德对法治的支撑作用,把道德要求贯彻到法治建设中,大力弘扬社会主义核心价值观,弘扬中华传统美德,培育社会公德、职业道德、家庭美德、个人品德,提高全民族思想道德水平,为依法

---

① 《习近平谈治国理政》第2卷,外文出版社2018年版,第115页。

治国创造良好人文环境,实现法律和道德相辅相成、法治和德治相得益彰。

（5）必须坚持从中国实际出发

走什么样的法治道路、建设什么样的法治体系,是由一个国家的基本国情决定的。"全面推进依法治国,必须从我国实际出发,同推进国家治理体系和治理能力现代化相适应,既不能罔顾国情、超越阶段,也不能因循守旧、墨守成规。"①坚持从实际出发,就是要突出中国特色、实践特色、时代特色。要总结和运用党领导人民实行法治的成功经验,围绕社会主义法治建设重大理论和实践问题,不断丰富和发展符合中国实际、具有中国特色、体现社会发展规律的社会主义法治理论,为依法治国提供理论指导和学理支撑。坚持从我国实际出发,不等于关起门来搞法治。法治是人类文明的重要成果之一,法治的精髓和要旨对于各国国家治理和社会治理具有普遍意义,我们要学习借鉴世界上优秀的法治文明成果。但是,学习借鉴不等于是简单的拿来主义,必须坚持以我为主、为我所用,认真鉴别、合理吸收,不能搞"全盘西化",不能搞"全面移植",不能照搬照抄。

社会主义市场经济本质上是法制经济,依法治国是社会主义市场经济的本质要求。只有推进法治中国建设,才能加快社会主义市场经济的发展。建设法治中国必须走中国特色社会主义法治道路。坚持中国共产党的领导,坚持人民主体地位,坚持法律面前人人平等,坚持依法治国和以德治国相结合,坚持从中国实际出发,其核心是坚持中国共产党的领导。党的领导是中国特色社会主义法治道路最重要的内容、最核心的要求,这是中国能够真正建成一个法治社会、法治国家的前提和保障。

2. 建设中国特色社会主义法治体系

中国特色社会主义法治体系,本质上是中国特色社会主义制度的法律表现形式,是国家治理体系的骨干工程。习近平总书记强调指出："全面推进依法治国涉及很多方面,在实际工作中必须有一个总揽全局、牵引各方的总抓手,这个总抓手就是建设中国特色社会主义法治体系。"②

（1）加快形成完备的法律规范体系

良法是善治的前提。要继续完善以宪法为统帅的中国特色社会主义法律体系,把国家各项事业和各项工作纳入法制轨道。坚持立法先行,加快完善法律、行政法规、地方性法规体系,完善社会规范体系;推进科学立法、民主立法、依法立法;把公正、公平、公开原则贯穿立法全过程,完善立法体制机制,坚持立改废释并举,增强法律法规的及时性、系统性、针对性、有效性。

（2）加快形成高效的法治实施体系

法律的生命力在于实施。坚持依法治国首先要坚持依宪治国,坚持依法执政首先要坚持依宪执政。全面依法治国,要用科学有效、系统完备的制度体系保证宪法实施,维护宪法尊严。要加快建设执法、司法、守法等方面的体制机制,坚持依法行政和公正司法,做到有法必依、执法必严、违法必究,确保法律的全面有效实施。

（3）加快形成严密的法治监督体系

权力是一把双刃剑,在法治轨道上行使可以造福人民,在法律之外行使则必然祸害国家和人民。没有监督的权力必然导致腐败,这是一条铁律。要加快形成严密的法治监督体系,加强对权力运行的制约和监督,让权力在阳光下运行。要加大法治监督力度,做到有权必有责、用

① 《习近平谈治国理政》第2卷,外文出版社2018年版,第117页。
② 习近平:《关于〈中共中央关于全面推进依法治国若干重大问题的决定〉的说明》,《人民日报》2014年10月29日。

权受监督、违法必追究。加强党内监督、人大监督、民主监督、行政监督、监察监督、司法监督、审计监督、社会监督、舆论监督制度建设，努力形成科学有效的权力运行制约和监督体系，增强监督合力和实效。

（4）加快形成有力的法治保障体系

完善有力的法治保障对全面推进依法治国至关重要。要切实加强和改进党对全面依法治国的领导，提高依法执政能力和水平，为全面依法治国提供有力的政治和组织保障。着力建设一支忠于党、忠于国家、忠于人民、忠于法律的社会主义法治工作队伍，为全面依法治国提供强有力的人才保障。改革和完善不符合法治规律、不利于依法治国的体制机制，为全面依法治国提供完备的制度保障。

（5）加快形成完善的党内法规体系

党内法规既是管党治党的重要依据，也是建设社会主义法治国家的重要保障。依规治党深入党心，依法治国才能深入民心。要坚持依法治国和依规治党有机统一，完善党内法规制定体制机制，注重党内法规同国家法律的衔接和协调，构建以党章为根本、若干配套党内法规为支撑的党内法规制度体系，提高党内法规执行力。

3. 依法治国、依法执政、依法行政共同推进，法治国家、法治政府、法治社会一体建设

全面推进依法治国是完善和发展中国特色社会主义制度、推进国家治理体系和治理能力现代化的本质要求和重要保障，是一项庞大的系统工程。必须加强领导、统筹兼顾、把握重点、整体谋划，在依法治国、依法执政、依法行政共同推进上着力，在法治国家、法治政府、法治社会一体建设上用劲。

能不能做到依法治国，关键在于党能不能坚持依法执政，各级政府能不能依法行政。依法执政是我们党治国理政的基本方式，必须坚持党领导立法、保证执法、支持司法、带头守法。依法行政是各级政府活动的基本准则，要加快建设职能科学、权责法定、执法严明、公开公正、廉洁高效、守法诚信的法治政府。依法治国、依法执政、依法行政必须共同推进、形成合力。

法治国家、法治政府、法治社会三者相互联系、相互支撑、相辅相成。法治国家是我国社会主义法治建设的目标，法治政府是社会主义法治国家的主体，法治社会是社会主义法治国家的基础，三者一体建设实际上立起了全面依法治国的三根支柱。推进任何一个方面、任何一个环节，都要注重全局统筹、整体谋划、顶层设计。任何一个方面、任何一个环节取得进展，都会为改革和法治的整体推进创造有利条件。任何一个方面、任何一个环节出现短板，都将影响法治国家、法治政府、法治社会一体建设目标的实现。党的十九大对新时代全面推进依法治国提出了新任务，描绘了到二〇三五年基本建成法治国家、法治政府、法治社会的宏伟蓝图。全党必须增强建设法治国家的责任感和使命感，增强建设法治国家、法治政府、法治社会的主动性、自觉性。

4. 推进科学立法、严格执法、公正司法、全民守法

在中华人民共和国成立后法治建设的基础上，经过 40 多年的改革开放，以宪法为核心的中国特色社会主义法律体系已经形成，中国特色社会主义制度日益成熟，我们党治国理政的理念方式、体制机制、能力水平不断完善和提高。有法可依的问题基本解决后，如何提高制度建设质量，解决执法、司法、守法等方面短板的任务日益凸显。着眼于推进国家治理体系和治理能力的现代化，落实全面推进依法治国总目标，解决法治建设的薄弱环节和突出问题，坚持厉行法治，推进科学立法、严格执法、公正司法、全民守法，就成为全面推进依法治国、建设法治中

国的重点任务。

科学立法是建设法治国家的前提。法律是治国之重器，良法是善治之前提。法是全社会公民、所有团体法人的行为准则、准绳。这准绳首先要准，要好，要能够引导各类团体和法人的行为，要有利于他人，有利于整个社会国家的目标的实现。法本身立得不好，肯定不行。所以，依法治国的前提是科学立法，要立善法、立良法。为了适应时代发展和实践提出的新要求，我们必须根据正义性、规律性和可行性原则，遵循科学、民主的立法程序，抓紧制定反映党和国家事业新发展、人民群众新期待的法律规定，同时对不适应深化改革、经济发展、社会治理、保障人民生活、维护国家安全需要的法律及时进行修改。

严格执法是建设法治国家的关键。法律的生命力在于实施，法律的权威也在于实施。各级政府必须坚持在党的领导下、在法治轨道上开展工作，创新执法体制，完善执法程序，推进综合执法，严格执法责任，建立权责统一、权威高效的依法行政体制，加快建设职能科学、权责法定、执法严明、公开公正、廉洁高效、守法诚信的法治政府。法令行则国治，法令弛则国乱。要加强对执法活动的监督，坚决排除对执法活动的非法干预，坚决防止和克服地方保护主义和部门保护主义，坚决惩治腐败现象，做到有权必有责、用权受监督、违法必追究。

公正司法是建设法治国家的防线。公正是法治的生命线。司法公正对社会公正具有重要引领作用，司法不公就会导致冤假错案丛生，必然对社会公正造成致命破坏作用。必须完善司法管理体制和司法权力运行机制，规范司法行为，加强对司法活动的监督，确保司法"依法独立公正"。各级国家行政机关、审判机关、检察机关要坚持依法行政、公正司法，努力让人民群众在每一个司法案件中感受到公平正义，不断提高司法公信力。

全民守法是建设法治国家的基础。依法治国关键是全民守法，这是法治社会、法治国家实现的关键。随着社会主义市场经济的发展，人们利益意识、权益意识、个人独立意识、个人主体意识大大增强，有的甚至是非常强烈。与此相应的是在社会主义法治国家条件下的公民争取自己的利益、权益，应该是与符合法律、承担法律义务、承担社会责任相一致，或者说是为前提的。因而，全民都要尊重法律权威，在全社会形成"尊法、学法、守法、用法"的良好氛围。

坚持厉行法治，推进科学立法、严格执法、公正司法、全民守法，加快建设社会主义法治国家，才能夯实全面深化改革、完善和发展中国特色社会主义制度，提高党的执政能力和执政水平，建设社会主义现代化强国的坚实法制基础。

五、积极稳妥推进政治体制改革

我国人民代表大会的根本政治制度、共产党领导的多党合作和政治协商制度、民族区域自治制度和基层群众自治制度等基本政治制度是好的，必须长期坚持和不断完善。但是，我国社会主义民主政治的体制、机制、程序、规范以及具体运行上还存在一些不完善的地方，必须进行政治体制改革。政治体制改革与经济体制改革及其他方面的体制改革相比较，具有维护政局稳定的特殊性，牵一发而动全身，必须慎之又慎，尤其不能犯颠覆性错误，要既积极又稳妥，也就是胆子要大、步子要稳。

（一）坚持我国政治体制改革的正确方向

中国作为世界上最大的发展中国家，也是发展速度最快、最大的社会主义国家，这一特殊地位决定了中国现在和未来都会受到国际社会的极大关注。从目前来看，这些关注既有赞誉和肯定,也有非议和责难,甚至是持续的西化、分化。西方敌对势力把我国发展壮大视为对西方价值观和制度模式的威胁,对我国西化、分化政治图谋始终未变。而且随着形势的发展,其意识形态渗透的方式、途径和特点发生了一系列新的变化。这对我国主流意识形态、价值观和民主政治建设带来了巨大的挑战。与此同时,随着改革开放的发展和综合国力的提升,在人民群众物质生活水平提高、物质需求得到满足的情况下,人民群众政治上的要求随之提高,权利意识明显增强,要求获得更多的政治权利和义务,要求更多的政治参与。如人民群众要求在教育、就业、社会保障、收入分配、医疗、住房、生态环境、食品药品安全、安全生产、社会治安等关系切身利益的问题上有更多发言权;在落实人民当家作主,健全民主制度、丰富民主形式,保证人民依法实行民主选举、民主决策、民主管理、民主监督中有更高要求;在改革和完善党的领导方式和执政方式,反对少数党员干部作风不正、弄虚作假、形式主义、官僚主义和消极腐败现象中行使更大的民主权利;在完善中国特色社会主义法律体系,建设社会主义法治国家,保证人民依法享有广泛权利和自由,做到有法必依、执法必严、违法必究中有更多参与,等等。

为了回应国内外形势发展的需要和人民群众的新要求和新期待,习近平总书记提出,坚持走中国特色社会主义政治发展道路,"不断发展我国社会主义民主政治,积极稳妥推进政治体制改革,推进社会主义民主政治制度化、规范化、程序化"。充分发挥我国社会主义政治制度优越性,发展更加广泛、更加充分、更加健全的人民民主。同时,他也严肃指出:政治体制改革要积极借鉴人类政治文明有益成果,但绝不"生搬硬套外国政治制度模式"。① 政治体制改革必须有主张、有定力、有方向、有立场、有原则。

方向决定道路,道路决定命运。改革往什么方向走,这是一个带有根本性的问题。习近平总书记强调:"推进改革的目的是要不断推进我国社会主义制度自我完善和发展,赋予社会主义新的生机活力。这里面最核心的是坚持和改善党的领导、坚持和完善中国特色社会主义制度,偏离了这一条,那就南辕北辙了。"②改革不是改向,变革不是变色。不实行改革开放死路一条,搞否定社会主义方向的"改革开放"也是死路一条。"社会上很多意见和建议值得我们深入思考,但也有些意见和建议偏于极端。一些敌对势力和别有用心的人也在那里摇旗呐喊、制造舆论、混淆视听,把改革定义为往西方政治制度的方向改,否则就是不改革。他们是醉翁之意不在酒……项庄舞剑,意在沛公。""对此,我们要洞若观火,保持政治坚定性,明确政治定位。"③我国政治体制改革必须坚持社会主义方向,始终坚持中国特色社会主义政治发展道路,以保证人民当家作主为根本,以增强党和国家的活力、调动人民群众的积极性创造性为目标,扩大社会主义民主,建设社会主义法治国家,发展社会主义政治文明。

在改革方向和道路选择问题上,最大的干扰是"老路"和"邪路"两种错误倾向。习近平总书记告诫全党:我们当然要高举改革旗帜,但"我们的改革是在中国特色社会主义道路上不断前进的改革,既不走封闭僵化的老路,也不走改旗易帜的邪路"。④ 把握政治体制改革的方向,要对改什么、不改什么有十分清醒的认识。我们党领导的改革历来是全面的改革。对于不能改的,再过多长时间也不能改,不能把这说成是不改革。我们不断推进改革,是为了推动党和人民事业更好发展,是为了推进国家治理体系和治理能力现代化,而不是为了迎合某些人的"掌声",不能把西方的理论、观点生搬硬套在自己身上。中国的改革要从中国的国情出发、从

① 《习近平谈治国理政》第 2 卷,外文出版社 2018 年版,第 28 页。
② 习近平:《论全面深化改革》,中央文献出版社 2018 年版,第 56 页。
③ 习近平:《论全面深化改革》,中央文献出版社 2018 年版,第 56 页。
④ 习近平:《论全面深化改革》,中央文献出版社 2018 年版,第 56 页。

经济社会发展实际出发,有领导、有步骤、有计划地推进,不求轰动效应,不做表面文章,始终保持政治定力。

相比之下,苏联、东欧等社会主义国家政治"改革"之所以遭到惨痛的失败,根本原因就在于他们丢掉了党的领导和社会主义制度,改革的方向跑偏了,改革的路子走歪了,不仅没有完善和发展社会主义民主制度,巩固和壮大社会主义事业,反而颠覆了社会主义制度,葬送了社会主义事业。有鉴于此,习近平总书记反复强调:"中国是一个大国,决不能在根本性问题上出现颠覆性错误。"①这里所说的颠覆性错误,就是指根本性、方向性错误。我们不仅要避免这样的错误,而且要通过深化改革,把我们政治制度的优势更加充分地体现出来、发挥出来,使中国特色社会主义比当代资本主义更有效率,更能激发全体人民的积极性、主动性、创造性,更能在国际竞争中赢得比较优势,确保我们的改革始终沿着社会主义的方向前进。

(二)深化政治体制改革,进一步发展社会主义民主政治

政治体制改革,要处理好增强活力和有序推进的关系,死水一潭不行,暗流汹涌也不行。必须以保证人民当家作主为根本,坚持和完善我国的根本政治制度和基本政治制度,更加注重健全民主制度、丰富民主形式,从各层次、各领域扩大公民有序政治参与,巩固和发展生动活泼、安定团结的政治局面,进一步增强经济社会发展活力,进一步促进社会和谐稳定,以充分发挥我国社会主义政治制度优越性。

我们推进政治体制改革,是为了坚持和完善中国特色社会主义制度,可有人却认为:"我们这个体制之所以要改革是因为对所有人都不好";"真正强大的政府是实行宪政"的政府;如果不实行这样的政治体制改革,"经济体制改革的空间比较小"。这些所谓的改革论调,不仅因缺乏事实依据而显得苍白无力,而且其真实意图不言自明,那就是要否定中国特色社会主义政治制度,动摇我们的制度自信,最终目的是想把我们的改革开放引向西方的制度模式。对此,我们要保持警觉。中国特色社会主义政治制度的形成,是一个长期的历史过程,凝聚着几代中国共产党人的共同奋斗与探索。改革开放以来,我们党深刻总结国内外社会主义建设的经验教训,不断推进政治体制改革,使社会主义政治制度自我完善和不断发展,成绩是有目共睹的。我们普遍实行领导干部任期制度,实现了国家机关和领导层的有序更替。我们不断扩大人民有序政治参与,人民实现了内容广泛、层次丰富的当家作主。我们发展独具特色的社会主义协商民主,有效凝聚了各党派、各团体、各民族、各阶层、各界人士的智慧和力量。我们努力建设了解民情、反映民意、集中民智、珍惜民力的决策机制,增强决策透明度和公众参与度,保证了决策符合人民利益和愿望。我们积极发展广纳群贤、充满活力的选人用人机制,广泛把各方面优秀人才集聚到党和国家各项事业中来。我们坚持依法治国、依法执政、依法行政共同推进,坚持法治国家、法治政府、法治社会一体建设,全社会法治水平不断提高。我们建立健全多层次监督体系,完善各类公开办事制度,保证党和国家领导机关和人员按照法定权限和程序行使权力。正是因为我们不断推进政治体制改革,坚持和发展社会主义民主政治,极大增强了社会凝聚力,激发了亿万人民群众的创造活力,才取得了世所罕见的经济长期快速发展和社会长期稳定的奇迹。面向未来,我们一定要全面准确把握党的十八届三中全会、党的十九大和党的二十大提出的改革新思想、新论断、新思路、新举措,全面稳妥地推进政治体制改革。

---

① 中共中央党史和文献研究院:《习近平关于防范风险挑战、应对突发事件论述摘编》,中央文献出版社 2020 年版,第31 页。

1. 坚持党对政治体制改革的领导,改进党的领导方式和执政方式

党的领导、人民当家作主和依法治国,三者统一于我国社会主义民主政治伟大实践。推进政治体制改革,首要的是坚持党的领导。在我国政治生活中,党是居于领导地位的,加强党的集中统一领导,支持人大、政府、政协和法院、检察院依法依章程履行职能、开展工作、发挥作用,这两个方面是统一的。同时,要改进党的领导方式和执政方式,保证党领导人民有效治理国家;扩大人民有序政治参与,保证人民依法实行民主选举、民主协商、民主决策、民主管理、民主监督;维护国家法制统一、尊严、权威,加强人权法治保障,保证人民依法享有广泛权利和自由。健全依法决策机制,构建决策科学、执行坚决、监督有力的权力运行机制。各级领导干部要增强民主意识,发扬民主作风,接受人民监督,当好人民公仆。

2. 推动人民代表大会制度与时俱进

人民代表大会制度是我国的根本政治制度,要不断推进人民代表大会制度理论和实践创新,保证人民通过人民代表大会行使国家权力,保证人大依法行使立法权、监督权、决定权、任免权。要健全立法起草、论证、协调、审议机制,提高立法质量,防止地方保护和部门利益法制化。健全和完善"一府一委两院"由人大产生、对人大负责、受人大监督制度。健全人大讨论、决定重大事项制度,各级政府重大决策出台前应向本级人大报告。加强人大预算决算审查监督、国有资产监督职能。落实税收法定原则。加强人大常委会同人大代表的联系,充分发挥代表作用。通过建立健全代表联络机构、网络平台等形式密切代表同人民群众联系。同时,要完善人大工作机制,通过座谈、听证、评估、公布法律草案等扩大公民有序参与立法途径,通过询问、质询、特定问题调查、备案审查等积极回应社会关切。

3. 推进协商民主广泛多层制度化发展

协商民主是实现党的领导的重要方式,是我国社会主义民主政治的特有形式和独特优势。要推动协商民主广泛、多层、制度化发展,扩大公民有序参与,更好实现人民当家作主权利。要在党的领导下,以经济社会发展重大问题和涉及群众切身利益的实际问题为内容,在全社会开展广泛协商,坚持协商于决策之前和决策实施之中。构建程序合理、环节完整的协商民主体系,通过统筹推进政党协商、人大协商、政府协商、政协协商、人民团体协商、基层协商、社会组织协商,最大限度满足不同阶层、不同群体复杂多样的政治参与要求。要发挥统一战线在协商民主中的重要作用,完善中国共产党同各民主党派的政治协商,认真听取各民主党派和无党派人士意见。贯彻党的民族政策,保障少数民族合法权益,巩固和发展平等团结互助和谐的社会主义民族关系。发挥人民政协作为协商民主重要渠道作用。重点推进政治协商、民主监督、参政议政制度化、规范化、程序化。

4. 发展基层民主,畅通民主渠道

基层民主是社会主义民主政治建设的重要组成部分。发展基层民主,必须加强基层政权建设,完善基层民主制度,保障人民知情权、参与权、表达权、监督权,保证人民群众在城乡社区治理、基层公共事务和公益事业中行使民主权利。要畅通民主渠道,健全基层选举、议事、公开、述职、问责等机制。开展形式多样的基层民主协商,推进基层协商制度化,建立健全居民、村民监督机制,促进群众在城乡社区治理、基层公共事务和公益事业中依法自我管理、自我服务、自我教育、自我监督。健全以职工代表大会为基本形式的企事业单位民主管理制度,加强社会组织民主机制建设,保障职工参与管理和监督的民主权利。

5. 深化机构和行政体制改革,强化权力运行制约和监督体系

要适应新时代改革发展的新要求,进一步深化机构和行政体制改革,统筹考虑各类机构设

置,科学配置党政部门及内设机构权力、明确职责。要转变政府职能,深化简政放权,创新监管方式,增强政府公信力和执行力,建设人民满意的服务型政府。深化事业单位改革,强化公益属性,推进政事分开、事企分开、管办分离。

要进一步强化权力运行制约和监督,坚持用制度管权、管事、管人。加快构建决策科学、执行坚决、监督有力的权力运行体系;推行地方各级政府及其工作部门权力清单制度,依法公开权力运行流程;加强和改进对主要领导干部行使权力的制约和监督,加强行政监察和审计监督,把权力关进制度笼子里。完善党务、政务和各领域办事公开制度,推进决策公开、管理公开、服务公开、结果公开,让人民监督权力。加强反腐败体制机制创新和制度保障,健全惩治和预防腐败体系,落实党风廉政建设责任制,建设廉洁政治,努力实现干部清正、政府清廉、政治清明。

中国特色社会主义政治制度是中国共产党和中国人民的伟大创造,发展社会主义民主政治是我们坚定不移的正确选择和始终不渝的奋斗目标。我们要通过积极稳妥的政治体制改革,使我们的政治制度更加符合时代发展要求和人民利益,更加充满生机与活力,能够更加有效地应对政治风险和考验,把我国社会主义民主政治的优势和特点充分发挥出来,为人类政治文明进步作出充满中国智慧的贡献!

六、坚决打击暴恐势力,粉碎敌对势力"颜色革命"的图谋

暴力恐怖分子滥杀无辜、穷凶极恶,是任何文明都不可能接受的行为,也是任何国家的法律都要严惩的行为。"颜色革命"尽管打着"民主、自由"等幌子,但绝不是真正革命意义上的人民民主运动,而是带有西方战略背景的政权颠覆活动。我国作为人民民主专政的国家,绝不容忍暴力恐怖势力泛滥,绝不容许敌对势力在我国搞"颜色革命"。我们必须以防范抵御"颜色革命"为重点,坚决打击暴力恐怖势力,打好政治安全保卫仗。要牢牢绷紧政治安全这根弦,始终坚持把防范政治风险置于首位,严密防范、坚决打击境内外敌对势力各种渗透颠覆破坏活动,不断深化反恐怖反分裂斗争,坚决捍卫以政权安全、制度安全为核心的国家政治安全,坚决捍卫中国共产党领导和我国社会主义制度。

(一) 坚决打击暴力恐怖犯罪,切实维护社会大局稳定

恐怖主义活动是全人类的公害,其暴力行为严重威胁人民的生命安全、生存发展、社会生产和生活秩序。受国际恐怖活动的影响和敌对势力的煽动,我国的民族分裂势力、极端宗教势力、暴力恐怖势力有组织的犯罪时有发生,严重影响了经济社会发展和民族团结,防范和打击暴力恐怖活动是我国当前和今后一段时期维护国家安全的重大课题。

保护公民的生命财产安全、维护国家政治安全是任何一个国家政府的首要职责,任何一个法治国家都会对暴力恐怖活动予以坚决打击。我们必须清醒认识当前反恐形势的严峻性、复杂性和长期性,切实增强忧患意识、责任意识,全面提升反恐工作能力和水平,对恐怖主义、分裂主义、极端主义这"三股势力"采取零容忍态度,以更坚定的决心、更有力的措施,加强国际和地区合作,加大打击力度,切实维护社会大局稳定,保障人民群众生命财产安全,不断夺取新时代反恐怖斗争新胜利。

一是以创新完善社会治安防控体系为依托,建立健全反恐工作格局,加快构建多维一体的反恐怖防范体系。要完善国家反恐应急机制,加强反恐应急力量建设,提高反恐作战和快速反

应能力。立足解决实战急需，着眼反恐怖长期斗争准备，健全完善反恐怖法治、经费、装备、人才、科技等保障体系，提升支撑服务反恐怖实战的能力水平。

二是强化反恐怖情报工作。情报信息对国家反恐维稳的决策发挥着重要的参谋作用，准确及时的情报信息可以把暴力恐怖袭击消灭在萌芽状态，或者可以减小暴力恐怖袭击造成的破坏和影响。要建立统一、权威、高效的反恐怖情报机制，加强对重点方向、重点目标、重大线索的跟踪掌握，力求及时全面准确地掌握恐怖组织的人员情况、资金来源、活动动向等情报，增强对国内国际反恐怖斗争形势的预测能力。拓展反恐怖工作情报渠道，打造布局合理、配套完备、组织严密、反应灵活的高质量情报工作队伍。提升大数据等技术在反恐怖工作中的效能，实现涉恐人员的智能化筛查、发现和监控，努力做到可知、可测、可控。

三是建立反恐怖社会参与机制。要按照"打防并举、源头治理，依靠群众、抵御渗透"的原则，坚持专群结合、依靠群众，把防范、打击、教育的触角进一步延伸，深入开展各种形式的群防群治活动，努力形成反恐怖工作人人参与、人人有责的局面。增强民众防范意识和自我保护能力，从根本上消除暴力恐怖活动滋生的温床。

四是正确处理民族、宗教等问题，坚决打击以身试法的暴力恐怖分子。我国作为一个多民族、多宗教的社会主义国家，要妥善处理民族、宗教问题，制定正确的民族、宗教方针政策，重视西藏、新疆等少数民族聚集区和落后地区的经济发展，缩小贫富差距，保护各民族群众正当的合法权益。必须高度重视并严厉打击国内少数打着宗教旗号进行恐怖活动、给国家和人民生命安全造成严重威胁的极端民族分裂势力。要坚持法律面前人人平等，无论是谁，只要是触犯了法律，只要是危害人民群众生命财产安全，只要是从事分裂国家、破坏民族团结活动，都要坚决依法处理。对于那些胆敢以身试法、搞暴力恐怖活动的犯罪分子，要严惩不贷，绝不姑息，绝不手软。

五是深化反恐怖国际合作，努力营造有利于我国的国际反恐环境。发生在中国的暴恐活动不是孤立现象，要重视世界暴力恐怖活动的演化及其联系性。应当按中央所要求的，在处理边疆各种社会问题时树立世界眼光。充分利用上海合作组织、亚洲相互协作与信任措施会议等组织和平台，加强与周边国家和地区的反恐合作，在推进同各国特别是周边国家的经济、文化等务实合作中，不断深化在反恐怖领域的合作，彻底铲除恐怖主义生存的土壤。

六是贯彻落实反恐怖主义法。加快推进重点领域、重点行业配套制度建设，完善反恐执法规范，细化执法标准。落实"谁执法谁普法"的普法责任制，加大反恐普法宣传力度，在全社会形成更加有利的反恐氛围。

七是加强思想文化领域工作。境内外"三股势力"相互勾结，不会轻易放弃在意识形态领域对中国边疆地区思想文化领域的渗透，他们会利用所谓"人权""宗教自由"等话语，在境内外制造各种舆论，对青少年进行隐秘的渗透。因此，既要在边疆地区通过坚持"反暴力、讲法治、讲秩序"，深化反分裂斗争，也要重视思想教育、社会矛盾纠纷的排查化解，防范"三股势力"利用社会矛盾等问题蒙骗青少年，还要积极开展人权领域的话语斗争，主动引领舆论话语，使国际社会充分了解中国少数民族人权进步发展的事业和成就。同时，搞好民族团结、宗教和谐，既满足信教群众的正常宗教需求，又有效抵御宗教极端思想的渗透，有力发挥各族群众在反恐维稳斗争中的主力军作用，筑牢边疆地区社会团结稳定的根基。

（二）粉碎敌对势力"颜色革命"的图谋，确保我国政治安全

"颜色革命"作为一种带有西方战略背景的政权颠覆活动，其选择对象取决于你是不是听

命于美国为首的西方利益集团的附庸性政权。从这个意义上讲，无论中国搞什么"主义"，都免不了成为"颜色革命"的对象，因为西方不愿意看到一个强大的中国。

与此同时，西方的"颜色革命"能否得逞，也与对象国国内有无合适的土壤密切相关。改革开放以来，我国经济持续发展、综合国力显著提升，为抵御"颜色革命"、维护国家政治安全提供了雄厚的物质条件。但同时也要清醒看到，在对外开放和市场化改革中，由于西方资本的思想渗透和国内某些自由化分子的鼓噪，社会上一度出现一切向"钱"看的倾向，理想信念滑坡，个人主义、拜金主义、享乐主义日益泛滥；社会公正有所缺失，贫富差距不断扩大，劳资矛盾乃至社会诸多矛盾凸显；新自由主义、历史虚无主义等错误思想泛滥；一些党员干部以权谋私、一些地方和单位出现家族式腐败、塌方式腐败，等等。这就为某些敌对势力在中国内地"试水""颜色革命"提供了可以利用的社会土壤和条件。

党的十八大以来，以习近平同志为核心的党中央，坚持改革的社会主义方向，注重理想信念和社会主义核心价值观的引领作用，注重社会公正，深入开展党风廉政建设和反腐败斗争，党和政府的公信度有了较大提升。但西方敌对势力并没有放弃对我西化、分化的图谋，国内"颜色革命"的土壤尚未完全清除，因而，抵御"颜色革命"依然是摆在全党面前一项复杂严峻的政治任务，也是一场持久战。我们要始终绷紧这根弦，时刻保持头脑清醒，强化忧患意识，切实增强政治敏锐性和政治鉴别力，善于从战略上把握大势、研判形势，从政治上观察问题、分析问题。

对外，要扎紧篱笆，坚决抵御、依法打击敌对势力的渗透颠覆性破坏活动。要加强国家安全治理体系，粉碎西方对我实施西化、分化战略的图谋，坚决捍卫中国共产党领导和中国特色社会主义制度。依托国家安全委员会平台，全方位实施集中统一领导，从法规制度、体制机制、力量运用和操作规程，以及跨国联手合作等环节，构建起渗透各领域、各层次，灵敏、协调、高效的安全防控网。加强专业情报机构和群众性信息队伍建设，建立便捷的组织机制，及时掌握外部势力渗透、勾连、利用和策反情报，提前预警，及时反制。健全国家安全立法，依法监控国防科技研发、国家核心机密保护、国有产权变更、跨境资金流动、境内外合作交流等各种敏感行为，坚决清除一切颠覆势力的在华组织、基地和渠道。凡属国家安全法规，特别行政区也必须执行，确保国家安全利益不受侵害。同时，要深耕周边，践行共同、综合、合作、可持续的安全观，增强相关国家"命运共同体"意识，稳步构建抵御"颜色革命"的统一战线。

对内，要把自己的事情办好，夯实维护党的执政安全的社会基础。要加强党的长期执政能力、先进性和纯洁性建设，不断提高党的执政能力和拒腐防变能力，强化党员干部的党规党纪制约机制，健全党员干部联系群众、接受群众监督和优选劣汰机制；常态化、零容忍地惩治腐败、整肃政纪、清理队伍、洗涤污浊，赢得党在人民群众中的应有形象和威信。要坚决批判并逐步铲除新自由主义、历史虚无主义等各种错误思潮和各种腐朽思想文化的影响，弘扬社会主义核心价值观，凝聚建设富强、民主、文明、和谐、美丽的社会主义现代化国家的共识。坚持改革的社会主义方向，防止颠覆性失误。把市场配置资源和政府宏观调控"两只手"的作用更好地结合起来，防止经济紊乱、动荡和衰退。深化国企改革，必须有利于加强公有制主体地位，加强国有经济的支柱作用和主导作用，防止落入私有化、附庸化陷阱。强化分配制度的社会稳定器功能，坚持按劳分配在社会收入分配制度中的主体作用，提高劳动报酬在国民收入初次分配中的比重，推动共同富裕取得实质性进展，让广大人民共享改革发展的成果，感受到社会的公正与和谐。要加强矛盾纠纷排查调处，建立党和政府主导的利益维护机制，凡是涉及群众切身利益的重大事项,都必须充分听取群众的意见建议,使群众由衷感到权益受到公平对待。只有这样,人民群众才会由衷地拥护党的领导和社会主义制度,进而铲除西方敌对势力对我推行西化分化战略的土壤,才能筑起抵御"颜色革命"的铜墙铁壁;我们党才能成功应对政治领域的重大风险和考验,巩固执政地位,实现国家的长治久安。

第三章
有效应对意识形态领域重大风险和考验之方略

意识形态是在一定的经济基础上形成的人们对于世界和社会的系统看法,是观念形态的上层建筑。意识形态领域的风险是指居于社会主导地位的意识形态,在内外因素影响下丧失作用、改变性质的危险和可能。改革开放以来,我国内外形势发生了急剧而深刻复杂的变化。西方国家把我国发展壮大视为对其价值观和制度模式的挑战,加紧对我国进行思想文化渗透,使我国意识形态领域面临着空前复杂的情况。国内社会意识形态更加多样、多元、多变,出现了"少数人与党和政府疏远疏离的倾向",主流意识形态安全面临巨大风险。

党的十八大以来,以习近平同志为核心的党中央高度重视意识形态斗争,从根本上扭转了意识形态领域一度出现的被动局面。但也应看到,由于一个时期以来对意识形态斗争的认识和设防不到位,邓小平同志在改革开放之初担心的"关系到党和国家的命运和前途"的"最大的风险",即意识形态领域的"精神污染"①愈来愈严重。当前意识形态领域虽发生了全局性、根本性的转变,但情况仍非常复杂,相当严峻。我们只有充分认识意识形态工作的地位作用和面临的风险,采取有力举措加以化解,才能巩固壮大社会主义意识形态阵地,凝聚起实现中华民族复兴的磅礴力量。②

第一节　意识形态工作事关党和国家的前途命运

意识形态是政党的旗帜。能否做好意识形态工作,事关旗帜和道路,事关党的前途命运,事关民族凝聚力和向心力,事关国家长治久安。习近平总书记在党的十九大报告中指出:"意识形态决定文化前进方向和发展道路。必须推进马克思主义中国化时代化大众化,建设具有强大凝聚力和引领力的社会主义意识形态,使全体人民在理想信念、价值理念、道德观念上紧紧团结在一起。"③这是新时代党的意识形态工作的职责使命,也是全党必须担负起的一个战略任务。

一、意识形态工作是党的一项极端重要的工作

意识形态是上层建筑的组成部分,在阶级社会里具有阶级性。意识形态按其阶级内容和

---

① 《邓小平文选》第 3 卷,人民出版社 1993 年版,第 156、45 页。
② 刘昀献:《当前我国主流意识形态面临的风险和对策研究》,《中国浦东干部学院学报》2015 年第 1 期。
③ 《习近平谈治国理政》第 3 卷,外文出版社 2020 年版,第 32—33 页。

它所反映的社会经济形态即生产关系可分为：奴隶主意识形态、封建主意识形态、资产阶级意识形态、无产阶级意识形态。每个社会的统治阶级的意识形态，都是占社会统治地位的意识形态，它集中反映该社会的经济基础，表现出该社会的思想特征。每个社会的意识形态都是复杂的，往往存在 3 种不同的体系：一是反映该社会占统治地位的经济制度和政治制度并为其服务的意识形态；二是反映已被消灭的旧经济制度和政治制度的意识形态残余；三是反映现存社会里孕育着的新社会因素并为建立新的经济制度和政治制度服务的新的意识形态。

意识形态具有自身的特征。一是，现实性。意识形态不是纯粹空洞的东西。它有指向性，总是指向现实。无论是占统治地位的政治思想，还是居于非统治地位的思想、学说，要么是为了维护现存的政治制度，要么是为了批判现存的政治制度。二是，总体性。意识形态是由各种具体的意识形成的政治、法律、经济、社会、教育、艺术、伦理、道德、宗教、哲学等构成的有机的思想体系。三是，阶级性。意识形态具有鲜明的阶级功能。不同的社会集团和阶级由于其利益的差异而有不同的意识形态，而不同的意识形态在社会中所处的地位，是由其所代表阶级的地位决定的。因而，对于同一事物不同的阶级可能有不同的看法。譬如，面对农民运动，土豪劣绅说是"痞子运动""糟得很"，农民则认为好得很。四是，相对独立性。意识形态虽为社会存在所决定，但它有自身特有的发展规律，它是相对独立的，往往某个阶级赖以生存的经济基础已不存在，但反映其阶级利益的旧思想还存在。

意识形态有很多不同的种类：政治的，社会的，伦理的，等等。政治意识形态大量关注如何划分权力，以及这些权力应该被运用在哪些目的上。比如，20 世纪中最具有影响力与最被清楚界定的政治意识形态之一就是共产主义，它是以马克思和恩格斯的学说为基础的。其他的还有：资本主义、基督教民主主义、法西斯主义、帝国主义、民族主义、保守主义、自由主义、社会民主主义，等等。

意识形态对一个政党、一个国家、一个民族的生存发展至关重要。历史发展表明，一个政权的瓦解往往是从思想领域开始的，政治动荡、政权更迭可能在一夜之间发生，但思想演化是个长期过程，思想防线被攻破了，其他防线就很难守住。习近平总书记强调："意识形态工作是党的一项极端重要的工作。"在集中精力进行经济建设的同时，我们一刻也不能放松和削弱意识形态工作。"只有物质文明建设和精神文明建设都搞好，国家物质力量和精神力量都增强，全国各族人民物质生活和精神生活都改善，中国特色社会主义事业才能顺利向前推进。"①这一重要论述从党和国家发展全局的高度，深刻阐明了意识形态工作的重要性。

改革开放促进了中国的发展，使中国人民从站起来走向富起来，赢得了中国在世界上的地位和话语权。社会存在的巨大变化给人们的思想观念包括意识形态带来深远影响。人们思想观念的丰富性、独立性、差异性显著增强，价值观念、价值取向更趋多元、多样、多变。但由于意识形态的设防不到位，在西方思潮的影响下，我国主流意识形态面临巨大风险，在新的经济社会环境下，拜金主义、享乐主义、极端个人主义的滋生，重个人轻集体、重物质轻精神等思想意识的滋生，党风和社会风气受到严重污染，给巩固全体人民团结奋斗的共同思想基础带来一系列新的矛盾和问题。随着改革进入攻坚期和深水区，利益格局深刻调整，我国社会主要矛盾发生历史性变化，人民群众的利益诉求呈现多层次、多样化，民生问题更受关注，相应的政治诉求和意识形态诉求也必然会发生新变化、出现新情况。这些都对意识形态工作提出了新挑战。因此，我们在坚持改革开放不动摇的同时，必须加强主流意识形态建设，坚持中国道路、弘扬中

---

① 习近平：《论党的宣传思想工作》，中央文献出版社 2020 年版，第 14 页。

国精神、凝聚中国力量。决不能把改革开放作为挡箭牌,"打左灯向右转",迷失发展方向。习近平同志在十八届中央政治局第二次集体学习时强调指出:"不实行改革开放死路一条,搞否定社会主义方向的'改革开放'也是死路一条。在方向问题上,我们的头脑必须十分清醒。我们的方向就是不断推动社会主义制度自我完善和发展,而不是对社会主义制度改弦易张。"①

从外部环境看,西方敌对势力一直把我国发展壮大视为对西方价值观和制度模式的威胁,想方设法对我国进行意识形态渗透和围堵。只要我国坚持中国共产党的领导,坚持社会主义制度,坚持马克思主义在意识形态领域的指导地位,坚持人民民主专政,各种敌对势力对我国西化分化的图谋就不会改变。我们离中华民族复兴的目标越近、离世界舞台的中心越近,敌对势力就越会想方设法攻击抹黑中国道路、理论、制度、文化,加紧进行渗透、颠覆、围堵,加大策动"颜色革命"的力度。他们必然通过各种手段,尤其是企图通过意识形态主导权的斗争,以达到"不战而屈人之兵"的目的。党的十八大以来,我国综合国力日益强大,以习近平同志为核心的新一届中央领导集体治国理政的新方略,引起了整个中国乃至世界的关注。而一个复杂的世界也喊出了复杂的声音,现在世界上不时出现多种"中国论",如中国机遇论、中国威胁论、中国责任论、中国崩溃论、中国傲慢论,等等。尤其是自特朗普政府以来,美国等一些西方国家大肆推行排外主义,利用新冠疫情大肆污名化中国,国内少部分人与西方势力里应外合,赞美西方、唱衰中国,使我国的建设发展尤其是主流意识形态遇到严峻挑战。

国内外的现实情况表明,我国意识形态领域的斗争出现了更加复杂多变的形势,维护国家意识形态安全的任务更加艰巨,必须全面加强党对意识形态工作的领导,建设具有强大凝聚力和引领力的社会主义意识形态。习近平同志在中共十八届三中全会第一次全体会议上的讲话中强调指出:"面对改革发展稳定复杂局面和社会思想意识多元多样、媒体格局深刻变化,在集中精力进行经济建设的同时,一刻也不能放松和削弱意识形态工作,必须把意识形态工作的领导权、管理权、话语权牢牢掌握在手中,任何时候都不能旁落,否则就要犯无可挽回的历史性错误。"②我们必须高度警觉,充分认识意识形态领域面临的重大风险和挑战,采取强有力的措施,保证主流意识形态安全,牢牢掌握意识形态主导权、话语权。只有这样,才能统一全党全国人民的思想,形成强大的民族凝聚力、向心力,"任凭风浪起,稳坐钓鱼船",推进中国特色社会主义事业健康顺利发展。

二、意识形态工作事关党和国家的前途命运

意识形态作为观念形态的上层建筑,对于统一思想、整合力量、凝聚人心、鼓舞斗志具有重要作用。一个政党、一个国家、一个民族,要想步调一致、同心同德向前进,取得革命斗争和建设事业的胜利,必须有共同的理想信念、共同的核心价值观、共同的思想基础作为支撑。毛泽东同志曾明确指出:"凡是要推翻一个政权,总要先造成舆论,总要先做意识形态方面的工作。"③只要国际上存在帝国主义势力,社会中存在不同阶级阶层,意识形态领域的斗争就不会停止。

马克思主义是社会主义意识形态的旗帜和灵魂。我们党作为无产阶级政党,马克思主义信仰、共产主义远大理想和中国特色社会主义共同理想,是党的精神支柱和政治灵魂,也是保

---

① 中共中央文献研究室:《习近平关于全面深化改革论述摘编》,中央文献出版社 2014 年版,第 15 页。
② 中共中央文献研究室:《习近平关于全面深化改革论述摘编》,中央文献出版社 2014 年版,第 86 页。
③ 《建国以来毛泽东文稿》第 10 册,中央文献出版社 1996 年版,第 194 页。

持全党全社会团结统一的思想基础。意识形态工作的根本任务,就是要不断巩固马克思主义在意识形态领域的指导地位,不断巩固全党全国人民团结奋斗的共同思想基础。只有坚持马克思主义的指导地位,才能有效引领和整合社会意识和社会思潮,在尊重差异中扩大社会认同,在包容多样中形成思想共识,从而凝聚起实现中华民族伟大复兴的强大精神力量。无产阶级政党必须时刻警醒、主动作为、坚持理论创新、重视理论武装,才能统一思想、整合力量、赢得民心和胜利,如果麻痹大意、自卸武装,将会导致亡党亡国。

我们的一切行动源于我们的信仰,马克思主义真理性是我们勇敢地面对和战胜一切艰难险阻的底气。对马克思主义的信仰,对社会主义和共产主义的信念,是共产党人的政治灵魂,是共产党人经受住任何考验的精神支柱。曾几何时,苏联解体,东欧易帜,国内外各种敌对势力,总是企图让我们党改旗易帜,其要害就是企图让我们丢掉对马克思主义的信仰,丢掉对社会主义、共产主义的信念。

我们党自成立以来,之所以能完成近代以来各种政治力量不可能完成的艰巨任务,就在于始终把意识形态工作放在极端重要的地位;坚定对马克思主义的信仰和共产主义理想,不忘初心,牢记使命。革命战争年代我们党提出要靠"枪杆子"和"笔杆子"闹革命;改革开放以来提出物质文明和精神文明"两手抓""两手硬";在中国特色社会主义新时代,习近平同志进一步提出:"我们要建设的社会主义现代化强国,不仅要在物质上强,更要在精神上强。精神上强,才是更持久、更深沉、更有力量的。"[①]对马克思主义的坚定信仰使我们党得以摆脱以往一切政治力量追求自身特殊利益的局限,无论是处于顺境还是逆境,始终以唯物辩证的科学精神、无私无畏的博大胸怀带领人民沿着正确方向前进,"踏平坎坷成大道,斗罢艰险又出发",推翻了"帝、官、封"三座大山,建立了新中国,进而取得了社会主义革命、建设和改革开放事业的一个又一个新的伟大胜利。

然而,冷战后的世界变幻莫测。20世纪90年代,冷战结束被西方舆论解读为西方制度的胜利,整个西方沉浸在"冷战胜利"的兴奋气氛中,美国更是在经济高速增长的态势下具备了"新罗马帝国"的气象,傲视全球,不可一世;欧洲则加紧一体化,推进欧洲联盟的诞生与扩张。不管是"华盛顿共识"的自由市场经济理念,还是西方的自由、民主、人权、法治的政治价值等源自西方的话语,几乎所向披靡,成为霸权性的国际话语,掀起"普世"浪潮,其乐观者更是宣告"马克思主义过时""共产主义失败"和"历史的终结"。中国或其他非西方国家几乎没有一种话语能与之争锋。

但此后西方国家的发展并不顺利,国内国际事务的处置能力受到严重挑战。2008年始于美国的国际金融危机的发生以及随之而来的欧洲债务危机爆发,使得不管是欧洲还是美国都元气大伤,且恢复前景不明,国际威望严重受损。尤其是2020年年初新冠疫情暴发后,整个欧美国家全面沦陷,以致政治家基辛格提出让中国帮助美国的要求,甚至讲到新冠疫情将会改变世界秩序。中国的发展与西方逐步衰落形成鲜明比照。中国成功的根本原因正在于对马克思主义主流意识形态的坚持和发展,能够统一思想、凝聚起万众一心战胜困难和挑战的力量,就在于社会主义集体主义原则指导下能够集中力量办大事的优势。

反观社会主义大国苏联,曾是一个能与美国抗衡的经济、科技、军事强国,在国际舞台上叱咤风云数十载,曾令社会主义国家感到鼓舞,使帝国主义国家胆寒,然而为什么会在与西方国家争夺中败下阵来,转瞬间土崩瓦解呢?原因固然很多,但意识形态变异是其重要原因。戈尔

---

① 《习近平谈治国理政》第3卷,外文出版社2020年版,第337页。

巴乔夫等人以改革为名鼓吹"民主化、公开性、指导思想多元论",把党的指导思想由马列主义改为"人道的、民主的社会主义",导致反马克思主义、反社会主义、反共产党的声音甚嚣尘上。此外,通过全面否定苏联的历史、苏联共产党历史,否定列宁,否定斯大林,搞历史虚无主义,使意识形态全线倒戈,人们的思想被彻底搞乱。思想搞乱了,各级党组织几乎没任何作用了,使党和整个社会迷失了方向,最终促使悲剧酿成。

中外历史和现实的经验教训警示我们,意识形态是党的一项极端重要的工作,事关旗帜和道路,事关党的事业成败。我们党作为当今世界社会主义大国的执政党,任何时候任何情况下,都不能忽视思想的力量、忽视意识形态的作用,决不能在根本性问题上出现颠覆性的错误。必须坚持以马克思主义为指导,充分认识、高度警惕并勇敢而坚定地应对意识形态领域的风险和考验,不断推进马克思主义中国化、时代化、大众化,建设具有强大凝聚力和引领力的社会主义意识形态,唱响主旋律,壮大正能量,使全体人民在理想信念、价值理念、道德观念上紧紧团结在一起,筑牢全党全社会团结奋斗的共同思想基础。

第二节　新时代我国主流意识形态面临的重大风险

我们党一成立就明确宣布以马克思主义为指导思想,以实现社会主义和共产主义为奋斗目标。正是在科学社会主义旗帜指引下,在共产主义理想信念鼓舞下,我们党带领人民浴血奋战、艰苦奋斗,取得了革命、建设和改革事业的一个又一个伟大胜利。在相当长的一段历史时期中,社会主义是我们的选择,共产主义不仅是共产党员的坚定信念,也是绝大多数人民群众心中的崇高理想。随着改革开放和社会主义市场经济的发展,我国社会生活发生了广泛而深刻的变化;社会阶层分化加剧,出现了不同的利益群体、不同的利益诉求、不同的政治理想;社会思想文化呈多元、多样、多变态势。与此同时,复杂多变的全球政治经济形势对我国的影响日益加深,西方的各种不同观点、不同文化、不同价值观,甚至消极、不健康和反动的思想观点大量涌入。我国社会主义意识形态在现时代面临着多元文化和价值观严峻挑战的态势。主流意识形态的安全关系到中国特色社会主义的命运和党的事业的成败,必须引起我们党的高度警觉。

一、西方国家思想文化渗透使我国主流意识形态面临严峻挑战

二战后几十年来,尽管美国政治经济诸多方面发生了很大变化,但唯一不变的是运用武力或"和平演变"战略颠覆社会主义制度。1945 年,时任美国中央情报局局长艾伦·杜勒斯指出:"人的脑子,人的意识,是会变的。只要把脑子弄乱,我们就能不知不觉改变人们的价值观念,并迫使他们相信一种经过偷换的价值观念。"[1]"我们要从青少年抓起,要把主要的赌注押在青年身上,要让它变质、发霉、腐烂。我们要把他们变成无耻之徒、庸人和世界主义者。我们一定要做到。"[2]当时的戈尔巴乔夫、叶利钦都是青少年。俄罗斯联邦委员会自然垄断委员会主席尼古拉·伊万诺维奇·雷日科夫在《大国悲剧:苏联解体的前因后果》中惊叹:"40 年后,

---

① [俄]尼古拉·伊万诺维奇·雷日科夫著,徐昌翰译:《大国悲剧:苏联解体的前因后果》,新华出版社 2010 年版,第 1 页。
② [俄]尼古拉·伊万诺维奇·雷日科夫著,徐昌翰译:《大国悲剧:苏联解体的前因后果》,新华出版社 2010 年版,第 3 页。

一切果然这样发生了。西方,特别是美国,消灭苏维埃国家的目的果然完全实现了。"①

苏联解体、东欧剧变后,以美国为首的西方国家已经把"和平演变"的主要矛头指向中国。但 2001 年发生了"9·11"事件,美国又调转枪口反恐,打了 4 场仗,花了 6 万亿美元。反恐虽然分散了美国的注意力,但其敌视中国的内外政策并未改变。2008 年 7 月 31 日美国国防部发表的《国防战略报告》中讲道:"美国将继续对中国施压……要制定一项全面的战略来影响中国的选择。"②美国的对华长期战略就是"围堵压制、分化瓦解、拉拢演变",具体分"三步走":第一步是西化、分化中国,使中国的意识形态西方化,从而失去与美国对抗的可能性;第二步是在第一步失效或成效不大时,对中国进行全面的遏制,并形成对中国战略上的合围,还不时地沿第一岛链制造事端,恐吓中国;第三步就是在前两招都不能得逞时,不惜与中国一战,当然作战的最好形式不是美国的直接参战,而是支持中国内部谋求独立的地区或与中国有重大利益冲突的周边国家与中国对抗。这充分说明美国统治阶级搞垮社会主义制度的图谋是一以贯之的。

这些年俄罗斯、东欧、中亚一些国家的相对衰落和中国综合国力、国际影响的不断增强,特别是 2008 年国际金融危机后,中国 GDP 逆势而起、跃升并长期保持全球第二大经济体地位,充分彰显了中国特色社会主义制度的优越性,引导着世界各国人民对资本主义政治经济制度和价值观念的反思。这是西方世界最不愿意看到的。美国国内的保守势力和所谓的政治"精英",日益把中国视为对美国霸权利益的巨大挑战者和最大的潜在敌人,把正在快速发展的中国看作是当年的苏联,大肆鼓吹"中国威胁论",疯狂打压中国发展,并坚持把美中之间的合作、竞争与博弈看成是"新冷战"。二战结束后,美国依靠自己的硬实力,进行了两场最大的局部战争,即朝鲜战争和越南战争,但都以失败而告终。冷战结束后,美国进行了海湾、南联盟、伊拉克、阿富汗四场小的战争,后两场是胜而不利。美国总结其 20 多年前搞垮几乎与自己比肩的苏联的经验,开始逐步转向更多地倚重自己的软实力来对付中国,以实现其"和平演变"的战略目的。

2001 年被揭秘的美国中央情报局的"十条诫令",很清楚地说明了美国中情局是怎样对待中国的。这"十条诫令"最初由中国香港《广角镜》月刊于 2001 年 7 月曝光,新华社《参考消息》2001 年 7 月 24 日第 15 版进行了刊载。2017 年中国社会科学院信息情报研究院兰雅清研究员在《世界社会主义研究》发文,对比《克格勃 X 档案》、塞缪尔·亨廷顿的"民主派准则"等文献资料证实,"十条诫令"绝非杜撰。

"十条诫令"中有 7 条是讲怎样通过没有硝烟的意识形态战争搞垮中国的。一是"尽量用物质来引诱和败坏他们的青年,鼓励他们藐视、鄙视、进一步公开反对他们原来所受的思想教育,特别是共产主义教育……让他们不以肤浅、虚荣为羞耻。一定要毁掉他们一直强调的刻苦耐劳精神"。二是"一定要尽一切可能,做好传播工作,包括电影、书籍、电视、无线电波和新式的宗教传播。只要他们向往我们的衣、食、住、行、娱乐和教育的方式,就是成功了一半"。三是"一定要把他们青年的注意力,从以政府为中心的传统引开来。让他们的头脑集中于体育表演、色情书籍、享乐、游戏、犯罪性的电影,以及宗教迷信"。四是"时常制造一些无事之事,让他们的人民公开讨论。这样就在他们的潜意识中种下了分裂的种子。特别要在他们的少数民族里找好机会,分裂他们的地区,分裂他们的民族,分裂他们的感情,在他们之间制造新仇旧恨,

---

① ［俄］尼古拉·伊万诺维奇·雷日科夫著,徐昌翰译:《大国悲剧:苏联解体的前因后果》,新华出版社 2010 年版,第 3 页。
② 陈奎元:《信仰马克思主义　做坚定的马克思主义者》,《光明日报》2011 年 6 月 13 日。

这是完全不能忽视的策略"。五是"要不断制造消息，丑化他们的领导。我们的记者应该找机会采访他们，然后组织他们自己的言辞来攻击他们自己"。六是"在任何情况下都要宣扬民主。一有机会，不管是大型小型，有形无形，都要抓紧发动民主运动。无论在什么场合，什么情况下，我们都要不断对他们（政府）要求民主和人权。只要我们每一个人都不断地说同样的话，他们的人民就一定会相信我们说的是真理。我们抓住一个人是一个人，我们占住一个地盘是一个地盘"。七是"要利用所有的资源，甚至举手投足，一言一笑，都足以破坏他们的传统价值。我们要利用一切来毁灭他们的道德人心。摧毁他们自尊自信的钥匙，就是尽量打击他们刻苦耐劳的精神"。①

以美国为首的西方敌对势力推行"和平演变"战略，西化、分化中国的险恶用心，在"十条诫令"中可谓暴露无遗。西方敌对势力攻击、渗透和破坏我国社会主义意识形态的手段和方式多种多样，主要有5个方面。

（一）进行学术理论渗透，推销新自由主义

学术理论渗透是西方国家西化、分化和"和平演变"社会主义战略的重要组成部分。20世纪80年代以来以美国为首的西方国家极力推销其所谓权威理论——新自由主义，诱骗发展中国家按照其战略意图进行所谓"改革"。在经济上主张"三化"，即自由化、私有化、市场化；在政治上强调"三个否定"，即否定公有制、否定社会主义、否定国家干预，宣扬"三权分立"和宪政民主；在战略和政策方面，鼓吹全球资本主义化、西方化、美国化。

改革开放后西方流入中国的各种理论中，经济学理论、金融学理论、法学理论，已经成功地渗透到学术理论界，在有些方面甚至已替代了主流思想理论。一些学者和理论家不是从中国实际出发研究和提出自己的理论，而是一味地顶礼膜拜，引进、阐释西方的理论，甚至去拿美国的理论套中国的情况，把"市场在资源配置中的决定作用"演绎为市场决定一切，公开鼓吹土地私有化、国有企业私有化、金融自由化。有的人甚至把中国特色社会主义说成是"国家资本主义"，认为美国的今天就是中国的明天。

在教育界，一些学科的教学方针、教师队伍、教学内容、教材到考试方式等，逐步全盘西化、整体上西化。马克思主义政治经济学受到冷落甚至冷嘲热讽；不少院校喜欢用西方教材甚至原版教材，基本是全套的西方话语体系，教师教学时不加批判地传授。在一些决策层，有些政策的制定和出台，也明显能看出受西方理论影响的痕迹。

（二）进行思想文化渗透，推行文化霸权主义

西方敌对势力对社会主义国家思想文化渗透的战略图谋从未改变过。冷战以来，美国历届政府都积极致力于向我国输出美国的民主和自由价值观。他们不断在所谓人权、民主、自由、民族、宗教问题上开展心理战和宣传战，宣传人权高于主权，淡化中国主权意识观念，攻击中国的爱国主义精神。同时，不断对马克思主义进行歪曲性解释、诋毁性解读，对社会主义进行"妖魔化"宣传。

他们一方面试图通过意识形态渗透，改变我国的经济社会发展方向和核心价值观。譬如通过学术交流、理论研讨等途径腐蚀或收买某些精英人物，大力推行其新自由主义理论，削弱中国的理论思考能力和原创力，企图使中国按照他们的思想来指导当前的改革，最后使中国放

---

① 兰雅清：《从文献对比查证美国中情局的"十条诫令"》，《世界社会主义研究》2017年第7期。

弃马克思主义为指导的社会主义;通过互联网等新兴媒体大力宣传推销其价值观念、政治制度、生活方式,以及西方一些颓废、有害的思想观念,影响我国群众并改变其价值观;通过利用我国在"战略机遇期"和"矛盾凸显期"重叠的历史条件下出现的突发事件、特殊时机、特殊场合等渠道进行渗透和颠覆活动,煽动街头政治,图谋"颜色革命",推翻中国共产党的领导和中国的社会主义制度。约翰·珀金斯在《一个经济杀手的自白》中曾指出,在美国出现的"经济杀手"披着经济学家、银行家、国际金融顾问之类的合法外衣,其实却肩负着建立美国全球霸权的战略任务。他们通过伪造财政报告、操纵选举、敲诈、贿赂、色诱乃至谋杀等手段,拉拢、腐蚀和控制他国的政治与经济精英,向他们蓄意提出错误的宏观经济分析和产业投资建议,诱骗发展中国家落入预设的经济陷阱,从而控制这些国家的经济命脉和自然资源,并通过欺骗手段让成千上亿的美金源源不断地流入美国,为巩固、扩大美国在全球的经济、政治和军事霸权服务。

另一方面他们利用其经济、军事、科技以及传媒手段上的优势,进行文化渗透,推行文化霸权主义和文化殖民主义。弗朗西丝·斯托纳·桑德斯在《文化冷战与中央情报局》一书中披露,为了渗透美国的霸权思想,中央情报局在文化领域展开了长达半个多世纪的文化输出活动:举办讲座和研讨会,创办学术刊物,开设图书馆,资助学者互访,捐助讲座教授位置等。美国《混合语》杂志也曾曝料,美国中央情报局打着在第三世界推进"现代性"的幌子,在1996年后加紧了对第三世界学术界的渗透,出巨款让一些人宣传推进全盘美国化,豢养一批打手专门打压那些致力于自己民族文化崛起的人。

中央情报局事实上是美国的文化部、宣传部,其通过"亚洲基金会""福特基金会""洛克菲勒基金会""卡内基基金会"等大量收买本地文化打手,以卑鄙的手法扩大美国文化的霸权主义和文化殖民空间。美国政府发言人乔治·坎南很直率地说:"美国没有个文化部,中央情报局有责任来填补这个空缺。"美国国家安全委员会将"宣传"界定为"有组织地运用新闻、辩解和呼吁等方式散布信息或某种教义,以影响特定人群的思想和行为……一个国家有计划地运用宣传和其他非战斗活动传播思想和信息,以影响其他国家人民的观点、态度、情绪和行为,使之有利于本国目标的实现。"美国宣传心理战专家克罗斯曼说得更直白:"上乘的宣传看起来要好像从未进行过一样……让被宣传的对象沿着你所希望的方向行进,而他们却认为是自己在选择方向。"为了做到这一点,乔治·坎南认为"必要的谎言"和欺骗都是允许的。①

美国人口虽只占世界人口的5%,但是目前传播于世界大部分地区80%—90%的新闻,都由美国等西方通讯社垄断。美国等西方媒体发布的信息量,是世界其他各国发布的总信息量的100倍。目前美国拥有1 500多家日报、8 000多家周报、1.22万种杂志、1 965家电台和1 440家电视台,还拥有美国广播公司、哥伦比亚广播公司、全国广播公司三大电视巨头以及全球最具影响力的电影生产基地好莱坞。美国控制了全世界60%—80%的电视和广播节目制作,美国电影生产数量占全球影片1/10,占全世界电影总票房2/3,占全世界观演时间1/2。在全球放映的影片中,好莱坞电影占85%。2010年我国电影产量达到526部,票房首次突破100亿人民币,可美的一部电影《阿凡达》票房收入即达27.98亿美元,约合170多亿人民币。2010年《阿凡达》在中国市场收获13.4亿人民币,在年度总票房中占比超过13%。② 许多青少年正是在吃"麦当劳"、看美国大片,对美国各种"歌星""影星"的崇拜中迷失了自己的理想。

① 王绍光:《中央情报局与文化冷战》,《读书》2002年第5期。
② 石若萧:《〈阿凡达〉重映了,〈阿凡达2〉还会远吗?》,《中国新闻周刊》2021年3月21日。

尤其需要注意的是,在西方文化影响下,国内的确出现了少数食洋不化的全盘西化者,他们无视中国快速发展的事实,坚持西方至上,以西方人的话语为话语、以西方人的措辞为措辞、以西方人的视角为视角,对本土文化进行边缘化和虚无化,对坚持中国文化创新的学者加以打压,听到"中国元素"就指责为封建保守,见到"中国经验"就称为民族主义,谁提出"中国文化身份"就给谁扣上"文化保守主义"的帽子。电视政论片《河殇》的作者是这些人物的典型代表。《河殇》的主要观点是:中国以河流、大地为根基的内向式"黄色文明"导致了保守、愚昧和落后。"黄河文明"是一种"失败的文明"。为了生存,中国必须向以海洋为根基的西方"蓝色文明"学习,特别是要学习西方的民主制度。①《河殇》实际上唱的是一曲整个中华民族的悲歌、葬歌。它不仅宣告了所谓"黄河文明"(即中华文化)的夭折和衰亡,而且是对一个伟大民族及其悠久文化传统的全盘否定。如此等等,必然造成中国文化原创能力的深层弱化。

(三) 以信仰自由为借口进行宗教渗透

传播宗教曾是近代西方资本主义对华渗透的主要载体,"传播福音"是他们身披的华丽外衣。现阶段西方的宗教渗透主要以宗教信仰自由为借口,企图有目的、有计划、有步骤地控制和占领社会主义中国的思想阵地,消融和瓦解社会主义意识形态,干涉中国宗教事务,破坏中国的统一,颠覆中国的社会主义制度。

美国前国务卿舒尔茨明确说过:从宗教信仰到政治行动只有一小步距离。所以以美国为首的西方国家一直企图利用宗教分裂和颠覆中国,他们支持达赖喇嘛谋求西藏独立,鼓动法轮功邪教分子闹事;出巨资160亿美元要"把中国基督教化",等等。2003年,美国《时代周刊》前驻北京记者艾克曼在他所写《耶稣在北京》一书中指出:"根植于西方的大陆基督教会,崇尚美国的宗教自由和民主价值,倾向支持中国走向民主。在中国,上至政治学术精英,下至农民工百姓,信仰基督的人数至少有八千多万,超过中共党员的人数。未来30年,中国经济在实现持续高速发展的同时,基督徒的人数会达到中国人口的三分之一,中国这条东方的巨龙,或许会被基督的羔羊所驯服。"②西方势力进行宗教渗透的方式多种多样,主要有以下8种:

一是利用广播电视进行传教。美国之音、自由亚洲广播电台、一些国家的卫星电视节目都有针对中国的汉语和多种少数民族语言的固定传教节目;梵蒂冈电台的汉语广播则直接传达罗马教廷对中国天主教的指令,操纵我国天主教的地下势力;从马尼拉到首尔的半月形地带约有30个广播电台有针对中国的宗教节目。他们的口号是:"用基督占领中国,打开中国的福音大门。"鼓吹使"中国人归主",使中国"福音化"。③

二是通过国际邮政邮寄宗教经书、报纸杂志、音像类制品,或通过陆路和水路走私大宗的宗教宣传品等进入中国,甚至在中国内地建立地下工厂私自印刷传教书籍、刊物,制造宗教活动用品。近些年来,各地海关截获大宗宗教宣传品的事件经常发生,而境外的类似活动至今势头未减。

三是打着学术交流、研讨、传授宗教文化、普及人文知识的旗号,进行隐性的宗教渗透。近些年来,一些境外基督教教会组织在我国境内外曾开办了多期"培训班"和"研讨班",培训了许

① 林泰:《问道:改革开放以来的社会思潮与青年思想政治教育研究》,中国社会科学出版社2013年版,第46页。
② 孙浩然:《宗教渗透特征的政治分析》,《科学社会主义》2007年第4期。
③ 龚学增:《在扩大对外开放中抵御境外势力利用宗教的渗透——当前中国重大问题研究报告之二》,《科学社会主义》2004年第6期。

多人员。以北美某基督教学会为例,2001 年以来,该学会已经连续举办数届"美国宗教与文化暑期高级研讨班",参加者不少都是中国高校和研究机构、宗教学及相关学科系、研究所领导人和学科带头人。比如在 2002 年第二届研讨班上共安排了 8 次讲座,分别由波士顿大学神学院、圣公会神学院、环球圣经公会和大使命中心等机构的神学教授和牧师主讲。①

四是国外的神学教授、神职人员在中国的一些高校内或开课程,或做讲座,公开进行宗教渗透;有的甚至被聘为客座教授,经常给研究生、本科生授课。更有甚者,2004 年 12 月至 2005 年 1 月,北美某基督教学会竟来中国举办了跨数省长时间的基督教"学术讲座"。首站选在北京,然后是哈尔滨、长春、南京、杭州,18 天时间在 5 座城市的 8 所大学中作了 10 场讲座和座谈。②

五是国内一些大学的外籍教师或外国机构人员利用各种方式进行非法传教活动,或是借外语培训之机对参加者进行传教渗透,或是利用讲学或捐资办学之机进行传道渗透。

六是利用慈善事业布道传教。如通过医疗、助学、扶贫、救灾等活动,以经济资助换取宗教影响的扩大。如美国一个基督教徒医疗队到我内地某地农村从事义诊活动,每给一个人看病,就给病人贴上一张"上帝爱你"的标签,并发一张印有《圣经》语录的名片。③

七是通过互联网进行传教。国际互联网的迅猛发展,为网上传教提供了十分快捷而又很难控制的便利条件。据统计,当前具有浓厚宗教色彩的中文网站大约有 1 500 多个,多数为天主教、基督教的网站。其中一些网站、网页已经成为境外势力利用宗教对我进行渗透的重要渠道之一。④

八是以办厂为名进行传教活动。随着我国进一步对外开放,有宗教背景的外商、港商、台商到中国大陆投资建厂越来越多,甚至有的境外宗教组织直接在中国大陆投资。由此带来的企业布道、传教的情况进一步突出。他们往往在企业内非法设立宗教聚会场所,传经布道。有的外商企业以安排好工种为条件,诱导中方员工信教,发展教徒。此外,他们还在内地寻求代理人为他们服务,甚至直接在我国境内兴建宗教活动场所进行宗教渗透等。

西方的宗教渗透在新疆问题上产生的影响特别明显。长期以来,国际上的反华势力利用民族、宗教问题大做文章,积极扶植我国境内和逃亡国外的分裂主义势力,妄图把新疆从祖国大家庭中分裂出去。在西方敌对势力的支持下,我国境内的民族分裂势力、暴力恐怖势力和宗教极端势力"三股势力"纠合在一起,民族分裂活动更趋猖狂。在意识形态领域里大肆鼓吹泛突厥主义和泛伊斯兰主义,利用宣传、思想、文化、教育、宗教等阵地,通过出版书刊、张贴标语、散发传单、文艺演出、聚众演说、讲经布道、制售传播音像类制品和利用互联网等途径,极力宣扬分裂主义思想,使民族分裂主义和非法宗教活动成为影响我国新疆地区稳定的主要危险。意识形态领域里的民族分裂活动往往与暴力恐怖活动互相配合。20 世纪 90 年代以来,"三股势力"在新疆策划和制造了一系列暗杀、爆炸、纵火、投毒、袭击等恐怖暴力事件,其中最为典型的是 2009 年的乌鲁木齐"7·5"事件、2014 年"7·28"新疆莎车暴恐案,严重危害了我国各族人民群众的生命财产安全,严重威胁着国家安全和社会的稳定。

---

① 匡长福:《浅谈西方对华文化渗透的新路径》,《思想理论教育导刊》2011 年第 5 期.
② 左鹏:《宗教向高校渗透的隐性形式:文化宣教》,《科学与无神论》2010 年第 6 期.
③ 龚学增:《在扩大对外开放中抵御境外势力利用宗教的渗透——当前中国重大问题研究报告之二》,《科学社会主义》2004 年第 6 期.
④ 龚学增:《在扩大对外开放中抵御境外势力利用宗教的渗透——当前中国重大问题研究报告之二》,《科学社会主义》2004 年第 6 期.

（四）利用大众传媒对我国形成全方位包围网，进行"妖魔化"宣传

据我国有关部门监测结果显示，西方主要国家和敌对势力在我国周边地区共设有 30 多个转播台，每天使用普通话和多种方言、170 多个频率对我国播出 60 多个小时的节目，再加上一些国家从本土发射的广播信号，共有 50 个境外电台使用 300 多个频率对我进行广播；在卫星电视渗透方面，他们在我国上空构建了密集的卫星电视网，频道达 400 多个。① 在 2008 年拉萨"3·14"事件中，"美国之音"不仅歪曲事实、颠倒黑白，更成为达赖集团的传声筒。事件发生前，它突然加大藏语广播时间，并暗中替达赖集团传达指令，让他们在敏感的时候制造事端。

近年来，随着网络技术的普及，互联网对人们特别是知识分子和青年学生的影响越来越大。据中国互联网络信息中心（CNNIC）发布的第 47 次《中国互联网络发展状况统计报告》数据显示，截至 2020 年 12 月，我国网民规模达 9.89 亿，互联网普及率达 70.4％，其中，学生网民最多，占比 21.0％。② 在网络发展的同时，西方敌对势力也加紧与我国争夺互联网等思想文化的新阵地。西方政要声称："有了互联网，对付中国就有了办法……社会主义国家投入西方怀抱，将从互联网开始。"③在网络信息技术领域，美国无疑是最具发言权的。美国作为传统的超级大国，超强的科技实力是其称霸世界的关键。冷战结束 30 多年来，尽管美国的政治、经济、社会等诸方面发生了很大变化，但唯一不变的是其不遗余力地对社会主义国家进行渗透和颠覆。早在 2009 年，美国就建立了名为"Data. gov"数据开放门户网站。2010 年，美国前国务卿希拉里在会见各大网络公司的负责人时公开表示，美国会利用网络推行"民主化进程"。2012 年 3 月，奥巴马政府又斥资 2 亿美元启动了"大数据研究和发展计划"，这些项目为美国充分利用世界各国的信息资源提供了有利的条件，更奠定了美国在世界的"数据霸权"地位。从享誉世界的美国"三片"（薯片、芯片、影片）到震惊全球的"棱镜门"事件，都充分证明了美国依靠其独一无二的信息技术对我国进行渗透和颠覆的不争事实。

当前，尽管我国已在网络信息技术领域取得了不小的成就，但与美国相比仍处于弱势地位。网络已成为西方敌对势力向中国进行思想渗透的新的重要渠道。全球 13 个互联网顶级服务器中，有 10 个在美国。美国在事实上把持着国际互联网的生杀大权，随时可以按照自己的想法让别国断网。2009 年 5 月，微软公司根据美国政府禁令，切断了古巴、朝鲜、叙利亚、苏丹和伊朗 5 国用户的 MSN 接入服务，这表明美国控制互联网不仅会用于文化渗透，而且会对其他国家安全构成潜在威胁。互联网使用的通用语言文字都是英文，中国处于被掌控的局面。美国中央情报局雇佣庞大的"写手队伍"，在境内外的中文网站和 BBS（网络论坛）上大量帖文，向我境内传播政治谣言和有害信息；还资助我国境内的敌对势力建立网站，支持他们利用互联网联络指挥、组织策划、蛊惑人心、煽动闹事；西方还入股控股我国的某些门户网站，使之成为西方的喉舌。西方国家对中国的妖魔化宣传具有以下特点：

一是花样不断翻新。国际敌对势力"丑化"中国的言论，不断变换花样。比如，苏联解体、东欧剧变后，不怀好意的"中国崩溃论"出台；面对我国的发展，别有用心的"中国威胁论""挑战国际体系论""中国傲慢论""中国责任论"（或冷贬，或热捧）又相继登场。在 2020 年新冠疫情暴发后，美国政要竟甩锅中国、污蔑中国，称新冠病毒为"武汉病毒""中国病毒"。这些论调交

---

① 李方祥：《加强意识形态工作巩固共同思想基础》，《高校理论战线》2010 年第 1 期。
② 苏德悦：《我国网民规模达 9.89 亿　互联网普及率达 70.4％》，人民邮电报 2021 年 2 月 4 日。
③ 中共中央党史和文献研究院：《习近平关于防范风险挑战、应对突发事件论述摘编》，中央文献出版社 2020 年版，第 36 页。

替影响,在国际社会广泛传播,严重损害了我国的国际形象和声誉。

二是歪曲热炒具体事件,把一般问题政治化、意识形态化。近年来西方一些国家不断炒作具体事件,如贸易逆差、人民币汇率、能源、环境、"有毒"食品、"危险"玩具、军费增长等问题,作为"妖魔化"中国的武器,而所谓"西藏问题""人权问题",更成为他们惯用的武器。比如在奥运火炬传递和新疆、西藏等问题上,西方媒体以偏见和谎言混淆视听,致使西方人眼中的中国成了西方媒体所塑造的中国。中国的解释和说明往往又引来"中国傲慢论""中国强硬论"等论调。在我国集中精力筹办北京奥运会、冬奥会的时候,西方一些媒体和政要千方百计地将奥运议题政治化、意识形态化,试图借奥运迫使我国在核心利益问题上做出让步。法国前总统尼古拉·萨科齐多次宣称,如果达赖代表与中国政府的对话有进展,"达赖和中国政府方面都承认谈判的进展,那么我参加奥运开幕式的障碍将被排除……中国政府和达赖谈得好,我就考虑去北京参加奥运会。"①2021 年,美国等一些西方国家又借口所谓新疆、香港人权问题,抵制北京冬奥会,等等。西方就是这样通过歪曲抹黑、把特殊问题普遍化、个别观点模式化的手段,影响舆论,企图唱衰中国。这些加大了我国对外宣传中引导舆论、营造有利国际环境的成本。

三是与我国境内的右翼精英勾结,利用现代传媒和出版物大肆诋毁、恶搞和亵渎民族英雄、革命英烈、模范人物。他们说岳飞、文天祥阻碍了民族融合;大肆诋毁、丑化和恶搞狼牙山五壮士、董存瑞、杨开慧、刘胡兰、毛岸英等革命先烈,雷锋、王进喜等先进模范;说刘胡兰是村里一个缺心眼的小妞,说雷锋做那么多好事是在作秀,说董存瑞手举炸药包是让人给哄上的,说黄继光堵枪眼是根本没有的事,等等。调侃崇高、扭曲经典、颠覆历史、丑化英雄,企图颠倒黑白、混淆是非,把人们思想搞乱,然后乘机浑水摸鱼。这些说明国内外敌对势力始终没有放弃对社会主义制度、对马克思主义的敌视态度和立场,对此我们应当保持清醒的认识和高度的警觉。

（五）利用非政府组织进行"文化交流",培养"西化精英"

美国前国务卿赖斯曾经阐述过,控制中国不能主要依靠武力,要通过控制中国精英来影响中国决策,辅之以战略威慑,使中国更加符合美国的国家利益。西方统治集团总结搞垮苏联东欧的经验教训,认为颠覆中国政权要通过资助、扶持中国的某些"西化精英",以达到"不战而屈人之兵"的目的。

一段时期来,活跃在我国境内的境外非政府组织日益成为影响中国经济、政治、文化、社会发展的一支不可忽视的力量。据不完全统计,党的十八大前,在我国长期活动的境外非政府组织曾达 1 000 个左右,加上开展短期合作项目的组织数量,总数可能多达 4 000—6 000 个。②在这数千家境外非政府组织中,有政治渗透背景的有数百家。如曾经在东欧剧变中发挥重要作用的一些境外非政府组织通过直接或间接渠道进入我国进行活动,他们利用文化交流、捐资助学、项目培训等手段进行意识形态领域的渗透,搜集我国的政治、经济、科技、军事情报;通过插手我国人民内部矛盾和纠纷,特别是以开发援助、扶持弱势群体为名,抓住工人失业、农民失地、城市拆迁、退役军人待遇等涉及民众切身利益的具体问题,以"维权"相号召,制造舆论,混淆视听,煽动民众同党和政府产生对立情绪;或者支持、参与并策划街头政治、民族分裂等活动。

---

① 李方祥:《加强意识形态工作　巩固共同思想基础》,《高校理论战线》2010 年第 1 期。
② 王存奎:《辩证看待境外非政府组织　主动应对其对我国国家安全的威胁和挑战》,《中国社会科学报》2014 年 5 月 14 日。

西方国家尤其注重通过资金援助在我国内部培养西方代理人和政治反对派,西方国家每年经非政府组织流入我国的活动资金可达数亿美元。在中国活动的知名基金会主要有"美国民主基金会"、福特基金会、卡耐基基金会、洛克菲勒基金会、索罗斯基金会等。福特基金会自1988年1月在中国建立办事处起至2001年9月,在中国资助总额即达1.28亿美元。① 项目包括人权与社会公正、治理和公共政策、教育与文化、国际事务项目支持等,通过资金资助,影响甚至收买了部分经济学家、政治学家、法学家和对政府决策有一定影响的学者,培养出了西方国家需要的"西化精英"。

美国民主基金会虽属非政府组织,但和美国国务院、国际开发署、中央情报局有密切的联系,被认为是中央情报局的"另一块招牌"。这个主要靠美国政府拨款从事活动的"非政府组织"在世界很多地方扮演过特殊的政治角色。如在拉美、独联体、西亚、东南亚等国家和地区进行颠覆活动或推动"颜色革命",美国中情局很多成功的颠覆活动,如委内瑞拉政变、南联盟总统米洛舍维奇下台、波兰等东欧国家共产党垮台等就是通过美国民主基金会运作的。美国民主基金会在中国的活动也很频繁。一方面资助某些中国高干及其子女去美国留学,如在哈佛大学设有专门培养中国军队和行政领导干部的项目;另一方面频频资助"民运""藏独""东突"等各种反华势力,甚至控制中国某些社会活动家和法学家,直接干涉中国内政。

二、国内社会意识多元多变,主流意识形态安全面临巨大风险

经过改革开放以来40多年的快速发展,我国现已处在体制转轨、矛盾叠加的特殊历史时期。这一时期,经济社会发展呈现出许多新的阶段性特征。特别是随着利益格局的不断调整,社会生活日趋多样化,社会意识更加多样、多元、多变,这既为社会发展进步注入了活力,也带来了社会思潮的纷繁变幻。社会主义意识形态在当代面临着多元文化、价值观和社会思潮的严峻挑战。这种态势突出表现为:民族文化与西方文化剧烈碰撞,科学文化与封建文化斗争并存,科学社会主义思想文化和非科学社会主义思想文化激烈交锋。尤其是围绕当代中国改革发展的方向和道路问题,在党内和社会上出现了一些偏于极端的意见和建议,出现了极少数人与党和政府疏远疏离的倾向,甚至出现了极个别同党和政府离心离德的人,使我国主流意识形态安全面临巨大风险,突出体现在5个方面。

(一) 主导信仰日渐淡化,拜物崇权倾向日益严重

信仰,作为一种价值导向,是一个民族和国家的灵魂,无论是过去、现在还是将来,信仰都可以说是人们的精神家园。中华人民共和国成立后,在相当长的时期内,马克思主义是我们的指导思想,社会主义是我们的唯一选择,共产主义一定胜利,不仅仅是共产党员的坚定信仰、信念,也是绝大多数老百姓心中的信仰、理想和目标。然而,由于诸多原因,一个时期以来,马克思主义基本理论,尤其是马克思主义中国化的理论成果宣传力度不断减弱,尽管书店里马克思主义读物也不少,但在图书市场中所占比例并不大。相反,解《论语》、品《三国》倒是搞得热火朝天,某种程度上说,近年来儒学大众化进展似乎更为成功。目前市场上的马克思主义通俗读物基本上是各级党委宣传部门组织编写的,理论界的人尤其是一些大专家、大学者并不愿意做这些普及工作,从而产生精品力作的供需矛盾。精品力作的供需矛盾和马克思主义大众化的

---

① 匡长福:《浅谈西方对华文化渗透的新路径》,《思想理论教育导刊》2011年第5期。

薄弱以及其他诸种干扰因素的存在严重影响了社会主义意识形态建设,导致马克思主义主导信仰在相当一部分人的心目中逐渐淡化。

青年是国家的未来和希望所在,青年大学生是社会高认知群体,是社会知识文化的主要承载者、创造者和传播者,是影响社会发展的重要力量。青年大学生的信仰问题,不仅对其自身的成长、成才具有决定性意义,而且直接关系到国家的前途和民族的未来,关系到中国特色社会主义的发展方向。但由于20世纪80年代以来,西方思潮席卷大学校园,当代大学生中不同程度存在着世界观、人生观、价值观多元化的现象。在信仰的选择方向上,表现出一定程度的信仰复杂与缺失现象。

据赵宗宝、卢亚君、王兆云对河北某高校大学生信仰问题的调查,在3 659份有效问卷中,选择信仰共产主义的1 417人,占38.73%;表示没有信仰和不知道信仰什么的共1 891人,占51.68%。[①] 据杨艳对广西几所高校1 274名大学生的调查,发现其对于宗教的主流态度是"认可、接纳、理解",有将近六成的大学生表示可能加入某一宗教。[②] 另据王彦对山东某高校大学生对于西方自由、民主、平等、人权等普世价值的影响的调查,在483份有效问卷中,表示影响比较大的占28%,有一些影响的占51.3%,二者合计占比将近占80%。[③] 主导信仰决定党的向心力、凝聚力、感召力,社会主导信仰淡化,尤其是青年学生的信仰危机,将会导致国家和民族迷失前进的方向。

在主导信仰日渐淡化的同时,拜物崇权的倾向日益严重。由于发展市场经济,经济活动追求利益最大化以及多方面的影响,一些人尤其是部分青年人更加重视物质利益的追求,不愿谈人生信仰,不愿为伟大理想献身,崇拜和向往的往往是权力、金钱、荣誉。他们从自身的实际需要出发,把个人利益放在首位,一切以个人利益为出发点,将社会和他人当作手段,强调追求个人快乐的目标唯一性,满足于直觉主义、感觉主义,缺乏社会责任、回避理性思考。一旦遇到现实的利益问题,他们什么都可以放弃,甚至是自己的灵魂。

（二）宗教信徒有较大幅度增长,社会影响不断扩大

随着改革开放的深入发展和国际交流交往的扩大,宗教在中国社会各个层面开始"复活""回暖",而且发展迅猛,整体趋热,形成了中国近代以来颇为罕见的宗教"繁荣"。宗教的快速发展,首先表现在近几十年来信教人数的持续增长。尽管没有准确的官方统计数据,但对于近20—30年来我国信教人数在不断增长的判断,几乎没有人持怀疑态度。

其次,宗教的社会影响不断扩大。宗教社会影响不断扩大的显著标志就是宗教文化热,具体表现在,一是宗教活动场所不断增多。20世纪90年代以来,随着农村经济的发展,有些地区出现了滥建寺庙、道观及祠堂的现象;有些地方新建了大量庙宇,不仅建筑面积大,且设施齐全、装饰华丽;有些地方为发展旅游业,兴建的寺庙、佛像更是难以计数。二是各类宗教活动日益频繁,宗教活动的内容也相当繁杂,每月初一、十五都有诵经、烧香等佛事活动,至于佛诞、菩萨诞等重大节日则要举行隆重的仪式。此外,宗教书刊越来越多,表现宗教内容的文艺作品日益增加。新闻媒介中宗教方面的信息量相当可观,旅游文化中的宗教成分日益浓厚。总之,宗教对我国社会生活尤其是人们的精神生活正在产生巨大影响。

---

① 赵宗宝、卢亚君、王兆云:《大学生宗教信仰现状及对策研究》,《中国青年研究》2012年第6期。

② 杨艳:《风险社会中大学生"信仰危机"根源探析——基于广西几所高校的调查》,《法制与社会》2019年第1期(下)。

③ 王彦:《新时代背景下大学生主流意识形态认同现状的调查分析》,《教育现代化》2019年第47期。

（三）西方错误思潮借助互联网在我国大量传播

随着信息时代的到来，网络信息技术日新月异，信息化进程深入推进，互联网、云计算、大数据的高速扩张和互联网时代"两微一端"（微博、微信和手机客户端）的应用和普及，为我国社会主义意识形态的宣传和推广注入了生机与活力。电子政务的推广，政务微博、微信的开通，网络问政和电子信访的施行等，给我国社会各领域带来了前所未有的发展机遇，但同时也对我国社会主义意识形态安全造成了一系列挑战。互联网的开放性、匿名性、交互性以及更新快、把控难等特点，为不良社会思潮的传播提供了温床和泛滥土壤。

在互联网时代到来之前，我国民众获取信息的渠道比较狭窄，报纸、杂志、广播、电视等传统媒体既是向民众传递舆论信息的主要渠道，也是宣传、维护社会主义意识形态安全的主要方法。因为这种途径、方法比较容易通过国家权威和强制力加以引导，国家对社会舆论的掌控往往比较容易。但网络信息时代的到来，打破了这种局面。其一，改革开放以来，我国社会阶层分化明显，多样的组织形式、经济成分、分配方式、生活方式等使人们的思想观念和价值取向变得日益多元化，人们的自主意识逐渐增强，根据自身的利益得失评价周围的一切成为大部分人生活的常态。由此导致政府越来越难以通过传统的方式阻止不利于意识形态安全的信息传播，而通过宣传发布的信息，又容易湮灭在几乎无限的信息之中。[①] 其二，信息化所孕育的大数据使信息传播的方向已经由原来的单向传播向双向传播、多向传输以及逆向传输的方向发展，而且大数据的大容量和高速度特性决定了任何时间、任何地点的信息，只要具备最基本的主客观条件，都可以在极短的时间内传达到世界的各个角落。即使政府采取信息调控的手段，也很难阻止人们通过代理访问、虚拟专用网络（VPN）等方法获取自己想知道的信息。尽管我国政府投入了大量的人力、物力、财力兴建了一些网络屏蔽工程，但效果并不十分明显。这意味着随着信息化进程的加快和信息技术的普及，如果我国不对信息管控技术进行升级换代，国外的各种反华思潮会变本加厉地侵入我国，这对我国主流意识形态安全的危害将是不言而喻的。

近年来，西方国家凭借在互联网技术领域的优势地位，加大了对我国推行"和平演变"战略的力度，大量西方错误思潮涌入我国。一是历史虚无主义、新自由主义、民主社会主义、消费主义、极端民族主义等社会思潮在我国时有出现，对我国马克思主义意识形态的主导地位产生了不利影响；二是文明冲突论、历史终结论、马克思主义过时论、中国威胁论、中国傲慢论等荒谬论调时有发声，不利于巩固我国民众对社会主义和共产主义的信念、信心；三是市场经济条件下的个人主义、利己主义、泛娱乐主义、享乐主义、拜金主义等资产阶级腐朽价值观逐步滋生蔓延，助长了歪风邪气在思想文化领域的影响力和渗透力。这些西方错误思潮借助网络媒体在中国得到广泛传播扩散，在社会上形成了不可小觑的力量，对我国社会主义意识形态安全造成了某种程度的损害。

当前，互联网日益成为意识形态传播的新阵地，而网络空间则成了意识形态斗争的主战场。随着我国改革发展中不同社会阶级阶层的出现、国外思想文化的影响，尤其是互联网的助推作用，各种思潮交织激荡，激烈碰撞，思想意识日益多元、多样、多变。我国意识形态传播呈现出传播主体的去中心化和大众化、传播内容的交互性和复杂性、传播方式的碎片化和隐蔽性等特征；微博、微信等自媒体成为某些网络红人、意见领袖把控乃至操纵舆论的工具；部分被裹

---

① 殷文贵，张永红：《当前我国主流意识形态安全面临的挑战及对策——基于网络信息化的视角》，《理论界》2017 第 3 期。

挟的公众陷入非理性的陷阱,对政治人物和历史人物进行讥讽和恶搞、对严肃事件情绪化跟风评论;一些别有用心之人则往往以网络谣言的形式煽动公共情绪,制造舆情热点,将事件推向极端,将国家和政府的形象推向负面,对社会主流意识形态造成严重冲击。尤其是在 2020 年新冠疫情肆虐之时,在武汉封城期间,某作家通过互联网发布《芳芳日记》,大肆散播未经核实、捕风捉影的消息,为西方敌对势力攻击污蔑中国提供炮弹。我国主流意识形态安全面临着西方错误思潮涌入、国内信息管控难度增大、国家权力与个体权利之间的矛盾增加所带来的严峻挑战。

（四）非马克思主义的思潮时有出现

近些年来,我国意识形态领域空前活跃,总体上保持积极健康向上的良好态势。但围绕一些重大理论和现实问题,也形成了若干热点,某些老问题被重新提起,同时又产生一些深层次问题,对主流意识形态形成了挑战。有的人宣扬西方价值观;有的人专拿党史国史说事;有的人以反思改革为名否定改革;有的人否定四项基本原则;有的人打着马克思主义经济学家旗号鼓吹西方自由市场经济;有的人否定社会主义革命必要性。突出表现为以下 12 个方面。

一是把改革定义为往西方资本主义的方向改。有人认为,国有企业已经成为未来中国进一步成长的主要障碍之一。未来几年,中国在经济领域要做三件事情,第一是国有企业的私有化;第二是土地的私有化;第三则是金融的自由化。[①] 有人认为为了避免陷入所谓的权贵资本主义、国家资本主义,经济体制改革就是要推行西方的市场化,实行国有企业私有化、土地私有化、金融自由化。[②]

二是歪曲恩格斯思想,宣扬"放弃共产主义"。一些学者提出恩格斯晚年放弃了共产主义,要通过和平方式走向社会主义,曾说"到 20 世纪下半叶欧美将进入社会主义"。今天太平洋那边"也是社会主义市场经济了",一些人移民国外是投奔"社会主义"。

三是宣扬"苏马非马",否定列宁主义。一些学者提出"要澄清苏马与马克思主义之间的重大区别,要回到原本的马克思主义理论当中去",完全否定列宁和斯大林的社会主义理论和实践。[③]

四是宣扬中国接受马克思主义是偶然的,割裂马克思主义与中国道路的内在联系。有学者提出,中国人并不是自己主动寻找马克思主义的,而是马克思主义顺道进来的,"然后中国人被动地去接受它"。[④]

五是误读党的创新理论。有的专家学者说,邓小平理论就是"猫论""摸论""先富论""不争论";"三个代表"重要思想就是三句话;"科学发展观"就是一句话,等等。还有的学者宣扬中国特色社会主义就是"美国那样""共同富裕就是现代中产阶级化""邓小平去美国等地看了……共同富裕变成那样就是社会主义"。[⑤] 这些都是把当代中国马克思主义庸俗化的表现,不但不能使广大人民群众真正掌握当代中国的马克思主义,反而严重损害了理论在人民群众心目中的形象,妨碍了当代马克思主义的影响力、战斗力。

六是把新一届党中央的治国方略误读为"新权威主义""政左经右"。有学者提出,"邓小平

① 卫兴华,侯为民:《怎样认识国有经济地位和作用的争论》,《马克思主义文摘》2013 年第 5 期。
② 程恩富:《经济体制改革的顶层设计与未来发展方向》,《马克思主义文摘》2013 年第 11 期。
③ 周为民,等:《当代中国思想状况》,《上海思想界》2014 第 1—2 期。
④ 王德峰,等:《中国道路与中国改革》,《上海思想界》2014 年第 4 期。
⑤ 周为民,等:《当代中国思想状况》,《上海思想界》2014 年第 1—2 期。

开启了中国的新权威主义道路",习近平是中国"新权威主义的 2.0 版本",是"新加坡模式",是新权威主义加市场经济。①

七是宣扬共产党是全民党,也代表资本。有学者提出现在与革命时期不一样,共产党是执政党,应代表"全体公民"和有钱人。"不能把人群分成阶级,自称代表一个或几个阶级"。混淆了党性和代表性问题。②

八是否定中国模式,为新自由主义张目。有学者提出中国模式是不存在的,中国的进步是建立在西方发展的基础上的,中国必须纳入资本主义体系中,经济改革要搞自由市场经济,政治改革要搞宪政民主。③

九是误读"市场在资源配置中的决定作用",否定改革的社会主义方向。一些学者提出,市场在一切场合都应该起决定作用。市场的决定作用就是市场化,市场化同样适用于思想、政治和文化领域,市场化就是"共产党领导的资本主义"。④

十是否定国有企业是共产党执政基础,主张国有企业私有化。有学者提出,从历史看是先有共产党执政再有国企,国企不是共产党执政基础。共产党是由于发展了民营企业,才提高了执政合法性。国企改革的方向是私有化。⑤ 有的学者大谈"国有企业垄断论""国有企业与民争利""国企是不堪的存在",鼓吹"私有化""去国有化""去主导化"。特别是一些别有用心的人恶意攻击党的政策,声称"国企的存在就是问题""国家退出去让民营企业经营就完了",把国企"做强、做优、做大"是错的,这完全是反改革,打着改革的旗号,做着反改革的事情,是又一次欺骗舆论。有人甚至说:国企在关键行业的垄断已造成广泛的不满,国有企业要民营化,国有企业占 GDP 的份额下降到 10% 或更低是有可能的。中国或许将成为一个建立在私有产权基础上的市场经济。

十一是鼓吹历史虚无主义,污蔑社会主义革命是灾难,否定社会主义革命的必要性,消解党的执政合法性。一段时间以来,有人持续宣扬和鼓吹历史虚无主义,编造、虚构历史事实,对党的历史、党的领袖进行抹黑,重新解构党和党的领袖的历史,在一些党员内心形成原罪心态,在群众心中颠覆党的形象。有人认为从人类在 20 世纪进行的将近 100 年改造社会的历史大试验中看得很清楚:不管立意多么真诚美好,沿着 1789 年(法国大革命)—1871 年(巴黎公社革命)—1917 年(十月革命)的道路,能够获得的绝不会是人们曾经许诺过的地上天国,而"只能是大灾难和大倒退,娜拉出走以后又回到了原处"。中国几千年的历史,一直在"起义—新王朝—新的暴政—再起义"的历史怪圈里轮回。到了近代,"十月革命一声炮响,给我们带来了马克思列宁主义",更确切地说,给我们带来了"1789—1870—1917 这股潮流"。⑥

十二是否定人民民主专政,主张用法治代替人民民主专政。有人认为"叫法治,法律就是最大,必须是这样一个理念""共产党是法外之党"。如果有比法律更高的东西,就别说自己是"法治国家"。"既然我们是社会主义法治,怎么还有人怕它代替人民民主专政呢? 很是莫名其妙。"2014 年原中国社会科学院院长王伟光发表《坚持人民民主专政,并不输理》一文后,竟有一些人掀起了围剿王伟光的论战。显而易见,王伟光文章所招致的围剿,非是一般的理论争鸣,而是有着极其复杂的政治背景和政治目的,主要是一些人要鼓吹"三权分立、宪政民主"。

① 萧功秦:《从邓小平到习近平:中国改革的再出发》,《上海思想界》2014 年第 4 期。
② 王德峰,等:《中国道路与中国改革》,《上海思想界》2014 年第 4 期。
③ 周为民,等:《当代中国思想状况》,《上海思想界》2014 年第 1—2 期。
④ 王德峰,等:《中国道路与中国改革》,《上海思想界》2014 年第 4 期。
⑤ 周为民,等:《当代中国思想状况》,《上海思想界》2014 年第 1—2 期。
⑥ 吴敬琏,马国川:《重启改革议程——中国经济改革二十讲》,生活·读书·新知三联书店 2013 年版,第 295 页。

　　上述这些有悖于主流意识形态的言论,模糊了人们的视野,导致人们对中国未来发展产生了不确定性和一些干部、群众信仰危机的加深。

(五) 社会主义主流意识形态面临着多元文化和价值观的挑战

　　全球化背景下,复杂多变的全球政治经济形势对我国的影响日益加深,西方的各种不同观点、不同文化、不同价值观,甚至消极、不健康思潮大量涌入。随着国内市场化改革的推进,社会阶层分化加剧,出现了不同的利益群体、不同的政治理想。社会思想文化呈多元多变态势。在这种多元化格局中,社会主义意识形态受到严重冲击,人们的思想观念、价值取向、道德准则和生活方式发生了一系列变化。最根本的是在信仰方面发生了变化,"马克思主义被边缘化、空泛化、标签化,在一些学科中'失语'、教材中'失踪'、论坛上'失声'。"[1]拜金主义、享乐主义、利己主义日益泛滥,以马克思主义为指导的社会主义主流意识形态受到严重削弱。

　　一些党员干部,甚至党的高级领导干部理想信念动摇,精神萎靡不振,沉溺封建迷信,笃信阴阳风水,卜卦摇签,烧香磕头,求神祭鬼,不信马列信鬼神,对党的领导、中国特色社会主义制度和共产主义理想缺乏信心。川南某风景区政府修办公楼,完工后请风水先生来一看说不行,坐向不对! 只好把临街的前门堵了,从背后另修大门另建路。原河北省委书记周本顺在其多处住所内,均摆设佛堂佛龛,每逢初一、十五和相关佛教节日,都按时在家烧香拜佛。甚至家里养的一只乌龟死后,他还竟然专门为此手抄经文,连同乌龟一起下葬。党员干部政治意识、党员意识淡漠,理想信念不坚定,严重削弱党的创造力、凝聚力、战斗力,严重影响党的执政地位巩固和执政使命的实现。

　　一个时期以来,在青年人中,"80后""90后"的人群对星座、算命、宗教等领域很感兴趣。他们或受传染于社会环境,或由于从众心理,或出于个人好奇,举止行为往往自觉不自觉地带有宗教符号,如佩戴十字架装饰,参加圣诞节活动,等等。这成为一些大学生所谓追求时尚的表现。中国青少年研究中心的调查和"北京青年发展报告"的调查结果均表明:在部分青少年中"拥有金钱和财富"替代了"为一种崇高的信仰奋斗"。

　　在一些社会群体中甚至出现了是非不分、美丑不辨的严重社会现象。2010年山东某县某市和安徽某市争做西门庆、潘金莲故里,还要搞西门庆、潘金莲旅游文化节。西门庆被一改在传统文学名著中"大淫贼、大恶霸、大奸商"的艺术形象,华丽转身成为当地政府追捧的文化产业英雄。一些领域思想道德严重滑坡,媒体娱乐节目丑态百出。社会生活中诚信缺失,市场上假货盛行,使人们深刻感受到意识形态领域面临的巨大风险和道德危机的严重存在。

第三节　有效应对意识形态领域的重大 风险和考验的对策

　　意识形态工作是为国家立心,为民族立魂,其根本任务就是要不断巩固马克思主义在意识形态领域的指导地位,不断巩固全党全国人民团结奋斗的共同思想基础。习近平同志于2015年9月11日在主持中央政治局第二十六次集体学习时强调:"我们共产党人的根本,就是对马

---

[1] 中共中央党史和文献研究院:《习近平关于防范风险挑战、应对突发事件论述摘编》,中央文献出版社2020年版,第44页。

克思主义的信仰,对共产主义和社会主义的信念,对党和人民的忠诚。立根固本,就是要坚定这份信仰、坚定这份信念、坚定这份忠诚,只有在立根固本上下足了功夫,才会有强大的免疫力和抵抗力。"①回顾党的奋斗历程可以发现,我们党之所以能够不断历经艰难困苦、创造新的辉煌,很重要的一条就是我们党始终重视思想建党、理论强党,坚持用科学理论武装广大党员、干部的头脑,使全党始终保持统一的思想、坚定的意志、强大的战斗力。今天我们应对意识形态领域的重大风险和考验,必须坚定马克思主义信仰,建设具有强大凝聚力和引领力的社会主义意识形态,使全体人民在理想信念、价值理念、道德观念上紧紧团结在一起,筑牢全党全国人民团结奋斗的共同思想基础。

一、坚持马克思主义在意识形态领域的主导地位

马克思主义是社会主义意识形态的灵魂。只有坚持马克思主义在意识形态领域的主导地位,才能有效引领和整合社会意识和社会思潮,在尊重差异中扩大社会认同,在包容多样中形成思想共识,从而凝聚起实现中华民族伟大复兴的强大精神力量。我们要赢得优势、赢得主动、赢得未来,清除前进道路上各种各样的拦路虎、绊脚石,必须把马克思主义作为看家本领,以更宽广的视野、更长远的眼光来思考把握未来发展面临的一系列重大问题,不断提高全党运用马克思主义分析和解决实际问题的能力,不断提高运用科学理论指导我们应对重大挑战、抵御重大风险的能力。

对马克思主义的信仰、对社会主义和共产主义的信念,是共产党人经受住任何考验的精神支柱。坚持马克思主义在意识形态领域的主导地位,首先要解决真学、真懂、真信的问题。只有认真学习马克思主义基本理论,掌握了正确的世界观、方法论,才能更好地观察和解释自然界、人类社会、人类思维各种现象,揭示蕴含在其中的规律。只有真正弄懂了马克思主义,才能在揭示共产党执政规律、社会主义建设规律、人类社会发展规律上不断有所发现、有所创造,才能更好识别各种唯心主义观点、更好抵御各种历史虚无主义谬论。只有坚定马克思主义信仰,才能增强对马克思主义追求人类解放崇高目标的情感认同,对马克思主义基本理论的理性认知,对马克思主义社会理想的坚定信念,用马克思主义指导实践的坚定意志,才能无所畏惧地为实现党的崇高理想而奋斗。

现阶段,在我国思想理论界,各种思想观念非常活跃,其中主流是积极的、健康的,但也有少数错误的乃至反动的政治思想混杂其中,它们妄图歪曲和否定马克思主义的科学性,动摇甚至反对马克思主义在我国意识形态领域的主导地位,给人们的思想造成混乱。坚持马克思主义在意识形态领域的主导地位,必须坚决反对各种否定和诋毁马克思主义的思潮,正确处理思想文化领域一元主导和多元共存的关系。一方面要旗帜鲜明地反对指导思想多元化。在我们这样一个发展中大国搞社会主义建设,没有统一思想,必然天下大乱,离开马克思主义的一元化指导,没有是非标准,就不可能形成统一的价值观。苏共垮台、苏联解体原因固然很多,但核心的一点就是戈尔巴乔夫鼓吹意识形态多元化,搞乱了人们的思想,进而瓦解了苏共执政的思想基础。另一方面要正确处理坚持马克思主义的主导地位与思想观念多样化的现实之间的关系。要毫不动摇地坚持我们党在宣传思想文化领域中一贯倡导的"百家争鸣、百花齐放"、弘扬主旋律、提倡多元化和尊重差异、包容多样的基本原则,在尊重多样化的思想文化现实中坚持

---

① 习近平:《时时铭记 事事坚持 处处上心 以严和实的精神做好各项工作》,新华网 2015 年 9 月 12 日。

马克思主义主导地位,在包容多样化的思想文化现实中巩固马克思主义的主导地位。

坚持马克思主义在意识形态领域的主导地位,必须落实到研究我国发展和我们党执政面临的重大理论和实践问题上来,落实到提出和解决问题的正确思路和有效办法上来。广大党员干部尤其是领导干部是否善于用马克思主义立场、观点和方法去分析和解决实际问题并总结实践经验,是考验其马克思主义信仰坚定不坚定的主要标志。理论联系实际是中国共产党人始终坚持的一条基本原则,党员干部在工作中坚持与运用马克思主义的强烈意愿和坚定意志,是马克思主义信仰坚定和思想觉悟高的重要体现。党员干部要自觉养成实事求是、联系群众、调查研究的工作方法和工作作风,彻底抛弃脱离实际的主观主义和官僚主义。坚持以人民为中心,把党的群众路线贯彻到治国理政全部活动之中,把人民对美好生活的向往作为奋斗目标,不断促进全体人民共同富裕,团结带领人民创造历史伟业。

坚持马克思主义在意识形态领域的主导地位,要大力弘扬马克思主义与时俱进的理论品质,推进马克思主义中国化、时代化、大众化,用习近平新时代中国特色社会主义思想武装全党、教育人民、推动工作。这一思想是马克思主义中国化最新成果,是党和人民实践经验和集体智慧的结晶,是国家政治生活和社会生活的根本指针。它回答了党和国家发展的一系列重大问题,提出了一系列富有时代性、创造性、人民性的重大论断,廓清了一系列大是大非问题,在党领导人民推进伟大工程、伟大事业、伟大斗争、伟大梦想的历史进程中,展现出强大的真理力量、独特的思想魅力、巨大的实践伟力,得到了全党全国各族人民高度的政治认同、思想认同、情感认同,成为指引为人民谋幸福、为民族谋复兴的思想旗帜,成为凝聚中国人民勠力同心、奋勇前进的精神之魂。坚持用这一思想武装全党、教育人民,实现全体人民在思想政治和行动上的高度统一,必将进一步筑牢全国各族人民团结一致的思想根基。

二、培育和践行社会主义核心价值观

核心价值观是一个国家的重要稳定器。任何一个社会都存在多种多样的价值观念和价值取向,要把全社会的意志和力量凝聚起来,必须有一个与经济基础和政治制度相适应并能形成广泛社会共识的核心价值观。通过构建核心价值观、发展主流意识形态、整合社会意识,是社会系统得以正常运转的基本途径。培育和践行社会主义核心价值观是我国社会转型期形成共同思想基础的需要。

在我国古代,很早就提出了"礼义廉耻,国之四维",后经历代儒家的吸收融合,逐步形成了以"三纲五常"为主要内容的价值体系,成为封建社会两千多年超稳定结构的精神支撑。"三纲",即君为臣纲、父为子纲、夫为妻纲,它规定了古代君臣、父子、夫妇之间的特殊道德关系。"五常",即仁、义、礼、智、信,是调整规范君臣、父子、兄弟、夫妇、朋友等人伦关系的行为准则。对这些传统文化我们要辩证看待,取其精华,去其糟粕。在西方,资产阶级在反对封建统治、夺取政权的斗争中,掀起了文艺复兴和思想启蒙运动,提出了"自由、平等、博爱"等价值观念,形成了一套以个人主义为主要内容的价值观,对建立和巩固资本主义制度发挥了重要的作用。

从我国转型期的实际情况看,迫切需要树立社会主义核心价值观。这主要因为:一是我国人口众多、意识多元,需要核心价值来统一思想、提高认识、凝聚人心。二是多元价值差异共存,需要核心价值来规范、引领和主导。三是存在价值缺失和偏离,社会需要培育、强化核心价值观。

历史和现实表明,核心价值观是一个社会的方向盘,是一个国家的稳定器。能否构建起具有强大感召力的核心价值观,关系社会和谐、国家安定有序发展。在当代中国培育和践行社会主义核心价值观,才能形成统一思想、统一意志、统一方向和目标,进一步巩固和壮大社会主义意识形态,掌握意识形态领域的主动权、主导权、话语权,团结凝聚全国人民为建设中国特色社会主义而共同奋斗。

(一) 深刻理解社会主义核心价值的科学含义和内容

核心价值观是一定社会形态社会性质的集中体现,在社会思想观念体系中处于主导地位,决定着社会制度、社会运行的基本原则,制约着社会发展的基本方向。加强社会主义核心价值体系建设,一项基础性工作就是培育社会主义核心价值观。

"价值",是经济学、哲学、伦理学、政治学等学科的基本概念。"价值"有两种含义:一是马克思主义政治经济学意义上的价值,是"体现在商品里的社会必要劳动";二是事物的"用途或积极作用"。

"价值观",一是"对经济、政治、道德、金钱等所持有的总的看法",二是"对人生价值的认识,即对个人或别人在社会生活中的作用、地位和意义的观点"。某一事物的价值,以及关于该事物的价值观,可以是多方面的,其中最主要的、能够体现事物本质属性的价值与价值观,可以称之为核心价值与核心价值观。

价值观的主体是人,包括个人以及集体化了的人——阶级阶层等,人类实践的一切对象则构成价值观的客体。在阶级社会,不同的个人属于不同的阶级,个人的价值观在很大程度上从属于阶级的价值观。根据马克思主义基本原理,每一个社会占统治地位的价值观,都是在经济上占统治地位的统治阶级的价值观。

唯物史观认为,人是社会的主体,也是社会发展的最终目的。可是,在资本主义社会,由于生产资料私有制的存在,人们特别是工人阶级受到资本家的剥削压迫。因此,消灭私有制,实现人的彻底解放与自由全面发展,是科学社会主义的核心价值。与此相应,社会主义必然要求奉行"集体主义"。

社会主义的核心价值,追求个人利益与集体利益的和谐。需要注意的是,社会主义的集体主义并不否定个人利益,而是否定少数人对多数人的统治,反对把少数人的利益置于多数人利益之上,更是否认损人利己的行为。在义利关系上,主张国家集体利益至上,党员干部应为国家和人民的利益牺牲个人利益,反对个人主义和见利忘义。

(二) 中国特色社会主义核心价值观是社会主义核心价值的中国化

中国特色社会主义,是科学社会主义基本原则与当代中国实际相结合的产物。中国特色社会主义的核心价值观,同样要遵循科学社会主义的基本规定,即人的彻底解放与全面自由发展和集体主义。准确理解这一点,要求我们的各种政策措施,包括价值观建设,都要为人的发展服务,切实做到以人为本。

中国特色社会主义在很多方面不同于马克思、恩格斯设想的未来社会,其中最大的不同是所处历史方位不同。中国社会主义是在经济文化落后国家建立的,这就决定了我们要实现人的彻底解放与全面自由发展,首先要实现 14 亿中国人的彻底解放与全面自由发展,必须认真解决现代化进程中遇到的各种问题。

建立社会主义制度,实现了中国人政治上的独立与解放,但生产力不发达、经济文化相对落后、发展差距过大,仍旧是彻底解放与全面自由发展的最大障碍。要在中国的基本国情下实现社会主义的核心价值,既要大力发展生产力、完善社会主义民主、确保改革发展成果全民共享,又要建立服务于这个核心价值的价值观念。

核心价值观的科学表述要符合三个条件。一是应当适用于中华人民共和国的所有公民和一切组织,具有普遍的适用性、针对性、规范性和约束性。如果只对部分人、部分组织起作用,就不能称为整个社会的核心价值观。任何只针对部分人的价值、章程都有其特定的适用范围(如学会、协会),而一个国家的核心价值必须是适合所有公民的。二是这些概念应当是同一个层次的概念,不能有高有低。党的十八大报告提出的核心价值观有三个层面,每一个层面的四个词都是同一个层次,都很整齐,讲的是同一个层面的问题,同时又深刻把握了这一层面的实质和核心。三是在对外交往中能够准确地翻译成外文而没有歧义。这一点在传播中国文化、加强对外交流、讲好中国故事、树立中国形象等方面至关重要。

(三) 社会主义核心价值观的含义和内容

中国共产党十六届六中全会提出建设中国特色社会主义核心价值体系,其主要内容包括马克思主义指导思想、中国特色社会主义共同理想、以爱国主义为核心的民族精神和以改革创新为核心的时代精神、社会主义荣辱观。党的十八大又提出了"三个倡导"的核心价值观。那么,核心价值观与核心价值体系具有什么关系呢? 社会主义核心价值观是社会主义核心价值体系的内核,体现着社会主义核心价值体系的根本性质和基本特征,反映着社会主义核心价值体系的丰富内涵和实践要求,是社会主义核心价值体系的高度凝练和集中表达。

核心价值观是社会核心价值体系基本理念的统一体,直接反映核心价值体系的本质规定性,贯穿于社会核心价值体系基本内容的各个方面。"三个倡导"是现阶段全国人民对社会主义核心价值观具体内容的最大公约数的表述,具有强大的感召力、凝聚力和引导力。

党的十八大报告提出:"倡导富强、民主、文明、和谐,倡导自由、平等、公正、法治,倡导爱国、敬业、诚信、友善,积极培育和践行社会主义核心价值观。"[①]"三个倡导"明确了国家发展目标,彰显了社会核心理念,确立了公民基本遵循,符合党和国家一贯倡导的思想、理念、精神,涵盖了最广大人民群众的普遍愿望。

1. 富强、民主、文明、和谐是国家层面的价值目标

富强、民主、文明、和谐是我国社会主义现代化的建设目标,也是从价值目标层面对社会主义核心价值观基本理念的凝练,在社会主义核心价值观中居于最高层次,国家好、民族好,大家才能好,这一层面的价值目标对其他层次的价值理念具有统领作用。

富强即民富国强,是国家强大、全体人民共同富裕,不是一部分人富一部分人穷,这是中华民族梦寐以求的美好夙愿。民主是人类社会的美好诉求。我们追求的民主是人民民主,其实质和核心是人民当家作主。它是绝大多数人的民主,是社会主义的生命,也是创造人民美好幸福生活的政治保障。文明是社会进步的重要标志,也是社会主义现代化国家的重要特征。狭义讲它是社会主义现代化国家文化建设的应有状态,是对面向现代化、面向世界、面向未来的、民族的、科学的、大众的社会主义文化的概括,是实现中华民族伟大复兴的重要支撑;广义讲包括物质文明、政治文明、精神文明、社会文明和生态文明等。和谐是中国传统文化基本理念,它不是整齐划一、均等,而是有规则的统一。现阶段它集中体现了幼有所育、学有所教、劳有所得、病有所医、老有所养、住有所居、弱有所扶的社会局面,社会主义现代化国家在社会建设领

---

① 本书编写组:《十八大报告学习辅导百问》,党建读物出版社、学习出版社 2012 年版,第 28 页。

域的价值诉求,是经济社会和谐稳定、持续健康发展的重要保证。

2. 自由、平等、公正、法治是社会层面的价值取向

自由是人在社会关系中的存在状态。这里的自由,不是随心所欲,更不是为所欲为,而是以尊重他人的自由为前提和界限的。自由既是个人对自觉、自愿、自主的意志与行为的向往和追求,也是整个社会的崇高理想和终极目标。尊重自由、追求自由、保护自由,让个人实现自由全面的发展,是我国社会主义社会不断发展、完善的现实诉求。

平等指的是公民在法律面前的一律平等,其价值取向是不断实现实质平等。它要求尊重和保障人权,人人依法享有平等参与、平等发展的权利。现在我们提出公共服务均等化,就是实现平等的一个重要方面。医疗、卫生、公共文化、社会保障、就业等公共服务的均等化就体现了平等。

公正即社会公平和正义,它以人的解放、人的自由平等权利的获得为前提,是国家、社会应然的根本价值理念。社会有四大公正保障体系:一是行政公正,就是政府机关和一切具备承担行政职能的企事业单位和社会团体,都应当提供公正。二是舆论公正,报纸、刊物、电视、广播及新兴传媒,都应当提供公正的舆论;尤其是对一些事情的判断,对一些矛盾纠纷的评价,应当给予公正的报道和评价。三是仲裁公正,是比舆论公正要强、但比司法公正要弱的一种公正,专门由仲裁机构提供。四是司法公正,司法公正是最后和最高的公正,是纠正一切不公正行为的最高裁判。公正的依据,一是道德,二是惯例,三是法律。一个社会具备了公正,这个社会从投资来讲就是一个好的投资环境,从生存来讲就是好的生存环境,从成才来讲就是好的成长环境。

法治就是依靠法律治理国家,是治国理政的基本方式,依法治国是社会主义民主政治建设的基本要求。法治首先是对权力的规范和约束,一切权力都应该在宪法和法律规范的框架下运行。因此,法治最重要的就是科学立法、严格执法、公正司法,对于公民来说就是知法守法,这几个方面要结合起来。其中,尤其要注意程序合法,这是任何国家进行法治建设的一个重要方面。

3. 爱国、敬业、诚信、友善是公民个人层面的价值准则

"爱国、敬业、诚信、友善"是从个人行为层面对社会主义核心价值观基本理念的凝练。它包含了对国家、对职业、对事情、对他人的基本立场和态度,覆盖社会道德生活的各个领域,是公民必须恪守的基本道德准则,也是评价公民道德行为选择的基本价值标准。

爱国是基于个人对自己祖国依赖关系的深厚情感,也是调节个人与祖国关系的行为准则。它同社会主义紧密结合在一起,要求人们以振兴中华为己任,促进民族团结、维护祖国统一、自觉报效祖国。敬业是对公民职业行为准则的价值评价,要求公民忠于职守,克己奉公,服务人民,服务社会,充分体现了社会主义职业精神。诚信即诚实守信,是人类社会千百年传承下来的道德传统,也是社会主义道德建设的重点内容,它强调诚实劳动、信守承诺、诚恳待人。人无信而不立,国无信而不兴。商鞅变法,首先立信,才能推行新法。政府诚信是基础,个人诚信是关键。失去诚信,社会发展就失去了根基。友善强调公民之间应互相尊重、互相关心、互相帮助,和睦友好,努力形成社会主义的新型人际关系。

只有从国家、社会、个人三个层面积极培育、努力践行社会主义核心价值观,才能使核心价值观被普遍认同接受,被普遍追求实践,并被普遍体现在个人言行和人际关系上,从而在全社会形成体现社会主义核心价值观的社会氛围、社会环境和社会风气,形成社会主义核心价值风尚。

(四) 强化教育引导,积极培育和践行社会主义核心价值观

一个民族、一个国家,如果没有核心价值观,就会魂无定所、行无依归。习近平总书记指出:"社会主义核心价值观是当代中国精神的集中体现,凝结着全体人民共同的价值追求。要以培养担当民族复兴大任的时代新人为着眼点,强化教育引导、实践养成、制度保障,发挥社会主义核心价值观对国民教育、精神文明创建、精神文化产品创作生产传播的引领作用,把社会主义核心价值观融入社会发展各方面,转化为人们的情感认同和行为习惯。"[1]培育和践行社会主义核心价值观,是社会主义主流意识形态建设的必然要求,对于应对意识形态领域的风险考验具有重要作用,必须将社会主义核心价值观全面渗透到推进国家治理体系现代化过程的各个要素之中,细化为各行各业各方面的行为规范,使符合核心价值观的行为得到鼓励、违背核心价值观的行为受到制约。

1. 教育引导是培育社会主义核心价值观的基础性工作

要在全社会广泛开展社会主义核心价值观的宣传教育活动,通过多种形式把社会主义核心价值观的内容和要求通俗化、大众化,努力扩大社会认同,形成思想共识。电台、报纸、刊物、书籍、宣传栏、墙报,小说、电影、电视剧、小品、相声、曲艺节目以及各种数字化新媒体,都应以灵活多样的方式宣传核心价值观。

同时,要区分层次、突出重点。党员干部的言行对其他社会成员有着很强的示范作用,很大程度上影响着人民群众对核心价值观的认同。广大党员干部特别是各级领导干部要带头学习和践行社会主义核心价值观,用自己的模范行为和高尚人格感召群众、带动群众。青少年是国家的未来,学校是意识形态的重要阵地,建设核心价值观必须从小抓起、从学校抓起。要把核心价值观的基本内容和要求渗透到学校的教育教学之中,体现在学校的日常管理之中,做到进教材、进课堂、进头脑。知识分子特别是各界知名人士是建设先进文化的重要力量,对全社会特别是青少年影响很大。应当充分发挥自身优势,大力传播社会主义核心价值观,积极为践行核心价值观贡献智慧和力量。

2. 建立相关体制机制是培育社会主义核心价值观的重要保障

一是国家经济、政治、文化、社会、生态文明治理的各个层面、各项治理的具体实践都要体现社会主义核心价值观所倡导的理念,把核心价值观的基本要求转化为治国理政的政策、制度,形成有利于培育和践行核心价值观的政策导向、利益导向和体制机制。各级各类管理部门要建立健全有效的激励约束机制,注重在日常管理中体现价值导向,使符合核心价值观的行为得到鼓励,违背核心价值观的行为受到惩处和制约。

二是要按照社会主义核心价值观的基本要求,健全各行各业的规章制度。完善市民公约、乡规民约、学生守则等行为准则,使核心价值观成为人们日常工作生活的基本遵循。要有计划、有目的地建立和规范一些礼仪制度,如升国旗仪式、成人仪式、入党入团入队仪式等,充分利用重大纪念日、民族传统节日等契机,组织开展形式多样的纪念、庆典活动,传播核心价值观,增强人们的认同感。

三是要建立国家、社会和个人联动机制。要把核心价值观的要求贯穿到依法治国的实践中,落实到立法、执法、司法、普法等方面,用法律的权威推动核心价值观建设。各个行业、社会各方面要结合各自职能,把核心价值观建设纳入目标管理责任制,制订规划、完善措施、扎实推进。

---

[1]《习近平谈治国理政》第 3 卷,外文出版社 2020 年版,第 33 页。

3. 注重实践养成，把社会主义核心价值观融入日常工作生活之中

一种价值观要真正发挥作用，必须融入社会生活，让人们在实践中感知它、领悟它。离开了生活，离开了实践，再好的价值观只能是空中楼阁。推进社会主义核心价值观建设，必须同人们日常生活紧密地联系起来，在落实上下功夫。

一是要把社会主义核心价值观的要求融入各种精神文明创建活动之中。充分发挥文明城市、文明村镇、文明行业、文明社区、文明单位的示范作用，吸引群众广泛参与，推动人们在为家庭谋幸福、为他人送温暖、为社会做贡献的过程中提升精神境界、培育文明风尚。各行业还应根据自己的实际制定符合行业特点和需要的核心价值观。如革命军人的核心价值观："忠诚于党、热爱人民、报效国家、献身使命、崇尚荣誉"；司法界提出的核心价值观："公正、廉洁、为民"；公安部门提出的人民警察核心价值观："忠诚、为民、公正、廉洁、奉献"等。总之，要利用各种时机和场合，搭建弘扬核心价值观的平台，形成有利于践行核心价值观的生活情景和社会氛围。

二是从细节着手，引导人们从日常生活的细节中感知意义、体验崇高、增进认同。践行核心价值观最基础的主体是个人，培育核心价值观基础在个人价值观的培育上，个人价值观的培育目标要细、要求要细、责任要细、措施要细。机关、学校、宾馆、影院、剧院、医院、车站等各种公共场所都应在显著位置标示体现核心价值观要求的相关规约，各种规约条文一定要具有操作性，要明确提倡什么，反对什么，不能模棱两可、似是而非。要把引导与约束结合起来，形成扶正祛邪、扬善惩恶的良好社会风气。

三是管好微文化环境，凝聚社会正能量。当下微博、微信、手机媒体和社交网络已成为新的舆论生成策源地、文化传播集散地、思想交锋主阵地。微文化的主要特征是个体的"微小"和群体的强大。微文化热心公益、关注社会监督，助推了社会的发展进步。但由于各式微平台的准入门槛低，身份验证的难度大，敌对势力、非法组织等都有可能在这个平台上传播反动、迷信、淫秽、庸俗等不良内容。因而涉足网络空间的每个人都要"自律"，同时还必须加强网络空间的社会管理，为虚拟世界的个体行为和社群活动提供正确价值导向，凝聚"向善""向上"的正能量。

四是把培育和践行社会主义核心价值观的任务落实到基层。城乡基层是培育和践行社会主流价值观的重要依托，农村、企业、社区机关等基层单位要重视社会主义核心价值观的培育和践行，使之融入基层党组织建设、基层政权建设中，融入城乡居民自治中，融入人们生产生活和工作学习中，努力实现全覆盖，推动社会主义核心价值观不断转化为社会群体意识和人们自觉行动，形成人人践行社会主义核心价值观的生动景象，转化为实现中华民族伟大复兴的强大精神动力。

三、坚定"四个自信"，坚定中国特色社会主义必胜信念

在中国共产党领导下，坚持和发展中国特色社会主义，实现中华民族伟大复兴，是当代中国人民的共同理想信念。这一共同理想信念，把党在社会主义初级阶段的目标、国家的发展、民族的振兴与个人的幸福紧密结合在一起，有着广泛的社会共识和令人信服的必然性，是有效凝聚全国各族人民共同奋斗的精神基础。2012年11月17日，习近平总书记在主持中央政治局第一次集体学习时指出：坚定理想信念，"是共产党人安身立命的根本"，是共产党人经受住任何考验的精神支柱。① 现实生活中，一些党员、干部出现这样那样的问题，说到底是信仰迷

---

① 《习近平谈治国理政》第1卷，外文出版社2014年版，第15页。

茫、精神迷失的结果。加强社会主义主流意识形态建设,必须坚定广大人民尤其是党员干部的理想信念。

其一,要引导人们正确看待理想社会主义制度与当代中国的社会现实之间的关系。我们理想的社会主义社会是物质产品极大丰富、人们的物质文化生活极大提高,全体社会成员都过着幸福美满生活的一种美好社会状态。但在现实生活中,我们的社会主义发展状况离人们对社会主义制度本身的理想和期待还有很大差距。有的人因为社会主义理想与现实之间存在的这种巨大差距而对社会主义制度的信念产生了怀疑,甚至丧失了信仰。

我们要认识到在社会主义初级阶段,尽管我国社会生产力发展水平、广大人民群众的生活水平还不高,但已经有了很大改善,不少人 10 年间财富已经翻了一番。只要我们坚定地走中国特色社会主义道路,就一定能够实现社会主义制度的理想目标。我们不妨和国情相近的印度作一比较,印度 1947 年独立,我们 1949 年成立中华人民共和国。当时印度人均 GDP 57 美元,我们人均 GDP 只有 27 美元,印度是我们的两倍多。但到 2019 年我国 GDP 总量达到 14.4 万多亿美元,印度不到 2.97 万亿美元,不足我国的 1/4;我国人均 GDP 达到 10 276 美元,印度不到 2 175 美元,也不足我国的 1/4。这足以说明我国在社会主义制度下的发展速度远高于实行资本主义制度的印度,显示了中国特色社会主义的巨大优越性。

其二,要正确看待我们与发达国家的差距,坚定理想信念。我们承认与发达国家的差距,但要认识到这种差距是中国近代的历史原因所形成的。我们承认这种差距,但我们也在努力缩小它,事实上随着改革开放的深入,存在这种差距的领域已经越来越少了,我们用 70 多年走过了西方国家几百年走过的路。我们既要看到西方尤其是美国经济科技发展的一面,也要看到其腐朽落后的一面,要认识到美国是一个先进与落后的矛盾统一体。一方面美国具有超强的经济、科技和军事实力,另一方面由于资本主义制度的局限性,也存在难以克服的固有矛盾,随着这些矛盾的发展和激化,美国正在失去发展的活力。目前美国社会存在的突出矛盾表现在以下两点。

一是社会日益两极分化,出现严重撕裂。现在,身居美国财富金字塔顶端的 1% 的人每年收入占全国总收入将近 1/4。若以所拥有的财富论,这 1% 人口所控制财富比例达 40%。过去 10 年来,上层 1% 的人的收入激增 18%,中产阶层的收入却在下降。塔尖 1% 的人住着最好的房子,享受最好的教育、医疗和最美妙的生活方式,但却有 1/6 的美国人想得到一份全职工作而不能,1/7 的美国人要靠食品券生活。大量证据表明,好处全部留在上层,并未"滴流"到下面,惠及其他人群,这必然导致多数人对少数人的不满和社会对抗。[①] 2021 年 1 月刚上任的美国总统拜登就面临着三大挑战:新冠疫情持续蔓延、美国经济陷入困境、美国社会分裂严重。彼时美国新冠确诊病例逼近 2 500 万,死亡病例累计超过 40.4 万,均为世界 1/4。伴随疫情蔓延,美国经济陷入困境。2020 年 12 月美国零售销售环比下降 0.7%,有超过 1 000 万人口失业,近 400 万美国人处于长期失业状态。在公共卫生危机和经济危机之下,美国还在经历严重的社会分裂。2020 年 6 月,席卷全美的种族歧视抗议活动,反映的是种族不平等和社会不公。大选选情的胶着以及 2021 年 1 月 6 日美国国会大厦被暴力冲击的背后是选民意识形态的两极分化,这显然比解决棘手的疫情问题更为复杂和艰难。

二是社会关系的异化,产生了一系列家庭、伦理问题,人们缺乏社会责任感。美国学者詹姆斯·麦格雷戈·伯恩斯在《民治政府——美国政府与政治》一书中说,"近来的统计显示:大

---

① 叶檀:《中产受夹击是全球经济衰落之源》,金融界网站 2012 年 1 月 17 日。

约 1 400 万美国人在使用违禁药品,其中有 1 000 万人使用大麻,超过 600 万人使用过兴奋类药物。"①美国现在有 1/3 的婴儿是非婚出生的,婚姻平均只能维持 7.2 年,佛罗里达州 1/2 的婚姻会以离婚告终。此外同性恋、非婚同居在美国成为时尚。这些在个人主义为价值取向的社会是无法解决的。2020 年新冠疫情暴发后西方国家尤其是美国的反应迟缓滞后,表明了西方国家制度的失败。新冠疫情暴发之初,美国社会主导阶层出于利己主义的不同考量试图回避现实。商人总是害怕疫情对贸易的影响,城市政府担忧对预算、公共秩序以及生活常态的冲击,所以只有到病死者尸体累积,患者数量激增,再也无法遮掩时才承认事实。这充分表明了资本主义社会人们的利己本性和社会责任感的缺失。与之形成鲜明对比的是,在社会主义中国,在党中央的坚强领导下,全国人民万众一心,一方有难,八方支援,迅速打赢了抗击疫情的阻击战,在世界重要经济体中,第一个取得抗疫斗争的阶段性胜利,第一个实现了经济的正增长,这充分显示了中国特色社会主义制度的威力。

改革开放 40 多年来,我们在中国特色社会主义旗帜引领下取得了举世瞩目的现代化建设成就,充分显示了我们道路的正确性、理论的科学性、制度的优越性、文化的先进性。当前,在"西强我弱"国际舆论格局未发生根本改变的前提下,我国意识形态领域还存在这样那样的问题,说到底,这些问题仍然是道路之争、理论之争、制度之争、文化之争。我们只有从纷繁复杂的现象中,认识和把握世界历史发展的规律,深刻认识中国特色社会主义道路的历史必然、辉煌历程和光明前景,深刻认识到中国特色社会主义理论体系的真理基因和创新价值,深刻认识到中国特色社会主义制度的独特优势和强大生命力,深刻认识到中国特色社会主义文化的历史底蕴、革命气质和先进特性,打牢坚定"四个自信"的坚实思想基础,坚定中国特色社会主义必胜信念,才能够理性看待前进道路上的困难和挑战,不断鼓足在发展中解决问题的信心和勇气,不为迷雾所惑,不被风浪所阻,推动中国特色社会主义航船劈波斩浪,一往无前,到达光辉的彼岸。

四、学习宣传党史国史,捍卫英烈尊严,树立新风正气

路是一步一步走过来的。2013 年 12 月,习近平总书记在纪念毛泽东诞辰 120 周年座谈会上的讲话中指出:"一切向前走,都不能忘记走过的路;走得再远、走到再光辉的未来,也不能忘记走过的过去。"②中国共产党和中国人民为了民族解放、国家强盛、人民幸福,牺牲了上千万优秀儿女,许多人连姓名都没留下。今天,有的人却大肆宣扬历史虚无主义,试图妖魔化毛泽东和共产党,我们一定要头脑清醒。要认真学习党史国史,深刻认识我们党和人民为了民族复兴和人民幸福浴血奋战的苦难辉煌历程,从历史中汲取智慧和力量,捍卫英烈尊严,继承前辈意志,凝聚党心民心,为实现中华民族复兴不懈奋斗。

一是正确评价改革开放前 30 年的历史。我们党领导人民进行社会主义建设,有改革开放前和改革开放后两个历史时期,这是两个相互联系又有重大区别的时期,但本质上都是我们党领导人民进行社会主义建设的实践探索。正确认识和把握改革开放前后两个历史时期,这是一个事关党、国家、人民前途命运的重大政治问题。既不能用改革开放后的历史时期否定改革开放前的历史时期,也不能用改革开放前的历史时期否定改革开放后的历史时期。改革开放

① [美]詹姆斯·麦格雷戈·伯恩斯,等:《民治政府——美国政府与政治》,中国人民大学出版社 2007 年版,第 424 页。
② 习近平:《在纪念毛泽东同志诞辰 120 周年座谈会上的讲话》,《人民日报》2013 年 12 月 27 日。

前的社会主义实践探索为改革开放后的社会主义实践探索积累了条件,改革开放后的社会主义实践探索是对前一个时期的坚持、改革、发展。对改革开放前的社会主义实践探索,要坚持实事求是的思想路线,分清主流和支流,坚持真理,修正错误,发扬经验,吸取教训,在这个基础上把党和人民事业继续推向前进。

在中华人民共和国成立初期,偌大中国的工业基础比比利时都小,可到了 1979 年,中国的工业产值对 GDP 的占比增加了 30%。这个工业化的速度,比产业革命时的英国和明治维新时的日本都快。与此同时,中国的人均寿命也从"东亚病夫"时代的 35 岁增加到了 68 岁。习近平总书记指出:社会主义基本制度确立以后,"我国社会发生了翻天覆地的变化,建立起独立的比较完整的工业体系和国民经济体系,独立研制出'两弹一星',成为在世界上有重要影响的大国,积累起在中国这样一个社会生产力水平十分落后的东方大国进行社会主义建设的重要经验"。[①] 毛泽东作为新中国的主要缔造者和领导人其历史功绩铭记史册、不容磨灭。某些人污蔑毛泽东,显然是"醉翁之意不在酒",毛泽东是中国共产党、人民解放军、中华人民共和国的主要缔造者,试想,当毛泽东和毛泽东思想被"妖魔化"后,我们党的光辉历程从何而来? 在一些人看来,既然之前共产党奠基者毛泽东和毛泽东思想的伟大与神圣都是谎言与骗局,那么后续种种的"特色理论"也就不可能有任何光彩和可信之处。我们对此一定要高度警觉,如果上当受骗,将悔之晚矣。

正确认识和处理改革开放前后两个历史时期的关系,不只是一个历史问题,更主要的是一个政治问题。这个重大政治问题处理不好,就会产生严重政治后果。要牢固树立正确历史观,坚决反对历史虚无主义,既不能割断历史,也不能虚无历史,坚持做到新民主主义革命的胜利成果决不能丢失,社会主义革命和建设的成就决不能否定,改革开放和社会主义现代化建设的方向决不能动摇。

二要大力宣传民族英雄、革命英烈、模范人物的事迹,抑恶扬善,弘扬正气。今日中国已是当之无愧的世界第二大经济体。在国际舞台上,重大国际问题的解决都离不开中国的参与。中华民族被外族任意欺凌的时代已经一去不复返了! 正是新中国的成立从根本上改变了中国人民和中华民族的前途命运,不可逆转地结束了近代以来中国内忧外患、积弱积贫的悲惨历史,不可逆转地开启了中华民族不断发展壮大、走向复兴的伟大进军。稍有良知的人恐怕都不会否认这一点,也不会忘记,为了中华人民共和国的成立,为了祖国的强盛,无数先烈献出了他们宝贵的生命。

历史的发展具有客观的必然性。人类社会是一个由传统延续而来,并由不同环节构成的历史链条。马克思说过:"人们自己创造自己的历史,但是他们并不是随心所欲地创造,并不是在他们自己选定的条件下创造,而是在直接碰到的、既定的、从过去承继下来的条件下创造。"[②]今天是昨天的延续,并成为明天发展的起点。然而,社会上却总有极少数的人希望凭自己的想象假设历史、虚构历史、剪裁历史、颠覆历史,拿中国革命史、新中国历史来做文章,竭尽攻击、丑化、污蔑之能事,甚至以自己的阴暗心理怀疑英烈的英雄壮举,侮辱英烈的不世英名。

经过 70 多年的发展,当今我国社会呈现出许多新的阶段性特征。随着利益格局的不断调整,社会意识更加多样、多元、多变。与此同时,西方敌对势力对我加快了西化、分化的步伐,国内一些应声虫也闻风而动,遥相呼应,不以损害国家利益为耻反以为荣。一些人在"还原历史真相"的幌子下,采取历史虚无主义的态度,歪曲中国共产党的历史和中华人民共和国的历史,丑化中国共产党的领袖人物,抹黑革命英烈。尊崇先贤、护卫英烈是中华民族的优良传统,忘

① 习近平:《在纪念毛泽东同志诞辰 120 周年座谈会上的讲话》,《人民日报》2013 年 12 月 27 日。
② 《马克思恩格斯选集》第 1 卷,人民出版社 1995 年版,第 585 页。

记历史就意味着背叛,容忍对英烈的侮辱就是没有良心。泼向革命英烈的脏水弄脏的是国人的脸面,投向英烈的匕首刺痛的是民族的心灵。某些人一次次触碰民族心理底线的行为,理应受到道德的谴责和法律的惩处。

现在中国的国际地位不断提高、影响不断扩大,这是无数英烈用流血牺牲给中国人民赢得的尊敬。想想近代以来中国丧权辱国、外国人在中国横行霸道的悲惨历史,但凡有点良心的人,都不会去侮辱为了民族的今天而流血牺牲的英烈。严以修身、见贤思齐,是中华传统文化的核心内容。以德治国和依法治国相结合是中国社会主义法治道路的基本要求。有的人遇事总和美国比,以为美国的月亮比中国的圆。殊不知美国今天有的好东西中国明天都可能有,但辉煌的中国古代文明美国永远都不可能有。在维护国家的尊严和安全,惩治歪风邪气、不良社会行为上,我们也要坚定地走适合自己国情的路,坚持德治和法治并举,教育和惩治并用。

一要弘扬德治,宣传和践行社会主义核心价值观。核心价值观,承载着一个民族、一个国家的精神追求,体现着一个社会评判是非曲直的价值标准,告诉人们什么是真善美,什么是假恶丑,什么是值得肯定和赞赏的,什么是必须反对和否定的。社会主义核心价值观要求公民遵循的基本道德规范是"爱国、敬业、诚信、友善"。显然罔顾历史、数典忘祖、侮辱英烈不是爱国、诚信和友善之举,而是一种失德行为。国无德不兴,人无德不立。生而为中国人,应该有中国人的血性,为了民族复兴、国家昌盛,每一个公民都应该自觉践行社会主义核心价值观,谴责和鄙视侮辱英烈的人,弘扬真善美,传播正能量。尤其在网络上,应形成护卫英烈、维护正义的新风正气,使网络空间清朗起来。

二要宣传宪法,增强公民的权利和义务意识。宪法是我国的根本大法,公民既要依法维护合法权益,又必须自觉履行法定义务。宪法规定每个公民必须"尊重社会公德",有维护祖国的安全、荣誉和利益的义务,不得有危害祖国的安全、荣誉和利益的行为。抛弃传统、丢掉根本,就等于割断了自己的精神命脉。助人为乐、见义勇为、尊崇英烈、见贤思齐,不仅是社会公德的主要内容,也关系祖国的荣誉和利益,是公民应履行的义务。一个只想享受权利而不愿意履行义务的人不能算是合格的公民。我们应在全社会加强公民权利和义务教育,培育讲公德、知荣辱、学英烈、作奉献的良好风尚。

三要厉行法治,严厉惩处危害国家安全、荣誉和利益的别有用心的人。敌对势力诋毁我们英雄的根本原因在于,英雄主义精神是中华民族克敌制胜的法宝,是打败一切侵略者的力量之源。一个肆无忌惮地侮辱英烈的民族是走不远的,这绝不是危言耸听。20世纪40年代初高喊:"斗争啊,同志们!别胆怯,最后的胜利一定是属于我们的!"英勇就义的女英雄卓娅,苏联解体前竟被污蔑为"精神病""假英雄",再次被推上了绞刑架,这次"行刑"的刽子手不再是德国法西斯,而是西方敌对势力和国内投降卖国的知识分子。英雄被侮辱,彻底推倒了人们的精神防线,国有危难还能靠谁呢?苏联无可挽回地走向了死亡。当历史再次确证英雄业绩时,一切都为时已晚了。为使历史的悲剧不再重演,我们绝不能犯同样的错误。为了祖国的安全、人民的安宁、社会的发展,应建立国家、社会和个人的联动机制,把维护祖国的安全、荣誉和利益的要求贯穿到依法治国的实践中,落实到立法、执法、司法、普法等方面;对于公然卖国求荣、侮辱英烈的人应绳之以法;用法律武器维护国家的独立、民族的尊严、荣誉和利益,以我们的实际行动告慰英烈的在天之灵,为实现中华民族伟大复兴的中国梦凝聚起强大的精神力量,提供有力的道德、法治支撑。①

---

① 刘昀献:《以道德和法律捍卫英烈尊严》,《中国社会科学报》2015年8月4日。

在中华民族发展史上,在我国革命、建设和改革开放的各个历史时期,涌现了大批民族英雄、革命英烈和模范人物。他们代表了历史进步和时代发展的方向,对其应该大力宣传,绝不能恶搞。绝不能容忍亵渎英烈的行为。我们的宣传思想文化工作,应该解决好为什么人的问题。习近平总书记指出:"文艺要坚持为人民服务,要反映好人民心声……文艺不能当市场的奴隶,不要沾满了铜臭气。"①可近年来,在一些人眼中文艺不叫文艺,叫什么"娱乐圈",一些作品不是表现帝王将相就是才子佳人,人民由历史主人变成了历史配角;一些电影大片不仅"媚洋""求大",而且"没有思想",以形式的视觉狂欢取代了思想的深层感动和内在灵魂的拷问;更有一些作品格调低下、无病呻吟,充满了铜臭气,不是歌颂伟大时代和先进人物,而是对时代精神充满嘲讽和挖苦。

鲁迅先生在作品《论睁了眼看》中说道:"文艺是国民精神所发的火光,同时也是引导国民精神的前途的灯火。"②白居易提出:"文章合为时而著,歌诗合为事而作。"各级党委和政府、宣传文化工作者要立足时代变化、牢记党的初心使命,以习近平新时代中国特色社会主义思想为指引,肩负起捍卫社会主义主流意识形态的责任,始终坚持正面宣传为主,巩固壮大主流思想舆论,大力宣传党的历史、新中国史,宣传民族英雄、革命英烈和模范人物,弘扬党的优良传统,培育社会主义核心价值观,唱响主旋律,凝聚正能量,理直气壮地讴歌英雄、讴歌时代、讴歌人民,弘扬新风正气、驱邪扶正,以促进党风和社会风气的根本好转,为中国特色社会主义事业健康发展营造良好思想文化氛围。

五、加强青年学生思想政治工作

社会主义制度的产生和发展,对资本主义旧世界构成了严重冲击。为了使资本主义制度免于灭亡,西方帝国主义势力交替使用"武力颠覆"与"和平演变"战略,不断地向社会主义国家发动攻势,以图消灭社会主义,实现资本主义的一统天下。西方帝国主义势力在使用"武力颠覆"战略对付社会主义国家失败以后,重点采用非军事的"和平演变"战略来消灭社会主义国家,并把希望寄托在社会主义国家的"第三代""第四代"身上。苏联解体后,西方敌对势力直接把"和平演变"的矛头指向中国。青年是祖国的未来、民族的希望。2018 年我国各类高等教育在学总规模达 3 833 万人。学校是培养接班人的地方,必然成为意识形态斗争的主要战场,成为敌对势力与我们争夺接班人的重要阵地。

高校思想政治工作关系着高校培养什么样的人、如何培养人以及为谁培养人这些根本问题。必须以马克思主义为指导,坚持把立德树人作为中心环节,把思想政治工作贯穿教育教学全过程,实现全过程育人、全方位育人。然而,一个时期以来,由于多种原因,学校思想政治工作被严重削弱,"这种状况必须引起我们高度重视"。③ 我国高等教育肩负着培养德智体美全面发展的社会主义事业建设者和接班人的重大任务,必须坚持正确政治方向。我们的高校是党领导下的高校,是中国特色社会主义高校。办好我们的高校,必须加强思想政治工作,"坚持以马克思主义为指导,全面贯彻党的教育方针。要坚持不懈传播马克思主义科学理论,抓好马克思主义理论教育,为学生一生成长奠定科学的思想基础。要坚持不懈培育和弘扬社会主义

---

① 习近平:《坚持以人民为中心的创作导向　创作更多无愧于时代的优秀作品》,《人民日报》2014 年 10 月 16 日。
② 《鲁迅全集》第 1 卷,人民文学出版社 2005 年版,第 332 页。
③ 习近平:《论党的宣传思想工作》,中央文献出版社 2020 年版,第 221 页。

核心价值观,引导青年学生做社会主义核心价值观的坚定信仰者、积极传播者、模范践行者",①做社会主义事业的建设者和接班人。

(一)牢牢掌握党对高校工作的领导权

习近平总书记指出:"办好我国高等教育,必须坚持党的领导,牢牢掌握党对高校工作的领导权,使高校成为坚持党的领导的坚强阵地。党委要保证高校正确办学方向,掌握高校思想政治工作主导权,保证高校始终成为培养社会主义事业建设者和接班人的坚强阵地。"②只有坚持党对高等学校的领导,才能保证高校的正确政治方向,确保我国高校的人才培养始终以党和国家发展需要、社会需求为导向。新时代,要建设一流大学、培养时代新人,决不能忽视和动摇党的领导这一办学、治校、育人的根本保证。

党的十八大以来,以习近平同志为核心的党中央从党和国家事业发展全局出发,提出思想政治工作从根本上说是做人的工作,要坚持把立德树人作为中心环节,牢牢抓住全面提高人才培养能力这个核心点。高校党的领导和建设工作得到了前所未有的加强,高校党建和思想政治工作保持向上向好态势,办学育人水平得到不断提升。同时,我们也要清醒地看到我国高校面临的一些新情况、新问题、新挑战。比如,在高校中对党委领导下的校长负责制这项制度的非议和质疑,始终没有销声匿迹。一说到党委领导、校长负责,有人就会想当然地认为"党委领导"是党书记说了算,党委统揽一切;"校长负责"是虚的,就是学校事务都由校长签字盖章,甚至有的人散布什么"领导的不负责、负责的不领导"的错误观点。比如,工作对象发生的深刻变化,使高校思想政治工作机遇与挑战并存、压力和动力同在。当前,在校大学生以"90后""00后"为主,他们具有更鲜明的独立性、选择性、差异性。纷繁复杂的社会思潮在校园涌动,一些错误思潮仍有一定的市场,对学生的思想和行为产生着不良影响,等等。

各级党委要把高校思想政治工作摆在重要位置,加强领导和指导,形成党委统一领导、各部门各方面齐抓共管的工作格局。高校党委要坚定地按照党中央的要求对学校工作实行全面领导,承担管党治党、办学治校主体责任,把方向、管大局、作决策、保落实。要加强高校党的基层组织建设,创新体制机制,改进工作方式,提高党的基层组织做思想政治工作能力。要有任尔东西南北风,我自岿然不动的定力,根据新情况、新问题不断创新方式方法,确保高校工作始终坚持社会主义办学方向。

(二)高校教育必须坚持以马克思主义为指导

马克思主义是我们立党立国的根本指导思想,也是我国大学最鲜亮的底色。我国独特的国情、独特的文化传统、独特的社会制度,决定了我国高校必须以马克思主义为指导,全面贯彻党的教育方针。在革命、建设、改革各个历史时期,我们党始终高度重视学校思想政治教育。新民主主义革命时期,我们党在红军大学、苏维埃大学、抗日军政大学、陕北公学等高校就开设"党的建设""中国革命运动史""马列主义""辩证唯物主义""科学社会主义"等课程。中华人民共和国成立后,我们在高校开设"中国革命史""马列主义基础""政治经济学""辩证唯物论与历史唯物论"等课程,强调高等学校政治理论课的任务是用马列主义、毛泽东思想武装青年,培养坚强的革命接班人。

---

① 习近平:《论党的宣传思想工作》,中央文献出版社 2020 年版,第 276 页。
② 习近平:《论党的宣传思想工作》,中央文献出版社 2020 年版,第 278 页。

我国高等教育要培养的是革命事业接班人,而不是旁观者,更不是反对派和掘墓人。过去一段时间里,在一些高校,马克思主义的指导地位存在虚化、弱化、空泛化的现象,其原因是复杂多样的。从国际环境看,苏联解体、东欧剧变后,西方一些势力试图通过"和平演变"的方式让中国走向西方模式,成为他们的附庸,他们在国内培植的少数代理人,大肆鼓吹西方的"民主、自由、人权"和"普世价值",严重影响了一些教师和学生对马克思主义的信仰,对中国特色社会主义的信念。从国内因素看,改革开放带来了"新鲜空气",也飞进来一些"苍蝇蚊子",我们学习发达国家的科学技术、管理经验,许多西方理论和错误思潮也涌进校门,其五花八门的文化形态对高校师生有着新鲜感,不仅一波一波的"热"挤占了原来马克思主义的影响空间,而且学习者的心态也影响着我们的文化自信,一些人总认为西方的理论优于我们自己的。年轻人读的书、学的教材,多是西方的,等他们成长起来,话语体系已经成形,马克思主义理论便被边缘化了。从高校自身看,也存在用马克思主义正确分析批判西方资本主义思想文化不够、不充分的问题,出现了囫囵吞枣、全盘接受、迷失自我的现象。一些高校的马克思主义理论教育与改革实践、人民生活实际联系不紧密,未能及时吸收马克思主义最新研究成果。因此,坚持和巩固马克思主义在高校的指导地位,是各级党委和高校迫在眉睫、刻不容缓的重大任务。

习近平同志指出:"我们正在为实现'两个一百年'奋斗目标而努力。未来三十年,我们培养的人要能够完成'两个一百年'的伟业。这就是教育的历史责任。我们党立志于中华民族千秋伟业,必须培养一代又一代拥护中国共产党领导和我国社会主义制度、立志为中国特色社会主义事业奋斗终身的有用人才。"①这就要求我们必须在办学方向的问题上站稳立场,巩固马克思主义在高校意识形态领域的指导地位,不断加强和改进高校思想政治工作。思想政治理论课是落实立德树人根本任务的关键课程。办好思政课,尤其需要我们的教师理直气壮地信仰马克思主义、研究马克思主义、传播马克思主义、讲授马克思主义,引导青年学生真学、真懂、真信、真用。

要把马克思主义的立场、观点和方法贯穿高校思想政治工作的各个环节和各个方面,使青年学生深入了解马克思主义发展史,了解马克思主义中国化最新理论成果与已有成果之间一脉相承又与时俱进的关系,分清马克思主义与非马克思主义特别是反马克思主义思潮的根本界限。教育引导学生正确认识世界和中国发展大势,从我们党探索中国特色社会主义的历史发展和伟大实践中认识和把握人类社会发展的历史规律,认识和把握中国特色社会主义的历史必然性,不断树立为共产主义远大理想和中国特色社会主义共同理想而奋斗的信念和信心;正确认识中国特色和普遍规律,全面客观认识当代中国、看待外部世界;正确认识时代责任和历史使命,"用中国梦激扬青春梦,为学生点亮理想的灯、照亮前行的路,激励学生自觉把个人的理想追求融入国家和民族的事业中,勇做走在时代前列的奋进者、开拓者";既要有远大抱负又要脚踏实地,珍惜韶华、不负时代,"把远大抱负落实到实际行动中,让勤奋学习成为青春飞扬的动力,让增长本领成为青春搏击的能量"。② 帮助青年学生牢固树立坚定的道路自信、理论自信、制度自信、文化自信。

（三）创新高校思想政治教育的内容与形式

习近平同志指出:"做好高校思想政治工作,要因事而化、因时而进、因势而新。要遵循思

---

① 习近平:《论党的宣传思想工作》,中央文献出版社 2020 年版,第 278 页。
② 习近平:《论党的宣传思想工作》,中央文献出版社 2020 年版,第 277 页。

想政治工作规律,遵循教书育人规律,遵循学生成长规律,不断提高工作能力和水平。"①当代青年学生的学习环境和成长环境都发生了巨大变化,这对我们传统的思想政治工作无疑提出了更高要求。我们要加强对青年学生的思想政治教育,必须与时俱进,不断创新思想政治教育内容与形式,提高思想政治工作能力和水平,进而提升思想政治教育的实效。

1. 充分发挥思想政治课课堂教学的主渠道作用,坚持全方位育人

思想政治课(简称思政课)课堂教学在教学内容和教学时间方面有统一规定和要求,具有高效、系统的优势。因此,思政课课堂教学依然是今天对学生思想政治教育的主要渠道。但是,当前面对新时代的条件变化,面对新一代教育对象,在改进和加强思政课教学的同时,必须坚持高校全方位全过程育人。要提高思想政治教育的亲和性和针对性,满足学生成长发展需求和期待,其他各门课都要守好一段渠、种好责任田,使各类课程与思政课同向同行,形成协同效应。要明确思政教育工作是所有学科老师的共同职责,形成育人合力。充分发掘和运用各学科蕴含的思想政治教育资源,健全高校课堂教学管理办法,提高思想政治教育质量。要加快构建中国特色哲学社会科学学科体系和教材体系,推出更多高水平教材,创新学术话语体系,建立科学权威、公开透明的社会科学成果评价体系,努力构建全方位、全领域、全要素的哲学社会科学体系。要更加注重以文化人、以文育人,广泛开展文明校园创建,开展形式多样、健康向上、格调高雅的校园文化活动,广泛开展各类社会实践。要运用新媒体、新技术使思想政治工作活起来,推动思想政治教育工作传统优势同信息技术高度融合,增强时代感和吸引力。

2. 要推动思想政治理论课内容改革创新

思想政治理论课要紧跟时代步伐,反映时代发展要求,面向改革开放和社会主义现代化建设的重大理论和实践问题,创新课程内容,用马克思主义中国化的最新成果武装学生头脑。要坚持政治性和学理性相统一,以透彻的学理分析回应学生,以彻底的思想理论说服学生,用真理的强大力量引导学生。要坚持价值性和知识性相统一,寓价值观引导于知识传授之中。要坚持建设性和批判性相统一,传导主流意识形态,批判各种错误观点和思潮。要坚持理论性和实践性相统一,用科学理论培养人,重视思政课的实践性,把思政小课堂同社会大课堂结合起来,教育引导学生立鸿鹄志,做奋斗者。要坚持统一性和多样性相统一,既落实教学目标、课程设置、教材使用、教学管理等方面的统一要求,又因地制宜、因时制宜、因材施教。要坚持主导性和主体性相统一,思政课教学离不开教师的主导,同时要加大对学生的认知规律和接受特点的研究,发挥学生主体性作用。要坚持灌输性和启发性相统一,在课堂讲授中,注重启发性教育,引导学生发现问题、分析问题、思考问题,在不断启发中让学生水到渠成得出结论,使马克思主义普遍真理内化为学生坚持理想信念的自觉行动。

(四) 建设一支政治坚定的高校思想政治工作教师队伍

办好思想政治理论课关键在教师,关键在发挥教师的积极性、主动性、创造性。教师是人类灵魂的工程师,承担着神圣使命。传道者自己首先要明道、信道。高校思政课教师要坚持教育者先受教育,努力成为先进思想文化的传播者、共产党执政的坚定支持者,更好担起学生健康成长指导者和引路人的责任。要加强师德师风建设,坚持教书和育人相统一,坚持言传和身教相统一,坚持潜心问道和关注社会相统一,坚持学术自由和学术规范相统一,自觉坚持以德立身、以德立学、以德施教。思政课教师,要给学生心灵埋下真善美的种子,引导学生扣好人生

---

① 习近平:《论党的宣传思想工作》,中央文献出版社 2020 年版,第 277 页。

第一粒扣子,使命光荣、责任重大。第一,政治要强,要让有信仰的人讲信仰,思政课教师要善于从政治上看问题,在大是大非面前保持政治清醒。第二,情怀要深,思政课教师要保持家国情怀,心里装着国家和民族,在党和人民的伟大实践中关注时代、关注社会、汲取养分、丰富思想。第三,思维要新,思政课教师要坚持辩证唯物主义和历史唯物主义,创新课堂教学,给学生深刻的学习体验,引导学生树立正确的理想信念,学会正确的思维方法。第四,视野要广,思政课教师要有知识视野、国际视野、历史视野,通过生动、深入、具体的纵横比较,把一些道理讲明白、讲清楚。第五,自律要严,思政课教师要做到课上课下一致、网上网下一致,自觉弘扬主旋律,积极传递正能量。第六,人格要正,思政课教师要有人格,才有吸引力。亲其师,才能信其道。要用高尚的人格感染学生,用真理的力量感召学生,以深厚的理论功底赢得学生,自觉做为学为人的表率,做让学生喜爱的人。只有建立一支政治坚定的高校思想政治教育教师队伍,才能使思想政治教育课入脑入心,帮助学生树立正确的世界观、人生观、价值观。

随着我国日益走近世界舞台中央,我国同世界的联系更趋紧密,相互影响更趋深刻,意识形态领域面临的形势和斗争也更加复杂。学校是意识形态工作的前沿阵地,一定要加强思想政治工作,坚持马克思主义理论的指导地位,用习近平新时代中国特色社会主义思想铸魂育人,坚决反对历史虚无主义和各种错误思潮,坚定正确的政治方向,引导学生增强中国特色社会主义自信,厚植爱国主义情怀,把爱国情、强国志、报国行自觉融入坚持和发展中国特色社会主义、建设社会主义现代化强国、实现中华民族伟大复兴的奋斗之中,自觉做中国特色社会主义建设者和接班人,为国家富强、民族振兴、人民幸福贡献力量。

六、构筑起应对意识形态重大风险的坚固防线

当今世界百年变局加速演进,世界格局处于调整动荡期。国际形势错综复杂,国内改革发展任务繁重,各种思想文化交流、交融、交锋日趋激烈,我国主流意识形态面临的风险愈来愈大。对此,我们必须主动应对,牢牢掌握意识形态工作领导权、主动权,巩固壮大主流思想舆论,紧抓意识形态工作重点领域,打好主战场主阵地的主动仗,筑牢应对意识形态风险的坚固防线,才能维护主流意识形态安全。

(一) 落实意识形态工作责任制,牢牢掌握意识形态领导权

意识形态工作事关党和国家安危。各级党组织和领导干部应树立战略思维、底线思维,强化忧患意识、风险意识,增强政治敏锐性和政治鉴别力。要加强政治能力训练和政治实践历练,切实提高把握方向、把握大势、把握全局的能力和辨别政治是非、保持政治定力、驾驭政治局面、防范政治风险的能力。严格落实意识形态工作责任制,强化责任担当。

一要切实贯彻落实意识形态工作责任制度、分析研判制度、工作报告制度、检查考核制度、联席会议制度等各项制度。各级领导干部要提高政治站位,敢于亮剑,在大是大非和政治原则面前,立场坚定、旗帜鲜明,做勇于斗争的"战士",不做爱惜羽毛的"绅士",决不能对挑战政治底线的错误言行和不良风气听之任之、逃避责任、失职失察,真正要做到守土有责、守土尽责。

二要尊重意识形态工作规律,加强对思想领域重大问题的分析研究和重大战略性任务的统筹指导。始终在政治立场、政治方向、政治原则、政治道路上同以习近平同志为核心的党中央保持高度一致。要善于从政治上研判形势、分析问题,自觉在党和国家工作大局下想问题、做工作,做到一切服从大局、一切服务大局。要提高意识形态风险处置能力,厘清意识形态领

域存在的突出问题,对容易诱发政治问题特别是重大突发事件的敏感因素、苗头性倾向性问题,对意识形态领域各种错误思潮、模糊认识、不良现象,保持高度警惕,做到眼睛亮、见事早、行动快,对症下药,精准施策。及时阻断不同领域风险转换通道,尤其要防止非政治性风险演变为政治风险。

三要坚持党管意识形态不动摇,增强意识形态工作协同性整体性。要坚持政治家办报办刊办台办网,把对党负责和对人民负责统一起来,把服务群众同教育引导群众结合起来。当人民利益受到损害、党和国家形象受到破坏、党的执政地位受到威胁时,要挺身而出、亮明态度、主动坚决开展斗争。要把握正确舆论导向,提高思想舆论传播力、引导力、公信力,做大做强正面宣传,激浊扬清、正本清源,形成强大主流舆论场。要坚持马克思主义在我国哲学社会科学领域的指导地位,把研究回答新时代重大理论和现实问题作为主攻方向,建设具有中国特色、中国风格、中国气派的哲学社会科学,展现意识形态领域中国话语体系的强大力量,增强主流意识形态的影响力、号召力、战斗力。要充分调动党政各部门、社会各方面积极参与、齐抓共管,把意识形态工作同各个领域的行政管理、行业管理、社会管理紧密结合起来,形成意识形态工作合力,拓展意识形态工作深度、增强意识形态工作效果,构筑起抵御意识形态重大风险的坚固防线。

(二) 紧抓意识形态工作重点领域,打好主战场、主阵地的主动仗

意识形态工作涉及各条战线、很多行业部门,必须齐抓共管,形成合力。同时要特别注重抓好影响战略全局的重点领域、重点行业,尤其要守好决定战局胜负的主战场、主阵地。

一要抓好重点领域,巩固发展主流意识形态。党的十八大以来,习近平总书记主持召开了全国宣传思想、党校、高校思想政治工作会议,以及党的新闻舆论、哲学社会科学、网络安全和信息化工作等座谈会并发表了一系列重要讲话,加强了这些重点领域意识形态建设力度,使这些领域意识形态工作态势发生了重大改观,达到了以点带面、扭转全局的效果。但也毋庸置疑,目前这些领域仍然存在巨大的风险隐患。同时,夺取中国特色社会主义新胜利,更加需要坚定自信、鼓舞斗志,更加需要同心同德、团结奋斗,因而必须进一步加强这些领域的工作。要着力提高正面宣传教育的质量和水平,积极主动阐释好中国道路、中国特色。进一步创新话语体系和话语方式,加强形势宣传、成就宣传、主题宣传、英雄模范宣传等,做到强信心、聚民心、暖人心、筑同心,唱响主旋律,凝聚正能量,不断增强社会主义意识形态的凝聚力、向心力和引领力。

二要增强阵地意识,守好意识形态主战场主阵地。我国近 10 亿网民汇聚网络空间的客观现实,决定了互联网必然成为意识形态工作的主战场、主阵地。应对互联网领域挑战,维护主流意识形态安全,必须掌握主动权,打好主动仗。要坚决破除"互联网不能管""互联网管不了"等错误认识,坚持"谁主管谁负责"和属地管理原则,加强对网络媒体的有效监督管理,推进网络依法有序规范运行,构建有效防范、安全可靠的管控机制。要创新网络内容建设,把提升网上正面宣传流量和水平作为主攻方向,最大限度壮大网上正能量,主导社会心理和文化氛围。要创新"互联网+媒体"平台建设,加快推进传统媒体和新兴媒体融合发展,打造一批导向正确、具有较强影响力的新型传播平台,扩大主流意识形态阵地。要强化专业知识培训,打造一批具有舆情研判、分析、处理等能力的高水平网评员队伍,平时能够针对社会热点难点问题主动发声,用网民语言积极主动回应网民关切,加强正面引导,凝聚共识。关键时刻能站出来、顶得住、冲得上、打得赢,保持网络空间风清气正,使互联网这个最大变量变成事业发展的最大增量,激发全社会形成团结奋进的强大力量。①

意识形态领域的斗争是一场持久战,我们必须有长期战斗的思想准备。广大党员干部尤其是各级领导干部要肩负起捍卫主流意识形态的政治责任,坚持底线思维,增强危机意识、忧患意识和使命感,敢于担当、主动作为,牢牢掌握意识形态工作领导权、主动权,把防范化解风险的各项工作做实、做细、做好,真正筑牢应对意识形态重大风险的坚固防线,使社会主义大旗在中华大地上高高飘扬,形成引领社会、凝聚人心、推动发展的强大精神动力,推动中华巨轮向着民族复兴的目标破浪前行。

---

① 刘昀献:《筑牢应对意识形态领域风险的坚固防线》,《中国党政干部论坛》2019 年第 3 期。

第四章
有效应对经济领域重大风险和考验之方略

经济风险与经济安全是对应的。经济领域的风险是指执政党在领导经济发展过程中对内外冲击应对不力导致经济停滞甚至出现危机的危险。有效应对经济领域重大风险和考验,实现经济健康、稳定、持续、高质量发展,是国家总体安全的基础,是巩固党的执政地位的必然要求和重要保证。经过改革开放 40 多年来的高速发展,我国经济建设取得了巨大成就。2010年以来我国经济总量稳居世界第二位,2021 年我国国内生产总值达 114.367 万亿元,占世界经济比重达 18%。[1] 与此同时,也要看到,由于国内外形势的发展变化,我国经济运行稳中有变、变中有忧。近年来,国民经济增长速度呈现减缓趋势,构成经济增长的因素中存在诸多不合理因素,不平衡、不协调、不可持续问题依然突出;外部环境中的贸易保护主义和反全球化浪潮也给我国经济发展造成不小困难。我们必须充分认识所处的环境,提高驾驭社会主义市场经济和应对经济领域重大风险考验的能力。

第一节　经济健康发展才能筑牢民富国强的物质基础

以经济建设为中心是兴国之要。保持经济持续健康发展,是我们党、我们国家兴旺发达、长治久安的根本要求,也是解决当代中国一切问题的根本要求。社会主义阶段的根本任务是发展生产力,社会主义的优越性归根到底要体现在它的生产力比资本主义发展得更快些、更高一些,并且在发展生产力的基础上不断改善人民的物质文化生活。习近平总书记指出:"只有推动经济持续健康发展,才能筑牢国家繁荣富强、人民幸福安康、社会和谐稳定的物质基础。"[2]我们只有积极应对并化解经济领域的重大风险挑战,才能推动经济社会健康稳定发展,奠定民富国强的物质基础,保持社会和谐稳定。

一、经济安全为国家安全提供坚实的物质基础

党的十八大以来,习近平同志明确提出走中国特色国家安全道路,他深刻指出:"必须坚持总体国家安全观,以人民安全为宗旨,以政治安全为根本,以经济安全为基础,以军事、文化、社

会安全为保障,以促进国际安全为依托,走出一条中国特色国家安全道路。"①以经济安全为基础,就是要科学应对经济领域的风险和考验,确保国家基本经济制度和经济发展不受侵害,促进经济持续稳定、高质量发展,提高国家经济实力,为国家安全提供坚实的物质基础。

马克思主义唯物史观认为,经济基础决定上层建筑。"历史过程中的决定性因素归根到底是现实生活的生产和再生产"。②"每一历史时代主要的经济生产方式与交换方式以及必然由此产生的社会结构,是该时代政治的和精神的历史所赖以确立的基础,并且只有从这一基础出发,这一历史才能得到说明。"③理解社会有机系统的构成及其活动,必须始终从考察社会的经济基础出发,考察这一基础同它的政治的和思想的上层建筑之间内在的相互关系。习近平同志指出:"从根本上说,没有扎扎实实的发展成果,没有人民生活不断改善,空谈理想信念,空谈党的领导,空谈社会主义制度优越性,空谈思想道德建设,最终意识形态工作也难以取得好的成效。"④因而,贯彻国家总体安全观,实现国家政治安全,军事、文化、社会安全,保障人民幸福安康,说到底首先要保障国家经济安全,坚持以经济建设为中心,加快经济发展,提高国家综合实力,这是解决当代中国一切问题的根本前提。

长期以来,政治和军事安全一直是传统安全模式中最重要的因素。冷战结束后,经济全球化迅速扩展,经济互动日益增多,综合国力竞争成为大国竞争的主战场,不定期出现的经济领域危机、摩擦和制裁成为世界各国面临的突出问题,使得经济安全在国家安全体系中的重要地位越来越凸显。中国与国际社会的互动关系是立体化的,涵盖经济、社会、文化等诸多领域,但在未来的较长一段时间里,其核心部分仍然是经济因素。近代以来中国落后挨打、受人欺辱的历史教训刻骨铭心。一个民族具有了强大的物质基础,才能实现自强,才能自立于世界民族之林。中华人民共和国成立后我们用几十年的时间走完了发达国家几百年走过的历程,最终靠的是发展。习近平同志明确指出:"以经济建设为中心是兴国之要,发展是党执政兴国的第一要务,是解决我国一切问题的基础和关键。"⑤面对当前国际上此起彼伏的"中国威胁论""中国责任论""中国崩溃论"等论调,我们要格外重视维护经济安全,保持经济长期稳定发展。

应对经济风险,维护国家经济安全是一个系统工程。从经济安全涵盖的领域来看,主要包括基本经济制度安全、产业安全、金融安全、财税安全、贸易安全、网络安全、能源安全、粮食安全等。随着经济社会的发展,经济安全的内涵不断丰富、外延不断扩展,要统筹传统经济领域与新兴经济领域安全,实现传统经济领域与新兴经济领域的安全共同发展、共同保障。从影响经济安全的因素看,既要关注产业链、供应链断裂风险、金融风险、财税压力、能源危机、人口赤字、科技短板等客观因素,又要关注西方经济模式和新自由主义的影响,以及经济安全与其他方面安全的相互作用、相互影响。经济安全是国家总体安全的基础,但不能离开国家总体安全来谈经济安全。经济安全与政治安全、国土安全、社会安全、网络安全等各方面息息相关,必须实现经济安全与其他领域安全的相互支撑。从经济安全的实现方面看,国家经济安全面临的问题层出不穷,维护经济安全具有长期性、广泛性。要前瞻性地应对各种经济安全风险,着眼于维护国家经济长久安全。

①《习近平谈治国理政》,外文出版社 2014 年版,第 200—201 页。
②《马克思恩格斯选集》第 4 卷,人民出版社 2012 年版,第 604 页。
③《马克思恩格斯选集》第 1 卷,人民出版社 2012 年版,第 385 页。
④ 中共中央文献研究室:《习近平关于社会主义经济建设论述摘编》,中央文献出版社 2017 年版,第 5 页。
⑤ 中共中央文献研究室:《习近平关于社会主义经济建设论述摘编》,中央文献出版社 2017 年版,第 8 页。

在经济全球化、贸易自由化的背景下，一国的经济必然受到外部世界经济局势的影响，因而，应对经济风险、维护经济安全，还必须考虑到国际政治经济形势变化对我国经济的冲击，关注国际贸易安全、引进外资安全、对外投资安全以及国际经济交往中的信息安全、国际金融安全等方面问题。在当前条件下，尤其要注意国际经济交往中的金融安全和投资安全，以及在人民币国际化过程中的货币主权和货币安全，避免大规模币值波动带来的风险，避免中国企业在"走出去"过程中的各类投资风险和法律风险，避免大国之间在国际贸易斗争和博弈过程中所产生的国际竞争风险和贸易纠纷风险。此外，全球面临的资源危机、环境恶化、金融风险等经济发展的公共问题也难免对我国经济产生负面影响。这些问题单靠一个国家不可能得到有效解决，要增强人类命运共同体意识，加强国际合作，共同应对国际经济安全的重大风险和挑战，确保我国经济长期持续稳定发展，为国家总体安全提供强大的物质保障。

二、经济稳定、高质量发展是实现国强民富的重要保证

改革开放以来，我们党始终坚持以经济建设为中心，坚持解放和发展社会生产力，我国经济持续快速发展，一跃成为世界第二大经济体。随着我国发展进入新时代，社会主要矛盾已经转化为人民日益增长的美好生活需要和不平衡不充分的发展之间的矛盾。人民的美好生活需要日益广泛，不仅对物质文化生活提出了更高要求，而且在安全、环境等方面的要求日益提高。虽然社会主要矛盾发生了变化，但我国仍处于社会主义初级阶段、仍是世界上最大发展中国家的国际地位没有变，发展仍是解决我国所有问题的关键。我们要有效应对经济领域的重大风险，坚持以经济建设为中心，加快转变发展方式，提高经济发展质量和效益，才能筑牢国家富强、人民幸福、社会稳定的物质基础。

（一）经济稳定发展是建设现代化经济体系的要求

当前，我国经济已由高速增长阶段转向高质量发展阶段，正处在转变发展方式、优化经济结构、转换增长动力的攻关期。建设现代化经济体系是跨越这一历史关口的迫切要求。习近平同志指出：建设现代化经济体系，"是党中央从党和国家事业全局出发，着眼于实现'两个一百年'奋斗目标、顺应中国特色社会主义进入新时代的新要求作出的重大决策部署。国家强，经济体系必须强"。① 只有形成现代化经济体系，才能更好顺应现代化发展潮流，赢得国际竞争主动，才能为其他领域现代化提供有力支撑。

2017 年 10 月，在党的十九大报告中，习近平同志指出："从现在到 2020 年，是全面建成小康社会决胜期。"在决胜全面建成小康社会的关键时期，我国经济发展也进入了新常态，经济增长由高速度转为中高速度。从国际经验看，一个国家在经历了一段时间的高速增长后，都毫无例外地出现了增速放缓的情况。在速度有所下降的同时，靠什么来保证我国经济更加高质量发展？从国际经验和我国实践看，创新驱动代替要素投入成为拉动经济增长的主要力量，产业结构更加合理、消费对经济增长的基础性作用更加显著，经济繁荣惠及更广大的人民群众，这是保证经济高质量发展的基本要求。目前，我国正处在由注重速度向注重质量转化的关键时期，经济增长的方式、产业结构、动力、经济发展成果的分配等，都在发生重大变化。建设现代化经济体系，既是高质量发展的内在要求，也为我国经济转型升级明确了

---

① 《习近平谈治国理政》第 3 卷，外文出版社 2020 年版，第 240 页。

目标与路径。

现代化经济体系,是由社会经济活动各个环节、各个层面、各个领域的相互关系和内在联系构成的一个有机整体。主要包括创新引领、协同发展的产业体系,统一开放、竞争有序的市场体系,体现效率、促进公平的收入分配体系,彰显优势、协调联动的城乡区域发展体系,资源节约、环境友好的绿色发展体系,多元平衡、安全高效的全面开放体系,充分发挥市场作用、更好发挥政府作用的经济体制。建设现代化经济体系内在地包含了对经济制度安全、产业安全、能源资源安全、金融安全、粮食安全等一系列新的要求。同时,建设现代化经济体系,必须深化经济体制改革,坚决破除各方面体制机制弊端,完善现代化经济体系的制度保障。防范与化解各种经济风险、实现国家经济安全,既是建设现代化经济体系的基本任务,也是建设现代化经济体系的基本要求和重要保证。

(二)经济稳定高质量发展是国家富强、人民幸福的重要保证

生产力是人类社会发展的根本动力。坚持以经济建设为中心,推动经济稳定、高质量发展,才能把"为中国人民谋幸福,为中华民族谋复兴"的初心和使命落到实处。发展是基础,发展必须把经济建设放在突出位置,经济不发展,一切都无从谈起。牢牢扭住经济建设这个中心,实质上就是不断解放和发展社会生产力。毛泽东指出:"中国一切政党的政策及其实践在中国人民中所表现的作用的好坏、大小,归根到底,看它对于中国人民的生产力的发展是否有帮助及其帮助之大小,看它是束缚生产力的,还是解放生产力的。"[①]1992 年,邓小平在南方谈话中指出:"社会主义的本质,是解放生产力,发展生产力,消灭剥削,消除两极分化,最终达到共同富裕。"[②]解放和发展社会生产力,是中国特色社会主义的根本任务,是在新的历史条件下夺取中国特色社会主义新胜利必须牢牢把握的基本要求之一。

改革开放以来,我们聚精会神搞建设、一心一意谋发展,在社会生产力获得极大解放、经济持续健康发展的基础上,中国人民的生活水平普遍有了大幅度提高,中华民族伟大复兴展现出无比光明的前景。实践证明,社会主义制度的生命力体现在能够结合具体国情,持续地、大幅度地解放和发展社会生产力,给人民群众带来普遍的、不断增强的获得感、幸福感、安全感。新时代新阶段实现"两个一百年"奋斗目标,实现中华民族伟大复兴的中国梦,仍然要把发展作为第一要务,努力使发展达到一个新水平。要坚定不移地坚持发展是硬道理这一战略思想,同时必须坚持科学发展,加大结构性改革力度,坚持以提高发展质量和效益为中心,实现更高质量、更有效率、更加公平、更可持续的发展。

保持经济社会大局稳定,才能为改革和发展提供必要的前提条件。今天虽然我国已稳居世界第二大经济体的地位,但也毋庸讳言,我国仍然是世界上最大的发展中国家。我国的人均国内生产总值仅相当于全球平均水平的 2/3,美国的 1/7,排在世界 80 位左右。我国城乡还有几千万低保人口,每年城镇新增劳动力有 1 000 多万人,几亿农村劳动力需要转移就业和落户城镇,还有 8 500 多万残疾人。虽然我们如期打赢了脱贫攻坚战,完成了消除绝对贫困的艰巨任务,但如果按照世界银行的标准,我国还有两亿多人生活在贫困线以下,几乎相当于法国、德国、英国人口的总和。这些情况表明,让 14 亿多人都过上好日子,还需要付出长期的艰苦努力。发展依然是当代中国的第一要务,我们党的首要使命依然是经济建设,并在经济发展的基

---

① 《毛泽东选集》第 3 卷,人民出版社 1991 年版,第 1079 页。
② 《邓小平文选》第 3 卷,人民出版社 1993 年版,第 373 页。

础上推动社会全面进步,提高人民生活水平,逐步实现共同富裕。习近平同志在庆祝改革开放40周年大会上的讲话中指出:"必须坚持辩证唯物主义和历史唯物主义世界观和方法论,正确处理改革发展稳定的关系。"①改革是经济和社会发展的强大动力,发展是改革和稳定的目的,而改革和发展都需要一个稳定的环境。如果没有一个稳定的大局,不能为生产力的发展创造有利的条件,不能为实现人民对美好生活的向往提供安定的社会环境,再好的愿望也无法实现,再好的计划和方案也会落空。

有效应对经济领域重大风险和考验是实现经济稳定、高质量发展的重要保障。习近平同志指出:"我们要从社会主义初级阶段这个最大国情出发,坚持以经济建设为中心不动摇,坚持中国特色社会主义事业总体布局,坚持科学发展,努力实现更高质量、更有效率、更加公平、更可持续的发展,不断满足人民日益增长的物质文化需求。"②坚持科学发展、推动高质量发展,是保持经济持续健康发展的必然要求,是适应我国社会主要矛盾变化和实现"两个一百年目标"的必然要求。只有推动经济社会持续健康发展,才能全面增强我国经济实力、科技实力、国防实力、综合国力,也才有助于化解经济领域的重大风险。转变发展方式、实现高质量发展是一场"耐力赛",向高质量发展转变的过程注定不会一帆风顺。从世界经济发展的历史看,产业转型升级、实现高质量发展绝不是一个自然而然的过程,事实上也只有少数中等收入经济体跨越了这个关口,进入了高收入社会,大部分中等收入经济体因产业转型升级中出现迟滞或失败而陷入"中等收入陷阱"。我国有着产业规模大、技术基础好、产业配套强、创新要素全等有利于产业升级的独特优势,近年来产业转型升级也取得了积极进展,产业结构不断优化,工业内部高技术、高附加值和新兴产业比重逐步提高。但当前我国产业转型升级中也存在体制机制不完善、科技创新支持不足、企业家精神缺乏等制约因素。如果这些问题得不到及时有效解决,产业转型升级进程就有可能中断,质量型中高速增长的态势就难以维持。越是在转变发展方式、优化经济结构、转换增长动力的攻关期,越是需要相对稳定的环境。因此,我们必须坚持社会主义基本经济制度不动摇,积极有效地应对经济领域尤其是产业转型升级中的各种风险,守住不发生系统性风险的底线,有序排除长期积累的风险隐患,有效应对外部不确定性的冲击,不忽视一个风险,不放过一个隐患,防患于未然,才能为产业结构转型升级和高质量发展创造良好的环境,进而为实现经济稳定高质量发展、国家富强、民族复兴和人民幸福奠定坚实的基础、提供有力的保障。

第二节　新时代经济领域面临的重大风险

当前,我国已进入改革发展的关键时期,经济发展已由高速增长阶段转向高质量发展阶段,正处在转变发展方式、优化经济结构、转换增长动力的攻关期,新一轮经济转型的特征更趋明显。"经济转型是经济发展向更高级形态、更复杂分工、更合理结构演变的'惊险一跃'。在这个过程中,各类风险易发高发,有可能集中释放。"③从国际经验看,无论是日本,还是拉美和苏联东欧国家,在经历经济转型过程中都曾面临严峻挑战,要么爆发了严重的经济危机,要么

① 中共中央党史和文献研究院:《十九大以来重要文献选编》(上),中央文献出版社 2019 年版,第 736 页。
② 中共中央文献研究室:《习近平关于社会主义经济建设论述摘编》,中央文献出版社 2017 年版,第 10 页。
③ 国务院发展研究中心"经济转型期的风险防范与应对"课题组:《打好防范化解重大风险攻坚战:思路与对策》,《新经济导刊》2018 年第 5 期。

出现了发展停滞,落入"中等收入陷阱",有的国家甚至发生剧烈的社会动荡并出现社会倒退。只有少数几个国家,成功应对和化解了转型期的风险,进入到现代化国家行列。当前和今后一个时期,我国正处在转向高质量发展阶段的重要关口,像其他经历过转型的经济体一样,这一时期往往也是高风险窗口期。转型期的风险也孕育着成功转型的机会,能否有效防范和应对各类风险,能否化风险为推动转型的机遇,不仅关系到能否成功实现新一轮经济转型,也将关系到"两个一百年目标"能否实现。我们必须高度重视并清醒认识经济领域面临的重大风险和考验,采取切实有效的举措加以应对和化解。

一、经济体制改革面临的重大风险

党的十一届三中全会以来,我们逐步确立了公有制为主体、多种所有制经济共同发展,按劳分配为主体、多种分配方式并存,社会主义市场经济体制等社会主义基本经济制度。在坚持基本经济制度的基础上大力推进体制改革,以巨大的政治勇气主动调整生产关系,以适应生产力发展需要,推动我国经济体制发生了深刻而重大的变化。随着经济体制改革的深入进行,利益格局出现深刻调整,社会结构发生深刻变动。与此同时,由于社会主义市场经济体制还不完善、改革决策中的某些失误,以及西方新自由主义的影响,经济社会发展中存在着诸多矛盾和问题,发展的不平衡、不协调、不可持续问题突出,城乡区域发展和居民收入差距拉大等。引发了对经济改革的不同声音和论争。有的以改革中出现的问题否定改革,有的公然反对基本经济制度,主张取消公有制,搞西方的市场经济,使党在进一步深化经济改革进程中面临着巨大的风险和考验。

(一) 质疑经济体制改革的合理性、全盘否定改革风险

改革开放的过程必然伴随利益调整,随着改革的深入和社会主义市场经济体制的确立,由于改革措施的不配套以及体制的某些漏洞,出现了改革初期获得感较强的部分工农群体成为改革代价的承担者和利益受损者。人们在反思改革中存在的诸多问题时,出现了质疑和否定改革的声音。一些受计划经济体制影响和束缚较深的人,总是怀念计划经济时代的平均主义、大锅饭、慢生活,不能正确认识经济发展和深化改革过程中出现的矛盾和问题,主张改革要刹车,认为取消计划经济、推行市场化改革,发展个体经济、私营经济、外资经济,承认物质利益原则和合理的收入分配差距,允许和鼓励资本、土地、知识、技术、管理等生产要素参与分配,就是改变社会主义制度、实行资本主义制度,把改革说成是改变社会主义制度,把搞市场经济说成是走资本主义道路。还有些人把目前改革过程中出现的一些新矛盾和新问题,比如社会诚信缺失、假冒伪劣猖獗、党内腐败蔓延、奢靡之风盛行、资源过度开采、环境严重污染等,看作是改革开放的必然结果,全部归咎于市场化改革本身,加以批判和否定。有人甚至不无惋惜地讲"辛辛苦苦几十年,一夜回到解放前",主张重新回到改革开放之前的老路上去。

显然,以改革过程中出现的某些问题而全盘否定改革的认识和观点是错误的、片面的。改革开放是党在新的历史条件下领导人民进行的前无古人的新的伟大革命,是在不断探索中前进的,出现矛盾和问题在所难免。同时,这些问题和矛盾的存在也正是因为改革不到位、措施不完善造成的,只有通过继续深化改革、促进发展才能解决。如同习近平总书记所说:改革开放"是决定当代中国命运的关键抉择。中国特色社会主义之所以具有蓬勃生命力,就在于是实

行改革开放的社会主义"。① 我国过去 40 多年的快速发展靠的是改革开放,我国未来发展也必须坚定不移依靠改革开放。"改革开放是当代中国发展进步的活力之源,是党和人民事业大踏步赶上时代的重要法宝,是大势所趋、人心所向,停顿和倒退没有出路。"②近年来,随着改革开放取得日益辉煌的成就,怀疑和否定改革的声音日渐式微,但改革开放是一个长期的历史过程,这些观点和思潮也必然伴随改革的过程而长期存在,在特定的气候下还会进一步滋长和蔓延,在一定程度上仍会动摇人们深化改革的决心和信心、干扰党和政府的决策过程,对进一步推进经济改革带来重大风险和挑战。

(二) 否定改革的方向,主张自由化、私有化、市场化风险

改革是社会主义制度的自我完善和发展,必须坚持社会主义方向。然而国内某些西方新自由主义的信奉者,却在改革开放之初就企图用西方的经济理论主导中国的经济改革。当时,由于西方国家已经经过了几百年的资本主义发展,而我国的社会主义建设只有 30 多年,西方国家经济发展水平比我国高很多,从而导致许多人为西方的表面物质繁荣所迷惑,产生了对西方盲目崇拜的思潮,这也必然会体现在对西方经济理论的盲目崇拜上。这种现象引起了党中央的高度重视。邓小平 1983 年曾严肃指出:"对于现代西方资产阶级文化,我们究竟应当采取什么态度呢……经济方面我们采取两手政策,既要开放,又不能盲目地无计划无选择地引进,更不能不对资本主义的腐朽性影响进行坚决的抵制和斗争。"③1992 年 10 月党的十四大明确我国经济体制改革的目标是建立社会主义市场经济体制。社会主义市场经济与资本主义市场经济本质上完全不同,但同样作为市场经济,在其运行机制、操作层面上没有本质区别。发挥市场在配置资源中的决定性作用,建立现代企业制度,并利用经济全球化的机遇发展我国经济,为此应借鉴西方经济某些研究方法、理论,但在这一过程中,新自由主义思潮也趁机而入,开始对我国经济改革产生愈来愈大的影响。

新自由主义的具体政策和措施在不同时期、不同国家侧重点有所不同,但其基本内容是一致的,即主张自由化、市场化、私有化。新自由主义经济学立足于唯心主义的经济人假说,认为人都是自私自利的、理性的,试图用最小的成本获得最大程度的利润,因此又被称为理性经济人假说。该假说宣称私有制才符合经济人本性,质疑、否定一切形式的公有制经济,认为只要是公有制经济就一定是低效率的,私有制经济效率远远高于公有制经济。认为只有将所有制落实到个人即私有制才能激发个人追求利润最大化,从而提高企业运行效率、提高利润率。鼓吹"市场原教旨主义",反对政府干预经济。认为自由市场是资源配置的最有效方式,自由竞争不仅能实现优胜劣汰、使资源得到最有效的配置,还能实现经济平稳发展,而政府干预则会扰乱经济发展过程。新自由主义在中国的传播和泛滥,不仅严重搅乱了我国学术界的思想,而且在一定程度上渗透到我国的实际经济生活中。国内某些受新自由主义影响较深的人,在各种期刊、论坛、讲坛上大肆鼓吹"市场万能论",称我国宏观调控扼杀了市场效率和活力;反对公有制,主张搞私有制;污蔑国有企业是"国家垄断",效率低下,破坏了市场经济秩序;应该"靓女先嫁",一卖了之,"全面私有化";鼓吹为了提高效率,要拉大收入差距,"效率优先、兼顾公正"一时成为时髦的理论学说。这些主张甚至得到了一些地方政府、领导干部和国有企业管理人员的支持,在 20 世纪 90 年代后期,地方上曾经出现了大量的把国有企业低价出售给私人的情

---

① 中共中央文献研究室:《习近平关于社会主义经济建设论述摘编》,中央文献出版社 2017 年版,第 1 页。
② 中共中央文献研究室:《习近平关于社会主义经济建设论述摘编》,中央文献出版社 2017 年版,第 5 页。
③ 《邓小平文选》第 3 卷,人民出版社 1993 年,第 43—44 页。

况。在国民收入的初次分配中劳动报酬的比重不断降低,进而出现了区域、城乡和贫富差距的不断拉大。还有人竟提出中国现在搞的究竟还是不是社会主义的疑问,有的说是"国家资本主义",有的说是"新官僚资本主义"、权贵资本主义。有人甚至公开讲"改革开放就是打左灯向右转,改旗易帜,走资本主义道路"。这些言行,实质上是要改变我国基本经济制度,削弱政府对国民经济命脉的控制,把改革引向资本主义化的邪路。

党的十八大以来,党中央高度重视将中国的改革发展与新自由主义划清界限。习近平同志指出:"我们的改革开放是有方向、有立场、有原则的……不能邯郸学步。"我们的方向就是不断推动社会主义制度自我完善和发展,而不是对社会主义制度改弦易张。"我们当然要高举改革旗帜,但我们的改革是在中国特色社会主义道路上不断前进的改革。"①在国有企业党的建设会议上他进一步指出:在中国共产党领导和我国社会主义制度下,国有企业和国有经济必须不断发展壮大,这个问题应该是毋庸置疑的。然而,一段时间以来,社会上一些人制造了不少针对国有企业的奇谈怪论,大谈"国有企业垄断论",宣扬"国有企业与民争利",鼓吹"私有化""去国有化""去主导化"。特别是各种敌对势力和一些别有用心的人"恶意攻击、抹黑国有企业,宣扬'国企不破、中国不立',声称'肢解'是国有企业改革的最佳方式。醉翁之意不在酒!这些人很清楚国有企业对我们党执政、对我国社会主义制度的重要性,想搞乱人心、釜底抽薪。而我们有的同志也对这个问题看不清楚、想不明白,接受了一些模糊的、似是而非的甚至错误的观念。我们要善于从政治上看问题,决不能认为这只是一个简单的所有制问题,或者只是一个纯粹的经济问题。那就太天真了"!② 国有企业是中国特色社会主义的重要物质基础和政治基础,关系公有制主体地位的巩固,关系我们党的执政地位和执政能力,关系我国社会主义制度的巩固,在这些问题上我们必须时刻保持清醒头脑。由于党中央旗帜鲜明地反对新自由主义以及理论界对新自由主义的持续批判,新自由主义企图主导我国经济改革方向的图谋已难以得逞。但由于新自由主义多年来在高校教学、理论研究以及某些领导干部和知识界的长期影响,要彻底清除新自由主义对于中国今后经济改革和发展的干扰,还有很长的路要走。如何保证我们的改革不受新自由主义及其他西方有害思潮的干扰、始终沿着正确的方向前进,也必然成为我们党在经济领域始终面临的重大风险和考验。

二、经济长期稳定增长面临的风险

当前我国经济形势总体是好的,但经济发展面临的国际环境和国内条件都在发生深刻而复杂的变化,推进供给侧结构性改革过程中不可避免会遇到一些困难和挑战。发展是解决中国一切问题的基础,也是维护国家经济安全的本质要求。我们必须时刻保持清醒头脑,平衡好稳增长和防风险的关系,努力保证经济长期稳定增长。长期来看,得益于基本经济制度、治理能力、经济基础、市场规模等比较优势,我国经济稳中向好、长期向好的基本面没有改变,也不会改变。但随着主要矛盾的变化,我国当前正处在转变发展方式的关键时期,国民经济运行中结构性、体制性、周期性问题相互交织。同时,由于新冠疫情及多重因素影响,当前世界经济增长持续放缓,全球动荡源和风险点日益增多,导致近年来我国经济下行压力逐步加大,保持稳定的中高速增长面临着很大挑战。

---

① 中共中央文献研究室:《习近平关于社会主义经济建设论述摘编》,中央文献出版社 2017 年版,第 14—15 页。
② 中共中央党史和文献研究院:《十八大以来重要文献选编》(下),中央文献出版社 2018 年版,第 392 页。

（一）我国经济发展面临"三期叠加"影响持续深化的复杂环境

在 2013 年上半年中央政治局讨论经济形势的会议上，正式提出了我国经济正处于经济增长速度换挡期、结构调整阵痛期、前期刺激政策消化期"三期叠加"的重要形势判断。2019 年中央经济工作会议进一步指出，"三期叠加"影响持续深化，经济下行压力加大。①

一是经济增长速度换挡期。改革开放 40 多年来，我国经济增长一直维持在高位运行状态，2008 年之前基本保持在两位数。随着美国次贷危机在全世界蔓延，全球经历了重大经济风险和危机的挑战。改革开放以来，我国经济一方面得益于全球化，与世界各国的经济联系日益密切，但另一方面在全球经济金融危机面前也难以独善其身。长期经济高增长积累的矛盾到了这个时期开始集中显现，多种原因造成经济增长下行的巨大压力。我国适时推出了投资推动政策，虽然在一定程度上有效降低了危机的影响，但刺激政策作用有限，经济下行压力依然存在，增长速度开始回落。

二是结构调整阵痛期。多年来，我国经济增长在很大程度上主要靠要素投入支撑，不仅可持续性差，也带来了生态环境破坏。2010 年以来，我国多地持续出现雾霾、垃圾围城、黑臭水体、土壤重金属超标等环境问题，这样的发展模式虽然在一定程度上提高了经济增长速度，但是使人们生活环境质量严重下降。环境问题凸显了经济发展与资源环境之间的尖锐矛盾，转变经济增长方式、调整经济结构已经迫在眉睫。进行结构调整就要转变原来发展模式的路径依赖，首先就要改变人们已经习惯的不考虑环境成本的生产方式、以牺牲本国环境为代价的低价格创汇模式等。这些都是长期形成的经济发展路径依赖体系，对其作出改变往往增加了人们生产、生活等各方面显性成本，甚至会使部分群体利益受损，产生"阵痛"。

三是前期刺激政策消化期。2008 年国际金融危机爆发后，我国政府制定并推出了一揽子刺激经济的政策和措施，以防危机可能带来的全面性经济下滑。从 2008 年 11 月开始，首先推出了 4 万亿元的经济刺激计划，由地方投融资平台力推的基础设施建设作为推动力，带动了全国经济增长率迅速从 6% 提升到 11.9%。我国经济在世界上率先走出了危机，实现了国民经济的快速增长，避免了危机带来的冲击加深。我国经济也发挥了全球经济"压舱石"和"火车头"作用。但是，从 2011 年第二季度开始，前期的经济刺激政策带来的一些负面效应逐渐显现。主要体现在通胀压力、房价上涨、地方债务等一系列总量性和结构性问题上，需要通过适当的政策微调，消化、吸收经济刺激政策带来的消极影响。

党的十八大以来，以习近平同志为核心的党中央适时推出了一系列应对举措，有效抑制了"三期叠加"的负面影响，但由于国内外各种因素的作用，其对我国经济产生的消极作用仍在持续深化。

（二）能否化解经济运行下行压力，事关社会和谐稳定

"三期叠加"影响持续深化的复杂国内环境，加之国际经济格局的大调整等经济体系的内生、外生因素，使我国经济发展开始进入"新常态"。从 2015 年开始，中央提出通过积极推进供给侧结构性改革，逐步转换经济增长方式。在这一转换过程中，容易带来经济增长速度下降。同时，我国经济经历了多年高速增长后，经济总量日益庞大，各类投入要素利用率比较充分，边际生产效率已经达到极致，经济的边际增长率下调也就有其必然性。2019 年，我国 GDP 达

---

① 新华社：《中央经济工作会议在北京举行》，新华网 2019 年 12 月 12 日。

99.09 万亿元人民币,已连续 9 年居世界各国经济总量的第二位。但在 2010—2019 年的 10 年间,全国 GDP 年增长速度分别是 10.4％、9.3％、7.7％、7.7％、7.4％、6.9％、6.7％、6.9％、6.6％、6.3％,经济增长率呈现了一定的下滑趋势。与这种下滑趋势同步的是财政收入、财政支出的不断下滑。[①]

倘若持续加大的经济运行下行压力得不到有效化解,将会动摇社会稳定的基础,引发广泛性的风险。一是经济增速下降,居民收入以及财富增长速度也会随之放缓,消费增速下降不可避免。消费增速下降一方面会影响对经济增长的拉动作用,另一方面会减弱人民群众的获得感、幸福感和满意度。二是经济增速下降,将会影响就业率的稳定与提升。就业是民生之本,是社会稳定之锚,积极的就业政策能否有效,根本上、总体上有赖于经济的稳定增长。相关统计数据表明,2019 年我国城镇新增就业总量较 2018 年同期略有下降,城镇调查失业率却较 2018 年同期略有上升,其重要原因就是内部结构转型艰难和受外部"逆全球化"影响,导致经济运行下行压力加大。尤其是近些年来我国外贸依存度偏高,2003—2008 年,我国的外贸依存度连续 6 年一度超过 50％,2006 年竟然达到创纪录的 67％,这对于一个十几亿人口的大国来说是不同寻常的。近 10 年来,我国外贸依存度逐步降低,到 2018 年降为 33.7％,但也存在区域性差异,如东莞、苏州、深圳、厦门等发达区域城市的外贸依存度依然达到 100％以上。[②]正因为对外部市场的依赖性较高,受外部"逆全球化"和排外主义的影响,近几年,部分外向型企业(主要是中小型制造业企业)开工不足、就业人数持续减少。三是经济增速下行压力加大,相应产生财政收入增速放缓,但为了保障民生、稳定经济、化解风险,财政支出需要维持较高增速,收支平衡压力有所加大,局部性财政风险有所显现。尤其是中西部地区个别市县政府基本工资和社保发放出现困难,对基层社会稳定造成一定负面影响。实现稳定的经济增长,关系党的执政安全,是做好经济工作的底线思维,也是防范和应对经济领域重大风险的本质要求。

三、财政金融领域的重大风险

规范有序的财政金融活动能促进经济增长,财政金融失序与动荡会通过财政金融业内部及与实体经济部门之间的传递和扩散,损害国民经济良性运行。习近平同志指出:"经济是肌体,金融是血脉,两者共生共荣……金融活,经济活;金融稳,经济稳;经济兴,金融兴;经济强,金融强。"[③]这一重要论述,深刻揭示了财政金融与经济发展的一般规律。财政金融风险是实体经济风险集聚的反映。经济转型期往往也是财政金融风险快速聚集和集中暴露的时期。在经济下行压力逐步增大的背景下,实体经济结构性产能过剩、过度加杠杆和资产错配等潜在风险必然显性化,并加快传递和集聚到财政金融部门。因此,维护与确保财政金融安全是事关我国经济社会发展全局的一个带有战略性、根本性的重大问题。我国财政金融领域存在的主要风险表现为:财政支出压力增大的风险,金融机构资产质量恶化、中小金融机构风险上升,政府债务风险以及影子银行风险。

(一) 财政支出压力增大的风险

财政风险突出地表现为财政支出压力逐年递增的风险。2019 年,全国一般公共预算收入

---

① 国家统计局:《中华人民共和国 2019 年国民经济和社会发展统计公报》,《人民日报》2020 年 2 月 29 日。
② 李明:《防范化解经济领域重大风险》,国家行政管理出版社 2020 年版,第 11 页。
③ 习近平:《深化金融供给侧结构性改革 增强金融服务实体经济能力》,《人民日报》2019 年 2 月 24 日。

约 19.04 万亿元,占 GDP 的比重为 19.26％,虽比往年有所下降,但多数省份的财政收入增速依然高于经济增长速度。目前,我国财政运行状况总体上趋于平稳,但各级财政收入下行压力较大,尤其是地方财政经济出现了严重分化的风险趋势,公共领域与财政领域的风险出现双上升的现象。从 2015 年至 2019 年的全国财政收入和支出的变动情况来看,我国财政收支呈现以下特点:一是财政收入呈现逐年下降的趋势。2019 年有 6 个省区市甚至出现了负增长,负增长最多的达到 5.83％。二是财政支出大于财政收入,形成的收支缺口有逐年加大的趋势。与全国一般公共预算收入约 19.04 万亿元相比,2019 年全国一般公共预算支出则达到 24.89 万亿元,同比增长 8.1％。在收支数量上的缺口中,尤其是养老保险的收入小于支出的状况最为严重,这在东北等地表现得尤其明显。三是在财政收入和财政支出的增长比率中,大多数年份的财政支出都高于财政收入的增长。这表明刚性公共支出加上高于收入的增长率,使支出压力逐年递增。[①]

各地在通过政府负债、土地开发、政策性导向等政策措施调动资源,发展地方经济的同时,实际的财政吸取的比例远远高于仅仅包含一般预算收入在内的占比,而且很多城市的土地财政收入占比也存在重大经济风险隐患。目前各地原有的存量债务的付息压力,对地方财政支出带来的沉重负担开始逐步凸显。同时,在地方融资平台利用政府身份进行公共融资的职能受到限制后,开始纷纷启用政府和社会资本合作(PPP)项目,作为缓解地方政府财政投资支出压力的重要方式,并在各地获得了高速发展,但是 PPP 项目的运用不当,也会带来新的地方政府财政风险。

(二)金融机构资产质量恶化,中小金融机构风险上升

近些年来,金融机构盈利水平逐步降低,资产负债表脆弱性增加,尤其是中小金融机构风险上升。截至 2016 年三季度,商业银行不良率达到 1.76％,连续 16 个季度反弹。虽然 2016 年四季度有 0.02 个点的下降,但 2017 年三季度依然保持在 1.74％的水平,关注类贷款占比为 3.56％,虽较 2016 年同期有所下降,但依然保持在高位。根据国际货币基金组织 2016 年 4 月发布的《全球金融稳定报告》,2015 年我国商业银行的公司贷款中,潜在风险贷款的比例为 15.5％,潜在风险贷款规模达 1.3 万亿美元,约合 8.2 万亿元人民币。[②]一个时期以来,中小银行尤其是农商行、农信社、村镇银行,借同业业务逆势快速扩张,积累了大量流动性风险,加之缺乏专业人才和核心技术的支撑,又受到大中型金融机构业务下沉和互联网金融对小微金融业务的前后夹击,经营风险明显增大。与此同时,一些新设立的保险公司采取较为激进的业务拓展策略,通过发行高收益理财产品(如短期万能险)筹集资金,投资于流动性较差的基础设施、房地产、信托等另类资产,存在严重的期限错配和利率倒挂,风险集聚水平明显提高。

(三)政府债务风险

经济转型期,政府往往采取扩张性财政政策拉动经济增长,缓释经济下行压力。政府债务扩张速度加快,政府债务占 GDP 的比重迅速上升,风险压力明显增大。尤其是我国地方政府承担了大量的经济发展任务,地方政府之间的经济增长竞争促进了我国经济的长期增长。当地方经济增速面临下行压力时,地方政府需要通过扩大投资来推动经济增长。在经济增速竞

---

① 李明:《防范化解经济领域重大风险》,国家行政管理出版社 2020 年版,第 15 页。

② 国务院发展研究中心"经济转型期的风险防范与应对"课题组:《打好防范化解重大风险攻坚战:思路与对策》,《新经济导刊》2018 年第 5 期。

争中,地方政府资金需求更为旺盛,但地方政府可用财力非常有限,从而强化了地方政府的举债需求。根据财政部数据,2016 年末我国中央和地方政府的债务余额约为 27.33 万亿元,负债率约为 36.7%,总体处于可控范围。但也要看到,由于地方政府举债约束机制不健全,近年来通过投贷联动、名股实债、表外举债、购买服务等方式,借地方融资平台、PPP、产业基金等渠道变相举债的现象较为普遍,隐性债务风险不断积累。与此同时,一些资源型、重化工主导的地区,受资源性产品价格下跌和重化工产能过剩的影响,财政收入和企业利润大幅下降,而产业重组、处置不良资产、安置下岗职工需要大量增加投入,偿还既有债务和新增债务的压力增大,风险水平明显上升。

（四）影子银行风险

影子银行是指游离于银行监管体系之外、可能引发重大风险和监管套利等问题的信用中介体系,以及各类相关机构和业务活动。根据一些国家过往的做法,以信用违约掉期、次级债务、衍生品及其信用担保凭证为代表的金融创新及影子银行体系的形成,相当程度改变了这些国家传统的金融结构,在监管缺失和监管规避的条件下,会引发金融危机。目前,国内影子银行体系逐步发展壮大,客观上成为金融体系不可或缺的组成部分,已经关联到金融机构（如银行、保险、信托）、房地产行业、地方政府等,具有系统性的影响作用。对影子银行的统计有不同口径。2016 年小口径的核心影子银行规模（委托贷款、信托贷款、未贴现银行承兑汇票之和）达到 23.41 万亿元,大口径影子银行规模（包括信托受益权、定向资产管理计划、表外理财产品等）超过 50 万亿元。影子银行的期限严重错配,加上高杠杆投资组合和刚性兑付,使银行等金融机构的挤兑风险上升。加之影子银行业务没有纳入资本金监管范畴,使得资本充足率被高估,将难以承受贷款损失和突发事件带来的冲击。影子银行业务的隐蔽性使得风险难以被测量和管理,容易导致风险跨市场、跨区域、跨行业传递,有可能导致金融市场体系出现系统性风险。

四、产业转型升级风险

产业结构转型升级的核心是把高投入、高消耗、高污染、低产出、低质量、低效益转为低投入、低消耗、低污染、高产出、高质量、高效益,把粗放型转为集约型,实现产业高级化和技术集约化,不断提高生产效率。我国产业结构转型升级主要面临"低质量陷阱"、部分产能过剩和制造业竞争力下降等方面的风险。

一是市场秩序扭曲,造成"低质量陷阱"。在市场经济条件下,消费者对高品质商品的需求,通过价格机制反馈给生产厂商,激发企业生产相应的商品,获取更高的产品附加价值,并实现由需求引领的产业升级。但在市场秩序扭曲的情况下,往往会出现"劣币驱逐良币"的现象,一些产业很可能出现"低质量陷阱",正常的升级过程不能自发实现。虽然企业有能力满足消费者需求,能够生产高质量的产品,虽然消费者也愿意为高品质商品支付一定的溢价,但由于信息不对称,消费者无法判断商品的品质,不相信商品的质量,高品质商品难以实现优质优价,最终企业只能生产低质量产品,陷入了低质量生产的"囚徒困境"。例如,经过"三聚氰胺奶粉"事件后,中国婴幼儿奶粉产品品质有了明显的提高,但消费者仍未改变不信任态度,许多婴幼儿的父母宁愿出国采购或者代购国外奶粉,导致境外多地针对中国游客进行奶粉限购。

二是部分产能过剩的风险。当前全球正处于新一轮产业革命兴起的变革期,全球范围内以互联网技术为核心的人工智能、大数据、信息技术、新材料技术、新能源技术和制造技术出现了高度融合、彼此渗透、群体兴起的趋势,并对传统的生产方式、产业组织方式形成深度冲击。改革开放后,我国在经历了制造业井喷式扩张后,产业规模和供给能力迅速膨胀,但是大多数还处于中低端,难以满足居民消费结构迅速升级的需求。随着制造业要素成本提高,经济效益下降,企业负债上升,偿债能力减弱,风险也在不断积累。近年来,钢铁、煤炭、火电等领域去产能取得积极进展,但有色、建材、石化等领域依然面临较大的过剩压力。受传统体制束缚,过剩产能市场化退出和出清机制尚未形成,"僵尸企业"沉淀的资源难以实现再配置,虽然其对整个经济体系运行和经济增长没有有效贡献,却占用了大量有价值的资产,影响全行业资源的优化配置效率,造成部分行业的产能严重过剩,影响全行业的技术研发和新产品开发,制约了制造业整体盈利水平改善,并进一步推高企业的负债水平。按照 2016 年末我国企业杠杆率 166% 计算,企业总负债达到 123.5 万亿元。按一年期贷款 4.35% 的基准利率,每年的付息成本高达 5.4 万亿元,接近 2016 年新增 GDP 总量。显然,这样的债务水平是难以持续的。[①]

　　三是制造业竞争力下降的风险。我国是制造业大国,但仍显大而不强。随着我国制造业要素成本优势逐步削弱,能源、土地、物流等方面的"成本弱势"逐步暴露。尤其是进入 21 世纪以来,全球制造业的机械化、信息化、自动化甚至智能化程度有了长足进步,人工智能能够部分代替人工,效率较人工大幅度提高,支撑制造业发展的主要因素已经由生产能力规模扩张转向提升产业价值链和产品附加值,我国制造业创新能力不足的"瓶颈"制约逐步显现。根据科技部 2015 年规模以上工业企业研究与开发活动统计分析,2015 年我国规模以上工业企业有研发活动的仅占 19.2%,有研发机构的企业仅占 13.8%。企业研发投入和创新能力不足,前沿技术创新体系尚未形成。在新一轮科技革命和产业变革加快推进的背景下,传统制造业生产能力和技术装备面临被淘汰风险,进而会进一步加剧企业资产负债表的恶化。

五、房地产市场的风险

　　我国改革开放初期尚未形成房地产业,由于受到传统城乡建设体制机制的制约,住宅产业一直没有得到发展。20 世纪 80 年代末期,我国城市中具有卫生间、厨房、客厅功能的完善住宅仅有 962 万套,城镇居民共有厨房的占 6.4%,自搭或用过道临时作厨房的占 30.96%;合用厕所的占 9.85%,用街巷公厕的占 66.92%;自来水独用的占 15.85%,公用或无自来水的占 26.81%。[②] 20 世纪 90 年代后期,我国积极推进住房制度改革,住房商品化被作为房改方案的重要政策目标。同时,房地产支柱产业政策目标伴随着一系列住房开发方面的拆迁、土地征用、商品房预售、抵押贷款等各地的优惠政策。房地产市场在我国经济增长过程中,也确实起到了先导性行业的巨大辐射带动作用。但后来随着住房商品化的全面铺开,住房的公共产品属性、基本保障功能被相对忽略,前期住房商品化、房地产业支柱产业的政策弊端也开始显现。我国房地产市场已逐步从总量供不应求转向供求总体平衡、区域结构矛盾突出的新阶段。特别是近些年来,房地产市场形成高价格、高库存、高杠杆、高度金融化和高度关联性的"五高"风险特征。我国房地产市场面对的潜在风险不断加大。

　　一是住房结构性过剩风险。截至 2015 年,城镇常住人口家庭户均住房已达 1.1 套。过去

---

① 国务院发展研究中心"经济转型期的风险防范与应对"课题组:《打好防范化解重大风险攻坚战:思路与对策》,《新经济导刊》2018 年第 5 期。

② 李明:《住宅的功能及其发展规律浅析》,《住宅科技》1991 年第 4 期。

几年城镇住房新开工面积较大,2013年达到20.12亿平方米的峰值,2014年、2015年、2016年分别为18亿、15亿和11.6亿平方米。之后几年仍是住房面积竣工的高峰期,倘若住房新开工面积继续保持较高水平,住房市场出现供给过剩的风险将显著增大。住房过剩在三四线城市表现尤为突出,结构性过剩的风险较为集中。

二是房地产泡沫风险。2015年下半年以来的房价上涨,不同于2009年之前是在城镇住房总体供不应求的阶段发生的,而是在住房总量平衡、经济增速较快回落的阶段发生的,利率大幅下调增大了居民住房购买的能力,成为推动房价上涨的重要因素。据测算,2015年央行5次降息、4次降准之后,居民住房购买能力相当于提高了39.5%,由此蕴含的市场风险显著增大。近年来,我国一线城市房价收入比都超过了17,表明房价泡沫风险已经累积到相当的水平。[①]

三是房地产金融化风险。由于房地产市场长期和金融、资产重估等捆绑在一起,加上普通公众的投资渠道缺乏,一线城市及部分二线城市房地产市场呈现出较强的金融属性,并带来巨大的虹吸效应,使得经济进一步"脱实向虚"。2016年末,房地产贷款余额为26.7万亿元,占各项贷款余额的25%。2019年末,我国金融机构人民币各项贷款余额153.11万亿元,其中房地产类占29%,贷款余额达41万亿元,贷款结构存在巨大的不合理因素。若考虑到影子银行,则房地产领域的融资规模会更大。房地产金融化很可能将风险转移到银行等金融机构,导致金融机构资产质量的恶化,引发金融风险。此外,房地产还有显著的收入分配效应。房价暴涨透支了一两代人的购买力,加剧了社会的贫富分化,使年轻一代人的财富积累变得更加困难和艰辛。这种差距阻碍了劳动力、人才的社会性流动,进一步固化了社会的贫富差距。

六、资源有效供给风险

经济的持续增长需要足够的资源保障和必要战略物资储备。当前和今后一个时期,资源有效供给不足和必要战略物资储备不足将成为制约我国经济持续稳定健康发展的重要因素。随着经济的持续增长,我国资源有效供给不足和必要战略物资储备不足的风险已经显现,其中突出表现在能源领域和人力资源领域。

一是能源有效供给和储备不足风险。能源是国民经济发展的重要支撑,能源安全直接影响到国家安全、可持续发展以及社会稳定。我国能源安全问题主要表现在供求总量失衡、供应结构与消费结构不匹配、能源储备不足等方面;突出体现为总量不足和结构失衡两方面。在我国能源结构中,煤炭、石油等化石能源的比重过高。尤其是煤炭比重近年来一直在60%左右,石油、天然气占比25%左右。我国煤炭品质不高,含硫量较高,优质煤比重低,造成的环境污染严重,且开采成本相对较高,相对不经济。在这种情况下,我国煤炭、石油等化石能源消费却居高不下,影响了我国环境安全,是造成我国多雾霾天气的重要原因之一。

随着经济发展和人们生活水平提高,工业生产和居民消费对石油、天然气需求不断增加,国内自身油气资源有限,需求缺口主要靠外部供给解决,原油、天然气进口总量逐年增加,对外依存度居于高位。据《中国油气产业发展分析与展望报告蓝皮书(2019—2020)》显

---

① 国务院发展研究中心"经济转型期的风险防范与应对"课题组:《打好防范化解重大风险攻坚战:思路与对策》,《新经济导刊》2018年第5期。

示：2019 年，我国原油进口量约为 5.06 亿吨，同比增长 9.5％，成品油净进口量首次突破 5 000 万吨，原油和石油对外依存度双破 70％；天然气进口量 9 656 万吨，同比增长 6.9％，对外依存度达 43％。在石油对外依存度攀升同时，我国石油来源地较为集中带来的风险也在增加。虽然我国油气进口来源已多元化，涵盖世界多个地区和国家，但从进口来源地区和国家分布来看，主要集中在中东主要产油国，这一地区地缘政治不稳定，安全隐患较高；从油气运输通道来看，集中度较高，大部分海上运输航线都需要经过马六甲海峡，受突发因素制约性很大。

能源储备也是能源安全的一个重大问题，其中最重要的是国家石油战略储备。石油是现代工业和交通运输业的"血液"，是现代战争中不可缺少的战略物资，是石化工业的基本原料，直接关系到国民经济和社会发展、国防建设和人民生活。战略石油储备抑制重大经济风险的作用在于，在能源供给紧张的情况下，通过向市场释放储备油减轻整个市场压力，增强心理预期，降低价格上涨的可能，达到减轻石油供应对整体经济冲击的程度。对我国这种依存度较高的石油进口国来说，石油战略储备是应对供应短缺而建立的头道防线，其作用在于危机来临时，可为经济增长方式调整，尤其是为能源供应、消费方式调整争取必要的时间。目前，我国的战略石油储备基地总容量为 5.03 亿桶，这对中国能源安全具有重要意义，但与世界其他国家尤其是发达国家相比，仍有相当大的差距。日本的战略石油储备总容量高达 9 亿桶，美国则超过 20 亿桶。

二是人口与劳动力风险。劳动力人口既是生产者，又是主要消费者，维持劳动力人口的适当增速能从供给、需求两端促进经济增长，劳动力人口增速常态化下降将损害经济社会活力，动摇经济社会持续发展的基础。

20 世纪 50 年代至 70 年代，我国人口增速较快，为了缓解这种过快的增长势头，从 20 世纪 80 年代开始，我国采取了严格的计划生育政策，并持续了 30 年之久，低生育政策导致人们的低生育观念和低生育行为逐渐固化。最近 10 年来，尽管我国逐步调整了生育政策，并于 2016 年开始实施全面二孩政策，但我国的新生儿出生率仍处于低位。随着我国新生婴儿出生率的逐年走低，人口结构也发生了较大的变化，人口老龄化危机已见端倪。从我国长期的出生人口和出生率变动来看，我国经济增长高峰区间与劳动力人口高峰区间基本上是重合的。但是，近年来我国劳动年龄人口和出生率已经呈现双下降的趋势。

随着年龄结构的变化，自 2012 年起，我国劳动年龄人口的数量和比重连续 7 年出现双降，7 年间减少了 2 600 余万人。受劳动年龄人口持续减少的影响，劳动力供给总量下降，2018 年末全国就业人员总量也首次出现下降，预计之后几年将继续下降。同时，老年人口比重的上升加重了劳动年龄人口负担，给经济发展和社会保障带来挑战。整体看来，近年来，我国劳动力人数在持续减少，我国 16—59 岁劳动年龄人口在 2011 年的时候达到峰值 9.25 亿人，2012 年比 2011 年减少 345 万，这是劳动年龄人口的首次下降。2012 年开始逐年下降，2013 年减少 244 万，2014 年减少 371 万，2015 年减少 487 万，2016 年减少 349 万人。到 2017 年劳动力人口已经比上年减少 548 万人，2018 年劳动人口减少 470 万人，占总人口比重也逐年下降至 64.3％。劳动年龄人口的下降是中国经济发展过程中不得不面对的现实。预计到 2030 年以后将会出现大幅下降的过程，平均以每年 760 万人的速度减少。到 2050 年，人社部预测劳动年龄人口会由 2030 年的 8.3 亿降到 7 亿左右。劳动年龄人口下降，说明劳动参与人口的减少，意味着未来劳动力成本提升压力加大，并给经济社会发展带来多重挑战。

第三节　有效应对经济领域重大风险和考验的对策

经济持续稳定发展是解决我国一切问题的基础和关键。当前,我国经济发展面临的国际环境和国内条件都在发生深刻而复杂的变化,推进供给侧结构性改革过程中不可避免会遇到一些风险和挑战,我们既要保持战略定力,平衡好稳增长和防风险的关系,把握好改革发展的节奏和力度,又要增强忧患意识,未雨绸缪,精准研判、采取及时有效的举措妥善应对经济领域可能出现的重大风险和考验。要坚持社会主义基本经济制度,推动我国经济发展沿着正确方向前进;坚持以供给侧结构性改革为主线,加快建设现代化经济体系;深化金融体制改革,增强金融服务实体经济能力,有效应对债务风险和房地产风险;加快转变经济发展方式,保持经济运行在合理区间,推动经济稳定持续高质量发展。

一、坚持党的基本路线,保持经济改革的正确方向

当前,我国发展面临一系列突出矛盾和问题。发展中的不平衡、不协调、不可持续问题突出,科技创新能力不强,产业结构不合理,发展方式粗放,城乡区域发展差距和居民收入分配差距较大,社会矛盾明显增多。我国正处于调整经济结构,转变发展方式的关键时期。在改革取得巨大成就、矛盾和问题开始凸显的新形势下,改革开放的车轮是进、是停、是退,是走回头路还是改旗易帜,引起人们的广泛关注。对此,习近平同志明确指出:"在改革开放问题上,党内外、国内外都很关注,全党上下和社会各方面期待很高。改革开放到了一个新的重要关头。我们在改革开放上决不能有丝毫动摇,改革开放的旗帜必须继续高高举起,中国特色社会主义道路的正确方向必须牢牢坚持。"①

（一）坚持党的"一个中心、两个基本点"的基本路线

改革开放是一场深刻的革命,只有进行时没有完成时。没有改革开放,就没有中国的今天,也就没有中国的明天。现在,推进改革开放有了更坚实的基础,但改革开放越往纵深发展,发展中的问题和发展后的问题、一般矛盾和深层次矛盾、有待完成的任务和新提出的任务越交织叠加、错综复杂。改革开放中的矛盾只能用改革开放的办法来解决,停滞和倒退没有出路。但改革必须坚持正确方向。在方向问题上,我们头脑必须十分清醒。如同习近平同志所说:"我国改革开放之所以能取得巨大成功,关键是我们把党的基本路线作为党和国家的生命线,始终坚持把以经济建设为中心同四项基本原则、改革开放这两个基本点统一于中国特色社会主义伟大实践。"②

党的"一个中心、两个基本点"的基本路线,抓住了我们党治国理政所要解决的主要矛盾,凝聚着我们党对基本国情、战略目标、前进方向、发展动力、领导力量和依靠力量的认识,揭示和反映了当代中国发展进步的根本规律,高度概括和集中体现了中国特色社会主义的核心内容,是马克思主义中国化的重要成果。我们要坚持把以经济建设为中心作为兴国之要,把四项基本原则作为立国之本、把改革开放作为强国之路,不能有丝毫动摇。

---

① 习近平:《关于〈中共中央关于全面深化改革若干重大问题的决定〉的说明》,《人民日报》2013 年 11 月 16 日。
② 中共中央文献研究室:《习近平关于全面深化改革论述摘编》,中央文献出版社 2014 年版,第 14 页。

我国改革开放和社会主义现代化建设之所以能够取得举世瞩目的辉煌成就,并在世界社会主义发生严重曲折、国内外风云急剧变幻的局面中沿着中国特色社会主义道路凯歌行进,最根本的就在于我们始终毫不动摇地坚持并发展了党的基本路线。我们在总结世界社会主义建设经验教训的基础上,从我国改革开放和社会主义现代化建设的实践中,切身感受到它是国家的生命线和人民的幸福线。

今天的中国正处在中华民族伟大复兴的重要节点上。我们必须一以贯之地坚持以经济建设为中心,统筹推进"五位一体"总体布局和协调推进"四个全面"战略布局,坚持创新、协调、绿色、开放、共享的发展理念,聚精会神抓好发展这个党执政兴国的第一要务;必须毫不动摇坚持四项基本原则,根本是坚持党的领导,坚持中国特色社会主义道路、理论体系、制度、文化;必须毫不动摇推进改革开放,推进国家治理体系和治理能力现代化;必须全面贯彻执行党的基本路线,把以经济建设为中心同坚持四项基本原则、坚持改革开放这两个基本点统一于中国特色社会主义实践,任何时候都不能有丝毫偏离和动摇。

党的基本路线关乎党的命脉,关乎国家前途、民族命运、人民幸福,我们必须倍加珍惜和爱护。但我们也必须看到,在改革发展的实践中,虽然以经济建设为中心在党内已基本形成共识,但在两个基本点之间,即坚持四项基本原则与坚持改革开放之间的关系上却长期存在争论,僵化和西化两种错误思潮的干扰和影响都始终存在。西化思潮贬低改革开放和社会主义现代化建设的成就,迷恋西方经济政治制度,否定四项基本原则;僵化思潮墨守成规,夸大发展中存在的问题,怀疑甚至反对改革开放。

当前党内和社会上存在的突出问题是,一些人对坚持四项基本原则的重要性认识不足,思想不坚定。我们党把坚持四项基本原则作为立国之本,是因为这些原则决定着我们党的指导思想、国家的性质、政权的归属、社会发展的方向。这是全党全军全国各族人民团结前进的共同政治基础、进行社会主义现代化建设的根本前提和政治保证。全党必须坚决抵制和反对西化和僵化错误思潮。尤其是党员干部要旗帜鲜明地反对和抵制否定党的领导、否定我国社会主义制度、否定改革开放的言行,反对和抵制歪曲、丑化、否定中国特色社会主义的言行,反对和抵制歪曲、丑化、否定党的历史、中华人民共和国历史、人民军队历史的言行,反对和抵制歪曲、丑化、否定党的领袖和英雄模范的言行,反对和抵制一切违背、歪曲、否定党的基本路线的言行,坚决捍卫党的基本路线。尤其是要坚决抵制西方新自由主义思潮的影响,毫不动摇地坚持社会主义市场经济的改革方向。[①]

(二) 坚持公有制为主体、多种所有制共同发展的经济制度

党的十九届四中全会审议通过的《中共中央关于坚持和完善中国特色社会主义制度、推进国家治理体系和治理能力现代化若干重大问题的决定》明确指出:"公有制为主体、多种所有制经济共同发展,按劳分配为主体、多种分配方式并存,社会主义市场经济体制等社会主义基本经济制度,既体现了社会主义制度优越性,又同我国社会主义初级阶段社会生产力发展水平相适应,是党和人民的伟大创造。"[②]社会主义基本经济制度在经济制度体系中具有基础性决定性地位,对其他领域制度建设及国家治理效能有重要影响。坚持和完善社会主义基本经济制度,是完善社会主义市场经济体制、解放和发展生产力、实现经济高质量发展的重要前提和根本保证。

[①] 刘昀献:《党的基本路线是国家的生命线人民的幸福线》,《文汇报》2017 年 1 月 20 日。
[②] 本书编写组:《中共中央关于坚持和完善中国特色社会主义制度、推进国家治理体系和治理能力现代化若干重大问题的决定》辅导读本,人民出版社 2019 年版,第 19 页。

　　我国社会主义基本经济制度是在革命、建设、改革的实践中形成和确立的。中华人民共和国成立后，我国确立了基本经济制度及与之适应的经济体制，为当代中国发展进步奠定了根本经济制度基础。改革开放以来，我们党深刻总结国内外正反两方面经验，以巨大的政治勇气主动调整生产关系，以适应生产力发展需要，推动我国经济体制发生了深刻而重大变化。在所有制方面，我们坚持公有制主体地位和国有经济主导地位，同时大力调整所有制结构，支持个体经济、私营经济、外资经济等健康发展，有效激发了各类市场主体活力和创造力。在分配制度方面，我们坚持按劳分配为主体，承认物质利益原则和合理的收入分配差距，同时允许和鼓励资本、土地、知识、技术、管理等其他生产要素参与分配，极大地调动了各方面积极性。在资源配置方式方面，我们坚持社会主义市场经济改革方向，实现了从高度集中的计划经济体制向社会主义市场经济体制的转变，把有效的市场机制和有度的宏观调控结合起来。40 多年来的实践证明，社会主义基本经济制度既有利于解放和发展社会生产力、改善人民生活，又有利于维护社会公平正义、实现共同富裕。1979—2018 年，我国国内生产总值年均增长 9.4%，远高于世界同期年均 2.9% 的增速。2021 年我国 GDP 达 114.36 万亿元，经济总量稳居世界第二位。党领导人民创造的世所罕见的经济快速发展奇迹和社会长期稳定奇迹的背后，社会主义基本经济制度是十分重要的制度保证。根据马克思主义原理，在三项基本经济制度中所有制问题是最根本的制度，是其他制度的基础。坚持经济改革的正确方向最根本的是坚持和完善公有制为主体、多种所有制经济共同发展的基本制度。

　　一要毫不动摇地巩固和发展公有制经济。公有制经济包括国有经济、集体经济，以及混合所有制经济中的国有成分和集体成分，是社会主义经济制度的基础。国有经济控制国民经济命脉，对于发挥社会主义制度的优越性，增强我国的经济实力、国防实力和民族凝聚力、主导国民经济的发展具有关键性作用。要充分发挥国有经济在国民经济中的主导作用，促进社会主义市场经济健康发展。要进一步探索公有制多种实现形式，鼓励发展国有资本、集体资本、非公有资本等交叉持股、相互融合的混合所有制经济，推进国有经济布局优化和结构调整，更多投向关系国家安全、国民经济命脉的重要行业和关键领域，服务国家战略目标，增强国有经济竞争力、创新力、控制力、影响力、抗风险能力，做强做优做大国有资本。要深化国有企业改革，加快完善国有企业法人治理结构和市场化经营机制，健全完善经理层任期制和契约化管理，改革国有企业工资决定机制，充分调动干部职工积极性，完善中国特色现代企业制度，激发国有企业发展活力和内生动力。

　　国有企业是我国国民经济的支柱，是社会主义公有制经济的重要成分，是中国特色社会主义的重要物质基础和政治基础，关系公有制主体地位的巩固，关系我们党的执政地位和执政能力，关系我国社会主义制度的巩固。在中国共产党领导和社会主义制度下，国有经济必须不断发展壮大。从物质基础看，中华人民共和国成立以来特别是改革开放以来国有企业发展取得巨大成就。2018 年，全国国有企业资产总额达 178.7 万亿元，企业营业收入达到 58.75 万亿元，利润总额达到 3.38 万亿元。[1] 国有企业在载人航天、探月工程、深海探测、高速铁路、特高压输变电、移动通信等领域取得了一批具有世界先进水平的重大科技创新成果，掌握了一大批关键核心技术。习近平同志于 2016 年在全国国有企业党的建设工作会议上的讲话中明确指出："国有企业还承担了大量社会责任，许多投资大、收益薄的基础设施和公共服务建设，许多周期长、风险大的基础性研发，许多国防科技工业的重大项目，许多重大自然灾害、突发事件的

---

[1] 曾金华：《2018 年国企利润总额增长 12.9%》，中华人民共和国中央人民政府网 2019 年 1 月 22 日。

抗击救援，许多脱贫攻坚、改善民生的项目实施，都是国有企业扛起来的。"①从政治上看，我们党要做到"任凭风浪起，稳坐钓鱼台"，就要有关键时刻听指挥、拉得出，危急关头冲得上、打得赢的基本队伍。国有企业及其广大党员、干部、职工就是这样的队伍。同时，国有企业是我们党执政兴国的重要支柱和依靠力量，工人阶级是我国的领导阶级，是我们党执政最坚实、最可靠的阶级基础，是坚持和发展中国特色社会主义的主力军。国有企业培养了一支产业工人大军，拥有 4 000 多万在岗职工、近 80 万个党组织、1 000 多万名党员，这是我国工人阶级队伍的骨干力量。把国有企业建设好，把工人阶级作用发挥好，对巩固党的执政地位、巩固我国社会主义制度具有十分重大的意义。如果把国有企业搞小了、搞垮了、搞没了，公有制主体地位、国有经济主导作用、工人阶级领导地位就无法坚持，共同富裕就无法实现，我们党的执政基础和执政地位就不可能巩固，中国特色社会主义就不可能得到坚持和发展。"坚持和发展中国特色社会主义，统筹推进'五位一体'总体布局和协调推进'四个全面'战略布局，实现'两个一百年'奋斗目标、实现中华民族伟大复兴的中国梦，国有企业肩负着重大历史使命"。必须坚决批判和抵制一切否定、"肢解"国有企业的论调和企图，"坚定不移把国有企业做强做优做大。"②

二要毫不动摇鼓励、支持、引导非公有制经济发展。我国社会主义公有制的建立，为解放和发展社会生产力开辟了广阔道路。但是，我国还处在社会主义初级阶段，生产力落后，发展还很不平衡、不充分，这就决定了我们要在公有制为主体的前提下，发展多种所有制经济，这对于充分调动社会各方面的积极性，加快生产力发展具有重要作用。改革开放 40 多年来，民营经济（包括民营企业和个体工商户）已经成为推动我国发展的不可或缺的重要力量，成为创业就业的主要领域、技术创新的重要主体、国家税收的重要来源，为我国社会主义市场经济发展、农村劳动力转移、国际市场的开拓发挥了重要作用。截至 2017 年底，民营经济对国家财政收入占比超过 50%，GDP、固定资产投资和对外投资占比均超过 60%，技术创新和新产品占比超过70%，吸纳城镇就业占比超过 80%，对新增就业贡献占比超过 90%。在我国社会主义初级阶段，要解决十几亿人的共同富裕问题、就业问题以及增加收入、提高生活水平问题，就必须大力发展各种所有制经济，要采取各种有效形式鼓励、支持和引导非公有制经济发展。首先，健全支持民营经济、外商投资企业发展的法治环境，坚持科学立法、严格执法、公正司法，实现各种所有制经济权利平等、机会平等、规则平等。其次，努力营造各种所有制主体依法平等使用资源要素、公开公平公正参与竞争、同等受到法律保护的市场环境，健全支持中小企业发展制度，对国有和民营经济一视同仁，对大中小企业平等对待，在加强产权和知识产权保护、健全完善金融体系、平等放开市场准入等方面深化改革，推动政策落准、落细、落实。面向未来，我们必须切实做到坚持公有制为主体、多种所有制经济共同发展，激发各类市场主体活力，共同为推进社会主义市场经济沿着正确方向发展贡献力量，以充分展现中国特色社会主义制度的巨大优越性和强大生命力。

二、加快转变发展方式，实现经济高质量发展

党的十八大后，以习近平同志为核心的党中央基于对国内外宏观经济形势变化分析判断、对经济增长速度逐渐放缓和提高质量效益的深刻关注，做出经济发展新常态的重要判断，对经济发展新常态的主要特点、发展机遇和全面改革等方面作了阐释。经济发展新常态的提出，揭

① 中共中央党史和文献研究院：《十八大以来重要文献选编》（下），中央文献出版社 2018 年版，第 392 页。
② 中共中央党史和文献研究院：《十八大以来重要文献选编》（下），中央文献出版社 2018 年版，第 393—394 页。

示了中国经济潜在增长率的新变化,研判了未来经济社会发展新趋势。适应经济发展进入新常态,要贯彻新发展理念,加快转变发展方式,实现经济高质量发展。这是在国内外形势错综复杂、多重矛盾相互交织、各种风险挑战极为严峻情况下作出的重要战略部署。

（一）经济工作要适应经济发展新常态

科学认识形势,准确研判未来走势,是防范和应对经济领域风险、做好经济工作的基本前提。针对我国经济发展面临的"三期叠加"影响持续深化的局面,以习近平同志为核心的党中央科学分析经济发展阶段性新特征,明确指出我国经济发展进入新常态,呈现出不同以往的新特点,为新时代应对经济风险和考验、制定经济发展新战略提供了根本依据。

在2014年的中央经济工作会议上,习近平同志指出:"经济发展进入新常态,是我国经济发展阶段性特征的必然反映,是不以人的意志为转移的。认识新常态,适应新常态,引领新常态,是当前和今后一个时期我国经济发展的大逻辑。"[1]并通过对比的方法,用"九看"概括了我国经济发展的趋势性变化。一是从消费需求看,消费已经从模仿型排浪式消费向个性化、多样化消费转变,保证产品质量安全、通过创新供给激活需求的重要性显著上升。二是从投资需求看,传统产业、房地产领域投资相对饱和,新技术、新产品、新业态、新商业模式的投资机会大量涌现,对创新投融资方式提出了新要求。三是从出口和国际收支看,出口低成本比较优势发生了转化,高水平引进来、大规模走出去正在同步发生,国际收支双顺差局面正在向收支基本平衡方向发展。四是从生产能力和产业组织方式看,传统产业供给能力大幅超出需求,产能过剩问题突出,产业结构必须优化升级,企业兼并重组、生产相对集中不可避免,生产小型化、智能化、专业化将成为产业组织新特征。五是从生产要素相对优势看,劳动力低成本优势在减弱,经济增长将更多依靠人力资本质量和技术进步,必须让创新成为驱动发展新引擎。六是从市场竞争特点看,正逐步由数量扩张和价格竞争转向质量型、差异化为主的竞争,要通过供给创新满足需求。七是从资源环境约束看,环境承载能力已经达到或接近上限,难以承载高消耗、粗放型的发展,必须推动形成绿色低碳循环发展新方式。八是从经济风险积累和化解看,各类隐性风险正在显性化,地方政府债务、影子银行、房地产等领域风险正在显露,就业也存在结构性风险,必须守住不发生系统性风险底线。九是从资源配置模式和宏观调控方式看,全面刺激政策边际效果明显递减,必须发挥市场在资源配置中的决定性作用,科学进行宏观调控,真正形成市场和政府合理分工、推动发展的新模式。

习近平同志指出:明确我国经济发展进入新常态,是我们综合分析世界经济长周期和我国发展阶段性特征及其相互作用作出的重大判断。经济发展进入新常态,表明我国经济正从粗放向集约、从简单分工"向形态更高级、分工更复杂、结构更合理的阶段演化"。[2] 我们党的经济工作必须适应经济新常态的要求,做到顺势而为。要发挥我国经济巨大潜能和强大优势,我们必须加快转变经济发展方式,加快调整经济结构,加快培育形成新的增长动力;通过转变经济发展方式实现持续发展、更高水平发展。

（二）贯彻新发展理念,实现经济高质量发展

经济新常态要求重构我国经济发展的增长模式、动力结构、产业结构、要素结构。我们要

---

[1] 《习近平谈治国理政》第2卷,外文出版社2017年版,第233页。
[2] 中共中央文献研究室:《十八大以来重要文献选编》(中),中央文献出版社2016年版,第245页。

顺应经济发展新常态、新要求,贯彻创新、协调、绿色、开放、共享的发展理念,推动经济增长速度转换、发展方式转变、产业结构调整、经济发展动力变化、资源配置方式转换,实现协调共享高质量发展,充分挖掘我国经济增长的巨大潜力,引领我国经济迈上新台阶。

1. 增长速度由高速向中高速转换

我国经济发展历程中新状态、新格局、新阶段总是在不断形成,经济发展新常态是这个长过程的一个阶段,这完全符合事物发展螺旋式上升的运动规律。过去,粗放型经济发展方式在我国发挥了很大作用,加快了经济的发展步伐,现在再按过去那种粗放型经济发展方式发展,不仅国内条件不支持,国际条件也不允许,这样的发展是不可持续的。从近十几年看,2003 年到 2007 年,我国经济连续 5 年保持两位数的高速增长,2008 年受国际金融危机影响回落到一位数增长,而 2012 年至 2016 年则进一步回落。根据国家统计局公布的数据,这 5 年的年增长率分别为 7.8%、7.7%、7.3%、6.9%、6.7%。经济增速回落是一个经济体达到中等收入水平之后的普遍规律,二战后的日本、韩国等一些成功的追赶型国家,在 20 世纪六七十年代经历了高速增长之后,无一例外都出现了增速的回落。增长速度变化是我国进入新发展阶段的自然反映,我们一定要理性对待经济速度的"换挡期",用"平常心"对待中高速增长的新常态。

2. 发展方式从规模速度型转向质量效益型

推动高质量发展是遵循经济规律发展的必然要求。随着经济总量的不断增大,我们在发展中遇到了一系列新情况、新问题。经济发展面临结构调整节点,低端产业产能过剩要集中消化,中高端产业要加快发展,过去生产什么都能赚钱、生产多少都能卖出去的情况现在不存在了。如今,我国一年的经济增量,就相当于一个中等发达国家的经济规模。由于体量和基数变大,每增长一个百分点,在保就业、惠民生方面的效应明显增大,同时,每增长一个百分点,对资源环境的消耗也成倍增加。中国经济既"做不到"也"受不了"像过去那样的高速增长。我国正处于转变经济发展方式的关键阶段,劳动力成本上升,资源环境约束增大,粗放发展方式难以为继,经济循环不畅问题突出。通过转变经济发展方式实现持续发展、高水平发展,是中等收入国家跨越"中等收入陷阱"必经的阶段。经济增长不能再简单以 GDP 论英雄、以速度论好坏。不是经济发展速度高点,形势就"好得很",也不是经济发展速度下来一点,形势就"糟得很"。经济发展要聚焦于提高质量和效益,实现投资有回报、产品有市场、企业有利润、员工有收入、政府有税收、环境有改善。通过高质量发展,实现产业体系更加完整,生产组织方式网络化、智能化,创新力、需求捕捉力、品牌影响力、核心竞争力不断增强,产品和服务的质量不断提高,更好地满足人民群众个性化、多样化、不断升级的需求。

3. 产业结构由中低端向中高端转换

改革开放以来,我国各方面产能井喷式增长,其中相当多产能是在世界经济增长黄金期面向国外需求以及国内高速增长阶段形成的,为了应对国际金融危机冲击,一些产能又有所扩大,尤其是我国产业结构主要位于全球价值链的中低端,比较利益较低。现在,技术变革加快、消费结构升级、国际市场增长放缓同时发生,相当部分生产能力达到峰值,许多生产能力无法在市场实现,加上社会生产成本上升,导致实体经济边际利润率和平均利润率下滑。正是由于这个原因,大量资金流向虚拟经济,使资产泡沫膨胀,金融风险逐步显现,社会再生产中的生产、流通、分配、消费整体循环不畅。因此,要主动作为,加快产业结构调整,更加注重加减乘除并举。引导增量,培育新的增长动力。要主动减量,下大决心化解产能过剩,实现优胜劣汰。要通过大力推动战略性新兴产业、先进制造业等产业的发展,优先发展生产性和生活性服务业,通过逐步化解产能过剩风险等举措,推动产业结构由中低端向中高端转换,提升我国产业在全球价值链中的地位,打造"中国效益"。

4. 发展动力由要素驱动投资驱动向创新驱动转换

党的十八大之前的 30 年我国主要走的是高投入、高消耗、高污染、低产出的经济发展路子,目前依靠要素驱动和投资驱动的经济高速增长模式已难以为继。与此同时,世界正面临新一轮科技革命和产业变革,这既给我国发展带来巨大挑战,也给我国发展提供了赶超发达国家的重大历史机遇。我国已经成为全球经济大国和贸易大国,但经济规模大而不强、经济增长快而不优,关键领域核心技术受制于人的格局没有根本改变。在国际发展竞争日趋激烈和我国发展动力转换的形势下,没有创新发展,我们就难以摆脱过多依靠要素投入推动经济增长的路径依赖,难以实现经济持续健康发展,难以成为经济强国、创新大国。我们必须强化创新这个引领发展的第一动力。必须把创新摆在国家发展全局的核心位置,不断推进理论创新、制度创新、科技创新、文化创新等各方面创新。要切实把发展基点放在创新上,深入实施创新驱动发展战略,塑造更多依靠创新驱动、更多发挥先发优势的引领型发展模式。要紧紧抓住科技创新这个"牛鼻子",发挥科技创新在全面创新中的引领作用。要推动大众创业、万众创新,加快实现发展动力转换。要推动新技术、新产业、新业态蓬勃发展,建设现代产业新体系。要深化科技等相关领域改革,强化创新发展的体制机制保障,让创新贯穿党和国家一切工作,推动我国经济实现高质量的发展。

5. 资源配置由市场起基础性作用向起决定性作用转换

更加注重市场在资源配置中的决定性作用,这是经济新常态的机制保障。过去,我们强调在社会主义市场经济条件下市场在资源配置中起基础性作用,显然,政府这只"有形之手"可以具有更多的经济职能和管理权限。从以往多年的实践看,我国的经济体制基本上是政府主导的不完善的市场经济。这里面存在着许多问题,比如资源配置的明显不合理、容易出现严重的腐败问题等。经济新常态下,政府要重视和善于激发微观主体活力,大力简政放权,使市场活力进一步释放。政府要集中力量办好市场办不了的事,履行好宏观调控、市场监管、公共服务、社会管理、保护环境等基本职责。简言之,就是要放开市场这只"看不见的手",用好政府这只"看得见的手"。

6. 经济福祉由非均衡型向协调共享型转换

改革开放以来,我国经济稳定增长,综合实力显著增强。但发展不平衡、不协调、不可持续问题仍然突出,特别是区域发展不平衡,城乡发展不协调,经济和社会发展"一条腿长、一条腿短",贫富差距拉大等矛盾仍很突出。这些既是当前经济下行压力加大的重要原因,也将制约长期可持续发展。我们必须牢牢把握中国特色社会主义事业总体布局,正确处理发展中的重大关系。要统筹东中西、协调南北方,推动区域协调发展。要健全城乡发展一体化体制机制,推动城乡协调发展,坚持工业反哺农业、城市支持农村,推进城乡要素平等交换、合理配置和基本公共服务均等化,促进农业发展、农民增收,实现乡村振兴。要坚持深度融合、良性互动、相互协调,推动新型工业化、信息化、城镇化、农业现代化同步发展。要坚持发展为了人民、发展依靠人民、发展成果由人民共享,维护社会公平正义,作出更有效的制度安排,增加劳动者特别是一线劳动者劳动报酬,提高劳动报酬在初次分配中的比重,推动共同富裕取得实质性进展,使全体人民在共建共享中有更多获得感,增强发展动力,增进人民团结,调动亿万人民投身改革建设的积极性、主动性。

三、增强金融服务实体经济能力,完善现代金融监管体系

金融是国家重要的核心竞争力,金融安全是国家安全的重要组成部分,金融制度是经济社会发展中重要的基础性制度。实现经济持续健康高质量发展,必须确保国家金融安全。改革开放以来,我国金融业发展取得了历史性成就。特别是党的十八大以来,我们有序推进金融改革发展、治理金融风险,金融业保持健康快速发展,金融改革开放有序推进,金融产品日益丰富,金融服务普惠性增强,金融监管得到加强和改进。同时,我国金融业的市场结构、经营理念、创新能力、服务水平等还不完全适应经济高质量发展的要求,诸多矛盾和问题仍然突出。习近平同志指出:"要深化对国际国内金融形势的认识,正确把握金融本质,深化金融供给侧结构性改革,平衡好稳增长和防风险的关系,精准有效处置重点领域风险,深化金融改革开放,增强金融服务实体经济能力,坚决打好防范化解包括金融风险在内的重大风险攻坚战。"[①]有效防范和应对金融风险,才能推动我国金融业健康发展,进而实现经济持续健康高质量发展。

(一) 全面提升金融服务实体经济能力

金融是实体经济的命脉,为实体经济服务是金融的天职。习近平同志指出:"金融要为实体经济服务,满足经济社会发展和人民群众需要。"[②]增强金融服务实体经济能力,把防范化解金融风险和服务实体经济更好结合起来,这是习近平新时代中国特色社会主义思想在金融领域的根本要求,是体现金融发展一般规律与我国金融改革实践探索相结合的科学部署,是金融改革发展的思想指导。

金融服务实体经济必须坚持市场导向,应当充分发挥市场在金融资源配置中的决定性作用,同时更好地发挥政府在金融资源配置中的作用。必须优化结构,金融资源总量相对固定,如何在现有总量的基础上做好优化结构工作十分重要,要不断完善金融市场的多层次性,完善金融机构的多元化,完善金融产品的多样化。同时要强化监管,要逐步完善监管主体的职责,加强监管协调,确保金融资源实实在在落实到实体经济上。金融服务实体经济的关键在于深化金融供给侧结构性改革,全面提升服务能力。

1. 深化金融供给侧结构性改革

继续深化金融体制改革必须贯彻落实新发展理念,强化金融服务功能,找准金融服务重点,以服务实体经济、服务人民生活为本。要以金融体系结构调整优化为重点,优化融资结构和金融机构体系、市场体系、产品体系,为实体经济发展提供更高质量、更有效率的金融服务。要完善现代金融企业制度,完善公司法人治理结构,优化股权结构,建立有效的激励约束机制,强化风险内控机制建设,加强外部市场约束。要建设一个规范、透明、开放、有活力、有韧性的资本市场,完善资本市场基础性制度,把好市场入口和市场出口两道关,加强对交易的全程监管。要围绕建设现代化经济的产业体系、市场体系、区域发展体系、绿色发展体系等提供精准金融服务,构建风险投资、银行信贷、债券市场、股票市场等全方位、多层次金融支持服务体系。要推进汇率和利率市场化,让市场在人民币利率形成和变动中发挥决定性作用,进一步增加人民币汇率弹性,稳妥推动人民币国际化进程。同时,增加外汇市场主体,让更多金融机构或非

---

① 习近平:《深化金融供给侧结构性改革　增强金融服务实体经济能力》,《人民日报》2019 年 2 月 24 日。
② 习近平:《深化金融供给侧结构性改革　增强金融服务实体经济能力》,《人民日报》2019 年 2 月 24 日。

银行金融机构等参与其中。要遵循金融发展规律,完善金融市场体系,健全金融宏观审慎政策框架,加强各项政策的协调配套。

2. 提高直接融资比重

我国融资结构长期以间接融资为主,信贷资产在金融总资产中的比重超过 70%。提高直接融资比重,有助于健全金融市场功能、丰富金融服务和产品供给,提高金融体系的适配性;有助于稳定宏观杠杆率,更好防范化解金融领域的风险和挑战。党的十八大以来,在以习近平同志为核心的党中央的坚强领导下,我国的资本市场改革发展明显加速,设立科创板并试点注册制成功落地,创业板、新三板等一批重大改革举措相继推出,对外开放持续深化,直接融资呈现加快发展的积极态势。截至 2020 年 9 月末,直接融资存量达到 79.8 万亿元,约占社会融资规模存量的 29%。其中,"十三五"时期,新增直接融资 38.9 万亿元,占同期社会融资规模增量的 32%。① "十四五"时期是我国开启全面建设社会主义现代化国家新征程的第一个五年。提高直接融资比重,对于深化金融供给侧结构性改革,加快构建新发展格局,实现更高质量、更有效率、更加公平、更可持续、更为安全的发展,具有十分重要意义。发展直接融资可将不同的风险偏好、期限的资金更为精准高效地转化为资本,促进要素向最具潜力的领域协同集聚,提高要素质量和配置效率,推动产业基础的高级化、产业链的现代化。从境外经验看,以直接融资为主导的经济体,在产业结构转型升级中往往能够抢占先机,转型过程也会更为平稳顺畅。要落实党的十九大关于提高直接融资比重的要求,加快完善上交所、深交所的主板市场,加快完善中小板与创业板市场,加快完善代办股份转让市场,加快完善区域性股权转让市场,加快发展完善科创板与注册制。优化间接融资结构,形成融资功能完备、基础制度扎实、市场监管有效、投资者合法权益得到有效保护的多层次资本市场体系。

3. 建设普惠金融体系

立足新时代发展普惠金融的新要求,必须突出抓好普惠金融供给体系、产品服务体系、政策环境支撑体系、风险防范和监管体系、消费者教育保护体系等五大体系建设,不断拓展普惠金融服务的广度与深度,统筹实现"普"和"惠"的双重目标。要构建多层次、广覆盖、有差异的银行体系,端正发展理念,坚持以市场需求为导向,积极开发个性化、差异化、定制化金融产品,增加中小金融机构数量和业务比重,改进小微企业和"三农"金融服务。以服务小微企业、"三农"和偏远地区为根本方向,推进金融精准扶贫,鼓励发展绿色金融。要更加注意尊重市场规律、坚持精准支持,选择那些符合国家产业发展方向、主业相对集中于实体经济、技术先进、产品有市场、暂时遇到困难的民营企业进行重点支持。

实体经济健康发展是防范化解重大风险的基础。在经济发展进入新常态的背景下,要深化金融体制改革,增强金融服务实体经济能力,把防范化解金融风险和服务实体经济更好结合起来。要注重在稳增长的基础上防风险,进一步强化财政政策、货币政策的逆周期和跨周期调节作用,确保经济运行在合理区间,坚持在推动高质量发展中防范化解重大风险。

（二）积极防范和应对房地产市场风险

房地产与金融业深度关联。随着我国社会主义市场经济的快速发展和城镇化率的不断上升,我国大中城市的商品房市场也出现了价格快速攀升的局面,房地产市场风险已成为中国当

---

① 本书编写组:《中共中央关于制定国民经济和社会发展第十四个五年规划和二〇三五年远景目标的建议》(辅导读本),人民出版社 2020 年版,第 295 页。

前最重要的风险之一。20世纪以来,世界发生的130多次金融危机中,100多次与房地产有关。2008年国际金融危机前,美国房地产抵押贷款超过当年GDP的32%。目前,我国房地产相关贷款占银行业贷款的39%,还有大量债券、股本、信托等资金进入房地产行业。① 可以说,房地产行业是现阶段我国金融风险方面最大的"灰犀牛",亟须采取有效措施进行应对并建立长效机制加以纾解。

我国房地产市场存在的风险主要体现在一二线城市房价过高,三四线城市房屋库存严重,以及房地产开发商过度负债等方面。首先,近些年我国一二线城市房价上涨过快,房价居高不下。世界房价(主要指中心城区房价)最高的城市中,中国香港一度排第一,深圳、上海、北京分列第7、8、13位。一二线城市的房价远超出了城市中等收入家庭的承受能力。其次,部分城市存在过多的房屋库存。库存压力较大的是部分三四线中小城市,且多集中在中西部、东北及其他经济欠发达地区。这与这些城市过度投资、人口及资源向一二线城市迁移的过程密切相关。从美国、日本等发达国家的历史经验看,后房地产时代人口会继续向大都市圈迁移,农村和三四线城市等面临人口净流出的压力。因此,三四线城市房屋去库存的压力将是长期的。再次,房地产企业的资产负债率普遍过高。我国房地产行业的资产负债率从2003年的55%一路上升至2016年的77%,流动比率(流动资产总额/流动负债总额)从2009年的1.88下降至2016年的1.65。目前房地产开发资金来源中,约55%依赖于银行体系,明显超过40%的国际平均水平。② 随着近些年来各地住房市场调控政策的密集出台,部分高负债房企存在资金链断裂的风险。

我国房地产市场风险产生的原因是多方面的,既有货币供应方面的原因,也有城市建设用地的供给不能满足需求等方面的原因。抑制房地产泡沫,防范和应对房地产风险,必须坚持"房子是用来住的、不是用来炒的定位",加快建立多主体供给、多渠道保障、租购并举的住房制度,坚持因城施策,促进供求平衡,合理引导预期,整治市场秩序,坚决遏制房价过快上涨,加快建立和完善促进房地产市场平稳健康发展的长效机制。一是增加住房及住房用地的供给。目前我国农村空置宅基地约3 000多万亩,相当于城市建成区总面积的37%。应逐步改革农村集体建设用地产权制度,赋予农村集体经济组织对集体土地的完全所有权,使这些土地可以长租、流转、抵押、继承,有效地满足城市商品房建设用地的需求。二是完善租房制度。加快住宅租赁市场立法,实行租购同权制度,实行鼓励租赁市场发展的财税金融政策。三是完善住房金融制度。完善住房金融宏观审慎管理,严格限制资金流向投资投机性购房。加强房地产开发企业购地资金合规性的审查。加快研究设立国家住宅政策性金融机构,为居民合理的住房消费提供长期稳定的低利率资金支持。四是密切关注房地产市场调控的效果。进入2018年下半年以来,中国经济下行压力凸显,长期隐藏的风险隐患有所暴露。为了避免各类风险相互交织、叠加放大,集中爆发,应密切关注房地产市场的动态,发挥宏观调控作用。

（三）逐步完善现代金融监管体系

近年来,全球经济增长动力不足,动荡源和风险点增加,金融运行不稳定、不确定因素增多。我国经济正处于转向高质量发展的关键时期,面临人口未富先老、经济杠杆率过高、科技创新力不强、资源环境约束增大等重大挑战。现代科技已经并将继续对金融业态带来巨大改

---

① 郭树清:《完善现代金融监管体系》,《经济日报》2020年12月17日。
② 全国干部培训教材编审指导委员会:《决胜全面建成小康社会》,人民出版社2019年版,第111—112页。

变。科技变革有利于发展普惠金融、提升服务效率，但也使金融风险的形态、路径和安全边界发生重大变化。数字货币、网络安全、信息保护已成为金融监管的全新课题。金融体系内部风险仍在持续累积，一些长期形成的隐患并未彻底消除。新冠疫情冲击下新老问题相互交织叠加，结构复杂的高风险影子银行容易死灰复燃，银行业不良资产反弹压力骤增。"十四五"时期我国金融监管改革任务更加艰巨。必须强化底线思维，提高金融监管透明度和法治化水平。在此基础上，健全风险预防、预警、处置、问责制度体系，持续完善权责一致、全面覆盖、统筹协调、有力有效的现代金融监管体系。

1. 全面加强党对金融工作的集中统一领导

根据我国国情，金融监管的大政方针，必须由党中央制定并领导贯彻。国家金融管理部门要更加自觉地增强"四个意识"，坚定"四个自信"，做到"两个维护"，切实担当起监管主体责任。同时，地方党委政府在金融监管中也发挥着非常重要的作用。事实上绝大多数金融机构都是地方法人，地方党委和政府应负责加强这些机构党的领导和党的建设，承担国有金融资本管理和风险处置属地责任。特别是对于各种"无照驾驶"的非法金融活动，管理和整治的主体责任都在地方。中央金融管理部门必须与地方党委和政府密切联系，相互支持，协同发力，坚持全面从严治党，做到"管住人、看住钱、扎牢制度防火墙"。[①] 要管住金融机构、金融监管部门主要负责人和高中级管理人员，加强对他们的教育监督管理，加强金融领域反腐败力度，坚决与金融腐败作斗争，对违法违规行为零容忍。培育忠诚干净担当的监管干部队伍。加强干部思想政治教育，弘扬清廉文化，锻造政治过硬、作风优良、业务精通的"监管铁军"。树立重实干、重实绩的用人导向，大力培养优秀年轻干部。优化监管资源配置，充实监管部门和基层监管力量。强化教育培训、人才引进、交流轮岗、基层锻炼，全面提升监管干部能力素质。

2. 健全货币政策和宏观审慎政策双支柱调控框架

双支柱调控框架强调货币政策和宏观审慎政策两者之间的分工，前者更多关注通胀率、经济增长等实体经济的问题，后者更多关注金融市场的问题。同时，还强调"一委一行一局"协调监管的架构：中央金融委员会旨在加强金融监管协调，补齐监管短板；中国人民银行除了专注于货币政策、宏观审慎，还统领银行保险重要性行业立法，在防范金融系统性风险、协调行业穿透式监管、宏观去杠杆等领域扮演更加重要角色；国家金融监督管理总局的首要任务是治愈金融乱象，要更加突出机构监管属性，进行微观审慎、穿透式监管；证监会承担着完善多层次资本市场、支持实体经济发展的重大任务，需要落实从严监管。

加强货币政策和宏观审慎政策的协调配合，是双支柱调控框架得以发挥整体功效的重要制度安排。宏观审慎政策的优势在于"结构性调控"，即针对局部领域（如房地产市场、股票市场）的失衡进行有针对性的调控，而货币政策的优势则在于"总量调控"，即维持一个总体稳定的货币金融环境。在特定的经济阶段，面对日益严重的金融失衡必须考虑使用货币政策进行总量调节。如果经济过热迹象已经出现，货币政策仍然放任信贷闸门开得太大，那么任何后续的宏观审慎工具都难以奏效。换言之，宏观审慎政策的结构性调节优势必须以适当的货币总量调节为基础。事实上，只有在运用货币政策来防止整体金融过剩的基础上，宏观审慎工具才能更加从容地发挥结构性调控功能。因此，成功而有效的货币政策必须和宏观审慎政策互相促进。

3. 建立高效的监管决策协调沟通机制

要进一步强化中央金融委员会的决策议事、统筹协调和监督问责职能。健全监管协调机

---

① 习近平：《深化金融供给侧结构性改革　增强金融服务实体经济能力》，《人民日报》2019年2月24日。

制,各金融管理部门既要各司其职、各尽其责,又要充分沟通、强化协同。金融政策要与财政、产业、就业、区域等经济社会政策密切配合,推动形成以国内大循环为主体、国内国际双循环相互促进的新发展格局。要发挥监管引领作用,推动金融业着力抑虚强实,履行社会责任,强化普惠金融、绿色金融,规范发展商业养老金融,更好实现市场价值和社会价值统一。在支持金融创新的同时,严防垄断、严守底线,维护市场秩序,促进公平竞争。对地方金融发展改革与风险防控,加强指导、协调和监督,有效发挥中央和地方两个积极性,形成全国"一盘棋"。

4. 强化金融基础设施对监管的支持保障

要加快金融市场基础设施建设,稳步推进金融业关键信息基础设施国产化。持续推动金融市场和基础设施互联互通,不断提升清算、结算、登记、托管等系统专业化水平。强化监管科技运用,加快金融业综合统计和信息标准化立法。抓紧建设监管大数据平台,全力推动监管工作信息化、智能化转型。要做好金融业综合统计,健全及时反映风险波动的信息系统,完善信息发布管理规则,健全信用惩戒机制,防范金融网络技术和信息安全风险。强化基础设施监管和中介服务机构管理,对金融科技巨头,在把握包容审慎原则的基础上,采取特殊的创新监管办法,在促发展中防风险、防垄断。

5. 提高金融监管法治化水平

目前,我国金融相关制度仍存在较多短板,金融法治还很不健全。现有法律法规的威慑力、震慑力不足,违法违规成本过低。一些法规专业性操作性不强。金融机构常态化风险处置机制尚待完善。非正规金融体系交易活动缺乏有效约束。社会信用体系不够健全,失信惩戒不到位。信息披露机制的有效性不够,信息披露不及时、不全面。必须加强金融法制化建设,切实解决金融领域特别是资本市场违法违规成本过低的问题。要加强金融监管覆盖面,对所有金融机构、业务和产品,对各类金融活动依法实施全面的监管。抓紧补齐制度短板。根据不同领域、机构和市场特点,制定差异化、针对性的制度,细化监管标准,提升监管精准度。要完善金融从业人员、金融机构、金融市场、金融运行、金融治理、金融监管、金融调控的制度体系,规范金融运行,不断增强制度实施的有效性。要以法律法规为准绳,将监管工作纳入法治轨道。

6. 构建权威高效的风险处置制度安排

习近平同志指出:"防范化解金融风险特别是防止发生系统性金融风险,是金融工作的根本性任务。"①防控和应对金融风险,需要以底线思维的认识论认识重大风险。只有在底线思维的认识论视角下,通过认知各种底线、红线、界限等,才能准确地认识风险边界,做好风险防控工作,其中最主要的是要建立完善风险防控的研判机制、决策风险评估机制、风险处置机制、风险防控协同机制和风险防控责任机制。要统筹金融管理资源,加强基层金融监管力量,强化地方监管责任,做到抓小抓早、防微杜渐。要建立监管问责制,由于监督不力、隐瞒不报、决策失误等造成重大风险的,要严肃追责。要加快确定系统重要性金融机构名单,科学设定评估标准和程序,提出更高监管要求。抓紧建立恢复与处置计划,确保危机时得到快速有效处置。与此同时,要完善风险处置方式,在防范系统性风险的同时,努力减少道德风险。落实金融机构主体责任,尽量采取"自救",能自行化解风险或市场出清的,政府不介入。动用公共资金,必须符合严格的条件和标准。尤为关键的是,要健全损失分担制度。全面做实股权吸收损失机制,首先由股东特别是大股东承担损失,其他资本工具和特定债权依法转股、减记。高管层要通过

---

① 习近平:《深化金融供给侧结构性改革　增强金融服务实体经济能力》,《人民日报》2019年2月24日。

延迟支付抵扣、降薪以及事后追偿等承担相应责任。涉嫌违法犯罪的，要及时依法移送司法机关。

四、加快建设现代化经济体系

防范和应对经济领域重大风险，推动高质量发展，必须建设现代化经济体系。建设现代化经济体系是以习近平同志为核心的党中央从党和国家事业全局出发，着眼于实现"两个一百年"奋斗目标、顺应中国特色社会主义进入新时代的新要求作出的重大决策部署，是我国转变经济发展方式、优化经济结构、转换经济增长动力、跨越发展关口的迫切要求，也是我国发展的战略目标。国家强，经济体系必须强。只有形成现代化经济体系，才能有效应对经济领域的各种风险和考验，更好顺应现代化发展潮流和赢得国际竞争主动，也才能为其他领域的现代化提供有力支撑。

建设现代化经济体系是一篇大文章，既是一个重大的理论命题，更是一个重大的实践课题。习近平同志指出："现代化经济体系，是由社会经济活动各个环节、各个层面、各个领域的相互关系和内在联系构成的一个有机整体。"①主要有 7 个方面。一是建设创新引领、协同发展的产业体系，实现实体经济、科技创新、现代金融、人力资源协同发展，使科技创新在实体经济发展中的贡献份额不断提高，现代金融服务实体经济的能力不断增强，人力资源支撑实体经济发展的作用不断优化。二是建设统一开放、竞争有序的市场体系，实现市场准入畅通、市场开放有序、市场竞争充分、市场秩序规范，加快形成企业自主经营公平竞争、消费者自由选择自主消费、商品和要素自由流动平等交换的现代市场体系。三是建设体现效率、促进公平的收入分配体系，实现收入分配合理、社会公平正义、全体人民共同富裕，推进基本公共服务均等化，逐步缩小收入分配差距。四是建设彰显优势、协调联动的城乡区域发展体系，实现区域良性互动、城乡融合发展、陆海统筹整体优化，培育和发挥区域比较优势，加强区域优势互补，塑造区域协调发展新格局。五是建设资源节约、环境友好的绿色发展体系，实现绿色循环低碳发展、人与自然和谐共生，牢固树立和践行绿水青山就是金山银山的理念，形成人与自然和谐发展的现代化建设新格局。六是建设多元平衡、安全高效的全面开放体系，发展更高层次的开放型经济，推动开放朝着优化结构、拓展深度、提高效益方向转变。七是建设充分发挥市场作用、更好发挥政府作用的经济体制。习近平同志强调指出："我们建设的现代化经济体系，要借鉴发达国家有益做法，更要符合中国国情、具有中国特色。"②

建设现代化经济体系必须坚持质量第一、效益优先，以供给侧结构性改革为主线，推动经济发展质量变革、效率变革、动力变革，提高全要素生产率，着力加快建设实体经济、科技创新、现代金融、人力资源协同发展的产业体系；着力构建市场机制有效、微观主体有活力、宏观调控有度的经济体制，不断增强我国经济创新力和竞争力。

(一) 大力发展实体经济，筑牢现代化经济体系的坚实基础

实体经济是一国经济的立身之本，是财富创造的根本源泉，是国家强盛的重要支柱。产业结构优化升级是提高实体经济综合竞争力的关键举措。要加快改造提升传统产业，深入推进

---

① 《习近平谈治国理政》第 3 卷，外文出版社 2020 年版，第 240—241 页。
② 《习近平谈治国理政》第 3 卷，外文出版社 2020 年版，第 241 页。

信息化与工业化深度融合,着力培育战略性新兴产业,大力发展服务业特别是现代服务业,积极培育新业态和新商业模式,构建现代产业发展新体系。要深化供给侧结构性改革,加快发展先进制造业,推动互联网、大数据、人工智能同实体经济深度融合,推动资源要素向实体经济集聚、政策措施向实体经济倾斜、工作力量向实体经济加强,激发和保护企业家精神,弘扬劳模精神和工匠精神,营造脚踏实地、勤劳创业、实业致富的发展环境和社会氛围。

(二)加快实施创新驱动发展战略,强化现代化经济体系的战略支撑

实施创新驱动发展战略决定着中华民族前途命运。当前,从全球范围看,科学技术越来越成为推动经济社会发展的主要力量,创新驱动是大势所趋。新一轮科技革命和产业变革正在孕育兴起,一些重要科学问题和关键核心技术已经呈现出革命性突破的先兆,带动关键技术交叉融合、群体跃进,变革突破的能量正在不断积累。即将出现的新一轮科技革命和产业变革与我国加快转变经济发展方式形成历史性交汇,为我们实施创新驱动发展战略提供了难得的重大机遇。我们必须充分认识科技创新的巨大作用,敏锐把握世界科技创新发展趋势,紧紧抓住和用好新一轮科技革命和产业变革的机遇,把创新驱动发展作为面向未来的一项重大战略实施好。要加强国家创新体系建设,抓紧布局国家实验室,重组国家重点实验室体系,加大对中小企业创新支持力度。推动科技创新和经济社会发展深度融合,塑造更多依靠创新驱动、更多发挥先发优势的引领型发展。要健全激励机制、完善政策环境,从物质和精神两个方面激发科技创新的积极性和主动性,坚持科技面向经济社会发展的导向,围绕产业链部署创新链,围绕创新链完善资金链,消除科技创新中的"孤岛现象",破除制约科技成果转移扩散的障碍,提升国家创新体系整体效能。

(三)积极推动城乡区域协调发展,优化现代化经济体系空间布局

要坚持实施区域重大战略、区域协调发展战略,健全区域协调发展体制机制。推动西部大开发形成新格局,推动东北振兴取得新突破,促进中部地区加快发展,鼓励东部地区加快推进现代化。支持革命老区、民族地区加快发展,加强边疆地区建设,推进兴边富民、稳边固边。推进京津冀协同发展、长江经济带发展、粤港澳大湾区建设、长三角一体化发展,打造创新平台和新增长极。推动黄河流域生态保护和高质量发展。高标准、高质量建设雄安新区。坚持陆海统筹,发展海洋经济,建设海洋强国。健全区域战略统筹、市场一体化发展、区域合作互助、区际利益补偿等机制,更好促进发达地区和欠发达地区、东中西部和东北地区共同发展。完善转移支付制度,加大对欠发达地区财力支持,逐步实现基本公共服务均等化。扎实推进乡村振兴战略,坚持农业农村优先发展,按照产业兴旺、生态宜居、乡风文明、治理有效、生活富裕的总要求,建立健全城乡融合发展体制机制和政策体系,统筹推进农村经济建设、政治建设、文化建设、社会建设、生态文明建设和党的建设,加快推进乡村治理体系和治理能力现代化,加快推进农业农村现代化,走中国特色社会主义乡村振兴道路,让农业成为有奔头的产业,让农民成为有吸引力的职业,让农村成为安居乐业的美丽家园。

(四)推动全方位对外开放,提高现代化经济体系的国际竞争力

坚持实施更大范围、更宽领域、更深层次对外开放,依托我国大市场优势,促进国际合作,实现互利共赢,建设更高水平开放型经济新体制。全面提高对外开放水平,推动贸易和投资自由化便利化,推进贸易创新发展,增强对外贸易综合竞争力,实现高质量引进来和高水平走出

去。更好利用全球资源和市场,推动由商品和要素流动型开放向规则等制度型开放转变。继续积极推进"一带一路"框架下的国际交流合作。坚持共商、共建、共享原则,秉持绿色、开放、廉洁理念,深化务实合作,加强安全保障,促进共同发展。推进基础设施互联互通,拓展第三方市场合作。构筑互利共赢的产业链供应链合作体系,深化国际产能合作,扩大双向贸易和投资。坚持以企业为主体,以市场为导向,遵循国际惯例和债务可持续原则,健全多元化投融资体系。推进战略、规划、机制对接,加强政策、规则、标准联通。深化公共卫生、数字经济、绿色发展、科技教育合作,促进人文交流。

(五) 深化经济体制改革,完善现代化经济体系的制度保障

经济体制改革必须以完善产权制度和要素市场化配置为重点,坚决破除各方面体制机制弊端,实现产权有效激励、要素自由流动、价格反应灵活、竞争公平有序、企业优胜劣汰,激发全社会创新创业活力。加快完善以公有制为主体、多种所有制经济共同发展,按劳分配为主体、多种分配方式并存,社会主义市场经济体制等基本经济制度。毫不动摇巩固和发展公有制经济,坚持公有制主体地位,发挥国有经济主导作用,深化国有企业改革,发展混合所有制经济,培育具有全球竞争力的世界一流企业,推动国有资本做强、做优、做大。毫不动摇鼓励、支持和引导非公有制经济发展,激发非公有制经济活力和创造力。要深化商事制度改革,全面实施市场准入负面清单制度,加快要素价格市场化改革,完善市场监管体制。创新和完善宏观调控,发挥国家发展规划的战略导向作用,健全财政、货币、产业、区域、消费、投资等经济政策协调机制,加快建立现代财政制度,深化税收制度改革,深化金融体制改革。处理好政府和市场关系,使市场在资源配置中起决定性作用,更好发挥政府作用。

经济进入新常态,我国面对的发展环境深刻变化,不确定、不稳定因素明显增多。经济全球化遭遇波折,多边主义受到冲击,国际金融市场震荡,经贸摩擦给企业生产经营、市场预期带来不利影响。我国经济面临新老矛盾交织,周期性、结构性问题叠加,经济运行稳中有变、变中有忧。我们要实现稳增长、防风险等多重目标,完成经济社会发展的各项任务,必须加快建设现代化经济体系。与此同时,还要加强基于大数据的经济监测预警能力建设,逐步实现宏观经济信息管理的网络化、智能化,加强跨部门、跨地区信息交流共享,强化各领域苗头性、倾向性、潜在性问题研判,主动引导和稳定市场预期。加强风险防范和应对处置能力,完善国家战略资源储备体系,重点加强财政金融、房地产、政府债务、重要资源等方面的风险防控,坚决守住不发生系统性、区域性风险的底线,进而逐步增强我国经济的创新力和竞争力,推动我国经济发展焕发新活力、迈上新台阶,实现高质量发展。

第五章
有效应对科技领域重大风险和考验之方略

    科技领域的风险是指党在领导科学技术研究、开发以及在国际科技交流与合作方面遇到的风险。当前,全球新一轮科技革命和产业变革加速推进,科技突破引领着经济社会发展变革,科技在经济社会发展中的作用日益突出,科技领域的风险日益成为国家安全风险的重要来源。科技是国之利器,国家赖之以强,企业赖之以赢,人民生活赖之以好。中国要强,中国人民生活要好,必须有强大的科学技术。习近平总书记指出:"科技创新是提高社会生产力和综合国力的战略支撑,必须摆在国家发展全局的核心位置。"①近年来,我国科技事业取得长足进步,重大科技创新成果竞相涌现。但也应看到,我国科技领域中关键核心技术受制于人的局面还没有得到根本改变。只有把关键核心技术掌握在自己手中,才能从根本上保障国家经济安全、国防安全和其他安全。我们必须增强风险意识,努力提高自主创新能力,实现关键核心技术自主可控,才能抓住历史机遇,有力支撑世界科技强国建设,真正发挥创新引领发展的作用。

第一节　有效应对科技风险是建设世界
科技强国的前提和保障

    科技兴则民族兴,科技强则国家强。随着科技革命和产业变革的加速推进,新技术、新产业加快发展,科技成为经济社会发展的核心要素,全球围绕科技创新的竞争也更加激烈,科技领域的风险对于国家发展的影响越来越显著。近年来陆续发生的 2008 年美国制裁中兴事件、以美国为首的西方国家对华为公司 5G 技术的围追堵截等科技领域风险事件,给国家安全和高质量发展带来了严峻挑战。因此,我们必须科学认识应对科技领域风险的重要性和紧迫性,全面把握科技领域面临的重大风险及其特征,采取切实有效的举措,提高防范应对科技领域重大风险的能力水平。

一、科技创新是提高综合国力的战略支撑

    科技革命是对科学技术进行全面的、根本性变革,科技创新是提高社会生产力和综合国力的战略支撑。建设科技强国,是新时代实现中华民族伟大复兴的必然选择。自古以来,科学技

---

① 《习近平谈治国理政》第 1 卷,外文出版社 2014 年版,第 119 页。

术就以一种不可逆转、不可抗拒的力量推动着人类社会向前发展。历史经验表明,科技革命总是能够深刻改变世界发展格局。从某种意义上说,科技实力决定着世界政治经济力量对比的变化,也决定着各国各民族的前途命运。

近代以来世界史上发生的三次重大的科技革命,极大提高了人类认识自然、利用自然的能力和社会生产力水平。18世纪末,蒸汽机的发明和使用,引起了第一次科技革命,实现了自然力代替人力的变革,导致近代机器制造业的蓬勃兴起和交通运输业的革命性变革,使人类从工场手工业进入机器大工业时期。19世纪末,电机的发明和电力的应用引起了第二次科技革命,使人类从蒸气时代进入电气化时代,内燃机、化学工业、钢铁技术等获得了突破性进展,极大地推动了生产力的发展。进入20世纪,特别是二战以来,由于信息科学、生命科学等变革,基于新科学知识的重大技术突破层出不穷,引发了航空、电子技术、核能、航天、计算机、互联网等里程碑式的技术革命,一些国家抓住科技革命的难得机遇,实现了经济实力、科技实力、国防实力迅速增强,综合国力快速提升。

中华民族是富有创新精神的民族。在绵延5 000多年的文明发展进程中,我们的先人们在天文、算学、医学、农学等方面形成了系统化的知识体系,取得了以造纸术、火药、印刷术、指南针四大发明为代表的一大批发明创造,为世界贡献了无数科技创新成果,对世界文明进步影响深远、贡献巨大,也使我国长期居于世界强国之列。然而,明代以后,由于封建统治者闭关锁国、夜郎自大,中国同世界科技发展潮流渐行渐远,屡次错失富民强国的历史机遇。鸦片战争之后,更是从世界强国变为任人欺凌的半殖民地半封建国家,我们的民族经历了一个多世纪列强侵略、战乱不止、社会动荡、人民流离失所的深重苦难。

经过中华人民共和国成立70多年特别是改革开放以来的不懈努力,我国科技发展取得了举世瞩目的巨大成就,科技整体能力持续提升,一些重要领域跻身世界先进行列,某些前沿方向开始进入并行、领跑阶段。人工合成牛胰岛素、人类基因组测序、"两弹一星"、超级杂交水稻、高性能计算机、载人航天、探月工程、量子通讯、北斗导航、载人深潜、高速铁路、航空母舰等一系列科技成果,为我国成为一个有世界影响的大国奠定了重要基础。但从总体上看,我国科技创新基础还不牢,科技领域仍然存在一些亟待解决的突出问题。我国科技在视野格局、创新能力、资源配置、体制政策等方面存在诸多不适应的地方。我国基础科学研究短板依然突出,企业对基础研究重视不够,重大原创性成果缺乏,底层基础技术、基础工艺能力不足,工业母机、高端芯片、基础软硬件、开发平台、基本算法、基础元器件、基础材料等瓶颈仍然突出,关键核心技术仍然受制于人。我国技术研发聚焦产业发展瓶颈和需求不够,以全球视野谋划科技开放合作还不够,科技成果转化能力还不强,科技创新能力特别是原创能力与发达国家相比还有一定差距。

纵观人类发展历史,科技创新始终是一个国家、一个民族发展的重要力量,也始终是推动人类社会进步的重要力量。进入21世纪以来,新一轮科技革命和产业变革正在孕育兴起,科技创新呈现出新的发展态势和特征,在综合国力竞争中的地位日益重要。不创新不行,创新慢了也不行。如果我们不识变、不应变、不求变,就可能陷入战略被动,错失发展机遇,甚至错过整整一个时代。科技落后就要挨打,我们必须汲取历史的沉痛教训。面对科技创新发展新趋势,世界主要国家都在寻找科技创新的突破口,抢占未来经济科技发展的先机。我们不能在这场科技创新的大赛场上落伍,必须迎头赶上、奋起直追、力争超越。习近平同志强调指出:"中国要强盛、要复兴,就一定要大力发展科学技术,努力成为世界主要科学中心和创新高地。"①现在,我

---

① 习近平:《努力成为世界主要科学中心和创新高地》,《求是》2021年第6期。

们迎来了世界新一轮科技革命和产业变革同我国转变发展方式的历史性交汇期,既面临着千载难逢的历史机遇,又面临着差距拉大的严峻挑战。形势逼人,挑战逼人,使命逼人,时不我待。我们必须把握大势、抢占先机,直面问题、迎难而上,瞄准世界科技前沿,加快科技创新步伐,以增强我国经济发展活力和动力,为提升我国的综合国力提供战略支撑、奠定坚实基础。

二、有效应对科技风险是建设世界科技强国的重要保障

中华人民共和国成立以来尤其是改革开放以来,我国经济社会发展取得了举世瞩目的成就,经济总量居世界第二位,综合国力显著增强。同时,必须清醒看到,我国经济规模很大,但依然大而不强,我国经济增速很快,但依然快而不优。新形势下,主要依靠资源、资本、劳动力等要素投入支撑经济增长和规模扩张的方式已不可持续,我国发展正面临着动力转换、方式转变、结构调整的繁重任务。现在,我国低成本资源和要素投入形成的驱动力明显减弱,需要依靠更多更好的科技创新为经济发展注入新动力;社会发展面临应对人口老龄化、解决贫富差距拉大、保障人民健康等多方面挑战,需要依靠更多更好的科技创新实现经济社会协调发展;生态文明发展面临日益严峻的环境污染,需要依靠更多更好的科技创新建设天蓝、地绿、水清的美丽中国;能源安全、粮食安全、网络安全、生态安全、生物安全、国防安全等风险压力不断增加,需要依靠更多更好的科技创新保障国家安全。

新时代,贯彻落实创新、协调、绿色、开放、共享的新发展理念,推进供给侧结构性改革,实现"三去一降一补",实现经济发展由数量规模型向质量效益型转变,推动经济高质量发展,必须充分发挥科技的支撑作用。实现创新发展,推进供给侧结构性改革,要紧紧抓住科技创新这个"牛鼻子",发挥科技创新在全面创新中的引领作用,最大限度解放和激发科技作为第一生产力所蕴藏的巨大潜能。要深入研究、解决经济和产业发展亟待解决的科技问题,围绕促进转方式、调结构,建设现代产业体系,培育战略性新兴产业,发展现代服务业等方面需求,推动科技成果转移转化,推动产业和产品向价值链中高端跃升。实现区域、城乡、经济和社会、物质文明和精神文明、经济建设和国防建设等协调发展,同样要立足于科技创新,释放创新驱动的原动力,让创新成为发展基点,拓展发展新空间,创造发展新机遇,打造发展新引擎,促进新型工业化、信息化、城镇化、农业现代化同步发展,提升发展整体效能,在新的发展水平上实现协调发展。绿色发展代表了当今科技和产业变革方向,是最有前途的发展领域。但唯有依靠科技创新破解绿色发展难题,建设清洁低碳、安全高效的现代能源体系,建设资源节约型、环境友好型社会,才能形成人与自然和谐发展新格局。经济全球化表面上看是商品、资本、信息等在全球广泛流动,但本质上主导这种流动的力量是人才、是科技创新能力。依靠科技创新,形成质量卓越的品牌产品,才能增强引领商品、资本等全球流动的能力,增强参与全球经济、金融、贸易规则制定的实力和能力,在更广泛的利益共同体范围内参与全球治理,实现共同发展。共享发展是中国特色社会主义的本质要求。只有加强科技创新,增强综合国力,才能满足人民对美好生活的新期待,解决重大疾病防控、食品药品安全、人口老龄化等重大民生问题,让人民享有更宜居的生活环境、更好的医疗卫生服务、更放心的食品药品,不断增强满意度和幸福感。

当前,我国需要解决的战略科技问题还很多,国家对战略科技支撑的需求比以往任何时期都更加迫切。比如,材料是制造业的基础,但目前我国在先进高端材料研发和生产方面差距甚大,关键高端材料远未实现自主供给。我国很多重要专利药物市场绝大多数被国外公司占据,高端医疗装备主要依赖进口,成为看病贵的主要原因之一。深海蕴藏着地球上远未认知和开

发的宝藏,但要得到这些宝藏,就必须在深海进入、深海探测、深海开发方面掌握关键技术。空间技术深刻改变了人类对宇宙的认知,为人类社会进步提供了重要动力,同时浩瀚的天空还有许多未知的奥秘有待探索,必须推动空间科学、空间技术、空间应用全面发展。从理论上讲,地球内部可利用的成矿空间分布在从地表到地下1万米,目前世界先进水平勘探开采深度已达2 500米至4 000米,而我国大多小于500米,向地球深部进军是我们必须解决的战略科技问题。这样的领域还有很多。党中央明确宣布到中华人民共和国成立一百年时使我国成为世界科技强国,并决定实施一批重大科技项目和工程。我们要加快推进,围绕国家重大战略需求,着力攻破关键核心技术,抢占事关长远和全局的科技战略制高点。

进入21世纪以来,全球科技创新进入空前密集活跃的时期,新一轮科技革命和产业变革正在重构全球创新版图、重塑全球经济结构。以人工智能、量子信息、移动通信、物联网、区块链为代表的新一代信息技术加速突破应用,以合成生物学、基因编辑、脑科学、再生医学等为代表的生命科学领域孕育新的变革,融合机器人、数字化、新材料的先进制造技术正在加速推进制造业向智能化、服务化、绿色化转型,以清洁高效可持续为目标的能源技术加速发展将引发全球能源变革,空间和海洋技术正在拓展人类生存发展新疆域。总之,信息、生命、制造、能源、空间、海洋等领域的原创突破为前沿技术、颠覆性技术提供了更多创新源泉,学科之间、科学和技术之间、技术之间、自然科学和人文社会科学之间日益呈现交叉融合趋势,"科学技术从来没有像今天这样深刻影响着国家前途命运,从来没有像今天这样深刻影响着人民生活福祉。"①与此同时,国际科技竞争比以往任何时候都更加激烈,科技领域的风险对人们的生产生活也产生着前所未有的巨大影响。

科技的进步总是体现出两面性,既给人类发展带来新的机遇,又为社会带来严峻挑战。科技发展能够为国家和人民带来巨大红利,但前提是要能够很好地掌控和运用科技,并且能够防止、抵御外来威胁和破坏,否则科技的发展也可能会带来负面效果,阻碍经济社会发展的步伐。新时代的中国正从站起来、富起来走向强起来,"我们比历史上任何时期都更接近中华民族伟大复兴的目标,我们比历史上任何时期都更需要建设世界科技强国"。②科技资源是重要的战略资源,综合国力竞争的核心是科技实力之争。当前,科技在经济社会发展中的作用日益突出,对于防范国家安全风险的意义越来越重要:科技成为经济社会发展的核心要素,经济社会发展受到科技领域风险的影响日益深入,科技领域的风险影响越来越广泛。尤其是一些发达国家为了防止后发国家的超越发展,必然对国际科技交流与合作采取更加严格的管制措施,比如:制定新的出口管制清单,限制他国企业对美国高技术企业的并购,限制科技人员的交流,等等,使后发国家外部技术来源渠道变窄,导致国际科技对立的紧张局面。

习近平同志严肃指出:"关键核心技术是要不来、买不来、讨不来的。只有把关键核心技术掌握在自己手中,才能从根本上保障国家经济安全、国防安全和其他安全。"③科技总体落后,特别是不掌握核心技术的科技是难有安全可言的。2018年美国制裁中兴事件给我国的科技安全敲响了警钟。美国供应商的芯片断供,曾使年销售收入达到千亿以上的中兴通讯公司被迫全面停摆。科技创新全球化深入发展,各国围绕科技的竞争日益激烈,来自外部环境的科技竞争和威胁更加明显,科技领域风险在全球重要性显著提升。我们必须高度重视并作出战略性安排,采取强有力的措施有效应对科技领域面临的重大风险和考验,增强"四个自信",在"卡

①　习近平:《努力成为世界主要科学中心和创新高地》,《求是》2021年第6期。
②　习近平:《努力成为世界主要科学中心和创新高地》,《求是》2021年第6期。
③　习近平:《努力成为世界主要科学中心和创新高地》,《求是》2021年第6期。

脖子"的地方下大功夫,以关键共性技术、前沿引领技术、现代工程技术、颠覆性技术创新为突破口,敢于走前人没走过的路,努力实现关键核心技术自主可控,把创新主动权、发展主动权牢牢掌握在自己手中,才能为建设世界科技强国提供重要保障。

第二节　新时代科技领域面临的重大风险

科技领域安全是国家安全的重要组成部分。随着全球新一轮科技革命加速推进,新技术、新产业加快发展,科技突破对经济社会发展的影响日益显著,经济社会发展受到科技领域风险的影响日益深入,科技领域风险成为国家风险的重要来源。全球围绕科技创新的竞争更加激烈,各国纷纷加大基础研发支持力度、强化顶层战略布局,以期通过科技力量牵引创新转型。同时,各国高度重视推动前沿技术在社会治理、国防军事方面的转化应用,全面提升国家治理能力,并在国防军事领域形成战略优势,内外合力保障国家安全。

中华人民共和国成立后特别是改革开放以来,我国科技飞速发展,科技整体水平加速提升,一些战略高技术领域取得重大突破,一批重大科技成果达到世界先进水平,产生重大效益。中国科技正带着澎湃动力向前奔跑,并逐渐进入到跟跑、并跑、领跑"三跑并存"的阶段。但我们在充满信心的同时,更应保持清醒和理性。应该看到,与发达国家相比,我国在科技发展方面仍有不小差距,尤其是来自外部环境的科技竞争和威胁更加明显,我国在科技领域仍然存在重大风险和考验,我们对此必须有清醒的认识并采取积极有效的措施加以应对,才能保障国家安全和社会主义现代化事业的健康发展。

一、科技发展外部环境日趋紧张导致的风险

当代科学技术发展的水平及其竞争能力,在相当程度上决定了国家在世界竞争格局中的地位,谁掌握了高新科技的主控权,谁就拥有综合国力竞争的优势和主动权。过去几十年,美国对华政策的目标是"塑造中国",其政策前提是中国处于落后发展中,暂时不具备对美国构成现实威胁的能力。如今,随着中国成为世界第二大经济体,美国对华政策已开始发生重大调整,变此前的"接触合作"为"战略竞争",企图将我国"固化"在产业链低端,在政治、经济、贸易、科技、意识形态等领域对中国展开全方位打压,甚至煽动盟国及其他国家对我国实施针对性技术封锁和围堵,破坏正常的科技交流,甚至利用非法手段打击竞争对手,动用国家机器恫吓和封杀企业与个人等。历史证明,美国一旦锁定世界首要竞争对手,必然会不遗余力打压到底,20世纪的苏联、日本莫不如此。在美国新的战略思维与政策主导下,未来我国科技安全、产业发展将面临诸多新的挑战。科技发展需要良好的外部环境,在经济科技全球化的条件下,外部环境的紧张将对我国科技发展造成严重的限制,带来巨大的风险。

一是以美国为首的西方国家以安全为名加快对华"脱钩"进程。当前,美国正以国家安全为名加紧实施"去中国化"构想,鼓动多国将供应链安全上升为国家安全议题,并对盟友发起号召,意图以意识形态为区分,彻底在尖端技术和关键产品供应链方面将中国排除在外,对中国科技安全、产业链安全、经济安全构成严峻挑战。2020年5月14日,英国新保守派智库亨利•杰克逊协会发布报告《打破中国供应链:"五眼联盟"国家如何摆脱战略依赖》,煽动"五眼联盟"(由美国、英国、加拿大、澳大利亚和新西兰5个英语国家所组成的情报共享联盟)集体与

中国脱钩,并提出整体方案。与此同时,英国拟推动美国组建一个由 10 个成员国组成的 5G 国际俱乐部"D10",以发展自主 5G 技术并减少对中国华为公司的依赖。该俱乐部成员国将包括"七国集团"国家、澳大利亚、韩国和印度等。新冠疫情期间,美国、日本政府呼吁本国企业撤出中国并给予政策性补贴。可以看到,美国正加紧联合西方盟友以国家安全为名构建新的国际"商务圈""技术圈""联盟圈",意图极为明显,即在经贸领域、高科技领域、核心产业链环节实现与中国脱钩,试图将中国实质性边缘化。①

二是肆意打压和无理制裁中国高新科技龙头企业。高新科技龙头企业是高科技产业发展的领军力量,也是中美科技竞争的核心主体之一。近些年,以美国为首的发达国家对国际科技交流与合作采取更加严格的管制措施,制定新的出口管制清单,限制我国企业对美国高技术企业的并购,肆意打压中国企业。不仅严厉制裁了中国通信设备领军企业中兴通讯和生产随机存取存储芯片的福建晋华集成电路有限公司,还不择手段企图将中国在全球市场的领先企业赶出美国及西方盟国市场,例如,禁止联邦政府采购中国海康威视、大华股份、华为、海能达等高新技术企业制造的高科技或通信信息设备;启动针对中国深圳大疆无人机公司的"337 调查";全面抵制华为产品,并调查、逮捕华为高管等。继 2020 年 5 月 22 日,美国商务部工业和安全局(BIS)宣布将 33 家中国公司及机构列入"实体清单"后,7 月 22 日,BIS 又将 11 家中国公司列入"实体清单"。预计未来,中国高新科技龙头企业遭遇美国无理打压和制裁或将成为常态。

三是科学技术人员交流受阻,国际科技对立加剧,使我国外部科学技术来源渠道变窄。中美贸易摩擦以来,美国采取种种手段限制阻断中美科技交流,对我国国际科技合作交流带来严重的影响。一方面缩短留美签证,拒绝中国科学家赴美,限制双方学术交流。2018 年 6 月,美国针对科学、技术、工程、数学专业中国留学生重新收紧签证发放时长,其中,对航空、机器人和先进制造业学科方向的中国留学生签证期限从 5 年缩短至 1 年。同年 7 月,中国专家由于未能获得签证,集体缺席在美国加州举办的第 42 届世界空间科学大会。2020 年 5 月,白宫发布总统公告,禁止"与中国军方有关"的中国留学生和访问学者入境美国,3 000 多学生、学者受到影响。另一方面采取歧视、监视、恐吓、指控、解雇等手段,掀起排挤华裔科学家浪潮,甚至以间谍、技术窃取、学术不端、经济及私生活等莫须有的罪名,对与我合作相关的华人科学家展开全面调查与制裁,以期切断我国高端人才交流途径,进而阻滞我国科技发展进程。美国联邦调查局约谈多家美国大学,希望其协助监视中国留学生和华人学者。不少华裔科学家被无端调查、起诉甚至被开除。2018 年 2 月,美国联邦调查局以莫须有的"欺诈"罪名,逮捕世界著名机器人专家席宁。2019 年 5 月,亚特兰大埃默里大学解雇神经科学家李晓江与李世华夫妇。2020 年以来,又有多位华裔科学家在美被逮捕或起诉。② 目前,不少华裔科学家已被迫改变科研方向、项目申请和学术规划,甚至被迫减少或终止与中国正常和互惠的科学技术往来。

在当今"守成国"与"崛起国"的科技博弈中,美国明确将中国视为其在全球最大的竞争对手,遏制中国科技发展的手段可谓层出不穷,中国科技发展的外部环境正逐步趋于恶化。未来,美国必将继续以构筑"科技铁幕"、扎紧"科技围栏"等方式扰乱阻滞中国科技发展步伐,使我国科技创新发展外部环境更加紧张,对中国经济科技长远发展构成现实威胁和挑战。我们应保持战略定力,立足底线思维,立足自主创新,加快构建现代化科技创新治理体系,化解美国

① 魏强、魏莹:《美国对华"科技战"风险亟待关注》,《中国信息安全》2020 年第 8 期。
② 魏强、魏莹:《美国对华"科技战"风险亟待关注》,《中国信息安全》2020 年第 8 期。

及其盟友遏制围堵之举。同时,也要坚定地立足开放合作,与更多国家构建互利共赢的科技合作伙伴关系,为世界经济科技发展做出应有贡献。

二、科技发展由于自身能力不足而产生的受制于人的风险

当代科技发展的重要特征之一是科学、技术、产业发展融合加深,基础科学理论突破快速对经济社会产生影响,甚至直接引领新兴产业发展。国际竞争日益集中在科技和产业竞争上,甚至集中在科学研究的突破上,国家竞争力更多体现在是否能够把握科技发展方向、占领科技创新的先机和制高点。中国要完成高质量发展、实现现代化的任务,要求科技创新必须为经济社会发展提供解决方案。

改革开放 40 多年来,我国产业发展主要是通过引进消化吸收再创新,利用国际先进技术,大力发展基于技术的产业,实现在家电、常规机械、船舶、轿车、高铁等领域的成功追赶和跨越。这条道路在很长时间内是可行的、成功的。但随着新科技革命和产业变革不断深入推进,国际环境发生了巨大变化,我国产业发展的技术来源、技术路线都面临较大的变化,传统产业转型升级遭遇技术障碍,未来产业进入技术"无人区",核心关键技术买不来、无处可买,科学理论和前沿技术短缺成为突出矛盾,在诸如高端微电子、生物医药、新型功能材料、智能装备等领域,我国与发达国家仍有较大差距,科技发展由于自身能力不足而产生受制于人的风险。

一是由于产业发展关键核心技术受制于人而产生的被卡脖子风险。习近平同志指出:"关键核心技术是国之重器,对推动我国经济高质量发展、保障国家安全都具有十分重要的意义,必须切实提高我国关键核心技术创新能力,把科技发展主动权牢牢掌握在自己手里,为我国发展提供有力科技保障。"[①]从总体上看,目前,虽然我国科技发展取得了显著成效,科技创新能力水平有了显著提升,但是产业核心关键技术受制于人的局面还没有从根本上得到改变,在实现自主可控的道路上仍然有很长的路要走。芯片、操作系统、发动机、精密仪器以及重大装备、重要材料、关键元器件等存在受制于人的问题,仍有相当的差距需要弥补,重要核心产业对外技术依存度仍然很高,先导性战略高技术布局仍然薄弱,关键核心技术的自主研发程度仍然不足。

关键核心技术受制于人,使我国产业发展风险极大。2018 年,《科技日报》在"亟待攻克的核心技术"专栏,曾对光刻机、芯片、操作系统、航空发动机短舱、机器人传感器、手机射频器件、车载激光雷达、高端电容电阻等各个行业的 35 项"卡脖子"技术进行了报道,由此可以看到我国核心技术受制于人的局面尚未得到根本改变。比如芯片,我国是世界上集成电路最大的需求方,占世界需求的 60% 以上,但集成电路的国产化率非常低。低速的光芯片和电芯片已实现国产,但高速的仍全部依赖进口。国外最先进芯片量产精度为 10 纳米,我国只有 28 纳米,差距两代。据报道,在计算机系统、通用电子系统、通信设备、内存设备和显示及视频系统中的多个领域中,我国国产芯片占有率为 0。制造芯片的光刻机,其精度决定了芯片性能的上限。在"十二五"科技成就展览上,中国生产的最好的光刻机,加工精度是 90 纳米,这相当于 2004 年上市的奔腾四 CPU 的水准,而国外已经做到了十几纳米。光刻机里有两个同步运动的工作台:一个载底片,一个载胶片。两者须始终同步,误差在 2 纳米以下。两个工作台由静到动,加速度跟导弹发射差不多。在工作时,相当于两架大飞机从起飞到降落,始终要齐头并进,从

---

① 习近平:《提高关键核心技术创新能力为我国发展提供有力科技保障》,《人民日报》2018 年 7 月 14 日。

一架飞机上伸出一把刀,在另一架飞机的米粒上刻字,不能刻坏了。然而,目前高精度光刻机产自 ASML、尼康和佳能三家,顶级光刻机则由 ASML 垄断。① 2018 年美国供应商的芯片断供,曾使拥有近 9 万名员工、产值超过千亿美元的中兴通讯公司被迫全面停摆。最后,中兴通讯公司付出了被美国商务部处罚总额高达 22.9 亿美元罚金的沉重代价。

二是不能完全自主掌握重大科技基础设施而产生的风险。与产业发展的核心关键技术受制于人相似,我国在很多基础性技术的发展上缺乏自主可控能力,特别是信息技术的底层、基础性技术掌握在美国等少数国家手中,使世界的互联网发展始终面临不可控的风险。比如在操作系统方面,普通人看到中国信息技术产业繁荣,认为技术差距不大,实则不然。3 家美国公司垄断了手机和个人电脑的操作系统。数据显示,2017 年安卓系统市场占有率达 85.9%,苹果 iOS 为 14%,其他系统仅有 0.1%。这 0.1%,基本也来自美国微软的 Window 和黑莓。② 当今以计算机技术、网络技术为特征的现代信息技术发展迅速,现代办公系统、通信方式、存储方式都依赖计算机网络。然而,当这些核心技术掌握在别人手中时,一旦出现问题如被劫持、被木马病毒攻击等,便会造成某些日常工作不能正常进行,给使用者带来损失。同时,操作系统掌握在别人手中,还存在被监控的风险,网络信息易被利用成为某些人攻击的目标,从而引发严重的信息安全事件,致使无法构建自己的自主安全可控体系。

目前,从世界范围看,网络安全威胁和风险日益突出,并日益向政治、经济、文化、社会、生态、国防等领域传导渗透。特别是国家关键信息基础设施面临较大风险隐患,网络安全防控能力薄弱,将难以有效应对国家级、有组织的高强度网络攻击风险。习近平同志指出:"互联网核心技术是我们最大的'命门',核心技术受制于人是我们最大的隐患。一个互联网企业即便规模再大、市值再高,如果核心元器件严重依赖外国,供应链的'命门'掌握在别人手里,那就好比在别人的墙基上砌房子,再大再漂亮也可能经不起风雨,甚至会不堪一击。我们要掌握我国互联网发展主动权,保障互联网安全、国家安全,就必须突破核心技术这个难题。"③拥有核心技术是企业获得国内外市场竞争力的关键,也是一个国家掌握技术话语权、占领世界制高点的重要依据。相反,核心技术受制于人,会给国家科技安全、经济安全、国防安全等多方面带来巨大风险。核心技术是国之重器,最关键、最核心的技术必须立足自主创新、自立自强。市场换不来核心技术,有钱也买不来核心技术,必须靠自己研发、自己发展。要取得核心技术的突破,就要有决心、恒心,树立顽强拼搏、刻苦攻关的志气,坚定不移实施创新驱动发展战略。

三、新兴技术发展造成的潜在风险

科学技术本身是一把"双刃剑"。随着科学技术日新月异的迅猛发展,技术与社会互动的进程逐步深入,技术对人类社会的发展和进步发挥着越来越重要的作用,几乎渗透到了人类社会生产生活的各个方面,尤其是部分新兴技术的蓬勃发展,更是使得人类社会的生产和生活方式发生了颠覆性的变化。但是,新兴技术在给人类带来诸多便利好处的同时,技术飞跃导致的不稳定性和不确定性也在增加,新兴技术还可能造成被滥用,产生很多难以预料和控制的风险,可能导致对人类发展的巨大威胁。

一是新兴技术自身带有不确定属性,使得潜在风险难以预知甚至可能失控。由于新兴技

---

① 刘亚东:《是什么卡住了我们的脖子》,中国工人出版社 2019 年版,第 1 页。
② 刘亚东:《是什么卡住了我们的脖子》,中国工人出版社 2019 年版,第 11 页。
③ 习近平:《论党的宣传思想工作》,中央文献出版社 2020 年版,第 197 页。

术的迭代更新速度极快,传统的风险认知理念和风险评估防控机制都会发生颠覆性的变化。例如,量子计算机具有强大的信息处理能力,对现代密码技术即构成严峻的挑战。现代信息安全通过公钥和私钥等加密技术手段,实现对数据的加密处理,但公钥和私钥的安全性能则取决于加密算法的计算复杂程度。然而,量子计算机却可以将电子计算机上的指数复杂度变成多项式复杂度,这就从根本上挑战了当今所有依赖于计算复杂度的密码体系的安全性能。人工智能技术目前正在广泛应用于金融领域,然而这一技术的普遍应用,尤其是其与高频交易的结合,将使得金融市场的交易更容易受到用户操作的影响而产生连锁反应,带来市场的大幅度波动。此外,由于人工智能本身的学习、决策机制所产生的行为无法追溯,因此在现有金融监管体系之下,一旦由人工智能故障引发了重大的金融风险事件,其责任界定和行为监管都将面临重大的挑战。新兴技术的快速发展必然会带来很多新的风险模式,如何应对这些新兴风险已经成为摆在我们面前的现实课题。同时,新兴技术的发展涉及诸多的部门与个人、政府、企业、科研人员、产品使用消费者,等等,这些多元主体对新兴技术的利益诉求不尽相同,对新兴技术风险的认知识别程度也不同,对技术风险的承受期望值也有很大差异,这也加剧了新兴技术风险失控的可能性。如何统筹规划好新兴技术的风险研判、风险预警、风险评估、风险管控等问题,降低技术发展过程中的不确定因素影响,已经成为防止新兴技术风险失控的重要现实难题。

二是新兴技术的快速发展可能造成技术被滥用的风险。随着科学技术日新月异的进步,部分技术会失去原有约束并被人加以恶意应用,给社会带来了很多未知风险。比如,当机器人被黑客控制以后,就可以盗取主人的各种信息,甚至诱导人类作出一些违背社会道德的事情。核技术在增加新能源供应的同时也对人类的生存和环境造成了严重的威胁,使人类社会安全的脆弱性显著提升。人类经济社会对互联网等信息技术依赖更加严重,网络安全风险更加凸显。物联网、大数据发展带来产业变革,同时使政府和企业在数据隐私性与安全性方面面临挑战。基因编辑技术作为典型的两用性生物技术,其对基因片段进行定向修饰的能力既可以用于改造经济作物、助力疾病治疗等正向目的,又可被用于制造生物武器、强化人类基因、弱化作物抗性、改变生物种群结构等恶意目的,且这种行为难以监测、难以溯源,至今仍游离于政策监管、能力监管的空白区。深度伪造技术通过更改图像和音视频中人脸、物体或环境呈现方式,来操作生成虚假的图像和音视频信息,这一技术使得虚假信息能够以高度可信、快速扩散的方式呈现给社会公众,进而造成重大影响。美国众议院议长佩洛西、美国前总统奥巴马和特朗普的深度伪造视频都曾在社交媒体上泛滥传播,引起了美国国会对该技术成为虚假信息战争武器,甚至干扰美国大选的担忧。

尤其是近年来,合成生物学、基因编辑技术、纳米技术等在争议中快速发展,其带来的科技重大风险不仅威胁国家安全,更是对人类安全造成巨大威胁,应对其挑战绝非易事,且困难重重,以至于关于"科技发展下去将发生毁灭性灾难甚至毁灭人类"的说法开始流行。这绝不是危言耸听。例如,随着生物学的发展、生物安全实验室的增加,实验室泄漏事件也随之增加,2004—2014年,美国生物安全实验室的数量增加约2倍,生物实验室泄漏事件也在数倍地增加,美国疾病控制与预防中心(CDC)2012年报告指出,生物实验室泄漏事件2004年有16起,2008年和2010年则分别为128和269起。《禁止生物武器公约》已于1975年生效,但它并不禁止预防和防御性的研发,结果是不少国家仍在进行相关研究。拉瑞·罗曼诺夫指出:几十年来,美国政府及其许多机构对生物战进行了深入研究,其中许多研究都集中在种族特异性病原体上。在提交给美国国会的一份报告中,美国国防部透露,其制造人工生物制剂的计划包括修改非致死性病毒使其具有致命性，以及通过基因工程改变生物制剂的免疫学特性，使其无法治疗和接种疫苗。这份军事报告承认，当时它经营着大约 130 个生物武器研究设施。[①] 同样以"防御性"为名的美国《生物盾牌计划》于 2004 年实施，2004—2013 年美国政府为生物盾牌计划拨款 55.93 亿美元。[②] 2018 年底美国政府机构还批准了争议巨大的高危禽流感病毒改造实验项目。不仅美国，其他一些国家也在以"预防和防御性"为名进行相关研究。2014 年日裔美籍病毒学教授河冈义裕研制出 H1N1 流感病毒的新变种，其可以"绕过"人体免疫系统。2017 年加拿大生物学家合成出马痘病毒，它与天花病毒存在亲缘关系。2020 年 5 月 4 日瑞士科学家在国际顶级刊物《自然》上发表的研究论文显示，科学技术可以实现对新冠病毒(SARS-CoV-2)的工程改造和复活。也就是说，无论新冠病毒实际上是来自自然界还是实验室，目前它已经可以人工合成了。[③] 尽管该研究成果是为了疫苗开发，却在理论上证明了实验室可以产生危害全世界的病毒，即使以后彻底消灭了新冠病毒，但是人工合成新冠病毒的知识无法被消除，它会继续在互联网等媒介上传播扩散。如果说核战争没有赢家，玉石俱焚，那么生物战更没有赢家，病毒通吃，生物武器被称为穷国的原子弹，能够掌握生物武器的国家远比掌握核武器的国家多，而且其不依赖稀缺的原材料，使用门槛又比较低。研发和储藏过程中，实验室安全很难完全保障，而且实验室关得住病毒却关不住制造病毒、复制病毒的知识，其极易被恐怖分子和生物黑客利用或误用滥用，威胁人类安全。显然，如何治理快速发展的新技术可能带来的潜在风险隐患，是人类社会面临的严峻挑战，这种严峻性在未来只会有增无减。

四、科技进步引发的社会、伦理风险

科学技术作为一种人类活动一开始就体现了人对自然的干预，而其生态和社会后果，特别是那些次级的和长期的后果大部分又是难以预见的。尤其是工业革命以来，科学技术不仅已经改变了人类周围的自然环境，而且渗透到人类生活的各个层面，极大地改变着人类自身的历史变迁与发展。科学技术发展在造福人类的同时也不可避免地带来了一系列社会、伦理问题，甚至导致数字鸿沟的加深和社会的动荡。

一是科技研发以及应用会产生相关法律、伦理、道德等问题。生物技术、人工智能、人类胚胎基因编辑等新兴技术，在改变人类生活的同时，也带来了很多法律、伦理及社会难题。例如，克隆技术即是利用生物技术由无性生殖产生与原个体有完全相同基因组织后代的过程。1996年 7 月 5 日当英国科学家克隆出的一只基因结构与供体完全相同的小羊"多利"诞生时，世界舆论为之哗然并产生了广泛的争议。2000 年 6 月，中国西北农林科技大学利用成年山羊体细胞克隆出两只"克隆羊"，但其中一只因呼吸系统发育不良而夭折。据介绍，其采用的克隆技术为该研究组自己研究所得，与克隆"多利"的技术完全不同，这表明我国科学家也掌握了体细胞克隆的尖端技术。克隆是人类在生物科学领域取得的一项重大技术突破，反映了细胞核分化技术、细胞培养和控制技术的进步。在园艺业和畜牧业中，克隆技术是选育遗传性质稳定的品种的理想手段，通过它可以培育出优质的果树和良种家畜。在医学领域，目前美国、瑞士等国家已能利用克隆技术培植人体皮肤进行植皮手术。这一新成就避免了异体植皮可能出现的排

---

① 刘益东：《科技重大风险与人类安全危机：前所未有的双重挑战及其治理对策》，《工程研究——跨学科视野中的工程》2020 年第 4 期。
② 吉荣荣，雷二庆，徐天昊：《美国生物盾牌计划的完善进程及实施效果》，《军事医学》2013 年第 3 期。
③ 刘益东：《科技重大风险：非传统安全治理的重要视角》，《国家治理》2020 年第 2 期。

异反应,给病人带来了福音。但如果将克隆技术应用在人类自身的繁殖上,将产生巨大的伦理危机。由于克隆人可能带来复杂的后果,一些生物技术发达的国家,大都对此采取明令禁止或者严加限制的态度。人们不能接受克隆人实验的最主要原因,是受传统伦理道德观念的影响。千百年来,人类一直遵循着有性繁殖方式,而克隆人却是实验室里的产物,是在人为操纵下制造出来的生命。尤其在西方,"抛弃了上帝,拆离了亚当与夏娃"的克隆,更是遭到了许多宗教组织的反对。而且,克隆人与被克隆人之间的关系也有悖于传统的由血缘确定亲缘的伦理方式。所有这些,都使得克隆人无法在人类传统伦理道德里找到合适的安身之地。

再如,人类胚胎基因编辑技术能修改人体胚胎、精子或卵细胞细胞核中的 DNA,达到"重新设计人类"的效果。2018 年 11 月 26 日,我国南方科技大学副教授贺建奎宣布一对名为"露露"和"娜娜"的基因编辑婴儿于 11 月在中国健康诞生,由于这对双胞胎的一个基因(CCR5)经过修改,她们出生后即能天然抵抗艾滋病病毒。这一消息迅速激起轩然大波,在国内外引起震动。中国政府分别于 2003 年和 2015 年出台了《人胚胎干细胞研究伦理指导原则》《干细胞临床研究管理办法(试行)》,明确规定,可以以研究为目的,对人体胚胎实施基因编辑和修饰,但体外培养期限自受精或者核移植开始不得超过 14 天。而本次基因编辑婴儿如果确认已出生,是属于被明令禁止的。11 月 27 日,中国科协生命科学学会联合体发表声明指出,基因编辑技术作为一项革命性技术正在推动着生命科学研究发展,但其应用安全性有待进一步全面评价,坚决反对有违科学精神和伦理道德的所谓科学研究与生物技术应用。该声明称,基因编辑婴儿事件违反伦理道德和有关规定,已严重扰乱科研秩序,对中国生命科学领域国际声誉造成严重损害。可以预见,随着新兴科技的进一步发展,必然会产生出更多的法律、伦理和社会问题及争议。

二是新技术的应用可能加大传统产业的就业压力,导致贫富两极分化的加剧。技术进步催生出的新兴产业对传统产业必然产生巨大的冲击,导致传统产业工人失业。同时,传统产业工人想要转型到新兴技术衍生岗位上,需要较为专业系统的技能培训,才有可能胜任。新兴技术每应用到一个具体的工作领域,就很可能通过优质高效的表现完成既有工作,这种优势能够抵消甚至超越人们工作经验的优势,越是单一、重复、机械的工作就越是如此。譬如人工智能的发展必然导致传统制造业工人的失业。2016 年物理学家史蒂芬·霍金在英国《卫报》发表文章说,工厂的自动化已经让众多传统制造业工人失业,人工智能的兴起很有可能会让失业潮波及中产阶级,最后只给人类留下护理、创造和监管等工作。美国斯坦福大学教授卡普兰也针对人工智能替代人类工作这一问题进行了统计分析,美国注册在案的 720 个职业中,将有47%的职业被人工智能取代。在以低端技术为主的国家,这个比例将超过 70%。李开复、王咏刚在其合著的《人工智能》一书中预测:"从事翻译、新闻报道、助理、保安、销售、客服、交易、会计、司机、家政等工作的人,未来 10 年将有约 90%的人被人工智能全部或部分取代。"①

新技术的推广应用还可能导致区域、城乡发展的不平衡和贫富两极分化的加剧。比如互联网、平台经济的发展使财富能够在短期内迅速积聚,信息技术快速发展会造成数字鸿沟的日益扩大。由于我国地理跨度大、人口众多,各地情况复杂,如果在推进全国信息化建设的过程中,忽视了对经济文化落后地区,尤其是妇女、老人、低收入人群等弱势群体的信息化教育,必然导致数字鸿沟的出现。网络是改善生活、促进社会发展的有力工具,但如果在不能够保障普遍接入网络和消除计算机盲的情况下发展,它就会成为一个加剧教育和经济分化的工具。这

---

① 李开复、王咏刚:《人工智能》,文化发展出版社 2017 年版,第 279 页。

个鸿沟不填平，如果有一部分地区、一部分人，尤其是弱势群体被长期排斥在新技术之外，必然造成区域发展不平衡以及城乡发展差距、居民收入分配差距等呈现扩大趋势。严重的区域、城乡发展不平衡和贫富不均，不仅是一个经济问题，更是一个社会问题，如果处理不好，会引起社会动荡和不安定，最终会演变为一个严重的政治问题，需要引起我们党和政府的高度警觉。

五、科学技术的快速发展对国家及公民安全带来的风险

随着科学技术日新月异迅猛发展，科技与政治、经济、军事等领域深度融合，互联网、人工智能、大数据、无人驾驶等新兴科技逐步渗透至社会生活的方方面面，对经济发展、社会进步产生着极其重要的推动作用，同时也改变了国家和公民个人的安全状态。尤其在当前这个颠覆性技术不断涌现、扩散，并在军事、经济、民生等诸多领域加速落地应用的新时代，科技安全形势对国家和公民个人的安全发挥着牵一发而动全身的全局性影响。

网络恐怖主义活动严重危害国家安全。网络恐怖主义是恐怖主义在计算机信息技术高度应用环境下的一种形式。它带有恐怖主义的共性，即通过威胁、攻击一国或数国的民众、民用或军事设施，从而制造人员的生命财产损失和心理恐慌，以达到某种政治、宗教和意识形态的目的。其主要形式如下：一是进行网络恐怖袭击。袭击者本着政治、宗教、意识形态等犯罪目的，对国家的计算机网络信息系统，或是其中的信息进行非法攻击和威胁，重点目标是电力、水利、通信、军事、经济等重要领域的网络信息系统。袭击者侵入此类信息系统后，可能会造成全国大面积的停电、停水，通信系统瘫痪，发生重大铁路、航空等交通事故，其破坏范围较传统的恐怖活动更广，破坏力度更大。二是传播有关恐怖活动的非法信息，为恐怖主义活动联络、收集情报和获取技术支持等。网络恐怖分子一旦掌握了利用网络制造社会舆论的技术，就会通过通信软件，如微信、QQ、电子邮件、网络聊天、游戏聊天等方式对虚假恐怖信息进行宣传。待恐怖袭击发生后，恐怖分子会在网络上公布事件的整个过程，并以图片、音频、视频等资料加以佐证，强化画面的恐怖感，营造恐怖气氛。三是利用网络信息便捷、快速、隐蔽的特点，通过网络进行非法融资、洗钱和转移资产，为恐怖组织和恐怖分子获取非法资金，资助其进行恐怖活动。四是利用网络进行恐怖主义活动的联络。这是网络恐怖主义目前最为常用的手段，越来越多的恐怖分子借助网络发展恐怖活动组织、扩大恐怖活动成员、策划恐怖袭击，将恐怖活动势力扩大，鼓动境内不明真相的群众加入恐怖活动，与境外"三股势力"相互呼应进行恐怖活动。2009年乌鲁木齐市"7·5"事件即是在境外"三股势力"组织、策划下实施的打砸抢烧严重暴力犯罪事件。"三股势力"否认新疆自古以来就是我国的组成部分，他们通过互联网、广播、电视、音像制品、光碟、书刊等歪曲新疆历史、党和政府的政策措施，大肆宣扬异化的历史观、国家观、民族观、宗教观和文化观，传播分裂思想和宗教极端思想，妄图将新疆从中国分裂出去。新形势下，恐怖分子利用现实社会与网络空间恐怖袭击的紧密结合，凭借互联网的高度隐蔽性、巨大破坏力及目标广泛的特点同步作战，对社会的稳定造成了严重的威胁。

智能机器的发展给社会带来新的威胁。机器人作为智慧社会发展的新型基础设施，自诞生起极大拓展了人类的实践能力，但其背后亦隐藏有犯罪风险。无人机集群具有去中心化、自主控制、集群复原、功能放大、零伤亡化等诸多特性。在军事作战领域，一个由微小型无人机组成的集群就可以轻而易举地突破对手防控体系，通过其自身携带的模块化侦测设备进行抵近侦察，并通过蜂群间的数据链将情报接力传回，大幅提高军事渗透侦查能力。近年来，无人机销售价格的亲民化引爆了智能机器的消费市场，据国家统计局统计，截至2018年末，我国民用

无人机产量已达到 308.8 万架。人造机器虽带有价值的中立性,但受占有者主观因素的影响,即使是可感知情境并能认知情景的智能机器,也存在使用目的的偏向性,如使用不当将会给社会带来风险。2013 年 12 月,北京乔某、李某等人未经许可擅自操纵无人机进行航空测绘,不仅威胁国家航道安全,而且造成国家经济损失。2017 年 1 月,北海更是发生了无人机侵扰军事管理区事件。无人机对空域环境所造成的威胁仅仅是人工智能影响社会安全的一个缩影。除此之外,智能机器人对当前积极向好的反恐形势同样构成一定挑战。恐怖分子可以通过控制智能机器人的启程时间、袭击时间与返程时间来完成恐怖活动,相对于招募人员共同犯罪,无人机造价低廉,且在犯罪支援时不易被事先察觉。更为重要的是,智能机器支援型犯罪具有非接触性特点,加大了国家机关后期取证、追捕和监测工作难度,从而为恐怖主义活动提供了一个隐蔽的施害环境。①

网上银行洗钱、网络色情、网络诈骗等严重危害经济社会安全。随着网络基础设施的完善和网络支付等应用的普及,我国网上银行业务得到迅猛发展,网上银行业务交易量已占银行总业务量的一半以上。网上银行业务的资金转移高效快捷且成本低廉,因而在资金交易活动中得到越来越广泛的应用。但由于网上银行是只认"证"不认"人"的非面对面式的交易,使得银行无法对交易双方的基本信息进行详细的身份识别,在这种情况下,有些洗钱者往往通过盗窃他人身份、网上银行账户密码,进行洗钱交易,并逐渐形成一个巨大的黑色产业链,呈现出集团化、趋利化和跨境化的特点。网络色情主要是以互联网为传播手段,以浏览器、E-mail、文件传输协议(FTP)等为推送形式。色情网站大多都建立网页,在网页上提供各种色情信息,建好的网页通过向各种搜索引擎登记,或者在网络论坛上投放广告,以及通过向电子邮件用户群发邮件,来达到吸引用户访问网站、浏览网页,从而接受其所提供的服务的目的。网络色情信息已经成为网络社会中困扰人们的重要难题,它破坏了网络社会的正常秩序,在一定程度上摧残了青少年的身心健康,破坏了正常的婚姻家庭关系,影响了社会的正常发展。网络诈骗目前已成为网上犯罪的主要形式之一,并呈现出组织形式集团化、作案手段黑客化、危害程度剧增化、涉及群体扩大化等特点。网络诈骗主要包括网络非法传销、信用卡诈骗、网络拍卖诈骗等方式。网络诈骗的泛滥对正常电子商务经济的发展产生严重的负面影响,各种网络诈骗犯罪尤其是网络非法传销一般涉案金额都非常巨大,对整个电子商务系统的有效运作造成了极大的安全隐患,给国家、企业和个人带来了巨大的经济损失。网络诈骗同时还引发了社会道德信任危机,网络诈骗犯罪不断地在互联网络空间上破坏诚信,虚构事实,隐瞒真相,骗取他人的钱财,导致网民在进行网上金融、网上理财等交易活动时,普遍对安全存在担忧。② 长此以往,必将对社会中人与人之间的基本信任造成极大破坏,影响社会的安全稳定发展。

新技术发展会造成国家机密、商业秘密及个人信息泄露的风险。一方面,具有信息技术优势的某些大国会利用新技术搜集情报,监视民众甚至他国政要的网络活动。从 2013 年 6 月开始,美国中情局前雇员爱德华·斯诺登通过多家媒体披露美国国家安全局"棱镜"监控项目,指认美国情报机构多年来在国内外持续监视互联网活动以及公民电话信息。这一涉及各国国家安全利益以及公民信息安全的事件引起了国际社会的高度关注,被称为"棱镜门事件"。据斯诺登透露,2007 年小布什总统任职期间,美国国家安全局和联邦调查局启动一个代号为"棱镜"的极密项目。当局通过接入微软、雅虎、谷歌、苹果等 9 家互联网公司中心服务器,对视频、

① 商瀑:《从"智人"到"恶人":机器风险与应对策略——来自阿西洛马人工智能原则的启示》,《电子政务》2020 年第 12 期。
② 冯玉花,梁琛:《网络犯罪的危害及防控对策》,《新疆警官高等专科学校学报》2013 年第 3 期。

图片、邮件等 10 类数据进行监控,以搜集情报,监视民众的网络活动。随着"棱镜门事件"的持续发酵,根据斯诺登透露的文件显示,美国情报机构至少监听过 35 个国家政要的电话,遭到窃听的时任德国总理默克尔、巴西总统罗塞夫等曾要求美国作出解释。进一步曝光的文件显示,美国联手全球 40 个国家的情报机构,建立了共分 4 个层级的全球庞大监控网络,大到国际会议,小到网络游戏,监控之眼无处不在。"棱镜门事件"还显示,美国国家安全局从 2009 年开始入侵中国香港和内地的电脑和网络系统,中国香港和内地有大量目标受到监视。

另一方面,随着互联网、大数据、人工智能的发展,网络社交、网络金融、网络求职等互联网服务平台的逐步涌现,信息平台从昔日的封闭状态逐步走向了文档开放获取的道路,以数据形式储存的国家机密、商业秘密及个人隐私,无时无刻不在承受着泄露与失窃风险。2016 年 12 月 14 日,雅虎宣布该公司有 10 亿多用户账号于 2013 年被黑客窃取。此次被盗的资料中可能包括姓名、联系方式、密码以及安全问答等内容,雅虎还披露该公司在 2014 年因为类似的攻击泄露了 5 亿个账号的资料。2017 年 10 月 3 日,雅虎母公司美国电信巨头威瑞森表示:所有 30 亿雅虎用户的个人信息被泄露,这一数字是 2016 年 12 月公布的数量的 3 倍。[①] 数据外泄影响颇大,浅层数据经深度挖掘后,极易触碰机要信息。与此同时,人工智能拥有先天的能动优势,当其进入信息领域后,可以通过智能化的数据分析途径,使包括国家机密、商业秘密在内的一切数据均面临着机器挖掘和情报劫取的风险,进而对国家、社会及个人安全产生直接影响。因此,我们必须采取切实有效的措施,积极应对新技术发展给社会不同层面安全带来的严峻挑战。

第三节　有效应对科技领域重大风险和考验的对策

当代科学技术的迅猛发展,科技与经济社会发展的联系日益紧密,并更多地与国家总体安全融合起来,科学技术前所未有地深刻影响着国家前途命运和人民生活福祉,科技领域的风险对经济社会发展和国家安全的影响也日益加大。防范和应对科技领域的重大风险、保障科技安全,既要确保科技自身安全,更要发挥科技支撑引领作用,确保相关领域安全。必须瞄准国际科技前沿加强基础研究,加强自主创新,加快自主创新体系建设和科技安全预警监测体系建设,从根本上增强我国经济的创新力和竞争力,以支撑我国建成世界科技创新强国、成为世界主要科学中心和创新高地以及国家总体发展目标的实现。

一、健全和完善国家创新体系

建设世界科技强国,必须具有强大的科技实力和自主创新能力。自主创新能力是国家的核心竞争力之一,是在激烈的国际竞争中赢得战略主动的必备能力。只有着力增强自主创新能力,我们才能把创新主动权、发展主动权牢牢掌握在自己手中,进而突破关键核心技术的"命门",实现关键核心技术自主可控,从根本上保障国家经济安全、国防安全和其他安全,才能抓住历史机遇,真正发挥创新引领发展的作用,实现建成现代化国家的宏伟目标。增强自主创新能力,需要打通科技和经济社会发展通道,健全国家创新体系。习近平同志强调:"要坚持科技

① 刘舟、何隆德:《防范化解重大风险研究》,国家行政管理出版社 2020 年版,第 128 页。

创新和制度创新'双轮驱动',以问题为导向,以需求为牵引,在实践载体、制度安排、政策保障、环境营造上下功夫,在创新主体、创新基础、创新资源、创新环境等方面持续用力,强化国家战略科技力量,提升国家创新体系整体效能。"①健全完善国家创新体系,提升国家创新体系的整体效能,才能不断释放创新潜能,加速创新要素聚集,加快科技强国建设步伐。

中华人民共和国成立以来,我国国家创新体系建设积极推进,取得一批重大科技创新成果,形成一支高素质科技人才队伍,我国整体科技实力和科技竞争力明显提升,在促进经济社会发展和保障国家安全中发挥了重要支撑引领作用。但面对新形势、新要求,我国自主创新能力还不够强,科技体制机制与经济社会发展和国际竞争的要求不相适应,突出表现为:企业技术创新主体地位没有真正确立,产学研结合不够紧密,科技与经济结合问题没有从根本上解决,原创性科技成果较少,关键核心技术自给率较低;一些科技资源配置过度行政化,分散重复封闭低效等问题突出,研发和成果转移转化效率不高;科技评价导向不够合理,科研诚信和创新文化建设薄弱,科技人员的积极性、创造性还没有得到充分发挥。这些问题已成为制约科技创新的重要因素,影响我国综合实力和国际竞争力的提升。因此,抓住机遇大幅提升自主创新能力,激发全社会创造活力,真正实现创新驱动发展,迫切需要进一步深化科技体制改革,加快国家创新体系建设。

国家科技创新体系主要由创新主体、创新基础设施、创新资源、创新环境、外界互动等要素组成,是以政府为主导、充分发挥市场配置资源的决定性作用、各类科技创新主体紧密联系和有效互动的社会系统。从创新行为主体角度看,国家创新体系包括政府、企业、高校、科研机构、社会中介服务机构和个人等行为主体。从政府管理创新角度看,要加强统筹部署和协同创新,推动创新体系协调发展,提高创新体系整体效能;统筹技术创新、知识创新、国防科技创新、区域创新和科技中介服务体系建设,建立基础研究、应用研究、成果转化和产业化紧密结合、协调发展机制;支持和鼓励各创新主体根据自身特色和优势,探索多种形式的协同创新模式,提升创新能力,保障国家安全,驱动经济社会发展。当前,新一轮科技革命和产业变革正在重构全球创新版图、重塑全球经济结构。我们要顺应全球科技发展趋势,抓住历史机遇,不断发展完善国家创新体系。

(一)完善国家创新体系总体布局

要建立"顶层目标牵引、重大任务带动、基础能力支撑"的国家科技组织模式。② 目前,我国科技创新总体上处于从量的积累向质的飞跃、点的突破向系统能力提升的重要时期,要适应这一重要阶段性特征,推动科技创新力量布局、人才队伍进一步体系化、建制化、协同化。要紧紧围绕"面向世界科技前沿、面向经济主战场、面向国家重大需求、面向人民生命健康,不断向科学技术广度和深度进军",③从国家急迫需要和长远需求出发,凝练科技问题,布局战略力量,配置创新资源,以重大科技任务和重大工程建设为依托,强化项目、人才、基地、资金等创新要素的一体化配置。要加快构建社会主义市场经济条件下关键核心技术攻关新型举国体制,尽快实现关键领域自主可控,提升对产业链供应链安全稳定的科技支撑能力,把保障国家安全

---

① 习近平:《努力成为世界主要科学中心和创新高地》,《求是》2021年第6期。
② 本书编写组:《中共中央关于制定国民经济和社会发展第十四个五年规划和二〇三五年远景目标的建议》(辅导读本),人民出版社2020年版,第211页。
③ 习近平:《面向世界科技前沿 面向经济主战场 面向国家重大需求 面向人民生命健康 不断向科学技术广度和深度进军》,《人民日报》2020年9月12日。

构筑在坚实可靠的科技创新堤坝之上。要强化领跑思维,构建基础前沿和颠覆性创新的遴选支持机制,坚持原创导向,在重要新兴技术领域加大布局力度,在构建新兴技术体系和技术轨道中抢抓先机,换道超车,构筑未来发展新优势。要主动顺应创新主体多元、活动多样、路径多变的新趋势,完善国家科技治理体系,加快补齐体系化能力短板,强化跨部门、跨学科、跨军民、跨央地整合力量和资源,建立强有力的科技创新统筹协调机制和决策高效、响应快速的扁平化管理机制,构建能力强大、功能完备、军民融合、资源高效配置的国家创新体系,提升国家创新体系整体效能。

(二) 加强国家研究实验体系建设

国家研究试验体系建设着眼于提升科技引领和产业源头创新能力。要聚焦量子信息、光子与微纳电子、网络通信、人工智能、生物医药、现代能源系统等重大创新领域组建一批国家实验室,重组国家重点实验室,形成结构合理、运行高效的实验室体系。习近平总书记指出:"要高标准建设国家实验室,推动大科学计划、大科学工程、大科学中心、国际科技创新基地的统筹布局和优化。"[①]要以国家实验室为引领,全力打造国家战略科技力量。加快世界一流科研院所和大学建设,加快重大科技基础设施集群建设。系统整合国家研究中心、国家重点实验室、国家技术创新中心等创新平台,培养造就战略科技人才、科技领军人才、青年科技人才和高水平创新团队。要加快建立科技咨询支撑行政决策的科技决策机制,注重发挥智库和专业研究机构作用,完善科技决策机制,提高科学决策能力。要加快构建军民融合发展体系,完善军民融合组织管理体系、工作运行体系、政策制度体系。面向国家战略需求,布局建设综合性国家科学中心,建设国际领先的大型公共科研平台,打造全球科技创新高地,充分发挥国家实验室在国家创新体系中的引领作用。

(三) 强化企业技术创新主体地位,促进科技与经济紧密结合

企业是创新的主体,是推动创新创造的生力军。要加快建立企业为主体、市场为导向、产学研用紧密结合的技术创新体系。推动企业成为技术创新决策、研发投入、科研组织和成果转化的主体,培育一批核心技术能力突出、集成创新能力强的创新型领军企业。引导和支持企业加强技术研发能力建设,国家重点建设的工程技术类研究中心和实验室,优先在具备条件的行业骨干企业布局。要发挥市场对技术研发方向、路线选择、要素价格、各类创新要素配置的导向作用,让市场真正在创新资源配置中起决定性作用。科研院所和高等学校要更多地为企业技术创新提供支持和服务,促进技术、人才等创新要素向企业研发机构流动。支持行业骨干企业与科研院所、高等学校联合组建技术研发平台和产业技术创新战略联盟,合作开展核心关键技术研发和相关基础研究。鼓励科研院所和高等学校的科技人员创办科技型企业,促进研发成果转化。逐步完善政策支持、要素投入、激励保障、服务监管等长效机制,带动新技术、新产品、新业态蓬勃发展。

(四) 健全完善区域创新发展机制

建立健全区域科技创新机制,是实施创新驱动发展战略、完善国家科技创新体系的重要一环。要充分发挥地方在区域创新中的主导作用,围绕区域科技创新和产业发展的现实需求,依

---

① 习近平:《努力成为世界主要科学中心和创新高地》,《求是》2021 年第 6 期。

托地方特色锚定相关战略性新兴产业,加快建设各具特色的区域创新体系。结合区域经济社会发展的特色和优势,科学规划、合理布局,完善激励引导政策,加大投入支持力度,优化区域内创新资源配置。积极培育高质量发展新动能,引导利用数字化经济实现产业发展深度融合,通过新技术、新产业、新业态和新模式等推动区域产业创新服务综合体建设。加强区域科技创新公共服务能力建设,进一步完善科技企业孵化器、大学科技园等创新创业载体的运行服务机制。加强区域间科技合作,推动创新要素向区域特色产业聚集,培育一批具有国际竞争力的产业集群。加强统筹协调,分类指导,完善相关政策,鼓励创新资源密集的区域率先实现创新驱动发展,支持具有特色创新资源的区域加快提高创新能力。以中央财政资金为引导,带动地方财政和社会投入,支持区域公共科技服务平台建设。分类指导国家自主创新示范区、国家高新技术产业开发区、国家高技术产业基地等创新中心完善机制,加强创新能力建设,发挥好集聚辐射带动作用。努力营造生机勃勃的创新创业生态,全面打造高层次创新创业人才聚集高地、战略性新兴特色产业集群、区域创新发展众创生态,全面提升我国创新体系的整体效能。

二、强化国家战略科技力量建设

战略科技力量是在重大创新领域由国家布局支持,具有基础性、战略性使命的科技创新"国家队",代表国家科技创新的最高水平。强化国家战略科技力量是实现科技自立自强的关键,对国家的科技发展至关重要。党的十八大以来,以习近平同志为核心的党中央高度重视国家战略科技力量建设,把科技创新摆在国家发展全局的核心位置,把建设一支体现国家意志、服务国家需求、代表国家水平的战略科技力量作为科技事业发展的重中之重。深入实施创新驱动发展战略,引领带动我国科技创新事业发生历史性变革、取得历史性成就。基础研究整体实力显著提升,在一些学科前沿方向上取得一系列重大原创成果。科技创新能力不断增强,一大批战略高技术领域取得重大突破,为培育经济发展新动能、推动产业转型升级、保障国家安全作出了重大贡献。但从总体上来看,我国创新能力还不能完全适应高质量发展的要求,基础研究和原始创新能力还不强,关键领域核心技术受制于人的格局没有从根本上改变。只有强化国家战略科技力量建设,整合各方面力量开展协同攻关,加快提升自主创新能力,才能为实现更多依靠创新驱动的内涵型增长、推动我国经济高质量发展提供强有力的科技支撑。

(一)强化国家战略科技力量建设的顶层设计

党的十九届五中全会审议通过的《中共中央关于制定国民经济和社会发展第十四个五年规划和二〇三五年远景目标的建议》明确指出:"强化国家战略科技力量。制定科技强国行动纲要,健全社会主义市场经济条件下新型举国体制,打好关键核心技术攻坚战,提高创新链整体效能。"①当今世界正处于大变局时代,创新成为影响和改变全球竞争格局的关键变量。中国特色社会主义进入新时代,随着社会主要矛盾变化,我国已转向高质量发展新阶段,积极应对各种风险挑战和瓶颈制约,对科技创新提出更高、更迫切的要求。必须着眼于科技强国建设总体目标,系统谋划"十四五"时期乃至到 2035 年和 2050 年的发展思路和重点任务,形成科技强国建设时间表和路线图,明确科技创新主攻方向,为加快推进科技强国建设提供指导。要进

---

① 本书编写组:《中共中央关于制定国民经济和社会发展第十四个五年规划和二〇三五年远景目标的建议》(辅导读本),人民出版社 2020 年版,第 24—25 页。

一步完善面向新时期发展需求的国家创新体系总体布局,强化国家战略科技力量与市场主体的统筹协同和融通创新,协同部署产业链和创新链,畅通创新价值链的关键环节,加快推进科技成果转移转化,形成各类创新主体功能互补、良性互动的协同创新新格局。

（二）加强原创性引领性科技攻关

要在事关国家安全和发展全局的核心领域,制定实施战略性科学计划和科学工程。组织实施好体现国家战略意图的重大科技任务,集中力量打好关键核心技术攻坚战,加大重点领域科技投入力度,采取"揭榜挂帅"等方式,引导和组织优势力量下大力气解决一批"卡脖子"问题,加快突破基础软硬件、先进材料、核心零部件等方面的瓶颈制约,努力实现关键核心技术自主可控。要系统谋划重点领域的重大项目布局,瞄准人工智能、量子信息、集成电路、生命健康、脑科学、生物育种、空天科技、深地深海等前沿领域,实施一批具有前瞻性、战略性的国家重大科技项目。从国家急迫需要和长远需求出发,集中优势资源攻关新发突发传染病和生物安全风险防控、医药和医疗设备、关键元器件零部件和基础材料、油气勘探开发等领域关键核心技术。超前部署前沿技术和颠覆性技术研发,为解决事关长远发展的"心腹之患"问题提供战略性技术储备,以构筑面向未来发展的新优势,显著提升我国在相关领域的国际竞争力和影响力。

（三）持之以恒加强基础研究

基础研究是创新的源头活水,是事关我国科技长远发展的根基。要强化应用研究带动,鼓励自由探索,制定实施基础研究行动方案,重点布局一批基础学科研究中心。要着力优化学科布局和研发布局,加强数学、物理等重点基础学科建设,推动基础学科与应用学科均衡协调发展,鼓励开展跨学科研究,强化不同学科的深度交叉融合,积极开辟新的学科发展方向。要引导广大科研人员树立创新自信,瞄准重大前沿科学问题,在独创独有上下功夫,勇于挑战最前沿的科学问题,在原创发现、原创理论、原创方法上取得重大突破。要完善共性基础技术供给体系,紧紧围绕经济社会发展的重大需求,从中发现重大科学问题,从科学原理、问题、方法上集中进行攻关。要加大基础研究财政投入力度、优化支出结构,对企业投入基础研究实行税收优惠,鼓励社会以捐赠和建立基金等方式多渠道投入,形成持续稳定投入机制。要建立健全符合科学规律的评价体系和激励机制,对基础研究探索实行长周期评价,创造有利于基础研究的良好科研生态。

（四）优化国家战略科技力量的空间布局

要遵循创新区域高度集聚规律,布局建设空间分布上集聚、功能方向上关联的国家重大科技基础设施集群,集聚世界一流人才开展多学科交叉前沿研究,打造重大原始创新策源地。支持北京、上海、粤港澳大湾区形成国际科技创新中心,建设北京怀柔、上海张江、大湾区、安徽合肥综合性国家科学中心,支持有条件的地方建设区域科技创新中心。强化国家自主创新示范区,高新技术产业开发区、经济技术开发区等创新功能。适度超前布局国家重大科技基础设施,提高共享水平和使用效率。建设重大科技创新平台,集约化建设自然科技资源库、国家野外科学观测研究站(网)和科学大数据中心。加强高端科研仪器设备研发制造。构建国家科研论文和科技信息高端交流平台。

强化国家战略科技力量,是优化国家创新体系布局、引领带动科技创新综合实力系统提升的重要抓手。培育和发展建制化的国家科研机构,建立完善支撑科技发展的重要平台,组织实施重大科技项目和工程等,在推动国家科技创新能力的快速提升和保持持续竞争优势中具有重要的作用。在我国当前的情况下,强化国家战略科技力量,优化国家创新体系整体布局,有助于充分发挥多学科、建制化优势,加快在关键核心技术领域取得重大突破,加快抢占科技制高点,加快实现我国科技的自立自强发展,将创新的主动权、发展主动权牢牢掌握在自己手中;也更有利于我国参与国际科技交流与竞争合作,为世界科技发展和进步贡献更多中国智慧、中国力量。

三、加快科技领域改革,完善科技创新体制机制

科技创新是一个国家走向繁荣富强的立身之本,是在国际竞争中纵横捭阖的制胜之道。《中共中央关于制定国民经济和社会发展第十四个五年规划和二〇三五年远景目标的建议》明确指出:"坚持创新在我国现代化建设全局中的核心地位,把科技自立自强作为国家发展的战略支撑,"[1]并把完善科技创新体制机制作为坚持创新驱动发展、全面塑造发展新优势的重要内容。当前,我国正推动形成以国内大循环为主体、国内国际双循环相互促进的新发展格局,只有深化科技体制改革,提升创新体系效能,着力激发创新活力,才能提供更多高水平的科技创新,突破关键核心技术瓶颈制约,推动新技术快速大规模应用和迭代升级,在新一轮全球科技、经济竞争中赢得优势。习近平同志强调指出:"创新决胜未来,改革关乎国运。科技领域是最需要不断改革的领域。"[2]推进自主创新,最紧迫的是要破除体制机制障碍,最大限度解放和激发科技作为第一生产力所蕴藏的巨大潜能。

党的十八大以来,我们大力推进科技体制改革,科技体制改革全面发力、多点突破、纵深发展,科技体制改革主体架构已经确立,重要领域和关键环节改革取得实质性突破。但仍然存在一些有待解决的突出矛盾和问题,主要是国家创新体系整体效能还不强,科技创新资源分散、重复、低效的问题还没有从根本上得到解决,科技投入的产出效益不高,科技成果转移转化、实现产业化、创造市场价值的能力不足,科研院所改革、建立健全科技和金融结合机制、创新型人才培养等领域的进展滞后于总体进展,科研人员开展原创性科技创新的积极性还没有充分激发出来,等等。健全完善国家科技创新体系必须深化科技体制改革,要加快转变政府科技管理职能,发挥好组织优势。要敢于啃硬骨头,敢于涉险滩、闯难关,破除一切制约科技创新的思想障碍和制度藩篱,优化技术创新体系顶层设计,明确企业、高校、科研院所等创新主体在创新链不同环节的功能定位,激发各类主体创新激情和创新活力。

(一) 改革科技管理体制,优化调整重大科技任务组织实施机制

要完善统筹协调的科技宏观决策体系,在中央科技委员会的统一领导下,完善中央与地方之间、科技相关部门之间、科技部门与其他部门之间的沟通协调机制,进一步明确国家各类科技计划、专项、基金的定位和支持重点,防止重复部署。要加快转变政府管理职能,加强战略规划、政策法规、标准规范和监督指导等方面职责,提高公共科技服务能力,充分发挥各类创新主体的作用。要完善重大战略性科技任务的组织方式,分类推进重大任务研发管理。对支撑国

---

① 本书编写组:《中共中央关于制定国民经济和社会发展第十四个五年规划和二〇三五年远景目标的建议》(辅导读本),人民出版社 2020 年版,第 24 页。

② 习近平:《努力成为世界主要科学中心和创新高地》,《求是》2021 年第 6 期。

家重大战略需求的任务,实行"揭榜挂帅"、立"军令状"等管理方式;对支撑经济社会发展的任务,与部门、地方共同组织实施,探索完善"悬赏制""赛马制"等任务管理方式;对科技创新前沿探索的任务,在竞争择优的基础上鼓励自由探索。要建立重大科技任务应急反应机制。完善平战结合的疫病防控和公共卫生科研攻关机制与组织体系,加强公共卫生、重大灾害等方面的应急科研能力建设。

(二)完善科研管理方式,充分激发科技人员创造性

要推进科技项目管理改革,建立健全科技项目决策、执行、评价相对分开、互相监督的运行机制。完善科技项目管理组织流程,按照经济社会发展需求确定应用型重大科技任务,拓宽科技项目需求征集渠道,建立科学合理的项目形成机制和储备制度。探索前沿性原创性科学问题发现和提出机制,完善颠覆性和非共识性研究的遴选和支持机制,构建从国家安全、产业发展、民生改善的实践中凝练基础科学问题的机制,以应用研究带动基础研究。建立健全科技项目公平竞争和信息公开公示制度,保证科技项目管理的公开、公平、公正。完善国家科技项目管理的法人责任制,加强实施督导、过程管理和项目验收,建立健全对科技项目和科研基础设施建设的第三方评估机制。完善科技项目评审评价和资金管理机制,避免频繁考核,切实减轻科研人员负担,保证科研人员的科研时间。健全竞争性经费和稳定支持经费相协调的投入机制,优化基础研究、应用研究、试验发展和成果转化的经费投入结构。建立健全符合科研规律的科技项目经费管理机制和审计方式,增加项目承担单位预算调整权限,提高经费使用自主权,赋予创新领军人才更大技术路线决定权和经费使用权。

(三)完善人才发展机制,激发科技人员积极性创造性

习近平同志指出:"功以才成,业由才广。世上一切事物中人是最可宝贵的,一切创新成果都是人做出来的。硬实力、软实力,归根到底要靠人才实力。全部科技史都证明,谁拥有了一流创新人才、拥有了一流科学家,谁就能在科技创新中占据优势。"[①]推动科技创新,要营造良好创新环境,加快形成有利于人才成长的培养机制、有利于人尽其才的使用机制、有利于竞相成长各展其能的激励机制、有利于各类人才脱颖而出的竞争机制。要强化国家使命导向,统筹各类创新人才发展和完善人才激励制度。围绕重要学科领域和创新方向,深入实施重大人才工程和政策,培养造就世界水平的战略科技人才、科技领军人才、卓越工程师和高水平创新团队。改进和完善院士制度。大力引进海外优秀人才特别是顶尖人才,支持归国留学人员创新创业。加强科研生产一线高层次专业技术人才和高技能人才培养,建立有利于青年科技人才脱颖而出的机制。要完善科技评价机制,根据不同类型科技活动特点,注重科技创新质量和实际贡献,确立以质量、贡献、绩效为核心的评价导向,切实提升科技评价的科学性、客观性和时效性。要建立以科研能力和创新成果等为导向的科技人才评价标准,改变片面将论文数量、项目和经费数量、专利数量等与科研人员评价和晋升直接挂钩的做法。加快建设人才公共服务体系,健全科技人才流动机制,鼓励科研院所、高等学校和企业创新人才双向交流。探索有利于创新人才发挥作用的多种分配方式,完善科技人员收入分配政策,健全与岗位职责、工作业绩、实际贡献紧密联系和鼓励创新创造的分配激励机制。要坚持教育、激励、监督、惩戒相结合,加强科研诚信和监管机制建设。大力弘扬科学家精神,引导广大科技工作者秉持国家利益

---

① 习近平:《努力成为世界主要科学中心和创新高地》,《求是》2021年第6期。

和人民利益至上,强化诚信意识和社会责任。发挥科研机构和学术团体的自律功能,完善监督机制,引导科技人员加强自我约束、自我管理。严厉查处科研不端行为,切实净化学术环境。

（四）深度参与全球科技治理,完善科技创新开放合作机制

科学技术具有世界性、时代性,发展科学技术必须具有全球视野。不拒众流,方为江海。要深化国际科技交流合作,聚四海之气、借八方之力,在更高起点上推进自主创新。实施更加开放包容、互惠共享的国际科技合作战略,积极开展全方位、多层次、高水平的科技国际合作交流,有效提升科技创新合作层次和水平。要主动布局和积极利用国际创新资源,积极参与和构建多边科技合作机制,加强与世界主要创新国家多层次、广领域科技交流合作,努力构建合作共赢的伙伴关系,共同应对未来发展、粮食安全、能源安全、人类健康、气候变化等人类面临的共同挑战。深入实施"一带一路"科技创新行动计划,把"一带一路"建成创新之路,合作建设面向沿线国家的科技创新联盟和科技创新基地,为各国共同发展创造机遇和平台。加大引进国际科技资源的力度,围绕国家战略需求参与国际大科学计划和大科学工程,务实推进全球疫情防控和公共卫生领域国际科技合作。鼓励我国科学家发起和组织国际科技合作计划,主动提出或参与国际标准制定,提高我国在全球科技治理中的影响力和规则制定能力。加强技术引进和合作,鼓励企业开展参股并购、联合研发、专利交叉许可等方面的国际合作,支持企业和科研机构到海外建立研发机构。加大国家科技计划开放合作力度,构建国际化的人才制度和科研环境,形成有国际竞争力的人才培养和引进制度体系,支持国际学术机构、跨国公司等来华设立研发机构,搭建国内外大学、科研机构联合研究平台,吸引全球优秀科技人才来华创新创业,提高国际科技人才在重大科学研究任务和大科学工程实施中的参与度。

四、加快科技安全预警监测体系建设

科技发展必须以安全为前提。近些年来,人工智能、基因编辑、自动驾驶等新科技的发展,在加速推进技术和产业变革的同时,对社会治理、人类安全等也产生了重大的影响和冲击,科技发展安全风险日益突出,并时常发生技术滥用的现象。习近平同志指出:"要加快科技安全预警监测体系建设,围绕人工智能、基因编辑、医疗诊断、自动驾驶、无人机、服务机器人等领域,加快推进相关立法工作。"[①]加快构建科技安全预警体系,加快新技术应用立法和规则制定,加强对科技发展的安全监测和预警,全方位做好技术安全、产业安全、道德伦理安全、法律监管安全等方面的新技术应用风险防范,防止新技术滥用和误用,才能使技术应用和产业发展更加安全,让科学技术在服务人们生产生活的轨道上健康发展,不断为人类造福。

（一）加快新型科技领域的立法工作

新科技的发展是社会进步的助推力。但科技是双刃剑,如何使其更好地为人类服务,取决于应用科技的主体,如果没有相应规则的约束,科技带给人们的有可能不只是福利,还有巨大风险隐患。尤其是步入21世纪以来,人工智能、基因编辑、自动驾驶、无人机等高端技术的发展与运用,其潜在的危险不容忽视。法律规范是最基本的制度,具有集预见性、强制性和广泛性于一体的特点,是事前防范、规避风险的有效方式之一,也是体现公平正义的重要途径。我

---

① 《习近平谈治国理政》第3卷,外文出版社2020年版,第221页。

国现行科技法对科技风险尚未给予足够的重视,对科技风险与科技的负效应规定较少,只有原则性的规定而缺少具体实施细则、具体的执行条款等。在责任主体的规定上也存在着主体、责任不明的状况,使得现有法律法规不足以应对当今世界科技活动的发展变化和防范化解科技领域重大风险的实际需要。为了有效防范和应对新科技发展带来的风险,必须围绕人工智能、基因编辑、医疗诊断、服务机器人等领域,加快推进相关立法工作。

针对我国目前的科技立法尚不够完善,尤其是缺乏科技风险的相应规定的问题,要经过详细调研,着眼于科技风险的社会现实,变革立法理念,完善法律条款,用科学而合理的法律手段来防控科学技术风险。在立法活动中,要加强对科技风险重视程度,对科研活动过程设置必要的风险评估手段,对科技风险引发的灾难性后果承担的法律责任做出更加清晰明确的规定。确保新兴科技领域有法可依,保证新兴科技的安全性。要结合新技术发展和应用推广进度,及时修订已有法律法规体系,建立健全新技术领域法律法规,及时弥补人工智能、基因编辑、医疗诊断、自动驾驶、无人机、服务机器人等领域技术发展引发的法律空白问题,明确相关领域技术发展的法律禁区,以有效防范和规避新科技发展带来的重大风险。

(二)健全科技风险管理规则机制

风险管理是防范和应对重大风险的基本手段。一项科技成果的研发并非简单地将其投入社会应用之中,还需要对该项科技成果的后续运行进行管理和监控,通过有效的管理机制来规避风险。对作为社会管理者的政府来讲,在建立科技风险的管理规则机制时,需要发挥其服务和管理的职能,尽可能在科技的研发和管理上起主导作用并积极推广高新技术,并将科技应用的负面效应降至最低限度。要根据法律法规和社会伦理道德的要求,加快新技术领域监管规则制定,出台新技术监管事项清单,明确监管流程和处罚细则。完善科技保密法律法规,实现科技秘密源头定密、过后监控和动态管理,加强重点领域、重大项目和核心技术保密管理。加强科技保密宣传和教育培训,提高全社会科技保密意识。同时,要加强知识产权的创造、保护和管理、运用,保障重大技术和工程的安全,确保我国核心领域的技术利益和正当权益不受侵害。要进一步优化管理申请科技专利的流程,保护科研成果不受侵权,激发科技创新,推动科学研究事业不断取得进展。

(三)完善预警监测体系建设

科技安全是新科技大规模应用的必要前提,要加强科技安全预警监测,构建科技重大风险预警监测体系,确保重要领域新科技应用安全稳妥推进。要逐步建立和完善防止科技滥用的审查制度,针对人工智能、基因工程、无人机等重大科技领域,要加快制定新技术应用标准和规范,充分考虑新技术应用场景及安全性要求,加快制定新技术应用技术参数标准、使用环境条件标准、安全保障标准,防止这些科技领域因应用不当而埋下隐患,避免因立法漏洞而酿成灾难。要密切跟踪世界科技前沿发展方向,密切跟踪我国重点领域、重大工程、重大项目部署和实施,分析可能存在的科技安全风险和重大隐患。加强新技术应用安全测试,创新测试模式,丰富测试环境种类,提高测试强度,强化对测试结果数据深度分析和挖掘,提升对技术安全的深度洞察能力。要加强技术成熟度、脆弱性、风险隐患等各方面的深入评估,确保新技术应用安全有保障。

防范和应对科技领域重大风险必须高度重视风险预警。科技风险预警通过对风险对象中所发生的特定事件进行监测识别、诊断分析、风险评估、警示预控等一系列环节,能达到最大限度地规避风险的目的,具有风险监测、社会解释、预见警示和社会批判与构建的功能。科技风险不仅对科技实施主体会产生直接的损失,还会间接损害国家、公众等主体的利益,对生态环境造成相关的危害和损失。当风险显现时,倘若公众对于风险产生于何处、何时发生及风险的危害程度等均无从知晓,这就容易使公众处于一种恐慌状态。因此,风险预警就显得特别重要。在认真做好风险预警的基础上,要进一步推动建设风险联动处置机制,健全执法协作机制,真正建成系统化、立体化、全方位的风险预警监测处置体系,形成有利于加强风险预警监测处置合力的体制机制,从而做到有效地防范和应对科技领域的重大风险,维护国家科技安全和社会稳定发展。

第六章
有效应对社会领域重大风险和考验之方略

社会领域的风险是指执政党在民生保障和社会治理过程中出现的风险。社会领域是我们党的重要活动领域,是党与人民群众密切联系的领域。中华人民共和国成立以来,我们党始终坚持党的群众路线,执政为民,以民生为本,为民谋利,让人民群众享受到经济社会发展和改革开放的成果,促进社会公平正义,为我国社会主义现代化建设和改革开放的发展营造了良好的社会环境。同时,我们也要看到,我国的现代化具有自身的特殊复杂性,具有时空高度压缩的特点。人类历史上有两次现代化过程:第一次是从 1640 年至 1970 年,这 300 余年是第一次现代化,使人类从农业社会转变到工业社会;第二次是从 1970 年到现在,使人类从工业社会转变到知识经济社会(亦称后工业社会或风险社会)。中国开始第一次现代化时,西方已开始第二次现代化,即进入后工业社会,所以中国是第一次、第二次现代化同时进行。我们在取得西方 300 多年、两次工业化的成就时,西方几百年发展中出现过的问题也必然在我国社会中呈现,因而社会领域必然会出现错综复杂的矛盾,成为高风险的领域。

尤其是社会主义市场经济的发展,催生了资源配置方式和劳动产品分配方式的改变,导致社会转型期利益格局的深刻变化。利益格局的分化与调整,引发了各种社会问题,从而使社会矛盾大量涌现,在不同程度上影响着社会的和谐与稳定,使党在社会领域的风险考验严峻而复杂。社会安定有序是改革建设和各项事业健康发展的前提,是党和国家长治久安的重要保证,社会领域的矛盾和风险处理不及时、不到位往往会蔓延扩大,衍生转化甚至升级变性,直接危机党的执政安全。新时代新阶段,有效应对社会领域的重大风险考验,是我们党的一项艰巨任务,必须从解决人民群众最关心、最直接、最现实的利益问题入手,加快健全基本公共服务体系,加强和创新社会治理,进一步推动社会主义和谐社会建设。

第一节　安定有序的社会环境是国家
长治久安的重要保证

当前,中国正处于体制转换、结构调整、社会急剧变革时期,不同群体的利益矛盾错综复杂。推进社会建设,正确协调和处理不同阶层和群体的利益矛盾和纠纷,维护社会公平正义,加强保障和改善民生工作,不断增进人民福祉,推进共同富裕,使发展成果更多更公平惠及全体人民;加强和创新社会治理,建设安定有序的社会环境,这些不仅关系到民族团结、社会和谐稳定与经济社会的健康发展,而且事关中国特色社会主义事业的成败、党的执政基础的稳固和国家的长治久安。习近平总书记明确指出："面对新形势新挑战,维护国家安全和社会安定,对全面深化改革、实现'两个一百年'奋斗目标、实现中华民族伟大复兴的中国梦都十分紧要。"①

一、社会安定有序是改革建设和各项事业健康发展的前提

经济社会健康发展离不开安定有序的社会环境。没有社会大局稳定和良好的社会秩序,不仅人民群众不能安定生活,改革发展和各项事业都无法开展。而社会安宁的关键在于社会公正和谐、人民安居乐业,老百姓能够幸福安定地生产生活。中国共产党的宗旨是全心全意为人民服务,从诞生之日起,党就将"人民"二字烙印在自己的旗帜上。重视社会建设,不断提高人民群众的物质文化生活水平,促进社会公正和人的全面发展,是中国共产党义不容辞的责任。早在中央苏区时期,毛泽东就明确指出:"一切群众的实际生活问题,都是我们应当注意的问题。假如我们对这些问题注意了,解决了,满足了群众的需要,我们就真正成了群众生活的组织者,群众就会真正围绕在我们的周围,热烈地拥护我们。"②在革命根据地的局部执政实践中,进行土地改革、关心群众疾苦、大力兴办教育、重视医疗卫生、妥善处理各种利益矛盾等,可以说是党开展社会建设的最初尝试。

中华人民共和国的成立,特别是社会主义基本制度的确立,为党全面开展社会建设、保障和改善民生、不断增进人民福祉奠定了基本政治前提与制度基础。1956 年苏共二十大和波匈事件之后,社会主义社会的矛盾和问题逐步显露,我国的罢工、罢课、游行等事件也随之增多。面对这种新形势新情况,毛泽东明确指出要正确处理社会主义社会的敌我矛盾和人民内部矛盾问题。这是性质完全不同的两类矛盾。前者是对抗性矛盾,是分清敌我问题;后者是非对抗性矛盾,是分清是非问题。"一般来说,人民内部的矛盾,是在人民利益根本一致的基础上的矛盾。"③他深刻指出,社会主义制度建立后大量的矛盾属于人民内部矛盾,当时中国社会的人民内部矛盾,除了工人阶级、农民阶级、知识分子即"两个阶级、一个阶层"内部及相互之间的矛盾外,还有他们同民族资产阶级的矛盾、民族资产阶级内部的矛盾等;另外,人民政府同人民群众也有一定的矛盾,包括领导同被领导之间的矛盾、国家机关某些工作人员的官僚主义作风同群众之间的矛盾等。我们从政治上处理人民内部矛盾要用民主的说服教育的方法;解决经济领域中的矛盾应依据发展生产,统筹安排,兼顾国家、集体和个人三者利益的原则;科学文化上的问题,应采取"百花齐放,百家争鸣"的方针;民族关系中的矛盾,应采取加强民族团结,帮助各少数民族发展经济文化的方针;在与民主党派关系上,应实行"长期共存,互相监督"的方针;对民族资产阶级采取团结、批评、教育的政策;对党员干部来讲要用"有错必纠"的方针对待我们工作中的错误;解决人民精神世界的问题要用"讨论、批评、说理"的方法。以毛泽东为核心的党中央第一代领导集体关于正确处理人民内部矛盾的方针,为我们党正确处理社会主义社会的矛盾,实现社会和谐安定,调动一切积极因素、团结一切可以团结的人为建设社会主义服务,促进经济社会发展,提高和改善人民生活水平奠定了思想基础。这一时期,虽然受到"文化大革命"的影响,民生问题的解决受到严重制约,社会事业发展面临诸多问题,但我国社会事业发展仍然取得巨大成就,基础教育不断发展,医疗卫生水平不断提高,人民生活不断改善,社会保障制度逐步建立,为保障社会稳定和国家安全起到了重要作用。

---

① 《习近平谈治国理政》第 1 卷,外文出版社 2014 年版,第 202 页。
② 《毛泽东选集》第 1 卷,人民出版社 1991 年版,第 137 页。
③ 《毛泽东文集》第 7 卷,人民出版社 1999 年版,第 206 页。

改革开放以来,伴随我国经济的快速发展,社会建设步伐开始加快推进。从1982年全国人大五届五次会议批准"六五"计划开始,把以往"国民经济发展五年计划"的提法改为"国民经济和社会发展五年计划",社会建设在党和国家事业中的地位和作用日渐突出。在不断深化改革开放和现代化建设过程中,党日益重视在发展生产力基础上逐步改善民生,增加人民福祉,对人民群众过上宽裕、殷实的理想生活作出庄严承诺。随着认识和实践的深化,党的十六届四中全会第一次提出社会建设的概念和要求。胡锦涛同志在庆祝建党85周年暨总结保持共产党员先进性教育活动大会上的讲话中指出:"要适应我国利益格局变化和利益主体多元化的客观要求,在经济发展的基础上,更加注重社会公平正义,正确反映和兼顾不同方面群众的利益,抓紧完善利益协调机制,以扩大就业、健全社会保障体系、理顺分配关系、发展社会事业、维护社会稳定等为着力点,努力让全体人民共享改革发展的成果。"①扩大公共服务,完善社会管理,促进社会公平正义,"努力使全体人民学有所教、劳有所得、病有所医、老有所养、住有所居,推动建设和谐社会"。②

党的十八大以来,以习近平同志为核心的党中央根据国内外形势发展,顺应我国社会主要矛盾变化,坚持把社会安定作为改革、发展的前提,把人民对美好生活的向往作为奋斗目标,深入贯彻以人民为中心的发展思想,着力处理好人民内部矛盾,解决好涉及人民群众最直接切身利益的问题,使民生事业发展取得空前成就,人民获得感、幸福感显著增强,确保了经济稳定发展和社会安定团结的大好局面。到2020年底我国国内生产总值超过百万亿元,达101.6万亿元,居民人均可支配收入32 189元。在教育领域,我国教育普及程度已经超过中高收入国家平均水平;在学研究生314万人,在校普通本专科生3 285.3万人,在校中等职业教育学生1 663.4万人,在校普通高中生2 494.5万人,在校普通初中生4 914.1万人,在校普通小学生10 725.4万人,在校特殊教育学生88.1万人,学前教育在园幼儿4 818.3万人。九年义务教育巩固率为95.2%,高中阶段毛入学率为91.2%。在就业领域,已经实现比较充分就业。在社会保障领域,已经建成包括养老、医疗、低保、住房在内的世界最大的社会保障体系,结束了数千年来农民没有社会保障的历史;参加基本医疗保险人数达13.6亿人。在医疗卫生领域,2020年末全国共有医疗卫生机构102.3万个,其中医院3.5万个、基层医疗卫生机构97.1万个,卫生技术人员1 066万人,医疗卫生机构床位911万张,全年总诊疗人次78.2亿人次。③在反贫困领域,2021年2月,我国脱贫攻坚战取得全面胜利,现行标准下9 899万农村贫困人口全部脱贫,832个贫困县全部摘帽,12.8万个贫困村全部出列,区域性整体贫困得到解决。④在社会安全领域,中共中央、国务院于2018年1月发出《关于开展扫黑除恶专项斗争的通知》,按照"有黑扫黑、无黑除恶、无恶治乱"的原则,开展为期3年的专项斗争。专项斗争把打击黑恶势力犯罪和反腐败、基层"拍蝇"结合起来,把扫黑除恶和加强基层组织建设结合起来,对涉黑涉恶案件一律深挖其背后腐败问题,对黑恶势力"保护伞"一律一查到底、绝不姑息,并倒查党委、政府的主体责任和部门的监督管理责任,彻底铲除黑恶势力滋生的土壤。截至2020年8月底,全国累计打掉涉黑组织3 347个、涉恶犯罪集团10 564个,打掉的涉黑组织数量相当于专项斗争开展以前10年总和。截至2020年10月底,全国共立案查处涉黑涉恶腐败及"保护

① 中共中央文献研究室:《十六大以来重要文献选编》(下),中央文献出版社2008年版,第532—533页。
② 中共中央文献研究室:《十七大以来重要文献选编》(上),中央文献出版社2009年版,第29页。
③ 国家统计局:《中华人民共和国2020年国民经济和社会发展统计公报》,《人民日报》2021年3月1日。
④ 习近平:《在全国脱贫攻坚总结表彰大会上的讲话》,《人民日报》2021年2月26日。

伞"案件 76 627 起,处理 90 171 人,其中厅级干部 315 人、处级干部 4 913 人。① 这场专项斗争保障了人民安居乐业、社会安定有序和国家长治久安,深得人民群众拥护,进一步巩固了党的执政基础。

中华人民共和国 70 多年来,我们党之所以能够领导人民创造世人罕见的经济长期快速发展和社会长期稳定的奇迹,关键就在于我们党始终高度重视并正确处理改革发展和社会安定团结的关系,坚持以人民为中心的发展思想,使改革推进、经济发展与民生改善良性循环,正确处理人民内部矛盾和不同阶层的利益关系,坚持社会公平正义,让改革发展成果更多更公平惠及全体人民;努力打造全体人民共建共治共享的社会治理格局,形成了有效的社会治理、良好的社会秩序,使人民群众的获得感、幸福感、安全感不断增强,进而增强了党的公信力。如同习近平总书记所说:"我们党始终高度重视正确处理改革发展稳定关系,始终把维护国家安全和社会安定作为党和国家的一项基础性工作。我们保持了我国社会大局稳定,为改革开放和社会主义现代化建设营造了良好环境。"②

"安而不忘危,存而不忘亡,治而不忘乱。"尽管现阶段我们党在社会领域的执政安全状况总体是好的,我国社会和谐安定具有坚实基础;但同时,面对波谲云诡的国际形势、艰巨繁重的改革发展稳定任务,我们必须始终保持高度警惕。必须看到,新形势下我国国家安全和社会安定面临的威胁和挑战增多,特别是各种威胁和挑战联动效应明显;"必须保持清醒头脑、强化底线思维,有效防范、管理、处理国家安全风险,有力应对、处置、化解社会安定挑战"。我们始终牢记邓小平同志的告诫:"中国的问题,压倒一切的是需要稳定。没有稳定的环境,什么都搞不成,已经取得的成果也会失掉。"③进而更加努力地做好维护社会和谐稳定工作,做好预防化解社会矛盾工作,增强发展的全面性、协调性、可持续性,加强保障和改善民生工作,从源头上预防和减少社会矛盾的产生;加大协调各方面利益关系的力度,完善和落实维护群众合法权益的体制机制,完善和落实社会稳定风险评估机制,预防和减少利益冲突,始终保持社会大局的稳定,进而为经济社会健康发展和党的长期执政奠定坚实的社会基础。

二、有效应对社会领域重大风险和考验事关党和国家安全

社会安全关系国计民生的方方面面,关乎人民群众的切身利益。有效应对社会风险,维护社会安全,对于保障人民安居乐业、维护社会安定有序、国家长治久安意义十分重大。习近平同志指出:我们党的百年历史,就是一部践行党的初心使命的历史,就是一部党与人民心连心、同呼吸、共命运的历史。"历史充分证明,江山就是人民,人民就是江山,人心向背关系党的生死存亡。赢得人民信任,得到人民支持,党就能够克服任何困难,就能够无往而不胜。"④这是我们党百年奋斗成功经验的深刻总结。执政党依靠人民,为人民谋利益就能赢得江山,坐稳江山;忘记人民、脱离人民,损害人民群众的利益,就必然被人民所抛弃,必然失去江山。正因此,我们党百年来始终牢记党的性质宗旨,注重社会建设,化解社会领域的矛盾,植根于人民的沃土,坚持一切为了人民、一切依靠人民,始终把人民放在心中最高位置,解决人民群众"急难愁盼"的问题,把人民对美好生活的向往作为奋斗目标,推动改革发展成果更多更公平惠及全

① 黄庆畅、倪弋:《为了城乡更安宁群众更安乐——写在全国扫黑除恶专项斗争收官之际》,《人民日报》2021 年 1 月 9 日。
② 《习近平谈治国理政》第 1 卷,外文出版社 2014 年版,第 202 页。
③ 《邓小平文选》第 3 卷,人民出版社 1993 年版,第 284 页。
④ 习近平:《在党史学习教育动员大会上的讲话》,《求是》2021 年第 7 期。

体人民,进而把亿万人民凝聚成推动中华民族伟大复兴的磅礴力量。

注重社会建设,有效应对社会领域的重大风险,不断改善民生,维护社会公正,是实现社会安定与和谐发展的前提条件。放眼世界政坛,"得民心者得天下,失民心者失天下",古今中外概莫能外。在全球化背景下,随着现代化和市场经济进程的推进,社会成员的自主独立意识、平等意识和维权意识在普遍增强,但同时又身处越来越复杂的社会环境当中,面临着种种社会不公以及发展不平衡等现象,因而多种多样的社会矛盾冲突便会大量出现。这些日益增多的社会矛盾冲突是围绕着各种各样、种类繁多的利益诉求而形成的,如贫困问题、贫富差距过大问题、物价上涨问题、通货膨胀问题、城乡居民身份不平等问题、腐败问题、征地拆迁问题、退伍军人待遇问题、社会保障问题、公共卫生服务问题、养老问题、教育问题等等。这些社会矛盾几乎涉及所有社会群体。在这样的情形下,种类日益增多的社会矛盾冲突就会逐渐成为一种常态的社会现象。执政党作为社会的"总管家",必须在不断提高社会生产力水平的基础上,努力整合各方利益,协调各方关系,逐步实现社会公正,提高人民生活水平,展示一个开放、开明、宽容、合作、公正的形象,才能得到人民群众的拥护和支持,实现社会稳定发展和执政地位的巩固。反之,执政党若不注重整合社会利益、改善民生,尤其是改善处于社会中下层群众的生活状况、维护社会公平正义,导致贫富两极分化,执政党就会失去民众的信任和支持,进而出现社会矛盾迭起、社会秩序失范、人民怨声四起,政党的执政地位就可能发生危机,甚至被迫下台。

在印度,单独执政 45 年的国大党,1996 年被印度人民党取代,原因就是贫富悬殊问题。当时印度 10 亿人口中,近一半生活在贫困线以下,1.5 亿人住贫民窟。人民党上台后改革和经济发展取得了一定成绩,8 年中 GDP 年均增长 6%,特别是软件业取得了很大的发展,但 80% 的民众并未得到实惠。2004 年 5 月大选,选前似无悬念,结果是"泥块"打败"鼠标",国大党吸取了过去的教训,抓住了社会公正的旗子,标榜"面向穷人",结果以 148∶139 席胜人民党,农村选区的选民支持了国大党。这次人民党被国大党打败仍是因为未能有效解决贫富悬殊,导致贫富差距拉大。

拉美国家长期陷入"中等收入陷阱",主要原因亦是社会贫富差距过大,执政党忽视社会公正,缺乏社会利益整合能力。拉美是中等收入国家最为集中的地区,33 个经济体中,28 个进入中等收入国家行列,其中有 19 个国家的年人均 GDP 超过 4 000 美元,成为上中等收入国家。与此同时,拉美国家陷入"中等收入陷阱"的时间也是最长的。

早在 20 世纪 60 年代末与 70 年代初,多个拉美国家就已进入中等收入国家。但是,40—50 年过去之后的今天,这些国家(主要包括阿根廷、智利、乌拉圭、玻利维亚、墨西哥、巴西)依然处于中等收入国家的行列。以阿根廷为例,早在 1962 年年人均 GDP 就达到了 1 145 美元,远高于彼时的西班牙与意大利;但到了 2009 年,阿根廷的年人均 GDP 仅增长到 7 666 美元,而西班牙与意大利分别于 1978 年与 1975 年进入了高收入国家,这两个国家在 2009 年的人均 GDP 达到了 31 774 美元与 35 084 美元。

由于执政党忽视社会公正,尤其是忽视了处于社会底层广大民众的利益,拉美国家国民收入高度集中在精英阶层手中(最富有的 10% 人口)。1999 年阿根廷 10% 最穷的阶层占有社会总收入比重为 1.3%,而 10% 最富阶层则占有社会总收入的 39.3%,相差近 30 倍,到 2002 年更上升到 46.6 倍。20 世纪 90 年代是近 30 年来阿根廷经济增长最快的 10 年,同时也是贫困人口增长最快的 10 年,贫困化程度甚至超过了 1989 年通货膨胀最严重时期。1991 年至 1999 年,累计经济增长 50%,然而在这期间,生活在贫困线以下的人口比 10 年前增长了 100% 以上。在这个过程中,中产阶级不断贫困化是一个突出特点。在 20 世纪 90 年代,阿根廷有 300

多万中产阶级沦为贫困人口。中产阶级是社会消费主力,这个阶层缩小及购买力下降,是使阿根廷国内市场萎缩和社会动荡不安的主要原因之一。墨西哥贫富两极分化更为严重。据统计,20世纪末墨西哥全国9 700万人口中有4 600万人生活在贫困线以下,其中2 700万人为赤贫,而占全国人口10%的富人拥有全国80%的财富,最富有的300个家族拥有全国50%的财富。社会经济政策的失误严重损害了中下阶层民众利益,引起人民强烈不满,结果在2000年大选中连续执政71年的墨西哥革命制度党失去了政权。①

拉美国家的一些执政党在日趋严重的贫富两极分化面前束手无策,缺乏社会协调和利益整合能力,始终无法实现发展与公平之间的平衡和社会公正,执政党的政策选择往往处于"钟摆"似的周期性变动之中,最终导致政府的频繁更替与政局的动荡,从而使拉丁美洲一些国家长期深陷各种经济政治危机之中,发展缓慢。经过50多年的积累之后,它们被当年发展水平相当甚至不如它们的一些地区远远地抛在后面,成为跌入"陷阱"的典型,并且至今仍看不到从"陷阱"中跃出的可能。

2010至2011年的中东、北非动荡导致多国政权更迭,多位政治强人下台,同样根源于这些国家社会矛盾的长期积累。从2010年12月开始,北非和中东地区的多个国家接连出现反政府的游行示威、暴力和武装冲突,致使这一地区陷入动荡。动荡从突尼斯开始,迅速蔓延到埃及、利比亚、巴林、也门、伊朗、叙利亚、科威特、约旦、摩洛哥、阿尔及利亚、阿曼、沙特阿拉伯等中东和北非国家。如同任何来势汹涌的政局动荡都有它的导火索一样,此次中东、北非地区出现的乱局同样发端于经济社会问题导致民生事件的突尼斯。这场乱局导致这一地区的持续纷乱、动荡,并使昔日在阿拉伯地区甚至全世界享有较高威望的一些铁腕人物离开了权力中心,遭受审判甚至丧命。如埃及穆巴拉克遭受审判,利比亚卡扎菲政权在北约和本国反对派的军事打击之中倒台,卡扎菲本人殒命沙漠。

中东北非地区出现的动荡既有内因也有外因,根源还在内部,主要是长期积累的经济、社会问题导致通货膨胀严重,失业率上升,就业、人民基本生活等问题得不到很好的解决。在中东、北非动荡前夕,"大量人口生活在贫困线以下。埃及每天生活费在2美元以下的贫困人口占全国总人口的40%,利比亚生活在贫困线以下的人口占全国人口的1/3"。② 中东阿拉伯国家大部分地区干旱,粮食依赖进口。至2011年1月,世界粮食价格指数已经连续7个月上涨,创下自1990年以来的最高纪录。在埃及,食品价格上升了17%。突尼斯等国政府为防止食品价格上涨给人民生活带来大的影响,采取了价格补贴、降低税率等措施,但这些措施没有能使人民的基本生活得到改善。中东、北非国家大都属于资源性国家,经济结构单一,对外依存度高。受金融危机影响,对外出口和投资减少,收入减少,产业萎缩,失业率上升。"最终爆发动荡的几个阿拉伯国家都经历了失业率长期居高不下的痛苦过程。2010年底,突尼斯的失业率为16%,50%以上的大学生毕业即失业,30岁以下的青年失业率达52%;也门2008年失业率是35%,2010年长期失业率为17%,季节性失业率为29%,总失业率上升为46%,其中3/4为年轻人;埃及失业率在'阿拉伯之春'爆发前达20%,其中年轻人占2/3。"③这些失去生活前景和希望的青年人当中的一些人便成了中东、北非激烈社会冲突中的骨干力量。显而易见,这些国家执政党和政府忽视了社会公正和利益关系的协调,使民生疾苦日甚、青年人失业率居高不下,社会领域的风险不断聚集,而执政者又缺乏有效的应对风险举措,最终酿成了祸端。

---

① 刘昀献:《全球视野下的党的执政能力建设研究》,《晋阳学刊》2017年第3期。
② 杨值珍:《"阿拉伯之春"对中国的影响及启示》,《江汉论坛》2012年第9期。
③ 陈敏华:《集群式革命之"阿拉伯之春"》,《阿拉伯世界研究》2013年第3期。

历史的经验教训说明,在经济全球化和发展市场经济的环境中,经济结构多元化、价值取向多元化、民生诉求多样化以及发展中的差距、失衡、不协调等交织在一起,社会问题与民生发展的复杂性前所未有。许多国家在社会转型期之所以会出现社会分化相对有余而社会整合相对不足的情形,重要的原因就在于忽略了社会领域问题的复杂性和社会风险的严峻性,忽视了不同阶层利益的整合和共享社会发展成果的基本价值取向,致使大量社会成员没有享受到社会发展的成果,其切身利益的改善与现代化建设进程的推进两者间出现了某种分离的状况,因而减弱了其自身的社会归属感,甚至还会不同程度地产生隔离与排斥现象,更重要的是,共享问题包括民生问题如果久拖不决就会蓄积民众的不满,增大民众将物质利益层面诉求转向政治层面利益诉求的可能性,最终必将导致社会动乱。

执政党作为国家决策的制定者和社会发展的引领者,必须对社会领域的重大风险保持高度警觉。全面防范和主动应对就业、教育、社会保障、医疗卫生、安全生产、社会治安等各方面存在的风险,确保与人民群众切身利益相关的各个领域的安全。要高度关注民生问题,在推动经济发展的同时,更加注重协调利益矛盾、平衡社会关系、维护社会公正,进而使大多数人共享经济社会发展成果,只有这样才能通过利益整合,调动一切积极因素,实现经济社会协调稳定发展,打牢党执政的社会基础。否则,社会公正缺失、民生问题长期得不到保障,任由社会领域的风险不断积累,必然导致社会动荡、政权更迭、执政党地位的丧失。

第二节　新时代社会领域面临的重大风险

党的十八大以来,在以习近平同志为核心的党中央坚强领导下,深入贯彻以人民为中心的发展理念,各项民生事业长足进步,人民群众获得感、幸福感、安全感不断增强。同时,我们也要认识到,社会领域是矛盾相对集中的领域,问题复杂、风险常在。社会建设永远在路上,只有进行时,没有完成时。在中国特色社会主义新时代,我国社会主要矛盾的变化对社会建设提出了新的更高要求。但是,与人民群众的新要求新期待相比,我们的民生保障仍存在短板,社会治理还有弱项。我国在教育、就业、健康卫生、收入分配、劳动关系、社会保障等与人民群众息息相关的民生事业方面仍然有诸多不足和困难;公共安全领域还有不少隐患和风险点;社会治安还有一些盲区和薄弱环节,扫黑除恶斗争形势依旧严峻;互联网快速发展在给人们的工作和生活带来便利的同时,也给社会治理带来了严峻挑战,一些违法犯罪活动向互联网渗透,网络群体事件日益增多,互联网治理压力和挑战日益突出,等等。现阶段我国社会领域面临的重大风险突出表现为不同群体的利益矛盾妨碍社会的和谐发展、民生建设短板减弱党的公信力、社会治理弱项影响社会稳定,这些问题处理不好必然会威胁党的执政安全。

一、不同群体的利益矛盾妨碍社会和谐发展

利益问题是一切社会关系的核心,"人们奋斗所争取的一切,都同他们的利益有关"。[①] 不同群体利益关系的格局不是一成不变的,而是随着社会的发展不断发展变化的。任何社会都存在利益的不均衡,总会有不同群体的利益矛盾和冲突。但利益的不均衡必须适"度",倘若超

---

① 《马克思恩格斯全集》第1卷,人民出版社1956年版,第82页。

出社会中弱势群体的承受程度,就会影响社会稳定甚至引发社会危机。在当代中国,协调不同群体的利益矛盾,不仅关系到民族团结、社会和谐与稳定,而且事关党的执政地位和经济社会的健康发展。

(一) 不同群体经济、政治、文化利益的差异和矛盾

在传统计划经济条件下以工人阶级、农民阶级和知识分子为主的社会结构中,人们的利益没有很大差距,社会成员很难划分为严格意义上的利益群体。市场经济的发展,催生了资源配置方式和劳动产品分配方式的改变,导致社会转型期利益格局的变化,出现了不同的群体及利益需求,利益格局也在进行新的重组。

群体的划分标准是多维度的,既可以性别、年龄为标准,也可以职业、文化程度等为标准,但利益的同异无疑是更为广泛、更具分析力度的划分群体的标准。利益取向大体一致的人们形成了利益共同体,从而使整个社会划分为不同的利益群体。目前,中国社会人民内部主要存在管理干部、企业主、科技专家、一般公务员及垄断行业职工、个体经营者、工人、农民、农民工、下岗失业职工及城镇无业人员、贫困大学生等群体。

利益本身也是多样化的,但其中最基本的是经济利益、政治利益和文化利益。改革开放以来,以公有制为主体的经济成分的多元化,及以按劳分配为主体的分配方式的多样化,使不同群体之间的收入分配差距逐步拉开,人们的经济状况、政治地位和思想态度多样化,不同群体之间的利益差别和矛盾客观存在。"由于发展不平衡、不协调、不可持续问题短期内难以根本解决,人民内部各种具体利益矛盾难以避免地会经常地大量地表现出来。"[1]

1. 不同群体经济利益的差异和矛盾

当前,我国社会正处在转型的关键时期。尽管在社会主义条件下,劳动者之间的根本利益是一致的,但他们之间也存在着一定的差异和矛盾。经济利益的差异主要表现为不同区域、城乡和贫富之间的差距,突出表现为贫富差距的拉大。中国推行市场化改革以来,一方面经济保持着世界上最快的发展速度,另一方面贫富差距也以惊人的速度扩大,体现贫富差距的基尼系数多年超出国际公认的警戒线(0.4),据国家统计局的数据显示:2006 年为 0.487,2008 年高达 0.491,2010 年为 0.481,远高于警戒线。党的十八大以来,党中央高度重视社会公正,逐步推进共同富裕,但到 2017 年基尼系数仍为 0.467。从政府、企业和劳动所得在 GDP 中所占比例来看,中国经济快速增长的好处正在过多地向政府和企业倾斜,而劳动的收益在 GDP 中的比例下降,1990 年为 54.1%,1995 年降至 51.4%,2007 年进一步降至 44.9%,2015 年回升至 47.9%,2017 年为 47.5%。[2] 但仍明显低于发达国家。与此同时,在居民收益中占有各种资源的强势群体占据的比例明显增大。

我国的社会主义市场经济是在法制不完善的条件下推行的,由此所造成的各种灰色收入、不合法收入、行业垄断性收入的数量日趋加大,且透明度极低,一些党政官员运用公共权力以不正当的手段获取资源财富,通过设租、寻租等方式谋求权力资本化。权利和资本的结合,进一步加剧了社会差异的扩大。财富过多地向占有经济、政治、文化资源的群体集中,使在改革初期获得了一定利益的工人、农民等对改革具有高度认同感的社会群体日益成为改革代价的承担者和相对利益受损者,从而导致他们对改革的认同度逐步降低,进而成为社会不稳定因素

---

① 胡锦涛:《扎实做好正确处理人民内部矛盾工作,为经济社会发展创造良好社会环境》,《人民日报》2010 年 9 月 30 日。
② 全国干部培训教材编审指导委员会:《改善民生和创新社会治理》,人民出版社 2019 年版,第 41—42 页。

产生的土壤。突出表现为占有资本的企业主群体与劳动者之间的不平等交换,使企业收入过度向企业主倾斜。在过去二十几年中,农民工的工资大多只增长了 2—3 倍,仍停留在 4 000 元左右;而企业主的收入则是成千上万倍地增加。据 2020 年《胡润财富报告》显示,千万元人民币资产"高净值家庭"由 60% 的企业主、20% 的金领、10% 的炒房者、10% 的职业股民构成;亿元人民币资产"超高净值家庭"由 75% 的企业主、15% 的炒房者和 10% 的职业股民构成。[①] 20 年前的企业老板身价千万元已经了不得,现在上百亿元的老板已不是稀罕事。这既暴露了政府宏观调节收入差距的能力弱化,公共权力监督机制制约乏力,又反映了我们某些方针政策与时代发展的要求已不相适应,需要与时俱进、发展创新。

2. 不同群体政治利益的差异和矛盾

在我国社会转型期,不同群体政治利益的差异主要体现为政治参与和利益表达权利的不均衡。我国法律规定,各个不同群体在法律上是完全平等的,拥有的权利和义务是没有差别的。但现实中一些强势群体由于在政治、经济、文化等方面占有较多的资源、组织体系相对比较完善,因而政治参与和进行利益表达的权利也相对较多。在公职人员的选拔任用方面,由于我国政治制度的特色以及选举制度的不完善,一些群体往往比另一些群体拥有较多的权利。在利益表达权利上,强势群体的话语权增大,弱势群体的话语权不断缩小。市场化改革以来,私营企业主及各类大中型企业的经营者力量不断增长,各种行业协会、各级工商联等组织也不断完善,由于他们自身组织力量的上升,加上地方政府普遍注重经济发展,因而其当选党代表、人大代表、政协委员的比例不断上升;由于话语权增大,他们的意见和建议容易引起政府决策层的注意,从而使他们的利益能够较多地得到满足。而一些相对弱势群体,像工人、农民、下岗工人、农民工等,由于自身力量比较弱,组织化程度较低,在"两代表一委员"中的比例逐渐下降,自身的意见、建议很难到达决策层。加之一些政府部门在制定公共政策和提供公共服务时,或者为了追求自身政绩,忽视群众的意见表达;或是以部门利益、群体利益、自身利益作为依据,不愿意去听去想、去了解老百姓的切身利益,从而导致弱势群体正在或者已被边缘化。其利益要么难于得到表达,要么表达得不充分,缺乏影响政治决策和公共政策的通道和手段,政府在信息非完善条件下制定的政治决策和公共政策更难以矫正社会利益格局的失衡。

3. 不同群体文化利益的差异和矛盾

不同群体文化利益的差异集中反映为教育和文化利益的不平等。在改革开放的进程中,我国的经济、政治、文化、社会、生态文明建设各方面都取得了巨大成就,但也毋庸置疑,社会发展严重滞后于经济发展。与此同时,市场化发展、社会事业体制改革、原有一些体制的残存以及政府的某些发展战略失当,导致不同群体文化利益的巨大差异。随着教育体制和文化体制改革,工、农等弱势群体的负担不但没有减轻,反而增大了,这种变化对处于社会下层群体的文化利益带来了巨大的冲击。在教育方面,国家改革了免费上大学和大中专毕业生的统配统包政策,有些人则借此主张教育产业化、市场化,实行教育高收费、乱收费。缴费上学,使富有群体的子女受教育机会大大增加,不仅可以上大学,而且可以上好的大学;使贫困群体受教育的机会有所减少,一些工人、农民家庭因送孩子上大学而背负沉重的债务,孩子毕业后由于缺乏相关资源及种种原因又找不到工作,出现"大学毕业就失业"的问题,从而使寄希望于"知识改变命运"的处于社会底层家庭的子女失去了希望,导致社会阶层、群体的日益固化,阻碍了社会的上下左右流动和活力的迸发。

---

① 胡润研究院:《2020 胡润财富报告》,《中国新闻网》2021 年 2 月 8 日。

在文化方面,一个时期中某些人片面理解发展是硬道理的论断,认为发展就只是经济增长,把发展文化产业等同于"文化产业化",一方面大建收费高昂的高档歌剧院、电影院、艺术中心、文化体育中心,满足高消费群体的需要;另一方面某些地方却把本来为数不多的为公众服务的博物馆、图书馆、文化馆、剧院等改成了桑拿按摩中心、娱乐中心、服装展销中心、卡拉 OK中心,严重抑制了中下层民众的文化需求。特别是作为国家公共财产的山水名胜、文化遗址、园林公园收费一再提高,进而把作为国家主人的工农大众拒之门外。教育和文化资源的不合理分配和利用,产生了不同群体文化利益的巨大差异。这样的状况对我们调动亿万群众的积极性,继续推进改革开放和社会主义现代化事业是极为不利的。

(二) 不同群体利益差异和矛盾会导致社会风险的发生

没有利益矛盾和冲突的社会是不存在的。社会转型在一定程度上就是社会经济、政治、文化资源的重新调整和分配,即不同群体利益的分化和重组。问题的关键在于不同群体利益的差异必须控制在适当的范围内,切实维护好广大人民群众的现实利益。如果忽视不同群体利益的平衡,不能及时有效地加以调控,使不同群体利益差异不断拉大,特别是贫富差距的两极化发展,那将是十分危险的事情,不仅会对经济社会发展产生不良的影响、动摇党的执政基础,而且会引发或加剧其他一系列社会问题,甚至造成社会危机。

一是会使党和政府的公信力丧失。对于长期执政的政党来说,原来公众认同的"历史合法性"基础将会随着社会发展,逐步退居次要地位,对政党执政的现实合法性的认同与支持将成为主要的方面。执政党和政府如果对不同群体利益差距日益拉大的现实置若罔闻,不关注社会主体阶级的利益损益,工农大众等群体会将导致自己不利地位的原因归为政府政策的不公正,从而失去对政府的信任,以致动摇党执政的基础。

二是会影响经济的健康发展和改革的顺利推进。社会不公正、贫富差距扩大,将削弱经济发展的可持续动力。社会强势群体的利益结盟、公共权力的不恰当扩张以及劳动者基本权利得不到应有保护等种种社会不公正现象,使得市场经济应有的平等竞争精神与规则被扭曲,抑制社会中间阶层的发展。目前,我国低收入者和中等偏低收入者占的比重过大,达到 55% 以上,而中等收入者的比重只有 40%,在这种情况下经济内需拉动明显不足。同时,由于社会保障体系的发展滞后,大量社会成员对于自己未来的生活具有一种不确定感,因而在进行一种自我保障型的积累,这些现象严重地压抑了内需,削弱了经济发展的动力。

贫富差距的扩大、普通民众对改革认同度的降低,阻碍了改革的推进。近年来,经济改革和发展与基本民生问题,在某种程度上出现了脱节的情形。教育费用、医疗费用、房价的增长幅度,远远超过了同期经济总量增长的幅度和普通民众的承受能力。社会中强势群体的一些成员因一夜暴富而挥霍无度,而农民工、下岗工人等弱势群体则由于没有充分地分享到改革与发展成果而处境尴尬。这些现象使得一些民众很难进一步认同改革,对改革的顺利推进显然是十分不利的。

三是会引发突发性、群体性冲突,影响社会的稳定。当强势社会群体实现结盟,弱势群体或相对弱势群体的合法权益受到严重侵害而无法通过正常的渠道、采用正常的手段来维护自己的合法权益时,他们便会采取一些威胁、伤害他人甚至牺牲自己等激烈的,甚至是违法的方式来解决问题;而且,更多的往往会采取集结成群体的方式诉求利益。当前其行为突出表现为:集体上访、集会、包围乃至冲击党政机关和要害部门、堵塞交通、聚众滋事、械斗甚至打砸抢等。突发性群体事件的发生对社会的负面影响很大,冲击力极强,不仅会严重扰乱正常的社会工作和生活秩序,而且会给社会的稳定发展带来极大的危害。

不同群体利益的差异和矛盾事关经济发展、政治稳定、社会和谐和党的执政基础的稳固。这些利益差异和矛盾总体上属于人民内部矛盾。当代中国不同群体利益的差异和矛盾状况正处于一个关节点上。党和政府政策得当，妥善应对社会领域出现的风险考验，则社会公正和贫富差距状况将得以改善，政府的政治公信力将进一步加强；反之，将出现贫富两极化发展和整体性政治信任状况的恶化，甚至会出现社会危机的严重后果，这绝不是危言耸听。我们必须从维护党的执政安全的战略高度充分认识这一问题，正确处理新形势下的人民内部矛盾问题，坚持执政为民理念，调整相关政策，彰显社会公平；完善不同群体利益表达和矛盾协调、化解机制；通过利益整合，使各个利益群体公正合理分享社会利益，同时尽量平等地分配社会合作所产生的利益负担。只有这样，才能实现不同群体利益动态平衡，调动不同社会群体共同建设中国特色社会主义的积极性、主动性，促进不同利益群体共存的多元社会健康和谐发展。[1]

二、民生领域的短板和问题减弱党的公信力

民生领域的问题是任何执政党都必须着力解决好的问题，它直接关系到社会大局稳定和党执政的群众基础。改革开放40多年来，我国人民群众总体生活水平有了很大提高，各项社会事业不断完善，但伴随社会主要矛盾的历史性转化，新时代民生工作面临的宏观环境和内在条件都在发生变化。人民群众已不再仅仅满足于有饭吃、有学上、有房住的基本需求，而是期盼有更好的教育、更稳定的工作、更满意的收入、更可靠的社会保障、更高水平的医疗卫生服务、更舒适的居住条件、更优美的环境。面对人民对美好生活的新需求，民生领域还有不少短板。譬如，在教育方面还存在着学前教育"入园难"、义务教育"择校热"、农村教育发展滞后、进城务工人员随迁子女入学难等问题。在就业方面，还存在着高校毕业生就业压力大、职工劳动强度大、劳动条件差、劳动权益难保障等问题。在收入分配方面，还存在着城乡和地区间的居民收入差距较大、中等收入群体规模偏小等问题。在社会保障方面，还存在着一些社会保险没有实现全覆盖、一些社会救助水平偏低和社会福利增长过慢等问题。在医疗卫生方面，还存在着看病贵、看病难未彻底缓解等问题，在重大疫情防控体制机制、公共卫生应急管理体系等方面也存在明显短板。因此，习近平同志在省部级主要领导干部坚持底线思维着力防范化解重大风险专题研讨班开班式上的讲话中指出："维护社会大局稳定，要切实落实保安全、护稳定各项措施，下大气力解决好人民群众切身利益问题，全面做好就业、教育、社会保障、医药卫生、食品安全、安全生产、社会治安、住房市场调控等各方面工作，不断增加人民群众获得感、幸福感、安全感。"[2]当前，各类显在和潜在的社会问题和社会矛盾绝大多数是利益诉求，绝大多数发生在民生领域，突出表现为区域、城乡经济不平衡和贫富差距过大问题，社会就业压力增大问题，社会保障安全面临风险问题等。民生领域的突出问题解决不力，容易引起群众不满情绪，影响党群关系和党的执政安全。

（一）区域、城乡经济不平衡和贫富差距过大问题

部分社会成员收入分配差别、城乡差别、区域差别呈继续拉大的趋势，这是当前人民内部矛盾的一个重要表现，也是我国社会存在不和谐因素的一个重要原因。2021年建党百年时我

① 刘昀献：《当代中国不同群体的利益矛盾及其协调》，《中国浦东干部学院学报》2010年第6期。
② 《习近平谈治国理政》第3卷，外文出版社2020年版，第221页。

国已全面建成小康社会。在新发展阶段，人们对改善生活品质、提高生活质量有着更高的期待，人们对民主、法治、公平、正义、安全、美好环境的要求更加强烈，但我国发展的不平衡不充分问题依然严重存在，突出表现为区域、城乡经济不平衡和贫富差距过大问题。

一是城乡差别、区域差别、脑体差别、行业差别仍然存在。这些差别明显体现在区域差别和城乡差别上。党的十八大以来，党中央虽然采取了一系列措施支持农村和落后地区的发展，并且取得了很大进展，但是城乡发展、区域发展、经济社会发展不平衡的矛盾仍很突出。缩小发展差距，促进城乡、区域和经济社会协调发展的任务还很艰巨。从区域差距来看，沿海省份与中西部地区人均 GDP 差距较大，2019 年上海、江苏、浙江、福建人均 GDP 分别为 157 421 元、123 755 元、108 687 元、107 574 元，而山西、吉林、黑龙江、甘肃分别为 45 790 元、43 367 元、36 078 元、33 058 元，相差 3—4 倍。从城乡差距来看，2017 年至 2019 年城镇居民人均可支配收入分别为 36 396 元、39 251 元、42 359 元，农村居民人均可支配收入分别为 13 432 元、14 617 元、16 021 元，农村居民与城镇居民相差 2.71 倍、2.69 倍、2.5 倍以上（根据国家统计局公布的数据整理）。随着城市规模急剧扩张、房地产快速开发，一些农民失去了赖以生存的土地，农村出现地力衰竭、生态退化、劳动力素质下降等现象，财富向城市集中；农村居民在就业、社保、教育、卫生、文化、福利、环保等公共事业方面与城市居民差别也很大，社会事业及其基础设施均落后于城市。

二是部分社会成员收入分配差别持续拉大。从长远看，实现财富增长最大化和分配公平化两个原则相统一，是衡量社会和谐与进步的一个重要标准。追求财富增长最大化，就是把蛋糕做大；追求分配公平化，就是把蛋糕分好。蛋糕做大是前提，蛋糕分好是基础，这是一件事情的两个方面，缺一不可。改革开放打破了平均主义"大锅饭"，拉开了收入差距，激发了人民群众的积极性，这是好事。实践证明，有差距才有竞争，有竞争才有动力，有动力才能发展。消灭差距、"一平二调"的做法是违背社会发展规律的。但是在打破"大锅饭"的同时，又出现了部分社会成员收入分配差别持续拉大的问题，以致人民内部矛盾突出反映在分配领域，集中表现在社会成员收入差距上。2019 年中国国内生产总值约为 99 万亿元，而据《2020 胡润财富报告》显示，截至 2019 年 12 月 31 日，中国拥有 600 万元人民币资产的家庭数量已经达到 501 万户，其中中国内地数量为 399 万户；拥有千万元人民币资产的家庭数量达到 202 万户，其中内地数量为 161 万户；拥有亿元人民币资产的家庭数量达到 13 万户，其中中国内地数量为 10.7 万户。中国拥有 600 万元人民币资产的家庭总财富达 146 万亿元，是中国全年 GDP 的 1.5 倍，其中中国内地占近九成，达 131.4 万亿元。拥有亿元人民币资产的家庭总财富为 94 万亿元，内地为 70 万亿元左右，不到 1% 的人占有的财富达到当年国内生产总值的一半以上。[1]

虽然区域、城乡经济不平衡和贫富差距不一定必然导致社会矛盾发生，但是会导致社会结构紧张。在结构紧张的客观环境下，如果很多人或社会公众将区域、城乡、贫富差距归因为"社会不公"，在"公正失衡"的舆论环境下，社会矛盾自然会频繁发生。搞"平均主义""吃大锅饭"只能导致共同落后，这已经成为社会共识。但是社会在响应"允许一部分人先富起来"号召的同时，却经常忽略了"先富带动后富"的责任。近年来伴随着贫富差距迅猛拉开而出现的现象，是部分先富阶层的"越轨行为"和显富行为。中国是一个有"不患寡而患不均"传统的国家，广大群众对贫富差距扩大的心理承受能力较低，对贫富差距问题敏感。贫富分化使社会底层人员产生相对剥夺感，心理严重失衡，更容易成为反动组织、邪教、黑社会组织发展和利用的对

---

[1]　胡润研究院：《2020 胡润财富报告》，《中国新闻网》2021 年 2 月 8 日。

象,因此也更容易走上犯罪道路,从而导致各种社会治安矛盾发生。当下层阶级的人们无法用合法的手段实现社会承认的成功目标时就会产生挫折、愤怒等紧张情绪,这种紧张情绪在那些缺乏合法机会的人中会造成一种失范状态,使他们有可能用犯罪的手段去实现成功目标。社会公平是社会进步与和谐的重要尺度,而分配合理是社会公平的重要内容,区域、城乡差距,尤其是贫富悬殊是最大的不公。在一定的历史阶段,把区域、城乡、贫富差距保持在合理范围内,对一个国家和谐发展至关重要。

(二) 社会就业问题压力增大

近年来,党中央始终坚持就业优先战略和积极就业政策,以实现更高质量和更充分就业。比如,大规模开展职业技能培训,注重解决结构性就业矛盾,鼓励创业带动就业;提供全方位公共就业服务,促进高校毕业生等青年群体、农民工多渠道就业创业,等等。但总的看目前就业形势依然严峻,劳动力供求矛盾紧张,这是当前人民内部矛盾的直接表现之一,也是当前我国社会存在不和谐因素的一个直接原因。

一是就业压力持续增大。我国有 14 亿人口,年龄 15 到 64 岁的劳动力有 9 亿多,超过发达国家劳动力总数 3 亿以上。而且每年将新增劳动力 1 000 多万,下岗失业人员 1 300 多万,有 2 300 多万人需要就业。虽然我国青年人口增长比例在下降,但总规模十分庞大,且以青年大学生和青年农民工问题尤为突出。数据显示,我国每年毕业的大学生人数在逐年增长,2018 年为 820 万人,2019 年达到 834 万人,[①]40 岁及以下农民工所占比重为 52.1%,约为 1.5 亿人,其中 1980 年及以后出生的新生代农民工占总量的 50.4%。[②] 此外,还有复员退伍军人、残疾人等庞大群体需要就业安置,劳动力供大于求的局面短期内难以改变。

二是失业问题比较突出。我国经济的高质量发展必须加快经济体制的转轨,相应地经济结构和产业结构必须加快调整步伐,这就使得就业结构调整面临更大不确定性,结构性失业风险将会明显增大。在这一过程中,那些劳动和资金密集、高能源消耗的粗放型产业必将被逐渐淘汰。这种产业结构的调整必将造成大量的下岗人员,这些人群的失业托底问题、再就业问题和社会保障问题等,是重大的挑战。同时,部分缺乏技能的劳动力也将因不适应新产业发展的要求而被淘汰,这种新型的失业风险日益增大。数据显示,我国技能劳动者总量仅占就业人员总量的 21.3%,其中高技能人才 4 791 万人,仅占就业人员总数的 6.2%。[③] 国家统计局公布的中国 2014 年失业率为 5.1%,2019 年和 2020 年均为 5.2%。同时,农村富余劳动力也需要转移。我国农村劳动力有 4.9 亿,现有耕地只能容纳 1 个亿左右的劳动力,乡镇企业可以安排 1.2 亿人,到城市打工者 1.7 亿左右,还有 1 亿富余劳动力需要转移。农村耕地逐渐减少,全国有 3 000 多万农民失去了土地或减少了耕地。2000 年到 2030 年,我国计划占用耕地将超过 5 450 万亩,这意味着还将有大量农村劳动力需要转移。就业是最大的民生问题。当前,我国城乡就业问题仍十分突出,倘若就业问题得不到有效解决,极容易产生重大风险隐患。

(三) 社会保障安全面临重大风险

改革开放以来,中国社会保障制度在保障人们的生活需求、化解各类生活风险方面承担了

---

① 国家统计局:《中华人民共和国 2020 年国民经济和社会发展统计公报》,《人民日报》2021 年 3 月 1 日。
② 国家统计局:《2018 年农民工检测调查报告》,国家统计局网 2019 年 4 月 19 日。
③ 叶昊鸣,齐中熙:《我国技能劳动者超 1.65 亿人高技能人才占就业人员仅 6%》,中国网新闻中心 2018 年 1 月 25 日。

重要使命,也为中国的社会安全稳定作出了巨大贡献。然而,随着经济、社会改革的深入,我国的人口结构和家庭结构都发生了巨大的变迁,人口结构和家庭结构的失衡问题逐步显现,留下了重大的安全隐患。

一是人口老龄化等问题潜伏着重大风险。人口老龄化从根本上威胁着社会保障的筹资和供养关系,甚至威胁整个国家的经济安全。2015 年,我国平均预期寿命已达 76.34 岁,比 2010 年第六次人口普查上涨了 1.49 岁。而人口出生率自 2002 年以来始终在 10‰—12‰徘徊,即使我国已逐步放开二胎、三胎政策,总体生育率也并未有明显上升。相比之下,老年人口抚养比变化却快得多,从 2006 年的 11% 逐年提升至 2016 年的 15%,即每 100 个劳动年龄人口供养 15 个 65 岁以上老年人。个别地区情况更为严重,截至 2017 年 12 月 31 日,上海市户籍人口预期寿命已达到 83.37 岁,60 岁以上老年人占比已达到 33.2%。老龄化对我国社会保障制度提出了一系列挑战。首先,养老金支付压力增大。2011—2016 年间,离退休人员增长速度为 10.5%,而参保职工增长仅为 6.1%;2016 年养老金支出增长为 21.8%,而养老金收入的增长为 18%;2016 年养老金累计结余增长 10%,比 2015 年 12% 的增长减缓 2%。① 其次,养老服务需求增加。2016 年全国 65 岁以上老年人口共 1.5 亿,占总人口数的 10.8%;2017 年为 11.9%,2019 年上升为 12.6%。其中高龄老人、空巢老人、失能老人服务需求明显增加。老龄化还将给我国的财政收入、经济增长带来巨大压力。由于工作年龄人口比例的下降,所能提供的生产能力、服务能力和缴税能力将越来越难以满足老年人口的消费和服务需求以及所需财政支出。

研究表明,养老金存在可持续性风险。根据中国人力资源和社会保障部官方统计,2016 年全国有 7 个省企业基本养老保险基金收不抵支,包括黑龙江、辽宁、河北、吉林、内蒙古、湖北、青海。不考虑财政补贴的情况下,2019 年全国范围内养老金当期结余已为负数,即使考虑到财政补贴,结余将在 2035 年耗尽,2050 年将出现 −11.28 万亿元。② 受地区分割影响,养老金收支状况在不同经济水平地区又呈现两极化。结余排在第 1 位的广东高达 2 000.7 亿元,几乎是排在 2—10 位的北京、湖南、四川、福建、云南、贵州、新疆、安徽和天津的当期结余总和。这种区域差异主要受区域经济差异及历史债务的双重影响。一方面,发达地区凭借资源及政策优势,呈现养老金收支和赡养率的良性循环,而欠发达地区则呈现恶性循环;另一方面,东北老工业基地国企改革负担沉重、下岗职工众多,历史债务始终未偿清,养老金账户一直入不敷出。尽管我国已开始对养老金进行中央调剂,但真正实现区域公平还任重道远。

二是空巢老人与留守儿童的服务和照料问题。区域人口流动带来空巢老人和留守儿童的增加,他们面临着较突出的安全保障风险。养老服务不足是空巢老人面临的最大难题之一。2008 年,湖南一农村老人为“牢有所养”故意抢劫被判处 2 年有期徒刑;2010 年,央视《今日说法》报道了一位独居老人离世 5 年竟无人知晓;2014 年,《南方周末》报道了多起“空巢老人”意外死亡事件;2015 年人民网还登载了一名保姆毒杀 70 岁雇主的事件。养老院服务质量也不容乐观。有调查显示,2013—2015 年,公开报道过的调查可考的敬老院火灾、坍塌、中毒、伤亡等事件就有 10 起;上海市福利协会针对 55 起养老院事故的统计显示,老人摔跤致伤占 40% 左右,其他有坠床、洗澡意外、健身意外、打架、走失、吸烟或燃香引起火灾、食物中毒、吃饭窒息、护理员发错药等,还有 6 起为老人情绪不佳而自杀。

---

① 邱玉慧:《中国社会保障安全领域结构性风险及其应对》,《社会治理》2019 年第 5 期。
② 郑秉文,等:《中国养老金精算报告 2019—2050》,中国社科院世界社保研究中心网 2019 年 4 月 12 日。

留守儿童监护和教育缺失问题也比较严重。根据中国社会科学院的调查显示,中国农村留守儿童(16 岁以下)总量在 5 000 万以上。留守儿童常面临缺乏亲情、教育缺位、安全监护不到位以及性格缺陷与行为偏差等问题。[①] 同时,留守儿童在未成年人犯罪中所占比例也很大。这些问题产生于人口流动,而人口流动则根源于城乡二元分割、区域间经济差异巨大、社会保障制度割裂以及教育、医疗等相关配套资源分配不公等问题。这些问题如果长期得不到解决,将可能使流动人口及其家庭产生极大的不公平感,甚至成为社会不稳定因素。

三、社会治理面临的新情况新问题影响社会稳定

伴随时代和实践的发展,我国社会治理也面临着新形势、新情况、新问题。当前,改革进入攻坚期,社会稳定进入风险期,社会治理面临的形势变化之快、任务之重、矛盾风险问题之多都是前所未有的。比如,由于企业重构重组、劳动关系变化、融资贷款纠纷、安全生产事故、食品药品安全、环境保护不力等涉及群众利益问题引发的群体性事件,依然呈频发高发态势;大量流动人口的出现,使一些经济发达地区的外来人口已超过甚至数倍于本地户籍人口,对基层社会治理和公共服务都提出了更高要求和严峻挑战;在一些地方和领域,还缺乏公正、科学、有效的权利保障机制,群众的权利诉求难以正常实现,造成负面社会情绪显现,对社会和谐稳定带来威胁;法治建设进程相对滞后,全民尊法学法守法用法的社会氛围还没有形成,法治在现代社会治理中的应有作用还没有充分发挥;互联网快速发展在给人们带来便利的同时,也给社会治理带来严峻挑战,一些违法犯罪活动向互联网渗透,碎片化、泛娱乐化、真假难辨的海量信息衍生出新的社会问题,网络群体事件日益增多,网络意识形态斗争日趋激烈,互联网治理压力和挑战日益突出,等等。社会治理方面的重大风险突出表现为群体性事件问题和重大公共安全事件易发多发。

(一) 群体性事件频繁发生

一个时期以来,群体性事件呈高发多发态势。据有关统计,1993 年发生群体性事件有8 700 多起,而 2009 年突破 10 万起。参与的人数越来越多、规模越来越大,人数上万的群体性事件已经屡见不鲜。群体性事件参与主体趋于多元化,而且组织化程度提高,行为方式趋于激烈。参与人员比较复杂、广泛,扩大到多行业、多系统、多地区,城乡均有。有些群体性事件的参与者形成了自发组织,呈现跨区域串联和联动特点。群众堵公路、卧轨、拦火车等阻塞交通的事件不断增加。暴力抗法、武装械斗、冲击党政机关事件时有发生。党的十八大以来,党中央坚持以人民为中心的发展思想,不断加强和创新社会治理,群体性事件有所减少,但仍时有发生。群体性事件是人民内部矛盾的集中表现,也是当前我国社会存在不和谐因素的重要原因。

引起群体性事件的原因大多是经济利益问题。一是劳资纠纷矛盾。此类矛盾广泛存在于各种非公有制企业中,例如"拖欠农民工工资""无故延长工人劳动时间""不给员工上保险"等引发的各类劳资纠纷。二是生活待遇问题。参与群体性事件的大多数是普通群众,有老工人、老教师、老战士、老干部等。三是环境保护问题。近些年来,随着工业化、城镇化进程的加快和人民群众权利意识的增强,因环境污染问题引发的群体性事件明显增多。比如:2008 年的贵

---

① 邱玉慧:《中国社会保障安全领域结构性风险及其应对》,《社会治理》2019 年第 5 期。

州瓮安"6·28"事件。2000 年至 2007 年,瓮安县 GDP 从 114 亿多元增加到 219 亿多元,翻了近一番,城乡居民储蓄存款余额从 4 亿多元增加到 193 亿元。但在经济快速增长过程中,也付出了高昂的环境代价、资源代价和群众利益代价,造成水资源污染,人畜饮水困难,从而引发和积累了诸多社会矛盾,进而由于一女生跳河的普通事件引发了一场上万人围观、直接经济损失1 600 多万元的群体性事件。① 2011 年浙江"海宁事件"。9 月 15 日晚,海宁市袁花镇 500 余名群众聚集在晶科能源公司门前,就环境污染问题讨要说法,部分人员将停放在公司内的 8 辆汽车掀翻,造成财物受损。17 日晚,数千群众再次聚集,砸毁公司招牌及部分设施,当地出动特警维持秩序。2012 年四川"什邡事件"。7 月 2 日,因担心"钼铜项目"带来污染,什邡居民集会、游行、示威并冲击党政机关,最终导致警民冲突,部分群众、民警、机关工作人员受伤。7 月3 日,什邡市委宣传部召开新闻发布会称:"停止该建设,今后不再建设这个项目。"② 2012 年江苏"启东事件"。7 月 28 日上午,因担心"南通大型达标水排海基础设施工程"带来污染,江苏启东上千市民占据市委、市政府大楼,损坏办公物品和车辆,并形成警民对峙局面。12 时左右,南通市紧急宣布"永久取消"该项目,群众陆续撤离,事件逐渐平息。③

群体性事件发生的原因多样而复杂,但其中一个重要的原因在于部分党员干部中存在的扭曲的政绩观,官僚主义、形式主义作风,严重损害了人民群众的利益,破坏了社会公正秩序;进而引发了人民群众的怨愤情绪,导致群体性事件的发生。群体性事件的发生极大损害了党的声誉,破坏了党和人民群众的血肉联系,如不能及时有效地加以处理,将严重影响党的执政安全。

(二) 重大公共安全事件易发多发

一个时期以来,我国公共安全事件易发多发,维护公共安全任务繁重。在自然与生态安全领域,全球气候变化、地理条件等使得我国成为世界上自然灾害最为严重的国家之一,灾害种类多、分布地域广、发生频率高、造成损失重;在生产安全领域,经济高速发展、风险隐患点多面广等因素,使得我国各类事故多发频发,安全生产的形势严峻;在公共卫生领域,我国对外开放的不断深化,经济社会全球化的不断发展,卫生突发事件往往因开放而难以控制;在社会安全领域,国际恐怖主义泛滥、境外敌对势力插手等因素综合作用,我国社会安全形势错综复杂。上述各类风险往往相互交织和综合作用。当前我国公共安全重大风险突出表现为两方面。

一是对人民生命与健康损害极大的事件时有发生。近年来发生的重大安全事件触目惊心。2015 年 6 月 1 日,重庆东方轮船公司所属"东方之星"号客轮由南京开往重庆,当航行至湖北省荆州市监利县长江大马洲水道(长江中游航道里程 300 千米处)时翻沉,造成 442 人遇难。④ 2015 年 8 月 12 日,位于天津市滨海新区天津港的瑞海国际物流有限公司危险品仓库发生火灾爆炸事故,造成 173 人遇难、798 人受伤。⑤ 2017 年 11 月,长春长生生物科技有限公司和武汉生物制品研究所有限责任公司生产的各一批次共计 65 万余支百白破疫苗效价指标不符合标准规定,并且流入市场,这一药品安全事件给人民生命健康带来极大威胁。各类典型事件表明,给人民群众生命与健康安全带来极大威胁的重大安全风险依然很大。

---

① 魏恒:《贵州通报瓮安"6·28"打砸抢烧事件真相》,中国新闻网 2008 年 7 月 1 日。
② 闫杰:《从什邡事件中吸取什么教训》,人民网 2012 年 7 月 5 日。
③ 朱晓颖:《江苏南通决定永远取消有关王子制纸排海工程项目》,中国新闻网 2012 年 7 月 28 日。
④ 满朝旭:《天气? 客轮? 船员? 调查组专家解疑"东方之星"客轮翻沉原因》,央广网 2015 年 12 月 30 日。
⑤ 张明宇:《天津港"8·12"瑞海公司危险品仓库特别重大火灾爆炸事故调查报告公布》,新华网 2016 年 2 月 5 日。

二是对人民群众财产安全损害极大的事件高发频发。各类重大突发事件都对国家财产和人民群众的私有财产带来极大风险。尤其是一些涉众突发事件直接对人民群众财产安全造成威胁,严重影响人民群众的安全感。比如,我国社会领域犯罪与金融领域犯罪交织、线上犯罪与线下犯罪叠加的形势严峻,具体表现为非法集资、网络传销等涉众型犯罪高发频发;网络黄赌毒、金融诈骗、传授制爆技术等违法犯罪行为明显增多;网络借贷、投资理财、私募股权、虚拟货币、电子商务、消费返利、慈善互助、养老等领域成为"重灾区",涉及人员多、地区广。各种非法吸收公众存款案件、组织和领导传销活动案件屡禁不止;网络有组织犯罪突出,网络风险明显增大。

社会领域的问题,无论是教育、医疗、社会保障等民生问题,还是社会治理问题;无论是区域、城乡、贫富差距,还是重大安全事件等都直接关系人民群众的切身利益,直接影响党和人民群众的关系。全球化的日益加深和互联网的迅猛发展,使实体社会与网络社会互为嵌套,国际国内因素相互交织叠加,极大地增加了社会领域风险发生的可能性。这些过程的交织,使风险往往不再局限为局部风险,可能从社会领域传导至政治领域,进而转化为全面的风险,这些风险的严重程度会超出预警检测和防控的能力,使原发风险滋生为并发的多类风险,并经由网络的放大和操作而转化为失控性风险。我们必须要有充分的思想准备,既要打好防范和应对社会领域重大风险和考验的有准备之战,也要打好化险为夷、转危为安的战略主动战。

第三节　有效应对社会领域重大风险和考验的对策

当前,中国正处在一个社会矛盾高发的历史时期,有的社会矛盾甚至以群体性事件的形式出现,对社会和谐与政治稳定造成了很大的冲击。面对新时代党在社会领域面临的新形势,习近平同志指出:"必须始终把人民利益摆在至高无上的地位,让改革发展成果更多更公平惠及全体人民,朝着实现全体人民共同富裕不断迈进";强调"保障群众基本生活,不断满足人民日益增长的美好生活需要,不断促进社会公平正义,形成有效的社会治理、良好的社会秩序,使人民获得感、幸福感、安全感更加充实、更有保障、更可持续"。① 这就要求我们必须从实现党的执政使命的高度,科学应对党在社会领域面临的重大风险和考验,要坚持人民利益至上的原则,正确处理新时期人民内部矛盾,构建和谐社会;坚定不移促进公平正义,提高保障和改善民生水平;加强和创新社会治理,形成良好的社会秩序,确保社会既充满活力又安定有序,确保国家长治久安、人民安居乐业。

一、科学处理人民内部矛盾,促进社会和谐

社会领域的矛盾绝大多数属于人民内部矛盾,是我国人民内部在根本利益一致的基础上存在的摩擦、冲突和不协调的一种社会关系。正确处理人民内部矛盾,关系着党的执政地位的巩固、国家的安定团结和现代化建设的顺利进行。面对人民内部各种矛盾扭结、碰撞、摩擦所形成的错综复杂的局面,需要我们头脑清醒,审时度势,认清人民内部矛盾的新动向、新形式、新特点,努力把握其发展变化的规律,妥善处理好各种复杂的矛盾关系。

---

① 《习近平谈治国理政》第 3 卷,外文出版社 2020 年版,第 35 页。

（一）正确分析矛盾,高度重视存在的矛盾

目前,中国社会存在的矛盾仍是两类不同性质的社会矛盾,即敌我矛盾和人民内部矛盾。敌我矛盾主要表现在中国人民同国内外敌对势力颠覆社会主义、挑拨民族分裂、制造领土纠纷的斗争中。敌我矛盾不占主导地位,只在一定社会范围内存在。人民内部矛盾占主导地位,在社会生活中大量地普遍地存在,集中体现在经济、政治、思想、文化等领域。这些矛盾处理得及不及时、妥不妥当,直接影响国家经济发展、社会和谐。

当今我国社会的基本矛盾仍然是生产力和生产关系、经济基础和上层建筑之间的矛盾。现在社会主义市场经济体制虽然已经基本建立起来,但是它的一些缺陷又是与经济基础相矛盾的,需要继续深化改革,使制度不断完善。将当前社会矛盾归咎于改革开放和市场经济,进而否定社会主义市场经济体制是极其错误的。经济发展带来的各种问题应该在继续发展中解决。对社会矛盾严重性估计过高,产生悲观情绪,认为当前上层建筑已经无法适应经济基础,要否定社会主义制度也是极其错误的。

毛泽东同志认为,"人民内部的矛盾,是在人民利益根本一致的基础上的矛盾"。[1] 正是这些矛盾推动着我们的社会向前发展。在解决当前矛盾以后,又会出现新的问题、新的矛盾,又需要人们去解决。我国当前人民内部的各种矛盾中既有政治体制、经济体制的缺陷与生产力发展的矛盾,也有国家政府的政策、党员干部的作风与人民利益不一致的矛盾。解决当前社会矛盾,就要全面深化改革,发展社会主义民主政治。

同时,我们要高度重视人民内部矛盾的复杂性。处于社会发展风险期的一些国家的经验教训表明,高度重视协调各类社会矛盾、保持社会的相对和谐与稳定至关重要。从各国现代化进程来看,当一个国家处于人均 GDP 3 000 至 12 000 美元左右时,增长与问题、发展与矛盾交织在一起,是社会结构深刻变动、社会矛盾最易激化的高风险期。发展必然带来利益格局的变化,一些人利益满足,一些人利益受损,矛盾加剧;经济高速增长,同时也会衍生一些社会问题,影响政局稳定。被称为"拉美陷阱"或"拉美病"的"拉美化"现象就是例证。从 20 世纪 80 年代起,拉美各国相继推行新自由主义的改革政策,短期和局部取得一些经济增长成效,但在强调经济增长时有失公正,导致失业率持续攀升,贫富悬殊、两极分化。2004 年拉美贫困人口达2.27 亿,百万富翁增长率居全球之首。巴西 10% 的最高收入户拥有全国财富的 40%,10% 的最低收入户拥有财富不足 3%,导致矛盾激化,社会动荡不安,群众抗争运动此起彼伏。20 世纪 80 年代,长期执政的墨西哥革命制度党全盘推行西方的"新自由主义",全面推行私有化,在社会政策上削减教育、医疗和社会保险等公共开支,以推进经济增长。但由于没有妥善处理好转轨过程中的社会矛盾,大批中小企业破产,许多工人失业,大批农民失地,普通民众生活水平下降,贫富分化严重,这使革命制度党执政基础受到严重削弱,在 2000 年大选中丧失了执政地位。

历史经验告诉我们,社会转型期一定要充分认识正确处理人民内部矛盾的极端重要性。由于国内国际复杂因素的影响,两种不同性质的矛盾在我国长期存在,一定范围的阶级斗争在特定条件下还有可能激化,但突出地、大量地、经常地表现出来的是人民内部矛盾。人民内部矛盾是我国社会现阶段人际关系中的主要矛盾,是政治生活的主题。我们要正确分析和处理人民内部矛盾,才能促进社会和谐、事业发展。

---

[1] 《毛泽东文集》第 7 卷,人民出版社 1999 年版,第 206 页。

（二）正确区分不同性质矛盾，用不同的方法解决不同的矛盾

正确区分两类不同性质的矛盾，是正确处理人民内部矛盾的前提。毛泽东同志指出："敌我之间和人民内部这两类矛盾的性质不同，解决的方法也不同。"①从总体上说，人民内部矛盾是根本利益一致的非对抗性矛盾，要根据矛盾的具体情况，用不同的方法来解决。

第一，主要用经济方法解决人民内部得失矛盾。利益矛盾就是得失矛盾。改革中利益的调整必然产生得失矛盾。毛泽东同志提出主要用经济方法处理得失矛盾的重要原则，邓小平同志提出要按照统筹兼顾原则调节得失矛盾的思想。运用经济方法，"统筹兼顾、全面安排"是解决人民内部得失矛盾的主要方法。

第二，主要用民主的方法解决人民内部是非矛盾。人民内部在思想政治上的矛盾就是是非矛盾。毛泽东同志认为，凡属于思想性质的问题，凡属于人民内部争论的问题，只能用民主的、讨论的、批评的、说服教育的方法来解决，而不能用强制的、压服的方法来解决。他把民主的方法概括为"团结——批评——团结"的公式。② 邓小平同志指出，在党内和人民内部政治生活中，只能采取民主的手段，不能采取强迫命令、压制打击的手段；"对于思想问题，无论如何不能用压服的办法"。③ 民主的方法主要包括两种：一是民主法制的方法；二是思想教育的方法。

第三，用法治解决复杂社会矛盾。法治是框架和轨道，也是理念和方法。重大改革需要于法有据，改革成果需要法治固化，全面依法治国为全面深化改革提供稳定性、规范性。解决复杂社会矛盾也必须依靠法治、运用法律手段。没有法治，国家生活和社会生活就不能有序运行，许多社会矛盾就无从解决，就难以实现社会和谐稳定，我们就治不好国、理不好政。因而，全社会都要尊法学法守法用法，把法治思维、法治方式贯彻到治国理政的全过程、落实到改革发展的大棋局，使广大干部群众形成办事依法、化解矛盾靠法的良好习惯，使法治成为中国前进的坚强保障，才能实现经济发展、政治清明、文化昌盛、社会和谐。

第四，采取综合方法解决人民内部各类矛盾。解决人民内部矛盾，要根据具体情况，采取综合性、多种多样的方式方法。应针对矛盾的具体实际，动员各方力量，讲究工作方式方法，立足于协调关系、理顺情绪、增进理解，调动积极因素。把人民调解、司法调解、行政调解结合起来，建立人民内部矛盾经常化、制度化的调处机制。依法及时处置群众的合理诉求，及早消除不和谐因素，从源头上解决矛盾，尽可能地把矛盾和隐患化解在基层，解决在萌芽状态。

第五，解决诸多社会矛盾的根本方法是深化改革、发展生产力、健全社会主义民主法制。要坚持社会主义物质文明、精神文明、政治文明、社会文明、生态文明一体推进，进而为解决人民内部矛盾提供保障。

（三）妥善协调各方利益关系

解决人民内部矛盾，首先要从分配上处理好利益矛盾，从经济利益上对人民内部矛盾进行分析，加以协调。利益是在人的需要的基础上形成的。人们要获得生活需要的满足，首先必须占有生产资料，经过一定的分配方式获得生活资料。因此，利益首先体现出来的是人与人之间的物质、经济、生产的关系。物质利益、经济利益是人的根本利益。利益主体之间有一定的利

---

① 《毛泽东文集》第 7 卷，人民出版社 1999 年版，第 206 页。
② 《毛泽东文集》第 7 卷，人民出版社 1999 年版，第 210 页。
③ 《邓小平文选》第 2 卷，人民出版社 1994 年版，第 145 页。

益差别,差别即是矛盾,有差别就会产生利益竞争和矛盾。保持社会和谐,归根到底必须调整人们的利益关系,协调利益矛盾。

1. 人民内部的利益矛盾及其特点

当代中国的人民内部利益矛盾是一个由许多矛盾构成的多层次、多领域、多类型的复杂系统。横向有:工人、农民与其他社会阶层、群体之间的矛盾;各民族之间的矛盾;地方之间、企业之间、群体之间的矛盾;工人阶级内部的矛盾,农民阶级内部的矛盾,知识分子内部的矛盾,非公有经济经营者内部的矛盾;市场经济的生产者之间、经营者之间、销售者之间、消费者之间的矛盾;工人、农民同非公有制经营者之间的矛盾,等等。纵向有:执政党、政府同人民群众之间的矛盾;领导者同群众之间的矛盾;上级同下级之间的矛盾;国家、集体(企业、地方、单位)、个人之间的矛盾,等等。

这些矛盾分别在经济、政治、意识形态等领域表现出来。其中,人民日益增长的美好生活需要和不平衡不充分发展之间的矛盾,是人民内部利益矛盾复杂紧张的根本原因。利益问题是人民内部矛盾的总根子,是其他各类人民内部矛盾产生的根源,是影响、制约各类矛盾发展的主导性矛盾。人民内部利益矛盾具有群体性、非对抗性、一定条件下转化为对抗性等方面的特点。

2. 妥善协调人民内部利益矛盾关系

当前,人民内部的不同社会成员在个体利益、群体利益之间,在个人利益、集体利益和国家利益,眼前利益和长远利益,局部利益和整体利益,暂时利益与根本利益之间,存在复杂的矛盾。受相对滞后的社会生产和社会发展的制约,不断提高并趋于多样化的群众的物质和文化利益要求难以得到完全满足,统筹兼顾各方利益关系、协调解决各种利益矛盾的难度不断加大。这些问题,只能经过社会主义制度本身的自我完善和自我改革,以利益协调的办法来逐步解决。

(四) 正确处理效率与公平的关系

邓小平同志在提出让一部分人、一部分地区先富起来的同时,极为重视贫富差距过大和分配不公的问题,设想在 20 世纪末"达到小康水平的时候,就要突出地提出和解决这个问题","解决沿海和内地贫富差距的问题",[①]但由于各种原因,一个时期以来我们没有认真解决好这个问题。

关于效率与公平的关系,西方发达国家在发展市场经济中的一些经验教训值得我们借鉴。当然,资本主义制度不可能从根本上解决好效率与公平的关系。市场经济有两重性,是一把双刃剑:一方面,它能较大限度地优化资源配置,调动人的积极性,提高效率;另一方面,它也带来消极的东西,带来分配不公和两极分化。资本主义在早期发展中,曾经历过经济快速增长,但社会两极分化,矛盾激化,社会激烈震荡。资本主义社会初期的工人运动、两次世界大战以及战后的工人运动,严重冲击了资本主义制度。这迫使资本主义在注重效率的同时,不得不关注公平。他们采取高额累进税、遗产继承税等措施进行再分配,重视社会保障,缓和阶级矛盾,培育中等收入阶层,最后形成"橄榄型"社会结构,使社会进入相对稳定的发展阶段。

当前随着我国市场经济的发展,从一定程度上讲,部分社会成员收入差距出现了过于悬殊的现象。为了保持健康持续发展,必须在实现效率、推进经济增长的同时,更加注重公正。实

---

① 《邓小平文选》第 3 卷,人民出版社 1993 年版,第 374 页。

现和维护公平,不仅仅是个财富分配的问题,还涉及公民权利、社会地位、民主施政、自由平等、公共服务、司法公正等政治和社会内容。要在促进发展的前提下,把维护和实现公平放到更加突出的位置,从社会全局以及长远利益出发考虑公平问题,依法逐步建立以权利公平、机会公平、规则公平、分配公平为主要内容的社会公平保障体系,从制度、政策、法律上营造公平的社会环境。

现阶段收入分配上的主要问题是,初次分配中劳动占比过低,非常态收入突出,保障性收入不到位,部分社会成员收入差距拉大,后果日益明显。解决问题的出路是,理顺分配关系,规范分配秩序,既要解决初次分配非正常收入造成的差距问题,还要通过税收等手段解决好再分配的公平保障问题;建立公正的收入分配体制,逐步增加初次分配中劳动的比重,并通过税收等调节措施,推进共同富裕取得实质性进展。

（五）始终保持党和人民群众的密切联系

领导和群众的矛盾往往是人民内部矛盾的焦点和主线。因为我们党是执政党,党的各级领导干部在经济、政治、文化等社会生活领域中处于领导者的地位。从这个意义上说,社会主义事业的成败是同领导者的工作和责任紧密相关的。一些重大的社会矛盾和利益冲突,往往通过领导同群众之间的矛盾表现出来。协调利益矛盾是党的各级领导干部不可推卸的责任,当出现严重经济困难、重大的社会问题以及群体性事件的时候,各级领导干部便常常成为矛盾的中心。

一般来说,领导同群众的矛盾是非对抗性矛盾,但在一定条件下可以转化成对抗性矛盾。当领导在重大问题上决策失误、犯严重的官僚主义错误,当领导中的变质分子贪污腐败、侵吞人民财产从而损害人民利益,或者当群众受到坏人挑拨提出不合理的利益要求,而领导缺乏及时有效的工作时,矛盾往往会激化,有可能转变成对抗性矛盾。

在领导和群众这对矛盾中,矛盾的主要方面在于领导。如果领导方面本身是错误的,矛盾的主导方面毫无疑问在领导,在于领导是否能够改正自己的错误,求得群众的谅解;如果群众方面是错误的,矛盾的主导方面也在领导,在于领导对群众的说服教育工作,在于领导是否采取正确的处理措施。当然,也不能把一切错误和问题都归咎于领导。说领导处于矛盾的主导方面,是指领导的责任、领导的工作而言,不是就领导的是非而言。

领导与群众的矛盾突出表现在群众对腐败和官僚主义的不满上。当前,反腐败斗争形势依然严峻,要特别注意防止产生既得利益集团和特权阶层。领导与群众的矛盾是人民内部矛盾的一个重要内容。党的各级领导干部保持与人民群众的血肉联系,保持密切联系群众的作风,是正确处理人民内部矛盾、构建社会主义和谐社会的重要方面。领导干部要把人民的根本利益作为制定路线方针政策、采取各种措施的出发点和落脚点。重视和维护人民群众最现实、最关心、最直接的利益,正确反映和兼顾群众各方面的利益要求,坚决纠正损害群众利益的行为,抓紧解决群众生产生活中的突出问题和困难。要着重解决分配、就业、"三农"、少数干部腐败等突出问题。要针对企业改制、城市拆迁、农村征地、司法不公等,抓紧采取相关措施并依法解决这些问题。

领导干部应加强调查研究,深入研究新的历史条件下人民内部矛盾的特点,努力探索正确处理人民内部矛盾的新思路、新方法,为防范、应对、化解各类矛盾和风险提供理论和对策支持;科学分析各阶级、阶层、利益群体的发展变化,充分把握各阶级、阶层和利益群体分化与组合的条件、原因以及它们的利益要求和利益关系,以便制定协调各类矛盾的有效对策。应学会在市场经济条件下进行社会治理，要建立健全社会协商对话制度，完善信访体制和机制，建立一套反应灵敏、指挥得力、协调有序、运转高效的应对突发事件的预警机制和处理机制。应积极研究和掌握新时期群众工作的规律和特点，把解决群众关心的热点和难点问题作为群众工作的重点；综合运用思想、道德和法制的力量，正确处理与群众利益密切相关的各种复杂问题。

（六）正确认识和处理群体性事件

我国发生的社会冲突绝大部分是人民内部的矛盾冲突。人民内部的矛盾冲突发展到一定程度表现为群体性事件。群体性事件同极少数人旨在推翻社会主义制度的阴谋政治活动，同少数坏人搞打砸抢烧的违法犯罪活动是有重大区别的，但群体性事件处理不好，可能会使矛盾激化，引起程度不同的社会动荡。

群体性事件的发生有着复杂的原因。一是出现了比较严重的社会矛盾和问题，如官僚主义和腐败行为。由于某些领导的官僚主义，使群众的合理性要求长期得不到解决，或某些政策和措施严重损害了群众切身利益，从而引起群众强烈不满；或者由于对群众的不合理要求，没有采取有效的措施及时地去做工作，使得本来可以解决的矛盾激化。二是由于缺乏对落后群众的思想教育，使得他们在提出不切实际或不合理的要求得不到满足后，偏激情绪和错误思想占了上风，甚至以不适当的方式向党和政府发泄不满。三是当群众产生不满情绪酝酿事端的过程中，有国际反动势力和国内少数坏人插手进来，散布谣言、制造事端，而领导者未能及时把群众背后的少数坏人揭发出来。四是国内复杂的民族关系和宗教生活中的不安定因素，也是群体性事件发生的一个重要原因。五是群体性事件或多或少总是与经济和政治体制上的弊端有关，与群众的要求缺乏畅通有效的合法诉求和合理解决途径有关。而在改革进程中，由于新旧体制交替，利益分配结构调整，使社会矛盾相对集中地表现出来，如果出现方针政策措施不当，也会导致矛盾激化。六是某些群体性事件与领导干部应对失误、处置不当也有很大关系。由于一些领导干部应对风险能力不强，采取错误的处理方式，也容易导致事态恶化，使矛盾升级，演化为严重的群体性事件。

群体性事件总体上属于人民内部矛盾，但群众要求的合理性同反映形式的违法性相交织，现实问题同历史遗留问题相交织，加上一些群众提出不合理要求、少数人违法犯罪，以及敌对分子插手利用等问题，处置这类群体性事件的政策性很强。领导干部在解决问题时要分清不同性质的矛盾，注意防止两种错误倾向：一是不问青红皂白把一切错误归咎于群众，助长领导者的官僚主义；二是看不到群众的错误倾向，对少数坏人失去警惕。处理复杂的群体性事件，要做好工作，依法办事，满足群众提出的可以解决的合理要求，恰当地处理好各种问题。要把参与事件的群众引导到正确轨道上来，对少数触犯刑律的人依法予以制裁。要以事件作为改善工作、教育干部和群众的特殊手段，采取各种措施消除不安定因素。从长远看，要从体制上建立健全切实接纳群众诉求并及时给予解决或回应的畅通有效的机制；完善矛盾纠纷多元化解机制，积极推动人民调解、行政调解、司法调解衔接联动，推进诉讼与非诉讼方式有机衔接，建立规范完善的公众参与规则程序，提高矛盾纠纷多元化解的整体效果和效力；使群众合法利益得到有效保护，进而形成和谐有序、安定团结的良好社会局面。

二、切实解决人民群众最关心最直接最现实的利益问题

以教育、就业、收入分配、社会保障、医药卫生、住房等为主要内容的基本民生，是广大人民

群众最关心最直接最现实的利益问题。在发展经济的基础上不断提高人民生活水平,是党和国家一切工作的根本目的。改善民生是社会建设的主要内容。检验我们一切工作的成效,最终要看人民生活是否真正得到改善。我们党只有不断实现好、维护好、发展好最广大人民的根本利益,才能得到人民的拥护和支持,战胜社会领域的各种风险和挑战,维护执政安全。在中国特色社会主义新时代,我们要通过持续不断地保障和改善民生,实现经济发展与改善民生之间的良性循环,不断增进民生福祉,实现人民生活幸福安康。

(一) 努力办好人民满意的教育

百年大计,教育为本。教育强则国家强。习近平同志指出:"教育是民族振兴、社会进步的重要基石,是功在当代、利在千秋的德政工程,对提高人民综合素质、促进人的全面发展、增强中华民族创新创造活力、实现中华民族伟大复兴具有决定性意义。"[①]目前,我国教育总体发展水平进入世界中上行列。2017 年,我国学前教育三年毛入园率、小学学龄儿童净入学率、初中阶段毛入学率、九年义务教育巩固率、义务教育普及程度、高中阶段毛入学率、高等教育毛入学率,均超过中高收入国家平均水平。我国新增劳动力平均受教育年限达到 13.5 年,接受过高等教育比例超过 45%。教育普及水平的大幅提高,有力保障了人民群众受教育权利,提升了国民整体素质。[②] 目前,我们举办着全世界规模最大、发展速度最快、发展潜力最大、特色最为鲜明的教育,从"有学上"到"上好学",我国正从教育大国迈向教育强国,站在了一个新的历史起点上。

但我们也要看到,面对新一轮科技革命和产业革命正在孕育兴起的新形势和人民群众对"上好学"的新期待,我国教育发展仍存在不平衡不充分的问题,还不能完全适应国家经济社会发展和人民群众日益增长的新要求新期盼。主要表现为:科学的教育理念尚未牢固确立,素质教育尚未得到充分发展,基本公共教育服务均等化水平有待提升,区域、城乡之间的教育发展差距依然明显,农村义务教育、学前教育、职业教育仍是短板,有效服务全面终身学习的体系制度还不健全,人才培养结构与社会需求契合度不够,教育支撑引领创新发展和服务国家对外开放大局的能力亟待提升,教师队伍建设尚不能满足教育现代化需要。办好人民满意的教育,仍然任重而道远。

新时代新阶段,必须把教育事业放在优先位置,着力建设现代化教育强国。要着力回应人民群众教育关切。推动学前教育普惠健康发展,破解"入园难、入园贵"问题。促进义务教育城乡一体化发展,加强农村特别是贫困地区控辍保学工作,加快消除城镇"大班额"现象。切实减轻中小学生过重课外负担。推进普通高中多样化有特色发展、高等教育内涵式发展,提高职业教育质量,提升民族教育、特殊教育、继续教育水平。着力深化教育领域综合改革。系统深化育人方式、办学模式、管理体制、保障机制改革,着力形成充满活力、富有效率、更加开放、有利于高质量发展的教育体制机制。坚决克服唯分数、唯升学、唯文凭、唯论文、唯帽子的顽瘴痼疾,切实扭转不科学的教育评价导向。调整优化高校区域布局、学科结构、专业设置,加快一流大学和一流学科建设,强化职业教育产教融合、校企合作,提升教育服务经济社会发展能力。办好思想政治理论课,增强学生的社会责任感、创新精神、实践能力,实现高等教育内涵式发展。着力推进教育公平,通过资源倾斜配置、对口援助、建立学校联合体、乡村教师专项补助

---

① 习近平:《坚持中国特色社会主义教育发展道路 培养德智体美劳全面发展的社会主义建设者和接班人》,《人民日报》2018 年 9 月 11 日。

② 全国干部培训教材编审指导委员会:《改善民生和创新社会治理》,人民出版社 2019 年版,第 14 页。

等,逐步实现师资力量等深层次的资源公平配置,努力实现县域范围内城乡义务教育资源均等化,努力让每个孩子都能享有公平而有质量的教育。进一步推行非义务教育制度改革,免除农村贫困家庭学生普通高中学杂费,普及高中阶段教育,让绝大多数初中毕业生继续接受高中阶段教育,持续提高农村地区考生上大学尤其是重点大学的比例,保证充分的社会向上流动频率,促进社会和谐稳定。

(二) 实现更高质量和更充分就业

就业是最大民生工程、民心工程、根基工程。就业承担着维系民生、推动发展和稳定社会的重任。就业是劳动者赖以获得收入来源的主要手段,牵动着千家万户的生活,如果就业问题处理不好,就会造成严重社会问题。我们必须充分认识就业工作的极端重要性,坚持以民生为本、就业为根,毫不动摇做好促进就业创业工作,努力实现更高质量和更充分就业。

党和政府历来高度重视就业和再就业问题,始终将保障劳动者就业权利、不断提高人民生活水平作为重要的执政内容,把扩大就业摆在经济社会发展的突出位置。党的十八大以来,就业创业工作取得了显著成效,成为民生改善的坚实基础、经济发展的基本支撑、社会和谐稳定的“压舱石”。城镇新增就业人数每年超过1 000万人,城镇登记失业率、调查失业率都维持在较低水平。第三产业就业人数不断增加,新就业形态蓬勃发展,城镇就业人员比重不断提高,产业和区域就业格局更加合理。高校毕业生等重点群体就业总体稳定,就业扶贫工作取得积极成效。职业培训规模不断扩大,劳动者稳定就业和转换岗位的能力不断增强。同时,也要清醒地认识到,我国是世界上劳动力资源最丰富的发展中国家,解决就业问题具有长期性、艰巨性、复杂性,扩大就业始终是一项必须长期坚持的重大战略。

要坚持就业优先战略和积极就业政策,坚持将就业作为保障和改善民生的首要任务、经济社会发展的优先目标和宏观调控政策的底线。要建立经济发展和扩大就业的联动机制,健全政府促进就业责任制度。促进经济发展与扩大就业良性互动,不断拓展就业新空间,在高质量发展中创造更多就业机会。创业是新增就业岗位的主要渠道。要不断完善创业扶持政策,通过持续推进“大众创业、万众创新”,形成政府激励创业、社会支持创业、劳动者勇于创业新机制。制定以培育新动能来促进就业的政策,大力发展新一代信息技术、高端装备、数字创意等战略性新兴产业,创造就业新领域。完善适应新就业形态的劳动用工和社保政策。把握创新型国家建设新机遇,推动创业工作升级。优化政策环境,落实阶段性降低社保费率等降成本政策,加大创业担保贷款政策落实力度,推动设立重点群体就业创业基金。强化创业服务,高标准建设创业孵化基地和园区,提供低成本场地支持和综合配套服务。

要多措并举促进重点群体就业。加大政策扶持力度,促进高校毕业生、返乡农民工、退役军人等重点群体创业就业。大力实施就业促进、创业引领、基层成长计划,启动青年就业启航计划,多渠道促进就业创业。聚焦深度贫困地区和有劳动能力的贫困劳动力,促进更多贫困劳动者就业增收。稳妥推进去产能职工安置,加强离岗人员技能培训,促进转岗再就业。加大对失业人员特别是就业困难人员的帮扶力度,确保零就业家庭至少有一人能稳定就业。

要着眼现代化经济体系建设,加快培养知识型、技能型、创新型劳动者大军,化解结构性就业矛盾。面向城乡全体劳动者提供普惠性、均等化、贯穿学习和职业生涯全过程的终身职业技能培训。充分发挥企业主体作用,引导职业培训更加适应产业升级和企业岗位需要。破除妨碍劳动力、人才社会性流动的体制机制弊端,使人人都有通过辛勤劳动实现自身发展的机会。完善政府、工会、企业共同参与的协商协调机制,畅通职工表达合理诉求渠道,构建和谐劳动关系,倡导劳模精神和工匠精神,使人人都能从事一份有尊严的工作。

(三) 促进收入分配更合理、更有序

收入分配是民生之源,是改善民生、实现发展成果由人民共享最重要最直接的方式。党的十八大以来,我国城乡居民收入差距、地区收入差距、全国行业平均工资差距均有一定程度缩小,基尼系数有所下降,城乡居民收入增速明显快于 CDP 增速,农村人均可支配收入增速明显快于城镇居民人均可支配收入增速,这都表明我国收入差距出现不断缩小的良好态势。收入分配制度,事关广大群众切身利益。要坚持妥善把握,稳妥推进,深化收入分配制度改革,合理调整政府、企业与居民的收入分配关系,不断缩小城乡、地区、贫富差距,进一步促进收入分配更合理、更有序。

1. 保证社会成员机会平等,合理解决好初次分配问题

要按照党的十九届四中全会决定的要求,"坚持按劳分配为主体、多种分配方式并存"。[①]着重保护劳动所得,增加劳动者特别是一线劳动者劳动报酬,提高劳动报酬在初次分配中比重;健全工资决定和正常增长机制,完善最低工资和工资支付保障制度,完善企业工资集体协商制度,努力实现劳动报酬增长和劳动生产率提高同步;健全劳动、资本、土地、知识、技术、管理、数据等生产要素由市场评价贡献并按贡献决定报酬机制。初次分配适当拉开差距,一般来说是正常的,有利于提高效率。问题在于不合理、不平等的竞争条件和机会,如市场垄断、贪污腐败、制假售假、走私贩私、偷税漏税等造成大量的非正常收入,导致初次分配有些收入差距拉大是极不合理的。这就需要解决初次分配机会和条件不均等所带来的不公平。在初次分配中,要建立健全市场机制,辅以必要的行政手段,以效率为前提,贯彻按劳分配和按生产要素分配相结合原则,控制垄断收入,取缔非法收入,实现合理的初次分配。

2. 保证保障性收入分配到位,解决好再次分配公平问题

初次分配主要是通过市场机制来实现效率,因此会带来收入差距的拉大,这就需要政府通过再次分配加以调整。目前再次分配体制不健全,保障性收入分配不到位,需要政府以公平为原则,加大调控力度,通过加快经济立法、调整经济政策,运用税收、金融、行政等手段,合理调整国民收入分配格局,采取切实可行的措施保证低收入居民的保障性收入,解决城乡之间、区域之间和部分成员之间收入差距拉大的问题。例如,进行税赋改革,加大对各类收入的税收调节;加大转移支付力度,增加公共开支,统筹城乡、区域发展,着力解决城乡二元结构问题,工业反哺农业,城市支持农村,支持落后地区和农村发展,提高落后地区居民和农村居民的收入水平;着力解决城乡居民贫困层的生活困难,严格执行最低工资制度。调节过高收入,清理规范隐性收入,取缔非法收入,增加低收入者收入,扩大中等收入群体规模,逐步缩小贫富差距,形成"橄榄型"分配格局,最终实现共同富裕。

(四) 加强社会保障体系建设

社会保障是民生安全网、社会稳定器,与人民群众幸福安康息息相关。党的十八大以来,覆盖城乡居民的社会保障体系基本建立,社会保障工作的发展理念、发展方式、治理机制不断改革创新、转型完善,社会救助、社会保险和社会福利等方面的制度建设不断取得新进展,广大

---

① 本书编写组:《中共中央关于坚持和完善中国特色社会主义制度、推进国家治理体系和治理能力现代化若干重大问题的决定》(辅导读本),人民出版社 2019 年版,第 21 页。

人民群众的获得感显著增强。

我国社会保障制度已经基本建立,这是一个了不起的成就,但不同保障制度之间、不同地区之间、不同人群之间,在保障范围、保障水平、服务能力、服务质量上还存在不平衡不充分的矛盾。按照党的十九大提出的兜底线、织密网、建机制的要求,全面建成覆盖全民、城乡统筹、权责清晰、保障适度、可持续的多层次社会保障体系,在实践中还有很多工作需要做。要进一步完善养老保险、医疗保险、失业和工伤保险制度,建立全国统一社会保险公共服务平台,整合城乡居民基本养老保险制度,完善统一的城乡居民基本医疗保险制度和大病保险制度;推进城乡最低生活保障制度统筹发展;完善社会保险关系转移接续政策,扩大参保缴费覆盖面,适时适当降低社会保险费率;统筹城乡社会救助体系建设,进一步完善城乡低保、特困人员救助供养、医疗救助、临时救助等制度,健全农村留守儿童、妇女、老年人关爱服务体系,健全残疾人权益保障、困境儿童分类保障制度;保障妇女儿童合法权益,发展残疾人事业,提高社会福利水平。同时,要完善个人账户制度,健全多缴多得激励机制,确保参保人权益,尽快实现养老保险全国统筹;研究制定渐进式延迟退休年龄政策;加快发展企业年金、职业年金、商业保险,构建多层次社会保障体系。高度重视住房问题,坚持"房子是用来住的、不是用来炒的"这个根本定位,建立多主体供给、多渠道保障、租购并举的住房制度,让人民群众真正做到住有所居。

(五) 切实把人民健康放在优先发展的战略地位

人民健康是民族昌盛和国家富强的重要标志。人人安康,是一个民族繁荣兴旺的基石。习近平同志强调,"人民至上、生命至上,保护人民生命安全和身体健康可以不惜一切代价"。[①] 党的十八大以来,以习近平同志为核心的党中央高度重视人民群众生命健康,我国人民健康和医疗卫生水平大幅提高,人口预期寿命由 2010 年的 74.8 岁提高到 2017 年的 76.7 岁,同期婴儿死亡率由 11.3‰ 下降到 6.8‰,孕产妇死亡率由 30/10 万下降到 19.6/10 万,居民主要健康指标优于全球中高收入国家平均水平。与此同时,人口老龄化、疾病谱变化、生态环境及生活方式变化等因素,也给维护和促进人民健康带来一系列挑战。不平衡不充分的健康服务供给与人民健康需求之间的矛盾依然突出,慢性非传染性疾病已成为人民群众健康的最大威胁,医疗卫生服务模式亟待由以治疗为中心向以健康为中心转变,健康领域发展与经济社会发展的协调性有待增强,迫切需要从国家战略层面统筹解决关系人民健康的重大和长远问题,实施健康中国战略,切实把人民健康放在优先发展的战略地位。

实施健康中国战略,就要努力实现人人安康,民族永续发展。要把全生命周期健康管理理念贯穿城市规划建设管理全过程、各环节。深化医药卫生体制改革,全面建立中国特色基本医疗卫生制度、医疗保障制度和优质高效的医疗卫生服务体系,健全现代医院管理制度。统筹推进医疗保障、医疗服务、公共卫生、药品供应、监管体制综合改革。在医疗保障方面,要深化基层医疗卫生机构综合改革,健全网络化城乡基层医疗卫生服务运行机制;加快公立医院改革,落实政府责任。在医疗服务方面,要完善合理分级诊疗模式,建立社区医生和居民契约服务关系;充分利用信息化手段,促进优质医疗资源纵向流动。在公共卫生方面,要改革完善疾病预防控制体系、重大疫情防控救治体系,健全统一的应急物资保障体系。大力开展爱国卫生运动,推动从环境卫生治理向全面社会健康管理转变,倡导文明健康、绿色环保的生活方式。在

---

① 习近平:《坚持人民至上,不断造福人民,把以人民为中心的发展思想落实到各项决策部署和实际工作之中》,《人民日报》2020 年 5 月 23 日。

药品供应方面,要全面取消以药养医,理顺医药价格,建立科学补偿机制;坚持中西医并重,加强古典医籍精华的梳理和挖掘,促进中药新药研发和产业发展。在医保体制方面,要健全全民医保体系,加快健全重特大疾病医疗保险和救助制度,鼓励社会办医。实施食品安全战略,让人民吃得放心。在人口发展方面,要促进生育政策和相关政策配套衔接,加强人口发展战略研究;要积极应对人口老龄化,构建养老、孝老、敬老政策体系和社会环境;推进老年医疗卫生服务体系建设,推动医疗卫生服务延伸到社区、家庭,推进医养结合,加快老龄事业和产业发展。在基本养老金制度之外加快发展企业年金、职业年金、商业养老保险等,在经济供养、日常生活照料和心理慰藉等方面共同着手,全面实现老有所养、老有所乐。广泛开展全民健身活动,加快建设体育强国。

民生无小事,枝叶总关情。党的一切工作都要以最广大人民根本利益为最高标准,时刻都要想着那些生活中还有难处的群众。在保障和改善民生过程中,要格外关注困难群众,时刻把他们的安危冷暖放在心上,关心他们的疾苦,千方百计帮助他们排忧解难。要从人民群众关心的事情做起,切实做到使广大人民群众的获得感、幸福感、安全感更加充实、更有保障、更可持续,不断增强,使党和人民的关系更加密切。

三、打造共建共治共享的社会治理格局

社会治理是社会建设的重要内容。加强和创新社会治理是防范和应对社会领域风险的重要途径。党的十八大以来,以习近平同志为核心的党中央牢牢把握推进国家治理体系和治理能力现代化的总要求,坚持一手抓保安全、护稳定,一手抓打基础、谋长远,不断创新社会治理理念思路、体制机制、方法手段,着力从源头上预防和减少影响社会和谐稳定的问题发生,使一些社会治理难题得到有效破解,平安中国建设取得重大进展。总体上看,我国社会治理体系不断完善,社会安全稳定形势持续向好,广大人民群众的安全感和满意度不断增强。与此同时,也要清醒地看到,在社会大局总体稳定的同时,社会利益关系日趋复杂,社会阶层结构日益分化,社会矛盾和问题交织叠加,人民群众对社会事务参与意愿更加强烈,社会治理面临的形势环境更为复杂。必须时刻居安思危,强化底线思维,进一步加强和创新社会治理,打造共建共治共享的社会治理格局,化解矛盾纠纷,确保人民安居乐业、社会安定有序、国家长治久安。

(一) 创新社会治理体制机制

中华人民共和国成立后,党和国家经过长期探索逐步形成适应我国国情的社会管理制度,营造安全的发展环境,取得了重大成就。党的十八大以来,以习近平同志为核心的党中央顺应当代经济社会发展面临的新形势新任务新挑战的要求,坚持问题导向,着力推进理念创新、实践创新、制度创新,明确提出了"社会治理"这一重大命题。社会治理命题的提出,反映了我们党对社会运行规律和治理规律认识的深化,是社会建设理念、体制和方式的一次重大变革。新时代进一步加强和创新社会治理,要推陈出新、有所突破,坚持把专项治理与系统治理、综合治理、依法治理、源头治理结合起来,探索一条符合中国社会发展实际、更可持续的中国特色社会主义社会治理之路,打造共建共治共享的社会治理格局。

1. 正确把握社会治理的特点和规律

实现社会治理的深刻变革,需要从多方面进行努力。在行动理念上,政府管理部门要实现从管理到服务的转变,一切社会管理部门都是为群众服务的部门,一切社会管理工作都是为群

众谋利益的工作。在行动主体上,要从过去政府一元化管理体制转向政府与各类社会主体的多元化协同治理体制,树立大社会观、大治理观,将党总揽全局、协调各方的政治优势同政府的资源整合优势、企业的市场竞争优势、社会组织的群众动员优势有机结合起来,推动政府治理与社会自我调节、居民自治良性互动,打造全民参与的开放治理体系。在行动取向上,要从管控规制转向法治保障,顺应全面依法治国要求,以法治精神为引领,以法律手段破解难题,以社会治理法治化推进法治社会建设。

社会治理是一门科学。加强和创新社会治理,要逐步实现社会治理结构的合理化、治理方式的科学化、治理过程的民主化,正确处理社会治理过程中一些基本关系。一是处理好维稳和维权的关系。维权是维稳的基础,维稳的实质是维权。对涉及维权的维稳问题,首先要把群众合理合法的利益诉求解决好。单纯维稳,不解决利益问题,那是本末倒置,最后也难以实现稳定。要把广大人民群众合理合法的利益诉求解决好,使人民群众由衷感到权益受到公平对待、利益得到有效维护,唯有如此才能从源头上实现社会的长期和谐稳定。二是处理好社会活力和社会秩序的关系。社会发展需要充满活力,但这种活力又必须是有序的。既不能管得太死、一潭死水,也不能放得太开、波涛汹涌,要重视疏导化解、柔性维稳,发动全社会共同做好维护社会稳定工作,在更高层面上实现社会秩序与社会活力的相对均衡。三是处理好法治德治自治之间的关系。法律是成文的道德,道德是内心的法律。在基层自治过程中,要重视道德对公民行为的规范作用,以法律为基准,发挥好乡规民约、市民公约等的规范作用,做到享有权利和履行义务相一致,最终实现三者之间的良性互动,相互促进,使社会既生机勃勃又井然有序。

2. 完善社会治理体制机制

当前及今后一个时期,我国社会面临的形势环境变化之快、改革发展稳定任务之重、矛盾风险挑战之多是前所未有的,迫切需要进一步加强和创新社会治理,完善党委领导、政府负责、社会协同、公众参与、法治保障的社会治理体制,促进政府和社会各归其位、各担其责,努力实现社会善治。

要加强党对社会治理的领导。在我国社会治理体制中,党委领导是关键。只有依靠党委的坚强领导,社会治理体制才能够注入活的灵魂。党代表最广大人民的根本利益,最能够兼顾地区之间、部门之间、群体之间、公民之间社会治理利益关系的协调发展,最能够有效动员整合各方面资源,推动社会治理创新发展。完善社会治理体制,必须充分发挥党总揽全局、协调各方的领导核心作用,牢牢把握党对社会治理的领导权。在社会治理中发挥党委领导作用,必须建立健全党对重大工作的领导体制机制。各级党委要在党中央坚强领导下,抓好社会治理重大工作的总体布局、统筹协调、整体推进。要强化党组织在同级组织中的领导地位,在国家机关、事业单位、群团组织、社会组织、企业和其他组织中设立的党委(党组),要接受批准其成立的党委统一领导,确保党的方针政策和决策部署在同级组织中得到贯彻落实。要进一步坚持和完善党委领导的制度安排,不断探索实现把党的领导与现代社会治理特征有机结合,将党的领导与政府负责的治理安排有机结合,通过健全相关制度体系,落实相关治理责任,使党委领导、政府负责成为新时代中国特色社会治理体系的鲜明特征。

在社会治理中政府是起负责作用的关键主体。加强和创新社会治理,必须坚持在党委领导下,充分发挥各级政府的社会治理职能。要全面落实各级党委和政府社会治理主体责任,把加强和创新社会治理纳入各级党委和政府重要议事日程,纳入地方党政领导班子和领导干部政绩考核指标体系。政府负责不是传统意义上的管控,而是全力做好公共服务、公共管理、公共安全工作,健全利益表达、利益协调、利益保护机制。要全面落实各级政府社会治理主体责任,要做到人员到位、投入到位、工作到位、责任到位。要规范政府各部门社会治理职能,切实解决一些领域多头管理、分散管理特别是遇到难事推诿扯皮问题,形成权责明晰、奖惩分明、分工负责、齐抓共管的社会治理责任链条。

要强化社会协同。社会协同主要是解决好共建共治问题。在我国社会治理过程中,除了党和政府作为社会治理的主体之外,还包含企事业单位、社会组织和公众等多方面有序参与的治理主体。现代社会治理更强调多元治理主体参与,更强调不同主体之间协商合作。要创新社会治理思路,扩大开放公共服务市场,通过政府购买服务、健全激励补偿机制等办法,鼓励和引导企事业单位、社会组织、人民群众积极参与社会治理,打造人人有责、人人尽责的社会治理共同体。要深化基层组织和部门、行业依法治理,支持各类社会主体自我约束、自我管理,发挥市民公约、乡规民约、行业规章、团体章程等社会规范在社会治理中的积极作用。要注重社会组织培育和引导,改革社会组织管理制度,推动社会组织明确权责、规范自律、依法自治,积极参与社会治理和公共服务,更好地发挥各人民团体的社会治理功能,推动加强城乡社区群众自治组织建设,健全以群众自治组织为主体、社会各方广泛参与的新型社区治理体系,把城乡社区建设成社会治理的基础平台。

要注重公众参与。人民群众是历史的创造者,是一切社会活力的主要来源。社会治理应回归社会本体,政府应尊重社会运行中广大群众的主体地位,把群众参与社会治理的积极性调动起来,发挥公众在社会治理格局中的积极参与作用,实现自我管理、自我服务、自我发展,推动形成社会治理人人参与、和谐社会人人共享的良好局面。社会公众本身就是社会治理的对象,公众参与到社会治理中来,成为社会治理的主体,能够更好地把自身利益诉求和对公共物品、公共服务的需要反映到社会治理体系中来,对政府的社会治理职能履行情况进行监督。同时,由于公众自身就是社会治理的主体,参与社会治理政策的制定,因此公众会理解和积极执行国家和政府所制定的社会治理政策。发挥公众的主人翁作用,使其以适当的方式参与社会治理,特别是在公共政策制定过程中保证公众的充分参与,才能使公共政策更加符合民意和公众利益,进而实现社会公正,从源头上化解社会不稳定因素。

3. 积极推进社会治理方式创新

加强和创新社会治理,必须创新社会治理方式,持续提高社会治理社会化、法治化、智能化、专业化水平。提升社会治理“四化”水平,既是新形势下提升社会治理现代化水平的客观要求,又是推动社会治理创新的基本途径。要善于运用先进的理念、专业的方法、精细的标准,坚持社会治理的社会化参与、法治化引领、智能化支撑、专业化发展,切实增强社会治理的整体性、协同性、预见性、精准性和高效性。

提升社会治理社会化水平。要在党委领导和政府负责下,坚持走群众路线,组织和动员各类社会主体和广大人民群众积极参与社会治理,汇聚社会各方的智慧和力量,努力形成国家与社会、政府与民众的良性互动,确保社会既充满活力又和谐有序。在社会治理中,要充分尊重各类主体尤其是人民群众的自主性、积极性、创造性,依靠广大人民群众的智慧和自主创新,完善社会治理格局,保持社会大局稳定。一方面,要处理好政府和群众利益关系,从源头上预防和减少社会矛盾。要把人民群众的事当作自己的事,让群众由衷感到问题能反映、矛盾能化解、权益有保障。另一方面,要通过各种形式动员广大人民群众参与社会治埋,切实发挥好基层群众自治组织的自我治理功能,建立健全各类村民和居民自发性社会组织,鼓励生活服务类、自愿服务类、维护治安类的群众组织发展,让人民成为社会治理创新的坚定支持者和重要参与者。

提升社会治理法治化水平。要坚持把社会治理放在全面依法治国大局中谋划推进,引导广大党员干部自觉运用法治思维和法治方式维护群众利益、处理社会问题、化解社会矛盾、促进社会和谐,引导广大群众依法有序理性维护自身的合法权益,更好引领和规范社会生活。人民在社会治理中的权利和义务关系,需要法律来加以规范,矛盾纠纷需要法律加以解决。要以法治理念引导社会治理创新,牢固树立依法治理的理念,从法律上、制度上、政策上努力营造公平的社会环境,切实保障人民在政治、法律、机会、权利和分配上的平等地位。要健全法律制度,强化司法监督,对于社会治理创新过程中可能出现的违法违规行为和做法及时发现并加以制止、纠正。要完善公民权利保障的法律体系,在收入分配、住房教育、医疗制度改革、农村土地征用、城市房屋拆迁、劳动合同签订、农民工权益保护等方面加强立法保护工作。要以实际行动树立法律权威,让人民群众相信法不容情、法不阿贵,只要是合理合法的诉求,通过法律程序就能得到合理合法的结果,进而使社会主义法治精神在全社会得到弘扬,使社会主义法治文化发扬光大。

提升社会治理智能化水平。以新型信息技术为代表的各种新技术蓬勃发展,为社会治理带来新的挑战,也为创新社会治理提供了新动能和新机遇。要把现代科技作为推进社会治理现代化的重要抓手,提升现代社会治理效能,特别是利用大数据、云计算、物联网等手段,使新时代的社会治理过程更为科学、智慧,为社会长期和谐稳定提供技术保障和支撑。要牢固树立社会治理智能化支撑理念,统筹实施网络强国战略、大数据战略,整合集中各类信息化资源,以科技为引领、以信息为支撑,提升社会治理智能化水平。要通过智能化实现社会治理大数据挖潜。要打破条块分割状况,坚持以超前的理念,通过云计算、物联网、人工智能等高新技术手段探寻服务社会治理的切入点,充分应用大数据资源,促进信息化与社会治理的深度融合,优化社会治理过程。要通过智能化实现社会治理精细化。各类社会治理主体可以通过获取、管理、分析、存储等手段,利用这些数据精细研判、精细施治、精细服务、精细反馈,有针对性地改进管理服务的策略。要通过智能化让多元社会治理主体深度参与社会治理。广泛推广和应用诸如"智慧法院""智慧公安""智慧社区""智慧乡村"等智能化社会治理模式,促进社会治理全面提质换挡升级。

提升社会治理专业化水平。要适应社会治理现代化、网络化、信息化需要,按照专业化标准、运用现代治理手段更好地创新社会治理。要把社会治理作为一门科学进行研究,深化对社会运行规律和治理规律的认识,注重社会治理专业队伍建设,善于运用先进的理念、科学的态度、专业的方法、精细的标准提升社会治理效能,增强社会治理的预见性、精准性、高效性。努力建设一支包括社会工作专业人才、思想政治工作人才、社会组织工作人才、基层社区工作人才、网络舆情工作人才、应急管理人才等在内的现代社会治理人才队伍,夯实社会治理基础。此外,还要提高综合运用专业化工作方法能力,熟练运用预测预警、风险防控、事件应急、教育感化、心理疏导、矛盾调处、利益协调、政策引导、规范执法、责任追究等机制,借助信息化手段,德法并举,实现社会治理目标。

(二) 深入推进平安中国建设

平安是老百姓解决温饱后的第一需求。自党的十八大首次明确提出深化平安建设以来,平安中国建设全面启动。我国创造出经济持续健康发展、社会大局持续稳定的两个奇迹,被认为是世界上最安全的国家。同时也要看到,当前和今后一个时期我国正处于发展转型期、改革攻坚期,社会治安面临前所未有的新情况新问题。现阶段我国既有发展中国家工业化、城市化进程中遇到的普遍性问题,又有由我国基本国情所决定的特殊性问题,这些问题相互交织,给预防化解社会治安风险带来新挑战。一个时期以来严重暴力、多发性侵财等传统犯罪依然居高不下,危害食品药品安全、环境污染、电信诈骗等新型犯罪增多;在我国经济运行总体平稳的同时,金融、房地产等领域风险因素日益突出,就业压力加大,劳资、债务等纠纷增多,非法集资、金融诈骗等涉众型经济犯罪上升。随着现代信息技术的发展,网络社会与现实社会互动更加明显,传统违法犯罪向网上蔓延,网络黄赌毒、诈骗、传销、窃取公民个人信息等违法犯罪增多,严重影响公共安全。提高人民群众安全感,面临复杂严峻的形势,必须立足实际、突出重点,标本兼治、全面发力,以扎实有效举措确保社会和谐稳定。

1. 加强社会治安综合治理

提升人民群众安全感,必须推动社会治安防控、食品药品安全、安全生产等各项措施落到实处,确保人民生命财产安全。生命安全是最基本、最重要的安全,直接影响社会稳定。要预防和减少命案和重特大案(事)件。不断完善各类安全隐患滚动排查和风险评估、监测预警机制,确保对本地区影响公共安全的各类风险心中有数,并制定更加务实、高效的应对预案,真正形成常态化的安全监管机制。要着眼于命案和重特大案件的预防治理,深入做好流动人口和特殊人群服务管理、预防青少年违法犯罪、矛盾纠纷排查化解等各项工作,努力预防和减少刑事案件、治安案件,改善治安环境。

深入开展扫黑除恶专项斗争。2018年1月,中共中央、国务院发出《关于开展扫黑除恶专项斗争的通知》,一场全国性的扫黑除恶专项斗争就此拉开序幕。各地聚焦涉黑涉恶问题突出的重点地区、重点行业、重点领域,把打击锋芒对准群众反映最强烈最深恶痛绝的各类黑恶势力违法犯罪,形成了扫黑除恶的强大声势。当前,针对黑恶势力违法犯罪"隐蔽化"、组织形式"合法化"、组织头目"幕后化"、打手马仔"市场化"、渗透领域"广泛化"的新动向,要不断完善打击手段,提升打击效果。如针对黑恶势力从过去的采砂、建筑等行业,转为向物流、交通等领域渗透,近年来还出现向金融领域渗透的趋势,要及时延伸触角,坚决打击非法高利放贷、暴力讨债和"套路贷""校园贷"等新型犯罪行为。要紧盯涉黑涉恶重大案件、黑恶势力经济基础、背后关系网保护伞不放,在打防并举、标本兼治上下真功夫、细功夫,确保取得实效、长效。专项斗争要把打击黑恶势力犯罪和反腐败、基层"拍蝇"结合起来,把扫黑除恶和加强基层组织建设结合起来,深挖黑恶势力"保护伞",不断增强人民群众的安全感。

2. 强化自然灾害防灾减灾救灾能力

我国自然灾害种类多、分布广、频度高、差异大,是世界上受自然灾害影响最为严重的国家之一;严峻的形势要求我们必须进一步加强防灾减灾救灾工作。要按照国家应急管理体制改革的要求,严格落实分级负责体制,一般性灾害由地方各级政府负责,国家应急管理部代表中央统一响应支援;发生特别重大灾害时,国家应急管理部作为指挥部,协助中央指定的负责同志组织应急处置工作,各级地方政府和职能部门必须做到职责明确、分工有序,确保政令畅通,行动有序有效。

要不断完善防灾减灾救灾运行机制,提升综合防灾减灾救灾能力。要着力提高灾害监测预报预警能力。进一步健全各类灾害监测站网体系,加强多灾种和灾害链研究,不断增强地震、地质、水旱等自然灾害及各类次生衍生灾害的监测预报和预警能力。要着力提升基层综合减灾能力。深入推进自然灾害综合风险评估、灾害隐患排查治理、国家综合减灾示范社区创建、应急避难场所体系建设等,不断提升基层综合防灾减灾能力。要着力提升灾害应急处置能力。加强应急救援专业队伍建设,完善以应急管理系统专业救援队伍为骨干力量、以专门应急救援队伍和基层应急救援队伍为支撑、以社会应急救援队伍和志愿者为辅助力量、以专家智库为决策支撑的灾害应急处置力量体系。同时,要完善自然灾害救助政策、灾害损失评估制度、灾后恢复重建相关制度和标准体系,形成上下协同合力,不断提高灾后恢复重建能力,尽量减少人民群众的生命财产损失。

3. 强化安全生产监管能力

安全生产事关人民生命财产安全和经济社会稳定发展。当前,我国安全生产总体形势稳定,但重特大生产安全事故仍时有发生,安全生产仍然是经济社会发展的薄弱环节。安全生产监管的改革发展是一项艰巨的政治任务,必须完善相关体制机制建设,不断提高安全生产监管能力,从实从细抓好安全生产工作。

要强化安全生产责任制落实。明确各有关部门安全生产工作职责,推动企业严格落实企业主体责任。健全责任考核机制,建立与经济社会发展相适应和体现安全发展水平的考核评价体系。严格责任追究制度,建立企业生产经营全过程安全责任追溯制度。要强化安全生产依法治理。完善安全监管执法机制,完善安全生产执法纠错和执法信息公开制度,加强社会监督和舆论监督。健全监管执法保障体系,加强监管执法技术支撑体系建设,加强监管执法制度化、标准化、信息化建设,确保规范高效监管执法。完善事故调查处理机制,坚持问责与整改并重,充分发挥事故查处对加强和改进安全生产工作的促进作用。要强化安全预防控制,加强安全风险管控,实行重大安全风险"一票否决",构建国家、省、市、县四级重大危险源信息管理体系,对重点行业、重点区域、重点企业实行风险预警控制,有效防范重特大生产安全事故。建立隐患治理监督机制,制定生产安全事故隐患分级和排查治理标准,严格重大隐患挂牌督办制度。完善大型群众性活动安全管理制度,加强人员密集场所安全监管。加强重点领域工程治理,深入推进煤矿瓦斯、水害等重大灾害和矿山采空区、尾矿库以及危险化学品、金属冶炼、粉尘防爆等行业领域的专项整治,切实保障生产安全和人民群众的生命财产安全,为平安中国建设和社会和谐稳定打下坚实基础。

新时代新阶段,我国面临复杂多变的内外形势、艰巨繁重的改革发展稳定任务,社会领域矛盾突出、风险叠加。科学有效应对社会领域的重大风险和考验是党的一项长期而艰巨的任务,也是一项复杂的系统工程。我们必须坚持以人民为中心的发展思想,始终把民生疾苦放在心上,协调好利益关系,实现好、维护好、发展好人民利益。要增强法治意识,推动社会治理创新,善于运用法律手段解决各类矛盾和纠纷,提高矛盾纠纷化解能力,积极推进社会主义和谐社会建设,不断增强人民群众的幸福感、安全感、满意度,为推进改革开放和社会主义现代化强国建设营造良好的社会环境。

第七章
有效应对外部环境领域重大风险和考验之方略

外部环境是一个国家在生存发展进程中与国际因素发生关联,并受其影响和制约的经济、政治、文化、社会等外部条件。外部环境风险指我们党面临的来自国际方面的可能干扰或中断社会主义现代化进程的风险挑战。随着新科技革命和经济全球化的发展,各国高度相互依存,任何一个国家、民族都不可能孤立地处于世界之中,都必然与其他国家、民族发生各种各样的联系,各类国内问题的跨境联系和传染性也日益增强,国内治理和全球治理之间的联系越来越紧密。我国作为世界第二大经济体,在实现自身发展目标的过程中,必然受到世界形势、发展状况及技术、资源等多方面条件的影响和制约。当代国际格局的演变和深刻变化,必然使我国外部环境领域的风险压力日渐加大。习近平同志指出:"当前,世界大变局加速深刻演变,全球动荡源和风险点增多,我国外部环境复杂严峻。我们要统筹国内国际两个大局、发展安全两件大事,既聚焦重点又统揽全局,有效防范各类风险连锁联动。"[1]我们只有认真研究和把握我国外部环境的现状及发展趋势,采取有效举措防范和应对外部环境领域的重大风险挑战,才能为我国社会主义现代化建设创造良好的外部条件。

第一节　实现经济社会发展战略目标必须营造良好外部环境

进入新时代以来,中国所处的国际环境发生了深刻变化。世界处于百年未有之变局,人类社会既充满希望,又充满挑战。和平与发展仍是时代主题,同时全球深层次矛盾突出,不稳定性不确定性增多。随着中国融入国际体系的程度不断加深,中国与世界的关系日益密切,互动日益频繁,相互影响更加广泛和深入。时代变迁和格局转变所带来的外部环境领域重大风险挑战是综合全面的、多种形式的,并且是相互作用和相互影响的。中国的前途命运日益紧密地同世界的前途命运联系在一起。中国与世界的关系如何,不仅影响中国的前途,也关乎世界的未来。中国与世界的发展密切相关,能否营造良好的外部环境直接关系到国家经济社会发展和中华民族伟大复兴的实现。

一、当代中国与世界的紧密联系前所未有

中华人民共和国成立后,我们党坚持独立自主的和平外交政策,从根本上改变了中国与世

---

① 《习近平谈治国理政》第 3 卷,外文出版社 2020 年版,第 222 页。

界的关系。我国在和平共处五项原则基础上积极发展对外关系,打破了以美国为首的西方帝国主义阵营对新中国的封锁,与世界各国的关系全面推进。改革开放以来,我国与世界的联系和交往逐步扩大,与世界的联系越来越紧密。2013 年党的十八届三中全会为新时代全面深化改革指明了前进方向,中国开启了新一轮改革开放的壮丽征程。我国推动对内对外开放相互促进、"引进来"和"走出去"更好结合,促进国际国内要素有序自由流动、资源高效配置、市场深度融合,加快培育参与和引领国际经济合作竞争新优势,以开放促改革。我国通过放宽投资准入、加快自由贸易区建设、扩大内陆沿边开放等战略举措,打造全方位开放新格局。

（一）我国全方位推进对外关系与国际合作

中国是世界的中国,中国的发展与世界紧密相连。中华人民共和国成立初期,我们努力打破外部封锁,积极开展经贸、文化等领域对外交流。1971 年,中国恢复在联合国的合法席位,以更加积极的姿态在国际事务中发挥作用。1980 年 4 月和 5 月,中国先后恢复了在国际货币基金组织和世界银行的合法席位。2001 年,中国加入世界贸易组织,更加广泛深入地参与国际经贸交流与合作。中国在国际社会广交朋友,已与 180 个国家建立外交关系,参加了 100 多个政府间国际组织,签署了 300 多个国际公约,同几十个国家和区域组织建立了战略伙伴关系和全方位合作伙伴关系,在联合国、世界贸易组织等全球性国际组织和二十国集团、金砖国家等新兴国际机制中发挥着重要作用,成为亚太经合组织、上海合作组织、亚信、东亚"10＋3"机制、东亚峰会、博鳌亚洲论坛等区域组织、机制中的重要力量。我国积极顺应全球化潮流,坚持对外开放基本国策,打开国门搞建设,拥抱世界、学习世界、贡献世界,与世界良好互动、共同发展。

中国积极维护世界和平与发展。20 世纪 50 年代,我国同印度、缅甸共同倡导的和平共处五项原则,成为国际关系基本准则和国际法基本原则,为推动建立公正合理的国际政治经济秩序发挥了重要作用。近年来,我国着眼国际形势发展变化,提出推动构建人类命运共同体、推动构建新型国际关系、共建"一带一路"、新安全观、全球治理观、文明观等一系列重要理念、重要倡议,为维护世界和平、促进共同发展贡献了中国智慧。我国积极参与国际军控、裁军和防扩散进程,反对军备竞赛,维护全球战略平衡与稳定。我国签署或加入《不扩散核武器条约》等 20 个多边军控、裁军和防扩散条约。我国已成为联合国第二大维和预算摊款国和经常性预算会费国,是联合国安理会 5 个常任理事国中派遣维和军事人员最多的国家,截至 2018 年 12 月,中国军队已累计参加 24 项联合国维和行动,派出维和军事人员 3.9 万余人次,13 名中国军人牺牲在维和一线。① 根据联合国安理会有关决议,我国于 2008 年 12 月起派遣海军舰艇编队赴亚丁湾、索马里海域实施常态化护航行动,与多国护航力量进行交流合作,共同维护国际海上通道安全。我国还派遣军队参与国际灾难救援和人道主义援助,积极参与重大国际和地区热点问题解决,为维护世界和平与发展发挥了建设性作用。

中国积极促进全球共同发展。我国作为世界上最大的发展中国家,一直是全球减贫与发展事业的倡导者、推动者和践行者。我国在致力于实现自身发展、消除贫困的同时,积极开展南南合作,向其他发展中国家提供不附加任何政治条件的援助,支持和帮助广大发展中国家特别是最不发达国家消除贫困。中华人民共和国成立以来,共向 166 个国家和国际组织提供近 4 000 亿元人民币援助,派遣 60 多万名援助人员,700 多人为他国发展献出了宝贵生命。先后

---

① 国务院新闻办公室:《新时代的中国与世界》(白皮书),新华网 2019 年 9 月 27 日。

7 次宣布无条件免除重债穷国和最不发达国家对华到期政府无息贷款债务。我国积极向亚洲、非洲、拉丁美洲、大洋洲的 69 个国家提供医疗援助,先后为 120 多个发展中国家落实联合国千年发展目标提供帮助。积极参与联合国 2030 年可持续发展议程磋商,全面做好国内落实工作,率先发布落实议程的国别方案和进展报告。在南南合作框架下,为其他发展中国家落实议程提供帮助。中国—联合国和平与发展基金 2030 年可持续发展议程子基金 3 年来成功实施 27 个项目,惠及 49 个亚非拉国家,为全球落实议程注入强大动力。2015 年,中国宣布设立南南合作援助基金,截至 2018 年,已在亚洲、非洲、美洲等地区 30 多个国家实施了 200 余个有关救灾、卫生、妇幼、难民、环保等领域的发展合作项目。① 我国在实现自身发展的同时,为世界和平作出了贡献,为各国共同发展注入了动力。

（二）中国在与世界的联系互动中发展

中国在开放中谋求共同发展,逐步形成了全方位、立体化、宽领域的对外开放格局。对外开放为中国带来了资金、先进技术和管理经验,转变了中国人民的思想观念,激发了中国人民的创造热情,显著提升了中国的现代化建设水平。同时,中国的开放发展为其他国家提供了广阔市场。中国开放对外投资与服务贸易,促进了当地经济增长和就业。中国积极参与国际分工,推动全球资源配置更加合理。中国人足迹遍及全球,极大促进了中外交流互鉴。

打开国门,大规模"引进来",使我国的发展充满生机与活力。我国地大物博,发展潜力雄厚。安全稳定的政治环境,数量庞大、需求不断升级的消费群体,素质全面、吃苦耐劳的劳动者,健全完善、周全周到的基础设施,公平竞争和法治化、国际化、便利化的营商环境,为各国提供了广阔市场、合作契机。中国始终是全球共同开放的重要推动者、各国拓展商机的活力大市场。中国既是"世界工厂",也是"全球市场"。中国的劳动力资源近 9 亿人,就业人员 7 亿多,受过高等教育和职业教育的高素质人才 1.7 亿,每年大学毕业生近千万,人才红利巨大。中国不断优化营商环境,给国外生产者、投资者提供了更加广阔的空间、更加优质的营商环境。因而,国际社会普遍看好中国发展,越来越多的国家与中国开展合作,越来越多的外国企业来中国投资兴业,越来越多的外国人士来中国学习工作、观光旅游。我国不仅引进并有效利用了大量海外资本,日渐成为世界上一个巨大的产品消费市场和最具吸引力的投资目的地,而且与世界经济逐步建立起紧密的联系。1978 年至 2018 年,中国累计吸引非金融类外商直接投资 2 万亿美元,累计设立近 100 万家外商投资企业。2018 年,有 49.2 万余名外国留学人员来华学习。加入世界贸易组织后,中国参与经济全球化提质增速。1978 年至 2018 年,中国货物进出口总额增长 23 倍,服务贸易进出口总额增长超过 147 倍。截至 2018 年 11 月,中国与 230 多个国家和地区有贸易往来,与 25 个国家和地区达成 17 个自贸协定,加入世界上几乎所有重要国际经济与金融组织和多边经济机制。世贸组织数据显示,2017 年,中国在全球货物贸易进口和出口总额中所占比重分别达到 10.2% 和 12.8%;2018 年,进口和出口总额占比分别达到 10.8% 和 12.8%。2001 年至 2018 年,中国货物贸易进口额从 2 436 亿美元增至 2.1 万亿美元,年均增长 13.6%,高于全球平均水平 6.8 个百分点;服务贸易进口额从 393 亿美元增至 5 250 亿美元,年均增长 16.5%,占全球服务贸易进口总额的 9.4%。② 中国经济与世界经济深度融合,成为世界经济体系的重要组成部分。

---

① 国务院新闻办公室:《新时代的中国与世界》(白皮书),新华网 2019 年 9 月 27 日。
② 国务院新闻办公室:《新时代的中国与世界》(白皮书),新华网 2019 年 9 月 27 日。

　　开拓海外市场,大踏步"走出去",使我国深度融入世界经济。从经贸投资到人文交流,从官方到民间,中国以前所未有的速度、广度和深度走向世界,开展全方位、宽领域、多层次的对外交流合作。中国企业积极参与国际竞争与合作,开展全球贸易投资活动,能源资源产地、企业、资本分布在世界各地,航线遍及各大洋,投资层次和水平不断提升;为促进东道国经济增长、扩大当地就业作出了贡献。2018年,中国对外直接投资1 430.4亿美元,是2002年的53倍,年均增长28.2%。截至2019年年底,中国境外企业已超过4.4万家,分布在全球188个国家和地区,境外资产总额达7.2万亿美元。对外贸易逐年增长,从1978年至2018年,中国对外贸易累计达到52.2万亿美元;2018年,货物贸易和服务贸易出口额分别达到2.5万亿美元、2 668亿美元。① 近年来,中国与世界各国的人员交往越来越密切,我国连续保持世界第一大出境旅游客源国地位。中美两国每天有上万人穿梭于太平洋两岸。我国与东盟之间的人员往来年均超过千万人次,每周往来的航班上千个。半年以上的海外学习、务工、就业的中国国籍人员已超过500万。2018年,中国公民出境旅游近1.5亿人次。② 我国还通过开办孔子学院和孔子课堂、设立中国文化中心、互办文化年、积极参加国际文化组织等,与世界各国加强人文交流互鉴,在借鉴其他国家优秀经验的同时为世界文化发展作出了重要贡献。我国成功举办北京奥运会和上海世博会,在世界文化领域产生了深远影响。

　　尤其是党的十八大以来,党中央以共商共建共享为原则,以和平合作、开放包容、互学互鉴、互利共赢的"丝绸之路"精神为指引,以政策沟通、设施联通、贸易畅通、资金融通、民心相通为重点,推动高质量共建"一带一路",取得丰硕成果。在政策沟通方面,"一带一路"倡议提出以来,得到160多个国家(地区)和国际组织积极响应,截至2019年8月底,中国政府已与136个国家和30个国际组织签署195份"一带一路"合作文件。在设施联通方面,中老铁路、中泰铁路、匈塞铁路、雅万高铁等重点区际洲际铁路网络建设取得重大进展。截至2019年6月底,中欧班列累计开行数量16 760列,到达境外16个国家、53个城市,运送货物143.8万标箱。在贸易畅通方面,中国设立18个自由贸易试验区。2017年首届"一带一路"国际合作高峰论坛以来,中国与沿线国家签署100多项海关检验检疫合作文件,建立了40多个海关检验检疫合作机制。2013年至2018年,中国与沿线国家货物贸易进出口总额近6.5万亿美元。③ 在资金融通方面,开放、多元、市场化的投融资体系不断完善。中国人民银行与世界银行集团国际金融公司、欧洲复兴开发银行和非洲开发银行等开展联合融资,截至2019年一季度末,已累计投资近200个项目,覆盖70多个国家和地区。截至2018年底,中国企业对沿线国家直接投资超过900亿美元,对外承包工程完成营业额超过400亿美元。在民心相通方面,截至2019年7月,在已与中国签订共建"一带一路"合作文件的136个国家中,中国共与113个国家缔结涵盖不同种类护照的互免签证协定,共与25个国家达成简化签证手续协定或安排。首届"一带一路"国际合作高峰论坛以来,中国已向沿线发展中国家提供20亿人民币紧急粮食援助,实施100个"幸福家园"、100个"爱心助困"、100个"康复助医"等项目。2017年,沿线国家3.87万人接受中国政府奖学金来华留学。2018年,中国接收500名沿线国家青年科学家来华开展科研交流。④ "一带一路"倡议源于中国,机会和成果属于世界,是名副其实的资源共享、共同繁荣、共同发展之路。

---

① 国务院新闻办公室:《新时代的中国与世界》(白皮书),新华网2019年9月27日。
② 国务院新闻办公室:《新时代的中国与世界》(白皮书),新华网2019年9月27日。
③ 国务院新闻办公室:《新时代的中国与世界》(白皮书),新华网2019年9月27日。
④ 国务院新闻办公室:《新时代的中国与世界》(白皮书),新华网2019年9月27日。

"引进来"和"走出去"的有效结合,促进了我国经济的高速发展;科技整体水平加速提升,一批重大科技成果达到或接近世界先进水平;国防实力、综合国力进入世界前列。随着我国综合国力的跃升,我国在国际事务中的话语权、主动权得到极大提升,在国际事务中的地位与作用更加突出。

二、良好外部环境是经济社会健康持续发展的保障

中华人民共和国成立以来,我国经济的高速增长与外部环境发展息息相关。进入 21 世纪之前,美国经济总量遥遥领先于其他经济体,热衷于奉行自由开放的对外经济政策。在外部环境较为有利的背景下,我国坚持对外开放取得了良好的效果。2008 年国际金融危机后,国际环境发生显著变化。随着中国成为世界第二大经济体,我国与第一大经济体美国的关系趋于复杂化。特别是在新冠疫情冲击下,全球经济遭受前所未有的挑战,发达国家对全球化的态度发生了转变。此前长时期充当引领作用的发达国家,成了逆全球化潮流的主要鼓噪者,以美国为首的某些西方国家开始将中国当作主要的竞争对手,甚至"敌人",从而使我国发展的外部环境严重恶化。在新发展格局下,要顺利实现我国"十四五"规划和 2035 年远景目标,积极营造良好外部环境势在必行。

(一) 中国与外部世界已形成命运共同体

随着我国日益走近世界舞台中心,我国与世界各国相互联系、相互依存的程度空前加深,经济文化交往交流日益密切,越来越成为你中有我、我中有你的命运共同体。如同习近平同志所说:"中国与世界的关系在发生深刻变化,我国同国际社会的互联互动也已变得空前紧密,我国对世界的依靠、对国际事务的参与在不断加深,世界对我国的依靠、对我国的影响也在不断加深。"[①]

中国与世界命运相连。随着世情国情的发展变化,我国与外部世界的关系发生了历史性变化。我国成功实现了从相对封闭到全方位开放的伟大转折。从经济规模上看,我国已经发展成为世界第一大工业国、第一大货物贸易国、第一大外汇储备国、第二大经济体和第二大投资国。我国的发展越来越离不开世界市场和海外能源资源。2013 年,中国进出口贸易额约占 GDP 的 45%。国家利益日益向海外拓展。目前我国年出境人数超过上亿人次,在全球各地投资不断增加,在境外的中资企业达 4 万余家。中国经济的对外依存度不断上升,尤其是能源对外依存度在不断攀升,在石油、天然气领域已经分别达到 60% 和 30% 以上,世界市场的任何波动都会对中国国内经济产生影响。我国已经深深融入国际分工体系,与外部世界已成为同呼吸、共命运的利益共同体。

中国与世界安危与共。"地球村"的世界决定了各国各民族的利益交融,一损俱损、一荣俱荣。在全球化和信息化时代,安全问题具有很强的传导性和联动性。国际安全问题国内化与国内安全问题国际化更加凸显。例如,近年来国际恐怖主义活动日益猖獗,使我国国内面临的恐怖主义威胁不断上升,直接影响国内社会稳定乃至广大人民生命安全。此外,国际经济金融安全、能源安全、粮食安全,网络安全、自然灾害、公共卫生等各类非传统安全挑战突出,对中国维护自身安全也有影响。中国作为国际社会的重要一员,肩负着与世界各国携手应对各类全球性安全挑战的责任,对维护国际安全发挥着重要积极作用。

---

① 新华社:《习近平出席中央外事工作会议并发表重要讲话》,新华网 2014 年 11 月 29 日。

中华人民共和国成立70多年来的实践证明并将继续证明,中国的发展离不开世界,离不开世界总体和平、周边总体稳定这样的大环境,离不开国际市场、资源、资金、技术和人才,离不开对人类一切优秀文明成果的吸收借鉴。国际政治、经济、安全形势的发展变化,紧密牵动着中国经济社会的稳定和发展。同样,世界的和平与发展也离不开中国。中国与世界的关系将朝着深度融合、安危与共、联系日益紧密的命运共同体方向不断迈进。

(二) 努力营造良好外部环境才能促进我国经济社会健康持续发展

当今世界,新一轮科技革命和产业变革深入发展,国际力量对比深刻调整;同时国际环境日趋复杂,不稳定性、不确定性明显增加。党的十九届五中全会通过的《中共中央关于制定国民经济和社会发展第十四个五年规划和二〇三五年远景目标的建议》指出:"我国发展环境面临深刻复杂变化。当前和今后一个时期,我国发展仍然处于重要战略机遇期,但机遇和挑战都有新的发展变化。"[1]国际环境的深刻变化给我国发展既带来一系列新机遇,也带来一系列新矛盾新挑战,是危机并存、危中有机。我们要化危为机,努力为经济社会健康持续发展营造良好外部环境。

要深刻认识国际环境的复杂性。一方面世界进入动荡变革期,单边主义、保护主义、霸权主义对世界和平与发展构成威胁,冷战思维和强权政治阴魂不散,国际关系中不公正不平等现象依然突出,全球发展中深层次矛盾仍未得到有效解决。另一方面和平与发展仍然是时代主题,世界大变局的趋势和方向并未因新冠疫情冲击而改变,国际体系变革在困难挑战中持续深化。虽然美国一强称霸的局面暂时不会改变,但是,随着一大批新兴市场国家与发展中国家的快速发展,包括中国迅速发展、俄罗斯国力恢复、欧盟自我意识觉醒、印度崛起等,再加上非盟、阿盟等地区性国际政治组织的作用日益显现,多极化世界的雏形日渐明朗,多边主义仍是国际关系主流。在世界多极化进程加深的时代,各大力量之间逐渐形成相互制约与制衡关系,任何国家或国家集团都无法单独主宰世界事务,国与国之间的合作变得越来越重要,一两个超级大国操纵国际事务和少数大国划分势力范围的时代,已经一去不复返。最为重要的是,我国国际地位与作用不断增强,对国际规则的话语权不断提升,对国际秩序重塑的影响力不断扩大,这为我们引领世界大变局、塑造外部环境提供了重要保障。

国际形势和外部环境的复杂变化,给我国防范和应对外部环境领域的风险挑战、营造经济社会发展的良好外部环境提出了新的更高要求。我们必须树立世界眼光、把握时代脉搏,要把当今世界的风云变幻看准、看清、看透,从林林总总的表象中发现本质,尤其要认清长远趋势。习近平同志强调:"当今世界是一个变革的世界,是一个新机遇新挑战层出不穷的世界,是一个国际体系和国际秩序深度调整的世界,是一个国际力量对比深刻变化并朝着有利于和平与发展方向变化的世界。我们看世界,不能被乱花迷眼,也不能被浮云遮眼,而要端起历史规律的望远镜去细心观望。"[2]我们既要充分估计国际格局发展演变的复杂性,更要看到世界多极化向前推进的态势不会改变;既要充分估计世界经济秩序调整的曲折性,更要看到经济全球化进程不会改变;既要充分估计国际矛盾和斗争的尖锐性,更要看到和平与发展的时代主题不会改变;既要充分估计国际秩序之争的长期性,更要看到国际体系变革方向不会改变;既要充分估计我国周边环境中的不确定性,更要看到亚太地区总体繁荣稳定的态势不会改变;既要重视不同思想文化相互激荡的现实,更要看到各种文明交流互鉴的大势不会改变。我们只有辩证认

---

[1] 中共中央委员会:《中共中央关于制定国民经济和社会发展第十四个五年规划和二〇三五年远景目标的建议》,《人民日报》2020年11月4日。

[2] 新华社:《习近平出席中央外事工作会议并发表重要讲话》,新华网2014年11月29日。

识和把握国内外大势,清醒看到我国外部环境领域面临的重大风险挑战,正确把握国际形势的新特点和发展趋势,增强机遇意识和风险意识,不断提高应对国际局势变化的能力,制定出适应中国国情和符合世界发展趋势的战略方针和发展蓝图,善于在危机中育先机、于变局中开新局,加快构建以国内大循环为主体、国内国际双循环相互促进的新发展格局,以国内的高质量发展促进世界各国共同发展,才能为我国经济社会健康持续发展、进而实现中华民族的伟大复兴营造良好外部环境和创造更多有利条件。

第二节　新时代外部环境领域面临的重大风险

新的时代,虽然世界动荡不安、充满火药味,但总体和平的态势可望维持;我国发展仍处于重要战略机遇期,同时面临的国际国内问题数量之多、规模之大、程度之深前所未有。如同习近平同志所说:"当今世界的变局百年未有,变革会催生新的机遇,但变革过程往往充满着风险挑战。"[①]新冠疫情全球大流行使世界大变局加速演变,世界多极化、经济全球化在曲折中前行,地缘政治热点此起彼伏,恐怖主义、武装冲突的阴霾挥之不去;单边主义、保护主义愈演愈烈,多边主义和多边贸易体制受到严重冲击;国际经济、科技、文化、安全、政治等格局都在发生深刻调整,我国发展的外部环境将面临更加深刻复杂变化,风险和挑战亦前所未有。

一、人类面临严峻的全球性挑战

当今世界,人类已形成休戚与共的命运共同体。中国是世界的一部分,人类面临的共同问题同样构成中国发展的重要外部环境。目前国际安全形势总体稳定,但依然存在着诸多风险挑战。尽管和平、发展、合作、共赢仍然是当今时代潮流,国际力量对比朝着有利于维护世界和平与发展的方向发展,但在总体和平的态势下,大国战略博弈加剧,局部依然紧张动荡,热点、敏感问题此起彼伏,人类面临着严峻的全球性挑战。习近平同志在中法全球治理论坛闭幕式上的讲话中把人类面临的全球性挑战归纳为"和平赤字""信任赤字""发展赤字""治理赤字"[②],这既是全人类面临的严峻挑战,同样是我国外部环境领域面临的重大风险考验。

(一)"和平赤字"

人类今天所处的安全环境仍然堪忧,地区冲突和局部战争持续不断,恐怖主义仍然猖獗,不少国家民众特别是儿童饱受战火摧残。造成和平赤字的重要原因是霸权主义和强权政治仍然存在,其坚持冷战思维、零和博弈的旧思维,奉行弱肉强食的丛林法则,动辄使用武力或以武力相威胁,为一己之私挑起事端、激化矛盾,以邻为壑、损人利己。国际关系的实践表明,霸权主义和强权政治不但损害国际公平正义,而且不利于从根本上解决各类矛盾冲突,还会侵蚀世界和平的根基。

(二)"信仟赤字"

信任是国际关系中最好的黏合剂。然而由于霸权逻辑和零和思维的影响,当前国际竞争

---

① 《习近平谈治国理政》第 3 卷,外文出版社 2020 年版,第 455 页。

② 《习近平谈治国理政》第 3 卷,外文出版社 2020 年版,第 460 页。

摩擦呈上升之势,地缘博弈色彩明显加重,国际社会信任和合作受到侵蚀。文明的繁盛、人类的进步,离不开求同存异、开放包容,离不开文明交流、互学互鉴。如果奉行你输我赢、赢者通吃的老一套逻辑,如果采取尔虞我诈、以邻为壑的老一套办法,结果必然是封上了别人的门,也堵上了自己的路,侵蚀的是自己发展的根基,损害的是全人类的未来。只有坚持对话协商、求同存异、聚同化异,通过坦诚深入的交流沟通,增进战略互信,减少相互猜疑,加强不同文明对话,加深相互理解和彼此认同,让各国人民相知相亲、互信互敬,才能创造全人类共同发展的良好条件,共同推动世界各国发展繁荣。

(三)"发展赤字"

今天的世界,物质技术水平已经发展到古人难以想象的地步,但发展不平衡不充分问题仍然普遍存在,收入分配不平等,南北发展差距依然巨大,贫困和饥饿依然严重,新的数字鸿沟正在形成,世界上还有很多国家的民众生活在困境之中。造成发展赤字的重要原因是一些西方发达国家为了维护自身在国际产业链和价值链中的优势地位,极力推行逆全球化的单边主义、保护主义,从各方面压制广大发展中国家经济发展和科技进步,加剧了世界发展失衡。只有坚持多边主义,推进开放、包容、普惠、平衡、共赢的经济全球化,才能让发展成果惠及世界各国,让人人享有富足安康。

(四)"治理赤字"

当今世界多极化、经济全球化在曲折中前行,地缘政治热点此起彼伏,恐怖主义、武装冲突的阴霾挥之不去;气候变化、网络安全、难民危机、恐怖主义等非传统安全威胁持续蔓延,单边主义、保护主义愈演愈烈,多边主义和多边贸易体制受到严重冲击。造成治理赤字的重要原因是全球治理体系落后于世界发展进程。近年来,世界形势发生重大变化,原来在传统治理体系中掌握话语权的西方国家的代表性下降、治理有效性不够、改革积极性不高,使得全球治理面临的不平衡、不公正问题越来越突出。能否推动国际秩序和全球治理朝着更加公正合理的方向发展,关乎各国特别是新兴市场国家和发展中国家的发展空间,关乎全世界的繁荣稳定。

公平正义是各国人民在国际关系领域的共同追求。纵观近代以来国际关系演变的历史,各方核心关切得到较好平衡之时,世界形势往往相对稳定;国家间秩序安排明显有失公允之时,世界就容易陷入动荡不安。当前,"和平赤字""信任赤字""发展赤字""治理赤字"是人类面临的严峻挑战。要合作还是要对立,要开放还是要封闭,要互利共赢还是要以邻为壑,国际社会再次来到何去何从的十字路口。良好稳定的外部环境,是所有国家发展的重要前提,对中国来说更是如此。

二、美国推行霸权主义打压中国发展

进入 21 世纪,世界多极化趋势愈加明显并日益向纵深发展。新兴市场国家和发展中国家群体性崛起,国际力量对比正在发生深刻变化。2021 年中国的经济总量占世界的比重达18%。但作为守成大国的美国仍坚持冷战思维、零和博弈,极力推行霸权主义,打压他国尤其是被其视为竞争对手的中国的发展,对华施加战略压力,使得我国在国际大环境和周边小环境中面临越来越多的不确定性。

随着我国综合国力和在国际上影响力的日益提升,越来越多的国际场所都活跃着中国的身影,中国在国际事务中的话语权在不断增加。以美国为首的西方国家在看到中国巨变的同时,也感受到了中国在世界经济、政治、文化、军事、外交等诸多领域政策的变化,中国和世界体系的关系已经从以前的"接轨"发展到"学习",再发展到"修正"。① 中国并没有如美国为首的西方国家所期待的那样,在实现现代化的过程中走向西化、分化;相反,中国正在以自身的发展影响着世界,改变着已有的游戏规则。因此,中国的发展对西方世界尤其是美国的传统思维模式、治理模式构成了挑战,某些势力甚至用"威胁""敌人"来描述中国。随着国际力量对比和国际战略格局转换越来越不利于美国为首的西方国家,其对发展势头正盛的中国进行打压成为他们的必然之举。

（一）美国对中国从经济科技等方面进行遏制

中国的快速发展引起了美国的恐慌,美国开始把中国当作最大的竞争对手,使大国冲突的风险骤增。冷战结束以来,世界不乏地区军事冲突,但大国冲突的风险在今天凸显,根本原因在于美国坚持零和博弈。根深蒂固的冷战思维,使美国日益成为加剧大国竞争的主要"源头"。美国要重塑"美利坚治世",强调以"美国优先"重塑国际秩序与大国格局,将大国竞争作为首要关切。为此,美国对内力图重建经济实力的长期性基础,对外企图重新建立国际秩序规则,要领导一个"新的自由世界秩序",谋求单边优势。

2018年开始的中美贸易争端,让世界看到作为世界霸主的美国在推行"和平演变"战略失效后对中国的遏制手段由幕后转向了台前,美国及其盟友开始对中国进行多方面"围堵"。虽然美国社会的分裂在加剧,但美国国内在对中国问题上已形成高度共识。美国政府举起"美国优先"的旗帜,不顾国际规则与承诺,对中国发展的制裁已经在经济、军事、外交等各个领域展开,并把中美贸易争端扩展到意识形态领域。美国新版国家安全战略、2019财政年度国防授权法案等均将中国看成美国面临的"首要挑战",公开提出"中国战略目标是取代美国的全球优势地位",不断炒作中国是国际秩序的"挑战者",渲染制造"中国威胁论"。② 美国做不到与中国经济"脱钩",却加速推进与中国科技"脱钩";以"国家安全"为名,不断采取相关措施,致使中国无法获得其先进技术及高科技产品。2020年10月12日,美方宣布将2019年12月《关于常规武器和两用货物及技术出口管制的瓦森纳安排》中规定的六项"新兴技术"(主要涉及芯片制造、数据获取和信息监控技术)添加到《出口管理条例》(EAR)的商务部管制清单(CCL)中。目前受到美国出口管制的新兴技术总数已达到37项,未来或许将会有更多的新兴技术和关键技术被列入出口管制清单。③ 美国不仅自身调整对华战略,还利用其影响力推动西方盟友改变对华政策,抵制与中国的技术合作、投资并购以及贸易往来,阻止中国的和平发展。

（二）美国加大对中国内政的干涉,对华施加战略压力

以美国为首的西方国家在不断加大对我国经济科技等方面遏制的同时,也加大了对我国内政干涉的频率和力度。尤其是美国政府不断以人权、民主的名义无端干涉中国内政,蓄意攻击中国政府和中国政权;发布与中国有关的人权报告或者法案,曲解和丑化中国政府,甚至对中国进行污名化。

近年来,美国出台了多部有关我国及地方政府的报告和法案,肆意干涉我国内政。2018

---

① 刘舟、何隆德:《防范化解重大风险研究》,国家行政管理出版社2020年版,第175页。
② 刘舟、何隆德:《防范化解重大风险研究》,国家行政管理出版社2020年版,第176页。
③ 左凤荣:《大国关系"新常态"及良好外部环境营造》,《人民论坛》2020年11月上。

年 3 月 16 日,时任美国总统的特朗普签署"台湾旅行法",这是继"与台湾关系法"后美国与中国台湾有关的政治象征意义和实质意义最高的一项法案,严重冲击了中美关系的基础和台海和平的基础。2018 年 12 月 19 日,特朗普签署"2018 年对等进入西藏旅行法案",美国单方面通过了关于中国西藏的法律文件,积极干预中国的内部事务,诟病中国的政治制度和社会制度。2020 年 3 月 26 日,特朗普又签署"2019 年台北法案",粗暴干涉中国台湾事务。2020 年 6 月 17 日,美方不顾中方的严正交涉和国际社会主流民意,执意将所谓"2020 年维吾尔人权政策法案"签署成法,这一所谓法案严重践踏了国际法和国际关系基本准则,罔顾事实、肆意污蔑,无端指责中国新疆的人权状况。2020 年 7 月 3 日美国通过了所谓的《香港自治法案》,此后,多次对中国政府涉港工作机构负责人和香港特区官员实施所谓制裁,野蛮干涉中国内政及香港事务。美国不断通过各种报告和法律的形式干涉中国内政,挑战中国的国家制度,对中国的意识形态实施直接威胁。除此之外,种族主义歧视以及国家污名化也是美国敌视我国的重要方式。新冠疫情暴发后,美国政府不仅未曾对中国进行过国际人道主义援助,还采取多种手段和方式污名化中国,《华尔街日报》使用"东亚病夫"的称谓嘲弄疫情中的中国,时任美国总统特朗普和国务卿蓬佩奥用"中国病毒"和"武汉病毒"的定义抹黑中国,攻击中国政府在疫情防控过程中所做出的努力和贡献;美国对中国政府的污名化行径成为其干涉中国国内政治的一种新方式和新手段。

与此同时,美国加紧推进"印太战略",对华施加战略压力。近些年来,美国试图把美印日澳四国的合作机制化,打造针对中国的"亚洲版小北约"。2020 年 10 月 6 日,美印日澳第二届"四国安全对话"外长会议在东京召开,就推进"自由与开放的印太"构想达成一致,共同确认在海洋安全保障、网络和高质量的基础设施建设等领域加强合作。2020 年 10 月 27 日,美印外长防长"2+2"会谈在印度新德里举行,双方签署《地理空间合作基本交流与合作协议》(BECA),美国将允许印度使用其全球地理空间数据,以提高巡航和弹道导弹打击目标的准确性。在中印边界出现军事冲突的背景下,美国的这些举措显然是在安全方面给中国施加压力。可以预见,未来一段时期内中美两国围绕经贸争端、台湾问题、南海问题、网络安全等热点问题的博弈还会持续下去,我国外部环境领域将会面临前所未有的困难、风险和挑战。

三、周边安全风险

我国是世界上周边环境最为复杂的国家之一,既是世界上邻国最多的国家,也是周边国家最多的大国。目前共有 20 个邻国,包括 14 个陆地邻国和 6 个海洋邻国。从周边国家发展道路的角度来看,既有资本主义国家,也有社会主义国家。从宗教信仰的角度来看,既有信奉伊斯兰教的伊朗、巴基斯坦和印度尼西亚,也有信奉佛教的印度和缅甸,还有印度教、基督教、东正教、日本武士道等多样化的宗教信仰或者文化流派存在。从大国政治的角度来看,中国的周边既有大国,也有大国的军事盟国和影响区域,如俄罗斯与中亚,印度与南亚,美国与东北亚的日本、韩国,美国与东南亚的菲律宾和新加坡。中国周边国家的多元性和周边环境的复杂性,决定了中国外部环境领域必然存在一定的安全风险。[①] 我国始终坚定奉行独立自主的和平外交政策,秉持亲诚惠容的周边外交理念,坚持与邻为善、以邻为伴,深化同周边国家的互利合作和互联互通。但是在地缘条件、历史关系以及域外大国等诸多因素的作用下,中国与周边国家

---

① 杜正艾、王峥:《防范化解外部环境领域重大风险》,国家行政管理出版社 2020 年版,第 6 页。

的关系在现阶段出现了一定程度的波动,周边安全风险加大,尤其是在中美关系失衡和美国调整对华战略的影响下,中国与许多周边国家的关系都出现了一些新变化。一定时期内中国与周边国家的关系风险难以避免,而这种周边关系风险给中国的周边外交以及中国的发展环境必然带来一定的消极影响和压力。

（一）东北亚地区的风险挑战

东北亚地区给中国带来的风险挑战主要围绕中日关系、中韩关系以及朝核问题产生。其一,由于钓鱼岛问题、日美同盟以及日本政府对待历史的态度问题等因素的影响,近年来中日关系持续紧张。2012 年 9 月 10 日,日本政府宣布"购买"钓鱼岛及附属的南小岛、北小岛,实施所谓"国有化"。这是对中国领土主权的严重侵犯,是对历史事实和国际法理的严重践踏。同日,中国政府发表声明,公布了钓鱼岛及其附属岛屿的领海基线。9 月 13 日,中国政府向联合国秘书长交存钓鱼岛及其附属岛屿领海基点基线的坐标表和海图,随之中日关系进入"寒冬期"。虽然近期两国关系有松动迹象,但是包括钓鱼岛在内的诸多核心问题依然没有解决,两国关系发展依然存在极大不稳定性和不确定性。其二,2016 年萨德系统入韩以来,中韩关系出现了极大震荡。萨德系统在韩国的部署不仅对中国领土安全构成了极大的威胁,也对东北亚以及朝鲜半岛局势产生了重要的负面影响。其三,自韩国的文在寅总统上台以来,日本和韩国的双边矛盾在不断累积和升级,以至于双方爆发了激烈的贸易摩擦。在中美贸易摩擦和全球贸易保护主义的背景下,经济地区化将可能是未来形势变化的重要特点,中日韩作为亚洲的三大经济体,能否建立自贸区,其战略重要性在凸显。在中日钓鱼岛主权争端导致中日韩合作停滞多年后,2018 年中日关系的改善为三边合作重入正轨提供了契机,只是近年来日韩矛盾的激化可能又一次迟滞合作的启动。其四,朝鲜半岛核问题长期以来都是热点。其所产生的不定期区域紧张局势对中国的东北边疆构成了直接的安全威胁。地缘条件的特殊性以及域外大国对东北亚地区的直接或间接控制或影响,都给中国带来了一定的安全风险。

（二）东南亚地区的风险挑战

东南亚地区的地缘政治风险主要来自中国南海问题上的分歧和中国与东南亚国家关系演变所带来的挑战。一方面南海问题上的分歧和争议直接影响着中国同部分邻国的关系。南海争议包括两点:一是 20 世纪 70 年代以来,越南、菲律宾、马来西亚、文莱对我国南沙群岛全部或部分岛礁提出领土要求并非法侵占部分岛礁而引发的南沙领土争议。二是随着国际海洋法的发展,我国与上述国家以及印度尼西亚之间因在南海部分海域的海洋权益主张重叠而产生的海洋划界争议。尤其是 2011 年以来,随着美国宣布"重返亚太"、实施"亚太再平衡战略",南海局势持续升温。2013 年 1 月,菲律宾阿基诺三世政府不顾中菲之间早已达成的谈判解决有关争议的协议,单方面提起南海仲裁案,妄图否定中国在南海的领土主权和海洋权益,导致南海局势一度出现紧张。目前,以美国为首的西方势力频繁插手中国南海事务,打着维护海上航行自由的幌子,不断在南海地区刷"存在感",加剧了南海地区的紧张局势,增加了南海地区军事竞赛的风险。美国、印度等国家南海政策的转型客观上增加了南海地区出现风险的可能性,给中国的周边安全带来了更多的不确定性。同时,中国与东南亚国家在历史遗留问题、南海领土争端、大国因素影响以及华侨华人问题等因素的综合作用下,也呈现出日趋复杂的发展趋势,尤其是中国快速发展给东南亚诸国带来了严重的不安全感和不信任感,一些国家试图借助域外力量平衡中国在地区格局中日益增强的影响力和作用力。如何增进我国与东南亚国家的战略互信,消弭它们对中国快速发展的战略不安和忧虑,是削减和化解东南亚地区安全风险的关键。

(三) 南亚地区的风险挑战

从国家规模和综合国力来看,中国是周边大国最多的国家,除了日本、俄罗斯之外,南亚地区的印度也是个对地区和国际事务具有重要影响力的区域性大国。如同中国与东北亚地区日本的关系一样,中国与南亚地区的印度也存在着历史性的关系压力和现实性的领土纷争,中国与印度的关系是该区域内国际关系发展演变的指标性影响因素,因此,中印关系的复杂性是中国在南亚地区面临的最主要的潜在地缘政治风险。中印之间不仅有边界争端问题,也有发展竞争问题,"龙象之争"不仅会对国际格局产生深远的影响,也会给中国发展带来极大的地缘政治挑战。此外,近年来印度试图单方面改变印控克什米尔的现状,导致印巴关系陷入低点;围绕克什米尔问题而纷争不断的印巴关系始终面临着冲突升级的不确定性,给地区安全局势带来了极大的压力。而且印巴两国均为拥核国家,两国关系的不确定性和不稳定性不仅会带来地区冲突的风险,也会带来核战争灾难性冲突的可能。印巴关系和南亚局势的变动,都会对中国构成极大的地缘政治风险挑战。

(四) 中亚地区的风险挑战

中亚地区与中国的共同边界长达3 300多公里。现如今,中亚已是地缘政治的"心脏地带"。中亚地区因其重要地缘条件和丰富的资源而成为世界各大国利益角逐和国际地缘竞争的焦点,包括美国、俄罗斯、日本等大国势力纷纷渗透到中亚地区,并展开激烈的地缘博弈。美国通过实施"亚太再平衡战略"和"新丝绸之路计划"力求树立美国权威;俄罗斯推出"欧亚经济联盟",将中亚地区作为开展军火贸易和经济合作的重要地区;日本提出"丝绸之路外交"战略,也旨在扩大其在中亚地区的影响力。大国地缘政治博弈会带来地缘政治格局的变动,威胁到中国西部安全。自从中亚国家独立以来,中国与中亚诸国都建构了平等信任、相互尊重的战略伙伴关系,中亚地区是中国伙伴关系外交整体水平最高的区域之一,但风险挑战依然存在。某些中亚国家受西方世界个别不怀好意国家的影响,将"一带一路"建设视作中国的"马歇尔计划",认为中国在中亚的首要目标是开发其资源潜力,从而带动中国的经济和贸易发展。它们担心"一带一路"是中国的"经济扩张",会为中亚带来大量廉价商品,对中亚民族产业产生影响,使自己成为中国的"经济附庸"和"资源能源及原材料来源地",对一个强大的中国始终保持"警惕"和"戒备"。此外,中亚国家独立时间较短,国内外安全形势还不稳定,面临来自大国地缘政治博弈和西亚、南亚及地区"三股势力"(暴力恐怖势力、民族分裂势力、宗教极端势力)膨胀等多重安全风险的挑战。这些安全风险直接威胁着中亚各国,同时也间接威胁着中国西部边陲。尤其是我国西部边疆与中亚诸国存在着极为复杂的宗教和文化联系,"三股势力"通常会依凭特殊的宗教文化联系,以中亚地区的分裂组织或恐怖组织为基地,采取极端或恐怖的方式危害国家和社会安全稳定,造成我国西部边疆的重大安全风险。

四、传统安全与非传统安全相互交织的风险

冷战结束后,尤其是美国"9·11"事件以来,在传统安全(国家主权安全及军事国防安全)仍然突出的情况下,非传统安全问题如恐怖主义、能源安全、跨国犯罪、环境安全、公共卫生安

全等逐步在整个国际安全问题中凸显出来。传统安全与非传统安全问题相互交织、叠加,构成了当今世界更加复杂的安全形势。我国面临的国际安全风险挑战不容忽视。

(一)传统安全风险形势依然严峻

传统安全问题事关民族国家的存续问题,一直是国家间关系的核心议题。传统安全主要包括国家领土主权安全以及军事国防安全,都涉及国家的核心利益,也都是国际事务中的高敏感性问题,因此,无论是对于单一的主权国家来说,还是对于国际社会来说,传统安全都是最被关心、最为重要的问题。[1] 进入 21 世纪以来,国际上局部战争和武装冲突数量依然居高不下,中国所面对的传统安全风险形势日益严峻。

1. 国土安全风险

中国不仅具有辽阔的边疆,也具有漫长的海岸线,长期以来,中国的领土安全始终面临着复杂严峻的挑战。台湾问题仍是我国最大最现实的安全威胁,也是我国最不稳定、最容易引发战争危机的问题。当前,台湾当局拒不承认体现一个中国原则的"九二共识",不认同两岸同属一个中国,阻挠干扰两岸交流,放任和纵容"台独"分裂势力推动"去中国化""渐进台独",给两岸关系带来了严重冲击。与此同时,台湾当局在国际上推行所谓"踏实外交"和"新南向政策",谋求提升与美国、日本、印度、澳大利亚及东南亚、欧洲国家的"实质关系",强化与美国的军事安全联系,企图挤入仅限主权国家参加的国际组织和会议。台湾问题事关国家领土完整,是我国的核心利益,我们对"台独"势力分裂祖国的图谋必须给予高度警惕。

在陆地边界问题上,中印之间的领土纠纷依然僵持不下。近年来不断发生的边界事件表明,两国的边界争端时刻面临着激化的风险,这对中国西部边疆安全构成了严重的威胁。中印之间的领土争端既有历史原因,也有印度民族主义政治的影响,在有限的时间区间内,解决两国领土争端的预期不甚明朗,边界问题依然是制约两国关系向纵深发展的核心议题。另外,近些年来,印度同中国在国际舞台上的战略竞争趋势日渐加强,印度政府通过边界争端,挑战两国关系发展、威胁中国边疆安全、掣肘中国发展进程的利益诉求将会不断增强,因此,由两国边界争端问题所产生的国家领土安全风险不容忽视。

在海洋领土争端方面,钓鱼岛问题和南海问题是影响中国海洋领土安全的两大问题。钓鱼岛从有主权归属、文字记载的明朝开始,就是我国固有领土。第二次世界大战后美国单独对日本实行国际托管,从 20 世纪 70 年代开始承认钓鱼岛是日本的领土,从而引发了中日之间的"保钓冲突",目前还没有妥善的解决方案。在可以预见的未来一段时期内,钓鱼岛主权争端依旧是中日关系中极度敏感的议题。在南海争端问题上,情况更复杂。南海争端涉及越南、菲律宾、马来西亚等多个国家,存在争端的不仅有岛屿岛礁,还有海洋边界画线以及海洋权益争端。影响南海问题发展走向的因素不仅包括中国与争端相关方的政策调整和战略布局,也包括以美国为代表的域外国家的介入和干涉。南海争端本是中国与相关主权申索国之间的双边矛盾和纠纷,但是目前南海争端的国际化、扩大化趋势已经日益清晰,南海地区的不稳定因素日趋增多。尤其是美国以"南海航行与飞越自由"为借口频繁在南海地区举行军事演习,多次派遣舰队驶入中国岛礁邻近海域,大秀美国"军事肌肉",频频对中国进行军事挑衅,对中国的领土主权和安全构成严重的威胁。钓鱼岛争端和南海争端,是中国海洋领土安全所面临的两大风险挑战,这种风险在一定时期、一定范围内将会继续存在,并且还有加剧甚至激化的危险。

---

[1] 杜正艾,王峥:《防范化解外部环境领域重大风险》,国家行政管理出版社 2020 年版,第 14 页。

2. 国防安全风险

随着国际形势的剧烈变动,国际军备竞赛的趋势不断加强,中国的国防建设面临着诸多新的挑战,国防现代化的进程也面临着巨大的外部压力。随着新科技革命的兴起,世界新军事革命加速发展,其速度之快、范围之广、程度之深、影响之大,为第二次世界大战结束以来所罕见。战争形态加快向信息化战争演变,并开始向以智能化为主要特征的方向发展,国际军事竞争格局正在发生历史性变化。在军事科技更新升级的过程中,美俄等国凭借优势的科技水平以及军事装备基础,大力开发先进武器,强力发展军工产业,强烈追求对别国的绝对军事优势。我国政府长期以来始终坚持积极防御的国防战略,不称霸,也不谋求强权。因此,新科技影响下的军事科技发展对中国国防安全构成了实质性的压力与挑战。

冷战结束以来,国际格局和地区形势复杂演变,大国战略博弈更加激烈。围绕权力和利益再分配的较量加剧,围绕战略要地、战略资源、战略通道的争夺升温,地区秩序主导权之争、规则之争、发展道路之争尖锐复杂。尤其是亚太地区成为大国战略竞争和博弈的焦点,美国明确把中俄作为战略竞争对手。美俄地缘战略较量从东欧扩展到中东和东亚,不断前推军力部署、举行针对性演训和实施战略威慑。美国显示对华全面战略竞争和遏制态势,推出印度洋太平洋地区战略,深化亚太军事同盟。全球性军备竞争态势明显增强,影响全球战略稳定的消极因素不断增加。民族矛盾、种族冲突日益严峻,地区性问题与全球性问题并行演进,冲突及战争风险不可回避。虽然世界性战争的可能性尚不凸显,但是局部冲突和战争的威胁始终存在。在全球化深度发展的时代,国家之间的联系以及相互依存日趋加深,任何国家都不可能置身于外,我国国防安全面临的重大风险挑战明显增多。

进入 21 世纪以来,美国为了独霸世界,不断提高国防预算,加快研制和部署国家战略导弹防御体系,大力发展战术性核武器。美国新版核战略强调未来将全面强化核武"前沿部署和威慑",并相继退出《中导条约》和《反导条约》。2018 年美国国防部发布的新版《核态势评估》报告称,如果美国的基础设施如国家电网或通信网络遭受非核武器造成的严重袭击,或者美国遭遇严重的网络攻击,美方也会使用核武器进行反击。2019 年美国国防预算高达 7 163 亿美元,新出台的国防授权法强调美国防部的任务由"阻止战争"变为"打造致命部队"。[①] 世界第一核大国"退约"、降低"核门槛",不仅可能引发有核国家的核竞赛,使核裁军成果出现倒退,甚至会提高爆发核冲突的风险。世界军事安全形势和核安全态势的变化,必然对中国的国防安全造成极大的外部压力。

(二) 非传统安全风险凸显

非传统安全威胁主要是指军事、政治和外交冲突以外的其他对主权国家及人类整体生存与发展构成威胁的因素,包括网络安全、金融安全、生态环境安全、资源安全、恐怖主义、跨国犯罪(海盗、毒品交易、人口贩卖、走私、偷渡等)、公共卫生安全等。近年来,非传统安全问题在国际关系中的重要性呈现出加强趋势,尤其是在国际恐怖主义和全球性危机的影响下,非传统安全日益成为影响世界和平与稳定的重要因素。当前,我国面临很多影响国家安全的非传统安全威胁。

1. 国际恐怖主义风险

恐怖主义长期以来一直是危害国际社会的一颗毒瘤。进入 21 世纪以来,尤其是"9·11"恐怖袭击以来,恐怖主义威胁成为国际社会面临的最大的非传统安全威胁,并且恐怖主义的影

---

① 刘舟,何隆德:《防范化解重大风险研究》,国家行政管理出版社 2020 年版,第 176 页。

响范围和深度也在进一步地加强,恐怖主义已经成为国际社会共同的安全隐患。在国际社会联合打击下,恐怖主义一度有所收敛,但目前呈现"愈反愈恐"之势。虽然美国进行了针对本·拉登的阿富汗反恐战争、针对萨达姆的伊拉克战争等,但是,无论是阿富汗地区的恐怖组织还是中东地区的极端宗教势力都没有得到真正的解决。中东地区的伊斯兰极端组织仍然在积极活动,地区安全形势极其严峻。

对于我国来说,不仅面临的国际环境风险压力加大,我国自身面临的恐怖主义风险也在加强。近年来境内外恐怖主义组织策划实施的恐怖活动,给中国的社会稳定以及人民的生命财产安全带来了严重的危害,也对中国的国家安全构成了极大的挑战。

2. 跨国犯罪风险

跨国犯罪即犯罪行为、犯罪交易违反一个以上国家的法律。为打击跨国犯罪活动,第 55 届联合国大会于 2000 年 11 月 15 日通过了《联合国打击跨国有组织犯罪公约》。从国家安全的范畴来考量,跨国犯罪因其自身的跨国性、复杂性以及棘手性而给国家安全带来了较大的风险挑战。随着国际形势以及世界政治经济秩序的深刻变动,跨国犯罪所带来的消极影响越来越大,在非传统安全框架中的地位和影响也在不断凸显,跨国犯罪日益成为威胁世界和平稳定的重要风险挑战。

跨国犯罪包括洗钱、买卖武器、劫机、海盗、计算机犯罪、盗窃文艺品、侵犯知识产权、生态犯罪、贩卖人口、毒品交易、偷渡、走私活动等很多种类。进入 21 世纪以来,不仅全球范围内的跨国犯罪形势愈加严峻,中国周边的跨国犯罪活动也日益猖獗,中国面临的跨国犯罪风险挑战日益加大。尤其是近些年来,亚丁湾地区复杂严峻的海盗活动给国际航运带来了巨大的安全挑战,引起了国际社会的广泛关注。亚丁湾地处亚非海上交通要冲,是印度洋进入地中海的必经之路,与红海、苏伊士运河构成连接欧亚的"黄金水道"。位于亚丁湾南岸的索马里,受政局动荡和内战等影响,成为海盗活动滋生的土壤,亚丁湾周边海域海盗年均作案次数 200 余起、近 100 艘船只遭劫持,对国际海上航运安全构成严重威胁。中国作为联合国安理会五个常任理事国之一,积极派出海军参与护航和打击海盗活动。从 2008 年至 2018 年 10 年间,中国海军已连续派出 31 批次舰艇赴亚丁湾索马里海域为中外船舶护航,圆满完成了 1 198 批 6 600 余艘次中外船只护送任务。[①] 护航行动不仅保护了在该海域航行的中国船舶和人员的安全,也保护了世界粮食计划署等国际组织运送人道主义物资船舶的安全。此外,我国与东南亚国家密切合作,严厉打击了金三角地区的毒品交易活动,还与世界其他国家以及有关国际组织合作打击非法移民、走私枪械、贩卖人口、偷渡、计算机犯罪等非法活动。中国积极应对跨国犯罪活动,展示了负责任大国的良好形象,但由于国际环境日趋复杂,跨国犯罪对中国发展造成的风险挑战依然存在、不容忽视。

3. 生态环境安全风险

生态环境安全是指人类在生产、生活和健康等方面不受生态破坏与环境污染等影响的保障程度,包括饮用水与食物安全、空气质量与绿色环境等基本要素。在人与自然之间的联系越来越紧密,人、自然和社会的互动越来越频繁的时代背景下,生态安全已成为影响国家安全的重要因素。国家有边界,但是生态环境问题没有边界,环境问题是全球性问题,是人类共同面对的挑战。

由于科学技术和工业化、城市化以及现代化进程的快速发展,目前生态环境所承受的压力

---

① 国务院新闻办公室:《新时代的中国国防》(白皮书),国新网 2019 年 7 月 24 日。

越来越大,全球气温升高而带来的全球变暖,生物多样性破坏造成的多物种灭绝,温室气体过度排放,植被破坏与土壤沙化、空气污染等问题,都是人类面临的环境挑战。由于环境问题的长期性、复杂性、系统性、累积性等特征,生态环境破坏所带来的影响都是全局性的、跨国性的,并且是根本性的。生态环境安全是中国整体安全体系的重要组成部分,中国所面临的生态环境安全风险既有来自国内的,也有来自国外的,从某种意义上说,来自外部的生态环境安全风险的不确定性更大、危险性更高、可控性更弱。譬如福岛核事故,福岛核电站位于北纬 37 度25 分 14 秒,东经 141 度 2 分,地处日本福岛工业区。它是当时世界上最大的在役核电站,由福岛第一核电站、福岛第二核电站组成,共 10 台机组(一站 6 台,二站 4 台),均为沸水堆。2011 年 3 月 11 日,在近日本福岛的东北部海域发生了里氏 9.0 级地震,该地震导致福岛第一核电站、福岛第二核电站受到严重的影响,大量放射性物质释放到了空气和地表中。根据数据显示,因福岛核泄漏而导致的直接受灾人数达到数千人,且有近 20 万的灾民需要撤离家园。福岛县在核事故后以县内所有儿童约 38 万人为对象实施了甲状腺检查。截至 2018 年 2 月,已诊断 159 人患癌、34 人疑似患癌。其中被诊断为甲状腺癌并接受手术的 84 名福岛县内患者中,约一成的 8 人癌症复发,再次接受了手术。[①] 2021 年 4 月 13 日,日本政府决定将福岛第一核电站上百万吨核污染水排入大海,包括作为日本近邻的中国在内的多国对此表示质疑和反对。日本的这种做法是极其不负责任的,因为在不能确保安全的情况下就将如此大量的核事故废水排入太平洋,对全球海洋生态环境、渔业等都可能造成不可知的巨大风险。目前,国际社会对环境问题的意识和行动在不断加强,《巴黎气候协定》是世界对环境治理做出的重大贡献,但是由于政治因素和经济因素的影响,某些国家甚至有些大国对环境问题的态度依然不够积极,全球性的生态环境风险依然严峻。

4. 公共卫生安全风险

公共卫生安全风险主要指发生在一国或者一地区范围内的公共卫生问题,由于特殊条件和特殊原因,其所产生的影响和作用超出一国或一地区的范围,从而具有全球性特征和国际性影响,尤其是突发性疾病或者流行性病毒的传染。在全球化时代,国家间的互动日益密切,依存度和关联性空前提高,"蝴蝶效应"的影响不容忽视。公共卫生安全风险既是一国内政问题,也是一个国际性问题。

近些年来,公共卫生领域所产生的安全风险呈现上升趋势,比如高致病性禽流感、艾滋病、甲型 H1N1 流感、非洲猪瘟、非典型性肺炎,以及 2020 年初发生在全球范围内的新冠疫情,这些都是造成全球性影响的公共卫生事件。2003 年春季爆发的"非典"危机,在全球被关注的程度堪比伊拉克战争。2020 年初暴发的新冠疫情,是又一次重大公共卫生事件,其影响范围之广、涉及人口之多、疫情防控形势之严峻,都是新中国历史上极为罕见的。在中国共产党的坚强有力领导下,中国境内的疫情防控取得重大胜利,有力地保障了人民群众的生命健康安全,维护了中国国内的公共卫生安全。但是,新冠疫情在全球范围内的快速传播和发展,却极大地改变了该疫情的发展势态和影响效果,导致新冠疫情成为国际性的大流行病,给世界各国都带来了严峻的安全风险挑战,就连世界上医疗条件最好的美欧国家也未能幸免。根据美国约翰斯·霍普金斯大学发布的统计数据显示,截至北京时间 2021 年 12 月 31 日 23 时 59 分,全球新冠确诊病例达 286 678 274 例,其中死亡病例达 5 432 478 例;美国累计报告 54 253 719 例新

---

① 姬雪莹:《日本核事故后福岛 159 名儿童确诊患癌 8 人术后复发》,中国新闻网 2018 年 3 月 1 日。

冠确诊病例,824 343 名患者死亡。① 美国新冠疫情累计死亡人数已超过美国在两次世界大战加朝鲜战争和"9·11"恐怖袭击死亡人数的总和。美国人口总数不到世界的 5％,而其新冠疫情累计确诊病例和死亡人数均约为世界的 1/6。面对严峻的公共卫生安全风险挑战,如何有效防控和应对,保护国家发展利益和世界和平稳定,是各国政府共同面对的时代课题,也是中国政府必须面对的重大风险考验。

除了上述国际恐怖主义、跨国犯罪、生态环境安全、公共卫生安全等主要非传统安全风险外,网络安全、金融安全、能源资源安全等也对我国构成严重的安全威胁。随着新科技革命和经济全球化的深入发展,我国的传统安全威胁依然严峻,而各种非传统安全威胁问题又层出不穷,并与传统安全威胁相互交织,从而使我们党在外部环境领域面临的重大风险和考验不仅具有长期性而且愈加严峻和复杂。

第三节　有效应对外部环境领域重大风险和考验的对策

进入新时代,世界格局加速深刻演变,世界经济增长不确定因素增多,全球发展不平衡加剧,霸权主义、强权政治威胁上升,大国博弈加剧,全球动荡源和风险点增多;我国正处在改革攻坚期、发展关键期,同时也是风险高发期,在涉外领域存在许多潜在与现实、传统与非传统安全威胁,安全形势十分严峻,这就需要我们党加强对防范和应对重大风险的对策性研究,以战略眼光准确判断和把握国际形势及其发展变化;统筹好国内国际两个大局,发展和安全两件大事;始终坚持独立自主的和平外交政策,积极构建以合作共赢为核心的新型国际关系,积极参与全球治理体系改革和建设,推动构建人类命运共同体,以有效防范和应对党在外部环境领域面临的重大风险和考验。

一、准确把握新时代我国外部环境的基本特征

深入分析世界转型过渡期国际形势的演变规律,准确把握新形势下我国外部环境的基本特征,是我们党精准把握历史机遇、成功应对风险挑战的重要保证。习近平同志指出:"把握国际形势要树立正确的历史观、大局观、角色观。所谓正确历史观,就是不仅要看现在国际形势什么样,而且要端起历史望远镜回顾过去、总结历史规律,展望未来、把握历史前进大势。所谓正确大局观,就是不仅要看到现象和细节怎么样,而且要把握本质和全局,抓住主要矛盾和矛盾的主要方面,避免在林林总总、纷纭多变的国际乱象中迷失方向、舍本逐末。所谓正确角色观,就是不仅要冷静分析各种国际现象,而且要把自己摆进去,在我国同世界的关系中看问题,弄清楚在世界格局演变中我国的地位和作用,科学制定我国对外方针政策。"②我们只有树立正确的历史观、大局观、角色观,深刻洞悉中国与世界发展新变化,全面认识中国与世界关系新内涵,准确把握中国与世界互动新规律,统筹国内国际两个大局,加强战略谋划和综合运筹,才能妥善应对我国发展历史交汇期和世界发展转型过渡期相互叠加带来的各种风险挑战,营造有利于国家发展和民族复兴的良好外部环境。

---

① 赵昊:《全球疫情动态〈12 月 31 日〉:奥密克戎迅速传播 美国儿童新冠患者住院人数急增》,财联社网 2022 年 1 月 1 日。
② 《习近平谈治国理政》第 3 卷,外文出版社 2020 年版,第 427—428 页。

《中共中央关于制定国民经济和社会发展第十四个五年规划和二〇三五年远景目标的建议》指出：当今世界正经历百年未有之变局，"当前和今后一个时期，我国发展仍然处于重要战略机遇期，但机遇和挑战都有新的发展变化"。① 这是以习近平同志为核心的党中央立足我国发展新的历史方位，纵观世界发展大势作出的重要论断，对于我们准确把握中华民族伟大复兴所处的国际环境、在应对国际形势风云变幻中推进社会主义现代化强国建设，具有重大指导意义。② 当前和今后一个时期，世界百年未有之大变局加速演变，国际经济、科技、文化、安全、政治等格局都在发生深刻调整，我国发展的外部环境将面临更加深刻复杂变化。

一是世界多极化加速发展，中美关系紧张将常态化。新冠疫情全球大流行对各国的深层次影响持续发酵，国际格局面临深刻调整，国际关系分化组合更趋复杂，力量对比将向更加均衡方向发展。各国加紧谋划在疫情后世界格局中的角色地位，大国关系经历新一轮调整互动，国际秩序变革将加速推进。同时，我国在全球范围内率先控制住疫情，率先实现全面复工复产，各方对中国期待与借重上升。我国坚持世界多极化主张，倡导国际关系民主化，维护国际公平正义，受到国际社会普遍欢迎和积极评价。但也要看到，随着我国加速走近世界舞台中央，美国已明确将我国视为最大竞争者。而且，美国社会对中国快速发展的消极看法前所未有，两党对华遏制策略空前一致，美国政府内一些少壮派官员对华"鹰派"架势明显，科技压制、贸易"脱钩"、人权挑衅、主权干预仍将是美国对华惯用手段。中美关系紧张将是较长时间内的常态，我们必须高度警觉、妥善应对。

二是全球经济遭受重创，新的发展动力正在形成。近年来，经济全球化遭遇逆风，各国内顾倾向明显上升，一些国家保护主义抬头，全球产业链、供应链面临冲击。尤其是新冠疫情全球流行，对国际贸易、投资、消费等经济活动造成巨大影响，世界经济陷入深度衰退，各国复苏前景不一。全球金融和经济危机风险升高，能源安全、粮食安全挑战增多，我国发展面临的外部环境可能出现重大变化。同时，新一轮科技革命正加速演进，新技术新产业在加速发展，将为新一轮经济增长提供重要驱动力。虽然我国发展的外部经济环境不确定性上升，但我国仍将是世界经济复苏的主要动力源。

三是国际体系面临新挑战，国际社会加强合作需求上升。新冠疫情肆虐挑战全球治理，单边主义、霸权主义严重冲击国际机制和国际秩序，全球治理体系需要更好适应新形势新要求。国际上要求变革全球治理体系的呼声日益高涨，多边主义与单边主义博弈更加复杂激烈。我国高举和平、发展、合作、共赢的旗帜，秉承国家不分大小、强弱、贫富，一律平等、不同制度、宗教、文明一视同仁，尊重彼此核心利益，尊重各国人民自主选择，倡导不同文明取长补短、共同进步，坚定维护以联合国为核心的国际体系，践行人类命运共同体理念，尤其是在抗疫国际合作中发挥引领作用，大力倡导构建人类卫生健康共同体，进一步树立了负责任大国形象，受到国际社会的广泛赞扬。

四是国际思潮激荡碰撞，国际安全风险点增多，各国政治社会面临新考验。新冠疫情加剧了有关国家的社会撕裂、种族冲突和政治对立，保守主义、民粹主义思潮上升，给国际和地区热点问题增添了新的复杂因素。一些国家为了转移国内矛盾，大肆"甩锅"、推责，竭力渲染意识形态对立，借口人权、民主、宗教等问题打击异己。国际矛盾错综复杂，风险挑战不断增加，生物安全、极端气候、跨国犯罪、网络攻击、恐怖主义等非传统安全威胁上升，与军控等传统安全

---

① 本书编写组：《中共中央关于制定国民经济和社会发展第十四个五年规划和二〇三五年远景目标的建议》（辅导读本），人民出版社 2020 年版，第 17—18 页。

② 杨洁篪：《积极营造良好外部环境》，《人民日报》2020 年 11 月 30 日。

热点问题交织叠加,成为影响国际和平与安全的突出因素。部分国家内部治理困境凸显,经济社会脆弱性不断升高,出现政治和社会动荡的可能性加大。同时,随着社会信息化、文化多样化的进一步发展,加强文明对话与包容互鉴更为迫切;各方均不愿意国际安全局势动荡失控,总体稳定局面有望保持。中国特色社会主义制度更加完善,国家治理体系和治理能力现代化持续推进,我国国际影响力、感召力不断提升,维护世界和平稳定的作用更加彰显。

纵观人类历史,世界的发展从来都是各种矛盾相互交织、相互作用的综合结果。面向未来,前进的道路上必然会面临各种难题和挑战。我们要深刻洞悉中国与世界发展的新变化,全面认识中国与世界关系的新内涵,准确把握中国与世界互动的新规律。"既要把握世界多极化加速推进的大势,又要重视大国关系深入调整的态势。既要把握经济全球化持续发展的大势,又要重视世界经济格局深刻演变的动向。既要把握国际环境总体稳定的大势,又要重视国际安全挑战错综复杂的局面。既要把握各种文明交流互鉴的大势,又要重视不同思想文化相互激荡的现实。"①我们要始终保持战略定力,树立底线思维,抓住机遇,应对挑战,趋利避害,奋勇前行。

当前,我国处于近代以来最好的发展时期,世界处于百年未有之变局,两者同步交织、相互激荡。我们要准确把握历史交汇期我国外部环境的基本特征,既要看到有利的国际条件,也要看到面临的重大风险挑战。一方面,新一轮科技革命深入发展,国际力量对比深刻调整,国际环境日趋复杂,不稳定性不确定性明显增加,世界进入动荡变革期;单边主义、霸权主义大行其道,冷战思维和强权政治阴魂不散,国际关系中不公正不平等现象依然突出,全球发展中的深层次矛盾仍未得到有效解决。另一方面,和平与发展仍然是时代主题,世界大变局的趋势和方向并未因疫情冲击而改变,国际体系变革在困难挑战中持续深化,多边主义仍是国际关系主流。我国已转向高质量发展阶段,制度优势显著,治理效能提升,经济长期向好,物质基础雄厚,人力资源丰富,市场空间广阔,发展韧性强劲,社会大局稳定,继续发展具有多方面优势和条件。我们要深刻认识错综复杂的国际环境带来的新问题新矛盾新挑战,增强机遇意识和风险意识,顺应历史发展潮流和各国对合作共赢的诉求,积极推动全球治理体系改革与完善,推动建立更加公平合理的国际政治经济治理体系,为我国经济社会发展和民族复兴创造良好外部环境。

二、坚持独立自主的和平外交政策

中国的发展离不开世界,世界的发展也需要中国。坚持独立自主和平外交政策,始终不渝走和平发展道路、奉行互利共赢的开放战略,坚持在和平共处五项原则基础上发展同各国友好合作,积极开展与世界各国交流互鉴,这是我们根据自身国情和根本利益作出的战略抉择。我们要坚持和平发展道路,坚持独立自主的方针,坚持开放合作、互利共赢,始终做世界和平的建设者、全球发展的贡献者、国际秩序的维护者;坚决反对一切形式的霸权主义、强权政治,推动建设相互尊重、公平正义、合作共赢的新型国际关系。

(一)坚持和平发展道路

和平发展道路就是指在同当代世界各种文明相交汇中,在推进中国与世界发展的进程中,

---

① 《习近平谈治国理政》第 3 卷,外文出版社 2020 年版,第 428 页。

用和平的理念、和平的方式、和平的手段、文明的形象实现中华民族的伟大复兴。中国只有走和平发展道路,才能通过争取和平的国际环境发展自己,又以自身的发展促进世界和平,不断提高我国的综合国力,不断让广大人民群众享受到和平发展带来的利益;通过和平方式实现中华民族伟大复兴,同时又带动其他国家共同繁荣。

坚持和平发展道路是顺应时代发展潮流的必然选择。世界多极化和经济全球化趋势的深入发展,使不同制度、不同类型、不同发展阶段的国家相互依存、利益交融,形成"你中有我、我中有你"的命运共同体。各国的发展和其他国家的发展紧密相连,任何一个国家,无论其大小强弱,只有在互利共赢的基础上积极参与国际合作,才能实现自身的发展和壮大。当前,国家间冲突对抗的代价越来越高,只会造成两败俱伤。求和平、谋发展、促合作已成为世界各国人民的共同心愿,也是不可阻挡的历史潮流。

坚持走和平发展道路,是中国特色社会主义的本质要求,是我国独立自主的和平外交政策的应有之义,符合我们党和国家一贯坚持的对外大政方针,符合我国人民的根本利益和中华民族爱好和平的历史文化传统。中华人民共和国成立后,毛泽东、周恩来就明确提出以和平共处五项原则作为新中国的外交基础。习近平同志在党的十九大报告中进一步指出:"坚持和平发展道路,推动构建人类命运共同体",强调"中国将高举和平、发展、合作、共赢的旗帜,恪守维护世界和平、促进共同发展的外交政策宗旨,坚定不移在和平共处五项基本原则基础上发展同各国的友好合作,推动建设相互尊重、公平正义、合作共赢的新型国际关系。"①这充分表明坚持和平发展是中国共产党人孜孜以求和代代相传的一贯思想。我们只有加强同世界各国和平共处、互利合作,恪守和平共处五项原则,才能营造有利于国家和世界和平与发展的环境;把中国人民的根本利益与各国人民的共同利益结合起来,把我国的对外政策主张与各国人民的进步意愿结合起来,以合作谋和平,以合作促发展,以合作解争端,努力为世界人民的和平与发展事业作出应有的贡献。

(二) 坚持独立自主的方针

独立自主是我们党从中国实际出发、依靠党和人民力量进行革命、建设、改革的必然结论。不论过去、现在和将来,我们都要把国家和民族发展放在自己力量的基点上,坚持民族自尊心和自信心,坚定不移走自己的路。鸦片战争以后,逐步陷入半殖民地半封建境地的旧中国,经历了一段饱受欺凌、战火连绵、山河破碎、民不聊生的黑暗历史,独立自主与和平成为一代又一代中国人梦寐以求的夙愿。早在中华人民共和国诞生前夕,毛泽东同志在新政治协商会议筹备会上就庄严宣告:"中国必须独立,中国必须解放,中国的事情必须由中国人民自己作主张,自己来处理,不容许任何帝国主义国家有一丝一毫的干涉。"②中华人民共和国成立初期,我国外交坚持"另起炉灶""打扫干净屋子再请客",废除了帝国主义强加在中国人民头上的一切特权和不平等条约。独立自主是中国共产党、中华人民共和国立党立国的重要原则。在中国这样一个人口众多和经济文化落后的东方大国进行革命和建设的国情与使命,决定了我们必须坚持独立自主的方针。

我们要在一个经济文化相对落后的大国进行社会主义建设,没有别人的经验可供借鉴,只有在独立自主的基础上,才有可能在世界交往与国际竞争中保持独立性,才能充分利用人类创

---

① 《习近平谈治国理政》第 3 卷,外文出版社 2020 年版,第 45 页。
② 《毛泽东选集》第 4 卷,人民出版社 1991 年版,第 1465 页。

造的文明成果来完成现代化的历史使命。世界上没有放之四海而皆准的发展模式,每个国家的国情是不一样的,我们既不走封闭僵化的老路,也不走改旗易帜的邪路,要始终不渝走中国特色社会主义道路。中华人民共和国成立以后,社会主义建设的外部环境并不是风平浪静的,帝国主义国家曾一度对我国实行封锁禁运。改革开放后,在国际交往中我国也面临着诸多责难与挑战,一些西方国家戴着有色眼镜看待中国,为我国加入世贸组织设置障碍,我国跨国企业在外投资也遭受限制。近年来,个别大国内顾倾向加重,奉行单边主义,实施贸易保护,不断制造贸易摩擦。面对这样的国际形势,我们不能随波逐流,更不能指望别国施恩来帮助中国弥补发展短板。国外最先进的技术我们化缘化不来、先进设备我们花钱买不来,我国的发展最终要靠自己。中国是世界上最大的发展中国家,也是全世界人口最多的国家,没有哪个国家有意愿、有能力支撑中国的发展。我们要实现社会主义现代化和中华民族伟大复兴中国梦,就必须坚持独立自主、自力更生。

坚持独立自主,就要坚持中国的事情必须由中国人民自己作主张、自己来处理。历史条件的多样性,决定了各国选择发展道路的多样性。人类历史上,没有一个民族、没有一个国家可以通过依赖外部力量、跟在他人后面亦步亦趋实现强大和振兴。那样做的结果,不是必然遭遇失败,就是必然成为他人的附庸。我们党在领导革命、建设、改革的长期实践中,历来坚持独立自主开拓前进道路,这种独立自主的探索和实践精神,这种坚持走自己的路的坚定信心和决心,是我们党全部理论和实践的立足点,也是党和人民事业不断从胜利走向胜利的根本保证。我们要虚心学习借鉴人类社会创造的一切文明成果,但我们不能数典忘祖,不能照抄照搬别国的发展模式,也绝不会接受任何外国颐指气使的说教。

坚持独立自主,必须始终把国家的独立、主权、安全、尊严放在首位,任何情况下绝不拿原则做交易,绝不能在任何压力下吞下损害我国利益的苦果。对国际事务,我们要坚持从中国人民的根本利益和各国人民的共同利益出发,根据事情本身的是非曲直,独立自主地决定自己的立场和政策,绝不屈从于任何外来压力;秉持公道,伸张正义,坚持多边主义和国际关系民主化,坚持各个国家的事情由本国政府和人民自主决定,世界上的事情由各国政府和人民平等协商,尊重各国人民自主选择发展道路的权利,绝不把自己的意志强加于人,也绝不允许任何人把他们的意志强加于中国人民。要大力倡导相互尊重、平等协商,坚决摒弃冷战思维和强权政治,反对侵略扩张和干涉别国内政。坚持走对话而不对抗、结伴而不结盟的国与国交往的新路。

（三）坚持开放合作、互利共赢

改革开放的基本国策和独立自主的和平外交政策,决定了我们必须积极主动地汇入世界经济的大海之中,以互利共赢的开放战略促进自身的发展和国际社会的整体发展,在开放中谋取发展,在同世界各国的互利合作中实现共同繁荣。

一方面必须坚持对外开放的基本国策。在经济全球化的条件下,想人为切断各国经济的资金流、技术流、产品流、人员流,让世界经济的大海退回到一个一个孤立的小湖泊、小河流时代是不可能的,也不符合历史潮流;某个国家要同全球产业链、价值链、利益链完全脱钩,无异于自残。改革开放40多年来我国的沧桑巨变,得益于全球化;未来,面对百年未有之大变局,更没有哪个国家可以独善其身。因此,我们必须坚持互利共赢的开放战略,在开放合作中谋求自身发展,以自身发展推动建设开放型世界经济,恪守维护世界和平、促进共同发展的外交政策宗旨。面对保护主义、单边主义和反全球化等逆流,必须高举经济全球化、贸易和投资自由化便利化的旗帜,积极建设更高水平的开放型经济,坚定不移维护多边贸易体制,推动全球经济治理变革和完善,推动经济全球化朝着更加开放、包容、普惠、平衡、共赢的方向发展。

另一方面要推进合作共赢的开放型经济体系建设,服务国内经济建设、促进世界共同发展。要秉持绿色、开放、廉洁理念,推动共建"一带一路"高质量发展。这是我国建设更高水平开放型经济的必然要求。当前及未来一段时间,我国对外开放过程中的一项重大任务是着力推进"一带一路"建设。推动共建丝绸之路经济带和 21 世纪海上丝绸之路,既是对外开放大战略,也是国内区域发展大战略。"一带一路"倡议从 2013 年 9 月提出至今,已有 160 多个国家和国际组织同我国签署关于共建"一带一路"合作谅解备忘录,形成一大批务实合作成果。我国先后两次在北京成功举办"一带一路"国际合作高峰论坛,取得圆满成功。推进"一带一路"建设,要坚持共商共建共享原则,与沿线相关国家共商建设大计,共推建设项目,共享建设成果。"一带一路"建设的主要内容是"五通",即政策沟通、设施联通、贸易畅通、资金融通、民心相通。要加强国际宏观经济政策协调,推动贸易和投资自由化便利化,坚决反对人为制造经济割裂和脱钩,推动建设开放型世界经济;同世界各国分享共同发展机遇,开辟共同发展前景,促进世界和平发展。

三、推动建设相互尊重、公平正义、合作共赢的新型国际关系

当代世界正处于大发展大变革大调整时期,世界多极化、经济全球化深入发展,全球治理体系和国际秩序变革加速推进,各国相互联系和依存日益加深,和平发展大势不可逆转。同时,世界面临的不稳定性不确定性突出,人类面临诸多共同挑战。中国作为坚定奉行独立自主和平外交政策的大国,历来主张国家不分大小、贫富、强弱一律平等,要相互尊重、平等协商,走对话而不对抗、结伴而不结盟的国与国交往新路;尊重各国人民自主选择发展道路的权利,维护国际公平正义。在新的时代条件下,推动建设相互尊重、公平正义、合作共赢的新型国际关系,既是中国作为世界大国义不容辞的责任,更是维护我国利益、提高我国国际地位和国际影响力的必然要求。

(一) 完善全方位外交布局

党的十八大以来,我国积极发展全球伙伴关系,扩大同各国的利益交汇点,全方位外交取得重大进展。目前,我国已经同世界上 180 个国家建立了外交关系,同 110 个国家和国际组织建立了不同层级的伙伴关系,我国在国际事务中的影响力显著增强。面向未来,我们要根据世情和国情变化的新特点,坚定奉行独立自主的和平外交政策,协调推进我国同不同类型国家关系,扩大同各方利益交汇点。不断完善以周边和大国为重点,以发展中国家为基础,以多边为重要舞台的外交布局,全方位推进大国、周边、发展中国家、多边和各领域外交;推动同世界各国增进政治互信,加强机制建设,深化务实合作,夯实社会基础。坚持在和平共处五项原则基础上全面发展同各国的友好合作,扩大中国的朋友圈。要加强中俄全面战略协作伙伴关系,全面开展中美战略对话,坚持在不冲突不对抗、相互尊重、合作共赢基础上推进大国协调和合作,推动构建总体稳定、均衡发展的大国关系框架,维护世界和平与发展。要按照亲诚惠容的周边外交理念,坚持与邻为善、以邻为伴,深化同周边国家的互利合作和互联互通,推动构建区域命运共同体。要秉持正确义利观和真实亲诚理念,加强同广大发展中国家团结合作,加强对外援助工作,维护广大发展中国家共同利益。同时,要加强同各国政党和政治组织的交流合作,推

进人大、政协、军队、地方、人民团体等的对外交往,增进中国人民与世界各国人民的相互了解和友谊。

我国作为负责任的大国必须把维护全球战略稳定放在极为重要的位置,努力维护我国发展的重要战略机遇期和世界的和平发展。我们坚定不移走和平发展道路,但是,和平发展是有条件的。倘若个别国家无视他国利益,不择手段维护自身霸权,毫无节制追求自身绝对安全,严重侵害他国尊严、权利、安全,严重威胁世界和平与发展,中国绝不能坐视不理。为了维护我国发展的和平国际环境和有利外部条件,为了维护全人类利益,必须调动一切可以调动的因素、团结一切可以团结的力量,坚决捍卫国际公平正义,维护全球战略稳定。中华民族没有侵略扩张的基因,无论发展到什么程度,都不愿跟任何人争霸和对抗,我们不惹事,但更不怕事。我们维护国家主权安全发展利益的决心和信心坚定不移。坚决捍卫中国共产党领导和中国特色社会主义制度,坚定维护国家政权安全和制度安全。在中国台湾问题上坚定维护一个中国原则,在涉港、涉疆、涉藏等问题上坚决反对反华势力的歪曲抹黑,决不允许外部势力干涉中国内政。在南海、钓鱼岛等问题上,有效维护我国领土主权和海洋权益。妥善应对经贸摩擦,维护我国发展空间和长远利益。贯彻外交为民宗旨,构建海外利益保护和风险预警防范体系,保障海外同胞安全和正当权益。同时,我们决不会坐视中美关系和世界被拖入对抗的深渊而无所作为,不会推卸自己作为世界大国的责任担当。

(二)坚持多边主义,积极参与全球治理体系改革和建设

进入 21 世纪以来,各类全球性挑战叠加蔓延,新兴市场国家和发展中国家群体性崛起,现有全球治理体系无法有效应对挑战,也难以反映国际政治经济力量对比的变化。世界上的事情越来越需要各国共同商量着办,建立国际机制、遵守国际规则、追求国际正义成为多数国家的共识。中国作为大国坚持知行合一,应积极参与全球治理体系改革和建设,主动发挥负责任的大国作用,努力为全球治理贡献中国智慧和力量。

党的十八大以来,我们与时俱进推进中国特色大国外交,成功主办亚太经合组织(APEC)会议,成功举办 G20 杭州峰会、亚信上海峰会、金砖国家领导人厦门峰会;同相关地区国家和国际组织建立了"一带一路"高峰论坛、中非合作论坛、中拉论坛、中阿合作论坛、中国—太平洋岛国经济发展合作论坛、中国—中东欧国家合作("17+1"合作)等机制;发起成立了亚洲基础设施投资银行、新开发银行等机构,积极参与国际多边事务,发挥负责任大国作用,共同应对国际金融危机、气候变化等全球性挑战;我国在重要国际组织中代表性、话语权、影响力日益提高。随着世界格局演变和我国国际地位的不断提高,在当今世界一系列重大问题上,国际社会十分看重我国的立场和态度,已经形成离开中国参与很难作出实质性重大决定的国际共识。这在客观上对我们提出了参与全球治理体系改革和建设的要求。

当前,国际格局正在经历深刻复杂变化,人类面临的共同挑战日益增多,但全球治理赤字不仅没有缓解迹象,反而呈现加剧趋势。在这样的形势下,我国作为负责任大国,必须以勇于担当的精神更加积极地参与全球治理体系改革和建设,引领世界格局演变方向。要秉持共商共建共享的全球治理观,倡导多边主义,维护国际公平正义。联合国在当代全球治理体系中处于核心地位,在维护世界和平与安全、防止和制止战争、促进世界经济繁荣,特别是发展中国家的经济发展问题上扮演着关键角色。《联合国宪章》是现代国际秩序的基石,它既确立了联合国的宗旨原则和组织机构设置,又规定了成员国的责任、权利和义务,以及处理国际关系、维护世界和平与安全的基本原则和方法。我国要坚定维护联合国的权威,维护以联合国为核心的

国际体系,维护以《联合国宪章》宗旨和原则为核心的国际关系基本准则。倡导国际关系民主化,支持和扩大发展中国家在国际事务中的代表性和发言权。反对单边主义和保护主义,推动完善更加公正合理的国际政治经济治理体系。支持上海合作组织、金砖国家、二十国集团等平台机制发挥作用;引导全球政治经济治理变革在正确轨道上行驶,对各种开倒车的行为要保持高度警惕并进行坚决斗争。同时,要建设性参与国际和地区问题解决进程,积极参与应对气候变化、网络安全、反恐等领域国际合作,提供中国智慧和中国方案,推动构建更加公正合理的国际治理体系。

(三) 推进国防现代化,打牢维护和平发展的坚实基础

新时代我国安全的内涵外延、时空领域、内外因素都发生了深刻变化,安全需求的综合性、全域性、外向性特征更加突出,对国防和军队建设提出了前所未有的新要求。历史教训证明"弱国无尊严、弱国无公义、弱国无外交"。且不说近代以来的鸦片战争、甲午战争战败后中国被迫签订了一个个不平等条约,就算是第一次世界大战后,作为战胜国在巴黎和会上,重大问题都由美、英、法三国代表决定,中国也只能眼睁睁地看着德国在山东的权利被转给日本,中国代表拒绝在《凡尔赛条约》上签字起不到任何作用。这充分证明弱国根本无法维护自己的尊严和底线。我们必须清醒认识到,国防力量是综合国力的重要组成部分;强国必须强军,军强才能国安,才能为中国特色大国外交提供强有力保障,为捍卫国家主权、领土完整,为促进世界和平提供战略支撑。

1. 推进国防现代化,为捍卫国家主权、安全、发展利益提供支撑

我国是世界上尚未实现完全统一的大国,完成祖国统一是我们党在当代的三大历史任务之一。我们要尽最大努力争取和平统一,但任何时候都不承诺放弃使用武力,任何时候都要坚决威慑和遏制"台独"分裂活动,决不容忍国家分裂的历史悲剧重演。要严密防范、坚决打击"藏独""东突""港独"等一切形式的分裂活动。我国还同周边多国存在领土主权和海洋权益争端。维护国家主权和领土完整是国家核心利益,是一条不可逾越的底线。决不允许任何人、任何组织、任何政党、在任何时候、以任何形式,把任何一块中国领土从中国分裂出去。我们只有建设强大的国防,才能保证边防、海防、空防安全,保证我国海外利益安全,确保平时能稳控局势,战时能决战决胜,有效维护国家主权、安全、发展利益。

2. 推进国防现代化,为促进世界和平发展提供战略支撑

我国作为负责任大国,始终是世界和平的建设者、全球发展的贡献者、国际秩序的维护者。随着我国综合国力不断增强,国际影响力、感召力、塑造力不断提高,国际社会对我国关注和重视程度空前提升,我们对维护世界和平发展所承担的国际责任和义务不断增多。多年来,中国军队积极参与国际维和、反恐和人道主义救援,加强防扩散国际合作、参与管控热点敏感问题、共同维护国际通道安全等,展示了负责任大国的形象,体现了为维护国际和平与安全的担当。

新时代新阶段,世界新军事革命孕育着新的重大突破。世界主要大国都在调整安全战略和军事战略,加强高端军事科技和能力建设,加快军事智能技术实战运用、推进核力量更新换代、发展高超声速技术装备等,抢占军事竞争战略制高点。我们必须奋起直追、后来居上,在一些战略必争领域形成独特优势,在未来军事革命和科技革命的交汇点上谋求创新超越,加快军事智能化发展,引领我军向更高阶段转型,全面推进国防和军队现代化,加快把我军全面建成世界一流军队。只有这样,才能肩负起作为联合国安理会常任理事国和一个负责任大国对维

护世界和平与发展,推动全球治理体系变革,建设相互尊重、公平正义、合作共赢的新型国际关系所应当承担的义务和责任。

四、积极推动构建人类命运共同体

古往今来,过上幸福美好生活始终是人类孜孜以求的梦想。在几千年文明发展史上,人类创造了灿烂的文明成果,但战争和冲突从未间断,加上各种自然灾害、疾病瘟疫,人类经历了无数的苦难,付出了惨痛的代价。今天,互联网、大数据、云计算、量子卫星、人工智能迅猛发展,人类生活的关联前所未有,同时人类面临的全球性问题数量之多、规模之大、程度之深也前所未有。世界各国人民前途命运越来越紧密地联系在一起。世界各国尽管有这样那样的分歧矛盾,但各国人民都生活在同一片蓝天下、拥有同一个家园,应该秉持"天下一家"理念,彼此理解,求同存异,共同为构建人类命运共同体而努力,把各国人民对美好生活的向往变成现实。

中华民族自古爱好和平,崇尚开放包容。中华人民共和国成立后特别是改革开放以来,中国共产党人高度重视推动构建和平稳定、公正合理的国际关系和国际秩序,先后提出和平共处五项原则、建立国际政治经济新秩序、和平发展道路、构建和谐世界等重要外交理念。党的十八大之前,人类命运共同体思想虽已萌芽,但这一概念尚未明确提出。党的十八大之后,人类命运共同体思想逐渐形成内涵丰富、意义重大的理论体系。2013 年 3 月 23 日,习近平同志在莫斯科国际关系学院发表了题为《顺应时代前进潮流促进世界和平发展》的重要演讲,首次阐释了人类命运共同体的理念。2017 年 1 月,习近平同志在联合国日内瓦总部的演讲中,系统阐释了支撑人类命运共同体建设的"五位一体"架构:政治上,坚持对话协商,建设一个持久和平的世界;安全上,坚持共建共享,建设一个普遍安全的世界;经济上,坚持合作共赢,建设一个共同繁荣的世界;人文上,坚持交流互鉴,建设一个开放包容的世界;生态上,坚持绿色低碳,建设一个清洁美丽的世界。2017 年 10 月,习近平同志在党的十九大报告中,把推动构建人类命运共同体提升为新时代坚持和发展中国特色社会主义的基本方略之一,呼吁各国人民同心协力,"构建人类命运共同体""建设持久和平、普遍安全、共同繁荣、开放包容、清洁美丽的世界"。① 2018 年 3 月,第十三届全国人民代表大会第一次会议通过《中华人民共和国宪法修正案》,"序言"部分写入推动构建人类命运共同体的内容,从而使构建人类命运共同体思想正式上升为国家意志,成为我国外交政策理念在国家法治上的最高宣示。

（一）坚持对话协商,建设一个持久和平的世界

国家之间要构建平等相待、互商互谅的伙伴关系。在国际事务中,我们要坚持相互尊重、平等协商,坚决摒弃冷战思维和强权政治,走对话而不对抗、结伴而不结盟的国与国交往新路。人类历史上战乱频仍,生灵涂炭,教训惨痛而深刻。大国往往是决定战争与和平的关键因素,也对地区和世界和平与发展负有更大责任。大国要尊重彼此核心利益和重大关切,管控矛盾分歧,努力构建不冲突不对抗、相互尊重、合作共赢的新型关系。大国对小国要平等相待,不搞唯我独尊、恃强凌弱。国家间出现矛盾和分歧,要通过平等协商处理,以最大诚意和耐心,坚持对话解决分歧。各国只有都走和平发展道路,才能共同发展、和平相处。

---

① 《习近平谈治国理政》第 3 卷,外文出版社 2020 年版,第 46 页。

（二）坚持共建共享，建设一个普遍安全的世界

世界各国都应坚持以对话解决争端、以协商化解分歧，统筹应对传统和非传统安全威胁，反对一切形式的恐怖主义。纵观人类文明发展进程，尽管千百年来人类一直期盼永久和平，但战争从未远离，人类始终面临着战火的威胁。人类生存在同一个地球上，一国安全不能建立在别国不安全之上，别国面临的威胁也可能成为本国的挑战。当前，国际安全形势动荡复杂，传统安全威胁和非传统安全威胁相互交织，安全问题的内涵和外延都在进一步拓展，同时各国利益交融、安危与共。在这种新形势下，冷战思维、军事同盟、追求自身绝对安全那一套已行不通了。我们要树立共同、综合、合作、可持续的安全观，营造公平正义、共建共享的安全格局，要以对话协商、互利合作的方式解决安全难题，要同世界爱好和平的国家一道努力消除引发战争的根源，让和平的阳光普照大地，让人人享有安宁祥和。

（三）坚持合作共赢，建设一个共同繁荣的世界

各国要超越零和博弈，实现利益共建共享。今天的世界，物质技术水平已经发展到古人难以想象的地步，但发展不平衡不充分问题仍然普遍存在，南北发展差距依然巨大，贫困和饥饿依然严重，新的数字鸿沟正在形成，世界上还有很多国家的民众生活在困境之中。我们要坚持同舟共济、共同繁荣发展的理念，促进贸易和投资自由化便利化，推动经济全球化朝着更加开放、包容、普惠、平衡、共赢的方向发展。要支持各国增强发展能力，不断改善国际发展环境，以和平促进发展，以发展巩固和平。要加强全球经济治理，健全发展协调机制，促进各国特别是主要经济体加强宏观经济政策协调；维护世界贸易组织规则，支持开放、透明、包容、非歧视性的多边贸易体制，推动建设开放型世界经济，使发展成果更多惠及全体人民，为世界经济全面可持续增长提供新动力。

（四）坚持交流互鉴，建设一个开放包容的世界

不同民族、国家要尊重差异，推动不同文化的交流互鉴。文明的繁盛、人类的进步，离不开求同存异、开放包容，离不开文明交流、互学互鉴。历史呼唤着人类文明同放异彩，不同文明应该和谐共生、相得益彰，共同为人类发展提供精神力量。我们应该坚持世界是丰富多彩的、文明是多样的理念，尊重世界文明多样性，以文明交流超越文明隔阂、文明互鉴超越文明冲突、文明共存超越文明优越。人类文明多样性是世界的基本特征，也是人类进步的源泉，多样带来交流，交流孕育融合，融合产生进步。文明差异不应该成为世界冲突的根源，而应该成为人类文明进步的动力。我们要促进和而不同、兼收并蓄的文明交流对话，在竞争比较中取长补短，在交流互鉴中共同发展，使文明交流互鉴成为增进各国人民友谊的桥梁、推动人类社会进步的动力、维护世界和平的纽带。

（五）坚持绿色低碳，建设一个清洁美丽的世界

各个国家要坚持权责共担，保护好人类赖以生存的地球家园。地球是人类的共同家园，在可以预见的将来，人类都要生活在地球之上，这是一个不可改变的事实。人类可以利用自然、改造自然，但归根结底是自然的一部分。我们应该坚持人与自然共生共存的理念，像对待生命一样对待生态环境，对自然心存敬畏，尊重自然、顺应自然、保护自然、呵护自然，不能凌驾于自然之上。要坚持环境友好，合作应对气候变化，保护好人类赖以生存的地球家园。建设生态文

明关乎人类未来。我们要解决好工业文明带来的矛盾,以人与自然和谐相处为目标,实现世界的可持续发展和人的全面发展。要坚持走绿色、低碳、循环、可持续发展之路,努力推进联合国《2030年可持续发展议程》,积极采取行动应对气候变化等新挑战,不断开拓生产发展、生活富裕、生态良好的文明发展道路,构筑尊崇自然、绿色发展的全球生态体系,让人人都享有绿水青山。

推动构建人类命运共同体思想顺应了历史潮流,回应了时代要求,凝聚了各国共识,为人类社会实现共同发展、持续繁荣、长治久安绘制了蓝图,对中国的和平发展、世界的繁荣进步都具有重大和深远的意义;同时也回应了世界对中国发展走向的关切,回击了"中国威胁论",展现了中国人民对自身发展目标的自信和对人类共同命运的关切。我国作为联合国五大常任理事国之一,要以将自身发展同世界发展相统一的全球视野,主动承担起负责任大国的责任,积极作为、勇于担当,和世界各国人民一道努力推动构建人类命运共同体,共同战胜人类在前进发展道路上面临的重大风险挑战。

第八章
有效应对党的建设领域重大风险和考验之方略

　　党的建设领域的风险是指因党自身政治、思想建设不到位,组织建设不规范,作风建设不扎实,纪律要求不严格,制度建设不完善等方面的问题,导致党的执政地位动摇的危险。中国特色社会主义最本质的特征是中国共产党领导。习近平同志指出:"办好中国的事情,关键在党,关键在党要管党、从严治党。"①"打铁先得自身硬。"我们党在推进中国特色社会主义事业的征途中,面临着诸多挑战和风险。这种挑战和风险有的来自国外,有的来自国内,但最根本的来自党内。只要党自身建设好了,党就能应对各种风险和考验。党的十八大以来,以习近平同志为核心的党中央应对世情国情党情的新变化,把全面从严治党纳入"四个全面"战略布局,坚持不懈推进从严管党治党,取得重要阶段性成果,党内正气在上升,党风在好转,社会风气在上扬。同时,我们也应清醒认识到,我们党面临的执政环境是复杂的,党员队伍构成是复杂的,影响党的先进性、弱化党的纯洁性的因素也是复杂的,党内存在的一些深层次问题还没有得到根本解决。

　　当前,我国改革发展面临的内外环境错综复杂,各种矛盾叠加,风险隐患集聚;前进的道路上有各种各样的困难和挑战。我们要赢得优势、赢得主动、赢得未来,就必须增强问题意识,勇于自我革命,坚定不移推进全面从严治党,切实解决党的建设领域面临的突出矛盾和问题,科学有效地应对党的建设面临的重大风险和考验,切实把党建设好、管理好,保持党的先进性和纯洁性,增强党的创造力、凝聚力、战斗力,提高党的领导水平和执政水平,提高党拒腐防变和应对风险的能力,只有这样才能确保党始终成为中国特色社会主义事业的坚强领导核心,进而团结带领人民有力应对重大挑战、抵御重大风险,全面建设社会主义现代化强国,实现中华民族的伟大复兴。

第一节　党的建设是国家强大、人民幸福的根本保证

　　百余年来,在中国共产党的领导下,我国实现了国家独立和民族解放,确立了社会主义基本制度,成功开辟了中国特色社会主义崭新道路。党的执政地位是中国历史的选择,是人民群众的选择,但党的执政地位不是"天经地义"的,是党经过不懈奋斗并取得辉煌成就而获得的。

---

① 习近平:《关于〈关于新形势下党内政治生活的若干准则〉和〈中国共产党党内监督条例〉的说明》,《人民日报》2016年11月3日。

党在革命、建设和改革开放各个时期,为了人民群众利益进行无私奋斗,得到了人民群众的拥护和支持。同样,在中国特色社会主义新时代,也必须真心实意为人民群众的利益而不懈奋斗,继续保持党的先进性和纯洁性。如果忽视党的建设,放松管党治党,人民群众反映强烈的突出矛盾和问题得不到及时解决,那就会失信于民,我们党执政的基础就会动摇和瓦解,党就会面临失去执政地位的危险,社会主义江山就可能会被葬送。因此,习近平同志在河北省调研指导党的群众路线教育实践活动时告诫全党:牢记党的初心使命,"继续把人民对我们党的'考试'、把我们党正在经受和将要经受各种考验的'考试'考好,使我们的党永远不变质、我们的红色江山永远不变色"。①

一、党的建设是应对重大风险和考验、实现党的执政使命的保证

加强党的建设是实现党的执政使命的迫切需要。在新的历史时期,中国共产党肩负着团结带领全国人民在中国特色社会主义道路上全面建设社会主义现代化国家,实现中华民族伟大复兴的历史使命。党的十八大以来,习近平同志站在时代和历史的高度,提出了实现中华民族伟大复兴的中国梦。他指出:"实现中华民族伟大复兴是近代以来中华民族最伟大的梦想。中国共产党一经成立,就把实现共产主义作为党的最高理想和最终目标,义无反顾肩负起实现中华民族伟大复兴的历史使命。"②实现中华民族伟大复兴的中国梦,深刻揭示了中华民族的历史命运和当代中国的发展走向,形象而生动地阐明了党的执政使命,为坚持和发展中国特色社会主义注入了新内涵,使党具有强大的凝聚力和感召力。

实现中国梦是党的执政使命的集中体现,我们党诞生以来为实现这一使命团结带领人民进行了艰苦卓绝的斗争。无论弱小还是强大,无论顺境还是逆境,我们党都初心不改、矢志不渝,团结带领人民历经千难万险,付出巨大牺牲,敢于面对曲折,勇于修正错误,攻克了一个又一个看似不可攻克的难关,创造了一个又一个彪炳史册的人间奇迹。今天,我们比历史上任何时期都更接近、更有信心和能力实现中华民族伟大复兴的目标,但越是接近目标风险挑战就会越大,我们必须准备付出更为艰巨、更为艰苦的努力。

实现伟大梦想,必须进行伟大斗争。社会是在矛盾运动中前进的,有矛盾就会有斗争。我们党要团结带领人民有效应对重大风险和挑战,必须进行具有许多新的历史特点的伟大斗争。广大党员干部必须更加自觉地投身改革开放的时代潮流,勇于创新、敢于担当,坚决破除一切顽瘴痼疾,推动改革开放向前迈进;更加自觉地坚持党的领导和社会主义制度,坚决反对一切削弱、歪曲、否定党的领导和社会主义制度的言行;更加自觉坚持以人民为中心的发展思想,坚决反对一切官僚主义、形式主义和损害人民利益、脱离群众的行为;更加自觉地防范各种风险,坚决战胜在政治、意识形态、经济、科技、社会、外部环境等领域出现的困难和挑战。我们必须充分认识这场伟大斗争的长期性、复杂性、艰巨性,发扬斗争精神,提高斗争本领,不断夺取伟大斗争新胜利。

实现伟大梦想,必须建设伟大工程。这个伟大工程就是我们党正在深入推进的党的建设新的伟大工程。人们不会忘记,1840年第一次鸦片战争,大英帝国仅来了47条船、7 000名军人,而清政府当时有80万军队,竟然一败涂地,被迫签订了丧权辱国的《南京条约》;1900年,英、法、德、俄、美、日、奥、意八国联军进攻北京,拼凑起来的兵力仅1.8万人,而当时京畿一带

---

① 习近平:《充分调动干部和群众积极性 保证教育实践活动善做善成》,《人民日报》2013年7月13日。
② 《习近平谈治国理政》第3卷,外文出版社2020年版,第11页。

清军不下十几万,义和团兵力也有五六十万之众,然而慈禧太后和光绪皇帝竟被赶出北京,被迫赔款白银 4.5 亿两,年息 4 厘,分 39 年还清,本息合计白银 9.8 亿多两;1931 年,日本关东军以 1.9 万人的兵力面对 19 万人的东北军发动了九一八事变,竟使中国丢掉了东北;1937 年卢沟桥事变,日本华北驻屯军以 8 400 人的兵力面对 10 余万人兵力的国民党 29 军发动了七七事变,竟又导致华北沦陷。武器本身并不是根本的战斗力,哪怕是再先进的武器,皆要通过人去实现。只有中国共产党把人民群众组织起来,才改变了近代以来中国一盘散沙的面貌和中华民族屈辱的命运。历史已经并将继续证明,没有中国共产党的领导,民族复兴必然是空想。实现中华民族伟大复兴的中国梦必须始终坚持中国共产党的领导,我们党要始终成为时代先锋、民族脊梁,始终成为马克思主义执政党,自身必须始终过硬。广大党员干部必须更加自觉地坚定党性原则,用于自我革命,敢于刀口向内、刮骨疗毒,消除一切损害党的先进性和纯洁性的因素,清除一切侵蚀党的健康肌体的病毒,不断增强党的政治领导力、思想引领力、群众组织力、社会号召力,确保我们党永葆旺盛生命力和强大战斗力。

实现伟大梦想,必须推进伟大事业。中国特色社会主义是我们党的全部理论和实践的主题,是党和人民历尽千辛万苦、付出巨大代价取得的根本成就。中国特色社会主义道路是实现社会主义现代化、创造人民美好生活的必由之路,中国特色社会主义理论体系是指导党和人民实现中华民族伟大复兴的正确理论,中国特色社会主义制度是当代中国发展进步的根本制度保障,中国特色社会主义文化是激励全党全国各族人民奋勇前进的强大精神力量。广大党员干部必须自觉增强道路自信、理论自信、制度自信、文化自信,保持政治定力,坚持实干兴邦,始终坚定不移坚持和发展中国特色社会主义。

伟大斗争,伟大工程,伟大事业,伟大梦想,紧密联系、相互贯通、相互作用,"其中起决定性作用的是党的建设新的伟大工程"。[1] 面向未来,我们既面临难得的历史机遇,也面临诸多可以预见和难以预见的风险挑战。我们党要不负人民重托、无愧历史选择,把握机遇、战胜挑战,实现执政使命,就必须加强党的建设,全面从严治党,不断提高党的领导水平和执政能力,切实增强党的创造力、凝聚力、向心力、战斗力。

中华人民共和国成立以来,我们党始终高度重视自身建设,取得了显著成效,但党内存在的思想不纯、组织不纯、作风不纯等突出问题尚未得到根本解决。尤其是随着改革开放和社会主义市场经济发展,党所处历史方位和执政条件发生了深刻变化,党面临的执政环境更加复杂,加强和改进党的建设的任务更加繁重;加强党的长期执政能力、先进性和纯洁性建设,提高党的领导水平和执政水平、提高拒腐防变和抵御风险能力,都面临许多前所未有的新情况、新问题、新挑战。我们必须坚持问题导向,从严管党治党,推动全面从严治党向纵深发展,把党建设得坚强有力,切实增强党应对重大风险考验的能力,才能确保党在世界形势深刻变化的历史进程中始终走在时代前列,在应对国内外各种风险和考验的历史进程中始终成为全国人民的主心骨,在坚持和发展中国特色社会主义的历史进程中始终成为坚强领导核心,从而更好地凝聚全党全国人民的智慧和力量,万众一心地为实现党的执政使命而不懈奋斗。

二、党的建设事关党和国家的兴衰成败

中国共产党的性质和历史贡献决定了中国共产党既是我国唯一的领导党,也是唯一的执

---

[1] 《习近平谈治国理政》第 3 卷,外文出版社 2020 年版,第 14 页。

政党。从历史上看,我国是先有中国共产党,后有中华人民共和国;从现实看,中国共产党是"唯一的领导党",也是"唯一的执政党",其原因就在于中国共产党的先进性。党只有不断自我革命,加强自身建设,始终保持先进性,才能永葆生机和青春活力,才能始终走在时代前列,始终成为中国特色社会主义事业的坚强领导核心。因而,党的建设不仅关系到党的领导地位和执政地位的稳固,而且关系党和国家的生死存亡。

党的十九大报告提出,从2020年到2035年基本实现我国的社会主义现代化,从2035年到21世纪中叶,在基本实现现代化的基础上再奋斗15年,把我国建成富强民主文明和谐美丽的社会主义现代化强国。党在国家和社会生活中所处的地位决定我们党是中国特色社会主义事业的领导核心,党使命在肩、重任在肩。社会主义现代化事业要取得成功,必须有党的领导,但党能不能真正成为领导核心,关键在于党自身建设能不能搞好。

改革开放和社会主义市场经济的发展给我国发展带来了巨大的活力,与此同时,也使党面临一个完全不同的崭新环境。一方面,党能获得许多有益的东西,用来改进党的活动方式和工作方法,因为市场经济从某种意义上说是法治经济,会给我们党严格依法治党、依法执政提供机遇;另一方面,党组织和广大党员干部又不可避免地要受到外来的和内部沉渣泛起的消极、腐朽思想、价值观念和生活方式的侵蚀,使党的自身建设面临一系列新情况、新问题、新挑战,落实党要管党、从严治党的任务比以往任何时候都更为繁重、更为紧迫。

党的十八大以来,以习近平同志为核心的党中央勇于面对党面临的重大风险考验和党内存在的突出问题,全面加强党的领导和党的建设,坚决改变管党治党宽松软状况。推动全党尊崇党章,增强政治意识、大局意识、核心意识、看齐意识,坚决维护党中央权威和集中统一领导,严明党的政治纪律和政治规矩,层层落实管党治党政治责任。坚持照镜子、正衣冠、洗洗澡、治治病的要求,开展党的群众路线教育实践活动和"三严三实"专题教育,推进"两学一做"学习教育常态化制度化,深入开展党史学习教育活动,全党理想信念更加坚定、党性更加坚强。贯彻新时期好干部标准,选人用人状况和风气明显好转。党的建设制度改革深入推进,党内法规制度体系不断完善。把纪律挺在前面,着力解决人民群众反映最强烈、对党的执政基础威胁最大的突出问题。出台中央八项规定,严厉整治形式主义、官僚主义、享乐主义和奢靡之风,坚决反对特权。巡视利剑作用彰显,实现中央和省级党委巡视全覆盖。坚持反腐败无禁区、全覆盖、零容忍,强力反腐败;不敢腐的目标初步实现,不能腐的笼子越扎越牢,不想腐的堤坝正在构筑,反腐败斗争压倒性态势已经形成并巩固发展。消除了党和国家内部存在的严重隐患,党内政治生活气象更新,党内政治生态明显好转,党的创造力、凝聚力、战斗力显著增强,党的团结统一更加巩固,党群关系明显改善,党在革命性锻造中更加坚强,焕发出新的强大生机活力。

同时,我们也必须清醒看到,面对新形势新挑战,党的自身建设任务仍然十分艰巨,自我净化、自我完善、自我革新、自我提高能力有待进一步提高。目前,在党的建设方面还存在一些突出问题:一些干部领导科学发展能力不强;一些基层党组织软弱涣散;少数党员干部理想信念动摇、宗旨意识淡薄、精神懈怠,形式主义、官僚主义问题仍然突出,享乐主义和奢靡之风现象依然严重;制度建设方面还存在着不系统、不规范、不完善,有制度不执行、有令不行、有禁不止等问题;一些领域消极腐败现象易发多发,反腐败斗争形势依然严峻。我们只有适应形势和任务的变化不断加强党的建设,推动全面从严治党向纵深发展,保持党的先进性和纯洁性,永葆党的政治本色,才能始终得到人民拥护和支持,带领人民永不懈怠,永不停顿地前进,实现党的宏伟目标;如果忽视或者放松党的建设,任由精神懈怠、能力不足、消极腐败和脱离群众等现象蔓延,侵害人民群众利益,党就有可能走向自我毁灭。

以史为镜可以知兴衰。得人心者得天下，失人心者失天下，古今中外概莫能外。毛泽东同志在延安窑洞与黄炎培先生关于"周期率"的著名对话，透彻说明了中国历代统治者失天下的重要原因。在这段对话中，黄炎培列举了长期执政所面临的三种危险：一是政怠宦成。也就是一旦天下承平日久，物质生活条件改善了，立国初期那种万众一心、励精图治劲头也就慢慢消失了。再久而久之，政府官僚主义日益严重，社会风气变得骄奢淫逸，国家的肌体也就日渐"金玉其外败絮其中"了。二是人亡政息。也就是国家政治清明与否，经济繁荣与否，文化发达与否，社会安定与否，都系于核心执政者一人。帝王"英明神武"，则河清海晏。一旦旧君崩殂，新君昏弱，很快江河日下。三是求荣取辱。也就是动机与效果严重背离，出发点不一定差，结果却事与愿违。这种情况在中华人民共和国成立初期往往还不会造成无可挽回的局面，但一旦到了积弊甚多、矛盾复杂时期，事物发展就很容易出乎意料，很容易失去控制。

政怠宦成、人亡政息、求荣取辱，都与封建君主专制有关，都与人治有关，因此其解决之道，都只有民主这条路可走。政怠宦成，就是执政者忧患意识减弱，执政团体活力不足了，对此毛泽东同志说"只有让人民起来监督政府，政府才不敢松懈"。人亡政息，就是路线方针政策随领导人的改变而改变，随领导人关注点的改变而改变；对此毛泽东同志说"只有人人起来负责，才不会人亡政息"。求荣取辱，就是谋划大的工程、推行大的改革，不能靠"拍脑袋"，一定要慎之又慎；最重要的是要充分听取各方面意见，让群众广泛参与，充分发挥集体智慧，充分调动群众积极性，归根结底是要"人人起来负责"。

毛泽东同志讲："我们已经找到新路，我们能跳出这周期率。这条新路，就是民主。"①可是从中国社会发展的现状来看，黄炎培先生所说的三种长期执政危险，目前依然或轻或重地存在。官僚主义、腐败问题，就是政怠宦成；一把手的能力、作风，深刻影响一个地区的发展，就容易导致人亡政息；违反客观规律、违反人民意愿的政绩工程、面子工程，即是求荣取辱。与之相对应，我们的社会主义民主政治建设虽然取得了很大成就，但仍显不足，"让人民起来监督政府""人人起来负责"的局面还远未形成。

早在我们党还未获得全国政权的时候，毛泽东同志就对党能否跳出历朝历代统治者所无法跳出的"兴悖亡忽"的历史周期率给予了高度警觉，他把脱离群众、腐化堕落同亡党亡国联系起来，同共产党人为之毕生奉献的革命事业的成败兴亡联系起来；力图通过加强党的自身建设、发扬党的优良作风、严惩党内腐败现象，跳出历史"周期率"的支配。中华人民共和国成立后，毛泽东同志沿着他所找到的新路，发扬民主，坚持党的全心全意为人民服务宗旨，特别注意防止和反对腐败，反对"和平演变"，力求避免历史悲剧重演。正是这种避免重蹈历史覆辙的高度自觉，使以毛泽东同志为代表的党的第一代革命者始终保持着党的艰苦奋斗优良作风。

放眼世界，当今国外一些长期执政的老党、大党的下台，都同忽视党的建设、为政不廉、丧失民心密切相关。"水能载舟，亦能覆舟"，一个执政党如果以为曾经做过一些好事、有贡献，就随心所欲滥用手中的权力，损害人民利益，那就会失去人民的信赖，以致丧失党的执政地位。1991 年 8 月 23 日，根据苏共中央总书记戈尔巴乔夫、俄罗斯社会主义联邦共和国总统叶利钦和莫斯科市长波波夫的命令，苏共中央办公大楼被正式查封。第二天，戈尔巴乔夫发表声明辞去苏共总书记职务，并建议苏共中央自行解散。1991 年 12 月 25 日戈尔巴乔夫辞去苏联总统职务，当晚克里姆林宫上空印有镰刀和铁锤图案的苏联国旗降下，俄罗斯白蓝红三色旗升上了旗杆。至此，苏共不仅丧失了执政地位，而且连自己的躯壳一起被送进了历史的档案馆。苏联

---

① 中共中央文献研究室：《毛泽东年谱（1893—1049）（修订本）》（中），中央文献出版社 2013 年版，第 610—611 页。

这个曾在国际舞台上叱咤风云的红色帝国被分裂成为 15 块碎片。苏联共产党之所以亡党亡国,治党不严、为政不廉、严重脱离人民群众是其重要原因。

党的建设是国家强大、人民幸福的根本保证。是否重视党的自身建设,事关党和国家兴衰成败,生死存亡。我们党要始终成为时代先锋、民族脊梁,始终成为马克思主义执政党,自身必须始终过硬。今天,中国特色社会主义进入新时代,我们党面临新的大考。习近平同志在新进中央委员会的委员、候补委员和省部级主要领导干部学习贯彻习近平新时代中国特色社会主义思想和党的十九大精神研讨班开班式上的重要讲话中指出:"昨天的成功并不代表着今后能够永远成功,过去的辉煌并不意味着未来可以永远辉煌。时代是出卷人,我们是答卷人,人民是阅卷人。要实现党和国家兴旺发达、长治久安,全党同志必须保持革命精神、革命斗志……决不能因为胜利而骄傲,决不能因为成就而懈怠,决不能因为困难而退缩。"①要把新时代坚持和发展中国特色社会主义这场伟大社会革命进行好,我们党必须充分认识面临的"四大考验"的长期性和复杂性,深刻认识党面临的"四大危险"的尖锐性和严峻性,坚定不移从严治党,进一步加强党的建设,勇于进行自我革命,把党建设得更加坚强有力,永葆党的先进性和政治本色。

第二节　新时代党的建设领域面临的重大风险

党的十八大以来,在以习近平同志为核心的党中央坚强领导下,我们党以自我革命精神推进全面从严治党,清除了党内存在的严重隐患,成效是显著的。同时也要看到,党内存在的一些深层次问题并没有得到根本解决,一些已经解决的老问题反弹回潮的可能性依然存在,实践中还出现了一些新情况、新问题。习近平同志在党的十九大报告中指出:"全党要清醒认识到,我们党面临的执政环境是复杂的,影响党的先进性、弱化党的纯洁性的因素也是复杂的,党内存在的思想不纯、组织不纯、作风不纯等突出问题尚未得到根本解决。要深刻认识党面临的执政考验、改革开放考验、市场经济考验、外部环境考验的长期性和复杂性,深刻认识党面临的精神懈怠危险、能力不足危险、脱离群众危险、消极腐败危险的尖锐性和严峻性"。② 在党的二十大报告中他进一步强调:"全面从严治党永远在路上,党的自我革命永远在路上。"③因此,防范化解党自身面临的风险考验任何时候都不能松懈,尤其要清醒认识和着力应对党面临的重大风险考验。

一、政治意识淡漠,政治纪律松弛的风险

我们党作为马克思主义政党具有鲜明的政治属性。马克思主义创始人从组建独立的无产阶级政党伊始,就将政治先进性作为马克思主义政党区别于其他政党的根本标志。恩格斯在《关于工人阶级的政治行动》中指出:"应当从事的政治是工人的政治;工人的政党不应当成为某一个资产阶级政党的尾巴,而应当成为一个独立的政党,它有自己的目的和自己的政治。"④

---

① 《习近平谈治国理政》第 3 卷,外文出版社 2020 年版,第 70—71 页。
② 《习近平谈治国理政》第 3 卷,外文出版社 2020 年版,第 48 页。
③ 本书编写组:《党的二十大报告辅导读本》,人民出版社 2022 年版,第 57 页。
④ 《马克思恩格斯选集》第 3 卷,人民出版社 2012 年版,第 170 页。

列宁也指出："一个阶级如果不从政治上正确地看问题,就不能维持它的统治,因而也就不能完成它的生产任务。"①马克思主义政党这种政治上的先进性,决定了它的成员处理党的事务时必须从政治上看问题,才能实现党的政治目标和各项任务。

无产阶级政党政治上的先进性集中体现在具有崇高政治理想、高尚政治追求、纯洁政治品质、严明政治纪律方面。如果马克思主义政党政治上的先进性丧失了,党的先进性和纯洁性就无从谈起。习近平同志在省部级主要领导干部学习贯彻十八届六中全会精神专题研讨班开班式上的重要讲话中明确指出:"我们党作为马克思主义政党,必须旗帜鲜明讲政治,严肃认真开展党内政治生活。讲政治,是我们党补钙壮骨、强身健体的根本保证,是我们党培养自我革命勇气、增强自我净化能力、提高排毒杀菌政治免疫力的根本途径。什么时候全党讲政治、党内政治生活正常健康,我们党就风清气正、团结统一,充满生机活力,党的事业就蓬勃发展;反之,就弊病丛生、人心涣散、丧失斗志,各种错误思想得不到及时纠正,给党的事业造成严重损失。"②这是对马克思主义政党政治建设宝贵经验和原则的深刻总结。

然而无可否认的是,随着改革开放的深入发展,党内外都在一定范围内出现了日益严重的淡化政治的倾向。从思想根源上说,就是一些人把党的十一届三中全会停止"以阶级斗争为纲"、实行改革开放的正确战略转移,引向了否定马克思主义历史唯物主义理论的极端。这一误导,必然会在政党观、国家观、民主法治观、人民观、理想信念等一系列根本理论上动摇马克思主义信仰。一个时期以来,突出存在的党的领导弱化、党的建设缺失、全面从严治党不力,党的观念淡漠、组织涣散、纪律松弛,管党治党宽松软问题,以及一些领导干部在意识形态重大争论和思想舆论斗争中态度暧昧、是非不分的倾向,无不与此相关。

党的十八大以来,面对党内存在的突出问题,以习近平同志为核心的党中央以坚定决心、顽强意志深入推进全面从严治党,坚持思想从严、执纪从严、治吏从严、反腐从严,使党的政治面貌有了根本改观。但如同习近平同志所说:"'冰冻三尺,非一日之寒',党内政治生活、政治生态中出现的问题不是一天两天形成的,解决这些问题也决非一朝一夕之功。"③新时代新阶段,党中央之所以把严肃党内政治生活、净化党内政治生态摆在更加突出的位置来抓,反复强调这个问题,主要就是因为"一段时间以来,党内政治生活不认真不严肃现象比较普遍,庸俗化、随意化倾向比较突出,少数地方和单位政治生态严重恶化,甚至出现了系统性、塌方式腐败"。④ 主要问题是:从组织和组织的关系看,有的党组织违背"四个服从"原则,有令不行、有禁不止,对党中央和上级的决策部署合意的就执行、不合意的就不执行;一些上级单位的党组织对下级党组织放弃管党治党责任,甚至发现问题也一味姑息迁就、放任自流。从个人和组织的关系看,有的党员、干部党的意识弱化、组织观念淡薄,不相信组织、不服从组织、不依靠组织,把党组织当成来去自由的"大车店"、各取所需的"大卖场"、自行其是的"私人俱乐部";有的领导班子成员特别是一把手不正确理解和执行民主集中制,搞家长制、一言堂或自由主义、分散主义、宗派主义,有的甚至把所在地方和分管领域当作"独立王国""私人领地";有的党组织对党员、干部管理失之于宽、失之于松、失之于软。从个人和个人的关系看,有的党员、干部讲利益不讲党性、讲关系不讲原则、讲面子不讲规矩,甚至把党内同志关系异化为人身依附关系,搞小山头、小圈子、小团伙那一套,搞门客、门宦、门附那一套。更为严重的是,在党的高级干部

---

① 《列宁选集》第 4 卷,人民出版社 2012 年版,第 408 页。
② 习近平:《以解决突出问题为突破口和主抓手 推动党的十八届六中全会精神落到实处》,《人民日报》2017 年 2 月 14 日。
③ 中共中央文献研究室:《习近平关于全面从严治党论述摘编》,中央文献出版社 2016 年版,第 39—40 页。
④ 中共中央文献研究室:《习近平关于全面从严治党论述摘编》,中央文献出版社 2016 年版,第 38 页。

中出现了周永康、薄熙来、郭伯雄、徐才厚、令计划等人,他们结党营私、篡党夺权、骄奢淫逸、贪赃枉法,严重污染了党内政治生态,造成了极为恶劣的政治影响;导致"一些人无视党的政治纪律和政治规矩,为了自己的所谓仕途,为了自己的所谓影响力,搞任人唯亲、排斥异己的有之,搞团团伙伙、拉帮结派的有之,搞匿名诬告、制造谣言的有之,搞收买人心、拉动选票的有之,搞封官许愿、弹冠相庆的有之,搞自行其是、阳奉阴违的有之,搞尾大不掉、妄议中央的也有之,如此等等。有的人已经到了肆无忌惮、胆大妄为的地步"![1] 这些问题的存在,严重侵蚀党的思想道德基础,严重破坏党的团结和集中统一,严重损害党内政治生态和党的形象,严重影响党和人民事业的发展。

坚定正确的政治立场,严明的政治纪律是我们党战胜风险挑战的重要保证。严肃党内政治生活、净化党内政治生态,是党的建设中带有根本性、基础性的问题,关乎党的团结统一,关乎党的生死存亡。今天,我们比历史上任何时期都更加接近实现民族复兴的伟业,但我们必须清醒地认识到,国内外敌对势力绝不愿意看到我们顺利地实现目标,必然会进行各种捣乱和破坏,我们面临的风险挑战必然愈来愈大。全党只有增强政治意识、严守政治纪律,做到全党思想统一、行动一致、上下同心、令行禁止,才能凝聚起无坚不摧的强大力量。如果不能尽快有效解决党的政治建设和政治生活中存在的突出矛盾和问题,任其发展和蔓延,长期积累下去,那就要发生习近平同志警示全党的"霸王别姬的问题了,那就不是一般的被动,而是为时已晚了"。[2]

二、精神懈怠,意志衰退产生的风险

良好的精神风貌是马克思主义政党的动力之源,我们党要始终走在时代前列,就必须使全党始终保持蓬勃朝气、昂扬锐气、浩然正气。如果党的精神懈怠了、意志消沉了,就会引发思想僵化、创新停滞、道德滑坡、奋斗精神泯灭的连锁反应,党的生机活力就会被销蚀,对世情、国情、党情的变化就作不出反应,就会失去人民群众的信任,不再具有先进性。

我们党在革命战争年代之所以能历经磨难而不衰并领导人民取得民主革命的胜利,靠的就是广大党员群众百折不挠的奋斗精神和忘我的牺牲精神。在党的中心工作由领导革命战争转为领导经济建设后,党更加强调增强自我更新、自我发展的活力,警惕精神懈怠的危险。早在党的七届二中全会上,毛泽东同志就预见到执政后党内的骄傲情绪、以功臣自居的情绪、停顿起来不求进步的情绪、贪图享乐不愿再过艰苦生活的情绪可能生长。因而,新中国成立后他谆谆告诫全党,革命的成功只是万里长征走完了第一步,"要保持过去革命战争时期的那么一股劲,那么一股革命热情,那么一种拼命精神,把革命工作做到底"。[3] 改革开放新时期,邓小平同志多次指出,党员干部尤其是领导干部要保持良好的精神状态,"没有一点闯的精神,没有一点'冒'的精神,没有一股气呀、劲呀,就走不出一条好路,走不出一条新路,就干不出新的事业"。[4] 进入新时代,习近平同志进一步号召全党:一定要"锐意进取,埋头苦干""保持艰苦奋斗、戒骄戒躁的作风,以时不我待、只争朝夕的精神,奋力走好新时代的长征路"。[5]

① 中共中央文献研究室:《习近平关于全面从严治党论述摘编》,中央文献出版社 2016 年版,第 105—106 页。
② 中共中央文献研究室:《习近平关于全面从严治党论述摘编》,中央文献出版社 2016 年版,第 30—31 页。
③《毛泽东文集》第 7 卷,人民出版社 1999 年版,第 285 页。
④《邓小平文选》第 3 卷,人民出版社 1993 年版,第 372 页。
⑤《习近平谈治国理政》第 3 卷,外文出版社 2020 年版,第 54—55 页。

在百年奋斗征程中,正因为我们党始终保持了昂扬向上的精神风貌,才团结带领人民完成了新民主主义革命、社会主义革命和建设、改革开放新的伟大革命的艰巨任务,得到了广大人民群众拥护和爱戴。但随着执政时间延长、执政环境变化,成绩多了、鲜花多了、掌声多了,在某些党员干部中也不可避免地产生了精神懈怠、意志衰退的现象。主要表现为:一是放松了世界观、人生观、价值观改造,理想信念动摇,精神萎靡不振,革命意志消沉。二是居功自傲、粉饰太平、饱食终日、不思进取、庸庸碌碌、无所用心、养尊处优、得过且过。三是淡忘了艰苦奋斗作风,不想再吃苦耐劳,不想再顽强拼搏,甚至把吃苦耐劳看成迂腐和傻帽,把挥霍浪费当作慷慨大方;拜倒在金钱女色面前,漫步于歌台舞榭之上,沉湎于灯红酒绿之中。四是目光短浅、胸无大志,对落后的现状视而不见,对群众的呼声充耳不闻,对面临的危机无动于衷,发动机不灵刹车灵;干事创业缺乏主动性、积极性。精神懈怠,意志衰退现象虽然出现在部分党员干部身上,但其危害却十分严重,如果对其不引起足够重视,采取切实有效措施加以克服,任其蔓延,必然导致一些党员干部不思进取,庸碌无为,丧失革命斗争精神;必然会瓦解党员干部的斗志,使我们党人心涣散,失去凝聚力、向心力和战斗力,进而动摇我们党的执政根基。①

三、故步自封,能力不足产生的风险

适应时代发展,提升能力素质,是政党的永恒主题。在世界和中国都在发生深刻变化的今天,作为 14 亿人口大国执政党的中国共产党及广大党员干部唯有常怀"能力不足"的忧患意识,以等不起的紧迫感、慢不得的危机感、坐不住的责任感,努力向书本学习,向他人学习,向实践学习,掌握新知识,增强新本领,加强实践斗争历练,不断提高领导水平和执政水平,提高拒腐防变和应对风险考验能力,才能推动改革开放和社会主义现代化事业健康顺利发展,在重大风险和挑战面前,做到"任凭风浪起,稳坐钓鱼船"。

我们党的成长发展本身就是一个逐步提升能力素质的过程。在党的历史上的几次重大转折关头和工作重心转移中,党都遇到并成功解决了"本领恐慌"和能力不足的问题。在从土地革命的 10 年烽火,走向建立最广泛的抗日民主统一战线的过程中,毛泽东同志严肃地提出了"本领恐慌"的问题,要求全党都要"学习本领""增加知识""把工作做得更好"。在党的工作重点由乡村转移到城市的前夕,他再次要求全党尤其是党的干部要加强学习,明确指出:"我们熟悉的东西有些快要闲起来了,我们不熟悉的东西正在强迫我们去做。""我们必须学会自己不懂的东西。"②改革开放伊始,邓小平同志强调要提高干部的知识和能力,提高党的领导水平,他明确指出:"怎样改善党的领导,这个重大问题摆在我们的面前。不好好研究这个问题,不解决这个问题,坚持不了党的领导,提高不了党的威信。"③进入新时代,习近平同志进一步指出:要适应形势和任务的变化,"建设高素质专业化干部队伍";要"坚持德才兼备、以德为先",培养选拔"忠诚干净担当的干部","注重培养专业能力、专业精神,增强干部队伍适应新时代中国特色社会主义发展要求的能力"。④ 正是由于我们党对能力不足的危险时刻保持着高度警觉,党才能从幼稚走向成熟,从能力和经验不足逐步走向能够从容应对复杂的国内外局面,领导革命和建设事业不断取得胜利。

---

① 刘昀献:《中国共产党在当代面临的十大执政风险》,《新华文摘》2012 年第 13 期。
② 《毛泽东选集》第 4 卷,人民出版社 1991 年版,第 1480—1481 页。
③ 《邓小平文选》第 2 卷,人民出版社 1994 年版,第 271 页。
④ 《习近平谈治国理政》第 3 卷,外文出版社 2020 年版,第 50 页。

　　进入新时代以来,世界政治经济格局加速演变,国内改革发展进入新阶段,我们党面临的形势和任务发生了新的重大变化,党需要对新时代怎样坚持和发展中国特色社会主义,怎样建设社会主义现代化强国,怎样建设长期执政的马克思主义政党①等一系列重大理论和实践问题进行深入探索,作出解答。需要根据社会主要矛盾变化,正确有效地解决区域发展不平衡、城乡发展不平衡,发展质量和效益还不高,创新能力不够强,收入分配差距依然较大,群众在就业、教育、医疗、居住、养老等方面面临许多困难等问题。需要科学处理改革发展稳定的关系,破解发展中的难题,做到既要加快发展又要保障公平,既要深化改革又要保持稳定,既要鼓励竞争又要整合利益,以便凝聚社会共识,继续推进中国特色社会主义事业。这就迫切要求全党进一步增强理论创新的能力、领导发展的能力、利益调节的能力、资源整合的能力、完善制度的能力、应对重大风险考验和处理危机的能力等等。

　　然而,在我们的党员干部队伍中确还有不少人仍躺在过去的功劳簿上,满足于往日业绩和辉煌,不思进取,能力平平,不能适应形势任务变化要求,跟不上时代发展步伐。这种情况突出反映为:一是故步自封、抱残守缺,思想僵化、墨守成规。二是心态浮躁、浅尝辄止;热衷于迎来送往,不喜欢看书学习,读书读个皮儿,看报看个题儿;满足于一知半解,不掌握理论的科学体系和精神实质;或理论脱离实际,学而不思、不信、不用于解决实际问题。三是饱食终日,不思进取,发展没有新思路,改革没有新突破、开放没有新局面、工作缺乏新举措,对落后的现状视而不见、对群众的呼声充耳不闻、对面临的危机无动于衷。四是脑中没有新知识、胸中没有真本领,办事无主意,工作无方法;老办法不能用,新办法不会用;硬办法不敢用,软办法不会用,遇事举止失措、方法失当,造成工作频频失误。② 党员干部的能力素质是党的执政能力的基础,干部队伍中存在的故步自封、能力不足现象如果得不到及时有效的克服,其存在和发展必然导致党整体执政能力的下降、应对复杂局面和处理危机能力的不足,以致出现在重大风险和考验面前的进退失据,贻误党的事业,进而可能导致党在重大危机和挑战到来之时失去执政资格的危险。

四、背离党的宗旨,"四风"盛行产生的风险

　　人民群众是我们党的立党之本、执政之基、力量之源。中外政权更迭史警示我们:民心不可违,顺之者昌,逆之者亡。苏联共产党曾经是一个拥有 1 800 多万党员的大党,其之所以败亡,根本原因正是党背离了自己的宗旨,特别是党的领导干部已严重官僚化,如同原苏共中央书记处书记瓦·博尔金所说:"党的一些高级官员已经蜕化变质,在公众心目中丧失了威信。"③党脱离了人民群众,失去了人民群众的信任和支持,党的事业必败无疑。

　　我们党在新民主主义革命、社会主义革命和建设、改革开放和社会主义现代化建设的各个历史时期中,始终坚持全心全意为人民服务的宗旨,重视防止党员干部官僚化的问题。以毛泽东同志为核心的党的第一代领导集体,根据马克思主义唯物史观,在中国革命和建设的实践中形成和确立了党的群众路线,培育了党群之间鱼水相依的亲密关系。在改革开放的新时期,党的第二代领导集体的核心邓小平同志反复强调,要把"人民拥护不拥护""人民赞成不赞成""人民高兴不高兴""人民答应不答应"作为制定各项方针政策的出发点和归宿。江泽民同志指出:

---

① 中共中央委员会:《中共中央关于党的百年奋斗重大成就和历史经验的决议》,《人民日报》2021 年 11 月 17 日。
② 刘昀献:《中国共产党在当代面临的十大执政风险》,《新华文摘》2012 年第 13 期。
③ [俄]瓦列里·博尔金:《震撼世界的十年——苏联解体与戈尔巴乔夫》,昆仑出版社 1998 年版,第 285 页。

"在任何时候任何情况下,党的一切工作和方针政策,都要以是否符合最广大人民群众的利益为最高衡量标准。"①胡锦涛同志强调,"密切联系群众是我们党的最大政治优势,脱离群众是我们党执政后的最大危险";②必须坚持以人为本、执政为民,保持党同人民群众的血肉联系。进入新时代,习近平同志进一步指出:"全党同志要把人民放在心中最高位置,坚持全心全意为人民服务的根本宗旨,实现好、维护好、发展好最广大人民根本利益。"③正是因为我们党百年来深深扎根于人民的沃土之中,保持了良好的党群关系,党才能始终站在时代前列,得到人民拥护和支持。

但我们也必须看到,中华人民共和国成立后特别是改革开放以来,随着党的地位和环境的变化,党同人民群众的关系也进入一个新的历史阶段。在我们党未成为执政党并面临反动统治者残酷镇压、生活极其艰苦的条件下,党和人民群众的联系事关党的生死存亡,对于这一点全党同志都有着直接的感受和深切的体会,因而都有维护这一联系的高度自觉性。党成为执政党以后,大批党员担任了从中央到地方的领导职务,手中掌握了调动全国人、财、物等资源的权力。特别是在改革开放新时期,随着社会主义市场经济体制的建立,党的执政环境也发生了重大变化。党的地位和环境的变化,使党联系群众的面更宽了,为人民服务的条件更好了,党群关系理应更加密切。然而,由于执政党的地位容易使一些人对密切联系群众的重要性逐渐淡化,沾染上官僚习气;由于我们要以政权的力量推进改革开放,这就使得权钱交易的可能性增大;因而,党员干部以权谋私、损害群众利益、脱离群众的危险不是减小了,而是增大了。

党的十八大以来,以习近平同志为核心的党中央立足于维护党的执政安全,坚持从严治党,在全党开展党的群众路线教育实践活动和"三严三实"专题教育,严厉惩治形式主义、官僚主义、享乐主义和奢靡之风,使"四风"问题蔓延的态势得到遏制。但是,正如习近平同志所说:"我们必须看到,这其中很多还停留在治标的层面上,病原体并没有根除;还有一些是因为不敢才有所遏制的,不能、不想的问题远远没有解决。""作风建设永远在路上,永远没有休止符。"④在现实生活中的确仍然存在一些党员干部把党的宗旨抛之脑后,明里暗里搞"四风"的现象。其突出表现为五个方面。

一是高高在上,官气十足。不是把人民当主人、做人民的公仆,而是把自己看成人民的"父母官",视群众为"草民";对于事关群众切身利益的问题推诿扯皮,不负责任。

二是主观武断,强迫命令。少数地方房屋拆迁、土地征用等重大事项,既不同群众商量,也不搞咨询论证,而是通过"拍脑袋"去决策,"拍胸脯、拍桌子"去落实;贯彻上级政策,不是通过动员群众、教育群众、依靠群众的方法,而是不顾群众的承受能力和意愿,通过强制的方式去进行。

三是形式主义,摆花架子。不是深入群众深入基层,访民情解民忧,而是坐在家里定盘子,关起门来想点子,走到下面找例子,回到机关写稿子。或是满足于在办公室"上传下达";或是忙碌于"文山会海"之中,以会议贯彻会议,以文件落实文件;或是"坐着车子下基层,隔着玻璃察民情";贪图虚名,不务实效,劳民伤财。

四是好大喜功,哗众取宠。领导出行,前呼后拥;开会讲规模,报道求轰动。汇报工作,报喜藏忧,讲成绩夸夸其谈,讲问题躲躲闪闪;统计数字,报多不报少,三分统计,七分估计;用浮

① 《江泽民文选》第 2 卷,人民出版社 2006 年版,第 262 页。
② 胡锦涛:《在庆祝中国共产党成立 90 周年大会上的讲话》,《人民日报》2011 年 7 月 2 日。
③ 中共中央党史和文献研究院:《十八大以来重要文献选编》(下),中央文献出版社 2018 年版,第 3 页。
④ 中共中央文献研究室:《习近平关于全面从严治党论述摘编》,中央文献出版社 2016 年版,第 162—163 页。

夸对付上级,以假象应付群众;为了自己"风光",不惜浪费人力、物力、财力,大搞华而不实和脱离实际的"形象工程""政绩工程"。

五是追求享乐,思想堕落,物欲膨胀,纸醉金迷。少数干部贪图安逸、怕苦怕累,崇尚剥削阶级生活方式,把腐朽当神奇,把痈疽当宝贝,追求金表华服、珍馐佳酿、豪宅别墅、名车美人;把勤俭朴素当作寒酸和低贱,把吃喝玩乐作为人生的最大乐趣。

这些现象目前尽管存在于少数人身上,但其对干部形象的影响、对党的政治信任的杀伤力是巨大的,甚至在一些部门和地方引起了人民群众的极大不满,严重影响了党群关系。如果我们对此丧失警觉,不能做到抓长、长抓、扭住不放,持之以恒,久久为功,并从体制机制层面进一步破题,为作风建设形成长效化保障,将会导致"四风"问题不断反弹、愈演愈烈,最后就会使党失信于民,失去执政之本。[1]

五、权力腐败,形成党内既得利益集团的风险

腐败是当今世界上导致许多政党衰落乃至败亡的致命毒素。20 世纪 80 年代至 90 年代一些长期执政的老党、大党失去政权,如 2000 年连续执政 71 年的墨西哥革命制度党在大选中败北下台,党内腐败都是重要的原因;近些年来的泰国骚乱、突尼斯和埃及政权更迭,以及利比亚卡扎菲政权的消亡,也无不是"政治腐败"造成的后果。我们党是靠人民的支持取得政权并成为执政党的。人民群众是立党之本、执政之基。领导干部手中的权力是人民赋予的,只能用来为人民谋利益,而不能以权谋私。如果忘记了权力的来源并把其异化为谋私的工具,造成权力腐败,进而在党内形成以政治权力为手段对公共资源和社会利益进行支配和占有的既得利益集团,党就有可能走向自我毁灭。

中华人民共和国成立以来,我们党始终对权力腐败、权力异化问题保持着高度警觉。早在20 世纪 50 年代党的八届二中全会上,毛泽东、刘少奇、周恩来等老一辈革命家就提出了加强党风建设,防止产生新的贵族阶层的问题。警醒全党要增强忧患意识和风险意识,保持艰苦奋斗作风,如果我们党不重视反腐败问题,党就会腐化堕落,就"一定会被革掉"。[2] 苏联解体、东欧剧变后,江泽民同志在深刻总结中外社会主义运动经验教训的基础上,更加明确地告诫全党:"必须真正代表人民掌好权、用好权,而绝不允许以权谋私,绝不允许形成既得利益集团。"[3] 但由于权力自身具有强制性力量和专制化倾向,而且总是与各种利益有着紧密的联系;在长期执政,特别是在改革开放新的历史条件下,利益多元化趋向也必然会影响到我们党内,一些意志薄弱的党员干部会经不起考验,经不住金钱、美色、权力的诱惑,在"糖弹"面前败下阵来,由钻体制的漏洞进而蜕化变质。

一些党员干部不是将官职看成为人民服务的岗位,把权力当作为人民谋利益的工具,而是将官职大小看成人生价值大小的标准,把权位看成谋取私利的资本;将价值追求从政治转向经济、从精神转向物质。把党和人民赋予的职权、把自己的地位、影响和工作条件,看成是自己的所谓既得利益,不是用这些职权、地位和条件来为党、为人民更好地工作,而是用来为自己捞取不合理的非法利益;有的甚至视之为谁也碰不得、动不得的私有财产,想方设法要去维护和扩大这种所谓的既得利益;把"有权不用,过期作废"奉为信条,不给好处不办事,给了好处乱办

---

① 刘昀献:《中国共产党在当代面临的十大执政风险》,《新华文摘》2012 年第 13 期。
② 薄一波:《若干重大决策与事件的回顾》(下),中共中央党校出版社 1993 年版,第 605 页。
③ 《江泽民文选》第 3 卷,人民出版社 2006 年版,第 280 页。

事;管人的以权谋方便,管物的近水楼台先得月,管钱的用钱买门子,管项目的用项目谋取好处,甚至搞权钱交易,权色交易,行贿受贿,索拿卡要,追求享乐,生活糜烂,腐化堕落;进而以政治权力为纽带,网罗各方面人员,结成一个个特殊的利益集团,大量鲸吞社会财富。

在一个时期以来发生的一些腐败案件和黑社会性质案件中,串案、窝案和案中案明显增多,表现出明显的团伙性,譬如沈阳"慕马案"、厦门远华集团案、安徽阜阳窝案、内蒙古"教父级"黑老大郭全生案等,都有许多官员牵涉其中,有的党政干部甚至充当黑恶势力保护伞,这些案件均涉及权力腐败、权钱交易、利益交换。

腐败现象是寄生在我们党健康肌体上的毒瘤。如不坚决惩治,党必然丧失民心,失去公信力,党的执政地位就有倾覆的危险。虽然既得利益集团在我国作为一个阶层还没有形成,我们党的性质和宗旨也决不容许党内形成既得利益集团,但我们必须高度警惕既得利益思想在党内的滋生蔓延,坚决遏制一些地方和单位存在既得利益集团化倾向。如果党内一旦形成既得利益集团,后果将不堪设想。既得利益集团不仅会从内部瓦解党、败坏党,而且会对党的事业造成毁灭性打击。苏共败亡那可怕的一幕应足以使我们警醒,在苏共各级办公楼被占领、财产被查封时,竟没有哪个地方的工人、市民组织起来保卫自己的市委、区委和州委,党员也无动于衷,军队更是在关键时刻拒绝执行命令甚至发生倒戈。我们应以苏联为鉴,努力加强党的自身建设,坚定不移反对腐败,坚决防止党内形成既得利益集团,防止既得利益集团毁掉党、毁掉社会主义事业。①

第三节　有效应对党的建设领域重大风险和考验的对策

中国共产党是中国人民的主心骨,是我国社会主义事业的领导核心。新时代新阶段,国内外形势急剧变化,党面临的风险考验更加严峻复杂。打铁必须自身硬。在中国特色社会主义新时代,我们党要带领人民战胜前进道路上的艰难险阻和风险挑战,完成伟大事业,实现伟大梦想,自身必须坚强有力。党一定要有新气象新作为,必须以永远在路上的执着把全面从严治党引向深入,毫不动摇地坚持和改善党的领导,毫不动摇地把党建设得更加坚强有力。

全面从严治党,核心是加强党的领导,基础在全面,关键在严,要害在治。"全面"就是管全党、治全党,面向 9 671.2 万名党员、493.6 万个基层党组织②,覆盖党的建设各个领域、各个方面、各个部门,重点是抓住"关键少数"。"严"就是真管真严、敢管敢严、长管长严。"治"就是从党中央到省市县党委,从中央部委、国家机关部门党组(党委)到基层党支部,都要肩负起主体责任,党委书记要把抓好党建当作分内之事、必须担当的职责;各级纪委要担负起监督责任,敢于瞪眼黑脸,勇于执纪问责。全党必须增强从严治党的责任感、使命感和自觉性,按照党的建设总要求,全面推进党的政治、思想、组织、作风、纪律建设,把制度建设贯穿其中,深入推进反腐败斗争,不断提高党的建设质量,"使我们党坚守初心使命,始终成为中国特色社会主义事业的坚强领导核心"。③

---

① 刘昀献:《中国共产党在当代面临的十大执政风险》,《新华文摘》2012 年第 13 期。
② 数据源自 2022 年 6 月 29 日中共中央组织部公布的中国共产党党内统计公报。
③ 本书编写组:《党的二十大报告辅导读本》,人民出版社 2022 年版,第 58 页。

一、把党的政治建设放在首位

旗帜鲜明讲政治是马克思主义政党的根本要求。习近平同志在省部级主要领导干部学习贯彻十八届六中全会精神专题研讨班上的讲话中指出："必须旗帜鲜明讲政治。""讲政治，是我们党补钙壮骨、强身健体的根本保证，是我们党培养自我革命勇气、增强自我净化能力、提高排毒杀菌政治免疫力的根本途径。"①这一重要论述为我们在新的历史条件下进一步推进全面从严治党指明了方向。全党同志要牢固树立"四个意识"，坚定"四个自信"，坚决维护以习近平同志为核心的党中央权威，想问题、作决策、干工作、谋创新，都把讲政治摆在第一位，提高政治站位，站稳政治立场，查找政治偏差，强化政治担当，从而使我们党真正成为带领亿万人民为实现中华民族伟大复兴而不懈奋斗的坚强领导核心。

（一）必须把党的政治建设作为党的根本性建设

马克思主义政党具有崇高政治理想、高尚政治追求、纯洁政治品质、严明政治纪律。如果马克思主义政党政治上的先进性丧失了，党的先进性和纯洁性就无从谈起。我们党作为马克思主义政党，必须把党的政治建设作为党的根本性建设。党的政治建设是一个永恒课题。讲政治就是全党必须坚守党性原则，坚定政治信念，增强政治意识，站稳政治立场，严守政治纪律，涵养政治生态，防范政治风险，永葆政治本色，提高政治能力。讲政治的目的在于统一全党意志、凝聚全党力量，为我们党不断发展壮大、从胜利走向胜利提供重要保证。

旗帜鲜明讲政治是我们党的优良传统。在我们党的历史上，历来高度重视党的政治建设。早在 1929 年的古田会议上，毛泽东同志就强调"红军是一个执行革命的政治任务的武装集团"，要"教育党员使党员的思想和党内的生活都政治化，科学化"，并将"政治观念没有错误"作为新党员入党的重要条件。抗日战争时期，他提出党的建设要与党的政治路线相联系，要掌握正确的政治路线和组织路线，把马克思列宁主义的理论和中国革命的实践相结合，使党在思想上、政治上、组织上得到巩固。"没有坚定正确的政治方向，就不能激发艰苦奋斗的工作作风；没有艰苦奋斗的工作作风，也就不能执行坚定正确的政治方向"。② 社会主义革命和建设时期，我们党始终强调"政治工作是一切经济工作的生命线"。③ 改革开放新时期，邓小平同志也反复强调各级领导干部要善于从政治上观察和处理问题，指出"不能设想，离开政治的大局，不研究政治的大局，不估计革命斗争的实际发展，能成为一个马克思主义的思想家、理论家"。④ "改革，现代化科学技术，加上我们讲政治，威力就大多了。到什么时候都得讲政治"。⑤ 这些重要论述，深刻阐述了讲政治的极端重要性。

进入新时代，习近平同志进一步指出：必须"把党的政治建设摆在首位"。"全党要坚定执行党的政治路线，严格遵守政治纪律和政治规矩，在政治立场、政治方向、政治原则、政治道路上同党中央保持高度一致"。⑥ 党员干部特别是高级干部要加强党性锻炼，不断提高政治觉悟和政治能力，把对党忠诚、为党分忧、为党尽职、为民造福作为根本政治担当，永葆共产党人政

---

① 习近平：《以解决突出问题为突破口和主抓手 推动党的十八届六中全会精神落到实处》，《人民日报》2017 年 2 月 14 日。
② 毛泽东：《国民精神总动员的政治方向》，《新中华报》1939 年 5 月 10 日。
③ 《毛泽东文集》第 6 卷，人民出版社 1999 年版，第 449 页。
④ 《邓小平文选》第 2 卷，人民出版社 1994 年版，第 179 页。
⑤ 《邓小平文选》第 3 卷，人民出版社 1993 年版，第 166 页。
⑥ 《习近平谈治国理政》第 3 卷，外文出版社 2020 年版，第 48—49 页。

治本色。

讲政治关乎党的前途命运,是我们党管党治党、避免犯颠覆性错误的根本要求。我们党百年奋斗的历程表明,什么时候讲政治、党内政治生活正常健康,我们党就风清气正、团结统一,充满生机活力,党的事业就蓬勃发展;反之,就会弊病丛生、人心涣散、丧失斗志,给党的事业造成严重损失。从革命战争年代强调"革命的政治工作是革命军队的生命线",到社会主义建设年代提出"没有正确的政治观点,就等于没有灵魂";①从改革开放时期进一步提出"到什么时候都得讲政治",到中国特色社会主义新时代强调"把党的政治建设摆在首位"。讲政治是我们党的一贯要求和优良传统,是保持党的旺盛生机的动力源泉,是保持党的先进性纯洁性、提高党的创造力凝聚力战斗力的重要条件,是我们党区别于其他非马克思主义政党的鲜明标志,是党团结和带领全国人民不断取得革命、建设和改革开放事业胜利的坚强保障。

在长期的实践过程中,我们党的党内政治生活状况总体上是好的,但也毋庸讳言,一个时期以来,随着形势的发展变化,党内有些同志认为讲政治不那么重要了,讲政治的自觉性降低了,导致党内出现了一些亟待解决的突出矛盾和问题。因此,习近平同志强调:"党的政治建设是党的根本性建设,决定党的建设方向和效果。"全党尤其是党的领导干部一定要增强讲政治的自觉性,"增强党内政治生活的政治性、时代性、原则性、战斗性,自觉抵制商品交换原则对党内生活的侵蚀,营造风清气正的良好政治生态"。②

(二) 切实加强党的政治建设

党的政治建设决定党的建设方向和效果,不抓党的政治建设或背离党的政治建设指引的方向,党的其他建设就难以取得预期成效。大量事实表明,党内存在的各种问题,从根本上讲,都与政治建设软弱乏力、政治生活不严肃不健康有关。全党必须增强党的政治建设的自觉性,进一步坚定政治信仰,提高政治能力,净化政治生态,实现全党团结统一、行动一致。百年来,我们党之所以能够始终保持团结和集中统一,始终保持进取精神和强大力量,历经磨难而不衰、千锤百炼更坚强,同我们党始终注重讲政治是密不可分的。进入新时代,面对错综复杂的国际形势和艰巨繁重的改革发展任务,只有旗帜鲜明加强党的政治建设,才能保证党的政治方向对头、政治原则坚定、政治路线正确,才能统一全党意志、凝聚全党力量,为实现党的纲领和目标而共同奋斗。

1. 增强"四个意识",做到"两个维护"

加强党的政治建设,首要任务就是把《中共中央关于党的百年奋斗重大成就和历史经验的决议》提出的"两个确立",即"确立习近平同志党中央的核心、全党的核心地位,确立习近平新时代中国特色社会主义思想的指导地位"③落到实处,把"两个确立"转化为"两个维护"的自觉行动。全党要坚决维护习近平同志党中央的核心、全党的核心地位,坚决维护党中央权威和集中统一领导。做到"两个维护",必须牢固树立政治意识、大局意识、核心意识、看齐意识。党员干部在任何时候、任何情况下都保持清醒的政治头脑和政治本色。要有正确的大局观,把正确认识大局、自觉服从大局、坚决维护大局放在第一位,自觉站在党和国家大局上想问题、办事情、作决策、抓落实;要跳出一域促全局、站在全局谋一域,绝不能"上有政策、下有对策",有令不行、有禁不止,绝不能在贯彻执行党中央决策部署上打折扣、做选择、搞变通。要增强认同核

---

①《毛泽东文集》第 7 卷,人民出版社 1999 年版,第 226 页。

②《习近平谈治国理政》第 3 卷,外文出版社 2020 年版,第 48—49 页。

③ 中共中央委员会:《中共中央关于党的百年奋斗重大成就和历史经验的决议》,《人民日报》2021 年 11 月 17 日。

心、维护核心、服从核心、紧跟核心的自觉性。要时时处处向党中央看齐,向党的理论和路线方针政策看齐,向党中央决策部署看齐;坚定执行党的政治路线,严格遵守政治纪律和政治规矩。党的任何组织和成员,无论处在哪个领域、哪个层级、哪个单位,都要维护党中央权威和集中统一领导;凡属部门和地方职权范围内的工作部署,都要以坚决贯彻党中央决策部署为前提,做到令行禁止,决不允许背着党中央另搞一套。只有在思想上牢固树立了"四个意识",行动上才能沿着正确的方向前进。

党的十八大以来,党和国家事业发生历史性变革、取得历史性成就,最根本的就在于有以习近平同志为核心的党中央的坚强领导。树牢"四个意识",坚定中国特色社会主义道路自信、理论自信、制度自信、文化自信,最根本的是要坚决做到"两个维护",使全党自觉在政治立场、政治方向、政治原则、政治道路上同以习近平同志为核心的党中央保持高度一致。

2. 严肃党内政治生活

加强党的政治建设,必须尊崇党章,严格执行党章关于党内政治生活的各项规定。严肃认真的党内政治生活是我们党坚持党的性质和宗旨,保持先进性和纯洁性的重要举措,是解决党内矛盾和问题的"金钥匙",是广大党员干部锤炼党性的"大熔炉",是纯洁党风的"净化器"。党要管党必须从党内政治生活管起,从严治党必须从党内政治生活严起。要敢于坚持原则,勇于开展批评和自我批评,带头弘扬正气、抵制歪风邪气。严格执行新形势下党内政治生活若干准则,增强党内政治生活的政治性、时代性、原则性、战斗性。

增强政治性,就是要强化政治教育和政治引领,让党员干部经常接受政治体检,打扫政治灰尘,净化政治灵魂,增强政治免疫力,坚决防止和克服党内政治生活忽视政治、淡化政治、不讲政治的倾向。增强时代性,就是要适应信息时代新形势和党员队伍新变化,运用互联网、大数据等新兴技术,创新党组织活动内容方式,推进"智慧党建",防止和克服党内政治生活不讲创新、不讲活力、照搬照套的倾向。增强原则性,就是按照原则开展党的工作和活动,严格执行组织生活制度,认真召开民主生活会和组织生活会,提高"三会一课"质量,落实谈心谈话、民主评议党员和主题党日等制度,坚持和完善重温入党誓词、党员过"政治生日"等政治仪式,使党内生活庄重、严肃、规范。不能搞"假大空",不能随意化、平淡化,更不能娱乐化、庸俗化。党内上下级关系、人际关系、工作氛围都要突出团结和谐、纯洁健康、弘扬正气,不允许搞团团伙伙、帮帮派派,不允许搞利益集团、进行利益交换。增强战斗性,就是要以整风精神开展批评和自我批评,勇于思想交锋、揭短亮丑,旗帜鲜明坚持真理、修正错误,统一意志、增进团结;要建立健全民主生活会列席指导、及时叫停、责令重开、整改通报等制度,防止和克服党内政治生活一团和气、评功摆好、明哲保身的倾向。要坚决反对和抵制商品交换原则对党内生活的侵蚀,营造风清气正的良好政治生态。

3. 完善和落实民主集中制的各项制度

加强党的政治建设,必须坚持民主集中制原则,坚持民主基础上的集中和集中指导下的民主相结合,既充分发扬民主,又善于集中统一。对于重大事项、重要决策要坚持集体领导、民主集中、个别酝酿、会议决定的原则,营造民主讨论的良好氛围,鼓励讲真话、讲实话、讲心里话,广泛听取各个方面的意见和建议,同时善于进行正确集中。要严明党的组织原则和党内政治生活准则,懂规矩、守纪律,集体讨论时可以畅所欲言,决定一旦作出,就必须无条件执行,不能说一套做一套,更不能公开发表不同意见。要健全和落实民主集中制的各项具体制度和工作机制,强化对民主集中制执行情况的监督检查,加强民主集中制的教育培训,增强广大党员干部的民主集中制意识,促使全党同志按照民主集中制办事,善于运用民主集中制的办法干好工作。

4. 注重加强党内政治文化建设

政治文化对政治生态起着潜移默化的影响。政治文化是一定的社会主体对于政治问题的认识、态度和价值取向，主要由政治心理、政治思想、政治态度和政治行为构成。一个政党的指导思想、奋斗目标、路线纲领、制度规范、思维方式、价值观念、精神状态、作风习惯等，从宏观上看都属于政治文化范畴。有什么样的党内政治文化，就会有什么样的党风政风，就会有什么样的党内政治生态。积极健康的党内政治文化能扶正祛邪、激浊扬清，发挥价值引导、思想引领、精神凝聚的作用，是净化党内政治生态的思想根基、保持党的良好作风形象的价值坐标。而关系学、厚黑学、官场术、"潜规则"等庸俗腐朽的政治文化，则导致"劣币驱逐良币"，跑官要官、买官卖官、拉票贿选、说情打招呼等不正之风泛滥，不担当、不作为、失职渎职振振有词、司空见惯，权欲熏心、阳奉阴违、结党营私、团团伙伙、拉帮结派，侵蚀党的思想道德基础。因此，必须加强党内政治文化建设，弘扬忠诚老实、公道正派、实事求是、清正廉洁等价值观，坚决防止和反对个人主义、分散主义、自由主义、本位主义、好人主义，坚决防止和反对宗派主义、圈子文化、码头文化，坚决反对搞两面派、做两面人；让我们党所倡导的理想信念、价值观念、优良传统深入党员干部的心灵深处，营造积极健康的党内政治文化，净化党内政治生态。

5. 提高领导干部的政治能力

党的干部是党的决策的制定者和执行者，是各项路线、方针、政策的具体落实者、推动者。领导干部作为干部队伍中的"关键少数"，作用更加举足轻重。各级领导干部，尤其是党的高级干部必须注重提高政治能力，增强政治领悟力、政治判断力、政治执行力，自觉把讲政治贯穿于党性锻炼全过程，使自己的政治能力与担任的领导职责相匹配。政治能力主要是把握方向、把握大势、把握全局的能力，保持政治定力、驾驭政治局面、防范政治风险的能力。在领导干部的所有能力中，政治能力是第一位的，起着领头和管总的作用。全党同志特别是高级干部必须牢固树立政治理想，提高政治觉悟，加强政治历练，把政治能力训练贯穿党性锻炼全过程，努力做到信念过硬、政治过硬、责任过硬、作风过硬、能力过硬。

一要增强政治定力。所谓政治定力，就是在思想上政治上排除各种干扰、消除各种困惑，站稳正确立场、保持正确方向的能力。各级领导干部要认真学习马克思主义理论，坚持党的基本理论、基本路线、基本方略。始终把握正确政治方向，旗帜鲜明、理直气壮地坚定共产主义理想信念，切实增强中国特色社会主义的道路、理论、制度、文化自信。在政治方向上要表里如一、知行合一，任何时候、任何情况下都要做到政治立场不移、政治方向不偏。党员干部特别是高级干部在大是大非面前不能态度暧昧、明哲保身，不能动摇基本政治立场，不能被错误言论所左右。当人民利益受到损害、党和国家形象受到破坏、党的执政地位受到威胁时，要挺身而出、亮明态度，主动坚决开展斗争。

二要提升政治辨别力，激浊扬清、勇于担当。政治辨别力是指人们善于从政治上分清是非的能力。领导干部要学会运用辩证思维、系统思维、法治思维、底线思维方法分析解决问题，要有政治敏锐性，善于从政治上分析问题、解决问题。能够见微知著，从局部、萌芽状态迅速洞察事物的本质，判明利害，把握问题发展趋势；要增强善于对政治现象、政治事件、政治关系、政治形势等进行鉴别、分析、判断，透过现象看本质、分析和处理复杂政治问题的能力。要练就一双政治慧眼，不畏浮云遮望眼，在"乱花渐欲迷人眼"的诱惑干扰面前，保持"乱云飞渡仍从容"的政治定力，做到在大是大非面前敢于亮剑，在危急关头敢于挺身而出，切实担负起党和人民赋予的政治责任。

在老一辈革命家中,叶剑英是具有高度政治敏锐性的党的领导人之一。在长征途中,1935年 6 月,红一、红四方面军会师时,两个方面军的军队人数差距是很大的。红一方面军由于经历了湘江血战、大渡河天险、雪山草地等世人难以想象的艰难险阻后,队伍从 8.6 万多人锐减到 3 万人左右。而红四方面军这时有 8 万人。实力上的明显对比,让张国焘有了"拥兵自重"的野心。随后不久,在中央作出北上抗日决定后,张国焘一意孤行要南下,并给陈昌浩发去电报。时任前敌总指挥部参谋长的叶剑英得知这一消息后,十分清楚这份电报的分量,也知道这份电报可能带来的严重后果。关键时刻,叶剑英不顾个人安危,立即将情况报告党中央和毛泽东同志,揭露了张国焘妄图分裂红军的图谋。中央经过紧急磋商,为了避免红军内部可能发生的冲突,决定连夜率红一、三军团和军委纵队先行北上。可以说,当时正因为叶剑英把这个消息透露给了毛泽东同志和红一方面军,所以在一定程度上保障了党中央的安全和中央红军长征胜利。这体现的就是政治敏锐性。叶剑英在大是大非面前的正确抉择,被毛泽东同志称赞为"吕端大事不糊涂",这可以说是敏锐的政治辨别力的生动体现。

三要增强纪律定力,自觉践行"四个服从"。纪律出凝聚力,纪律出战斗力,领导干部增强纪律定力,践行"四个服从",最根本的就是要在思想上、政治上和行动上不断向以习近平同志为核心的党中央看齐,做到表里如一、知行合一;党中央提倡的坚决响应,党中央决定的坚决照办,党中央禁止的坚决杜绝,任何时候任何情况下都做到政治立场不移、政治定位不变、政治方向不偏,真正把讲政治内化为爱党护党为党兴党的自觉行动,确保党的事业始终沿着正确政治方向胜利前进。

二、坚定理想信念,补足精神之"钙"

坚定理想信念是党的思想建设的首要任务。中国共产党的理想信念,就是马克思主义信仰、共产主义远大理想和中国特色社会主义共同理想。这是中国共产党人的精神支柱和政治灵魂,也是保持党的团结统一的思想基础。坚定理想信念,坚守共产党人精神追求,始终是共产党人安身立命的根本。全面从严治党,要发挥理想信念和道德情操引领作用。"身之主宰便是心";"不能胜寸心,安能胜苍穹"。"本"在人心,内心净化、志向高远便力量无穷。对共产党人来讲,动摇了信仰,背离了党性,丢掉了宗旨,就可能在"围猎"中被人捕获。只有在立根固本上下功夫,才能防止歪风邪气近身附体。

理想信念是共产党人精神上的"钙"。习近平同志指出,"共产党人如果没有信仰、没有理想,或信仰、理想不坚定,精神上就会'缺钙',就会得'软骨病'",就必然导致政治上变质、经济上贪婪、道德上堕落、生活上腐化。① 理想信念的基础是信仰,有什么样的信仰就会产生什么样的理想信念。宗教信仰给人的是天国的向往。马克思主义通过对社会基本矛盾的科学分析,揭示了人类社会发展规律,指明了无产阶级奋斗的目标和方向即共产主义,共产主义就是无产阶级政党的远大理想。共产党人的信仰和理想是一致的,信仰马克思主义就要坚定共产主义理想信念。实现共产主义远大理想需要几代、十几代甚至几十代人坚持不懈的奋斗才能实现。理想正因其远大才成为理想,信念正因其执着才成为信念。

革命理想高于天。一个政党有了远大的理想和崇高追求,就会坚强有力,无坚不摧,无往而不胜,就能经受一次次挫折而又一次次奋起。我们党从诞生之日起就把马克思主义写在自

---

① 中共中央文献研究室:《十八大以来重要文献选编》(上),中央文献出版社 2014 年版,第 80—81 页。

己的旗帜上,把实现共产主义确立为最高理想。在我们党的百年历史中,无数共产党人不惜流血牺牲,靠的就是这种信仰,为的就是这个理想;许多人为此献出了宝贵的生命,但他们无怨无悔。尽管他们也知道,自己追求的理想并不会在自己的手中实现,但他们坚信,只要一代又一代人为之持续努力,一代又一代人为此拼搏、奋斗,做出牺牲,崇高的理想就一定能实现。

我国革命战争年代,无数先烈在生死考验面前威武不屈、英勇无畏,就是因为他们对崇高理想和坚定信念矢志不移。面对敌人的屠刀方志敏慷慨陈词:"敌人只能砍下我们的头颅,决不能动摇我们的信仰! 因为我们信仰的主义,乃是宇宙的真理,为着共产主义牺牲,为着苏维埃流血,那是我们十分情愿的啊!"面对敌人的绞刑架,李大钊愤然怒斥:"不能因为你们今天绞死了我,就绞死了伟大的共产主义,我们深信,共产主义在世界、在中国,必然要取得光辉的胜利。"①夏明翰被捕后,敌人对其百般折磨、施以酷刑,但其宁死不降。在监狱内,他用半截铅笔写道:"我们没有罪,我们要斗争,人该怎么做,路该怎么走,要有正确的答案。我一生无遗憾,认定了共产主义这个为人类翻身解放造幸福的真理,就刀山敢上,火海敢闯,甘愿抛头颅,洒热血。"1928 年 3 月 20 日清晨,他被押送到汉口余记里刑场。执行官问夏明翰还有什么话要说,夏明翰大声说:"有,给我拿纸笔来!"刑场上,夏明翰昂然写下了气壮山河的诗句:"砍头不要紧,只要主义真,杀了夏明翰,还有后来人!"②历史和实践都充分证明有了坚定的理想信念,站位才能高,眼界才能宽,心胸才能开阔,才能始终坚持正确政治方向,在胜利和顺境时不骄傲不急躁,在困难和逆境时不消沉不动摇,经受住生与死的考验,自觉抵制各种腐朽思想的侵蚀,做到"风雨不动安如山",永葆共产党人的政治本色。

当前,我们党的大多数党员干部理想信念是坚定的,政治上是可靠的。同时也必须看到,在党员干部队伍中,信仰缺失仍然是一个严重且需要引起高度重视的问题。有的党员干部对共产主义心存怀疑,认为那是虚无缥缈难以企及的幻想;有的"不信马列信大师""不问苍生问鬼神",从封建迷信中寻找精神寄托,热衷于算命看相、烧香拜佛;有的向往西方社会制度和价值观念,对社会主义前途命运丧失信心;有的在涉及党的领导和中国特色社会主义道路等原则性问题的政治挑衅面前态度暧昧、消极躲避、不敢亮剑,等等。从查处的一些腐败分子堕落的轨迹看,他们大都背弃了理想信念,由政治上的蜕化变质走向了生活上的腐败堕落。也就是说,他们的堕落都是从精神支柱坍塌、理想信念丧失开始的。四川省委原副书记李春城迷信风水,他将家里老人坟墓从东北迁往成都都江堰,聘请风水先生做道场花费上千万元;他还将成都行政中心安置在污水处理厂边上,否定天府广场法国公司设计方案,改用太极八卦图,只因为"太极方案能给他带来好运势"。铁道部原部长刘志军,是"气功大师"王林的铁杆粉丝,王林曾许诺要帮刘志军在办公室弄一块靠山石,"保一辈子不倒"。但这块靠山石并不靠谱,刘志军最终还是落马了。天津市委原代理书记、市长黄兴国想早日当上市委书记,不仅结交过所谓的"红顶商人"、相信过骗子,还问过风水。天津市政府大院原本四个门都可以进出,但风水先生说你把门开那么多,漏气、不聚气,黄兴国就把西北门给封上了;天津迎宾馆门前原本摆放的是另一块景观石,黄兴国觉得那个是尖的,有点儿凶的感觉,就搞了一块比较圆滑地换了上去。这些问题折射出的就是部分党员干部理想信念的动摇、党性原则的缺失。事实一再表明,信念不牢,地动山摇。理想信念动摇是最危险的动摇,理想信念滑坡是最危险的滑坡。如同习近平同志所说:"现实生活中,一些党员、干部出这样那样的问题,说到底是信仰迷茫、精神迷失。"③

① 叶介甫,余敬斌:《信仰:共产党人的精神之基》,《中国纪检监察报》2019 年 6 月 4 日。
② 黄晗,龙寒丽,王田锐:《夏明翰:砍头不要紧,只要主义真,杀了夏明翰,还有后来人》,《湖南日报》2019 年 11 月 13 日。
③ 中共中央文献研究室:《十八大以来重要文献选编》(上),中央文献出版社 2014 年版,第 80—81 页。

共产主义是共产党人的最高理想和最终目标。今天,我们坚定理想信念,必须把共产主义远大理想和中国特色社会主义共同理想结合起来,使党在现实实践中走在时代前列,走在群众前列,引领时代潮流,带领广大人民群众推进经济社会全面发展,一步一个脚印,为实现远大理想而奋斗。因此,共产党人必须把自己的最高理想细化为与时代特征相适应的、全国人民能够接受的坚定信念,使之成为全国人民为之奋斗的共同理想。这个共同理想,在现时代就是在中国共产党领导下,建设中国特色社会主义,实现中华民族的伟大复兴。它把党在社会主义初级阶段的目标、国家的发展、民族的振兴与个人的幸福紧密联系在一起,把各个阶层、各个群体的共同愿望有机结合在一起,把共产党人实现共产主义的最高理想和最终目标与广大人民群众在当前我国社会发展阶段的基本要求具体地融合为一体。它经过实践的检验,有着广泛的社会共识,具有令人信服的必然性、广泛性和包容性,具有强大的感召力、亲和力和凝聚力。广大党员干部既要胸怀远大目标又要脚踏实地,带领人民群众坚持和发展中国特色社会主义,向着实现最高理想的方向前进。

衡量一名党员干部是否具有坚定的理想信念,是有客观标准的。革命战争年代,检验一个干部理想信念坚定不坚定,就看他能不能为党和人民事业舍生忘死,能不能冲锋号一响立即冲上去,这样的检验很直接。今天,衡量一名党员干部理想信念坚定不坚定,就看他是否能在重大政治考验面前有政治定力,是否能树立牢固的宗旨意识,是否能对工作极端负责,是否能做到吃苦在前、享受在后,是否能在急难险重任务面前勇挑重担,是否能经得起权力、金钱、美色的诱惑。这样的检验需要一个过程,不是一下子、经历一两件事、听几句口号就能解决的,要看长期的表现。因而,党员干部要时刻不忘初心、牢记使命,不断提升思想境界,一辈子跟党走,不畏艰险、艰苦奋斗,永不懈怠、永不停步,永葆政治本色,做忠诚干净担当的人民公仆。

理想信念不可能凭空产生,也不可能轻而易举坚守。坚定理想信念,必须用科学理论武装头脑,不断培植我们的精神家园。要深入学习马克思主义基本理论,深入学习习近平新时代中国特色社会主义思想,把理想信念建立在对科学理论的理性认同上,建立在对历史规律的正确认识上,建立在对基本国情的准确把握上。当前,尤其要深入学习习近平新时代中国特色社会主义思想这一马克思主义中国化的最新理论成果。要真学、真懂、真信、真用,深入学、持久学、刻苦学。要坚持理论联系实际、学以致用,把学习理论同研究解决人民群众最关心最直接最现实利益问题、本地区本部门改革发展稳定重大问题、党的建设突出问题结合起来,切实把学习成效转化为解决问题的实际能力,切实把党的政治理想、政治路线、政治主张内化为增强党性修养、提高思想觉悟、陶冶道德情操的自觉行动,把科学思想理论转化为认识和改造世界的强大物质力量。全体党员干部要牢记党的宗旨,挺起共产党人精神脊梁,解决好世界观、人生观、价值观这个"总开关"问题,自觉做共产主义远大理想和中国特色社会主义共同理想的坚定信仰者和忠实实践者;真正做到对理想信念虔诚而执着,让理想信念的明灯永远在心中闪亮,更加自觉地为实现新时代党的历史使命顽强拼搏、不懈奋斗。

三、建设高素质专业化干部人才队伍

"为政之要,惟在得人""政治路线确定之后,干部就是决定的因素"。① 建党百年来,我国革命、建设和改革开放事业之所以能够不断取得新胜利,关键就在于选拔培养了一大批德才兼

---

① 《毛泽东选集》第 2 卷,人民出版社 1991 年版,第 526 页。

备的干部人才。习近平同志在十九大报告中指出："党的干部是党和国家事业的中坚力量。要坚持党管干部原则,坚持德才兼备、以德为先,坚持五湖四海、任人唯贤,坚持事业为上、公道正派,把好干部标准落到实处。"①我们党历来高度重视选贤任能,始终把选人用人作为关系党和人民事业的关键性、根本性问题来抓,目的就在于培养造就一支具有铁一般信仰、铁一般信念、铁一般纪律、铁一般担当的干部队伍。在中国特色社会主义新时代,我们必须坚持选人用人的制度优势,把各方面优秀人才集聚到党和人民的伟大事业中来,这样才能完成新时代的历史任务,实现党的执政使命。

(一)坚持好干部标准,坚持正确选人用人导向

好干部的标准是具体的、历史的。不同历史时期,对干部的具体要求有所不同。习近平同志指出:"大的方面说,就是德才兼备。"革命战争年代,对党忠诚、英勇善战、不怕牺牲的干部就是好干部。社会主义革命和建设时期,懂政治、懂业务、又红又专的干部就是好干部。改革开放初期,拥护党的十一届三中全会确定的路线方针政策,有知识、懂专业、锐意改革的干部就是好干部。现在,我们提出政治上靠得住、工作上有本事、作风上过得硬、人民群众信得过等具体要求,突出了好干部标准的时代内涵。"概括起来说,好干部要做到信念坚定、为民服务、勤政务实、敢于担当、清正廉洁"。②

信念坚定,就是党的干部必须坚定共产主义远大理想,真诚信仰马克思主义,矢志不渝为中国特色社会主义而奋斗,坚持党的基本理论、基本路线、基本方略不动摇。为民服务,就是要求党的干部必须坚持以人民为中心的理念,做人民公仆,忠诚于人民,以人民忧乐为忧乐,以人民甘苦为甘苦,全心全意为人民服务。勤政务实,就是要求党的干部必须勤勉敬业、求真务实、踏石留印、抓铁有痕,创造出经得起实践、人民、历史检验的实绩。敢于担当,就是要求党的干部必须坚持原则、认真负责,能够在急难险重任务面前勇挑重担,敢于较真碰硬,维护党的形象;在大是大非问题上能够旗帜鲜明、立场坚定;面对矛盾和困难敢于迎难而上,敢于同歪风邪气进行坚决斗争。清正廉洁,就是党的干部必须敬畏权力、管好权力、慎用权力,守住自己的政治生命,保持拒腐蚀、永不沾的政治本色。这些标准,归结起来,就是坚持德才兼备、以德为先。政治上不合格、经不起风浪的干部,能耐再大也不是我们党需要的好干部。只有理想信念坚定,用坚定理想信念练就"金刚不坏之身",干部才能在大是大非面前旗帜鲜明,在风浪考验面前无所畏惧,在各种诱惑面前立场坚定,在关键时刻靠得住、信得过、能放心。

坚持正确选人用人导向,就是要选贤任能。习近平同志指出:"用一贤人则群贤毕至,见贤思齐就蔚然成风。选什么人就是风向标,就有什么样的干部作风,乃至就有什么样的党风。"③必须看到,一个时期以来,在有的地方和部门,正确用人导向并没有得到很好体现,一些德才平平、投机取巧的人屡屡得到提拔重用,一些踏实干事、不跑不要的干部却没有进步机会,干部群众对此意见很大。因此,必须匡正选人用人风气,坚持正确用人导向,坚持德才兼备、以德为先,努力做到选贤任能、用当其时,知人善任、人尽其才,把好干部及时发现出来、合理使用起来。要突出政治标准,培养选拔牢固树立"四个意识"、坚定"四个自信"、坚决维护党中央权威、忠诚干净担当的干部;培养选拔具有专业能力专业精神、适应新时代推进国家治理能力和治理体系现代化要求的干部;培养选拔在基层扎实历练、在"吃劲"岗位和艰苦地区经受磨炼、业绩

---

① 《习近平谈治国理政》第3卷,外文出版社2020年版,第50页。
② 中共中央文献研究室:《十八大以来重要文献选编》(上),中央文献出版社2014年版,第337页。
③ 中共中央文献研究室:《十八大以来重要文献选编》(上),中央文献出版社2014年版,第342—343页。

突出的干部。要优化干部成长路径,拓宽选人视野,统筹干部资源,把党和人民需要的好干部精心培养起来、及时发现出来、合理使用起来。要强化党组织领导和把关作用,"对政治上不合格的要一票否决",把廉洁作为底线要求,有问题的坚决不用;要坚决克服论资排辈、平衡照顾的不合理倾向,着力破解"唯票取人""唯分取人""唯GDP取人""唯年龄取人"问题。对那些惯于拍脑袋决策、拍胸脯蛮干,然后拍屁股走人、留下一屁股烂账的人坚决不能提拔重用。坚决查处说情打招呼、跑官要官、买官卖官、拉票贿选等行为,以用人环境的风清气正促进政治生态的山清水秀。

（二）坚持德才兼备、选贤任能,建设高素质干部人才队伍

坚持德才兼备、选贤任能,选拔培养忠诚干净担当的干部人才队伍,是新时代坚持和完善中国特色社会主义制度、推进国家治理体系和治理能力现代化的重要保证。在实现第二个百年目标的新征程上,我们面临的内外环境严峻复杂,困难和挑战前所未有,只有坚持德才兼备、选贤任能的用人制度,努力建设高素质专业化干部人才队伍,才能有效应对各种风险和考验,实现党的执政使命,把我国建设成为富强民主文明和谐美丽的社会主义现代化强国。

1. 坚持党管干部原则,选拔为人民执政的干部

党管干部原则是搞好干部选拔任用和干部队伍建设的根本保障。用人权是最重要的执政权,我们党的一切权力都来自人民,必须始终坚持党管干部原则,为人民事业选人用人,选拔能为人民执政的人,以巩固党的执政地位、履行党的执政使命。要把党的领导贯穿干部工作全过程,强化党组织对选人用人各个环节的领导和把关作用,严把选人用人政治关、品行关、能力关、作风关、廉洁关。同时,要把从严管理干部贯彻落实到干部队伍建设全过程,坚持从严教育、从严管理、从严监督,让每一个干部都深刻懂得,当干部就必须付出更多辛劳、接受更严格的约束。坚持严管和厚爱结合、激励和约束并重,完善干部考核评价机制,建立激励机制和容错纠错机制,旗帜鲜明为那些敢于担当、不谋私利的干部撑腰鼓劲,调动广大干部的积极性、主动性、创造性,确保各级领导权始终掌握在忠于党、忠于人民、忠于马克思主义的人手中。

2. 坚持标准、选贤任能,保证干部队伍能够忠诚干净担当

用什么标准选人、选什么人、用什么人,关系人心向背,关系党和人民事业成败。德才兼备、以德为先是我们党确立的正确选人用人导向,任人唯贤是我们始终坚持的干部路线。选拔任用干部只有把德放在首位,既注重干部的才能更注重品德,坚持事业为上、人岗相适、人事相宜,坚持实绩突出、群众公认,拓宽视野,唯贤是举,努力把信念坚定、为民服务、勤政务实、敢于担当、清正廉洁,制度执行力和治理能力强的好干部选拔出来;把政治上靠得住、工作上有本事、作风上过得硬、人民群众信得过的干部放到合适的重要岗位上,才能打造出忠诚干净担当的高素质专业化干部队伍。

3. 广开进贤之路,为改革发展提供人才支持

人才是实现民族复兴的战略资源,综合国力竞争归根到底是人才竞争,建设现代化强国、赢得国际竞争的主动权必须有坚实的人才基础。只有坚持党管人才原则,深化人才发展体制机制改革,完善人才培养机制、改进人才评价机制、创新人才流动机制、健全人才激励机制,广开进贤之路,以识才的慧眼、爱才的诚意、用才的胆识、容才的雅量、聚才的良方,把党内和党外、国内和国外各方面优秀人才集聚到党和人民的伟大奋斗中来,聚天下英才而用之,让各类人才的创造活力竞相迸发、聪明才智充分涌流,才能建设一支适应改革开放和现代化事业需要的规模宏大、结构合理、素质优良的人才队伍。

高素质干部人才队伍是我们党战胜前进道路上的风险考验、推进党的事业不断取得胜利的保证。我们要紧跟时代前进步伐,坚持和完善德才兼备、选贤任能的干部标准和干部路线,充分发挥党管干部人才的制度优势,努力培养选拔更多高素质专业化干部人才,使中国特色社会主义制度优势更好地转化为治理效能,为实现"两个一百年"奋斗目标、实现中华民族伟大复兴的中国梦提供坚强组织保证和强大人力资源支撑。①

四、持之以恒加强党的作风建设

党的作风体现党的形象,是观察党群干群关系、人心向背的晴雨表。党的作风好坏关系党的生死存亡。党的作风正,人民的心气顺,党和人民就能同甘共苦;否则,就可能被人民所抛弃。习近平同志指出:"我们党作为马克思主义执政党,不但要有强大的真理力量,而且要有强大的人格力量。真理力量集中体现为我们党的正确理论,人格力量集中体现为我们党的优良作风。"②"水能载舟,亦能覆舟。"这个道理我们必须牢记,任何时候都不能忘却。老百姓是天,老百姓是地。忘记了人民,脱离了人民,我们就会成为无源之水、无本之木,就会一事无成。我们党要在中国长期执政,对作风问题任何时候都不能掉以轻心。

(一) 作风建设的核心问题是保持党同人民群众的血肉联系

全心全意为人民服务是党的根本宗旨,人民立场是党的根本政治立场。马克思主义唯物史观的核心是人民群众是历史创造者。人民群众是历史主体和生产力主体的统一,不仅是物质财富和精神财富的创造者,而且是实现社会变革的决定力量。共产党无论领导革命、建设和改革靠的都是人民群众支持,人民群众是党的力量源泉、执政之基、胜利之本。列宁曾指出:"劳动群众拥护我们,我们的力量就在这里。全世界共产主义运动不可战胜的根源就在这里。"③毛泽东同志进一步指出:"人民,只有人民,才是创造世界历史的动力。"④习近平同志强调:"人民立场是中国共产党的根本政治立场,是马克思主义政党区别于其他政党的显著标志。党与人民风雨同舟、生死与共,始终保持血肉联系,是党战胜一切困难和风险的根本保证。"⑤"要坚持党的群众路线,始终保持党同人民群众的血肉联系。"⑥作风建设的关键和核心是密切党群干群关系。我们只有加强党的作风建设,坚决反对和克服"四风",密切联系人民群众,坚持权为民所用、情为民所系、利为民所谋,实现好、维护好、发展好最广大人民的根本利益,才能使我们的工作获得最广泛、最可靠、最牢固的群众基础和力量源泉。

在革命、建设和改革的长期实践中,我们党始终要求全党坚持光荣传统、发扬优良作风、密切联系群众,为党和人民事业不断前进提供了重要保障。党的十八大以来,以习近平同志为核心的党中央以踏石留印、抓铁有痕的劲头狠抓作风建设,持之以恒反"四风",深入解决党员队伍在政治、思想、组织、作风、纪律等方面存在的问题,推动党风政风为之一新,党心民心为之大振。但是我们也要看到,冰冻三尺非一日之寒,消除顽疾非一日之功。"当前'四风'问题在面上虽有所收敛,但不良作风积习甚深,树倒根在,稍有松懈,刚刚压下去的问题就可能死灰复

① 刘昀献:《坚持德才兼备、选贤任能》,《人民日报》2020 年 7 月 3 日。
② 中共中央文献研究室:《习近平关于全面从严治党论述摘编》,中央文献出版社 2016 年版,第 39—40 页。
③ 《列宁选集》第 4 卷,人民出版社 2012 年版,第 53 页。
④ 《毛泽东选集》第 3 卷,人民出版社 1991 年版,第 1031 页。
⑤ 中共中央文献研究室:《习近平关于全面从严治党论述摘编》,中央文献出版社 2016 年版,第 169 页。
⑥ 中共中央文献研究室:《习近平关于全面从严治党论述摘编》,中央文献出版社 2016 年版,第 171 页。

燃,防反弹、防回潮任务依然艰巨。""绳锯可断木,滴水能穿石。"在改进作风问题上,"必须保持常抓的韧劲、长抓的耐心,在坚持中见常态,向制度建设要长效"。[①] 各级党组织和党员干部都要以党和人民利益为重,加强对作风建设的领导,坚决反对"四风"、转变作风。始终坚持人民立场,坚持人民主体地位,始终接受人民群众批评和监督;虚心向人民学习,倾听人民呼声,汲取人民智慧;心中常思百姓疾苦,脑中常谋富民之策,把人民拥护不拥护、赞成不赞成作为衡量一切工作得失的根本标准;凡是群众反映强烈的问题都要严肃认真对待,凡是损害群众利益的行为都要坚决纠正。始终坚持走群众路线,增强群众观念和群众感情,锲而不舍落实中央"八项规定"精神,持之以恒正风肃纪,以优良党风凝聚党心民心,使我们党永远赢得人民群众信任和拥护。

(二) 持之以恒加强作风建设,坚定不移反对不正之风

作风不正、脱离群众是我们党面临的最大危险。党的十八大以来,以习近平同志为核心的党中央制定和落实中央"八项规定",采取一系列重大举措,解决党的作风建设面临的突出矛盾和问题,密切党群干群关系,取得显著成效。但作风问题具有顽固性和反复性,很多人担心作风建设能不能持久,"四风"问题会不会"涛声依旧"。还有一些人盼着紧绷着的弦松一松,好让自己舒服舒服。一些人等着看中央还要出什么招,看左邻右舍有什么动静。对此,中央态度明确,作风建设永远在路上,永远没有休止符,必须抓常、抓细、抓长,持续努力、久久为功。只有持之以恒加强作风建设,才能始终保持党和人民群众的血肉联系。

1. 作风建设要抓常、抓细、抓长,持续努力

作风建设必须经常抓、见常态,融入日常工作。要把作风建设的具体要求落实到日常工作的每一个环节、每一步骤,在推动经济建设、政治建设、文化建设、社会建设、生态文明建设等工作中认真落实作风建设具体要求,做到管事就管人,管人就管思想,管作风,不留盲点和死角,不下"雷阵雨",使抓作风、反"四风"成为常态。

要具体抓、见实效。细节决定成败。"天下难事,必作于易;天下大事,必作于细""小洞不补、大洞受苦",小事可能积累成大事,小问题可能演变成大问题。因此,小细节不容忽视、小毛病不可不防。要从小事抓起、从细节入手,将作风建设抓细抓实,就能积小胜为大胜,促进社会良好风气的形成。

要反复抓、见长效。作风建设是攻坚战,也是持久战。要克服"过关"心态,杜绝浅尝辄止。坚持力度不减、温度不降、常抓不懈,拧紧"螺丝扣",把好质量关,发扬钉钉子精神,紧紧盯住作风领域出现的新变化新问题,及时跟进相应的对策措施,做到掌握情况不迟钝、解决问题不拖延、化解矛盾不积压,坚决防止不良作风反复、反弹。

要以解决"四风"为突破口,全面加强作风建设。要从解决"四风"问题延伸开去,努力改进思想作风、工作作风、领导作风、干部生活作风;努力改进学风、文风、会风,加强治本工作,使党员、干部不仅不敢沾染歪风邪气,而且不能不想沾染歪风邪气,使党的作风全面纯洁起来。

要解决实际问题,务求实效。全面加强作风建设,要认真研究解决新形势下群众工作面临的新问题,克服乱作为、不作为倾向,真抓实干,为群众办实事。要以转变作风为前提做好群众工作;要以信任为纽带做好群众工作;要以解决实际问题为基础做好群众工作;要坚持服务与教育群众相结合做好群众工作,既不能搞命令主义,也不能做尾巴主义;要以维护社会公正赢

[①] 中共中央文献研究室:《习近平关于全面从严治党论述摘编》,中央文献出版社 2016 年版,第 166 页。

得群众信任。中国自古有一个传统"不患寡而患不均"。公平正义是中国特色社会主义的内在要求。新时代,我们要在经济发展的同时,努力使改革成果更多惠及广大群众,既要解决好经济社会的创新活力——发展问题,也要解决好社会的和谐——公平正义问题,逐步推进共同富裕取得实质性进展,以实际行动赢得老百姓信任和拥戴。

2. 党员干部要自觉抵制不正之风

党风问题关乎党的生死存亡,一旦出现反弹,后果不堪设想。以习近平同志为核心的党中央态度鲜明、决心坚定、措施果断,要使作风建设深入持久开展下去、使优良党风落地生根。谁在这样的形势下还敢我行我素、依然故我,就要为我们党改进作风付出代价。在新时代新的形势下党员干部一定要有责任感使命感,主动改进作风,自觉抵制不正之风。要谨慎用权,正确对待利益;合理的利益追求是正常的,但必须有理有度,不能超越底线。要做到不正之风不染、不义之财不取、不法之事不为;要多想一想利害得失,认一认不正之风成本。不要被灯红酒绿迷了眼,被眼前利益迷了心,一失足成千古恨。

要谨慎社会交往,守住交友底线。人生离不开朋友,真挚的友情谁都渴望。然而,同什么人交朋友、如何对待朋友交往,是新形势下领导干部必须慎重对待的重要问题。如果领导干部在对待交友方面不谨慎,讲义气不讲原则,讲交情不讲纪律,就很难做到一尘不染,最终容易出问题。现实生活中,一些领导干部因为交友不慎,被一些所谓的"朋友"拉下马的案例很多。交友要有选择。要慎重对待朋友交往,坚持择善而交,注意净化自己的社交圈,对那些怀有个人目的搞拉拉扯扯的人要保持高度警觉。不交无德之友,不交无义之友,不交无耻之友。交友要把握尺度。要以"德"为善,以"信"为基,不能只讲关系不讲原则,只讲义气不讲是非,更不能把朋友间的感情关系异化为庸俗的金钱利益关系。尤其对相知多年的老同学、老同事、老战友等,要格外珍惜难得的友谊,始终保持交往的纯洁性。领导干部不可避免地要与企业主打交道。在与其打交道的过程中,一定要保持人格尊严,慎重有度,处理好"亲"和"清"的关系。

党员干部是公众人物,一言一行、一举一动都有人关注,特别是有了负面消息,往往会迅速在社会上流传,成为谈论的话题,影响干部的名誉和党委、政府的形象。所以,领导干部一定要廉洁自律、洁身自好,管住自己的手,不该拿的不拿;管住自己的嘴,不该吃的不吃;管住自己的脚,不该去的地方坚决不去。要经得起考验、耐得住清贫、抗得住诱惑,保持清正廉洁的操守,成为良好社会风气的先行者和引领者。

3. 领导干部要慎独、慎初、慎微、慎欲,保持浩然正气

"胜人者有力,自胜者强。"领导干部作为"关键少数"应当严以律己,从而努力战胜自己。要自觉在改造主观世界上下功夫,自己管得住自己,常思"严"之益,常念"纵"之害,防止精神沦陷,"自己扳倒自己";要在改造客观世界的实践中,不断磨炼自己、改造自己。面对大千世界的诱惑能够稳得住心神,面对各种利益的纠缠能够守得住操守,面对艰难困苦和各种挑战,领导干部要始终保持共产党人的蓬勃朝气、昂扬锐气、浩然正气;慎独、慎初、慎微、慎欲,经受住权力、金钱、美色等考验。

所谓慎独,就是要求党员干部在独处之时能够反躬自省、谨言慎行、一丝不苟,始终做到表里如一。一个人在众目睽睽之下往往能够遵规守矩,但在没有人监督的时候能不能做到始终如一,这就要看慎独的功夫了。慎独作为一种高度自律的状态,既是个人修养的重要体现,也是对领导干部党性原则的有效检验。现实中有的人踩红线,总抱着侥幸的心理,自以为神不知、鬼不觉,殊不知"人在做,天在看,头上三尺有神明"。党员干部做到慎独,就要增强自律,自

觉遵守党章党规党纪和各项法律法规,心中高悬法纪明镜,手中紧握法纪戒尺,知晓为官做事尺度,以时刻自重、自省、自警、自励的定力做到人前人后一个样,8小时内外一个样,台上台下一个样,有没有监督一个样。

所谓慎初,就是要保持纯洁的初心,不被各种诱惑所左右、迷惑和腐蚀。在改革开放过程中,面对各种新的挑战和严峻考验,每一名领导干部无论手中权力有多大,官位有多高,都要"不忘初心,继续前行";自觉地"不越雷池一步",不存侥幸之心,避免误入歧途。要常修为政之德,常怀律己之心,常思贪欲之害,敬畏党纪国法,系好政治生涯的第一颗纽扣,把好第一个关口,守住第一道防线,不迈违规违纪的第一步,不犯廉洁从政的第一错,如履薄冰,防微杜渐,警钟长鸣。一旦出现不良思想苗头和出格行为,必须坚决及时"急刹车",防止小洞不补变大洞,小错不纠酿大错,以致断送前程。

所谓慎微,就是要在细微之处能够保持警惕、警觉、警醒,不以善小而不为,不以恶小而为之。"千丈之堤,以蝼蚁之穴溃;百尺之室,以突隙之烟焚";任何事物都有一个从量变到质变的过程,在小事上不注意、小节上不检点,小毛病会演变成大问题,久了就会出大事。纵观一些领导干部蜕变,虽然职务有高低、年龄有不同、学历有差别,但有一个共同之处,都是从没有严格执行廉洁自律有关规定,从接受吃吃喝喝、贪图蝇头小利开始,逐渐私欲膨胀,得寸进尺,最终大节不保。领导干部一定要牢记"从善如登,从恶如崩"的古训,以"吾日三省吾身"的精神警醒自己、鞭策自己,注意生活小节,把好廉洁关口。

所谓慎欲,就是要节制自己的欲望。"贪如火,不遏则燎原;欲如水,不遏则滔天。"欲望犹如无情的水火,一旦失去控制就会带来灾难、造成损失。随着社会主义市场经济体制的确立,人们价值观念和生活方式的多元化发展,各种诱惑不可避免对我们每个人产生影响。领导干部手中都握有或多或少、或大或小的权力,如果不能正确行使权力,就会成为别有用心之人围猎的对象。"公权为民,一丝一毫都不能私用。"党员干部要树立正确的权力观、地位观、利益观,始终牢记为人民服务的宗旨和自己的公仆身份,廉洁用权、秉公用权、依法用权,自觉在权力、金钱、美色等欲望面前砌起"防火墙"、装上"廉洁锁",确保权力始终用于为人民服务的伟大事业之中。

4. 健全改进作风的常态化制度

作风问题具有顽固性和反复性,克服不良作风不可能一蹴而就,形成优良作风后不可能一劳永逸。作风建设是一场攻坚战、持久战,永远没有休止符。既要以滚石上山、爬坡过坎的勇气,深化整治、见底见效,又要坚持抓常、抓细、抓长,锲而不舍、持之以恒;最根本的是要健全改进作风的常态化制度。

以习近平同志为核心的党中央对作风建设的长期性、艰巨性和复杂性有着十分清醒的认识,始终把健全和完善制度机制作为加强作风建设的治本之策,要求把作风建设的宝贵经验和有效做法用制度的形式固定下来,建立健全科学化、立体式、全方位的制度体系。我们要按照党中央的要求,围绕改进作风、服务群众,健全党内政治生活制度,不断坚持和完善民主集中制,完善领导班子议事规则和议事程序;建立完善党员领导干部联系和服务群众等制度,坚持领导干部调查研究、定期接待群众来访、同干部群众谈心等,形成密切联系群众的刚性制度体系;完善党性和作风状况定期分析制度,健全作风状况考核评价机制等制度机制。在各项工作中要严格执行制度,通过配套严密的监督制度、严厉的惩戒机制,切实整治各种不良风气和违规违法现象,使各项制度真正成为党员干部改进作风的硬约束,使党的作风全面好起来,使我们党始终保持和人民的血肉联系,永远赢得人民群众的信赖和支持。

五、严明党的纪律，使其成为带电的高压线

加强纪律建设是全面从严治党的治本之策。党的十九大报告把纪律建设纳入党的建设总体布局，在党章中充实完善了纪律建设的相关内容，推动实现了党建理论、实践和制度的重大创新。我们党是靠革命理想和铁的纪律组织起来的马克思主义政党，纪律严明是党的光荣传统和独特优势。习近平同志强调："党要管党、从严治党，靠什么管，凭什么治？就要靠严明纪律。"①党面临的形势越复杂、肩负的任务越艰巨，就越要把纪律建设摆在更加突出的位置，坚持纪严于法、纪在法前，始终把纪律和规矩挺在前面。

（一）党的纪律是实现党的历史使命的保证

任何一个社会、一个组织都必须有自己的规矩和纪律，政党更是如此。历史表明，一个真正的马克思主义政党为了完成历史使命，除了要有正确的路线方针政策，还必须有严格统一的纪律来保证。党的纪律是党的各级组织和全体党员必须遵守的行为规则，是维护党的团结统一、完成党的任务的重要保证。严明党的纪律，实现党的团结和统一，党的战斗力就会极大增强。习近平同志强调，党的纪律和规矩"党组织和党员、干部必须执行，不能搞特殊、有例外。各级党组织要敢抓敢管，使纪律真正成为带电的高压线"。②

纪律是成文的规矩，一些未明文列入纪律的规矩是不成文的纪律；纪律是刚性的规矩，一些未明文列入纪律的规矩是自我约束的纪律。党的规矩总的包括：党章是全党必须遵循的总章程，也是总规矩；党的纪律特别是政治纪律是全党必须遵守的刚性约束；国家法律是党员干部必须遵守的规矩，全党必须模范执行；党在长期实践中形成的优良传统和工作惯例，如党的"三大纪律、八项注意""三大作风"，经过长期实践检验、约定俗成、行之有效，需要全党长期坚持并自觉遵循。

严明党的纪律，首要的是要严格遵守党章。党章是党的根本大法。认真学习党章、严格遵守党章，是全党同志的应尽义务和庄严责任。每一个共产党员都要牢固树立党章意识，自觉用党章规范自己的一言一行，在任何情况下都要坚定正确的政治信仰、政治立场、政治方向。党员领导干部要把学习党章作为必修课，自觉学习党章、遵守党章、贯彻党章、维护党章，真正使党章内化于心、外化于行。

纪律严明是我们党的优良传统和独特政治优势。作为一个具有百年历史的党，我们党有很多宝贵的历史经验，其中就包含从严治党、严明党纪的优良传统。我们党在一个幅员辽阔、人口众多的发展中大国执政，如果没有铁的纪律，就没有党的团结统一，党的凝聚力和战斗力就会大大削弱，党的领导能力和执政能力就会大大削弱。毛泽东同志认为，路线是"王道"，纪律是"霸道"，这两者都不可少。习近平同志指出"身为党员，铁的纪律就必须执行"，如果党的"纪律成了摆设，就会形成'破窗效应'，使党的章程、原则、制度、部署丧失严肃性和权威性，党就会沦为各取所需、自行其是的'私人俱乐部'"。③严明党的纪律是完成党的历史使命与具体任务的重要保证。加强党的纪律建设是我们党独特政治优势的体现。虽然任何一个政党都有自己的纪律规范，但不同的政党由于其建立发展方式、组织形态、本质属性的各异，因而在党纪

---

① 中共中央文献研究室：《十八大以来重要文献选编》（上），中央文献出版社 2014 年版，第 764 页。
② 中共中央文献研究室：《十八大以来重要文献选编》（上），中央文献出版社 2014 年版，第 770 页。
③ 中共中央文献研究室：《十八大以来重要文献选编》（上），中央文献出版社 2014 年版，第 764 页。

的形式、内容、约束力上存在不同之处。严明的纪律是马克思主义政党区别于其他政党的重要标志,是保持党的先进性和纯洁性、实现党的团结和统一、增强党的凝聚力和战斗力、实现党的使命的重要保证。

(二) 全面加强纪律建设,让铁纪生威

进入新时代,我们要不断开创工作新局面、赢得事业新胜利,就必须全面推进党的建设新的伟大工程,就必须全面加强党的纪律建设,严明党的纪律;更加注重用铁的纪律来管党治党,确保全党统一意志、统一行动、步调一致向前进。推进纪律建设要做到全方位,纪律教育、严格执纪、完善制度等一体推进;做到全覆盖,用严明的纪律管住全部党组织和全体党员;做到全过程,注重抓早抓小,体现"惩前毖后、治病救人"方针。只有把管党治党的纪律规矩立起来、严起来、执行到位,才能为党的事业不断向前发展提供坚强的保障。

《中国共产党纪律处分条例》把党组织和党员应该遵循的纪律明确规定为政治纪律、组织纪律、廉洁纪律、群众纪律、工作纪律、生活纪律六个方面,并在分则各章中按照同类相近和从重到轻的原则进行排序,对党组织和党员在纪律方面作出了全面的要求,划出了党组织和党员不可触碰的底线。遵守纪律是对党员干部最起码的要求。一名党员干部,该做什么、不该做什么,都在党规党纪中有明确规定。事实证明,一个不守纪律不按规矩办事的人,在政治和官德上都是不合格的,很容易出违法违纪的问题。谁出了问题,就一定是在某些方面违反甚至践踏了党规党纪。党对党员干部的要求要高于公民,党纪严于国法,党规党纪对党员干部要求要比国家法律更高,党规党纪是党员干部的警戒线。广大党员干部要严格遵守党规党纪,党的纪检部门要严格执纪、不搞变通。

一是严格遵守党的政治纪律。政治纪律是各级党组织和全体党员的政治言论、政治行动的规范,是维护党的政治原则、政治方向和党的政治路线的纪律。加强政治纪律有利于中央政令贯彻执行,有利于减少腐败问题。遵守党的政治纪律,最核心的就是坚持党的领导,坚持党的基本理论、基本路线、基本方略,同党中央保持高度一致,自觉维护党中央权威。

二是严格遵守党的组织纪律。组织纪律是规范和处理党的各级组织之间、党组织与党员之间以及党员与党员之间关系的行为规则,是维护党的集中统一、保持党的战斗力的重要保证。民主集中制是我们党根本的组织纪律。领导干部要自觉树立民主集中制意识,遵守党的组织纪律,对重大问题决策、重要干部任免等都必须坚持集体讨论决定;必须自觉遵守党的组织原则,正确处理好个人与组织的关系,坚持在民主基础上的集中和集中指导下的民主相统一,既反对家长制、一言堂、独断专行,又要反对极端民主化。

三是严格遵守党的廉洁纪律。廉洁纪律是党组织和党员在从事公务活动或其他与行使职权有关的活动中,应当遵守的廉洁用权的行为规则,是实现干部清正、政府清廉、政治清明的重要保障。为政清廉才能取信于民,秉公用权才能赢得人心。党员干部除了法律和政策规定范围内的个人利益和工作职权以外,不得谋求任何私利和特权。党员领导干部必须正确行使人民赋予的权力,坚持原则,依法办事,清正廉洁,反对任何滥用职权、谋取私利的不正之风,永葆共产党人清正廉洁的政治本色。

四是严格遵守党的群众纪律。群众纪律是党组织和党员在贯彻执行党的群众路线和处理党群关系过程中必须遵循的行为规则,体现的是党的根本宗旨的要求,体现的是党员、领导干部对群众的态度和立场问题。党的各级组织和全体党员不允许以任何借口、手段侵犯和损害人民群众的正当权利和利益。要增强群众观念,尊重和维护人民群众的正当权力与利益;尊重

人民群众的宗教信仰、风俗习惯;爱护人民群众的财产和生命;关心人民群众的疾苦;保护和捍卫人民群众的利益,同危害人民群众利益的行为作坚决斗争。

五是严格遵守党的工作纪律。工作纪律是党组织和党员在党的各项具体工作中必须遵循的行为规则,是党组织和党员依规开展各项工作的重要保证。党员干部要尽职尽责依法履职,各级党组织和党的领导干部要履行全面从严治党主体责任,要及时传达贯彻、检查督促落实党和国家的方针政策以及决策部署,不能违规干预和插手市场经济活动,违规干预和插手司法活动、执纪执法活动,不能泄露、扩散或者窃取党组织关于干部选拔任用、纪律审查等尚未公开事项或者其他应当保密的内容等。

六是严格遵守党的生活纪律。生活纪律是党员干部在生活中应遵守的行为规则和修身律己的"红线",涉及党员干部个人品德、家庭美德、社会公德等各个方面,关系党的形象。不遵守生活纪律,突出表现为生活奢靡、热衷于灯红酒绿、声色犬马、生活情趣低下等。这其中,有的是以生活爱好为外在表现的。领导干部的爱好不同于普通人的爱好,因为其所处位置和担负职责,决定了其爱好不仅是生活情趣问题,还是关系到领导干部自身形象和拒腐防变能力的大问题,直接影响到从政之德和权力的公正行使。

六个方面的纪律各有侧重,从不同角度明确了党员干部的行为底线,每个党员干部都必须深刻领会、准确把握各方面纪律的精髓实质和准确规定,自觉用党的纪律规范约束行为。加强党的纪律建设,要重点强化政治纪律和组织纪律,带动廉洁纪律、群众纪律、工作纪律、生活纪律全面严起来。

制定纪律是要执行的,必须使纪律真正成为带电的高压线。习近平同志指出:"遵守党的纪律是无条件的,要说到做到,有纪必执,有违必查,而不能合意的就执行,不合意的就不执行,不能把纪律作为一个软约束或是束之高阁的一纸空文。"①对违规违纪、破坏法规制度踩"红线"、越"底线"、闯"雷区"的,要坚决严肃查处,不以权势大而破规,不以问题小而姑息,不以违者众而放任,不留"暗门"、不开"天窗",坚决防止"破窗效应"。各级党委要扛起全面从严治党的政治责任,以严肃问责推动责任落实,层层传导压力,强化党员日常管理监督,拧紧管党治党的螺丝扣。纪律检查机关要强化监督责任,对于违纪违规的党员干部,敢于瞪眼黑脸,严格实行执纪问责,做到"真兑现""硬挂钩",真正使铁纪生威。

(三) 把严明政治纪律放在首要位置,坚决维护党的团结统一

政治纪律是维护党的团结统一的根本保证,加强纪律建设必须把严明政治纪律放在首要位置。习近平同志指出:"严明党的纪律,首要的就是严明政治纪律。党的纪律是多方面的,但政治纪律是最重要、最根本、最关键的纪律,遵守党的政治纪律是遵守党的全部纪律的重要基础。"②这一论述,抓住了党的纪律建设的要害,揭示了党的纪律建设的规律。政党是为了共同的政治目标而组成的政治组织。如果一个政党没有政治纪律约束自身,允许组织成员在政治主张、政治行为上各行其是、我行我素,这样的政党肯定会出现离心离德现象,这样的政党不可能有很大发展,也不可能有什么作为。

1. 党员干部必须同党中央保持高度一致

我们党是中国特色社会主义事业的领导核心,党作为执政党的特殊地位以及作为"先锋

---

① 中共中央文献研究室:《十八大以来重要文献选编》(上),中央文献出版社 2014 年版,第 764 页。
② 中共中央文献研究室:《十八大以来重要文献选编》(上),中央文献出版社 2014 年版,第 131—132 页。

队"政党的特定性质等,决定了政治纪律对党来说至关重要。遵守党的政治纪律,最核心的就是坚持党的领导,坚持党的基本理论、基本路线、基本方略,同党中央保持高度一致,自觉维护中央权威,自觉维护党的集中统一。同党中央保持一致不是一个空洞口号,而是一个重大政治原则。在指导思想和路线方针政策以及关系全局的重大原则问题上,全党必须在思想上、政治上、行动上同党中央保持高度一致。各级党组织和领导干部要牢固树立大局观念和全局意识,正确处理保证中央政令畅通和立足实际创造性开展工作的关系,任何具有地方特点的工作部署都必须以贯彻中央精神为前提。要防止和克服地方和部门保护主义、本位主义,决不允许"上有政策、下有对策",决不允许有令不行、有禁不止,决不允许在贯彻执行中央决策部署上打折扣、做选择、搞变通。对党的决议和政策如有不同意见,在坚决执行的前提下,可以声明保留,并且可以把自己的意见向党的上级组织直至中央提出,这是党员的权利。但是,决不允许散布违背党的理论和路线方针政策的意见,决不允许公开发表违背中央决定的言论,决不允许泄露党和国家秘密,决不允许参与各种非法组织和非法活动,决不允许制造、传播政治谣言及发表丑化党和国家形象的言论。

2. 必须坚决维护党中央权威

严明政治纪律的首要任务是坚决维护习近平同志党中央的核心、全党的核心地位,坚决维护党中央权威和集中统一领导,保证全党令行禁止,这是党和国家前途命运所系,也是全国各族人民根本利益所在。每一个共产党员都要树立政治意识,始终把政治纪律摆在首位,提高政治站位和政治觉悟,自觉维护以习近平同志为核心的党中央的权威,确保党中央提倡的坚决响应,党中央决定的坚决照办,党中央禁止的坚决杜绝;要切实增强政治担当,善于从政治高度审视问题、发现问题,增强工作的原则性战斗性,在大是大非面前头脑清醒、立场坚定,对破坏政治纪律和政治规矩的行为敢于坚决抵制和斗争。

当前,遵守党的政治纪律和政治规矩,维护党中央权威,重点要做到"五个必须"。[①] 一是必须维护党中央权威,决不允许背离党中央要求另搞一套,全党同志特别是各级领导干部在任何时候任何情况下都必须在思想上政治上行动上同党中央保持高度一致,听从党中央指挥,服从党中央号令,不得阳奉阴违、自行其是,不得对党中央的大政方针说三道四,不得公开发表同党中央精神相违背的言论。二是必须维护党的团结,决不允许在党内培植私人势力,拉团伙、拜码头,要坚持五湖四海,团结一切忠实于党的同志,团结大多数,不得以人画线,不得搞任何形式的派别活动。三是必须遵循组织程序,决不允许擅作主张、我行我素,重大问题该请示的请示,该汇报的汇报,不允许超越权限办事,不能先斩后奏。四是必须服从组织决定,决不允许搞非组织活动,不得跟组织讨价还价,不得违背组织决定;遇到问题要找组织、依靠组织,不得欺骗组织、对抗组织。五是必须管好亲属和身边工作人员,决不允许他们擅权干政、牟取私利,不得纵容他们影响政策制定和人事安排、干预正常工作运行,不得默许他们利用特殊身份牟取非法利益。广大党员干部尤其是党的领导干部,一定要增强政治意识,严守政治纪律和政治规矩,坚决做到"两个维护",自觉维护党的团结统一,维护党和国家的政治安全。

八、加强制度建设,把权力关进制度的笼子里

制度事关根本,关乎长远。制度建设是党的建设的根本保证,是党的性质、历史使命和组

---

① 中共中央文献研究室:《十八大以来重要文献选编》(中),中央文献出版社 2016 年版,第 350—351 页。

织原则的体现,是保证党的领导决策科学化和执政安全的坚实基础。党要管党、从严治党,最根本的是加强党的制度建设。习近平同志强调:"法规制度带有根本性、全局性、稳定性、长期性。"①"推进全面从严治党,既要解决思想问题,也要解决制度问题。"②全面推进党的各项建设必须让思想建党和制度治党同向发力,把制度建设贯穿其中,加快形成覆盖党的领导和党的建设各方面的党内法规制度体系,推动党的制度优势更好地转化为治国理政的实际效能。

(一)坚持制度治党是全面从严治党的有效方式

坚持制度治党、依规治党,是习近平同志关于全面从严治党重要思想的鲜明特色和重要内容。习近平同志明确指出:"我们说要把权力关进制度的笼子里,就是要依法设定权力、规范权力、制约权力、监督权力。""要建立健全相关制度,用制度管权管事管人。要突出重点,重在管用有效,全方位扎紧制度笼子,更多用制度治党、管权、治吏。"③从近些年查处的违纪违法及腐败案件来看,权力不论大小,只要不受制约和监督,都可能被滥用。因此必须健全权力运行制约和监督机制,做到"有权必有责,用权受监督,失职要问责,违法要追究",④形成不敢腐的惩戒机制、不能腐的防范机制、不易腐的保障机制。加强权力制约和监督,用制度治党、管权、治吏。这是从党的十八大以来全面从严治党实践中得出的一条重要规律性认识。

把权力关进制度的笼子里,首先要建好笼子。"笼子太松了,或者笼子很好但门没关住,进出自由,那是起不了什么作用的。"⑤实践证明,制度建设必须注重实体性规范和保障性规范的结合和配套,建立和形成长效机制。其一,要实现制度建设的科学化,使党的制度符合党的自身建设的规律,符合客观实际。特别是党内制度必须有内在的逻辑联系,制度必须具有不同的具体功能。其二,要实现党内制度的系统化。在制度规定上要尽可能完备,前后衔接,没有空当;党内具体制度之间的内容必须相互协调;在制度之间要建立矛盾解决机制。此外,主辅制度要相互结合、相互促进。其三,要增强党内制度的可操作性。制度不仅是行为价值的评判标准,更重要的是提供行为规范。因此,既要重视实体性制度建设,也要重视程序性制度建设,使制度有具体的操作性,使制度的各个环节都有章可循,以减少制度的弹性和空间,避免出现"牛栏关猫"现象。其四,要确立制度的权威性。制度是硬性的规范、是党内的法规,要具有权威性,决不能成为"橡皮筋""稻草人"。增强制度的权威性,重要的是落实监督检查制度,使制度的权威性得到确立。

要通过建章立制,立"名规矩"、破"潜规则"。没有明规矩,潜规则就会盛行,就无法防范和解决党内出现的矛盾和问题。针对一个时期以来一些潜规则侵入党内,成为腐蚀党员和干部、败坏党的风气的沉疴毒瘤的突出问题,习近平同志深刻指出:铲除不良作风和腐败现象滋生蔓延的土壤,根本上要靠法规制度。要抓住建章立制,"通过体制机制改革和制度创新促进政治生态不断改善"。⑥ 这么多年,作风问题我们一直在抓,但很多问题不仅没有解决反而愈演愈烈,一些不良作风像割韭菜一样,割了一茬长一茬。症结就在于对作风问题的顽固性和反复性估计不足,缺乏常抓的韧劲、严抓的耐心,缺乏管长远、固根本的制度。我们党长期执政,既有巨大政治优势也面临严峻挑战,"只有建好制度、立好规矩,把法规制度建设贯穿到反腐倡廉

① 中共中央文献研究室:《习近平关于全面从严治党论述摘编》,中央文献出版社 2016 年版,第 188 页。
② 中共中央党史和文献研究院:《十九大以来重要文献选编》(上),中央文献出版社 2019 年版,第 188 页。
③ 中共中央文献研究室:《习近平关于全面从严治党论述摘编》,中央文献出版社 2016 年版,第 110 页。
④ 中共中央文献研究室:《习近平关于全面从严治党论述摘编》,中央文献出版社 2016 年版,第 199 页。
⑤ 中共中央文献研究室:《习近平关于全面从严治党论述摘编》,中央文献出版社 2016 年版,第 200 页。
⑥ 中共中央文献研究室:《习近平关于全面从严治党论述摘编》,中央文献出版社 2016 年版,第 194 页。

各个领域、落实到制约和监督权力各个方面,发挥法规制度的激励约束作用,才能筑起遏制腐败现象滋生蔓延的'堤坝',才能推动形成不敢腐、不能腐、不想腐的有效机制"。① 党的十八大以来,以习近平同志为核心的党中央坚持思想建党和制度治党同向发力、同时发力,依规治党与以德治党紧密结合,依法治国与制度治党、依规治党统筹推进、一体建设,加大党的建设制度的改革力度,不断总结全面从严治党的成功经验,把管党治党创新成果转化为法规制度,使党内法规体系不断健全,制度笼子越织越密、越扎越紧,为推进全面从严治党向纵深发展提供了坚强制度保障,也为进一步完善管党治党制度打下了坚实基础。

（二）不断完善党的制度,坚决执行党的制度

党的十八大之后,以习近平同志为核心的党中央紧紧盯住一个时期以来全面从严治党不力这个根本症结,坚持发扬我们党的历史上行之有效的好经验、好做法,深化对管党治党规律的认识,以党章为根本遵循,兴利除弊、破立并举,与时俱进推进制度改革创新,不断加强党的制度建设,把管党治党创新成果固化为法规制度,组织制定修改 90 多部党内法规,管党治党的"螺栓"越拧越紧。

制度建设的成果为从严治党提供了坚强保证。同时我们也要深刻认识到,全面从严治党永远在路上,党内法规制度建设也永远在路上。全面从严治党推进到哪一步,党内法规制度建设就要跟进到哪一步。新的时代条件下,国际国内形势发生了很大变化,我们党面临的执政环境和执政条件发生了很大变化,党肩负的使命和任务更加艰巨,党面临的"四大考验""四种危险"是长期的、复杂的、严峻的,党内存在的思想、组织、作风不纯等突出问题尚未得到根本解决,实践中还在出现一些新情况新问题。要把党内存在的突出矛盾和问题解决好,要有效化解党面临的重大风险和挑战,很重要的一条就是要完善规范、健全制度,进一步扎紧制度的笼子,既使已经发生的突出矛盾和问题得到更加有效的解决,又有效防范新的矛盾和问题滋生蔓延、有效防范已经解决的矛盾和问题反弹复发。

党的十九届四中全会《决定》立足当前、着眼长远,从坚持和完善党的领导、推进党的自我革命、永葆党的先进性和纯洁性、实现党的执政使命的战略高度,提出了构建坚持完善党的领导、全面从严治党的制度体系的任务。提出适应新的时代要求,要建立不忘初心、牢记使命的制度;完善坚定维护党中央权威和集中统一领导的各项制度;健全党的全面领导制度;健全为人民执政、靠人民执政各项制度;健全提高党的执政能力和领导水平制度;完善全面从严治党制度。"打铁必须自身硬",坚持党的领导必须从严治党,把党建设得坚强有力。完善全面从严治党制度是一个系统工程,必须抓住核心要素、关键环节和面临的突出问题,坚持固根基、扬优势、填空当、补漏洞、强弱项,推动形成内容协调、程序严密、配套完备、有效管用的制度体系。《决定》明确指出,要建立健全以党的政治建设为统领,全面推进党的各方面建设的体制机制。坚持新时代党的组织路线,健全党管干部、选贤任能制度。规范党内政治生活,严明政治纪律和政治规矩,发展积极健康的党内政治文化,全面净化党内政治生态。完善和落实全面从严治党责任制度。不断坚持和完善这些制度体系,将为坚持党的领导、深入推进全面从严治党提供有效的制度保障。

制度的生命力在于执行。不长牙齿的制度就是"纸老虎""稻草人"。有了制度没有严格执行,制度设计得再缜密,也会"法令滋彰,盗贼多有",产生"破窗效应"。我们的制度体系还要完

① 中共中央文献研究室:《习近平关于全面从严治党论述摘编》,中央文献出版社 2016 年版,第 187—188 页。

善,但当前最突出的问题在于很多制度没有得到严格执行。习近平同志严肃指出:"制度一经形成,就要严格遵守,坚持制度面前人人平等、执行制度没有例外,坚决维护制度的严肃性和权威性。"①我们要下大力气建制度、立规矩,更要下大力气抓落实、抓执行,坚决纠正随意变通、恶意规避、无视制度等现象,狠抓全面从严治党制度的执行,扎牢制度篱笆,真正让铁规发力、让禁令生威。

制度的落实和执行,一靠教育,二靠监督。一方面要引导广大党员干部牢固树立法治意识、制度意识、纪律意识,形成尊崇制度、执行制度、捍卫制度的良好氛围;另一方面要加大制度执行监督的力度。习近平同志指出:"党要管党、从严治党,'管'和'治'都包含监督。"②我们党的执政是全面执政,从立法、执法到司法,从中央部委到地方、基层,都在党的统一领导之下。我国公务员队伍中党员比例超过 80%,县处级以上领导干部中党员比例超过 95%。"对我们党来说,外部监督是必要的,但从根本上讲,还在于强化自身监督"。③ 我们党的地位,决定了党内监督在党和国家各种监督形式中是基本的、第一位的。只有以党内监督带动其他监督、完善监督体系,才能为全面从严治党提供有力制度保障。

要健全党和国家监督体系。自我监督是世界性难题,是国家治理的哥德巴赫猜想。党的十八大以来全面从严治党的实践证明,我们党自我净化的机制是有效的,完全有能力解决自身存在的问题。要坚持党内监督没有禁区、没有例外,强化自上而下的组织监督,改进自下而上的民主监督,发挥同级相互监督作用,让日常管理监督与党员领导干部如影随形、不留空当。要深化政治巡视,坚持发现问题、形成震慑不动摇,建立巡视巡察上下联动的监督网,切实发挥监督"利剑"和巡视"千里眼"作用。继续健全派驻机构领导体制和工作机制,实现中央和地方纪委向同级党和国家机关派驻纪检机构全覆盖。加强国家监察,形成纪律监督、监察监督、派驻监督、巡视监督"四个全覆盖"的权力监督格局。与此同时,还要进一步加强群众监督、社会监督、司法监督、舆论监督等,以形成监督合力,切实做到制度面前人人平等、制度执行没有特权、制度约束没有例外,坚决维护制度的严肃性和权威性,坚决纠正有令不行、有禁不止、随意变通、我行我素的行为,对违规违纪、破坏法规制度踩"红线"、越"底线"、闯"雷区"的要坚决严肃查处,真正让制度发力、铁规生威,确保党中央的各项决策和党的法规制度的有效执行。

七、持续深入开展党风廉政建设和反腐败斗争

腐败是社会毒瘤,腐败现象对党同人民群众的血肉联系最具杀伤力。一个政党、一个政权,其前途命运最终取决于人心向背。我们要确保党始终同人民心连心、同呼吸、共命运,确保党的事业的胜利,就必须坚定不移地把党风廉政建设和反腐败斗争深入进行下去。2015 年 1 月习近平同志在第十八届中央纪律检查委员会第五次全体会议上的讲话中严肃指出:"人民把权力交给我们,我们就必须以身许党许国、报党报国,该做的事就要做,该得罪的人就得得罪。不得罪腐败分子,就必然会辜负党、得罪人民。是怕得罪成百上千的腐败分子,还是怕得罪十三亿人民? 不得罪成百上千的腐败分子,就要得罪十三亿人民。这是一笔再明白不过的政治账、人心向背的账!"④党风廉政建设和反腐败斗争事关人心向背、事关党的兴衰存亡,是一场

①　中共中央文献研究室:《十八大以来重要文献选编》(上),中央文献出版社 2014 年版,第 318 页。
②　中共中央文献研究室:《习近平关于全面从严治党论述摘编》,中央文献出版社 2016 年版,第 208 页。
③　中共中央文献研究室:《习近平关于全面从严治党论述摘编》,中央文献出版社 2016 年版,第 207 页。
④　中共中央文献研究室:《习近平关于全面从严治党论述摘编》,中央文献出版社 2016 年版,第 186 页。

输不起的斗争;开弓没有回头箭,必须深入持久开展下去、决战决胜。

（一）为政不廉,贪污腐败是我们党面临的最大威胁

"我们党作为执政党,面临的最大威胁就是腐败。"[①]习近平同志在十八届中央政治局第一次集体学习时的讲话中语重心长地指出:党风廉政建设和反腐败斗争,"是广大干部群众始终关注的重大政治问题。'物必先腐,而后虫生。'近年来,一些国家因长期积累的矛盾导致民怨载道、社会动荡、政权垮台,其中贪污腐败就是一个很重要的原因。大量事实告诉我们,腐败问题越演越烈,最终必然会亡党亡国! 我们要警醒啊"![②] 我们党把党风廉政建设和反腐败斗争提到关系党和国家生死存亡的高度来认识,是深刻总结了古今中外的历史教训的。中国历史上因为统治集团严重腐败导致人亡政息的例子比比皆是,当今世界上由于执政党腐化堕落、严重脱离群众导致失去政权的例子也不胜枚举。这些都深刻揭示了反腐败斗争对于我们党巩固执政地位、实现执政使命的重大意义。

坚决惩治和有效预防腐败,是我们党的重大政治任务。一个时期以来,一些党员干部的贪污腐败行为,不仅降低了人民群众对领导干部的信任,而且败坏了我们党的形象和权威,造成党群关系紧张,有的甚至成为干群冲突的直接原因。党的十八大以来,以习近平同志为核心的党中央下决心从严治党,持之以恒反对腐败,反腐败斗争取得压倒性胜利。但我们也必须认识到,在改革开放和发展社会主义市场经济条件下长期执政,党内滋生腐败现象的危险性必将长期存在;反腐败斗争形势严峻复杂,将是一场持久战。当前,腐败问题,尤其是一些党员干部充当黑恶势力保护伞问题的解决成效已成为广大人民群众聚焦关切的重大政治问题。如果腐败问题,尤其是党员干部涉黑涉恶问题得不到有效惩治,如果反腐败和建设廉洁政治问题长期得不到有效解决,党就会失去人民信任和支持,甚至会亡党亡国。

我们党作为马克思主义政党,坚决反对腐败、永葆清正廉洁,是党的庄重承诺,也是党必须向人民交出的合格答卷。中国特色社会主义新时代,我们党要带领亿万人民进行具有许多新的历史特点的伟大斗争,就必须顺应民意、赢得民心,积极开展卓有成效的反腐败斗争。实践表明,党风廉政建设和反腐败斗争是一项长期的、复杂的、艰巨的任务,不可能毕其功于一役。只有以反腐败永远在路上的坚韧和执着,深化标本兼治,保证干部清正、政府清廉、政治清明,才能跳出历史"周期率",确保党和国家长治久安。

（二）全面深入推进党风廉政建设和反腐败斗争

党的十八大以来,以习近平同志为核心的党中央,坚持全面从严治党,深入推进反腐败斗争,努力建设清正廉洁的马克思主义执政党,以猛药去疴、重典治乱的决心,以刮骨疗毒、壮士断腕的勇气,坚持反腐败无禁区、全覆盖、零容忍。无论被查处的党员干部人数之多、级别之高、密度之大,还是涉及领域之宽、程度之深、影响之大,都是前所未有的。在国内开展"打虎""拍蝇",在国际上实施"天网""猎狐"。在严厉惩治高级干部腐败的同时,也严厉查处那些围在群众身边嗡嗡乱飞的"蝇子",惩治群众身边的基层干部腐败。"天网行动"已在境外布下天罗地网,追查那些逃脱到境外的违纪违法人员。不敢腐的目标初步实现,不能腐的笼子越扎越牢,不想腐的堤坝正在构筑,反腐败斗争取得重大成果,赢得了全党、全军、全国各族人民的衷

① 中共中央党史和文献研究院:《十八大以来重要文献选编》(下),中央文献出版社 2018 年版,第 356 页。
② 中共中央文献研究室:《十八大以来重要文献选编》(上),中央文献出版社 2014 年版,第 81 页。

心拥护和真诚信赖。

根据党的十八届中央纪律检查委员会工作报告,党的十八大至十九大的 5 年间,先后有440 名省军级以上党员干部及其他中管干部被立案审查,有 8 900 余名厅局级干部、6.3 万余名县处级干部受到处分。2014 年至 2017 年,共从 90 多个国家和地区追回外逃人员 3 453 名、追赃 95.1 亿元。① 党中央坚定不移反腐败,得到人民群众的真诚拥护。据国家统计局开展的全国党风廉政建设民意调查数据显示,党的十八大召开前,人民群众对党风廉政建设和反腐败工作的满意度是 75%、2013 年是 81%、2014 年是 88.4%、2015 年是 91.5%、② 2016 年是92.9%,③ 逐年走高。这充分表明党中央坚定不移全面从严治党,顺党心、合民意,高度凝聚起党心民心,厚植了党执政的政治基础。

尽管当前反腐败斗争取得了重大成果,但由于国内外各种因素影响,腐败现象滋生的土壤依然存在,反腐败斗争必然是长期的,对反腐败斗争形势的严峻性和复杂性我们一点也不能低估。现在,一些领域腐败现象依然多发高发,一些腐败分子仍然没有收手,有的甚至变本加厉。习近平同志强调:"必须从关系党和国家生死存亡的高度,以强烈的历史责任感、深沉的使命忧患感、顽强的意志品质推进党风廉政建设和反腐败斗争,坚持无禁区、全覆盖、零容忍,严肃查处腐败分子,坚决遏制腐败现象蔓延势头,着力营造不敢腐、不能腐、不想腐的政治氛围。"④ 在改革进入攻坚期的新阶段,我们党全面领导社会主义现代化建设,在中国长期执政,党员干部时刻面临被"围猎"、被腐蚀风险;目前腐败存量还不少,增量仍在发生。现实表明,反腐败斗争必须长期开展下去,不能退,也无处可退,必须坚持标本兼治,坚持无禁区、全覆盖、零容忍、重遏制、强高压、长震慑,坚定不移向纵深推进。

一要坚持反腐败无禁区、全覆盖。这是指反腐败的广度。腐败是寄生在党的肌体上的毒瘤。反腐败必须加强对权力运行的制约和监督,这种制约和监督要覆盖到所有公共权力领域和部门,不能设置禁止的领地和禁区,不论是涉及党委、政府、军队和地方的任何部门、单位和任何人,也不论其职务有多高、权力有多大,只要触犯党纪国法,都必须受到严肃追究和严厉惩处。党的十八大以来,党中央不断推进反腐败制度创新和方式方法创新,在党的历史上首次实现中央巡视组在一届任期内巡视全覆盖;通过向中央一级党和国家机关全面派驻纪检组,强化日常监督,防止灯下黑;在前期试点基础上,依据《中华人民共和国宪法》和《中华人民共和国监察法》,组建国家、省、市、县监察委员会,同党的纪律检查机关合署办公,实现对所有行使公权力的公职人员监察全覆盖,使党内监督和国家监督不留死角、没有空白。坚持在党纪国法面前一律平等,持之以恒反腐败,被查处的人既有党政干部,也有军队将领,既有中央政治局常委、中央政治局委员、中央委员和候补委员、中央纪委委员等高级干部,也有厅局级、县处级、科级等地方和基层干部,还有党政军群公职人员。尤其是坚决查处周永康、薄熙来、郭伯雄、徐才厚、孙政才、令计划、苏荣等大案要案,充分显示了从严治党和反腐败的决心和勇气。反腐败斗争是一场输不起的斗争,只有坚持反腐败无禁区、全覆盖,才能持续巩固反腐败斗争压倒性胜利的态势。

二要坚持反腐败零容忍。零容忍表达的是反对腐败的态度,也就是必须坚持猛药去疴决

① 中共中央党史和文献研究院:《十九大以来重要文献选编》(上),中央文献出版社 2019 年版,第 67—68 页。
② 国家统计局:《正风反腐深得党心民心——2015 年全国党风廉政建设民意调查数据分析》,《中国纪检监察》2016 年第 1 期。
③ 国家统计局:《民意调查显示逾九成群众对反腐败工作成效表示满意》,《中国纪检监察报》2017 年 1 月 8 日。
④ 中共中央文献研究室:《习近平关于全面从严治党论述摘编》,中央文献出版社 2016 年版,第 185 页。

心不减、刮骨疗毒勇气不泄、严厉惩处尺度不松,发现一起查处一起,发现多少查处多少,不管涉及谁,都要一查到底,绝不姑息,遇腐必反,除恶务尽。不管腐败分子跑到天涯海角,都要把他们绳之以法,决不能让其躲进"避罪天堂"、逍遥法外。只有始终坚持零容忍的坚韧和执着,深化标本兼治,保证干部清正、政府清廉、政治清明,才能避免重蹈苏共等一些世界老党、大党因腐败而丧失执政地位的覆辙,才能探索跳出历史"周期率"的执政新路。

三要坚持反腐败重遏制。重遏制讲的是反腐败的深度,也就是要在减少腐败存量的同时,还要注重遏制腐败增量。要坚持纪在法前、运用监督执纪"四种形态",发现问题及时纠正,防止小错酿成大错,有效遏制腐败增量。坚持以"惩"促"治",抓早抓小、严肃纪律和规矩,动辄则咎、严格执纪;健全谈话函询、诫勉谈话、组织处理、党纪政纪处分等制度,让监督执纪问责成为常态,以纪律的无处不严来实现监督的无处不在,不断唤醒党员干部的党章党规党纪意识,营造风清气正的党内政治文化。同时要整体把握地区、部门、单位的政治生态状况,注重动态分析判断,聚焦政治立场、政治原则、政治担当和政治纪律,强化监督执纪问责,与时俱进地加强政治生态建设。

四要坚持反腐败强高压。强高压讲的是反腐败的力度,重点在于力度不减、节奏不变,持续以雷霆万钧之势,把已经形成的压倒性态势牢牢巩固住;必须坚持不懈地采取强有力的政策和强有力的手段惩治和遏制腐败,决不给腐败反弹回潮之机。纪检监察机关要加大执纪执法力度,始终保持纠风和反腐败高压态势。对不正之风和腐败现象露头就打、冒头就抓,绝不迁就纵容,重点查处党的十八大以来不收敛、不收手,问题线索反映集中、群众反映强烈、政治问题和经济问题交织的腐败案件。严肃处理违反中央八项规定精神的问题。着力解决选人用人、行政审批、工程项目、矿产资源、土地出让等重点领域和关键环节腐败问题。

五要坚持反腐败长震慑。长震慑讲的是反腐败的时间长度,着力点在坚韧和执着,就是讲反腐败既是攻坚战更是持久战,要持之以恒、久久为功。强调反腐败永远在路上,惩治这一手任何时候都不能松,从严治党的"严"字必须长期坚持。要利剑高悬、震慑常在;动真碰硬,以零容忍态度惩治腐败,让腐败分子付出应有代价,从而形成不敢腐败的强烈震慑。以震慑强化不敢腐,为实现不能腐、不想腐持续巩固基础、创造条件。要通过对典型案件的严肃处理,让后来者先在行动层面知止不敢,进而再从源头上完善制度监管,强化理想信念教育,促进党员干部自觉廉洁从政,在不能腐的基础上做到不想腐。

与此同时,要进一步深化反腐败体制机制改革。要从根本上铲除腐败现象滋生蔓延的土壤和条件,必须通过改革进一步深化构建不敢腐、不能腐、不想腐的体制机制,从源头上实现对权力的有效制约和监督。要加强反腐倡廉教育和廉政文化建设,督促领导干部坚定理想信念,保持共产党人高尚品格和廉洁操守,提高拒腐防变能力,在全社会培育清正廉洁的价值理念,使清风正气得到弘扬。要用法治思维和法治方式反对腐败,加强反腐败国家立法,加强反腐倡廉党内法规制度建设,让法律制度刚性运行,把权力关进制度笼子里;要加强对典型案例剖析,从中找出规律性的东西,深化腐败问题多发领域和环节改革,最大限度减少体制障碍和制度漏洞。要健全权力运行制约和监督体系,让人民监督权力,让权力在阳光下运行,确保国家机关按照法定权限和程序行使权力,进而才能逐步形成不敢腐的惩戒机制、不能腐的防范机制、不易腐的保障机制,不断以反腐倡廉的新进展、新成效取信于民,密切党和人民群众的血肉联系,巩固党的执政基础,确保党和国家兴旺发达、长治久安。

结束语
坚持底线思维，有效应对重大风险和考验，为实现中华民族伟大复兴提供坚强保障

党的二十大报告明确提出了新时代新征程中国共产党的使命任务，就是"团结带领全国各族人民全面建成社会主义现代化强国、实现第二个百年奋斗目标，以中国式现代化全面推进中华民族伟大复兴"①。

全面建设社会主义现代化强国，是一项伟大而艰巨的事业，前途光明，任重道远。当前，世界百年未有之大变局加速演进，新一轮科技革命和产业变革深入发展，国际力量对比深刻调整，我国发展既面临新的机遇，也面临严峻挑战。从国际方面看，外部环境存在许多不确定性，逆全球化思潮抬头，单边主义、保护主义明显上升，世界经济复苏乏力，局部冲突和动荡频发，全球性问题加剧，世界进入新的动荡变革期。从国内来看，我国改革发展稳定面临不少深层次矛盾问题躲不开、绕不过；党的建设特别是党风廉政建设和反腐败斗争面临不少顽固性、多发性问题。我国发展进入风险不断加大、不确定难预料因素增多的时期，各种"黑天鹅""灰犀牛"事件随时可能发生。

广大党员干部尤其是各级领导干部，必须增强忧患意识，坚持底线思维，做到居安思危、未雨绸缪，提高防控能力，着力防范化解政治、意识形态、经济、科技、社会、外部环境、党的建设等领域重大风险，保持经济持续健康发展和社会大局稳定，为夺取新时代中国特色社会主义伟大胜利、实现中华民族伟大复兴的中国梦提供坚强保障。

一

历程昭示真理，历史启迪未来。我们党作为一个拥有 56 个民族、14 亿人口大国的执政党，肩负的任务极其艰巨与繁重，面临的矛盾与问题尤为复杂与繁多，面对的困难与风险特别严峻而极具挑战。中华人民共和国成立 70 多年来，党团结带领亿万人民顽强拼搏、接续奋斗，坚忍不拔、勇毅前行，在应对和化解各种危局和困境中不断推动中国特色社会主义发展，取得了震古烁今的巨大成就，积累了宝贵的历史经验。我们只有认真总结并汲取这些经验，明白过去我们为什么能够成功，才能懂得面向未来怎样才能继续成功，才能有效应对前进道路上的重大风险考验，以中国式现代化推进中华民族的伟大复兴。

---

① 习近平：《高举中国特色社会主义伟大旗帜　为全面建设社会主义现代化国家而团结奋斗》，《人民日报》2022 年 10 月 26 日。

(一) 应对重大风险和考验,必须坚持党的领导、从严治党

坚持党的领导,从严管党治党,是我们应对重大风险和考验的政治保障。回顾历史,我国社会主义革命、建设、改革事业,之所以能够找到正确道路,战胜一次又一次风险考验,在攻坚克难中不断从胜利走向胜利,根本原因就是有中国共产党的坚强领导。历史已经证明并将继续证明,"中国特色社会主义最本质的特征是中国共产党领导,中国特色社会主义制度的最大优势是中国共产党领导,党是最高政治领导力量"。① "中国共产党所具有的无比坚强的领导力,是风雨来袭时中国人民最可靠的主心骨。"②正是因为我们始终坚持党的领导不动摇,始终坚持从严治党,使党具有坚强的领导力,才能战胜前进道路上的风险和考验,为中华民族从站起来、富起来到强起来,逐步走向伟大复兴提供了坚强保障。

如果没有一个强大的、坚强有力的党来领导,群龙无首,国家一盘散沙,没有凝聚力向心力,社会动荡不安,什么事情也干不好,必受外族欺凌。对此,中国近代百年的苦难历史已做了充分说明。中华人民共和国成立 70 多年来,我们在社会主义革命、建设和改革的各个时期,始终坚持党的领导不动摇、从严管党治党。1954 年,毛泽东同志在第一届全国人民代表大会上就提出,领导我们事业的核心力量是中国共产党。1957 年 3 月,他再次指出,"中国的改革和建设靠我们来领导"。③ 同年 5 月 25 日,他在接见中国新民主主义青年团第三次全国代表大会代表时更加鲜明地强调:"中国共产党是全中国人民的领导核心。没有这样一个核心,社会主义事业就不能胜利。"④20 世纪 50 年代后期,一些怀疑、否定共产党领导和社会主义制度的右倾思潮,借我们党开门整风之机开始冒头和蔓延。他们把共产党在国家政治生活中的领导地位攻击为"党天下",公然提出共产党退出机关、学校,公方代表退出合营企业,要求"轮流坐庄",妄图取代共产党的领导。针对这种情况,为了维护党的领导和社会主义制度,党中央领导人民果断开展了反右派斗争。事实表明,当时反对党的领导和社会主义制度的敌对势力确实存在。对极少数右派分子的猖狂进攻予以坚决反击,借以教育广大党员和人民,是正确的和必要的。反右派斗争在全国人民中间澄清了根本的大是大非,加强了党的领导,稳定了新建立起来的社会主义制度。如果放弃这种斗争,不在问题发生的范围内鲜明地击退极少数右派分子的进攻,就会造成思想上和政治上的严重混乱。在这方面,党所取得的经验是有长远意义的。但是,由于当时党对阶级斗争和右派进攻的形势作了过分严重的估计,并且沿用革命时期大规模的急风暴雨式的群众性政治运动的斗争方法,对斗争的猛烈发展又没有能够谨慎地加以控制,致使反右派斗争被严重地扩大化,也造成了惨痛教训。以毛泽东同志为核心的第一代中央领导集体在强调坚持党的领导的同时,始终注重从严治党,为了保持党的先进性和纯洁性,开展了一系列整风整党运动,挽救犯错误的同志,及时清除党内腐败分子。在社会主义建设道路探索期间,尽管党经历了这样那样的挫折,包括"文化大革命"那样的曲折和错误,但始终保持自我革命精神,坚持自我纠正错误和偏差,始终保持了强大的领导力和战斗力。

党的十一届三中全会后,随着改革开放和社会主义现代化建设的发展,党内和社会上出现了一股资产阶级自由化思潮,在一些地方甚至出现了少数人的闹事现象。有些人不但不接受党和政府的引导、劝告、解释,并且提出种种在当时不可能实现或者根本不合理的要求,煽动、

① 《习近平谈治国理政》第 3 卷,外文出版社 2020 年版,第 16 页。
② 中共中央党史和文献研究院:《十九大以来重要文献选编》(中),中央文献出版社 2021 年版,第 691 页。
③ 《毛泽东文集》第 7 卷,人民出版社 1999 年版,第 275 页。
④ 《毛泽东文集》第 7 卷,人民出版社 1999 年版,第 303 页。

诱骗一部分群众冲击党政机关,占领办公室,实行静坐绝食,阻断交通,严重破坏工作秩序、生产秩序和社会秩序。不但如此,他们还耸人听闻地提出什么"反饥饿""要人权"等口号,在这些口号下煽动一部分人游行示威。"有个所谓'中国人权小组',居然贴出大字报,要求美国总统'关怀'中国的人权。"①有个所谓"解冻社",发表了一个宣言,公开反对无产阶级专政,说这是分裂人类的。有个所谓"民主讨论会",要"坚决彻底批判中国共产党"。"他们认为资本主义比社会主义好,因此中国现在不是搞四个现代化的问题,而是应当实行他们的所谓'社会改革',也就是搞资本主义那一套。"②对此,邓小平同志明确指出,"要在中国实现四个现代化,必须在思想政治上坚持四项基本原则"。③ 即坚持社会主义道路,坚持无产阶级专政,坚持共产党的领导,坚持马列主义、毛泽东思想。"这四个坚持的核心,是坚持党的领导"。我们党是以马列主义、毛泽东思想为指导的党,是领导社会主义事业、领导无产阶级专政的核心力量,"没有党的领导,就没有一条正确的政治路线;没有党的领导,就没有安定团结的政治局面;没有党的领导,艰苦创业的精神就提倡不起来;没有党的领导,真正又红又专特别是有专业知识和专业能力的队伍也建立不起来。这样,社会主义四个现代化建设、祖国的统一、反霸权主义的斗争,也就没有一个力量能够领导进行"。"从根本上说,没有党的领导,就没有现代中国的一切"。④他同时指出:坚持党的领导,必须加强党的建设,搞好党风,党员干部必须严格要求自己,"为了促进社会风气的进步,首先必须搞好党风,特别是要求党的各级领导同志以身作则"。党是整个社会的表率,党的各级领导同志又是全党的表率。如果党的组织把群众的意见和利害放在一边,不闻不问,怎么能要求群众信任和爱戴这样的党组织的领导呢? 如果党的领导干部自己不严格要求自己,不遵守党纪国法,违反党的原则,搞特殊化,走后门,"铺张浪费,损公利私,不与群众同甘苦,不实行吃苦在先、享受在后,不服从组织决定,不接受群众监督,甚至对批评自己的人实行打击报复,怎么能指望他们改造社会风气呢! 在目前的历史转变时期,问题堆积成山,工作百端待举,加强党的领导,端正党的作风,具有决定的意义"。"只有搞好党风,才能转变社会风气,才能坚持四项基本原则"。⑤

　　进入中国特色社会主义新时代,中华民族迎来了伟大复兴的光明前景,但前进道路上还面临这样那样的风险挑战。针对一个时期以来有的人对坚持党的领导这个重大原则问题讳莫如深、语焉不详,有的人淡化、虚化、边缘化甚至公开否定党的领导的错误倾向,习近平同志旗帜鲜明地提出,必须坚持和加强党的领导,并阐明一系列带有方向性原则性的重大问题,有力澄清了模糊认识,宣示了对党的领导的坚定立场。他指出:"在当今中国,没有大于中国共产党的政治力量或其他什么力量。党政军民学,东西南北中,党是领导一切的,是最高的政治领导力量。"⑥要求全党必须增强政治意识、大局意识、核心意识、看齐意识,自觉维护党中央权威和集中统一领导,自觉在思想上政治上行动上同党中央保持高度一致。提高党把方向、谋大局、定政策、促改革的能力和定力,确保党始终总揽全局、协调各方。与此同时,习近平同志强调必须"坚持全面从严治党"。他指出:"勇于自我革命,从严管党治党,是我们党最鲜明的品格。"今天,我们正在进行具有许多新的历史特点的伟大斗争。全党要牢记毛泽东同志提出的"我们决不当李自成"的深刻警示,牢记"两个务必",牢记"生于忧患,死于安乐"的古训,着力解决好"其

---

① 《邓小平文选》第 2 卷,人民出版社 1994 年版,第 173 页。
② 《邓小平文选》第 2 卷,人民出版社 1994 年版,第 174 页。
③ 《邓小平文选》第 2 卷,人民出版社 1994 年版,第 164 页。
④ 《邓小平文选》第 2 卷,人民出版社 1994 年版,第 266 页。
⑤ 《邓小平文选》第 2 卷,人民出版社 1994 年版,第 177—178 页。
⑥ 中共中央文献研究室:《习近平关于社会主义政治建设论述摘编》,中央文献出版社 2017 年版,第 30 页。

兴也勃焉,其亡也忽焉"的历史性课题,"增强党要管党、从严治党的自觉"。① 必须以党章为根本遵循,把党的政治建设摆在首位,思想建党和制度治党同向发力,统筹推进党的各项建设,要抓住"关键少数",坚持"三严三实",坚持民主集中制,严肃党内政治生活,严明党的纪律,强化党内监督,发展积极健康的党内政治文化,全面净化党内政治生态,坚决纠正各种不正之风,以零容忍态度反对和惩治腐败,"不断增强党自我净化、自我完善、自我革新、自我提高的能力,始终保持党同人民群众的血肉联系"。②

中华人民共和国成立 70 多年来,我们始终坚持党的领导、从严管党治党,党始终充满生机活力、走在时代前列。党的坚强有力领导保证了人民享有广泛充实的权利和自由,有力调动了人民群众参加国家建设和国家治理的积极性和创造性;保证了对政治经济文化等重大关系的调整,维护了安定团结的政治局面;保证了各方面力量的协调,能够集中力量办大事;保证了国家大政方针的稳定性和持续性,维护了国家和人民的根本利益和长远利益,进而能够战胜前进道路上的艰难险阻和风险挑战,不断取得新的胜利。正是在党的坚强领导下,我们打赢了不亚于淮海战役的经济战,促进了经济的恢复和发展;赢得抗美援朝战争的胜利,消除了外部势力侵略威胁,巩固了新生的人民政权;顺利实现对农业、手工业和资本主义工商业的社会主义改造,确立了社会主义基本政治、经济制度;克服了"文化大革命"造成的严重困境,实现了伟大历史转折、开启改革开放新时期和中华民族伟大复兴新征程;坚定有力地应对国际变局、平息国内政治风波、战胜特大洪水、防控"非典"流行、抗击特大地震、化解金融危机,实现了经济社会的长期稳定发展;既不走封闭僵化的老路也不走改旗易帜的邪路,带领亿万中国人民坚定不移行进在中国特色社会主义道路上。

反观苏联共产党,之所以丢掉政权、亡党亡国,最重要的原因就在于,其未能始终坚持党的领导,尤其是作为执政党,长期忽视自身建设。党内思想僵化、腐败盛行,党严重脱离人民群众,形成既得利益集团,使党丧失了先进性;进而在改革的关键时期,修改宪法中相关条款,否定了党的领导地位;从而,在社会矛盾尖锐复杂、社会危机深重的苏联诱发出迅速崛起的反共民主派和不可遏制的民族分立浪潮,冲击并最终搞垮了长期以来作为社会中坚、国家领导力量的苏联共产党和作为社会管理机构的苏联政府。

新时代新征程,我们要继续推进中国特色社会主义伟大事业,面临的内外风险考验前所未有。从国际看,社会主义和资本主义两条道路、两种制度的较量从来没有停止过,西强东弱的国际政治格局尚未根本改变,敌对势力把社会主义中国的发展壮大视为对资本主义道路、制度和价值观的挑战,不断变换策略和手法西化分化中国,加强对中国进行政治误导、战略遏制、价值观围堵,政治和意识形态领域渗透与反渗透的斗争复杂尖锐,维护国家政治安全不容丝毫懈怠。从国内看,我国虽已顺利实现第一个百年目标、全面建成小康社会,开启了实现第二个百年奋斗目标、全面建设社会主义现代化国家的新征程,但随着改革进入攻坚期和深水区,各种矛盾风险挑战更为严峻,维护改革发展稳定任务更为繁重。在新的征程上,我们只有毫不动摇坚持和完善党的领导,毫不动摇坚持从严治党,全面推进党的政治、思想、组织、作风、纪律、制度建设,深入推进反腐败斗争,不断提高党的建设质量,把党建得更加坚强有力;确保党在发展中国特色社会主义的历史进程中始终成为坚强的领导核心,更好把握历史大势、勇立时代潮头,发挥党总揽全局、协调各方的核心作用,才能有效防范和应对前进道路上的重大风险考验,确保改

---

① 中共中央文献研究室:《习近平关于社会主义政治建设论述摘编》,中央文献出版社 2017 年版,第 31 页。
② 《习近平谈治国理政》第 3 卷,外文出版社 2020 年版,第 21 页。

革开放和社会主义现代化建设沿着正确航向破浪前行,进而实现中华民族伟大复兴的中国梦。

（二）应对重大风险和考验,必须坚持和发展马克思主义

始终坚持马克思主义在意识形态领域的指导地位,在实践中坚持和发展马克思主义,是我们党防范和应对重大风险考验的思想保障。"中国共产党为什么能,中国特色社会主义为什么好,归根到底是因为马克思主义行,是中国化时代化的马克思主义行。"①回顾中华人民共和国成立以来70多年的历程,我们党之所以能够以超乎寻常的胆略、毅力、智慧战胜各种风险挑战的考验,完成近代以来各种政治力量不可能完成的艰巨任务,就在于始终把马克思主义这一科学理论作为自己的行动指南。把马克思主义作为自己的指导思想,这使我们党得以用先进的理论武装起来,牢牢占据人类思想理论的制高点。这种先进性,是世界上其他政党和政治组织所不具备的,也是历史和人民选择中国共产党来领导中华民族伟大复兴事业的一个根本依据。因而,无论是处于顺境还是逆境,我们党从未动摇对马克思主义的信仰。马克思主义是我们立党立国的根本指导思想。背离或放弃马克思主义,我们党就会失去灵魂、迷失方向,铸成大错。在坚持马克思主义指导地位这一根本问题上,我们必须坚定不移,任何时候任何情况下都不能有丝毫动摇。

同时,理论只有联系实际,正确回答和指导解决实际问题,才能发挥自己的威力和真正掌握群众。马克思主义必须和各国实际和时代特征相结合,才能充满生机与活力。马克思主义并没有结束真理,而是开辟了通向真理的道路。马克思、恩格斯、列宁、毛泽东等革命领袖们从来都不把理论研究当作书斋里的学问,总是紧密结合现实斗争的需要,努力回答实践不断提出的重大理论问题,从而不断丰富和发展理论。如果把马克思主义变成一成不变的教条,变成简单的说教,脱离群众活生生的实践,那就不会有说服力,也就会丧失生命力。恩格斯早就说过:"马克思的整个世界观不是教义,而是方法。它提供的不是现成的教条,而是进一步研究的出发点和供这种研究使用的方法。"②

世界社会主义发展史也告诉我们,无论搞革命还是搞建设,照抄照搬本本,照抄照搬别国经验,从来是不能成功的。如同邓小平同志所说:"一个国家,一个民族,如果一切从本本出发,思想僵化,迷信盛行,那它就不能前进,它的生机就停止了,就要亡党亡国。"③只有把马克思主义基本原理同本国实际和时代特点紧密结合起来,推进理论创新、实践创新,才能战胜风险挑战,找到通向胜利的途径。东欧各国共产党、工人党之所以失败,一个重要原因就在于没有根据世情、国情、党情的发展变化,把马克思主义基本理论与本国的国情和实际相结合,制定并执行一条正确的政治路线,而是照搬照抄外国的模式和做法,虽说也进行过改革或有过改革的尝试,但在遇到外来压力和反对后没能坚持下去,从而使社会主义制度的优越性不能充分地发挥,人民生活不能得到改善,以致影响和动摇了人们的社会主义信念,导致党的败亡。

我们党在全国执政后,在坚持马克思主义理论指导地位不动摇的同时,始终坚持实事求是,与时俱进,从中国实际出发,洞察时代大势,把握历史主动,进行艰辛探索,不断推进马克思主义中国化时代化,创立了毛泽东思想、邓小平理论,形成了"三个代表"重要思想、科学发展观,创立了习近平新时代中国特色社会主义思想。坚持用党的创新理论武装全党、教育人民,

---

① 习近平:《高举中国特色社会主义伟大旗帜,为全面建设社会主义现代化国家而团结奋斗》,《人民日报》2022年10月26日。

② 《马克思恩格斯选集》第4卷,人民出版社2012年版,第664页。

③ 《邓小平文选》第2卷,人民出版社1994年版,第143页。

坚持不懈同各种错误思潮进行斗争。20 世纪 50 年代后期,我们党坚决反击右派势力对马克思主义和社会主义的进攻。20 世纪 80 年代末、90 年代初,苏联解体、东欧剧变后,在国内外形势十分复杂、世界社会主义出现严重曲折的严峻考验面前,我们党坚持马列主义不动摇,同国内外错误思潮,特别是资产阶级自由化思潮和敌对势力的和平演变阴谋进行了坚决斗争。尤其是党的十八大以来,以习近平同志为核心的党中央以伟大的历史主动精神、巨大的政治勇气、强烈的责任担当,直面一个时期以来意识形态领域风险不断聚集,拜金主义、享乐主义、极端个人主义和历史虚无主义、新自由主义、民主社会主义等错误思潮不时出现,网络舆论乱象丛生,一些领导干部理想信念动摇、革命意志衰退等现实状况;坚定确立马克思主义在意识形态领域指导地位的根本制度,坚持对全党进行马克思主义理论和理想信念教育,采取一系列措施坚决纠正意识形态领域党的领导弱化问题,健全意识形态工作责任制,进而使我国意识形态领域形势发生全局性、根本性转变,马列主义旗帜在中国大地高高飘扬,全党全国各族人民文化自信明显增强,全社会凝聚力和向心力极大提升,为战胜国内外各种风险考验,开创党和国家事业新局面提供了坚强思想保证和强大精神力量。

实践发展永无止境,认识真理永无止境,理论创新永无止境。党和人民的实践是不断前进的,指导这种实践的理论也要不断前进。在实践中坚持和发展马克思主义是我们党应对重大风险和考验的思想基础和重要法宝。当今世界正处于百年未有之大变局,当代中国正处于中华民族伟大复兴的关键节点。新时代中国特色社会主义发展面临的新机遇前所未有,面临的新矛盾新问题、新风险新挑战也前所未有。习近平同志指出:"当代中国的伟大社会变革,不是简单延续我国历史文化的母版,不是简单套用马克思主义经典作家设想的模板,不是其他国家社会主义实践的再版,也不是国外现代化发展的翻版,不可能找到现成的教科书。"①这就要求我们必须毫不动摇地坚持马克思主义,与时俱进地发展马克思主义,在新时代新征程上,继续推进马克思主义中国化时代化,用当代中国马克思主义的立场观点方法观察世界、观察中国,认识问题、分析矛盾,辨明是非、澄清谬误,回答时代之问、世界之问、中国之问,为党和人民有效应对重大风险和考验、坚定社会主义前进方向,战胜建设社会主义现代化强国新征程上的艰难险阻奠定坚实的思想理论基础。

(三)应对重大风险和考验,必须坚持实事求是的思想路线

在一个人口众多、经济文化相对落后的东方大国建设和发展社会主义,面临的形势和任务空前繁重而复杂,前进道路充满艰险和曲折。由于经验不足,在探索社会主义建设道路的过程中,要求作为领导者和执政者的中国共产党及其领导人完全不犯错误是不可能的。关键在于党能不能坚持实事求是的正确思想路线,敢不敢自我革命,及时总结经验教训,坚持真理、修正错误,沿着正确道路继续前进。实事求是是马克思主义的灵魂所在。坚持实事求是,勇于自我革命,是我们党区别于其他政党的显著标志。如同《中共中央关于党的百年奋斗重大成就和历史经验的决议》所说:"党历经百年沧桑更加充满活力,其奥秘就在于始终坚持真理、修正错误。党的伟大不在于不犯错误,而在于从不讳疾忌医,积极开展批评和自我批评,敢于直面问题,勇于自我革命。"②

在中华人民共和国成立以来 70 多年的历程中,我们党之所以能够领导人民在一次次求

---

① 《习近平谈治国理政》第 3 卷,外文出版社 2020 年版,第 76 页。
② 中共中央委员会:《中共中央关于党的百年奋斗重大成就和历史经验的决议》,《人民日报》2021 年 11 月 17 日。

索、一次次挫折、一次次开拓中完成中国其他各种政治力量不可能完成的艰巨任务，之所以能够力挽狂澜，变危难为动力，化挑战为机遇，克服种种艰难险阻，战胜各种风险考验，不断取得社会主义革命、建设和改革的辉煌成就，"根本在于坚持解放思想、实事求是、与时俱进、求真务实"①，勇于自我革命，敢于面对自身失误，郑重对待自身挫折，并善于从失败中总结教训，坚持真理，修正错误，重新端正思想路线。

毛泽东同志是我们党的实事求是思想路线的首创者，也是坚定的执行者。他在长期领导中国革命和建设的过程中，十分注重端正党的思想路线，善于总结经验，特别重视从错误中吸取教训。他多次指出，由于人的主观认识能力和各种客观条件的限制，"任何政党，任何个人，错误总是难免的"②；共产党人不要怕犯错误，"错误有两重性。错误一方面损害党，损害人民；另一方面是好教员，很好地教育了党，教育了人民，对革命有好处。失败是成功之母"，③"错误和挫折教训了我们，使我们比较地聪明起来了，我们的事情就办得好一些。犯了错误则要求改正，改正的越迅速越彻底越好"。④ 正是基于此，毛泽东同志强调不仅要总结正面的成功经验，而且还要研究反面的失败教训，因为"错误常常是正确的先导"。⑤ 中华人民共和国成立后，围绕如何建设社会主义这一中心问题，以毛泽东同志为核心的第一代党中央领导集体带领全党为找到一条适合中国国情的社会主义建设道路，进行了一系列艰辛的、开创性的探索。在探索的实践中逐渐发现了苏联模式的一些弊端，为此，毛泽东同志明确提出搞社会主义不能全盘照搬苏联模式，不能教条主义地学习苏联经验，形成了一系列正确的建设社会主义的指导思想，譬如关于如何正确认识和处理人民内部矛盾的学说；关于社会主义社会的矛盾问题；正确处理社会主义建设中各方面关系的思想；关于社会主义这个阶段，可以分为两个阶段，第一个阶段是不发达社会主义，第二个阶段是比较发达的社会主义的思想；关于尊重价值规律的思想；关于在党与民主党派关系上实行"长期共存、互相监督"的方针，在科学文化工作中实行"百花齐放、百家争鸣"的方针，等等。这些正确思想是马克思主义中国化的理论成果，是一切从实际出发、实事求是、理论联系实际的思想结晶；为我国社会主义建设奠定了正确的思想理论基础。在这些创新理论指导下，我们在复杂的国内外形势下，迅速医治战争创伤，恢复国民经济，成功地进行了社会主义改造，建立起社会主义制度，并取得了社会主义建设的一系列成就，有效地化解了党面临的重大风险和考验，巩固了党的执政地位。

在探索中国社会主义道路的过程中，由于急于求成，我们党曾犯了"大跃进"的错误，加上当时自然灾害和苏联政府背信弃义撕毁合同，1959 年至 1961 年我国经济和人民生活出现了严重困难。面对这种严重局势，党中央在 1961 年八届九中全会上正式决定对国民经济实行"调整、巩固、充实、提高"的方针。在此期间，毛泽东同志主动承担我们党所犯错误的责任。他说："凡是中央犯的错误，直接的归我负责，间接的我也有份，因为我是中央主席。"⑥他并且号召全党吸取教训，大兴调查研究之风。在 1962 年召开的七千人大会上，刘少奇同志、周恩来同志等领导人也分别做了诚恳的自我批评。这充分显示我们党光明磊落、无私无畏的品格。通过自我批评、纠正错误，我们党重新回到实事求是的正确思想路线上来，进而制定和实施了一系列正确政策和果断措施，从而使国民经济得到比较顺利的恢复和发展，社会主义建设呈现出

① 中共中央委员会：《中共中央关于党的百年奋斗重大成就和历史经验的决议》，《人民日报》2021 年 11 月 17 日。
② 《毛泽东选集》第 4 卷，人民出版社 1991 年版，第 1480 页。
③ 《毛泽东文集》第 7 卷，人民出版社 1999 年版，第 136 页。
④ 《毛泽东选集》第 4 卷，人民出版社 1991 年版，第 1480 页。
⑤ 《毛泽东选集》第 3 卷，人民出版社 1991 年版，第 803 页。
⑥ 《毛泽东文集》第 8 卷，人民出版社 1999 年版，第 296 页。

欣欣向荣的景象。

　　"文化大革命"使我国社会主义建设事业遭受前所未有的严重挫折,党的思想路线严重偏离了实事求是原则。以邓小平同志为核心的党中央第二代领导集体同样勇于面对党所犯的错误,始终坚持全面、科学地总结历史经验教训。邓小平同志一再强调:"过去的成功是我们的财富,过去的错误也是我们的财富,"①在他看来,即使是"文化大革命"这样的严重挫折,从某种意义上对我们党来说也是一笔宝贵财富,因为它"看起来是坏事,但归根到底也是好事,促使人们思考,促使人们认识我们的弊端在哪里"。"这样坏事就变成了好事"。② 为什么我们能够在20世纪70年代末和80年代提出了现行的一系列政策,"就是总结了'文化大革命'的经验和教训"。③ 所以,"应该说'文化大革命'也有一'功',它提供了反面教训"。④ 我们党正是通过总结"文化大革命"的教训,通过批评"两个凡是",支持真理标准大讨论,打破了思想禁锢,重新恢复和确立了解放思想、实事求是的思想路线,作出了把党和国家工作中心转移到经济建设上来、实行改革开放的历史性决策;深刻揭示了社会主义本质,确立了社会主义初级阶段基本路线,明确提出走自己的路、建设中国特色社会主义,科学回答了建设中国特色社会主义的一系列基本问题;制定了到21世纪中叶分三步走、基本实现现代化的发展战略;成功开创了中国特色社会主义,使中国走上快速发展的道路。

　　20世纪80年代末90年代初,国际形势风云突变,苏联解体、东欧剧变,国际共产主义运动跌入谷底。中国共产党如何应对面临的困难和挑战、巩固执政地位,带领中国人民继续沿着社会主义方向前进,这是对我们党的严峻考验。我们党坚持解放思想、实事求是的思想路线,弘扬与时俱进、开拓创新的精神,提出了"三个代表"重要思想;确立了社会主义市场经济体制的改革目标和基本框架,确立了社会主义初级阶段基本经济制度和分配制度,开创了全面改革开放新局面;在国内外形势十分复杂、世界社会主义出现严重曲折的严峻考验面前,推进党的建设新的伟大工程,捍卫了中国特色社会主义,并成功把中国特色社会主义推向21世纪。

　　进入新世纪,以胡锦涛同志为主要代表的中国共产党人,面对国际国内的新形势和新挑战,号召全党必须坚持解放思想、实事求是、与时俱进,从理论与实践的结合上不断研究新情况、解决新问题。党中央带领全党推进实践创新、制度创新、理论创新,形成了科学发展观;强调坚持以人为本、全面协调可持续发展,形成中国特色社会主义事业总体布局,着力保障和改善民生,促进社会公平正义;推动建设和谐世界,推进党的执政能力建设和先进性建设,成功在新的历史起点上坚持和发展了中国特色社会主义。

　　党的十八大以来,中国特色社会主义进入新时代。面对波谲云诡的国际形势、复杂敏感的周边环境、艰巨繁重的改革发展稳定任务,以习近平同志为核心的党中央,要求全党始终坚持解放思想、实事求是、与时俱进、求真务实,不断推进实践基础上的理论创新。党中央团结带领全党全国各族人民,以自我革命的勇气和政治智慧,通过总结实践、展望未来,深刻回答了新时代坚持和发展什么样的中国特色社会主义,怎样坚持和发展中国特色社会主义,建设什么样的社会主义现代化强国,怎样建设社会主义现代化强国,建设什么样的长期执政的马克思主义政党,怎样建设长期执政的马克思主义政党等重大时代课题,提出一系列原创性的治国理政新理念新思想新战略,创立了习近平新时代中国特色社会主义思想;明确了新时代中国特色社会主

①《邓小平文选》第3卷,人民出版社1993年版,第272页。
②《邓小平文选》第3卷,人民出版社1993年版,第172页。
③《邓小平文选》第3卷,人民出版社1993年版,第172页。
④《邓小平文选》第3卷,人民出版社1993年版,第272页。

义的本质特征、总任务、主要矛盾、总体布局、战略布局、深化改革总目标、依法治国总目标、社会主义基本经济制度、强军目标、中国特色大国外交的任务和全面从严治党的战略方针等一系列基本问题;坚持统筹推进"五位一体"总体布局、协调推进"四个全面"战略布局,坚持稳中求进工作总基调,着力增强改革系统性、整体性、协同性,着力抓好重大制度创新,着力提升人民群众获得感、幸福感、安全感;尤其是针对一个时期以来一度出现的管党不力、治党不严问题,有些党员、干部政治信仰出现严重危机,一些地方和部门选人用人风气不正,形式主义、官僚主义盛行,特权思想和腐败现象较为普遍存在,以及党内存在的"七个有之"等问题,坚持自我革命、敢于刀口向内,坚决清除党的肌体上的病毒;先后出台一系列重大方针政策,推出一系列重大举措,推进一系列重大工作,战胜一系列重大风险挑战,解决了许多长期想解决而没有解决的难题,办成了许多过去想办而没有办成的大事,推动党和国家事业取得历史性成就、发生历史性变革,使中国特色社会主义阔步迈入新时代。

中华人民共和国成立 70 多年的实践表明,我国社会主义革命、建设和改革开放事业能够取得巨大成就,我们党能够在实践中不断发展壮大,能够战胜各种风险考验、不断巩固执政地位,其中一个重要原因,就在于我们党能够始终坚持解放思想、实事求是、与时俱进的思想路线,勇于自我革命,敢于坚持真理、修正错误,不断推进实践基础上的理论创新。面对纷繁复杂的国内外形势和艰巨繁重的改革发展任务,我们党在执政过程中虽然也犯过一些错误,甚至是严重的错误,但我们党从不回避自己所犯的错误,而是勇于承认错误,积极开展批评与自我批评,并在实践中纠正自己的错误,重新回到正确的思想路线上来。党尤其十分重视对自身历史经验尤其是失败教训的总结,善于把过去的失误转化为今后工作的宝贵财富。这是我们党的一个显著特点和政治优势,是一个郑重的马克思主义政党成熟的重要标志,也是我们党在新时代新阶段有效应对前进道路上的重大风险和考验,走好新的长征路的十分重要保证。

（四）应对执政风险和考验，必须加强党的执政能力、先进性和纯洁性建设

执政风险具有隐蔽性和复杂性,我们党要有效应对重大风险和考验,不仅要政治过硬,还要本领高强;必须在长期执政的过程中,保持党的先进性和纯洁性,不断提高党的执政能力。因而,加强执政能力、先进性和纯洁性建设是我们党在长期执政条件下的"两大根本性建设"。党在执政后,只有不断加强"两大根本性建设",执政本领高强,才能立于不败之地。党的先进性和纯洁性是马克思主义政党的本质属性,是保持党的生机活力的内在源泉;永葆党的先进性和纯洁性,是党的建设的永恒主题,事关人心向背,事关党的事业兴亡盛衰。同时,作为马克思主义执政党,党的各方面建设最终都要体现到提高执政能力、巩固执政地位上来。在长期执政条件下,"两大根本性建设"紧密联系、相辅相成。党的先进性和纯洁性建设,是长期执政能力建设的基础和前提,为长期执政能力建设提供内在动力。党加强长期执政能力建设,是新的历史背景下永葆先进性和纯洁性的目标指向,并将推动党的各项事业在正确轨道上不断前行。只有不断加强党的执政能力、先进性和纯洁性建设,党才能永葆生机与活力,有效应对重大风险和考验,维护执政安全。

在社会主义国家,共产党作为执政党必须以执政能力、先进性和纯洁性建设为主线,提高党的自我净化、自我完善、自我革新、自我提高能力,才能始终成为社会主义事业的坚强领导核心。苏联和东欧一些执政的共产党之所以失去执政地位,主要都源自忽视党的执政能力、先进性和纯洁性建设,党员干部思想僵化、精神懈怠、意志衰退、能力下降、消极腐败、严重脱离群众,使党丧失领导社会变革和发展的能力,丧失人民群众信任,最终丧失执政资格,导致党的败

亡、国家巨变。我们党在领导我国社会主义革命、建设和改革开放的历程中,正因为高度重视先进性和纯洁性建设,不断提高党的执政能力,党才能始终引领社会发展并取得巨大成就,得到人民的拥护和支持,执政地位不断得到巩固。

毛泽东同志把马列主义的建党理论与中国革命和建设的具体实际相结合,创造性地提出思想建党原则,同时注重从政治、组织、作风、纪律上全面加强党的建设,使党在异常艰难复杂的环境中始终保持工人阶级先锋队的本质,保持强大的生机和活力。解放战争胜利前夕,毛泽东同志告诫全党不要重蹈李自成的覆辙,提出要特别注重从思想上、作风上加强党的建设,提高党领导经济工作和城市工作的能力。他指出,夺取全国革命胜利,只是万里长征走完了第一步,今后的道路更曲折漫长,工作更艰苦。告诫全党要警惕敌人的糖衣炮弹袭击,务必继续地保持谦虚、谨慎、不骄、不躁的作风和艰苦奋斗的作风;强调必须加强学习、提高领导能力,"我们必须学会自己不懂的东西。我们必须向一切内行的人们(不管什么人)学经济工作"。① 中华人民共和国成立后,党面临着执掌全国政权、恢复和发展国民经济,建设社会主义国家的历史任务,如何在执政条件下从严治党,使党永不变质,成为摆在全党面前的一个崭新课题。毛泽东同志带领全党进行了不懈的努力。为了解决党内思想不纯、作风不纯和干部中的官僚主义、命令主义恶劣作风,保持党的先进性和纯洁性,先后开展了整风、整党、"三反"(反对贪污、反对浪费、反对官僚主义)等一系列运动。在 1951 年到 1953 年的整党过程中共有 23.8 万各种坏分子和蜕化变质分子被清除出党,9 万余人不够党员条件自愿或被劝告退党。在"三反"运动中,严厉地惩处了在战争年代曾出生入死,有过功劳的刘青山、张子善等腐败分子,向全国人民表明,中国共产党绝不容忍利用执政党地位牟取私利的腐败现象。为了加强和改善党的领导,他还提出了改进工作方法、加强民主集中制等一系列举措,从而使党始终保持工人阶级先锋队的性质,保持全心全意为人民服务宗旨,进一步密切了党与人民群众的联系,顶住了国际上的反华大合唱,进而成功地度过了三年困难时期,战胜了前进道路上各种风险和考验,取得了社会主义改造和社会主义建设的伟大成就。

改革开放以来,我们党科学地总结了国内外正反两方面经验教训,逐步系统提出了加强党的执政能力、先进性和纯洁性建设的一系列重大举措。邓小平同志针对改革开放的新形势新任务,对"执政党应该是一个什么样的党"这个重大问题进行了深入思考,对市场经济条件下如何加强党的执政能力建设问题进行了不懈探索,提出要把我们党建设成为站在改革开放和现代化建设前列,勇于改革、充满活力的党,纪律严明、公正廉洁的党,选贤任能、卓有成效地为人民服务的有战斗力的马克思主义政党,使之成为领导全国人民进行社会主义物质文明和精神文明建设的坚强核心。在党的思想建设上,提出要坚持和发展马列主义、毛泽东思想,用中国特色社会主义理论武装全党;在党的组织建设上,提出进行全面整顿,坚决清理"三种人",明确提出了干部队伍建设"四化"方针;在党的作风建设上,提出执政党的党风问题是关系到党生死存亡的问题,强调发扬党的优良传统和作风,强调反腐倡廉;在党的制度建设上,提出制度更带根本性、全局性、稳定性和长期性,必须改革党和国家领导制度,健全民主集中制,加强纪律性。他特别提出要通过改革来完善党的执政方式,提高党的执政能力和水平,"要处理好法治和人治的关系,处理好党和政府的关系,注重从领导制度和工作机制上解决问题"。② 在这些重要思想指导下,我们党果敢而又稳健地解决了因"文化大革命"而造成的党内思想不纯、组织不

---

① 《毛泽东选集》第 4 卷,人民出版社 1991 年版,第 1481 页。
② 《邓小平文选》第 3 卷,人民出版社 1993 年版,第 177 页。

纯、作风不纯等严重问题,使党以无产阶级先锋队的崭新面貌走在改革开放前列。

党的十三届四中全会以后,在苏联解体、东欧剧变、国际风云变幻的新形势下,江泽民同志对"建设一个什么样的党、怎样建设党"的问题进行了思考和分析,明确指出:要从思想上、组织上、作风上全面加强党的建设,把党建设成为"全心全意为人民服务、思想上政治上组织上完全巩固、能够经受住各种风险、始终走在时代前列、领导全国人民建设有中国特色社会主义的马克思主义政党"。① 继续推进党的建设"新的伟大的工程",逐步解决提高党的领导水平和执政水平、提高拒腐防变和抵御风险的能力这两大历史性课题,不断开拓改革开放新局面,从而成功地把中国特色社会主义推向 21 世纪。

党的十六大后,面对世情、国情、党情的深刻变化,胡锦涛同志鲜明地把党的先进性建设作为党的建设的一个带根本性的重大课题提到全党面前。明确指出:必须把党的执政能力和先进性建设作为主线,坚持党要管党、从严治党,贯彻为民、务实、清廉要求,以坚定理想信念为重点加强思想建设,以造就高素质党员、干部队伍为重点加强组织建设,以保持党同人民群众血肉联系为重点加强作风建设,以健全民主集中制为重点加强制度建设,以完善惩治和预防腐败体系为重点加强反腐倡廉建设,"使党始终成为立党为公、执政为民,求真务实、改革创新,艰苦奋斗、清正廉洁,富有活力、团结和谐的马克思主义执政党"。② 随着党的先进性建设和执政能力建设的持续推进,党的领导水平和执政水平不断提高,党在中国特色社会主义伟大事业中的领导核心地位日益得到巩固。

党的十八大以来,中国特色社会主义进入新时代,我们比历史上任何时期都更接近、更有信心和能力实现中华民族伟大复兴的目标。但越是接近实现民族复兴的目标,遇到的阻力和压力就越大,赋予中国共产党人的历史使命就愈加艰巨。习近平同志更加注重党的执政能力建设、先进性和纯洁性建设。他指出,党的领导是中国特色社会主义的本质特征。在统揽伟大斗争、伟大工程、伟大事业、伟大梦想中,起决定性作用的是党的建设新的伟大工程。但"打铁必须自身硬",我们要把新时代坚持和发展中国特色社会主义这场伟大社会革命进行好,党必须勇于进行自我革命,推进全面从严治党,不断增强党的政治领导力、思想引领力、群众组织力、社会号召力,才能带领人民成功应对重大挑战、抵御重大风险、克服重大阻力、解决重大矛盾,完成新时代党所肩负的重大历史使命。在十九大报告中,习近平同志进一步深刻指出:"必须以加强党的长期执政能力建设、先进性和纯洁性建设为主线,""全面推进党的政治建设、思想建设、组织建设、作风建设、纪律建设,把制度建设贯穿其中,深入推进反腐败斗争,不断提高党的建设质量。"③为了加强党的长期执政能力建设、先进性和纯洁性建设,党中央采取了一系列重大举措,坚持以党章为根本遵循,把党的政治建设摆在首位;思想建党和制度治党同向发力,统筹推进党的各项建设;抓住"关键少数",坚持"三严三实",坚持民主集中制,严肃党内政治生活,严明党的纪律,强化党内监督,发展积极健康的党内政治文化,全面净化党内政治生态;坚决纠正各种不正之风,以零容忍态度惩治腐败;不断增强党自我净化、自我完善、自我革新、自我提高的能力,不断增强全党学习本领、政治领导本领、改革创新本领、科学发展本领、依法执政本领、群众工作本领、狠抓落实本领、驾驭风险本领;从而使党在急剧变化的国内外形势下能够有效应对各种重大风险和考验,不断推进新时代中国特色社会主义伟大事业取得新的胜利。

---

① 《江泽民文选》第 2 卷,人民出版社 2006 年版,第 43 页。
② 《胡锦涛文选》第 2 卷,人民出版社 2016 年版,第 652 页。
③ 《习近平谈治国理政》第 3 卷,外文出版社 2020 年版,第 48 页。

中华人民共和国成立70多年来的历史经验表明，我们党要不负人民重托，履行好肩负的执政使命，完成好执政任务，必须加强党的长期执政能力建设、先进性和纯洁性建设，使其内化为党应对重大风险和考验的原动力，进而使党永葆生机与活力。只有不断加强这"两大根本性建设"，解决好提高党的领导水平和执政水平、提高拒腐防变和抵御风险能力这两大历史性课题，才能使党更加坚强有力，从而保证我们党"在坚持和发展中国特色社会主义的历史进程中始终成为坚强领导核心"。①

（五）应对重大风险和考验，必须坚持人民至上、相信和依靠人民

人民群众是党的执政之基、力量之源，更是党应对重大风险和考验的坚定依靠力量。我们党的最大政治优势是密切联系群众，党执政后的最大危险是脱离群众。我们党来自人民，党的根基在人民，坚持人民至上、执政为民是中国共产党的根本政治立场，是我们党作为马克思主义政党区别于其他政党的显著标志之一。党在全国执政70多年来，尽管经历过这样或那样的曲折，但全心全意为人民服务的宗旨始终没有变，与人民群众的血肉联系也始终没有变，这就使党赢得了人民群众的衷心拥护和爱戴，并从人民群众中不断获得前进的无穷智慧。历史和实践证明，坚持一切为了人民、一切依靠人民，坚持为人民执政、靠人民执政，坚持发展为了人民、发展依靠人民；党与人民风雨同舟、生死与共，始终保持血肉联系，是我们党战胜一切困难和风险的根本保证。

中华人民共和国成立之初，刚刚诞生的人民政权就遇到了外国侵略的严重威胁。抗美援朝战争爆发后，中国共产党首次在掌握全国政权的情况下进行战争动员，人民群众迅速响应党发出的"抗美援朝，保家卫国"的号召，踊跃参军参战，捐款捐物。党先后在全国动员了207万青年参加志愿军，动员了大批铁路员工、汽车司机、医务、通信人员执行战勤工作。仅北京、上海动员的铁路员工就达2 600人，东北动员汽车司机5 571人。这一时期在全国各阶层人民中还开展了捐献飞机大炮运动，至1952年5月底，全国人民的捐款可购买战斗机3 710架。另外还有民兵、民工74万人组成运输队担架队支前，他们克服了美军"绞杀战"造成的困难，先后将560万吨物资送往前线，保证了抗美援朝战争的胜利。

在社会主义建设和改革开放过程中，党始终牢记宗旨，不忘初心，紧紧依靠广大人民群众，动员发动广大人民群众与党同心同德，共同奋斗，进而战胜了一个又一个风险和考验。在"大跃进"和农村人民公社化运动后的国民经济调整时期，为了减轻国家财政经济负担，中央决定精简城镇人口。从1961年初到1963年6月全国共精简职工1 887万人，减少城镇人口2 600万人。在此过程中，广大职工、干部顾全大局，体谅国家困难，表现了很高觉悟，使这一工作得以顺利进行。周恩来同志当时曾说：下去这么多人，等于一个中等国家搬家，这是史无前例的。② 邓小平同志后来也深有感触地说："回想一九五八年、一九五九年我们犯了那么'左'的错误，使国民经济遇到很大困难，不得不把国家基本建设投资由近三百亿元减到五十多亿元，还下放了两千万职工，关了一些企业。那个时候为什么能这样做？那一次调整国民经济进行得比较顺利，是什么原因呢？就是因为党和群众的关系密切，党的威信比较高，把困难摆到人民面前，对群众讲清道理，做了大量的工作。单单两千万人下放这一件事情，就不容易呀。如果党和政府没有很高的威信是办不到的。"③正因为党坚持执政为民，时刻与人民心连心，密切

① 《习近平谈治国理政》第3卷，外文出版社2020年版，第14页。
② 中共中央党史研究室：《中国共产党历史》第二卷(1949—1978)下册，中共党史出版社2011年版，第602页。
③ 《邓小平文选》第2卷，人民出版社1994年版，第217页。

联系群众,因而才具有巨大的组织动员能力和号召力。1976 年唐山大地震被称为 20 世纪世界十大自然灾害之一。大地震造成 24 万多人死亡,16 万多人重伤;97％的地面建筑、55％的生产设备毁坏;交通、供水、供电、通信全部中断;一座拥有百万人口的工业城市被夷为平地。但在党中央的号召下,全国人民齐心协力同灾害作斗争,从地震发生当日到 7 月 31 日短短 4 天之内,全国各地党政军民,医务人员,工业、交通、邮电等干部、技术人员和工人支援唐山灾区的人数即达 15 万余人。从震后到 1986 年末外地援唐施工力量达 11 万多人,全国各地先后有 100 余家建筑企业参加唐山复建大会战。经过 10 年建设,唐山由震后的一片瓦砾变成一座高楼林立的新型城市。

2019 年岁末至 2022 年,抗击近百年来人类遭遇的影响范围最广的新冠疫情的斗争,更进一步说明,党只要依靠人民就可以有无坚不摧的力量。新冠疫情是中华人民共和国成立以来发生的传播速度最快、防控难度最大的一次重大突发公共卫生事件。如何战胜这次重大危机,对我们党无疑是一次重大考验。在党中央的组织动员和周密安排部署下,全国人民立即投入防控新冠疫情的人民战争。武汉和湖北是疫情防控阻击战的主战场。为阻断病毒传播,2020 年 1 月 23 日 10 时起武汉机场、火车站离汉通道暂时关闭,全国暂停进入武汉市道路水路客运班线发班。一座上千万人口的大城市瞬间封城,这在人类健康史上是从没有过的,这对其他任何大国来说都是不可想象的。但在中国共产党的坚强领导下,中国做到了。武汉人民为了国家利益,顾全大局,坚决执行封城要求。这一做法有效阻断了疫病传播的途径,换取了全国 14 亿人口的相对安全,也为国家打好"抗疫之战"争取了时间和机会。从第二天起全国各地和军队调集 300 多支国家医疗队、4 万多名医务人员和公共卫生人员奔赴湖北省和武汉市参加抗疫斗争;全国 19 个省区市对口帮扶除武汉以外的 16 个市州。我们仅用 3 个月左右的时间即取得武汉保卫战、湖北保卫战的决定性成果,进而又接连打了几场局部的地区聚集性疫情歼灭战,夺取了全国抗疫斗争的重大战略成果。2020 年底,新冠疫情仍在全球蔓延,全球主要经济体经济普遍下滑,唯有中国成为世界上第一个首先控制住疫情并实现正增长的主要经济体,在疫情防控和经济恢复上都走在了世界前列。

反观苏联共产党曾经是一个拥有 1 800 多万党员的大党,领导着占世界 1/6 土地的大国。然而,苏共领导下的苏联竟在 20 世纪末轰然倒塌了。苏共败亡、苏联解体的根本原因不是别的,正是因为苏共特别是党的领导干部严重脱离了人民群众,丧失了先进性。苏联部长会议主席雷日科夫曾指出:苏共"被赶下了政治舞台,而它的一千好几百万党员中,竟没有一个人站出来捍卫它",苏共之所以能走到酿成悲剧的一步,是因为它"丧失了对人民群众的影响力"。[①]一个政党、一个政权,其命运取决于人心向背。党脱离了人民群众,失去了人民群众的信任和支持,党的事业无疑必然失败。

坚持人民至上、执政为民,不断实现人民对美好生活的向往,是我们党矢志不渝的奋斗目标。中华人民共和国成立 70 多年来,我们党始终以最广大人民根本利益为我们一切工作的根本出发点和落脚点,坚持把人民拥护不拥护、赞成不赞成、高兴不高兴作为制定政策的依据,顺应民心、尊重民意、关注民情、致力民生,既通过提出并贯彻正确的理论和路线方针政策带领人民前进,又从人民的实践创造和发展要求中获得前进动力。党在实现、维护和发展人民利益的奋斗中,赢得了人民群众的拥护和支持,在人民群众中具有很高信任度。因此,它的政治动员具有极强感召力,能够获得广大人民群众的广泛认同和热烈响应,使党始终具有坚强的依靠力

---

① 〔俄〕尼古拉·伊万诺维奇·雷日科夫:《大国悲剧——苏联解体的前因后果》,新华出版社 2010 年版,第 8—9 页。

量。正是在广大人民群众的鼎力支持下，党才历经磨难而不衰，千锤百炼更坚强。这是我们党最大的政治优势，也是我们党能够不断攻坚克难、战胜重大风险和考验的重要原因之一。

面向未来，我们必须始终牢记党的初心和使命，坚持人民至上、执政为民，认真贯彻党的群众路线，尊重人民主体地位，尊重人民群众在实践活动中所表达的意愿、所创造的经验、所拥有的权利、所发挥的作用，充分激发蕴藏在人民群众中的创造伟力。要健全民主制度、拓宽民主渠道、丰富民主形式、完善法治保障，确保人民依法享有广泛充分、真实具体、有效管用的民主权利。要着力解决人民群众所需所急所盼，让人民共享经济、政治、文化、社会、生态等各方面发展成果，有更多、更直接、更实在的获得感、幸福感、安全感，不断促进全体人民共同富裕，为巩固党的执政地位和国家的长治久安奠定坚实的群众基础。

（六）应对重大风险和考验，必须大力发展生产力，增强综合国力

强大的综合国力是执政党应对重大风险和考验、确保执政安全的物质基础。在应对各种困难和挑战的过程中，没有强大的综合国力，没有强大的物力、财力作后盾，不仅难以持久，后果更是不堪设想的。无产阶级政党在夺取政权特别是建立社会主义制度以后，面临的任务很多，但最根本的、具有全局意义的，是以经济建设为中心，解放和发展生产力，不断增强综合国力。如果不发展经济，综合国力不强，党不仅缺乏应对重大风险和考验必需的物力和财力，更无法改善人民生活，难以动员和组织人民群众为实现党的使命和任务而奋斗，就有丧失政权的危险。我们党从执政的第一天起，就十分重视解放和发展社会生产力，为党应对重大风险和考验、确保执政安全提供了重要保障。

中华人民共和国一成立，我们党迅速把经济建设摆上党的工作的重要位置。党和政府随即开展统一财经与恢复国民经济的工作；没收官僚资本为社会主义性质的国营经济，打击和取缔金融投机，遏制恶性通货膨胀，稳定物价；实行全国财政经济工作的统一领导和统一管理，建立稳定的社会经济秩序；恢复国民经济，为大规模经济建设奠定基础。由于政策正确和措施得力，我国的工农业生产得到迅速恢复和发展。1952 年全国工业总产值为 349 亿元，比 1949 年增长近 1.5 倍，已超过全面抗战前 1936 年的最高水平；从 1950 年至 1952 年，全国农业总产值三年间增长了 48.5%；粮食总产量增长了 44.8%，达到 16 392 万吨；棉花总产量增长了 193.7%，达到 130.4 万吨。经济的恢复和发展为国家各项建设事业的开展和人民生活的改善，尤其是抗击外敌侵犯、保障国家安全提供了重要的物质保证。在国民经济获得迅速恢复发展的基础上，我国从 1953 年开始实施国民经济发展第一个五年计划，为实现工业化奠定基础并为建立独立的比较完整的工业体系和国民经济体系创造前提。

1956 年党的八大正确分析国内形势和主要矛盾的变化，明确指出，我国国内的主要矛盾已经是人民对于建立先进的工业国的要求同落后的农业国的现实之间的矛盾，已经是人民对于经济文化迅速发展的需要同当前经济文化不能满足人民需要的状况之间的矛盾；党和全国人民当前的主要任务，就是集中力量发展生产力，把我国尽快地从落后的农业国变为先进的工业国。在党的八大精神鼓舞下，全国掀起了社会主义经济建设热潮。到 1957 年底，"一五"计划指标的绝大部分都大幅度超额完成。国内生产总值（GDP）年均增长 9.25%，大大超过同一时期世界发展中国家 4.8% 的年均增速。"一五"计划的提前完成，极大地鼓舞了中国共产党人和中国人民的建设热情。同时由于缺乏经验，急于求成的情绪滋长起来，导致"大跃进"运动的发生。由于盲目扩大基本建设规模，片面强调发展重工业，国民经济结构各项比例严重失调，农、轻、重比例关系被打乱。许多农村地区过多抽调劳动力参加工业和水利建设，严重影响

耕种和收获,形成了全国性食物供应短缺,一些地区由于严重缺粮而发生浮肿病。严峻的形势和惨痛的教训教育了全党。1961 年 1 月,中共八届九中全会正式决定对国民经济实行"调整、巩固、充实、提高"的八字方针。经过五年国民经济调整,经济形势迅速好转,1965 年工农业生产都超额完成年度计划。人民生活也得到较大改善。但由于国际形势变化的影响和党内"左"的思想发展,后来又导致"文化大革命"的发生,我国经济建设又一次遭受了严重的挫折。

党的十一届三中全会认真总结党执政后的经验教训,做出以经济建设为中心,把全党工作重点转移到社会主义现代化建设上来的战略决策,实现了中华人民共和国成立以来党的历史上具有深远意义的伟大转折,开启了改革开放的新时期。1982 年召开的党的十二大,明确提出了"建设有中国特色的社会主义"的科学命题,进一步推动了改革开放和现代化事业的全面发展。改革开放 40 多年来,历代中央领导集体都始终坚持以经济建设为中心不动摇,把发展生产力作为社会主义建设的根本任务。邓小平同志明确指出,"我们当前以及今后相当长一个历史时期的主要任务是什么? 一句话,就是搞现代化建设。能否实现四个现代化,决定着我们国家的命运、民族的命运",①"经济工作是当前最大的政治,经济问题是压倒一切的政治问题,不只是当前,恐怕今后长期的工作重点都要放在经济工作上面"。② 他反复强调:"发展才是硬道理",必须"坚持'一个中心、两个基本点'"的基本路线,"不坚持社会主义,不改革开放,不发展经济,不改善人民生活,只能是死路一条"。这就明确要求全党通过大力发展经济,为国家安全和人民生活改善奠定物质基础。以江泽民同志为核心的党的第三代领导集体继续坚持以经济建设为中心,始终把发展作为执政兴国的第一要务,大力发展社会生产力。他反复强调,"要把集中力量发展社会生产力摆在首要地位","把经济建设作为全党全国工作的中心";③中国解决所有问题的关键在于依靠自己的发展,"能不能解决好发展问题,直接关系到人心向背、事业兴衰"。④ 进入新世纪,以胡锦涛同志为主要代表的中国共产党人,进一步总结中华人民共和国成立以来的经验教训,对党的发展理论、发展思路作出了一系列新的概括总结,强调要"牢牢扭住经济建设这个中心,坚持聚精会神搞建设、一心一意谋发展";"把实现好、维护好、发展好最广大人民根本利益作为党和国家一切工作的出发点和落脚点","不断在实现发展成果由人民共享、促进人的全面发展上取得新成效";要促进现代化建设各方面相协调,正确认识和妥善处理中国特色社会主义事业中的重大关系。⑤ 明确要求全党必须深刻把握我国发展面临的新课题新矛盾,树立全面协调可持续的科学发展观,奋力开拓中国特色社会主义更为广阔的发展前景。

党的十八大以来,面对世界经济复苏乏力、局部冲突和动荡频发、全球性问题加剧的外部环境,面对我国经济发展进入转变发展方式、提高发展质量阶段的一系列深刻变化,习近平同志指出:"实现'两个一百年'奋斗目标、实现中华民族伟大复兴的中国梦,不断提高人民生活水平,必须坚定不移把发展作为党执政兴国的第一要务,坚持解放和发展社会生产力,坚持社会主义市场经济改革方向,推动经济持续健康发展。"⑥全党坚定不移贯彻创新、协调、绿色、开放、共享的新发展理念;统筹推进"五位一体"总体布局、协调推进"四个全面"战略布局;坚持质量第一、效益优先,以供给侧结构性改革为主线,推动经济发展质量变革、效率变革、动力变革,

① 《邓小平文选》第 2 卷,人民出版社 1994 年版,第 162 页。
② 《邓小平文选》第 2 卷,人民出版社 1994 年版,第 194 页。
③ 《江泽民文选》第 2 卷,人民出版社 2006 年版,第 15 页。
④ 《江泽民文选》第 3 卷,人民出版社 2006 年版,第 538 页。
⑤ 《胡锦涛文选》第 2 卷,人民出版社 2016 年版,第 624—625 页。
⑥ 《习近平谈治国理政》第 3 卷,外文出版社 2020 年版,第 23 页。

提高全要素生产率,着力加快建设实体经济、科技创新、现代金融、人力资源协同发展的产业体系,着力构建市场机制有效、微观主体有活力、宏观调控有度的经济体制,不断增强我国经济创新力和竞争力。由于全党全国人民的共同努力,我们战胜了各种困难和挑战,保持了经济社会的稳定发展。2020 年,我国国内生产总值达 101.598 6 万亿元,占世界经济的比重为 17%,稳居世界第二,对世界经济增长贡献率超过 30%。生产力的发展、综合国力的增强,使党应对外来威胁、抗击洪涝等自然灾害具有雄厚的物力财力基础;同时,也为践行党的初心使命、不断提高人民生活水平提供了物质保障。党中央先后实施了一大批惠民举措,贫困人口基本实现稳定脱贫,城乡居民收入增速超过经济增速,中等收入群体持续扩大,覆盖城乡居民的社会保障体系基本建立,人民健康和医疗卫生水平大幅提高,人民获得感、幸福感显著提高;人民群众对党和政府的满意度显著增强,进而使党的执政地位更加稳固。

历史和实践证明,正是因为我们始终坚持以经济建设为中心,大力发展生产,使经济实力和综合国力得到大幅提升,人民生活水平得到显著改善,人民对党的信任度不断提高,我们党才得以成功应对和化解了一系列风险和挑战。1989 年,我国尽管出现了政治风波,但与苏联东欧不同的是,我国不但顶住了否定社会主义的风浪,而且在中国特色社会主义大道上的步伐愈加自信而从容。究其根本原因,就在于我国大力发展生产力,具有抗击风险考验的强大物质力量,得到了人民群众的拥护。邓小平就曾说过:"如果没有改革开放的成果,'六·四'这个关我们闯不过,闯不过就乱,乱就打内战。""为什么'六·四'以后我们的国家能够很稳定? 就是因为我们搞了改革开放,促进了经济发展,人民生活得到了改善。"①苏联解体、东欧剧变后,我们又成功顶住了国际共产主义运动陷入低谷、反华势力唱衰社会主义的狂潮,巩固了中国特色社会主义阵地;成功应对了 1997 年爆发的亚洲金融危机和 2008 年席卷全球的金融危机,在国际上展示了负责任大国的良好形象;从容应对并战胜了来自大自然的各种风险与挑战,特别是 2020 年以来新冠疫情全球蔓延的重大灾害,确保了国家安全大局。因此,始终把发展作为党执政兴国的第一要务,大力发展生产力,不断增强综合国力,是我们党防范和应对重大风险和考验的必要前提和重要基础。

（七）应对重大风险和考验,必须建设强大国防,推进国防军队现代化

人民军队是保卫红色江山、维护民族尊严的坚强柱石,也是应对重大风险和考验的强大力量。"强国必须强军,军强才能国安。"②强大的国防和军队是国家力量的重要组成部分,它可以增强国家在国际事务中的话语权、影响力,可以为经济社会发展创造一个良好的外部环境,也是维护国家安全和人民利益的坚强后盾。毛泽东同志曾深刻指出:"没有一个人民的军队,便没有人民的一切。"③中华人民共和国成立 70 多年来,我们始终坚持党对军队的绝对领导,适应形势任务变化,不断加强国防军队现代化建设,构建中国特色军事力量体系迈出历史性步伐,武器装备体系建设和现代化水平实现历史性跨越,军队维护国家安全能力显著增强,有效履行了维护党的执政安全,维护国家主权、安全和发展利益的使命任务,为推进社会主义现代化国家建设提供了有力战略支撑。

毛泽东同志作为人民军队的主要缔造者,为确立党对军队的绝对领导,促进人民军队建设、发展和壮大作出了历史性贡献。中华人民共和国成立后,我们党成为执政党,军队成为国

---

① 《邓小平文选》第 3 卷,人民出版社 1993 年版,第 371 页。
② 习近平:《在庆祝中国共产党成立 100 周年大会上的讲话》,《人民日报》2021 年 7 月 2 日。
③ 《毛泽东选集》第 3 卷,人民出版社 1991 年版,第 1074 页。

家机器的重要组成部分,任务发生了历史性的转变,由以革命战争夺取政权转变为巩固人民民主专政、保卫国家安全和领土主权完整。如何确保我军军魂永驻、性质不变、宗旨不易,是我们党始终高度关注的问题。在中华人民共和国成立后的执政实践中,毛泽东同志一如既往地坚持党对军队的绝对领导这一原则,同时,适应形势和任务的变化,逐步推进人民军队的正规化、现代化建设步伐。经过抗美援朝战争,至 1953 年,中国人民解放军已经由单一兵种发展为空军、炮兵、装甲兵、工程兵、防空部队、铁道兵、通信兵、防化兵等诸军兵种比较齐全的合成军队。随着大规模战争基本结束,党中央又开始着手军队精简整编,到 1955 年底,全军总员额减到350 万;与此同时,全军颁发统一的内务、队列、纪律条令,进而规范了军人的行为,加强了军队的纪律性,促进了军队战术技术水平和组织指挥、协同作战能力的提高。在推进正规化建设的进程中,军队现代化也迈出新的步伐,我们在中华人民共和国成立后不太长的时间内就克服重重艰难险阻,建立起了相对完整的国防体系,并成功研制了"两弹一星",极大提升了中国在世界上的影响力和人民军队捍卫国家安全和发展的能力。

在改革开放和社会主义现代化建设新时期,党的历代领导集体都始终坚持党对军队的绝对领导不动摇,高度重视国防军队现代化建设。20 世纪 80 年代,中国的国际环境有了较大改善,军队建设指导思想随之实行了战略性转变,从过去随时准备应付大规模侵略战争,转到和平时期加强军队现代化、正规化建设的轨道上来。1981 年 9 月,邓小平同志提出"必须把我军建设成为一支强大的现代化、正规化的革命军队"①的目标。在新的历史时期,人民军队所处的环境和军队建设任务发生了新的变化,人民军队建设面临各种严峻考验与挑战。邓小平同志指出,为实现军队建设目标,必须坚持党对军队的绝对领导,"始终不渝地坚持自己的性质。这个性质是,党的军队,人民的军队,社会主义国家的军队"。"我们的军队始终要忠于党,忠于人民,忠于国家,忠于社会主义"。② 要保持和发扬老红军的优良传统和作风。为适应新时期新任务的要求,1985 年至 1987 年,中国采取大规模裁军行动,军队总员额由 423.8 万人减到323.5 万人。军队精简整编工作的完成,为军队改革和现代化提供了有利条件。1988 年通过的《中国人民解放军军官军衔条例》《中国人民解放军文职干部暂行条例》《中国人民解放军现役军官服役条例》,构成新时期中国人民解放军干部制度的基本框架,使人民解放军向正规化建设迈出关键一步。党的十三届四中全会后,以江泽民同志为核心的党中央领导集体在坚持党对军队的绝对领导、全面推进军队的革命化、正规化、现代化建设中做出了一系列新的重大决策部署。江泽民同志指出:"加强国防和军队建设,是国家安全和现代化建设的基本保证。"要按照政治合格、军事过硬、作风优良、纪律严明、保障有力的总要求,积极推进军队的建设和改革,"把人民解放军的革命化、现代化、正规化建设提高到一个新水平"。③ 为此,军队必须始终不渝地坚持党的绝对领导,在思想上、政治上同党中央保持一致,"一切行动听从党中央指挥,坚持人民军队的性质和宗旨"。与此同时,要求军队适应世界军事领域的深刻变化,加强教育训练,提高现代技术特别是高技术条件下的防卫作战能力;加强国防科技研究,建立和完善与社会主义市场经济体制相适应的国防工业运行机制,逐步更新武器装备。各级党组织、政府和人民群众要关心、支持国防和军队现代化建设。进入新世纪,人民解放军在军事、政治、后勤、装备各领域的建设均取得巨大进步。2006 年 10 月,胡锦涛同志进一步提出"建设一支听党指挥、服务人民、英勇善战的革命军队"的新要求。他强调:军队革命化、现代化、正规化建

---

① 《邓小平文选》第 2 卷,人民出版社 1994 年版,第 395 页。
② 《邓小平文选》第 2 卷,人民出版社 1994 年版,第 395 页。
③ 《江泽民文选》第 2 卷,人民出版社 2006 年版,第 36 页。

设是统一的整体,必须全面加强、协调推进。"要始终坚持党对军队绝对领导的根本原则和人民军队的根本宗旨","大力弘扬听党指挥、服务人民、英勇善战的优良传统"。① 坚持科技强军,按照建设信息化军队、打赢信息化战争的战略目标,加快机械化和信息化复合发展,积极开展信息化条件下军事训练,全面建设现代后勤,加紧培养大批高素质新型军事人才,切实转变战斗力生成模式。坚持依法治军、从严治军、完善军事法规,加强科学管理。中央军委密切关注世界军事发展的新动向,坚持开拓创新,加快推进中国特色军事变革,努力实现富国与强军的统一;基本建成以第二代为主体、第三代为骨干的武器装备体系,大批高新技术装备快速列装,进入军队序列;2012 年 9 月,中国第一艘航空母舰辽宁舰正式交付海军,军队现代化水平进一步得到提升。

中国特色社会主义进入新时代,国防和军队建设站在新的历史起点上。面对国家安全环境的深刻变化,面对强国强军的时代要求,以习近平同志为核心的党中央围绕新时代建设一支什么样的强大人民军队、怎样建设强大人民军队的问题,作出了政治建军、改革强军、科技兴军、依法治军,全面提高国防和军队现代化水平的一系列重要论述,提出了建设一支听党指挥、能打胜仗、作风优良的人民军队的强军目标,形成了习近平强军思想。习近平同志明确指出:要"坚持走中国特色强军之路,全面推进国防和军队现代化"。② 实现党在新时代的强军目标、把人民军队全面建成世界一流军队,完成好党和人民赋予的新时代使命任务,必须坚持党对军队的绝对领导,引导全军坚决维护党中央权威和集中统一领导,坚决听从党中央和中央军委指挥;"铸牢部队对党绝对忠诚的思想根基"。③ 同时,军队一切工作都必须坚持战斗力标准,向能打仗、打胜仗聚焦。扎实做好各战略方向军事斗争准备,统筹推进传统安全领域和新兴安全领域军事斗争准备,发展新型作战力量和保障力量,开展实战化军事训练,加强军事力量运用,加快军事智能化发展,提高基于网络信息体系的联合作战能力、全域作战能力,有效塑造态势、管控危机、遏制战争、打赢战争。中央军委坚决贯彻习近平强军思想,着眼于实现中国梦、强军梦,制定新形势下中国的军事战略方针,全力推进国防军队改革和现代化。通过国防和军队改革,打破了长期实行的总部体制、大军区体制、大陆军体制,形成了军委管总、战区主战、军种主建的领导指挥体制新格局,强化了中央军委的战略指挥、战略管理功能。中央军委机关把总部制改为多部门制,由原来的总参谋部、总政治部、总后勤部、总装备部 4 个总部,改为 7 个部(厅)、3 个委员会、5 个直属机构共 15 个职能部门,确保指挥、建设、管理、监督等路径更加清晰。军队各单位优化了规模结构和力量编成,裁减军队员额 30 万,调整组建 84 个军级单位和 13 个集团军,调整了省军区系统,推动人民军队由数量规模型向质量效能型、由人力密集型向科技密集型的转变,部队编成向充实、合成、多能、灵活方向发展,改变了长期以来陆战型、国土防御型的力量结构和兵力布置,实现了人民军队组织架构和力量体系的整体性、革命性重塑;人民军队在中国特色强军之路上迈出坚实步伐,中国强军兴军开创了新局面。国产航母、歼- 20、运- 20、东风- 21D、东风- 17、东风- 41 等一批高新技术武器装备建设取得重要进展,"天河二号"超级计算机等一批关键技术实现重大突破;武器装备更新换代步伐加快,一批先进武器装备列装部队,人民军队现代化水平进一步提升,为维护党的执政安全、国家的长治久安和人民的生活幸福提供了坚强的保障。

中华人民共和国成立以来,人民军队在党的领导下,革命化、正规化、现代化建设实现了历

---

① 《胡锦涛文选》第 2 卷,人民出版社 2016 年版,第 646 页。
② 《习近平谈治国理政》第 3 卷,外文出版社 2020 年版,第 41 页。
③ 《习近平谈治国理政》第 3 卷,外文出版社 2020 年版,第 384 页。

史性跨越,有效履行了维护国家主权、安全和发展利益的使命任务。中华人民共和国成立后,人民解放军追歼残敌,进军边疆,剿灭匪特,粉碎国民党军队窜犯袭扰,胜利进行了抗美援朝战争和多次边境自卫作战,打出了国威军威,捍卫了祖国的万里边疆和辽阔海空。改革开放以来,人民军队随时应对和坚决制止一切危害国家主权、安全和发展利益的挑衅行为;坚决响应党中央号召,积极完成重大工程建设、抢险救灾等最紧急、最艰难、最危险的任务,在抗击特大地震、特大洪水、森林火灾、"非典"疫情、新型冠状病毒疫情等重大灾害中不怕牺牲、顽强奋战,为保卫国家和人民生命财产安全做出了重大贡献;依法履行香港、澳门防务职责;坚决打击"港独""台独""疆独""藏独"分子的分裂破坏活动,坚决打击一切形式的破坏祖国统一的行为,有效应对国家安全面临的各种威胁,为巩固党的执政地位、保持国家长治久安发挥了坚强柱石的作用。

面向未来,我们要实现第二个百年奋斗目标、建设社会主义现代化强国,前进道路上必然会遇到无数难以想象的急流险滩、风险挑战。必须始终坚持党对军队的绝对领导,进一步加强国防和军队现代化建设,实现富国强军的统一,把人民军队建设成为世界一流军队;只有这样才能有效防范和应对来自国内外各个领域的重大风险考验,"以更强大的能力、更可靠的手段捍卫国家主权、安全、发展利益"。①

(八) 应对重大风险和考验,必须坚持独立自主和平外交政策

坚持独立自主和平外交政策,是有效应对外部环境领域重大风险和考验,营造国家发展良好外部环境的保障。中华人民共和国成立 70 多年来,我们党高举和平、发展、合作、共赢的旗帜,坚定奉行独立自主的和平外交政策,不依附于任何大国,不屈从于大国压力,也不与任何大国结盟。倡导对话而不对抗、结伴而不结盟,致力于构建不针对第三方的,具有超越性、平等性、和平性、包容性和建设性的伙伴关系。坚持从本国人民和世界人民的根本利益出发,根据事情本身的是非曲直,独立自主地决定我国的政策。珍惜自己来之不易的独立和主权,也尊重别国的独立和主权,坚决反对霸权主义。坚定不移维护国家主权、安全、发展利益,坚定不移维护世界和平、促进共同发展,中国外交赢得了世界上爱好和平的国家和人民的广泛理解和尊重,也为我国的建设和发展创造了有利的外部环境。

在我国近代史上,中国人民曾经历了一段饱受外敌欺凌的黑暗历史。中华人民共和国成立前夕,毛泽东同志明确指出:中国的事情必须由中国人民自己来处理,"不容许任何帝国主义国家再有一丝一毫的干涉"。② 新中国推翻了帝国主义的压迫,以独立自主的崭新面貌屹立于世界,这就为结束百余年来旧中国屈辱的外交,在平等、互利、互相尊重主权和领土完整的基础上同各国建立新型外交关系创造了前提。1949 年上半年,毛泽东同志先后提出"另起炉灶""打扫干净屋子再请客""一边倒"三条外交方针,为中华人民共和国成立后开展新型外交指明了方向。1953 年 12 月,周恩来同志接见印度代表团时,第一次提出互相尊重领土主权、互不侵犯、互不干涉内政、平等互利、和平共处的五项原则。1954 年 6 月,周恩来同志访问印度、缅甸;在中印、中缅联合声明中确认了和平共处五项原则。中国提出的和平共处五项原则,受到国际舆论的重视和赞扬,得到许多国家特别是亚非国家的支持和赞同,成为国际社会公认的规范国际关系的重要原则。虽然我国外交在 20 世纪 50 年代、60 年代、70 年代先后经历过"一边

---

① 习近平:《在庆祝中国共产党成立 100 周年大会上的讲话》,《人民日报》2021 年 7 月 2 日。
② 《毛泽东选集》第 4 卷,人民出版社 1991 年版,第 1465 页。

倒""两线作战""一条线一大片"等特点和变化，但我国外交独立自主和维护和平的主基调和根本追求从来没有改变。1957年到1966年，我国在国际事务中顶住来自美苏两方面压力，坚持原则，求同存异，不畏强暴，平等待人，努力发展同其他国家以和平共处五项原则为基础的友好合作关系，特别是大大加强了同亚非拉国家的合作与团结，有力地支持了被压迫国家和民族争取维护民族独立的斗争，为促进世界和平作出了贡献。20世纪70年代初，国际形势发生了巨大变化，出现了美苏两个超级大国激烈争夺和其他多种力量日益增长的局面。两个超级大国在争夺世界霸权中呈现苏攻美守的战略态势，美国为了对付苏联的争夺，试图谋求改善中美关系。毛泽东同志敏锐抓住世界局势发生变化的有利时机，采取灵活的措施，打破国际关系中的坚冰，及时作出打开中美关系大门的战略决策，逐步实现了中美关系正常化。中美关系的改善直接促进了中日建交，与此同时，中国同西欧、北美和大洋洲一些国家也先后建立了外交关系，开辟了中国外交的新局面。

党的十一届三中全会后，随着我们党对时代主题判断和认识的转变以及对国际局势认识的不断深化，我国坚持的独立自主和平外交政策得到充分展示，并在实践中得到不断丰富、完善和发展。党的十二大明确提出"坚持独立自主的对外政策"，邓小平同志说："我们坚持独立自主的和平外交政策，不参加任何集团。同谁都来往，同谁都交朋友，谁搞霸权主义我们就反对谁，谁侵略别人我们就反对谁。我们讲公道话，办公道事。"①1984年5月，他在会见巴西总统若昂·菲格雷多时进一步指出，"中国的对外政策是独立自主的，是真正的不结盟。中国不打美国牌，也不打苏联牌，中国也不允许别人打中国牌"。② 在党的十四大上江泽民同志强调："中国始终不渝地奉行独立自主的和平外交政策。维护我国的独立和主权，促进世界的和平与发展，是中国外交政策的基本目标。"③在涉及民族利益和国家主权的问题上，我们决不屈服于任何外来压力。中国是维护世界和平的坚定力量。中国不同任何国家或国家集团结盟，不参加任何军事集团。"中国永远不称霸，永远不搞扩张，同时反对任何形式的霸权主义、强权政治和侵略扩张行为。"④进入新世纪，世界动荡不安，和平与发展面临诸多难题和挑战。胡锦涛同志进一步强调："中国将始终不渝走和平发展道路。"中国的前途命运日益紧密地同世界的前途命运联系在一起。"不管国际风云如何变幻，中国政府和人民都将高举和平、发展、合作旗帜，奉行独立自主的和平外交政策，维护国家主权、安全、发展利益，恪守维护世界和平、促进共同发展的外交政策宗旨。"⑤正因为我们党一以贯之地坚持独立自主的和平外交政策，为我国的改革开放和社会主义现代化事业争得了良好的外部发展环境。

党的十八大以来，以习近平同志为核心的党中央深刻把握新时代中国和世界发展大势，在对外工作上进行一系列重大理论和实践创新。习近平同志统筹中华民族伟大复兴战略全局和世界百年未有之大变局，深刻指出："世界正处于大发展大变革大调整时期"，人类面临许多共同挑战。"中国坚定奉行独立自主的和平外交政策"，"高举和平、发展、合作、共赢的旗帜，恪守维护世界和平、促进共同发展的外交政策宗旨，坚定不移在和平共处五项原则基础上发展同各国的友好合作，推动建设相互尊重、公平正义、合作共赢的新型国际关系"，推动"构建人类命运共同体"。⑥ 我们尊重各国人民自主选择发展道路的权利，维护国际公平正义，反对把自己的

① 《邓小平文选》第3卷，人民出版社1993年版，第162页。
② 《邓小平文选》第3卷，人民出版社1993年版，第57页。
③ 《江泽民文选》第1卷，人民出版社2006年版，第242页。
④ 《江泽民文选》第1卷，人民出版社2006年版，第242页。
⑤ 《胡锦涛文选》第2卷，人民出版社2016年版，第650页。
⑥ 《习近平谈治国理政》第3卷，外文出版社2020年版，第45—46页。

意志强加于人，反对干涉别国内政，反对以强凌弱；积极发展全球伙伴关系，推进大国协调和合作，构建总体稳定、均衡发展的大国关系框架；按照亲诚惠容理念和与邻为善、以邻为伴周边外交方针深化同周边国家关系；秉持正确义利观和真实亲诚理念加强同发展中国家团结合作；坚持对外开放的基本国策，坚持打开国门搞建设，积极促进"一带一路"国际合作；发挥负责任大国作用，积极参与全球治理体系改革和建设，不断贡献中国智慧和力量。

在习近平外交思想指引下，我国全面推进中国特色大国外交，形成全方位、多层次、立体化外交布局，对外工作呈现鲜明中国特色、中国风格、中国气派。2017 年 2 月 10 日，构建人类命运共同体理念首次载入联合国决议，3 月 17 日首次载入联合国安理会决议，3 月 23 日首次载入联合国人权理事会决议。截至 2019 年 8 月底，我国已与 136 个国家和 30 个国际组织签署"一带一路"合作文件；共建"一带一路"不仅为世界各国发展提供了新机遇，也为中国开放发展开辟了新天地。到目前，联合国 193 个会员国中，我国与 182 个国家建立了正式外交关系，与 100 多个国家、地区和地区组织建立起不同层次的伙伴关系，实现了对大国、周边和发展中国家伙伴关系的全覆盖。我国在主场外交中积极推进全球治理体系改革和建设，先后举办了北京 APEC 领导人非正式会议（2014 年）、G20 杭州峰会（2016 年）、"一带一路"国际合作高峰论坛（2017 年和 2019 年）、金砖国家领导人厦门会晤（2017 年）、青岛上合组织峰会（2018 年）、中非合作论坛北京峰会（2018 年）、亚洲文明大会（2019 年）等大型主场外交，取得了历史性成果，阐释了中国关于全球治理的理念和主张。进入新时代以来，以习近平同志为核心的党中央的外交理论与实践，使我国在国际上的影响力、感召力、塑造力显著提高，与世界的互动关系发生了历史性演变，为中国发展营造了良好外部条件，为世界和平与发展做出了新的重大贡献。

历史和实践说明，我国独立自主的和平外交政策具有极强的生命力。它表明中国外交不但坚持和发展独立自主的原则，更把维护世界和平、促进共同发展作为中国外交政策的宗旨，体现了中国作为大国的责任担当，从而使我们在反对霸权主义的斗争中，赢得了世界绝大多数国家和人民的支持；为我们党有效应对外部环境领域的重大风险和考验、确保执政安全提供了有力保障。也正是在这一外交政策的指引下，中国的国际影响力、感召力、号召力不断增强，为我国改革开放和社会主义现代化建设创造了良好的国际环境，使我国逐步从世界舞台的边缘走向世界舞台的中央。在新时代新征程上，我们要进一步坚持和完善独立自主的和平外交政策，坚定不移维护国家的主权、安全、发展利益，坚定不移维护世界和平、促进共同发展，为建设社会主义现代化强国营造有利的外部环境，为建设新型国际关系、构建人类命运共同体做出更多中国贡献。

中华人民共和国成立 70 多年来，我们党面对风云变幻的国际国内形势和艰巨繁重的建设改革发展任务，不畏艰险，百折不挠，迎难而上，克服重重艰难险阻，有效应对经济、政治、意识形态、科技、社会、党的自身建设、国防、国际环境以及来自自然界诸领域的重大风险和考验，取得了举世瞩目的经济社会发展成就，同时也在应对风险挑战中积累了宝贵经验，这些宝贵经验为我们在新时代新征程上继续推进中国特色社会主义事业提供了重要的历史启示。

二

当前，我国矛盾风险挑战之多、治国理政考验之大都是前所未有的。我们党是中国特色社会主义伟大事业的领导核心，各级领导干部是党的事业的中坚力量。"打铁还需自身硬"，我们党要带领亿万人民战胜前进道路上的重大风险和考验，全党尤其是党的领导干部必须具有问题意识和高超的执政本领；必须具有科学洞察风险、预警风险、研判风险、驾驭风险、防范和治理风险的能力，切实肩负起应对重大风险和考验的政治责任，才能果断施策，整合各方面力量，科学排兵布阵，有效应对面临的重大风险和考验，打赢防范化解重大风险的攻坚战。

（一）强化问题意识，把握斗争方向，做到未雨绸缪

我们党诞生于民族危亡之际，成长壮大于内忧外患的环境中。在主动应对和化解各种风险中不断前进是我们党的事业不断取得胜利的重要历史经验。当前我国发展形势总体向好，同时我们也面临着经济、政治、文化、社会、生态、外部环境、党的建设等领域新的重大风险隐患。这些风险往往不是孤立出现的，很可能是相互交织并形成一个风险综合体：一旦发生重大风险又扛不住，国家安全就可能面临重大威胁。居安思危，知危图安，才能防患于未然。各级领导干部必须认识到越是取得成绩的时候，越是要有如履薄冰的谨慎，越是要有忧患意识。我们只有时刻警醒，"图之于未萌，虑之于未有"，强化问题意识，把握斗争方向，做到未雨绸缪，才能力争不出现重大风险或在出现重大风险时扛得住、过得去。

坚持问题导向，科学预见形势发展走势和隐藏其中的风险挑战。党的十八大以来，党和国家事业取得历史性成就、发生历史性变革，其中一条很重要的经验就是坚持问题导向，把解决实际问题作为打开工作局面的突破口。当今世界正面临前所未有之变局，外部环境出现更多不稳定性、不确定性。我国发展进入新时代、新阶段，但许多历史遗留的老问题仍未得到解决，西方国家对中国的打压和分化仍在继续，意识形态领域的斗争依然尖锐复杂，经济运行稳中有变、变中有忧，解决发展质量和效益不高、创新能力不够强、生态环境保护等任务依然艰巨繁重。进入"十四五"时期，我们开启了全面建设社会主义现代化国家新征程，贯彻新发展理念，构建新发展格局，需要解决的问题会越来越多样、越来越复杂；我国继续发展具有多方面优势和条件，但发展不平衡不充分问题仍然突出；抗击新冠疫情斗争取得重大战略成果，但扎实做好"六稳"工作、全面落实"六保"任务，[①]推动经济社会健康稳定发展，还需要付出艰巨努力。"当前和今后一个时期，我国发展进入各种风险挑战不断积累甚至集中显露的时期，面临的重大斗争不会少。"[②]这就要求党的领导干部强化问题意识，常观大势、常思大局、常备不懈，"要有草摇叶响知鹿过、松风一起知虎来、一叶易色而知天下秋的见微知著能力，对潜在的风险有科学预判，知道风险在哪里，表现形式是什么，发展趋势会怎样，该斗争的就要斗争。"[③]在日常工作中坚持问题导向，深入调查研究，摒弃"鸵鸟心态"，直面影响改革发展稳定的主要矛盾和问题，谋好应对之策。

把握正确方向，坚持正确立场原则。习近平同志指出："共产党人的斗争是有方向、有立场、有原则的，大方向就是坚持中国共产党领导和我国社会主义制度不动摇。"[④]在应对重大风险挑战的斗争中，领导干部要增强政治敏锐性和政治鉴别力，对容易诱发政治问题特别是重大突发事件的敏感因素、苗头性倾向性问题，做到眼睛亮、见事早、行动快，及时消除各种政治隐患。凡是危害中国共产党领导和我国社会主义制度的各种风险挑战，凡是危害我国主权、安全、发展利益的各种风险挑战，凡是危害我国核心利益和重大原则的各种风险挑战，凡是危害我国人民根本利益的各种风险挑战，凡是危害我国实现"两个一百年"奋斗目标、实现中华民族

---

① "六稳"指是稳就业、稳金融、稳外贸、稳外资、稳投资、稳预期；"六保"指保居民就业、保基本民生、保市场主体、保粮食能源安全、保产业链供应链稳定、保基层运转。
② 《习近平谈治国理政》第 3 卷，外文出版社 2020 年版，第 226 页。
③ 《习近平谈治国理政》第 3 卷，外文出版社 2020 年版，第 226—227 页。
④ 《习近平谈治国理政》第 3 卷，外文出版社 2020 年版，第 226 页。

伟大复兴的各种风险挑战,只要来了,我们就必须进行坚决斗争,而且必须取得斗争胜利。要高度重视并及时阻断不同领域风险的转化通道,避免各领域风险产生交叉感染,防止非公共性风险扩大为公共性风险、非政治性风险蔓延为政治风险。我们的头脑要特别清醒、立场要特别坚定,牢牢把握正确斗争方向,增强斗争精神,敢于亮剑、敢于斗争,坚决防止和克服嗅不出敌情、分不清是非、辨不明方向的政治麻痹症,做到在各种重大斗争考验面前"不畏浮云遮望眼""乱云飞渡仍从容"。

要"具有先手",未雨绸缪。"备豫不虞,卫国常道。"未雨绸缪是指人们面对风险的严峻考验,能够积极有为,为防范化解风险做实、做细、做好各种准备工作,力争牢牢把握打赢风险防范攻坚战的主动权。习近平同志以战略家的胆识和实干家的魄力,深刻认识到要有效防范风险,必须坚持底线思维,必须"具有先手",做好防范化解风险的各种准备,不打无准备之仗。当前,我国经济社会发展既面临千载难逢的良好机遇,也面临着前所未有的风险挑战。这些风险的产生领域更加多元、表现形式更加多样、内在原因更加复杂、扩散速度更加快捷、涉及人群更加广泛、造成后果更加严重,它们之间彼此渗透、相互交织,具有极强的连锁反应能力。因而防范化解风险挑战,必须做到未雨绸缪,将风险治理关口前移,"下好先手棋,打好主动仗"。① 只有这样,我们才能牢牢占据防范风险的制高点,掌握应对和战胜重大风险考验的主动权,保持社会大局稳定和国家长治久安。

(二)强化六种思维,掌握科学思维方式方法

防范化解重大风险是一项艰巨任务。领导干部要担负起应对和化解重大风险的政治责任,在掌握科学世界观和方法论的基础上,还必须重视科学思维方法,增强政治判断力、领悟力,增强风险认知和鉴别力。如果缺乏科学思维方法,缺乏政治判断力和风险认知能力,就会被表象和假象迷惑,顾此失彼,抓不住影响全局的主要风险和挑战,失去战略主动性。领导干部只有加强自身素养,提高战略思维、历史思维、辩证思维、创新思维、法治思维、底线思维能力,才能透过纷繁复杂的现象把握事物的本质和发展规律,在风云变幻的国内外形势下,认识和了解重大风险和挑战的风险点、风险源和风险面,对各种可能的风险及其原因做到心中有数、对症下药、综合施策,出手及时有力。

1. 强化战略思维谋全局

战略思维是高瞻远瞩、统揽全局、善于把握事物发展总体趋势和方向的思维方法。战略是政党和国家的根本性问题。战略上判断得准确,战略上谋划得科学,战略上赢得主动,战胜风险和考验就大有希望。一是要有"会当凌绝顶,一览众山小"的战略高度。要站在战略高位、价值高点、全球高度来观察、思考和处理问题。善弈者谋势,不善弈者谋子。常观大势、常思大局,对大局了然于胸、对大势洞幽烛微、对大事铁画银钩,对政治、意识形态、经济、科技、社会、外部环境、党的建设等领域存在的重大风险,要有清醒认识和高度警惕。二是要有"乱云飞渡仍从容"的战略定力。当前,世界变局百年未有,经济新旧动能转换,国际格局和力量对比加速演变,全球治理体系深刻重塑,应对各种风险挑战,做好经济社会发展各项工作,需要我们准确判断、科学谋划。首要的就是坚定中国特色社会主义道路自信、理论自信、制度自信、文化自信,在重大原则问题上"咬定青山不放松",不能犯颠覆性错误。三是要有"不畏浮云遮望眼"的战略意识。不断增强工作的原则性、系统性、预见性、创造性。在时间维度上进行长远考虑,跳

---

① 《习近平谈治国理政》第 2 卷,外文出版社 2017 年版,第 223 页。

出眼前从长远看眼前,把眼前需要与长远谋划统一起来;在空间维度上进行全局谋划,跳出局部从全局看局部,把局部利益放在全局利益中去把握;在系统维度上进行整体布局,跳出部分从整体看部分,把国内形势与国际环境结合起来进行系统思考和总体观察。

2. 强化历史思维知大势

历史思维就是把对象和事物置于历史发展过程中进行思考,注重揭示事物发展的必然进程及其内在逻辑。"历史、现实、未来是相通的。"历史思维可以明大道。总结历史经验、把握历史规律、认识历史趋势,有助于我们在做好当前工作的基础上,预知未来的机遇和风险挑战。一是提高历史素养。大格局、大境界往往来自对历史的感悟。要从历史的风云中借鉴方略,从历史的经验中汲取养分,从历史的细节中感悟人生。二是锤炼历史眼光。坚持马克思主义的历史观和方法论,无论是想问题、做决策,都要强化历史眼光、历史意识,善于运用历史思维分析现状、认清趋势、探索规律、启示当下、把握未来,自觉按照历史规律和历史发展的辩证法办事。"只有回看走过的路、比较别人的路、远眺前行的路,弄清楚我们从哪儿来、往哪儿去,很多问题才能看得深、把得准。"①三是增强历史使命感。充分认识中华民族从辉煌、衰微到复兴的艰难历程,自觉担负起历史使命,为实现"两个一百年"奋斗目标和中华民族伟大复兴的中国梦而不懈奋斗。

3. 强化辩证思维添智慧

辩证思维是承认矛盾、分析矛盾、解决矛盾,善于抓住关键、找准重点、洞察事物发展规律的思维方式。人类社会是一种整体性存在,是一个不断变化并且始终处于变化过程中的有机体。当前,我国社会各种利益关系十分复杂,这就要求我们善于处理局部和全局、当前和长远、重点和非重点的关系,在权衡利弊中趋利避害、作出最为有利的战略抉择。一要坚持一分为二地看问题。既要看到有利的一面,也要看到不利的一面;既要看到自身的优势,也要看到面临的困难和问题;既要看到发展的机遇,也要看到存在的风险与挑战,在"一分为二"的基础上扬长避短、化危为机。二要抓主要矛盾和矛盾的主要方面。当前我国改革开放正处于深水区和攻坚期,问题错综复杂,关键是要找准重点、抓住关键。三要科学把握事物之间的联系。辩证处理六种关系:改革发展稳定的关系、解放思想与实事求是的关系、顶层设计与摸着石头过河的关系、整体推进和重点突破的关系、胆大与心细的关系、局部与全局的关系。既要全面认识各领域的风险,又不忽视任何一个领域存在的风险因素,还要看到各领域风险之间的相互关联;既要"站在国内国际两个大局相互联系的高度",又要立足全球化时代的大背景,准确分析和预测国际国内可能出现的风险与挑战。四要把握事物发展的规律。善于透过现象看本质,从零乱的现象中发现事物内部存在的必然联系,从客观事物存在和发展的规律出发,按照客观规律办事。

4. 强化创新思维添活力

创新思维是指因时制宜、知难而进、开拓创新的科学的思维方法。明者因时而变,智者随事而制。习近平同志明确指出:"创新是引领发展的第一动力,是建设现代化经济体系的战略支撑。"②我国经济发展要突破瓶颈、解决深层次矛盾和问题,根本出路在于创新。领导干部必须强化创新思维,增强开拓创新能力。一是弘扬以改革创新为核心的时代精神。面对新情况、新问题,要有"本领不够的危机感",防止出现"新办法不会用,老办法不管用,硬办法不敢用,软办

---

① 《习近平谈治国理政》第 3 卷,外文出版社 2020 年版,第 70 页。
② 《习近平谈治国理政》第 3 卷,外文出版社 2020 年版,第 24 页。

法不顶用"的情况。努力想新办法、找新出路、创造新经验、开创新局面,并且掌握创新的内在规律。要保持锐意创新的勇气、敢为人先的锐气、蓬勃向上的朝气,以思想的新解放、改革的新突破、创新的新成果,推动各项工作取得新进展。让一切劳动、知识、技术、管理、资本的活力竞相迸发,让一切创造社会财富的源泉充分涌流。二是以重大问题为导向。问题是创新的起点,也是创新的动力源。要聆听时代的声音,回应时代的呼唤,认真研究解决面临的重大而紧迫的问题。

5. 强化法治思维求善治

法治思维是基于法治的理念,将法律作为判断是非和处理事务准绳的一种客观理性的思维方式。它要求崇尚法治、尊重法律,善于运用法律手段解决问题和推进工作。领导干部要提高运用法治思维和法治方式深化改革、推动发展、化解矛盾、维护稳定能力,努力推动形成办事依法、遇事找法、解决问题用法、化解矛盾靠法的良好法治环境,在法治轨道上推动各项工作。一要强化法治意识。法律调整具有权威性、普遍性、平等性、公正性、稳定性、可预期性等优势,善于用法治眼光审视改革问题,用法治思维谋划改革路径,用法治手段破解改革难题,用法治方式优化改革环境。铭记"法无授权不可为""法定职责必须为"。在推进改革过程中,要始终对法律怀有敬畏之心,坚持法律红线不可逾越、法律底线不可触碰,绝不允许以言代法、以权压法、逐利违法、徇私枉法。二要强化规则意识。注意把握规则的两个基本特性:普遍性优于特殊性,恪守非人格化权威。要坚持用制度管权、管事、管人,让人民监督权力,让权力在阳光下运行。三要强化程序意识。程序的作用在于有效制约权力行使的随意性。法治思维的重要特点是注重程序正义,尤其要遵循组织程序,重大问题该请示的请示,该汇报的汇报,不允许超越权限办事。

6. 强化底线思维防风险

底线思维要求凡事从坏处准备,努力争取最好的结果,做到有备无患、遇事不慌,牢牢把握主动权。"君子安而不忘危,存而不忘亡,治而不忘乱。"习近平同志指出:"我们必须保持清醒头脑、强化底线思维,有效防范、管理、处理国家安全风险,有力应对、处置、化解社会安定挑战。"①一是强化底线自觉,主动设置底线。将底线思维应用在政治、经济、文化、社会、生态、党的建设和军队建设等各个领域。最大的风险在于看不见风险。面对国内外环境发生的深刻变化,只有高度重视底线思维,把困难和挑战估计得充分一些,把预案做得周密一些,积极寻求规避系统性风险、化解复杂矛盾、谋求创新发展的路径和方法,牢牢守住底线,才能遇事不慌、临危不乱。二是完善底线预警机制,力求防患于未然。"居安而念危,则终不危;操治而虑乱,则终不乱。"既"想一万",又"想万一"。只要有百分之一的可能,就要做百分之百的准备。建立健全风险研判机制、决策风险评估机制、风险防控协同机制、风险防控责任机制。努力克服精神懈怠、能力不足、脱离群众、消极腐败的危险。三是严守红线,增强底线的权威性乃至威慑力,力求有备无患。《大学》中说:"知止而后有定,定而后能静,静而后能安,安而后能虑,虑而后能得。"这里的"止",既是一种目标追求,也是一种底线思维。领导干部要时刻警醒、严守底线,把控住重大风险隐患的关键环节,坚守住不发生系统性风险的重要关口。

领导干部只有增强六种思维,提高风险认知和鉴别力,才能推进风险防控工作科学化、精细化,有效应对和化解面临的重大风险和考验。

(三)增强执政本领,提高应对和化解重大风险能力

领导干部肩负着应对和化解重大风险的职责。当严峻形势和斗争任务摆在面前时,领导

---

① 《习近平谈治国理政》第1卷,外文出版社2014年版,第202页。

干部骨头要硬,要敢于担当、敢于斗争。但斗争能否取得胜利,关键在于斗争本领的高低和斗争能力的强弱。我们要赢得优势、赢得主动、赢得未来,打赢重大风险防范攻坚战,领导干部必须具有洞察风险、驾驭风险、有效控制风险,进而战胜风险、化险为夷的高超本领和能力。因而,习近平同志明确指出:领导干部"必须做到能力过硬,不断掌握新知识、熟悉新领域、开拓新视野,全面提高领导能力和执政水平",①才能有效应对并战胜面临的重大风险和考验。

1. 全面增强领导干部的执政本领

在国内外形势错综复杂、瞬息万变的情况下,我们党面临的风险考验无时不有、无处不在。我们要赢得应对和化解风险挑战的主动权,关键在领导干部这个"关键少数"。领导干部既要政治过硬,还要本领高强,才能有效应对和化解风险、考验。习近平同志在党的十九大报告中要求全党尤其是领导干部要增强八个方面的执政本领。

一要增强学习本领。我们党"依靠学习走到今天,也必然要依靠学习走向未来"。② 在纷繁复杂的国内外形势下,我们党要团结带领全国各族人民深入推进改革开放,全面实现社会主义现代化和中华民族伟大复兴,就必须以时不我待的使命感、紧迫感加强学习,在全党营造善于学习、勇于实践的浓厚氛围,既要向书本学习,也要向实践学习,既要向人民群众学习,向专家学者学习,也要向国外有益经验学习,以增强全党尤其是领导干部的本领。

二要增强政治领导本领。政治领导本领是事关政治立场、政治方向、政治原则、政治道路的根本性问题,是最核心、最根本的领导本领。增强政治本领是由我们党的领导地位和核心作用决定的。党的领导是最高政治领导,领导干部只有增强政治定力,善于从政治上考量工作,才能"确保党始终总揽全局、协调各方",③发挥领导核心作用。

三要增强改革创新本领。在新时代、新征程上,面对艰巨繁重的改革任务,惟改革者进,惟创新者强,惟改革创新者胜。领导干部要保持锐意进取的精神风貌,善于结合实际创造性推动工作,善于运用互联网技术和信息化手段开展工作。要坚定改革必胜的信心,落实以人民为中心的发展思想,掌握正确的改革办法,全面增强改革创新本领。

四要增强科学发展本领。善于贯彻新发展理念,将新发展理念内化为自身的能力素质和价值追求,把新发展理念切实落实到各项工作中,真正做到崇尚创新,注重协调,倡导绿色,促进开放,推进共享,不断开创发展新局面。

五要增强依法执政本领。依法执政是党治国理政的基本方式。领导干部要摒弃人治思维,不断强化法治思维;要坚决纠正以言代法、以权压法现象,严格依法办事;要建立健全覆盖党的领导和党的建设各方面的党内法规制度体系,加强和改善对国家政权机关的领导。

六要增强群众工作本领。人民群众是我们党的力量之源、胜利之本、执政之基。领导干部要时刻把群众安危冷暖放在心上,聚焦人民群众反映强烈的突出问题,抓住要害、集中发力、持续用劲、务求实效,不断增强党的政治信任。要"创新群众工作体制机制和方式方法,推动工会、共青团、妇联等群团组织增强政治性、先进性、群众性,发挥联系群众的桥梁纽带作用,组织动员广大人民群众坚定不移跟党走"。④

七要增强狠抓落实本领。空谈误国,实干兴邦。领导干部要坚持实事求是,说实话、谋实事、出实招、求实效,崇尚实干,令行禁止,扑下身子,攻坚克难;把雷厉风行和久久为功有机结

① 《习近平谈治国理政》第 3 卷,外文出版社 2020 年版,第 72 页。
② 《习近平谈治国理政》第 1 卷,外文出版社 2014 年版,第 407 页。
③ 《习近平谈治国理政》第 3 卷,外文出版社 2020 年版,第 16 页。
④ 《习近平谈治国理政》第 3 卷,外文出版社 2020 年版,第 53—54 页。

合起来,制定出推进工作的"时间表""路线图","咬定目标、苦干实干",以钉钉子精神做实、做细、做好各项工作,确保党中央的路线方针政策落到实处。

八要增强驾驭风险本领。能否驾驭风险是衡量领导干部执政本领强弱的重要标尺。领导干部需要着眼于当前的风险治理实践,全面提高防范和化解风险的水平。要增强政治敏锐性和判断力,科学预知风险,精准防范风险、化解风险,努力变"危机"为"契机";尤其是"要提高风险化解能力,透过复杂现象把握本质,抓住要害、找准原因、果断决策,善于引导群众、组织群众,善于整合各方力量、科学排兵布阵,有效予以处理";①既要有健全和完善防控各类风险长效机制的能力,又要有勇于和善于处理各种危机的胆识和办法,要敢于担当、勇于斗争,不断战胜前进道路上的各种艰难险阻,牢牢把握工作主动权。

2. 全面提高领导干部解决实际问题能力

提高领导干部解决实际问题能力,是应对当前尖锐复杂的国内外形势,战胜前进道路上的风险挑战,完成我们党在新时代、新阶段肩负的艰巨任务的迫切需要。面对复杂形势和艰巨繁重的改革发展任务,我们要贯彻新发展理念,构建新发展格局,需要解决的问题会越来越多样、越来越复杂,领导干部必须"提高政治能力、调查研究能力、科学决策能力、改革攻坚能力、应急处突能力、群众工作能力、抓落实能力,勇于直面问题,想干事、能干事、干成事,不断解决问题、破解难题",②才能战胜来自各方面的困难和风险,在危机中育先机、于变局中开新局,推动党和国家各项事业健康顺利发展。

一要提高政治能力。有了过硬的政治能力,才能做到自觉在思想上、政治上、行动上同党中央保持高度一致,做到令行禁止。要把握正确政治方向,坚持中国共产党领导和我国社会主义制度,在这个问题上,决不能有任何迷糊和动摇。要不断提高政治敏锐性和政治鉴别力,观察分析形势首先要把握政治因素,特别是要能够透过现象看本质,做到眼睛亮、见事早、行动快。要严格执行党的政治纪律和政治规矩,自觉加强政治历练,增强政治自制力,始终做政治上的"明白人""老实人"。要注重提高马克思主义理论水平,尤其要深入学习习近平新时代中国特色社会主义思想,学深悟透、融会贯通,掌握贯穿其中的马克思主义立场、观点、方法,做马克思主义的坚定信仰者、忠实实践者。

二要提高调查研究能力。调查研究是领导干部做好工作的基本功。调查研究要经常化。要深入群众、深入实践、深入基层,既要听群众的顺耳话,也要听群众的逆耳言;既要让群众反映情况,也要请群众提出意见。尤其对群众最盼、最急、最忧、最怨的问题更要主动调研,抓住不放,这样才能听到实话、察到实情、获得真知。调查研究关键要看实效,对调研得来的大量材料和情况,要认真研究分析,由此及彼、由表及里,把零散的认识系统化,把粗浅的认识深刻化,找到隐藏在事物内部的规律,找到解决问题的正确办法。

三要提高科学决策能力。科学决策能力是领导干部干事创业、履职尽责的基本要求。做到科学决策,要有战略眼光,看得远、想得深;善于从事业发展的大局观察和认识问题。要深入研究、综合分析、科学取舍,使决策符合实际情况。要开展可行性研究,尊重专家、尊重科学,开门问策,多方听取意见,针对现实问题有针对性地提炼可行的解决办法,努力在多重目标中实现动态平衡,实现科学决策。

四要提高改革攻坚能力。领导干部必须有推动改革的勇气和决心,保持越是艰险越向前

①《习近平谈治国理政》第3卷,外文出版社2020年版,第223页。
② 习近平:《年轻干部要提高解决实际问题能力 想干事 能干事 干成事》,《人民日报》2020年10月11日。

的刚健勇毅。要把干事热情和科学精神结合起来，使出台的各项改革举措符合客观规律、符合工作需要、符合群众利益。改革攻坚要有正确方法，坚持创新思维，跟着问题走、奔着问题去，在把握规律的基础上实现变革创新。要尊重群众首创精神，把加强顶层设计和坚持问计于民统一起来，从生动鲜活的基层实践中汲取智慧。要注重增强系统性、整体性、协同性，使各项改革举措相互配合、相互促进、相得益彰。

五要提高应急处突能力。预判风险是防范风险的前提，把握风险走向是谋求战略主动的关键。领导干部要增强风险意识，做好随时应对各种风险挑战的准备。要努力成为所在工作领域的行家里手，不断提高应急处突的见识和胆识，对可能发生的各种风险挑战，要做到心中有数、分类施策、精准拆弹，有效掌控局势、化解危机。要紧密结合应对风险实践，查找工作和体制机制上的漏洞，及时予以完善。

六要提高群众工作能力。各级领导干部要坚持党的群众路线，时刻把群众安危冷暖放在心上，切实解决群众"急难愁盼"的问题。要落实党中央关于逐步实现全体人民共同富裕的要求，使广大群众在收入、就业、教育、社保、医保、医药卫生、住房等方面的状况不断得到改善和提高，共享改革发展成果。要用群众易于接受的方法宣传、教育群众、开展工作，运用法治思维和法治方式深化改革、推动发展、化解矛盾，维护社会公平正义。

七要提高抓落实能力。领导干部干事业必须脚踏实地，抓工作落实要以上率下、真抓实干。特别是主要领导干部，既要带领大家一起定好盘子、理清路子、开对方子，又要做到重要任务亲自部署、关键环节亲自把关、落实情况亲自督查，不能高高在上、凌空蹈虚，不能只挂帅不出征。要抓铁有痕、踏石留印，稳扎稳打向前走，过了一山再登一峰，跨过一沟再越一壑，不断通过化解难题开创工作新局面，通过过硬本领展现担当作为，有效应对并战胜面临的风险挑战。

3. 建立完备的防控机制，不断提高风险防控化解能力

应对重大风险，必须建立和完善风险防控机制，提高风险防控和处理能力。习近平同志明确指出："要加强对各种风险源的调查研判，提高动态监测、实时预警能力，推进风险防控工作科学化、精细化，对各种可能的风险及其原因都要心中有数、对症下药、综合施策、出手及时有力。"①只有在科学调查研判的基础上，加强相关制度机制建设，提高防控能力，推进风险防控工作科学化、精细化，才能有效预防和减少风险，正确应对和处理各种风险，打好化险为夷、转危为机的战略主动战。

其一，提升推进制度建设能力，建立完备的风险防控机制。应对重大风险，需要建立一套完备的、运转灵活高效的工作机制。完备的重大风险防控机制，是由重大风险的预警机制、评估机制、决策机制、动员机制、处置机制、信息公开机制、基础保障机制构成的完整系统，它的有效运转能够切实保证对重大风险的有效防控，将风险造成的危害和影响降到最低水平。一是建立健全风险研判、监测、预警机制。这是防范风险的第一道关口，其基本要求是及时、准确。要设立一定的机制机构，健全社会舆情汇集和分析报告制度，对容易引发风险的各种重大因素和问题进行实时的监测、研判、预警。二是建立健全风险评估机制。对于重大事项必须组织有关专家进行风险评估，减少风险隐患。风险评估是对风险状况的基本判断，必须坚持科学态度，以事实为根据。三是建立风险治理决策机制。风险治理的决策机制是治理风险的原则和方针，是政策制定的环节，必须做到程序严密、科学、准确。四是建立风险治理动员机制。风险

---

① 中共中央文献研究室：《十八大以来重要文献选编》(中)，人民出版社 2016 年版，第 834 页。

治理的动员机制是动员全党、全国人民、全社会力量参与风险治理的环节,其要义是舆论宣传引导、坚持正确方向,把握"时、势、度",契合民意、激发共鸣。五是建立风险防控协同和处置机制。要建立健全党政领导、专业协作、全社会参与的风险防控协同和处置机制体系,形成风险防控和处置整体良性效应。一旦发生风险,必须及时果断应对并予以化解。六是建立风险治理信息公开机制。信息公开机制是对风险处理全过程的透明性要求,必须遵循党务公开、政务公开的一般要求,做到信息传递的客观、及时、准确、全覆盖。七是建立风险治理基础保障机制。基础保障机制是应对和治理风险的坚强后盾,必须能够保证把一切管用的、能调动的资源都调动起来,形成支撑风险治理的资源性支持。八是建立健全风险防控责任机制。对各级党政机关、群团组织和领导干部都要明确责任、加强监督检查、强化激励约束,一级抓一级、层层抓落实,使其切实把防范化解重大风险工作做实、做细、做好。通过这样一套机制作用的发挥和有序运转,客观上就能够对风险发生、发展的全过程进行监控,对风险的发生诱因与事前防范、风险的事中演进与有效控制、风险的事后治理与化解等进行全方位的管理。

其二,提升风险防控和处置能力。现实生活中,人们往往看到,对于同样烈度的风险,治理得到的结果却存在较大差异,其中一个重要原因就是不同组织及领导干部防控和治理风险的能力是有差异的。因此,不断强化各级组织及领导干部对风险的防控与治理能力,是进行风险防范控制的重要保障。提升风险防控和处置能力,一是要建立风险防控和处置专责机构,培育从事风险、危机研究及管理的专门人才队伍,对执政风险进行有效的预警、检测、评估、防范、控制、应对和治理,对风险从发生到蔓延的全过程进行有效监控,对风险信息、风险危害、风险化解进行专门的研究和应对,以专业的力量站在最前沿去预防及规避风险。二是各级党组织应将风险防控与治理能力的提升,与加强党的执政能力建设的整体工作一齐研究、同步规划,放到提升党的综合能力素养的总体要求中去把握。三是经常性开展对党员干部应对风险能力的培养锻炼,将党员干部的风险防控与治理能力作为其政治升迁的重要考核指标和量化标准,以硬指标考核倒逼党员干部尤其是领导干部在执政活动中自觉提升对风险的防控与治理能力。各级领导干部要经常深入开展调查研究,摸准问题、吃透情况,制定完整合理的风险防控预案。要重视日常监测和演练,对关键指标加以监控分析,加强风险管控的安排部署。一旦出现突发情况,应根据情况启动应急方案,做到快反应、快到位、快处置。快反应,就是迅即启动相应的应急措施,争取在最短的时间里摸清情况。快到位,就是在第一时间内赶到第一现场靠前指挥,面对面地做群众工作,稳定群众情绪。快处置,就是在事实基本清楚、趋势较为明显的情况下,抓住要害的人物和问题的关键,迅速采取措施,坚决控制事态,避免矛盾激化,科学排兵布阵,掌握风险应对的主动权,以科学领导力促使处理效果最佳化。

(四) 切实肩负起应对重大风险和考验的政治责任

领导干部在应对执政风险和考验的斗争中处于关键地位,必须强化责任担当,肩负起防范化解重大风险的政治责任。我们党一成立就扛起了实现民族复兴的重任,为了民族复兴、人民幸福,甘于赴汤蹈火、流血牺牲。敢于斗争、善于斗争、顽强斗争是共产党人的政治品格。从腥风血雨的革命战争年代,到激情燃烧的社会主义建设和改革开放时期,广大党员干部顽强拼搏,进行了可歌可泣的斗争,谱写了气壮山河的壮丽画卷。新时代面对新情况、新问题、新挑战,应对和化解重大风险,更需要各级领导干部强化责任担当。广大党员干部尤其是领导干部一定要增强责任意识,发扬斗争精神,肩负起防范化解重大风险的政治责任,敢于斗争、善于斗争,以顽强的斗争精神推动社会主义现代化事业在防范化解风险中不断前进。

1. 坚持"守土尽责"，扛起应对和化解重大风险的政治责任

领导干部作为党的队伍的中坚力量，必须树立"守土有责""守土尽责"的风险责任观。新的时代背景下，国际国内风险不断涌现，已成为连锁联动的综合体，对我国总体安全造成严重威胁，防范化解重大风险势在必行，迫切需要广大党员干部具有坚定的政治勇气和高度的责任担当，树立强烈的问题意识和夙夜在公的责任觉悟，把人民对美好生活的向往、对和谐秩序的追求、对全面建设社会主义现代化强国的期待、对中华民族伟大复兴的憧憬，始终放在心上，主动扛在肩上，自觉融入治国理政的伟大实践之中，敢于直面风险考验、不畏风险压力、积极回应风险挑战。习近平同志以"始终与人民心心相印、与人民同甘共苦、与人民团结奋斗"①的赤子情怀，充分认识到我们党防范化解重大风险、增进民生福祉的责任高于一切，突出强调"防范化解重大风险，是各级党委、政府和领导干部的政治职责"。领导干部必须增强责任感和担当精神，自觉树立责任意识，增强责任心，做到履职有责、勇于负责、善于尽责，不漠视、不推诿、不逃避，绝不能"把防风险的责任都推给上面，也不能把防风险的责任都留给后面，更不能在工作中不负责任地制造风险"；②必须做到"坚持守土有责、守土尽责，把防范化解重大风险工作做实做细做好"。③

2. 要讲求斗争艺术，既敢于斗争又善于斗争

"中华民族伟大复兴，绝不是轻轻松松、敲锣打鼓就能实现的，实现伟大梦想必须进行伟大斗争。"④我们面临的各种斗争不是短期的而是长期的，至少要伴随我们实现第二个百年奋斗目标全过程。党员干部必须增强"四个意识"，坚定"四个自信"，做到"两个维护"，坚定斗争意志，当严峻形势和斗争任务摆在面前时要敢于出击，敢战能胜。同时还要认识到，斗争是一门艺术，要善于斗争。在各种重大斗争中，我们要坚持增强忧患意识和保持战略定力相统一、坚持战略判断和战术决断相统一、坚持斗争过程和斗争实效相统一。注重策略方法，讲求斗争艺术。要抓主要矛盾、抓矛盾的主要方面，坚持有理有利有节，合理选择斗争方式、把握斗争火候，在原则问题上寸步不让，在策略问题上灵活机动。"要根据形势需要，把握时、度、效，及时调整斗争策略。要团结一切可以团结的力量，调动一切积极因素，在斗争中争取团结，在斗争中谋求合作，在斗争中争取共赢。"⑤

3. 加强思想淬炼、政治历练、实践锻炼

多经事方能成大事。斗争精神、斗争本领，不是与生俱来的。宝剑锋从磨砺出，梅花香自苦寒来。领导干部要自觉做起而行之的行动者、不做坐而论道的清谈客。要加强理论修养，深入学习马克思主义基本理论，学懂弄通做实党的创新理论，坚定理想信念，夯实敢于斗争、善于斗争的思想根基；理论上清醒，立场才能坚定，斗争起来才有底气、才有力量。要严守党的政治纪律和规矩，增强政治定力，做政治上的清醒者、明白人。要在改造客观世界的实践中，不断磨炼自己、改造自己，越是困难大、矛盾多的地方，越是形势严峻、情况复杂的时候，越能练胆魄、磨意志；要把火热的实践斗争作为最好的课堂，自觉地投身到改革创新的时代潮流，到重大斗争中去真刀真枪干，到急难险重一线打几场硬仗，才能在斗争中经风雨、见世面、壮筋骨、长才干，历练出顽强的意志品质。"要主动投身到各种斗争中去，在大是大非面前敢于亮剑，在矛盾

① 《习近平谈治国理政》第1卷，外文出版社2014年版，第102页。
② 《习近平谈治国理政》第2卷，外文出版社2017年版，第82页。
③ 《习近平谈治国理政》第3卷，外文出版社2020年版，第223页。
④ 《习近平谈治国理政》第3卷，外文出版社2020年版，第225—226页。
⑤ 《习近平谈治国理政》第3卷，外文出版社2020年版，第227页。

冲突面前敢于迎难而上,在危机困难面前敢于挺身而出,在歪风邪气面前敢于坚决斗争,"①始终保持共产党人的蓬勃朝气、昂扬锐气、浩然正气,做到临危不乱、处变不惊,经得起重大风险的考验。

4. 勇于担当、敢于斗争,永葆斗争精神

社会是在矛盾运动中前进的,有矛盾就会有斗争。在新征途上,我们面对的矛盾和问题、风险和考验将是长期、严峻的,必须做好顽强斗争准备。领导干部不论在哪个岗位、担任什么职务,都要勇于担当、攻坚克难,既当指挥员又当战斗员,培养和保持顽强的斗争精神、坚韧的斗争意志,敢于斗争、善于斗争。

面向未来,我们在工作中遇到的斗争是多方面的,改革发展稳定、内政外交国防、治党治国治军都需要发扬斗争精神。习近平同志在 2019 年秋季中央党校中青年干部培训班开班式上的讲话中指出:"全面从严治党、坚持马克思主义在意识形态领域的指导地位、全面深化改革、推进供给侧结构性改革、推动高质量发展、消除金融领域隐患、保障和改善民生、打赢脱贫攻坚战、治理生态环境、应对重大自然灾害、全面依法治国、处理群体性事件、打击黑恶势力、维护国家安全,等等,都要敢于斗争、善于斗争。领导干部要做敢于斗争、善于斗争的战士。"②

狭路相逢勇者胜。在实现第二个百年目标、建设社会主义现代化强国、实现中华民族伟大复兴的征程上,我们必定面临千难万险。领导干部作为人民群众的主心骨,一定要勇于担责、勇于担当、敢于较真、善于碰硬,锤炼"明知山有虎,偏向虎山行"的品格;目标定位敢夺旗,面对问题敢亮剑,危急时刻敢于挺身而出,召之即来、来之能战、战之必胜。不管国内外形势如何变幻,不管未来我们面临的风险挑战有多大,只要广大党员干部始终保持政治定力,强化责任担当,"永葆斗争精神,以'踏平坎坷成大道,斗罢艰险又出发'的顽强意志,应对好每一场重大风险挑战,切实把改革发展稳定各项工作做实做好,"③我们就能从根本上杜绝系统性风险的发生,即使发生了风险也能够扛得住并战而胜之。

今天的中国正前所未有地靠近世界舞台中心、前所未有地接近实现中华民族伟大复兴的目标,但"行百里者半九十",我们必须清醒认识到,越是接近目标面临的风险挑战就会越大,全党必须保持高度警觉,增强底线思维意识,不能抱任何幻想。要弘扬伟大建党精神,自信自强、守正创新、踔厉奋发、勇毅前行,以坚定的信心和顽强意志,有效防范和应对来自国内外的重大风险和考验,尤其是当前我们党在政治、意识形态、经济、科技、社会、外部环境、党的建设等领域面临的重大风险和考验,切实把防范应对重大风险的工作做实做细做好,推动改革开放和社会主义现代化建设健康发展,确保第二个百年奋斗目标和中华民族伟大复兴中国梦的顺利实现。

① 《习近平谈治国理政》第 3 卷,外文出版社 2020 年版,第 227 页。
② 《习近平谈治国理政》第 3 卷,外文出版社 2020 年版,第 228 页。
③ 《习近平谈治国理政》第 3 卷,外文出版社 2020 年版,第 223 页。

参考文献

［ 1 ］COSGRAVE J F. The sociology of risk and gambling reader［C］. New York：Routledge，2006.

［ 2 ］FENBY J. Modern China：the fall and rise of a great power，1850 to the present［M］. New York：Ecco，2008.

［ 3 ］KARL R E. Mao Zedong and China in the twentieth-century world：a concise history ［M］. Durham，NC：Duke University Press，2010.

［ 4 ］MYTHEN G，WALKLATE S. Beyond the risk society：critical reflections on risk and human security［C］. London：Open University Press，2006.

［ 5 ］本书编写组. 党的二十大报告辅导读本［M］. 北京：人民出版社，2022.

［ 6 ］陈奎元. 信仰马克思主义做坚定的马克思主义者［N］. 光明日报，2011-06-13.

［ 7 ］程恩富. 经济体制改革的顶层设计与未来发展方向［J］. 马克思主义文摘，2013(11).

［ 8 ］当代中国研究所. 新中国 70 年［M］. 北京：当代中国出版社，2019.

［ 9 ］邓小平文选：第 1—3 卷［M］. 北京：人民出版社，1995.

［10］杜艳华. 处于"风险"与"危险"的叠加之中——论现阶段中国共产党执政面临的考验及其应对［J］. 理论学刊，2014(7).

［11］杜正艾，王峥. 防范化解外部环境领域重大风险［M］. 北京：国家行政管理出版社，2020.

［12］高放，李景治，蒲国良. 科学社会主义的理论与实践［M］. 北京：中国人民大学出版社，2014.

［13］龚学增. 在扩大对外开放中抵御境外势力利用宗教的渗透——当前中国重大问题研究报告之二［J］. 科学社会主义，2004(6).

［14］郭树清. 完善现代金融监管体系［N］. 经济日报，2020-12-17.

［15］国纪平. 中国道路的世界意义［N］. 人民日报，2014-09-30.

［16］国家统计局. 2019 年国民经济和社会发展统计公报［N］. 人民日报，2020-02-29.

［17］国家统计局. 中华人民共和国 2021 年国民经济和社会发展统计公报［N］. 人民日报，2022-03-01.

［18］胡锦涛文选：第 1—3 卷［M］. 北京：人民出版社，2016.

［19］胡乔木. 胡乔木回忆毛泽东［M］. 北京：人民出版社，2003.

［20］黄宗良. 从苏联模式到中国道路［M］. 北京：北京大学出版社，2014.

［21］吉登斯，皮尔森. 现代性——吉登斯访谈录［M］. 尹宏毅，译. 北京：新华出版社，2001.

［22］吉登斯. 失控的世界［M］. 周红云，译. 南昌：江西人民出版社，2001.

[23] 吉登斯. 现代性的后果[M]. 田禾,译. 南京：译林出版社,2011.

[24] 吉荣荣,雷二庆,徐天昊. 美国生物盾牌计划的完善进程及实施效果[J]. 军事医学,2013(3).

[25] 江泽民文选：第1—3卷[M]. 北京：人民出版社,2006.

[26] 匡长福. 浅谈西方对华文化渗透的新路径[J]. 思想理论教育导刊,2011(5).

[27] 兰雅清. 从文献对比查证美国中情局的"十条诫令"[J]. 世界社会主义研究,2017(7).

[28] 李明. 防范化解经济领域重大风险[M]. 北京：国家行政管理出版社,2020.

[29] 列宁全集：第17卷[M]. 北京：人民出版社,1988.

[30] 列宁全集：第29卷[M]. 北京：人民出版社,1985.

[31] 列宁全集：第33卷[M]. 北京：人民出版社,1985.

[32] 列宁全集：第34卷[M]. 北京：人民出版社,1985.

[33] 列宁全集：第37卷[M]. 北京：人民出版社,1986.

[34] 列宁全集：第38卷[M]. 北京：人民出版社,1986.

[35] 列宁全集：第42卷[M]. 北京：人民出版社,1987.

[36] 列宁全集：第43卷[M]. 北京：人民出版社,1987.

[37] 列宁全集：第52卷[M]. 北京：人民出版社,1988.

[38] 列宁文稿：第14卷[M]. 北京：人民出版社,1985.

[39] 列宁文稿：第4卷[M]. 北京：人民出版社,1978.

[40] 列宁文稿：第7卷[M]. 北京：人民出版社,1980.

[41] 列宁文稿：第9卷[M]. 北京：人民出版社,1980.

[42] 列宁选集：第1—4卷[M]. 北京：人民出版社,2012.

[43] 林泰,等. 问道：改革开放以来的社会思潮与青年思想政治教育研究[M]. 北京：中国社会科学出版社,2013.

[44] 刘亚东. 是什么卡住了我们的脖子[M]. 北京：中国工人出版社,2019.

[45] 刘益东. 科技重大风险：非传统安全治理的重要视角[J]. 国家治理,2020(2).

[46] 刘益东. 科技重大风险与人类安全危机：前所未有的双重挑战及其治理对策[J]. 工程研究——跨学科视野中的工程,2020(4).

[47] 刘昀献. 中国共产党在当代面临的十大执政风险[J]. 新华文摘,2012(13).

[48] 刘舟,何隆德. 防范化解重大风险研究[M]. 北京：国家行政管理出版社,2020.

[49] 卢毅. 抗战期间海外人士眼中的中国共产党[N]. 经济日报,2015-08-28.

[50] 马克思. 资本论：第1卷[M]. 北京：人民出版社,2018.

[51] 马克思. 资本论：第3卷[M]. 北京：人民出版社,2018.

[52] 马克思恩格斯全集：第12卷[M]. 北京：人民出版社,1962.

[53] 马克思恩格斯全集：第32卷[M]. 北京：人民出版社,1974.

[54] 马克思恩格斯全集：第49卷[M]. 北京：人民出版社,1982.

[55] 马克思恩格斯选集：第1—4卷[M]. 北京：人民出版社,2012.

[56] 毛泽东外交文选[M]. 北京：中央文献出版社、世界知识出版社,1994.

[57] 毛泽东文集：第1卷[M]. 北京：人民出版社,1993.

[58] 毛泽东文集：第2卷[M]. 北京：人民出版社,1993.

[59] 毛泽东文集：第3卷[M]. 北京：人民出版社,1996.

[60] 毛泽东文集：第 4 卷[M]. 北京：人民出版社,1996.

[61] 毛泽东文集：第 5 卷[M]. 北京：人民出版社,1996.

[62] 毛泽东文集：第 6 卷[M]. 北京：人民出版社,1999.

[63] 毛泽东文集：第 7 卷[M]. 北京：人民出版社,1999.

[64] 毛泽东文集：第 8 卷[M]. 北京：人民出版社,1999.

[65] 毛泽东选集：第 1—4 卷[M]. 北京：人民出版社,1991.

[66] 毛泽东著作选读：上册[M]. 北京：人民出版社,1986.

[67] 尼古拉·伊万诺维奇·雷日科夫. 大国悲剧：苏联解体的前因后果[M]. 徐昌翰,译. 北京：新华出版社,2010.

[68] 切尔尼亚耶夫. 在戈尔巴乔夫身边六年[M]. 徐葵,张达楠,译. 北京：世界知识出版社,2001.

[69] 邱玉慧. 中国社会保障安全领域结构性风险及其应对[J]. 社会治理,2019(5).

[70] 全国干部培训教材编审指导委员会. 发展社会主义民主政治[M]. 北京：人民出版社,2019.

[71] 全国干部培训教材编审指导委员会. 改善民生和创新社会治理[M]. 北京：人民出版社,2019.

[72] 全国干部培训教材编审指导委员会. 全面践行总体国家安全观[M]. 北京：人民出版社,2019.

[73] 石仲泉. 忆乔木同志谈延安整风——兼论延安整风运动[J]. 中共党史研究,2012(5).

[74] 舒艾香,曹庆伟. 中国共产党防范和抵御执政风险的基本经验[J]. 湖北社会科学,2007(1).

[75] 斯大林选集：上卷[M]. 北京：人民出版社,1979.

[76] 斯大林选集：下卷[M]. 北京：人民出版社,1979.

[77] 孙浩然. 宗教渗透特征的政治分析[J]. 科学社会主义,2007(4).

[78] 王绍光. 中央情报局与文化冷战[J]. 读书,2002(5).

[79] 王彦. 新时代背景下大学生主流意识形态认同现状的调查分析[J]. 教育现代化,2019(47).

[80] 王真,等. 中国共产党抵御执政风险研究[M]. 北京：人民出版社,2011.

[81] 维克托·迈尔·舍恩伯格. 大数据时代[M]. 盛杨燕,周涛,译. 杭州：浙江人民出版社,2013.

[82] 卫兴华,侯为民. 怎样认识国有经济地位和作用的争论[J]. 马克思主义文摘,2013(5).

[83] 魏强,魏莹. 美国对华"科技战"风险亟待关注[J]. 中国信息安全,2020(8).

[84] 乌尔里希·贝克. 风险社会[M]. 何博闻,译. 南京：译林出版社,2004.

[85] 乌尔里希·贝克. 风险社会[M]. 何博闻,译. 南京：译林出版社,2004.

[86] 乌尔里希·贝克. 世界风险社会[M]. 吴英姿,孙淑敏,译. 南京：南京大学出版社,2004.

[87] 习近平谈治国理政：第 1 卷[M]. 北京：外文出版社,2014.

[88] 习近平谈治国理政：第 2 卷[M]. 北京：外文出版社,2017.

[89] 习近平谈治国理政：第 3 卷[M]. 北京：外文出版社,2020.

[90] 习近平谈治国理政：第 4 卷[M]. 北京：外文出版社,2022.

[91] 徐晨光. "四大考验"与执政安全[J]. 湖南师范大学社会科学学报,2012(4).

［92］杨洁篪.积极营造良好外部环境［N］.人民日报,2020-11-30.

［93］杨艳.风险社会中大学生"信仰危机"根源探析——基于广西几所高校的调查［J］.法制与社会,2019(1).

［94］杨值珍."阿拉伯之春"对中国的影响及启示［J］.江汉论坛,2012(9).

［95］叶介甫,余敬斌.信仰:共产党人的精神之基［N］.中国纪检监察报,2019-06-04.

［96］殷文贵,张永红.当前我国主流意识形态安全面临的挑战及对策—基于网络信息化的视角［J］.理论界,2017(3).

［97］尤尔根·哈贝马斯.合法化危机［M］.刘北成,曹卫东,译.上海:上海人民出版社,2009.

［98］张广利,等.当代西方风险社会理论研究［M］.上海:华东理工大学出版社,2019.

［99］赵宗宝,卢亚君,王兆云.大学生宗教信仰现状及对策研究［J］.中国青年研究,2012,(6).

［100］中共陕西省委党校党建教研室.马克思主义政党学说史［M］.北京:中共中央党校出版社,1987.

［101］中共中央党史和文献研究院.十九大以来重要文献选编:上册［M］.北京:中央文献出版社,2019.

［102］中共中央党史和文献研究院.十九大以来重要文献选编:中册［M］.北京:中央文献出版社,2021.

［103］中共中央党史和文献研究院.习近平关于防范风险挑战、应对突发事件论述摘编［M］.北京:中央文献出版社,2020.

［104］中共中央党史研究室.中国共产党的九十年——社会主义革命和建设时期［M］.北京:中共党史出版社,2016.

［105］中共中央党史研究室.中国共产党历史:第1卷(1921—1949)下册［M］.北京:中共党史出版社,2011.

［106］中共中央党史研究室.中国共产党历史:第2卷(1949—1978)上册［M］.北京:中共党史出版社,2011.

［107］中共中央党史研究室.中国共产党历史:第2卷(1949—1978)下册［M］.北京:中共党史出版社,2011.

［108］中共中央委员会.中共中央关于党的百年奋斗重大成就和历史经验的决议［N］.人民日报,2021-01-17.

［109］中共中央文献研究室,中央档案馆.建党以来重要文献选编:第18册［M］.北京:中央文献出版社,2011.

［110］中共中央文献研究室,中央档案馆.建党以来重要文献选编:第5册［M］.北京:中央文献出版社,2011.

［111］中共中央文献研究室.毛泽东传(1949—1976)［M］.北京:中央文献出版社,2003.

［112］中共中央文献研究室.毛泽东年谱1893—1949:中册［M］.北京:中央文献出版社,2013.

［113］中共中央文献研究室.毛泽东年谱1949—1976:第3卷［M］.北京:中央文献出版社,2013.

［114］中共中央文献研究室.毛泽东年谱1949—1976:第5卷［M］.北京:中央文献出版社,2013.

［115］中共中央文献研究室.三中全会以来重要文献选编:下册［M］.北京:人民出版社,

1982.

[116] 中共中央文献研究室. 十八大以来重要文献选编：上册[M]. 北京：中央文献出版社，2014.

[117] 中共中央文献研究室. 十八大以来重要文献选编：下册[M]. 北京：中央文献出版社，2018.

[118] 中共中央文献研究室. 十八大以来重要文献选编：中册[M]. 北京：中央文献出版社，2016.

[119] 中共中央文献研究室. 十二大以来重要文献选编：上册[M]. 北京：人民出版社，1986.

[120] 中共中央文献研究室. 十六大以来重要文献选编：上册[M]. 北京：中央文献出版社，2005.

[121] 中共中央文献研究室. 十六大以来重要文献选编：中册[M]. 北京：中央文献出版社，2006.

[122] 中共中央文献研究室. 十七大以来重要文献选编：上册[M]. 北京：中央文献出版社，2009.

[123] 中共中央文献研究室. 十七大以来重要文献选编：下册[M]. 北京：中央文献出版社，2013.

[124] 中共中央文献研究室. 十七大以来重要文献选编：中册[M]. 北京：中央文献出版社，2011.

[125] 中共中央文献研究室. 十三大以来重要文献选编：上册[M]. 北京：人民出版社，1991.

[126] 中共中央文献研究室. 十五大以来重要文献选编：上册[M]. 北京：人民出版社，2000.

[127] 中共中央文献研究室. 习近平关于全面从严治党论述摘编[M]. 北京：中央文献出版社，2016.

[128] 中共中央文献研究室. 习近平关于全面深化改革论述摘编[M]. 北京：中央文献出版社，2014.

[129] 中共中央文献研究室. 习近平关于全面深化改革论述摘编[M]. 北京：中央文献出版社，2014.

[130] 中共中央文献研究室. 习近平关于社会主义经济建设论述摘编[M]. 北京：中央文献出版社，2017.

[131] 中共中央文献研究室. 习近平关于社会主义政治建设论述摘编[M]. 北京：中央文献出版社，2017.

[132] 中共中央文献研究室. 习近平关于协调推进"四个全面"战略布局论述摘编[M]. 北京：中央文献出版社，2015.

[133] 中共中央组织部. 中国共产党组织史资料：第 8 卷《文献选编》(上)[M]. 北京：中共党史出版社，2000.

[134] 中央统战部. 中国的宗教现状[J]. 民族论坛，2013，(3).

[135] 朱德选集[M]. 北京：人民出版社，1983.

[136] 左凤荣. 大国关系"新常态"及良好外部环境营造[J]. 人民论坛，2020(11).

后 记

《新时代有效应对重大风险和考验之方略》一书为国家社会科学基金重大项目"中国共产党应对执政风险和考验研究"的结项成果。本书立足于世界百年未有之大变局和中华民族复兴战略全局的宏大背景，从中国共产党实现千秋伟业的视角，立体式全方位全景式地阐述和展现了新时代有效应对政治领域、意识形态领域、经济领域、科技领域、社会领域、外部环境领域、党的建设等领域重大风险和考研之方略；有助于进一步推动马克思主义执政党应对重大风险和考验理论研究与实践探索的发展，帮助广大党员干部提高应对重大风险和考验的能力。

本书的写作、出版，得到了国家社会科学基金的资助和中国浦东干部学院、上海交通大学出版社的大力支持；李捷教授、王庭大教授、齐卫平教授、刘靖北教授、张明军教授、何立胜教授、丁晓强教授等国内专家给予许多指导帮助；上海交通大学出版社陈华栋社长，教育分社冯愈社长、王超明副社长、乔迎彤编辑对本书的出版给予关心指导并付出了艰辛的劳动；上海政法学院诉讼法学专业研究生李泽豪积极参与文献资料的收集与整理工作，并承担了 5.2 万字的写作任务；我爱人渠玉梅教授在书稿写作过程中给予很大支持鼓励，并帮助查阅了大量书刊资料。在此一并表示感谢。

在本书写作过程中，查阅了大量国内外学者的相关研究成果，从中吸取了许多宝贵的思想材料，在此仅致诚挚的谢意。

本课题的研究既十分重要又异常艰难，它涉及面广，政策性强，热点难点问题多，加之作者的视野和水平有限，书中难免存在错漏之处，热忱欢迎专家和广大读者指正。

刘昀献

2023 年 5 月 16 日

于上海名都城寓所